Markus Dederich
Körper, Kultur und Behinderung

DISABILITY STUDIES • KÖRPER – MACHT – DIFFERENZ • BAND 2

## Editorial

Die wissenschaftliche Buchreihe *Disability Studies: Körper – Macht – Differenz* untersucht ›Behinderung‹ als historische, soziale und kulturelle Konstruktion; sie befasst sich mit dem Wechselspiel zwischen Machtverhältnissen und symbolischen Bedeutungen. Die Reihe will neue Perspektiven eröffnen, die den medizinischen, pädagogischen und rehabilitationswissenschaftlichen Umgang mit ›Behinderung‹ korrigieren und erweitern. Sie geht aus von Phänomenen verkörperter Differenz. Fundamentale Ordnungskonzepte, wie sie sich in Begriffen von Normalität und Abweichung, Gesundheit und Krankheit, körperlicher Unversehrtheit und subjektiver Identität manifestieren, werden dabei kritisch reflektiert.

Im Horizont gesellschaftlicher Entwicklungen will die Buchreihe *Disability Studies* zur Erforschung zentraler Themen der Moderne beitragen: Vernunft, Menschenwürde, Gleichheit, Autonomie und Solidarität.

*Disability Studies: Körper – Macht – Differenz* wird für die Aktion Mensch herausgegeben von ANNE WALDSCHMIDT (Internationale Forschungsstelle *Disability Studies*, Humanwissenschaftliche Fakultät, Universität Köln), gemeinsam mit THOMAS MACHO (Institut für Kultur- und Kunstwissenschaften, Humboldt-Universität Berlin), WERNER SCHNEIDER (Philosophisch-Sozialwissenschaftliche Fakultät, Universität Augsburg) und HEIKE ZIRDEN (Aktion Mensch, Bonn).

### Der Autor dieses Bandes:

**Markus Dederich** (Dr. phil.) ist Professor für Theorie der Rehabilitation und Pädagogik bei Behinderung an der Fakultät Rehabilitationswissenschaften der Universität Dortmund. Seine Forschungsschwerpunkte sind: (Bio-)Ethische Fragen im Kontext von Behinderung, Probleme von Inklusion und Exklusion, Disability Studies.

Markus Dederich

# Körper, Kultur und Behinderung

Eine Einführung in die Disability Studies

[transcript] DISABILITY STUDIES

**Bibliografische Information der Deutschen Bibliothek**
Die Deutsche Bibliothek verzeichnet diese Publikation in der Deutschen
Nationalbibliografie; detaillierte bibliografische Daten sind im Internet
über http://dnb.ddb.de abrufbar.

Umschlaggestaltung & Innenlayout: Kordula Röckenhaus, Bielefeld
Umschlagabbildung: Oswald Tschirtner, »Menschen«;
    © Art/Brut Center Gugging, 2007
Lektorat: Annette Wunschel, Sylvia Zirden, Berlin
Herstellung: Justine Haida, Bielefeld
Druck: Majuskel Medienproduktion GmbH, Wetzlar
ISBN 978-3-89942-641-0

Gedruckt auf alterungsbeständigem Papier mit chlorfrei gebleichtem Zell-
stoff.

Besuchen Sie uns im Internet: *http://www.transcript-verlag.de*

Bitte fordern Sie unser Gesamtverzeichnis und andere Broschüren an
unter: *info@transcript-verlag.de*

# Inhalt

## Repräsentationen

## Konstruktionen

# Einleitung

Hinter dem Begriff Disability Studies verbirgt sich eine in den USA und England seit gut zwanzig Jahren existierende, in Deutschland hingegen noch sehr junge wissenschaftliche Disziplin, die sich kritisch mit »Behinderung« auseinandersetzt. Zentral geht es dabei um die besondere Situation von Menschen, bei denen körperliche, kognitive, sprachliche, emotionale oder Verhaltenseigenschaften als negativ andersartig wahrgenommen werden; auf der Grundlage tradierter wissenschaftlicher Leitdifferenzen erscheinen diese Eigenschaften als Dysfunktionen, Pathologien oder Anomalien.

Warum dieses Thema? Die Beschäftigung mit dem, was heute als Behinderung bezeichnet wird, ist ebenso wie eine spezifische Aufmerksamkeit für behinderte Menschen spätestens seit Beginn der Aufklärung ein zwar peripherer, aber dennoch fester Bestandteil der europäischen Kultur. Das Interesse an Behinderung war dabei von Anfang an tief ambivalent. Die im späten 18. Jahrhundert einsetzende institutionalisierte Hilfe für Behinderte war teils sozial-karitativ, teils medizinisch-kurativ und teils pädagogisch motiviert. Zugleich war und ist sie in soziale, gesellschaftliche und politische Bezüge eingebettet und spiegelt die epochalen gesellschaftlichen, sozialen, politischen, wirtschaftlichen und wissenschaftlichen Veränderungen und Umbrüche der vergangenen gut zweihundert Jahre. Sie hat in ihrer wechselhaften Geschichte eine ganze Reihe von Spezialdisziplinen, Berufen und Institutionen hervorgebracht: die Psychiatrie, das System der Behindertenhilfe, Sonderschulen, spezielle Pädagogiken, Ausbildungsgänge auf Fachschul- und Hochschulniveau mit spezialisierten Professuren, ein einflussreiches System von Verbänden, eine ganze Wohlfahrts- und Rehabilitationsindustrie und einen bunten Strauß von Professionen, die mit der Erziehung, Förderung, Therapie, Begleitung, Beratung oder Assistenz von behinderten Menschen befasst sind. Die Basis dieser institutionellen Ausbreitung und Etablierung eines Netzwerks rehabilitativer, pädagogischer und therapeutischer Hilfen bildet im europäischen Kulturraum ein sozial, politisch und ethisch motiviertes Inklusionsgebot, das im Zeitalter der Aufklärung entstanden ist und sich seitdem schrittweise ausgebreitet hat. Doch wie die Geschichte zeigt, konnte dieses durchaus wirksame Inklusionsgebot die in unserer Kultur verankerten Tendenzen zur systematischen Ausgrenzung, Benachteiligung und teilweise sogar Verfolgung und Vernichtung behinderter Menschen nicht nur nicht beheben; es trägt vielmehr selbst, etwa durch institutionelle Spezialisierungen, zur Ausformung neuer Exklusionsbereiche in der Gesellschaft bei. Insofern haben wir es gegenwärtig mit einer zwiespältigen Situation zu tun. Es gibt positive Entwicklungsansätze in vielen Bereichen, etwa bei der integrativen Beschulung oder auf grundgesetzlicher Ebene, wo ein Diskriminierungsverbot festgeschrieben ist. Zugleich aber wird Behinderung häufig als individuelles oder gesellschaftliches Problem wahrgenommen, das es zu »überwinden« gilt. Eine selbstverständliche Teilhabe von Menschen mit Behinderungen ist in unserer Gesellschaft nach wie vor die Ausnahme.

Von Behinderung im weitesten Sinne sind in einem Land wie der BRD ca. 10 Prozent der Bevölkerung betroffen. Nach Rosemary Garland-Thomson ist Behinderung sogar »vielleicht die grundlegendste menschliche Erfahrung; jede Familie ist davon berührt, und wenn wir lange genug leben, wird jeder von uns einmal behindert sein« (Garland-Thomson 2003: 422). Mit dieser Tatsache kontrastiert – trotz des bestehenden Inklusionsgebotes – die eigentümliche Erfahrung, dass »Behinderung als Kategorie der Identität und menschlichen Erfahrung zum großen Teil aus dem kulturellen Bewusstsein und Gedächtnis gelöscht« (ebd.) wurde. Behinderte werden immer noch als Randgruppe erfasst, müssen vielfach Benachteiligung und Diskriminierung in Kauf nehmen und sind im gesellschaftlichen Leben ebenso wie im öffentlichen Raum nur sehr eingeschränkt präsent. Die Zuspitzung der ökonomischen Probleme der Gesellschaft, die Zunahme von dauerhafter Arbeitslosigkeit und der Um- und Abbau staatlicher Sicherungssysteme im Zeichen der Privatisierung und der eigenverantwortlichen Risikoprophylaxe setzen insbesondere benachteiligte Bevölkerungsteile unter Druck; diese Faktoren haben das Potenzial, zu neuen Marginalisierungen und Ausgrenzungen zu führen.

Damit sind nur einige Eckpunkte der gegenwärtigen Situation von Menschen mit Behinderungen in unserer Gesellschaft genannt. Die nachfolgenden Ausführungen wollen zu Erkundungen in einer differenzierten, theoretisch anspruchsvollen und spannenden Theorie- und Diskussionslandschaft einladen, die sich dieser Situation auf unterschiedlichen Wegen nähert. Diese Wege will ich am Leitfaden einiger grundsätzlicher Fragen beleuchten: Was sind und was wollen die Disability Studies? Wofür treten sie gesellschaftlich und politisch ein? Welches sind die Kernthemen dieses neuen Forschungsansatzes? Welche Sichtweisen, Modelle und Theorien zum Komplex »Behinderung« legen die Disability Studies vor? Gegen welche Positionen grenzen sie sich ab? Welcher Stellenwert wird dem Körper zugemessen? Hier rücken Fragen nach gesellschaftlichen und kulturellen Körperbildern, nach Körpernormen und Normkörpern, nach Vorstellungen von Pathologie, Anomalie und Abweichung sowie deren historische Variabilität in den Mittelpunkt. Schließlich versuche ich darzustellen, wie die Disability Studies Prozesse der Herstellung von »Normalität« analysieren und welche Positionen sie in aktuellen biowissenschaftlichen Diskussionen beziehen. Dabei geht es auch um Impulse zu einer Weiterentwicklung der Humanwissenschaften, die möglicherweise von den Disability Studies ausgehen können.

Es ist nicht der Anspruch dieser Einführung, dieses sehr komplexe und heterogene Forschungsfeld erschöpfend darzustellen. Tatsächlich können zahlreiche Themengebiete, zu denen in den vergangenen Jahren Arbeiten entstanden sind, nicht einmal erwähnt werden. Vielmehr sollen einerseits grundlegende Themen, Positionen und Probleme der Disability Studies herausgearbeitet und in einen theoretischen Zusammenhang gebracht werden; andererseits wird exemplarisch vorgeführt, wie bereichsspezifische Fragestellungen – hier aus der Körpergeschichte der Monstrositäten, der Literatur und der Biomedizin – für eine Weiterführung und Vertiefung der theoretischen Grundlagen fruchtbar werden können. Es soll deutlich werden, wie Grundlagenreflexionen und stark spezifizierte Perspektiven im Bereich der Disability Studies ineinandergreifen. Hieraus ergibt sich folgender Aufbau:

Im ersten Kapitel werden die wichtigsten Fragestellungen und Themen der Disability Studies, ihre Diskussion des Behinderungsbegriffs sowie ihre Abgrenzung gegenüber anderen, ebenfalls mit Behinderung befassten wissenschaftlichen Disziplinen skizziert; dabei wird die Bedeutung kulturhistorischer und kulturwissenschaftlicher Perspektiven für neuere theoretische Modellierungen von Behinderung gezeigt.

Mit der Thematisierung des Verhältnisses von Körper, Kultur und Behinderung entfaltet das zweite Kapitel eine weit verbreitete These der neueren, kulturhistorisch und kulturwissenschaftlich orientierten Disability Studies, die besagt, dass die Wahrnehmung und Deutung von spezifischen körperlichen Phänomenen als »Behinderung« untrennbar von variablen gesellschaftlichen, historischen und kulturellen Rahmenbedingungen sind, ja dass diese Bedingungen die »Behinderung« erst hervorbringen. Im Zentrum dieser historischen und sozialen Konstitution (und Transformation) von Behinderung steht der Körper. In einer für diese Position repräsentativen Formulierung von Garland-Thomson heißt es: Die »neuen« Disability Studies »analysieren das Durchsetztsein der materiellen Welt mit Bedeutung. In diesem Sinne ist Behinderung eine Geschichte, die wir über Körper erzählen.« (Garland-Thomson 2003: 419) Aus heutiger Sicht erweist sich Behinderung zunehmend als historisch wandelbares Bedeutungsphänomen, das an Diskurse, Wissen und Machtpraktiken gebunden ist. Diese organisieren sich um körperliche Merkmale und Eigenschaften von Individuen oder Populationen. Das Hauptinteresse dieser jüngeren Behinderungsforschung besteht demzufolge darin, solche hochkomplexen Prozesse zu rekonstruieren und kritisch zu analysieren. Sie fokussiert den geschichtlich und kulturell situierten Körper und fragt zugleich, wie das über ihn hervorgebrachte Wissen zur Erzeugung anthropologischer »Wahrheiten« herangezogen wird, wie es sich in Repräsentationen, Institutionen und Praktiken verdichtet und normativ getönte, hierarchische Differenzen zwischen Menschen hervorbringt.

Auf den bisher entwickelten Grundlagen führt das dritte Kapitel in die Geschichte der Monstrositäten und in den »Freak«-Diskurs des 19. Jahrhunderts ein. In zwei historischen Umbruchsphasen – dem Zeitalter der Aufklärung und dem Ende des Ersten Weltkrieges – werden Metamorphosen der Wahrnehmung und Deutung von Behinderung rekonstruiert. Solche Veränderungen spiegeln übergreifende Umorientierungen und Neuausrichtungen in den Wissenschaften vom Leben, die ihrerseits eng mit gesellschaftlichen, politischen und kulturellen Veränderungen verbunden sind. Im Rahmen dieser Kontextualisierung folge ich vor allem der Frage, wie die Naturwissenschaften in ihrer ersten Blütezeit im 19. Jahrhundert neue Vorstellungen von Gesundheit, Krankheit, Behinderung und Abnormität hervorgebracht und zu einem neuen Bild vom Menschen beigetragen haben. Ein wichtiges Element dieses Prozesses sind mediale und öffentliche Repräsentationsformen »außerordentlicher Körper«.

Das vierte Kapitel stellt einen weiteren Themenkomplex der Disability Studies vor: die Repräsentation von Behinderung und Behinderten in der Literatur. Dabei werde ich mich auf drei Aspekte konzentrieren, die es besonders nachvollziehbar machen, wie Behinderung in der Literatur hervorgebracht, interpretiert und mit unterschiedlichen Bedeutungen aufgeladen wird: das Verhältnis von Stoff und Sprache, die Funktion von Metaphern und Prothesen sowie unterschiedliche Konstruktionen von »Innen« und »Außen«, etwa im Verhältnis der äußeren Erscheinung und dem »inneren Wesen« eines Individuums.

Nach den Exkursen in die historische und literarische Körpergeschichte widmet sich das fünfte Kapitel der Klärung der Begriffe »Norm« und »Normalität« sowie ihrer jeweiligen Bedeutung für die Konstruktion von Behinderung. Beide Begriffe sind im Behinderungsdiskurs allgegenwärtig; anders als in vielen Diskussionen sollen sie hier jedoch theoretisch deutlich voneinander abgegrenzt werden. Darüber hinaus untersuche ich am Beispiel der Pränataldiagnostik, inwiefern normalismustheoretische Fragestellungen auch die Analyse konkreter gesellschaftlicher Problemfelder und Diskussionszusammenhänge vorantreiben können.

Nachdem zuvor die These von der Historizität und Kulturalität des Körpers entwickelt wurde, wird im sechsten Kapitel eine innerhalb der Behinderungsforschung kontrovers diskutierte Anschlussthese vorgestellt, derzufolge auch das Konzept der Schädigung als Konstrukt gelten muss.

Dieses für den gesamten Behinderungsdiskurs brisante Thema wird in Form einer kritischen phänomenologischen Gegenthese entfaltet. Am Beispiel der Schmerzerfahrung werden problematische Vereinfachungen einer einseitig konstruktivistischen Orientierung vor Augen geführt. Anknüpfend an die Überlegungen zum Phänomen des Schmerzes wird im letzten Kapitel der Bezug zu den Biowissenschaften der Gegenwart hergestellt. Sie bilden ein einflussreiches gesellschaftliches Feld, in dem höchst kontroverse Positionen aufeinanderprallen. Da die biomedizinische Forschung Fortschritte in der diagnostischen, präventiven und therapeutischen Behandlung von Krankheiten und Behinderungen in Aussicht stellt, ist sie von größtem Interesse für die Disability Studies. Die durch die Biowissenschaften vertretene und forcierte »Ethik des Heilens« ist allerdings teilweise ideologisch geprägt, und eine Ideologie der Leidensvermeidung führt rasch zu der Schlussfolgerung, Behinderung sei ein durch gezielte Prävention oder Intervention zu verhinderndes Übel. Damit erscheinen die Biowissenschaften trotz aller mit ihnen verbundenen Hoffnungen und Verheißungen als potenzieller Nährboden für eugenisch gefärbte Diskriminierungs- und Ausgrenzungstendenzen, die Menschen mit Behinderungen schaden oder sogar unmittelbar gefährden können. Hinzu kommt, dass der molekularbiologische Blick auf den Körper, der für die Biowissenschaften konstitutiv ist, ein radikal anderes Bild vom Menschen zeichnet als etwa die Sozial- und Kulturwissenschaften. So stehen auch die biowissenschaftlichen Modelle von Behinderung in einem schroffen Gegensatz zu entsprechenden sozialen oder kulturellen Modellen, wie sie in den Disability Studies vertreten werden. Mit der Frage, inwieweit mit Körperteilen bzw. Körperfunktionen verbundene Werte intrinsisch oder zugeschrieben sind, wird der Diskussionsfaden aus dem vorangehenden Kapitel im Kontext der Biowissenschaften erneut aufgerollt. Dabei werden gesellschaftliche, politische und kulturelle Argumentationslinien skizziert, die sich gegen eine biologistische Reduktion des Körpers wenden.

Eine Anmerkung voraus: Um die Lektüre zu erleichtern, habe ich die zahlreichen Zitate aus englischsprachigen Texten ins Deutsche übertragen.

# Theorien

# 1. Disability Studies

## Warum Disability Studies?

In den vergangenen Jahren hat in Deutschland eine verstärkte Rezeption der Disability Studies eingesetzt. Ein gemeinsamer Nenner dieses Forschungsfeldes liegt im Versuch, Behinderung neu zu denken. Betrachtet man die Entwicklung in England und den USA, wo sich die Disability Studies bisher am nachhaltigsten etablieren konnten zeigt sich, dass ihr zwei Antriebskräfte zugrunde liegen: eine wissenschaftliche und eine politische. Beide sind historisch eng miteinander verbunden. Die Anfänge der Disability Studies liegen in der politischen Behindertenbewegung. In den USA hatten deren Aktivitäten zur Gründung des Disability Rights Movement geführt, einer sozialen Bewegung, die sich für Gleichberechtigung und Emanzipation einsetzte und begann, Strukturen der gegenseitigen Unterstützung und Solidarität zu schaffen. Die zum großen Teil selber behinderten Mitglieder verfolgten das Ziel, ihre Rechte als gleichberechtigte Bürger der amerikanischen Gesellschaft offen einzuklagen. Neben eigenen biographischen Erfahrungen standen also anfänglich eindeutig politische Zielsetzungen im Vordergrund. In der Folgezeit entwickelte sich auch ein zunehmendes Interesse an wissenschaftlichen und theoretischen Fragestellungen, die von Wissenschaftlerinnen und Wissenschaftlern mit Behinderungen aufgegriffen wurden. Sie begannen, aus ihrer gesellschaftlichen Unsichtbarkeit herauszutreten, und wandten sich einer wissenschaftliche Auseinandersetzung mit besonders vordringlich erscheinenden Problemen zu. Zwar gab es bereits vor der Etablierung der eigentlichen Disability Studies eine ganze Reihe von Autoren, die sich jenseits enger medizinischer oder rehabilitationswissenschaftlicher Grenzen theoretisch mit einzelnen Aspekten des Themas Behinderung befassten – etwa mit der gesellschaftlichen und politischen Stellung von Randgruppen oder mit Prozessen der Marginalisierung und Ausgrenzung (vgl. Linton 1998). Cornelia Renggli (2004) verweist in diesem Zusammenhang besonders auf die Arbeiten von Erving Goffman und Michel Foucault. Doch erst durch die Etablierung der Disability Studies als eigenständige Wissenschaft zur Analyse und Kritik der historisch und kulturell bedingten gesellschaftlichen Situation Behinderter wurden behinderungsbezogene Fragen und Themen zum Herzstück, zum Kern einer ganzen Forschungsrichtung.

Trotzdem bleibt die Verankerung der Disability Studies in gesellschaftlich und politisch relevanten Zusammenhängen eine zentrale Forderung. Wissenschaftliches und gesellschaftlich-politisches Engagement sollen nach den Vorstellungen der meisten Vertreterinnen und Vertreter der Disability Studies eine untrennbare Einheit bilden. Viele von ihnen sehen die Disability Studies als Teil einer übergreifenden Programmatik, die auf das »Empowerment«, die kulturelle Emanzipation behinderter Menschen durch die »Organisierung und Verbindung von Menschen, Ressourcen und Wissen« (Linton 1998: 119) abzielt. Geof Mercer (2002) bezeichnet den konzeptuellen und methodologischen Forschungsrahmen der Disability Studies als »emancipatory disability research« mit vier Grundstrategien: erstens die Ablehnung des individuellen Modells von Behinderung und seine Ersetzung durch ein soziales Modell; zweitens, zur Unterstützung der politischen Kämpfe behinderter Menschen, die Konzentration auf einen nicht-neutralen Forschungsansatz bzw. die Ablehnung von Objektivität und Neutralität als Kriterien der Wissenschaftlichkeit des Behinderungsdiskurses; drittens die Umkehrung der traditionellen Hierarchie von Forschern und Beforschten bzw. der sozialen Beziehungen im Forschungsprozess; viertens Methodenpluralismus (vgl. ebd.: 233).

Eine gleichermaßen persönlich-psychologische wie sozial und politisch emanzipatorische Motivation wird in der Literatur zu den Disabiliy Studies immer wieder herausgestellt. In der Einleitung des 2001 erschienenen *Handbook of Disability Studies,* das einen Überblick und eine Zusammenschau des Forschungsfeldes vorlegt, heißt es dazu programmatisch:

»Für manche ist Behinderung eine persönliche Katastrophe, die möglichst vermieden werden sollte, ein beschämender Zustand, der, wenn er eingetreten ist, geleugnet oder versteckt und nur innerhalb des Zufluchtortes der eigenen Familie und des eigenen persönlichen Raums besprochen werden sollte. Für andere ist Behinderung eine Quelle des Stolzes und der Ermächtigung – Symbol der bereicherten Ich-Identität und der Selbstwertgefühle und zentrale Kraft bei der Herausbildung einer gemeinschaftlichen Absicht, die fundamentalen Werte des Lebens, der Menschenrechte, der staatlichen Zugehörigkeit und der Differenz hervorzuheben und zu feiern. Behinderung ist aus vielen Gründen die Erfahrung einer Neudefinition, die dem individuellen Leben Wert hinzufügt und klarstellt, was es bedeutet, ein Mensch zu sein. Behinderung als Differenz bereichert die Gesellschaft und erzeugt neue Formen sozialer Bindungen, Verantwortlichkeiten und Möglichkeiten für Individuen, Familien und die Gesellschaft.« (Albrecht et al. 2001: 1f.)

Programmatisch ist auch die folgende Passage aus dem Buch von Simi Linton zu verstehen, in der dieses neue Selbstbewusstsein auf sehr prägnante Weise zum Ausdruck kommt:

»Wir sind nicht nur die seit kurzem in der Fernsehwerbung zu sehenden hochmuskulösen Rollstuhlathleten; auch die Schlaksigen, Pummeligen, Plumpen und Unausgeglichenen unter uns erklären, dass wir uns nicht länger von Schamgefühlen diktieren lassen, wie wir uns kleiden oder sprechen. Wir sind längst überall, rollen und hoppeln durch die Straßen, tasten mit unserem Stock, saugen an unserem Beatmungsschlauch, folgen unserem Blindenhund, ziehen und nuckeln an Stangen, die unsere motorisierten Rollstühle antreiben. Wir mögen verzückt sein, Stimmen hören, stakkatohaft reden, uringefüllte Katheter mit uns herumschleppen oder mit einem beschädigten Immunsystem leben. Wir sind alle miteinander verbunden, aber nicht durch die Liste unserer gesammelten Symptome, sondern durch die sozialen und politischen Umstände, die uns als Gruppe zusammengeschweißt haben. Wir haben uns gefunden, und dazu eine Stimme, mit der wir nicht unser Schicksal anklagen, sondern uns über unsere soziale Stellung empören. Unsere Symptome sind – obwohl manchmal schmerzhaft, erschreckend oder schwer in den Griff zu bekommen – trotzdem Teil des Alltagslebens. Es gibt und gab sie in allen Gemeinschaften und zu allen Zeiten. Worüber wir uns empören, das sind die Strategien, die verwendet werden, um uns in unseren Rechten und Möglichkeiten und in unserer ursprünglichen Lebensfreude zu beschneiden.« (Linton 1998: 4)

Doch wer sind »wir«? Gerade auch mit Blick auf die politischen Wurzeln und Zielsetzungen der Disability Studies ist es strittig, ob diese ausschließlich als Forschung *von* Behinderten zu verstehen sind. Obwohl die Ansichten hier auseinander gehen, setzt sich gegenwärtig die Überzeugung durch, dass die Disability Studies auch für nicht behinderte Wissenschaftler offen sein sollten (vgl. Bruner/Dannenbeck 2002).

Auf den ersten Blick können die Disability Studies den Eindruck einer sehr spezialisierten Forschungsrichtung wecken, die einen eher marginalen Ausschnitt der sozialen Wirklichkeit untersucht und durch ihre politische Bindung an Interessen einer gesellschaftlichen Minderheit letztlich partikulare Ziele verfolgt. Tatsächlich geht es um erheblich mehr. Die Disability Studies rücken gesellschaftliche und kulturelle Wandlungsprozesse im Umgang mit den grundlegenden Erfahrungen menschlicher Vergänglichkeit, Krankheit, Gebrechlichkeit und Abhängigkeit in den Blick; sie untersuchen, wie, unter welchen Bedingungen und mit welchen Folgen Deutungsmuster, Theorien und Modelle von körperlicher, geistiger, wahrnehmungs- und verhaltensbezogener, moralischer und kultureller Abweichung, von Abnormität, Andersheit oder Fremdheit entstehen; sie untersuchen ferner, welche Praxen sich um »widersinnige« Formen des Wahrnehmens, Erlebens und Denkens, um erwartungswidrige Formen der Kommunikation, des Verhaltens, des Aussehens und des körperlichen und intellektuellen Funktionierens organisieren. Schließlich fragen sie, wie Gesellschaften Normen herausbilden, und unter welchen Umständen und Voraussetzungen sie Normalitäten produzieren: starre oder flexible Grenzen, die im gesellschaftlichen Feld eine Mitte und einen Rand, aber auch ein Innen und ein Außen erzeugen. Offenkundig ist die Analyse solcher Fragen für die Erforschung der Gesellschaften und Kulturen insgesamt bedeutsam.

Auch aus weiteren Gründen sind die Themen der Disability Studies keineswegs nur für eine Minderheit relevant. Vielmehr dringt das Thema der Behinderung zunehmend ins öffentliche Bewusstsein. Verschiedene Entwicklungen spielen dabei eine Rolle. Dank einer verbesserten gesundheitlichen Aufklärung in den heutigen Informationsgesellschaften ist beispielsweise deutlich mehr über allgemeine gesundheitliche Risiken bekannt als in der jüngeren Vergangenheit – etwa über die fruchtschädigenden Auswirkungen von Alkohol, Drogen und Nikotin oder von Umweltgiften, die in die Nahrungskette gelangen können, ebenso über Pandemien wie AIDS oder schwere Unfälle, die vor keiner Grenze Halt machen und die physische, psychische oder soziale Integrität *aller* Menschen bedrohen. Die Disability Studies verweisen außerdem häufig auf die vieldiskutierte demografische Entwicklung westlicher Gesellschaften, das Altern ganzer Populationen. Unter den ökonomischen Bedingungen der Gegenwart polarisiert und radikalisiert sich die Diskussion über den gesellschaftlichen Umgang mit »den Alten«. Denn einerseits steigt »die Wahrscheinlichkeit, eine Behinderung zu erwerben und/oder dauerhaft auf Pflege anderer angewiesen zu sein« (Tervooren 2002b: 1) für jeden Einzelnen; zugleich wird insbesondere an alten Menschen deutlich, wie durchlässig und fließend die Grenzen zwischen gesund und krank oder behindert sind: »Der im Kontext der US-amerikanischen Behindertenbewegung prominent gewordene Ausdruck ›temporarily abled‹ – zeitweise nicht behindert – greift dieses Kontinuum zwischen Behinderung, Krankheit, Alter und einem Leben ohne Behinderungen provokativ auf.« (Ebd.)

Andererseits flammen immer wieder Debatten über die Kosten auf, die der steigende Bedarf an persönlicher, medizinischer und pflegerischer Versorgung dem Sozialstaat aufzwingt. Diese Debatten bringen zum Teil grundlegende politische und sozialethische Differenzen in der Frage einer realpolitischen oder solidarischen Verteilung von Ressourcen zu Tage.

Die Breite und Aktualität des Forschungsbereichs der Disability Studies wird nochmals deutlicher, wenn man die Entwicklung und den mittlerweile enormen gesellschaftlichen Einfluss der Lebenswissenschaften betrachtet. Biomedizin und Biotechnologie arbeiten heute verstärkt an der Bereitstellung und der gesellschaftlichen und praktischen Implementierung biomedizinischer »Anthropotechniken«, wie etwa molekularbiologische und gentechnologische Therapieverfahren, Pränatal- und Präimplantationsdiagnostik, therapeutisches und reproduktives Klonen, Stammzellforschung oder Transplantationsmedizin. Bevor auch nur wenige der in diesem Umkreis genährten Hoffnungen erfüllt werden können oder bevor für die spezifischen, schwer eingrenzbaren Sicherheitsrisiken dieses neuen Forschungswissens akzeptable Lösungen in Sicht sind, hat die biomedizinische Narration zu einem massiven Wandel unserer individuellen und gesellschaftlichen Erfahrung und Deutung von Geburt, Alter, Krankheit, Behinderung und Tod geführt. Vor dem Hintergrund einer De-facto-Zunahme der Zahl pflegebedürftiger Menschen hat die – immer schon exklusive – Vision eines leidfreien Lebens in einer leidfreien Gesellschaft neuen Auftrieb erhalten. Gesundheit, ja, das Leben selbst erscheint in den heutigen westlichen Gesellschaften tendenziell als »machbares« und kontrollierbares Gut.

## Die Anfänge

Sharon Snyder, Literaturwissenschaftlerin an der University of Michigan, hat mit Blick auf die Entwicklung in den USA festgehalten, dass die Anfänge der Disability Studies aus unterschiedlichen Aktivitäten und Strömungen entstanden sind. Gruppen behinderter Menschen hatten ihre Lebensbedingungen einer Kritik unterzogen und angefangen, »den Diskursen, die nicht mit ihnen, sondern über sie geführt wurden, in künstlerischer, wissenschaftlicher und pädagogischer Hinsicht etwas entgegenzusetzen« (Mitchell/Snyder 2002: 116). Snyder bezieht sich hier auf das Prinzip, das für die Independent-Living-Bewegung von Anfang an Weg und Ziel in einem war: Nichts über uns ohne uns!

Die ersten Anstöße für das Entstehen dieser Bewegung in den USA gingen in den frühen siebziger Jahren von kritischen Analysen der Medizinisierung und der Professionalisierung im System der Behindertenhilfe und Rehabilitation aus (vgl. Braddock/Parish 2001: 48). Menschen mit Behinderungen hatten begonnen, sich gegen ihre Abschiebung und Verwahrung in speziellen Einrichtungen und gegen ihre pädagogische, gesellschaftliche und politische Ausgrenzung und Fremdbestimmung zu wehren. So entstand eine aus unterschiedlichen gesellschaftlichen Gruppen zusammengesetzte, emanzipatorisch orientierte soziale und politische Bewegung, deren zentrale Forderung lautete, Menschen mit Behinderungen selbst müssten behinderungsbezogene Fragestellungen und Themen der Forschung, aber auch der Behindertenpolitik maßgeblich mitbestimmen. Andrew Jakubowicz (Jakubowicz/Meekosha 2002) spricht in diesem Zusammenhang explizit von einer »Politik der Anerkennung«, die die Behindertenbewegung und die Disability Studies bis in die Gegenwart hinein verfolgen. Motiviert und zum Teil auch unterstützt von Aktivisten der schwarzen und studentischen Bürgerrechtsbewegung setzten sich nun immer mehr Menschen mit Behinderungen für eine eigene Vertretung ihrer Interessen ein.[1] Sie hatten erkannt, dass viele der immer wieder erlebten Schwierigkeiten und Hindernisse weniger auf ihre individuellen Schädigungen zurückzuführen waren als auf gesellschaftliche Diskriminierung, fehlende Chancengleichheit und die Existenz zahlreicher Barrieren. Dies wollten sie nicht länger hinnehmen. 1972 entstand das erste Center for Independent Living in den USA mitsamt einem Peer Counseling-Angebot, d.h. Beratungsangeboten von Behinderten für Behinderte.

Im Zuge dieser Entwicklung stellten behinderte Studierende und behinderte Wissenschaftlerinnen und Wissenschaftler fest,»dass ihre eigene Perspektive, Geschichte, Erfahrungen und ihr Wissen im universitären Alltag keine Bedeutung erlangten« (Schönwiese 2005a: 18). Wo über das Thema Behinderung gearbeitet und geforscht wurde, also vor allem in der Medizin und den Sozialwissenschaften, geschah dies so, als ob es sich bei behinderten Gruppen oder Individuen um abgegrenzte Einheiten *außerhalb* des Forschungs-, Schreib-, Veröffentlichungs- und Rezeptionskontextes handelte. In aller Regel kamen behinderte Forscher selbst in den verschiedenen Disziplinen so gut wie gar nicht zu Wort.

1982 wurde dann unter der Federführung des behinderten amerikanischen Soziologen Irving Kenneth Zola die Society for the Study of Chronic Illness, Impairment and Disability gegründet. Nachdem sich eine ganze Reihe von Wissenschaftlern aus den unterschiedlichsten Forschungsbereichen angeschlossen hatte, wurde der Zusammenschluss in Society for Disability Studies umbenannt. Sie verstand sich als eigenständige Forschungsrichtung, die sich aus ihrer Umklammerung durch die Medizin, Psychologie und Behindertenpädagogik zu befreien versuchte. Gegenüber der auf dem Gedanken der Rehabilitation beruhenden Zentralperspektive der genannten Disziplinen ging es in den Disability Studies von Anfang an darum, die unterschiedlichen Lebensbedingungen von Menschen mit Behinderungen und ihre relevanten kulturellen, sozialen, ökonomischen, historischen und rechtlichen Kontexte aus einer inter- oder transdisziplinären Perspektive zu untersuchen. Zola

»war es müde, seine medizinisch orientierten Kollegen über die Einschränkungen ihres wissenschaftlichen Ansatzes aufzuklären, und versuchte stattdessen, eine neue Generation behinderter Studierender zu erreichen, die in der Nachfolge des *Americans with Disabilities Act* (ADA) an ihre Rechte glaubten« (Mitchell/Snyder 2002: 116).

---

**1 |** Die häufig diskutierte Frage nach der Vergleichbarkeit der Disability Studies mit anderen emanzipationsorientierten Forschungsfeldern wie u.a. den Gender Studies, den Cultural Studies oder den Queer Studies wird hier nicht weiter verfolgt.

Er ermutigte sie, Colleges und Universitäten zu besuchen, zu studieren und das komplexe Themenfeld der Behinderung trotz der zu erwartenden Schwierigkeiten und obwohl unterstützende Netzwerke weitgehend fehlten in ihr jeweiliges Fach hineinzutragen. »Auf diese Weise versuchte er, den Menschen ihre eigene Geschichte in Erinnerung zu rufen. Für ihn war zentral, dass sich die Rechte behinderter Menschen, nicht aber die Einstellungen über sie geändert hatten.« (Ebd.)

Während in den Anfangsjahren eine sozialwissenschaftliche Perspektive dominierte, hat sich in den USA im Laufe der Jahre eine deutliche Verschiebung hin zu einer geistes- und kulturwissenschaftlichen Orientierung vollzogen, die gegenwärtig tonangebend ist. Nach Mitchell und Snyder (1997) stand der durchaus breiten Diskussion von Behinderung beispielsweise in der Biologie und der Medizin und den Sozialwissenschaften anfangs eine weitgehende Abwesenheit dieses Themas in den Geisteswissenschaften gegenüber. Das änderte sich erst, als sich eine Reihe – überwiegend selbst behinderter – Wissenschaftler ihrem jeweiligen Fachgebiet mit der Frage näherten, wo, auf welche Weise und mit welcher »Botschaft« das Phänomen Behinderung dort überhaupt thematisiert wurde.

Ungefähr zur gleichen Zeit wie in den USA begann eine vergleichbare Entwicklung in Großbritannien.[2] Dort wurden in den siebziger Jahren erste Versuche unternommen, Behinderung neu zu verstehen. Gegenüber dem medizinischen oder sozial-karitativen Verständnis, in dem Behinderung entweder als individuelle Pathologie oder als Gegenstand sozialer Fürsorge erscheint, kam der Gedanke auf, Behinderung als Form einer komplexen sozialen Unterdrückung zu verstehen.

»Behinderte Personen und Gruppen fingen an, sich selber zu organisieren, um gegen ihre Verbannung in Wohnheime, ihren Ausschluss vom Arbeitsmarkt und von der Möglichkeit, ihren Lebensunterhalt zu verdienen, gegen ihre finanzielle Abhängigkeit sowie ihre erzwungene Armut Widerstand zu leisten.« (Thomas 2004: 32)

Nach Tom Shakespeare ging es anfangs darum,

»die Autorität professioneller und vor allem nichtbehinderter Fachleute in Frage zu stellen, den Einfluss der Wohltätigkeitsveranstaltungen und karitativen Organisationen, die nicht von behinderten Menschen geführt werden, einzudämmen, jeder Form von Gönnerhaftigkeit entgegenzutreten, integrierte Lebensformen zu fördern, die Bürgerrechte neu zu bestimmen und all die Hindernisse zu beseitigen, die behinderte Menschen als solche diskriminieren« (Shakespeare 2003: 428).

---

2 | Einen kurzen Überblick dazu auf politischer und wissenschaftlicher Ebene gibt Tom Shakespeare (2003).

Es entstanden diverse Behindertenorganisationen, von denen die Union of the Physically Impaired Against Segregation (UPIAS) die bekannteste ist. Diese Organisation entwickelte einen soziopolitischen Behinderungsbegriff, und in der Folge dieser Reformulierung fand – durch den Aktivisten und Hochschullehrer Mike Oliver – das Modell der »sozialen Behinderung« Eingang in die britische Diskussion (Thomas 2004: 33). Nach Renggli (2004) fand die erste Lehrveranstaltung in Großbritannien, die den Disability Studies zuzurechnen ist, 1975 an der Open University in Kent unter dem Titel »The handicapped person in the community« statt. Seit 1979 gibt es entsprechende Ausbildungsgänge an britischen Universitäten. Am bekanntesten ist das Centre for Disability Studies an der Universität Leeds.

Auch in Deutschland liegen die Wurzeln der Disability Studies in der politischen Behindertenbewegung. Deren Anfänge reichen, wie Swantje Köbsell (2006b) in ihrem historischen Rückblick zeigt, ebenfalls in die siebziger Jahre zurück. Ein wichtiges Ereignis war die Gründung der so genannten Krüppelgruppen im Jahr 1978 durch Horst Frehe und Franz Christoph, die eine explizite und für viele provokativ wirkende »Krüppelposition« zum Thema Behinderung entwickelten. Dieser Position zufolge sind Behinderte eine unterdrückte soziale Minderheit, die einem erheblichen Anpassungsdruck bezüglich gesellschaftlicher Werte, Ideale und ästhetischer Normen ausgesetzt ist. Besonders angeprangert wurde die Segregation in Behinderteninstitutionen, Behindertensonderschulen und Behinderten-Rehabilitationseinrichtungen. Das folgende Zitat von Udo Sierck bringt die »Krüppelposition« auf den Punkt:

»[...] die Herabsetzung, die Aussonderung oder die körperliche Vernichtung von Krüppeln ist kein Phänomen der jüngsten Vergangenheit, sondern ein kontinuierlicher Prozess, an dem bis zum heutigen Tag die Denker ihrer Epochen, die geistlichen Würdenträger und nicht zuletzt Mediziner oder Sonderpädagogen ihren Anteil tragen. Auf der anderen Seite stehen die Krüppel: erniedrigt zum Objekt, mit dem Tier auf eine Stufe gestellt, zur Anbiederung an die Normalität gezwungen, zur Verachtung des eigenen Andersseins gedrängt – eine Geschichte des Krüppels als akzeptierter Mensch existiert nicht.« (Sierck 1987: 27)

1980 kam es zu Protesten gegen ein in Frankfurt gefälltes Urteil, das dem Antrag einer Urlauberin stattgegeben hatte, die den Anblick Behinderter als Grund für eine Minderung ihrer Reisekosten geltend machen wollte – nach Köbsell (2006b) stellen diese Proteste die Geburt der Behindertenbewegung dar. Schon 1981, im durch die UN ausgerufenen Internationalen Jahr der Behinderten, kam es mit zahlreichen Aktionen zu einem ersten historischen Höhepunkt der Bewegung. Zu den wichtigsten Aktionen gehörte das »Krüppeltribunal«, bei dem behinderte Menschen aus ganz Deutschland in Düsseldorf ihre alltäglichen entwürdigenden Diskriminierungserfahrungen öffentlich machten. Von Anfang an folgte die deutsche

Behindertenbewegung den politischen und gesellschaftlichen Leitideen der Nichtaussonderung und Selbstbestimmung. Zu ihrer Umsetzung wurden Zentren für Selbstbestimmtes Leben gegründet, das erste 1986 in Bremen. Im Zuge dieser Entwicklung bildete sich eine Reihe von Grundsätzen für ein selbstbestimmtes Leben Behinderter heraus, die auch die Entwicklung der Disability Studies »entscheidend mitgeprägt« (Miles-Paul 2006: 31) und bis heute nichts von ihrer Bedeutung verloren haben:

1. »Anti-Diskriminierung und Gleichstellung behinderter Menschen
2. Entmedizinisierung von Behinderung
3. Nichtaussonderung und größtmögliche Integration in das Leben der Gemeinde
4. größtmögliche Kontrolle über die Dienstleistungen für Behinderte durch Behinderte
5. Peer Counseling, Peer Support und Empowerment als Schlüssel zur Ermächtigung Behinderter.« (Ebd.: 35)

Wie Anne Waldschmidt hervorhebt, wurden bereits in den Anfangsjahren der Behindertenbewegung in Deutschland zentrale Fragestellungen und Themen der Disability Studies bearbeitet auch wenn dieser zusammenfassende Oberbegriff noch nicht verwendet wurde. Zu nennen sind hier historische Arbeiten zum Themenkreis Eugenik und Euthanasie, die auch nach thematischen, politischen und personellen Kontinuitäten zwischen der NS-Zeit und Nachkriegsdeutschland fragen, sowie kritische, vor allem im Kontext der so genannten Singer-Debatte 1989 angesiedelte Diskussionen zu Gentechnologie und Bioethik oder Fragestellungen zum Zusammenhang von Behinderung und Geschlecht. In den neunziger Jahren kamen neue Themen hinzu, etwa rechtswissenschaftliche Untersuchungen zu den Menschenrechten und zur grundrechtlichen Gleichstellung von Menschen mit Behinderungen. In den vergangenen Jahren sind schließlich erste kulturwissenschaftlich orientierte Forschungen und Arbeiten zur *disability culture* (vgl. Waldschmidt 2005: 11f.) entstanden. Marksteine bei der Etablierung der dann auch explizit unter diesem Titel auftretenden Disability Studies in Deutschland waren die Tagung und Ausstellung »Der (im-)perfekte Mensch« (2001) und die Tagung »PhantomSchmerz« (2002), die jeweils das Dresdner Hygiene-Museum gemeinsam mit der Deutschen Behindertenhilfe – Aktion Mensch e.V. veranstaltet hat, ferner die Gründung der Arbeitsgemeinschaft »Disability Studies in Deutschland« 2002 sowie die Sommeruniversität »Disability Studies in Deutschland – Behinderung neu denken« 2003 in Bremen. Inzwischen sind eine ganze Reihe von Einzelbeiträgen und einige Sammelbände veröffentlicht worden, Zeitschriften wie *Psychologie & Gesellschaftskritik* (2005), *Behindert(e) in Familie, Schule und Gesellschaft* (2005) und *Gemeinsam leben* (2006) haben spezielle Themenhefte herausgebracht. Insbesondere die Arbeiten von Waldschmidt

(2003a; 2005) stehen für den Versuch, kulturwissenschaftliche Methoden und Fragestellungen für die deutschen Disability Studies fruchtbar zu machen. Dazu sind jedoch erst einzelne Skizzen vorgelegt worden. Im weiteren Verlauf werde ich versuchen, die Bedeutung kulturwissenschaftlicher Perspektiven in den Disability Studies deutlicher zu konturieren.

## Ein neues Forschungsfeld

Linton bezeichnet in ihrem einführenden Buch *Claiming Disablity* die Disability Studies als Perspektive und Instrument einer kritischen Reflexion über Behinderung. Sie schreibt dem weitgefächerten Forschungsfeld die doppelte Funktion zu, sowohl dem akademischen Diskurs als auch dem sozialen Wandel zu dienen (vgl. Linton 1998: 1). Volker Schönwiese begreift die Disability Studies als »eine sozial- und kulturwissenschaftlich reflexive, aber auch handlungsbezogene und politische Wissenschaft« (Schönwiese 2005a: 18). Das Thema der Disability Studies ist nach Linton nicht einfach die Fülle der

»Variationen, die im Verhalten, in der Erscheinung, Funktion, Sinnesschärfe und in den kognitiven Prozessen von Menschen auftreten, sondern auch, und noch entscheidender, die Bedeutung, die wir diesen Variationen geben. Das Feld erkundet die problematischen Aufteilungen, die unsere Gesellschaft vornimmt, indem sie das Normale gegen das Pathologische erzeugt, den Zugehörigen und den Nichtzugehörigen, den kompetenten Bürger gegen das Mündel des Staates.« (Linton 1998: 2)

Obwohl sich die grundlegenden Programmatiken in Großbritannien und den USA gleichen, haben sich jeweils unterschiedliche Forschungsperspektiven herausgebildet. Während in Großbritannien das soziale Modell von Behinderung bevorzugt wird, dominiert in den USA eine transdisziplinäre Perspektive.

Das soziale Modell versteht Behinderung »als Resultat einer sozialen Übereinkunft [...], die Einschränkungen in den Aktivitäten Behinderter durch die Errichtung sozialer Barrieren bewirkt« (Thomas 2004: 33). Dieses Modell »wurde zu *dem* Leitmotiv der Disability Studies in Großbritannien« (ebd.). Es fokussiert das Konzept der Behinderung als eine Form »sozialer Unterdrückung« (ebd.: 41). Nach Carol Thomas ist hiermit nicht gemeint, dass »*alle* Einschränkungen, die Menschen mit einer Schädigung erfahren, durch soziale Barrieren verursacht werden« (ebd.: 38). Vielmehr entsteht Behinderung dann, wenn »Strukturen und Praktiken dahingehend wirken, dass sie Personen mit einer Schädigung durch Einschränkungen ihrer Aktivität benachteiligen und ausschließen« (ebd.). Mark Priestley, ein englischer Wissenschaftler vom Centre for Disability Studies der Universität von Leeds, nennt folgende Schlüsselfragen und -themen der Disability

Studies: »Was ist Behinderung? Was verursacht Behinderung? Warum untersuchen wir Behinderung? Was ist der Gegenstand unserer Untersuchung? Wie können wir den Gegenstand untersuchen?« (Priestley 2003: 23).

Im expliziter transdisziplinären Forschungsfeld der US-amerikanischen Disability Studies spielen hingegen geistes- und kulturwissenschaftliche Herangehensweisen eine bedeutende Rolle. So schreibt Linton:

»Die Disability Studies sind als reflexive Grundlage für Untersuchungen der Konstruktion und Funktion von ›Behinderung‹ entstanden. Resultat dieser wissenschaftlichen Explorationen und der Initiativen des *Disability Rights Movement* sind neue Paradigmen, die angewendet werden, um Behinderung als soziales, politisches und kulturelles Phänomen zu verstehen.« (Linton 1998 3)[3]

Gegenüber dem sozialen Modell, das mit sozialwissenschaftlichen Erklärungsmodellen arbeitet, liegt hier stärkeres Gewicht auf längerfristigen kulturellen Prozessen, dem historischen Wandel von gesellschaftlichen (etwa wissenschaftlichen) Diskursen und Praxen. Tervooren hält beispielsweise fest, dass Behinderung »eine sowohl auf die Geschichte des Subjekts als auch auf Geschichte allgemein bezogene Kategorie [beschreibt], deren Veränderlichkeit und Stabilität die Disability Studies herausarbeiten« (Tervooren 2003: 47).

Wie bereits angedeutet, war eine Analyse und Kritik des medizinischen Modells von Behinderung der erste große Themenkomplex, dem sich die Disability Studies zuwandten. Die Entstehung der Disability Studies war eng mit der Motivation verknüpft, eine grundlegende Kritik an verengten, einseitigen, inadäquaten und ungenauen Konzeptualisierungen von Behinderung zu erarbeiten, die das Denken über Behinderung beherrschen.

---

**3** | Der Begriff »Konstruktion« ist im Kontext der Disability Studies weit verbreitet, nimmt jedoch in unterschiedlichen theoretischen Kontexten unterschiedliche Bedeutungen an. Ian Hacking unterscheidet zwischen Konstruktion als Interpretation, Prozess oder Produkt, drei Bedeutungen, die in den Disability Studies wiederkehren. Wie Hacking ebenfalls beobachtet hat, wird der Begriff vor allem verwendet, um eine kritische Haltung zum Status quo zu markieren. Konstruktion meint häufig: »X hätte nicht existieren müssen und müsste keineswegs so sein, wie es ist. X – oder X, wie es gegenwärtig ist – ist nicht vom Wesen der Dinge bestimmt; es ist nicht unvermeidlich.« (Hacking 1999: 19) Manche Konstruktivisten gehen darüber hinaus davon aus, dass X, so wie es gegenwärtig ist, etwas Schlechtes ist und daher am besten »abgeschafft oder zumindest von Grund auf umgestaltet würde« (ebd.). Aufgrund der relativen Mehrdeutigkeit des Terminus verwende ich ihn hier nur, wenn er in den angeführten Texten selbst eine zentrale theoretische Bedeutung besitzt.

Im Mittelpunkt stand zunächst die einschneidende Relativierung der Vorstellung, Behinderung sei eine primär medizinische Kategorie.

>»Indem die Gesellschaft sich darauf einigt, Behinderungen eine medizinische Bedeutung zu geben, willigt sie ein, das Thema im Zuständigkeitsbereich der Medizin zu halten, Behinderung als persönliche Angelegenheit festzuschreiben und den Zustand und die Person mit diesem Zustand zu ›behandeln‹, anstatt die sozialen Prozesse und die Politik, die das Leben behinderter Menschen behindern.« (Linton 1998: 11)

Als Folge dieser Kritik wurde bald die geläufige Arbeitsteilung in den Wissenschaften abgelehnt. Nach deren bisheriger Logik war die Erforschung von Behinderung ausschließlich Aufgabe spezialisierter anwendungsbezogener Wissenschaften, vor allem der Medizin, Psychologie, Rehabilitationswissenschaften und Sonderpädagogik etc.; die übrigen Wissenschaften erschienen hier weitgehend inkompetent. Dies versuchen die Disability Studies bis heute zu ändern. Entsprechend bildet nach Waldschmidt (2003a) die Kategorie »Behinderung« selbst den eigentlichen Gegenstand dieser Forschung. Von der epistemologischen Plastizität dieser Kategorie ausgehend, müssen kulturelle, historische und gesellschaftliche Prozesse untersucht werden, die unsere Wahrnehmung, unser Denken und Handeln formen, regulieren und kontrollieren. Ziel dieser Forschungsausrichtung ist erstens eine Rekonstruktion von gesellschaftlichen und kulturellen Modellen, Theorien oder »Bildern« der Behinderung, von wissenschaftlichem und Alltagswissen und nicht zuletzt von moralischen bzw. Sinnzuschreibungen, die unsere Vorstellungen und unser Denken über Behinderung prägen. Zweitens analysieren die Disability Studies die spezifischen Formen der Produktion, gesellschaftlichen Implementierung und Tradierung solcher Muster. Mit Schönwiese kann man drittens Fragen nach eigentümlichen Sozialisationsformen bei Menschen mit Behinderungen und weitere biographische Aspekte anführen. Aus dieser großräumig angelegten Programmatik ergeben sich viele Forschungsfragen, etwa die folgenden:

»Wie stellt sich die Verfolgungsgeschichte von behinderten Männern und Frauen dar, wo, unter welchen Bedingungen wurden und werden sie zu gesellschaftlichen Sündenböcken, wo und wie lebten sie sehr unauffällig, wurden akzeptiert und unterstützt, wie wurden sie wissenschaftlich entdeckt und behandelt, welche Funktion hatten behinderte Frauen und Männer in antiken Gesellschaften und Kulturen, im christlich dominierten Mittelalter, in der Neuzeit und Aufklärung? Wie entwickelte sich der Blick auf den behinderten Körper? Wie können Biographien von behinderten Männern und Frauen erforscht und geschrieben werden? Seit wann hat es Widerstand von Betroffenen gegen die Behindertenrolle gegeben und wie setzte der sich um? Welche Funktion haben behinderte Personen in der (Welt-)Literatur? Wie war und ist ihre rechtliche Stellung? Welche Funktion haben die Darstellungen von Behinderung in den Medien, wie beeinflussen Sichtweisen von Wissenschaft die Lebenssituation von behinderten Mädchen und Buben, Jugendlichen und Erwachsenen? In welcher Form ist Geschlechterforschung in Zusammenhang mit der Lebenssituation von behinderten Frauen und Männern zu betreiben? Wie beeinflussen die gesellschaftlichen Haltungen – wie z.B. die generelle Angstabwehr gegenüber Behinderten – die Biographie von Behinderten und alle Erziehungs- und Bildungsinstanzen?« (Schönwiese 2005a: 18f.)

Neben oder im Zusammenhang der Bearbeitung dieser und weiterer Fragen setzen sich die Disability Studies auch kritisch mit Themen wie Autonomie, Kompetenz, Ganzheit, Normalität, Unabhängigkeit und Abhängigkeit, Gesundheit, körperliche Erscheinung und Ästhetik, Fortschritt und menschliche Perfektibilität auseinander. Diese Themen kehren im Diskurs über Behinderung westlich geprägter Kulturen über Epochengrenzen hinaus wieder. Von Interesse ist daher nicht nur eine kritische Betrachtung dieser Begriffe und Konzepte sowie ihrer Auswirkungen auf das dominierende Menschenbild, sondern auch die Rekonstruktion ihrer Entstehung und die Analyse ihrer historischen Transformationen.

Die sozial-, geistes- und kulturwissenschaftliche Erforschung dieser und anderer Themen erfolgt in den Disability Studies vor dem Hintergrund eines radikalen Perspektivwechsels. Nicht die Abweichung, die Pathologie, die irritierende Andersartigkeit,»der Störfall« wird hier in den Blick genommen; vielmehr wird die Kategorie Behinderung verwendet, um die»Mehrheitsgesellschaft« (Waldschmidt 2005a: 16) zu rekonstruieren und von deren Analyse aus nach den Auswirkungen und Folgen für Behinderte zu fragen. Es wird erforscht,

»wie kulturelles Wissen über Körperlichkeit produziert wird, wie Normalitäten und Abweichungen konstruiert werden, wie Differenzierungskategorien entlang körperlicher Merkmale etabliert werden, wie gesellschaftliche Praktiken der Ein- und Ausschließung gestaltet sind, wie personale und soziale Identitäten geformt und neue Körperbilder und Subjektbegriffe geschaffen werden« (ebd.: 16f.).

Hierbei ist die Überzeugung leitend, dass alle sozialen Phänomene, also auch Behinderungs- und Schädigungskonzepte, von »kulturellen Ideen und diskursiven Praktiken« (Thomas 2004: 46) durchzogen sind und durch diese hervorgebracht werden. Die mit neueren kulturwissenschaftlichen Fragestellungen arbeitenden Disability Studies gehen grundsätzlich davon aus, dass Modelle, Theorien und Klassifikationssysteme von Behinderung Teile spezifischer Wissenskulturen sind, die ihrerseits in einen übergreifenden historischen und kulturellen Kontext eingebunden sind, aus dem sie hervorgehen und mit dem sie sich verändern. Somit wird das Denken über oder von Behinderung nicht getrennt von historischen, kulturellen und sozialen Prozessen betrachtet. Untersucht werden vielmehr u.a. religiöse Vorstellungen, medizinische Überzeugungen und Praxen, Sprachen, Kommunikationen und Imaginationen, aber auch gesellschaftliche Rituale zur Bewältigung des Erwartungswidrigen und Fremden, Normen- und Wertesysteme, Mentalitäten und psychosoziale Befindlichkeiten, wie sie sich beispielsweise in Gesetzestexten, Ratgebern oder in der Kunst artikulieren.

Die Naturwissenschaften und ihre Diskurse ziehen nicht allein die Aufmerksamkeit der Disability Studies auf sich. Doch sind sie für diese, wie sich in den nachfolgenden Kapiteln immer wieder zeigen wird, von besonderem Interesse. Da sie seit ihren Anfängen an der Produktion von normativem Wissen über Behinderung beteiligt waren, stehen sie auch häufig im Zentrum der Kritik der Disability Studies. Hierzu ein längeres, polemisch zugespitztes Zitat von Linton:

»In jeder Disziplin oder in jedem Forschungsbereich gibt es spezifische Wahrheiten, die es zu verbreiten gilt. Und spezifische Lügen. Eine Lüge, die die Literatur erzählt, lässt sich in den Metaphern vernehmen, mit denen Analogien zwischen Behinderung und Empfindungslosigkeit oder dem Bösen oder Unfähigkeit gestiftet werden. Die Psychologie lügt, wenn sie durch Theorie und Messung das Konzept der Normalität reifiziert. Die Lügen der Anthropologie finden sich in der Konstruktion kultureller Vorstellungen von Behinderung, die nur auf Angaben nicht behinderter Menschen beruhen. Die Geschichtsschreibung erzählt Lügen, wenn sie die Sichtweisen behinderter Menschen und anderer marginalisierter Gruppen aus den Annalen streicht oder Informationen über die Behinderungen öffentlicher Personen eliminiert. Die Frauenforschung lügt, wenn sie die Perspektive behinderter Frauen ausschließt und weiter globale Aussagen über weibliche Gefühle und Erfahrungen macht. Die Pädagogik bietet die Idee an, dass Behinderte und Nichtbehinderte getrennte Gruppen sind, die am besten in getrennten Klassen unterrichtet werden – von Lehrern, die getrennt ausgebildet wurden. Die von der klinischen Psychologie und der Beratung gestreuten Lügen sind ähnlich: Die Bedürfnisse und Probleme behinderter Menschen sollen sich hinreichend von denjenigen nicht behinderter unterscheiden, damit ›Rehabilitationspsychologen‹ und ›psychologische Betreuer‹ genannte Spezialisten benötigt werden, um sie zu behandeln. Die Soziologie fabriziert ein Zentrum, um dann das Konzept der Abweichung zu produzieren, um wiederum die Zentralität nicht behinderter Menschen zu bekräftigen. Die Medizin erzählt Lügen, wenn sie Unterschiede auf Defizite, Mängel oder Pathologien reduziert.« (Linton 1998: 182f.)

Wie das Zitat belegt, werden in den Disability Studies auch die Sozialwissenschaften, die Erziehungswissenschaft und die Psychologie einer grundsätzlichen Kritik unterzogen: Zwar haben diese Disziplinen sich um eine Abkehr von medizinischen Modellen bemüht, jedoch um den Preis, Behinderung als Normabweichung zu konzeptualisieren. Ebenfalls wird es kritisiert, wenn diese Wissenschaften ihre Aufmerksamkeit auf individuelle Bewältigungs-, Verarbeitungs- oder Kompensationsprozesse konzentrieren und hieraus – entsprechend individualisierend – ableiten wollen, wie interveniert, geholfen oder gefördert werden kann.

Zusammenfassend gesagt, geht es in den unterschiedlichsten Verzweigungen der Disability Studies darum, dem traditionell individualisierenden, defekt-, defizit- oder schädigungsbezogenen Verständnis von Behinderung ein weit über das ambivalente Integrationsgebot hinausgehendes theoretisches Modell entgegenzusetzen, das mit dem Anspruch verknüpft ist, den gesellschaftlichen und politischen Umgang mit der Differenz zu verändern. Anders als in der Medizin oder der Pädagogik steht hier nicht die verbesserte Therapie von Behinderung oder die Optimierung der pädagogischen Förderung behinderter Menschen im Vordergrund, die beide traditionell das Ziel möglichst weitgehender »Heilung«, »Rehabilitation« oder »Kompensation« verfolgen. Veränderungswürdig und veränderungsfähig erscheinen in der Perspektive der Disability Studies vielmehr gesellschaftlich-kulturelle Verhältnisse, die offen oder latent behindertenfeindliche, abwertende oder unterdrückende Lebensumstände und Handlungsweisen hervorbringen. Die Wissenschaften werden dabei keineswegs pauschal kritisiert, sondern als Institutionen der Verwaltung und Hervorbringung von Wissen, die wirkungsmächtig gesellschaftliche Praxen gestalten, untersucht und zur Verantwortung gezogen. Kritisiert werden durch Vorurteile, Traditionen und Partikularinteressen geprägte Vorannahmen, aufgrund deren die Wissenschaften – als führende Stimmen der modernen Informationsgesellschaft – oftmals einer riskanten Festschreibung von Behinderung als Problem und Pathologie zuarbeiten.

Neben den bisher genannten Aspekten, die das Forschungsprogramm der Disability Studies bestimmen, sind noch zwei weitere wichtige Gesichtspunkte erwähnenswert. Wie schon angedeutet, legen zum einen die meisten Wissenschaftler einen weiten Begriff von Behinderung zugrunde, der »neben unsichtbaren Behinderungen auch Krankheit und Alter einbezieht und ein Kontinuum zwischen behinderten und nichtbehinderten Körpern umreißt« (Tervooren 2003: 47). Zum anderen stellen die Disability Studies aufgrund ihrer komplexen Fragestellung eine »Struktur für Forschung und Theoriebildung bereit«, die »quer durch die Disziplinen« (Linton 1998: 117f.) zum Tragen kommen kann.

»Die sozialen, politischen und kulturellen Analysen der Disability Studies bilden ein Prisma, durch das ein allgemeineres Verständnis der [...] Differenz zwischen Menschen erreicht werden kann.« (Ebd.)

Während die Disability Studies heute teilweise als transdisziplinärer Forschungsansatz auftreten, konnten sie sich in manchen Ländern als universitäre (Querschnitts-)Disziplin mit eigenen Lehrgebieten und Professuren etablieren (vgl. Renggli 2004: 21). Ihr Ziel soll »nicht darin bestehen, eine bestehende Disziplin zu ersetzen, sondern etwas Neues hinzuzufügen« (ebd.: 22).

## Entwurf einer kulturwissenschaftlichen Perspektive

Im vorangehenden Abschnitt hat sich bereits der hohe Stellenwert kritischer Forschung für die Disability Studies abgezeichnet. Neben zentralen Themen und einigen methodischen Grundlinien wurde außerdem angedeutet, dass die Disability Studies aufgrund und im Rahmen ihres Behinderungsbegriffs wissenschaftskritisch auftreten bzw. disziplingebundene und -affirmierende Denkmuster in Frage stellen. Entsprechend wurde auch festgehalten, dass die kultur- und wissenshistorischen Rekonstruktionen der Disability Studies nicht nur für Menschen mit Behinderungen von Interesse sind, sondern der Analyse der Gegenwartsgesellschaft und ihrer Wissensordnung dienen können. In diesem Abschnitt soll nun kurz expliziert werden, auf welche Weisen die Disability Studies diese sozial und politisch relevante Erweiterung ihres Gegenstandsbereichs versuchen. Dies soll in zwei Schritten geschehen. Zunächst zeichne ich ein Spektrum methodischer bzw. theoretischer Zugänge zu Fragen der Disability Studies nach, um anschließend die Bedeutung kulturwissenschaftlicher Theorieperspektiven für die Disability Studies zu erläutern.

### a) Methodische und wissenschaftstheoretische Aspekte

In einem Aufsatz aus dem Jahr 2003 arbeitet Albrecht den Einfluss des amerikanischen Pragmatismus auf die Disability Studies heraus; nach seiner Einschätzung bildet er eine ihrer wichtigsten wissenschaftstheoretischen Quellen. Albrecht zeigt in seiner Überblicksarbeit, dass verschiedene methodische und wissenschaftstheoretische Ansätze für die Disability Studies wichtig sind – strikt empirische Arbeiten ebenso wie die Analyse sozialer Realitäten und politischer Rahmenbedingungen sowie die Erforschung der subjektiven Erfahrung behinderter Menschen. Darüber hinaus sollen die Disability Studies die Relativität und kulturelle Bedingtheit unterschiedlicher Verhaltenskonzepte sowie die Bedeutung unterschiedlicher Paradigmen für forschungsmethodische Fragen reflektieren (vgl. Albrecht 2003: 28f.). Albrecht unterscheidet in seiner Systematik zwischen quantitativen und qualitativen Methoden sowie einer gesellschaftstheoretischen bzw. strukturalistischen Perspektive.

*Quantitative Methoden*: Quantitativ-empirische Methoden spielen in den Disability Studies durchaus eine Rolle. Trotz der historisch zum Teil hochproblematischen Implikationen der Populationsstatistik sind demografische und epidemiologische Daten, die spezifische Charakteristika einer Bevölkerung erfassen, unverzichtbar – beispielsweise um bestimmte Gesundheitsprobleme zu definieren oder zu objektivieren, passende und zweckmäßige Interventionen einzuleiten sowie den Erfolg oder Misserfolg solcher Interventionen überprüfen zu können. Die statistische Erfassung von Behinderungen oder damit verbundenen Problemen dient insofern der Information von behinderten Menschen selbst sowie von Verwaltungen, Politikern und Wissenschaftlern. Ungeachtet der Gefahr einer erneuten Stigmatisierung, die mit jeder Quantifizierung, Objektivierung oder (Re-) Definition von Behinderung assoziiert ist, sind zuverlässige Daten unerlässlich, um die Gesundheitsversorgung zu verbessern, medizinische und soziale Dienste in angemessener Form bereitzustellen oder beispielsweise die Umwelt behindertengerecht zu verändern.

*Qualitative Forschung:* Die zweite von Albrecht genannte Forschungstradition wird von einer Soziologie vertreten, die sich ihren Themen in eher qualitativer oder lebensweltorientierter Perspektive nähert. Diese Forschungsrichtung hat häufig eine stark sozialkonstruktivistische Ausrichtung und betont einerseits die Bedeutung der individuellen Erfahrung sowie andererseits diejenige der Kultur und verschiedener Kontexte, um individuelles Verhalten zu interpretieren und zu verstehen. Ebenso zentral ist es, die Stimmen der untersuchten Menschen selbst vernehmbar zu machen und mit ihnen in einen Dialog einzutreten. Aus dieser qualitativen und interaktionistischen Forschungsperspektive ist als wohl bedeutendste Richtung der *Symbolische Interaktionismus* in der Tradition von George Herbert Mead hervorgegangen:

»Wesentlich für diese Perspektive ist, dass Menschen sich nicht direkt auf die Welt beziehen, sondern sie mit sozialen Bedeutungen versehen, sie organisieren und auf der Basis dieser Bedeutungen auf sie reagieren. Folglich leben wir sowohl in einer symbolischen als auch in einer physischen Welt, in der das soziale Leben einen andauernden Prozess beinhaltet, unseren eigenen Handlungen und denjenigen anderer Bedeutung zuzuschreiben und sie innerhalb dieses Rahmens zu interpretieren.« (Albrecht 2003: 36)

Wichtig in diesem Kontext sind folgende Grundfragen:

»Wie wird eine Schädigung zu einer Behinderung? Was bedeutet Behinderung für Menschen mit verschiedenen Schädigungen und in unterschiedlichen Kulturen? Wie wird Behinderung subjektiv erfahren? Wie nehmen andere Behinderung wahr, definieren sie und reagieren auf sie? Liegt Behinderung im Individuum, in der Umwelt oder in der Interaktion zwischen beiden? Wie verhalten sich professionelle Mediziner und medizinisches Personal gegenüber behinderten Menschen und warum?« (Ebd.)

An anderer Stelle verweist Albrecht auf die Notwendigkeit der Erforschung diskursiver Praktiken: Wer spricht mit wem, wann, wie, warum, mit welchen Zielen und mit welchen Folgen im gesellschaftlichen und wissenschaftlichen Diskurs über Behinderung?

»Wer hat das Rede- und Deutungsrecht? Was konstituiert eine Diskursgemeinschaft oder eine Gemeinschaft von Wissenschaftlern? Welche Kriterien regeln den Zugang zu solchen Gemeinschaften? Wie wird ein Argument gebildet? Wie werden Gründe eingeführt, die andere von dessen Wahrheit und Nützlichkeit überzeugen können? Wie beeinflussen kulturelle und historische Kontexte die Bestimmung und Deutung einzelner Situationen und ›Fakten‹? Wie werden Belege, Theorien und Argumente in eine Sozialpolitik übersetzt, die die Macht hat, Verhaltensformen zu verändern und Hierarchien und Strukturen von Institutionen neu zu regeln?« (Ebd.: 29)

*Die gesellschaftstheoretische und strukturalistische Perspektive*: Während die qualitative Sozialforschung und der Symbolische Interaktionismus eine (oft sozialpsychologisch gefärbte) Lebensweltorientierung aufweisen, ist eine weiter gefasste Perspektive durch ihr Interesse für die Gesellschaft, die Ökonomie und strukturelle Prozesse gekennzeichnet. Ein Beispiel für die hier auftauchenden Gegenstände ist nach Albrecht die »soziale Konstruktion von Behinderung als soziales Problem und die Entwicklung einer Rehabilitationsindustrie als institutionalisierte Antwort darauf« (ebd.: 42). Dieser Prozess ist nicht nur von ökonomischen und strukturellen Faktoren abhängig, sondern auch von einem kulturellen Wertesystem. In den USA haben der Individualismus, der Kapitalismus und die amerikanische Form der Demokratie großen Einfluss darauf geübt, wie Behinderung aufgefasst wurde und wie sich die institutionelle Antwort darauf organisiert hat. Zentral ist hier die Überzeugung, Behinderung sei ein individuelles Problem, mit dem die behinderte Person selbst umgehen müsse. Zugleich werden Güter oder Dienstleistungen aus dem Bereich der Rehabilitation auf einem eigenen Markt gehandelt. »Behinderung ist ein Milliardengeschäft [...] auf einem kapitalistischen Marktplatz, wo behinderten Menschen zu helfen *und* Geldverdienen wichtige Ziele sind« (Albrecht 2003: 43). Die Behinderungs- und Rehabilitationsindustrie umfasst u.a. Pflege- und medizinische Fachkräfte, Krankenhäuser, Therapieeinrichtungen und häusliches Pflegepersonal, Einrichtungen für unterstütztes Wohnen und Arbeiten, die pharmazeutische Industrie, Hersteller von medizinischem Bedarf und Rehabilitationstechnologien, Versicherungsgesellschaften, spezialisierte Architekten und Juristen, Lobbygruppen und Verbände. Albrecht zufolge hat die behinderte Person, um die sich dieses rehabilitationsindustrielle Netzwerk organisiert, die geringste Macht.

Die im zweiten und dritten Punkt genannten Themen und Probleme sind auch für eine kulturwissenschaftliche Perspektive in den Disability Studies, wie sie hier entwickelt werden soll, von zentraler Bedeutung. Wie in den neueren Kulturwissenschaften wird hier ein wesentlich pluralischer

Begriff von »Kulturen« zugrunde gelegt. Darauf möchte ich zunächst eingehen.

## b) Kultur und Kulturwissenschaften

»Kultur« stammt vom lateinischen Verb »colere« ab und bedeutet ursprünglich »(be-)bauen, (be-)wohnen, pflegen, ehren« (Schwemmer 2004: 508). »Cultura« bezieht sich sowohl auf den Landbau als auch auf die Pflege körperlicher und geistiger Güter. Zu Letzterem gehören auch die Tätigkeit des »Anbetens« bzw. »kultische« Handlungen wie etwa genau geregelte und von bestimmten unhinterfragbaren Annahmen getragene Opferriten. Aus der etymologischen Wurzel des Kulturbegriffs haben sich allerdings höchst unterschiedliche Bedeutungen und Anwendungen entwickelt. So gibt es heute einen engen Kulturbegriff im Sinne von künstlerischer oder kreativer Arbeit, der auch den Genuss der entsprechenden Produkte einschließt. Mit diesem Verständnis ist nur ein kleiner und sehr spezieller Bereich von Kultur als Gegenstand der Kulturwissenschaft erfasst. Der Kulturbegriff der Kulturwissenschaften ist gegenüber dieser häufig auch wertenden Semantik – wie im Gegensatz von »kultiviert« versus »ungebildet«, »primitiv« – deutlich umfassender angelegt. Nach einer Definition von Klaus P. Hansen meint Kultur die »Gesamtheit der Gewohnheiten eines Kollektivs« (Hansen 2003: 17f.) Oswald Schwemmer bezeichnet Kultur als »die Gesamtheit aller derjenigen Leistungen und Orientierungen des Menschen, die seine ›bloße‹ Natur fortentwickeln und überschreiten« (Schwemmer 2004: 508). Gemeint ist damit der gesamte Komplex aus Brauchtum, Moral, Glauben, Wissen, sozialen Ordnungsvorstellungen, Normen, Werten, Institutionen etc. einer Gesellschaft. Insofern umfasst Kultur alltägliches praktisches Handeln, Kunst, Religion, Wissenschaft, Handwerk und Technik, wirtschaftliches Handeln, die Ausübung von Macht und Herrschaft, Erziehung und anderes mehr. Nach Hartmut Böhme (Böhme et al. 2002) bezeichnet das deutsche Wort »Kultur« seit dem 17. Jahrhundert

»das Gesamt der Einrichtungen, Handlungen, Prozesse und symbolischen Formen, welche mit Hilfe von planmäßigen Techniken die ›vorfindliche Natur‹ in einen sozialen Lebensraum transformieren, diesen erhalten und verbessern, die dazu erforderlichen Fertigkeiten (Kulturtechniken, Wissen) pflegen und entwickeln, die leitenden Werte in besonderen Riten befestigen (›cultus‹) und insofern soziale Ordnungen und kommunikative Symbolwelten stiften, welche kommunitären Gebilden Dauer verschaffen« (ebd.: 104f.).

Andreas Reckwitz bezeichnet einen solchen Kulturbegriff als »Totalperspektive« (Reckwitz 2004: 1), die das Forschungsprogramm der Kulturwissenschaften eröffnet:

»*Jeder* Gegenstand der Geistes- und Sozialwissenschaften kann und soll nun als kulturelles Phänomen rekonstruiert werden: ökonomisch-technische Praktiken ebenso wie Politik und Staat, die Sozialstruktur ebenso wie Familie und Geschlechter, die modernen ebenso wie die vormodernen Gesellschaften, die Natur so wie der Affekthaushalt.« (Ebd.)

Von entscheidender Bedeutung ist dabei, dass die Kulturwissenschaften von einer *Vielzahl* unterschiedlicher und historisch wandelbarer Kulturen ausgehen. Mit Blick auf das sehr breite, ja umfassende Themenspektrum, das der kulturwissenschaftliche Kulturbegriff eröffnet, bieten sich im Kern drei Forschungsperspektiven an: die Erforschung einer gegebenen Kultur oder spezifischer Aspekte dieser Kultur; die historische Forschung – die beispielsweise bestimmte geschichtliche Zeiträume oder kulturelle Transformations- oder Umwälzungsprozesse untersucht; und die kulturvergleichende Perspektive.

Das Verhältnis zwischen Kultur und Natur selbst wird in unterschiedlichen Epochen und Kulturen unterschiedlich wahrgenommen und repräsentiert. Für die westlichen »reinen« oder »exakten« Naturwissenschaften war und ist teilweise noch heute die scharfe Trennung des Forschungssubjekts einerseits und des Forschungsobjekts andererseits prägend; Menschen wie Tiere wurden an der Leitdifferenz von Kultur und Natur entlang erforscht und definiert. Ein Niederschlag dieser hierarchisierenden Differenzierung in der jüngeren Vergangenheit war die aus dem Feminismus hervorgegangene (und inzwischen vielfach kritisierte) Unterscheidung von »sex« und »gender«, also von biologischem und sozial zugewiesenem Geschlecht. Wie noch ausführlich darzustellen sein wird, ist die Unterscheidung Natur/Kultur auch für den Diskurs über Behinderung wichtig. Es lässt sich zeigen, dass unterschiedliche Modelle von Behinderung beide Seiten unterschiedlich gewichten. Während das medizinische Modell Behinderungen tendenziell auf Schädigungen des Körpers und damit auf objektiv beschreibbare Naturvorgänge bzw. Naturtatsachen reduziert, versteht das kulturelle Modell (vgl. Waldschmidt 2003a; 2005) Behinderung als historisch und gesellschaftlich bedingt und in diesem Sinne als (veränderliche) Konstruktion. Ein aktuelles Beispiel für diese Diskussion liefern die gegenwärtigen molekularbiologisch basierten Lebenswissenschaften. Diese arbeiten – zumindest dort, wo sie den Verlockungen des Reduktionismus erliegen – an einem Modell von Gesundheit und Krankheit, ja an einem Menschenbild, das in seiner radikalsten Fassung einen genetischen Determinismus postuliert und neben zahlreichen Erkrankungen auch Eigenschaften wie Intelligenz, sexuelle Präferenzen, Neigung zu aggressivem Verhalten und Dissozialität bis hin zu einzelnen Charakterzügen biologisch deutet. Willensfreiheit oder moralische Verantwortung werden damit als relevante Kriterien in Frage gestellt. Kultur und Gesellschaft erscheinen in biologistischen Theorien allenfalls als Randbedingungen. Solche Annahmen der Lebenswissenschaften haben weitreichende Implikationen, weil Erziehung, Bildung und Therapie ebenso wie politisches Handeln in ihren Möglichkeiten erheblich eingeschränkt erscheinen.

Die Kulturwissenschaften hingegen gehen von einer Durchdringung der Natur durch Kultur aus.»Allumfassend bedeutet Kultur die Veränderung der äußeren und inneren Natur durch Arbeit« (Hansen 2003: 15), man könnte auch sagen: durch menschliche Tätigkeit. Menschheitsgeschichtlich führt das dazu,»dass die natürliche Ordnung durch eine vom Menschen geschaffene ersetzt wird« (ebd ). In diesem Sinne rückt der Soziologe Zygmunt Bauman die Herstellung von Ordnung durch menschliche Gesellschaften in den Mittelpunkt seines Kulturbegriffs:

»Kultur ist es um die Einführung und Aufrechterhaltung einer Ordnung zu tun; sie bekämpft alles, was von dieser abweicht und von ihrem Standpunkt aus als *Chaos* erscheint. Kultur‹ ersetzt oder ergänzt die ›Ordnung der Natur‹ (d.h. den Zustand der Dinge vor jeder menschlichen Einwirkung) durch eine künstliche und geplante. Kultur *erzeugt* eine solche künstliche Ordnung nicht nur, sie verleiht ihr auch einen *Wert*. Kultur impliziert einen Vorzug. Sie lebt eine Ordnung als die beste, ja vielleicht sogar die einzig gute.« (Bauman 2000: 200)

Aus diesem Grund finden sich in jeder Kultur Kriterien für die Unterscheidung zwischen Ordnung und Unordnung, zwischen »*Norm* und *Abweichung von der Norm*« (ebd.).

Die kulturelle Bearbeitung, Durchdringung und Veränderung von Natur und Herstellung einer Ordnung bezieht sich nicht nur auf die äußere Natur, etwa die Verwandlung einer naturwüchsigen Landschaft in eine landwirtschaftlich genutzte Kulturlandschaft, sondern auch auf die Veränderung der »inneren Natur« des Menschen. Dies kann sich beziehen auf eine Zähmung von Impulsen, Neigungen und Handlungsdispositionen, etwa eine Unterdrückung, Kanalisierung, Disziplinierung oder Überformung sexueller Regungen. Durch ihre Einwirkungen auf die Individuen führt Kultur zu gewissen Standardisierungen des Wahrnehmens, Empfindens, Denkens und Handelns. Das, was die Lebenswissenschaften auf die Biologie und also die Natur zurückführen, erscheint folglich kulturwissenschaftlich gesehen in einem völlig anderen Licht. Der Mensch ist in seinem Wahrnehmen, Denken und Handeln ohne die Einwirkungen der Kultur (also Erziehung, Sozialisation und Enkulturation) buchstäblich nicht zu denken. Wenn diese grundlegende Annahme der Kulturwissenschaften ernst genommen wird, dann kann man nicht von einem bloßen Nebeneinander oder Miteinander von Natur und Kultur ausgehen. Vielmehr drängt sich folgender Schluss auf: Wenn »die Natur des Menschen« untrennbar von Kultur ist, ist die Frage danach, was diese »Natur« unabhängig von der Kultur sein könnte, gar nicht zu beantworten, weil bereits die Frage aus einer bestimmten Kultur heraus gestellt wird. Eine kulturfreie, von Einflüssen der Kultur ganz unabhängige und voraussetzungslose Naturerkenntnis kann es demzufolge nicht geben.

Hansen nennt drei Faktoren, die zentral für den Kulturbegriff sind und die bei der Veränderung der äußeren und inneren Natur unauflösbar miteinander verzahnt sind: Standardisierung, Kommunikation und Kollektivität. Der Begriff Standardisierung meint das »zum Überleben funktionslose Gleichverhalten von Mitgliedern eines Kollektivs« (Hansen 2003: 43). Wie oben erwähnt, lassen sich Standardisierungen auf unterschiedlichen Ebenen beobachten. Ihr Effekt ist eine im psychophysischen Habitus verankerte kultur- oder milieuspezifische »Normalisierung« von Individuen. Diese zeigt sich beispielsweise im Verhalten, im Geschmack, in Interessen, Überzeugungen und Einstellungen. Das Medium dieser Standardisierungen ist die Kommunikation: Sprache, Zeichen, Symbole, spezifische Verhaltenscodes, Bilder. Anders gesagt, soziale Praktiken, die in ihrem Kern immer ein gewisses Maß an Standardisierung implizieren, sind mit »kontingenten symbolischen Ordnungen« (Reckwitz 2004: 3) verbunden. Bauman verwendet in diesem Zusammenhang den Begriff des »kulturellen Codes« (Bauman 2000: 209). In ihm wird die kulturelle Ordnung symbolisch codiert und damit kommunizierbar, was wiederum Voraussetzung für die Schaffung von Kollektivität ist. Hierbei ist jedoch zu beachten, dass Kommunikation und Kollektivität zirkulär verschränkt sind. Kommunikation schafft Kollektivität, wie umgekehrt Kollektivität den Rahmen bildet, in dem die Kommunikation zirkulieren kann. Zugleich wirkt die Kollektivität auf die Kommunikationen zurück und lenkt diese in die Bahnen der Standardisierung. Das Zusammenwirken dieser Elemente schafft soziale Ordnungen und zeitliche Kontinuität; es bilden sich Gewohnheiten, typisierte Verhaltensweisen, Traditionen und Wissensbestände aus, ohne die Kollektivität nicht denkbar ist.

Neben der Frage nach dem Verhältnis von Natur und Kultur ist dasjenige von Individuum und Kultur ein weiteres Grundthema der Kulturwissenschaften. Dieses Verhältnis ist vorab bereits im Rahmen der Erläuterung von Standardisierung, Kommunikation und Kollektivität angesprochen worden. Obwohl es auch diesbezüglich innerhalb der Kulturwissenschaften ein gewisses Spektrum von Positionen gibt, die dieses Verhältnis unterschiedlich akzentuieren, wird in der Regel eine Dialektik von Individuum und Kultur vorausgesetzt, die über Kollektive vermittelt wird. Hierbei wird der Kultur ebenso wie den Kollektiven eine Eigenständigkeit gegenüber den Individuen zugebilligt. Beide besitzen eine »spezifische Eigendynamik, die sich nicht aus dem Rekurs auf das Einzelindividuum ableiten lässt« (Hansen 2003: 158). Insofern wird der Kultur eine gewisse, das Individuum prägende Macht zugeschrieben. Auf dieser Linie liegt folgende Überlegung Baumans. Er unterscheidet zwischen zwei Typen von Handlungen, die mit der Einführung und Aufrechterhaltung einer vom Menschen gemachten, kulturellen Ordnung verbunden sind. Der erste Handlungstypus setzt bei der Umgebung an und »ordnet den Kontext, innerhalb dessen die individuellen Lebensprozesse stattfinden« (Bauman 2000: 203). Der zweite Typus hingegen richtet sich auf das Individuum und »formt die Beweggründe und Zwecke des Lebens selbst« (ebd.). Der erste Typus schafft innerhalb der Welt, in die das Leben der Individuen eingebettet ist, eine Ordnung, d.h. eine gewisse Regelmäßigkeit und Verlässlichkeit. Durch diesen ordnungsbildenden Prozess werden bestimmte Verhaltensweisen wahrscheinlicher als andere. Er formt das Handeln der Individuen, indem er diese in bestimmte Richtungen lenkt. Der zweite Handlungstypus bringt die Menschen dazu, »bestimmte Beweggründe und Zwecke eher auszuwählen als die unzähligen anderen, die vorstellbar wären« (ebd.).

Mit den vorangehenden Überlegungen wurden wichtige mit dem Kulturbegriff verbundene Fragestellungen und Grundthemen genannt. Damit ist aber noch offen, was genau unter Kulturwissenschaft bzw. Kulturwissenschaften zu verstehen ist. Diese Frage ist im fachwissenschaftlichen Diskurs bis heute nicht eindeutig geklärt. Doch ist es sinnvoll, auf einige wichtige Aspekte hinzuweisen, die für kulturwissenschaftliche Perspektiven in den Disability Studies bedeutsam sind.

Nach Hartmut Böhme erforscht die Kulturwissenschaft

»die von Menschen hervorgebrachten, sozialen wie technischen Einrichtungen, die zwischen Menschen gebildeten Handlungs- und Konfliktformen sowie deren Werte- und Normenhorizonte, insbesondere soweit diese zu ihrer Konstitution, Tradierung und Entwicklung besonderer Ebenen der symbolischen und medialen Vermittlung bedürfen« (Böhme 2000: 356).

Wie Böhme ausführt, gehört es zu den zentralen und bisher nicht einvernehmlich gelösten Fragen, ob von Kulturwissenschaft oder Kulturwissenschaften zu reden ist. Der Plural »Kulturwissenschaften« steht in einer geläufigen Verwendungsweise für die Fächer philosophischer Fakultäten oder ist ein Synonym für die Geisteswissenschaften, die einer kritischen Revision unterzogen und auf ein neues, zeitgemäßes Fundament gestellt werden sollen. In dieser Hinsicht ist der Terminus »Kulturwissenschaften« eine »fächerübergreifende Orientierungskategorie« (Böhme et al. 2002: 9). Der Singular »Kulturwissenschaft« hingegen optiert für ein »inter- bzw. transdisziplinär angelegtes Einzelfach« (ebd.: 10). Ein zentrales Moment dieser Wissenschaft von der Kultur ist ihre Reflexivität: Die Kulturwissenschaft beschäftigt sich mit einem Gegenstand, von dem sie ein Teil ist. Hiernach ist die Kultur »die von theoretischen Vorannahmen her konstruierte Objektebene [...] und *zugleich* die letzte Metaebene, innerhalb deren sich die Kulturwissenschaft bestimmt« (Böhme 2000: 356). Sie ist ein Verfahren zweiter Ordnung, »durch das die kulturellen Praktiken erster Ordnung beobachtet, analysiert, interpretiert, verglichen, relativiert und reflektiert werden – und die Theoretiker sich selbst reflektieren« (ebd.). Aus welchen akademischen Traditionen speist sich die Kulturwissenschaft und welches sind ihre Hauptarbeitsfelder? Die akademischen Fächer, die sich mit Kultur befassen, lassen sich nach Hansen in einer groben und unvollständigen Systematik in vier Gruppen unterscheiden. An erster Stelle nennt er die Biologie und Verhaltensforschung, »soweit sie den kulturellen Teil des Menschen erfassen« (Hansen 2003: 362), sowie die Kulturanthropologie. Die zweite Gruppe wird durch jene Fächer gebildet, die sich mit spezifischen Kulturen befassen, also die Ethnologie, die Volkskunde, die Cultural Studies, die Literaturwissenschaften und die kulturvergleichende Psychologie. Die dritte Gruppe umfasst die Soziologie, die Politologie und Geschichte, also Fächer, die sich am Gesellschaftlichen orientieren. Schließlich nennt Hansen eine etwas randständigere Gruppe, die aus Rechts- und Wirtschaftswissenschaften, Linguistik und Psychologie besteht (vgl. ebd.: 361ff.). Kulturwissenschaftliche Forschung und Lehre umfassen folgende Arbeitsfelder: Wissenschaftskulturen, Kulturgeschichte der Natur, Historische Anthropologie, Erinnerung und Gedächtnis, Kulturgeschichte der Technik und mediale Praktiken. Aufgrund der Vielfalt gleichzeitig existierender Kulturen betonen die Autoren die Unverzichtbarkeit der Auseinandersetzung mit Aspekten von Multi- und Interkulturalität. Neben den damit verbundenen Aspekten des Kulturvergleichs ergibt sich hieraus nicht nur die historische Orientierung der Kulturwissenschaft, die »die Abhängigkeit kultureller Phänomene von veränderbaren Bedingungen analysiert« (Böhme et al. 2002: 104), sondern ein kulturkritisches Vorgehen (vgl. ebd.).

Die Annahme der Kulturalität und Historizität von Phänomenen ist demzufolge zentral für die Kulturwissenschaft. Hiermit zusammenhängend ist noch ein weiterer Aspekt von Belang. Geschichtliche und kulturelle Phänomene können nicht mehr als »fertige Fakten«, als kontext- und kulturunabhängige Sachverhalte oder Tatsachen verstanden werden. Vielmehr müssen sie als vorstellungsvermittelt betrachtet werden. Dies wiederum impliziert, dass Kultur sowohl vom Gedächtnis als auch von der kollektiven Ausgestaltung von Erinnerung abhängt. Insofern muss Kultur, bildlich gesprochen, als Optik verstanden werden, die die Menschen lehrt, die Dinge auf eine bestimmte Weise zu sehen, zu deuten und sie in einen historischen Horizont einzuschreiben. Zugleich hat Kultur, wie wir oben gesehen haben, eine pragmatische Seite. Indem sie Verhalten standardisiert, lehrt sie uns, im Umgang mit den Menschen, den Dingen der Welt und dem Leben insgesamt, bestimmte Möglichkeiten und Optionen eher wahrzunehmen und zu wählen als andere. Entscheidend ist, dass dieses Verhalten oder Handeln vorstellungsvermittelt ist. Damit kommt ein weiteres wichtiges Arbeitsgebiet der Kulturwissenschaft in den Blick, das bisher

noch nicht erwähnt wurde: die Mentalitätsgeschichte. »Mentalitätsgeschichte realisiert, dass alle menschliche Wirklichkeit in Bedeutungsnetze
eingelassen ist«; Mentalitätsgeschichte ist Bedeutungsgeschichte, also eine
»Geschichte der Deutungen, Wertungen, Vorstellungen, mit denen Menschen das, was sie tun, und die Dinge, mit denen sie zu tun haben, umgeben« (Raulff 1987, zit. n. Hansen 2003: 377). Insofern untersucht die Mentalitätsgeschichte in Kollektiven übliche Bewusstseinsinhalte. Wichtig
bleibt jedoch, dass individuelles Wahrnehmen, Fühlen und Denken kulturell vermittelt ist und im Rahmen gesellschaftlicher Strukturen geschieht.
Deshalb muss sich kulturwissenschaftliche Forschung, die Mentalitäten
und Wissenskulturen untersucht, immer auch mit sozialen Kontexten und
Prozessen sowie gesellschaftlichen Strukturen befassen, d.h. eine interdis-
ziplinäre Brücke zur Soziologie bauen.

Damit ist der Theorierahmen skizziert, in dem kulturwissenschaftliche
Forschung innerhalb der Disability Studies und das kulturelle Modell von
Behinderung (Waldschmidt 2003a; 2005) zu situieren sind. Zwei Aspekte
sind hierbei von besonderer Relevanz. Erstens ist Behinderung aus kulturwissenschaftlicher Perspektive als Bedeutungsphänomen zu fassen. Sie ist
ein »Produkt« oder »Effekt« eines historisch wandelbaren und kulturell
bedingten, durch Kommunikation, Kollektivität und Standardisierung ver-
festigten Wissens, in das Glaubensvorstellungen, Grundüberzeugungen
und affektive Gestimmtheiten von Kollektiven eingehen. Behinderung
muss in ihrer Abhängigkeit von Kommunikation, Interaktion und sozialen
Praktiken, institutionellen Kontexten, medialen Repräsentationen und historisch und kulturell wandelbaren Wahrnehmungs-, Denk- und Handlungs-
mustern gesehen werden. Zweitens stellt die kulturwissenschaftliche Perspektive aufgrund ihrer thematischen Breite und Transdisziplinarität eine
differenzierte methodische und theoretische Optik für die Erforschung des
Themas Behinderung bereit, die über die disziplinären Engführungen einzelner akademischer Fächer hinausgeht. Sie umfasst erkenntnistheoretische, medizin-, sozial-, begriffs-, ideen- und institutionsgeschichtliche Untersuchungen, mikro- und makrosoziologische Fragestellungen, gesellschaftstheoretische und sozialpsychologische Untersuchungen, literatur-,
kommunikations-, macht- und medientheoretische Forschung sowie dis-
kursanalytische Arbeiten. Dabei wird auf eine Fülle unterschiedlicher
wissenschaftstheoretischer Ansätze und Positionen zurückgegriffen, etwa
die Wissenssoziologie, Konstruktivismus, Geschichte, Medientheorie, verschiedene Spielarten der Anthropologie, feministische Theorien, Kritische
Theorie, postmoderne Philosophien, Hermeneutik, Phänomenologie und
Diskurstheorie.

## Ein neues Verständnis von Behinderung

Während in den Anfangsjahren sozialwissenschaftliche Ansätze die Diskussionen der Disability Studies dominiert haben, rückt die Anwendung einer kulturwissenschaftlichen Perspektive eine transdisziplinär orientierte Forschung in den Vordergrund, die Behinderung als kulturelles Phänomen versteht bzw. sie im Wandel der Kulturen untersucht. Doch nehmen sozialwissenschaftliche Fragestellungen, wie eine Durchsicht der einschlägigen Literatur zeigt, auch im Rahmen kulturwissenschaftlich erweiterter Disability Studies immer noch eine zentrale Stellung ein, da gesellschaftliche Aspekte und Kontexte praktisch durchgängig, also unabhängig vom jeweiligen spezifischen Thema, mitreflektiert werden. In der sozialwissenschaftlichen Perspektive dominiert »die Analyse der gesellschaftlichen Bedingungen, die ein negatives Behindertenbild perpetuieren und damit die gleichberechtigte Teilhabe behinderter Menschen behindern« (Maskos 2001). In der kulturwissenschaftlichen Annäherung wird aus unterschiedlichsten Perspektiven untersucht, wie Behinderung in Kulturen – beispielsweise in unterschiedlichen wissenschaftlichen Disziplinen (etwa der Medizin oder Pädagogik), im Recht, in der Literatur, in der bildenden Kunst, im Film, aber auch im alltäglichen Handeln der Menschen – wahrgenommen und repräsentiert wird; mit welchen Bildern, Symboliken und Terminologien die vielfältigen Erscheinungsformen des Körpers und seiner Funktionen sowie des sozialen Verhaltens dargestellt und beschrieben und wie Menschen mit einer Behinderung charakterisiert wurden und werden. Auch gesellschaftlich und kulturell relevante Felder wie die Architektur und der Städtebau wurden einer kritischen Betrachtung unterzogen.

Aus der Mehrperspektivität und Inter- bzw. Transdisziplinarität ergibt sich eine Vielfalt theoretischer und methodischer Annäherungen. Trotz dieser immanenten Heterogenität der Forschungsrichtung liegt der gemeinsame Fokus sehr vieler Arbeiten darin, »das Verständnis für die Erfahrung des Menschseins, für menschliche Verschiedenheit und auch für die Verfasstheit der Gesellschaft« (Linton 1998: 3) zu erweitern. Voraussetzung hierfür jedoch ist der Nachweis, »dass Behinderung ein zentraler Bestandteil von Gesellschaft und Kultur ist« (ebd.).

Während die überlieferte Sichtweise auf einer individualisierenden, medizinisch dominierten Bedeutungsgebung beruht, rücken die Disability Studies das Phänomen in einen anderen Interpretationskontext, eine kulturelle, politische, soziale und historische Perspektive, die die Engführungen der tradierten (Be-)Deutungen aufdeckt und zugleich ein neues Verständnis generiert. In diesem Kontext wird die enge Verknüpfung von Sprache, Macht, Politik, Ökonomie, sozialen Normen und Idealen und institutionalisierten Praktiken deutlich. In politischer Perspektive kommen dann etwa Fragen der Macht in den Blick oder das Problem der ungleichen Verteilung von (ökonomischen, kulturellen, sozialen, bildungsbezogenen, politischen) Ressourcen. Insofern geht es in den Disability Studies nicht einfach darum, ein Modell durch ein anderes zu ersetzen. Vielmehr steht die Herstellung der Differenzkategorie ›Behinderung« selbst zur Debatte, d.h. »die Grenzziehung(en), ihre Verschiebungen und Mechanismen der Aufrechterhaltung zwischen ›Behinderten‹ und ›Nichtbehinderten‹« (Bruner/Dannenbeck 2002: 71). Daher ist nicht nur eine »soziale Entdiskriminierung, rechtliche Gleichstellung und psychisches Empowerment« das Ziel der Disability Studies, sondern auch die »Sichtbarmachung der sozialen Herstellungsprozesse von Behinderung sowie [...] die machttheoretischen Fragen, die damit in Verbindung stehen« (ebd.). Wie Waldschmidt betont, nutzen die geistes- und kulturwissenschaftlichen Arbeiten in den Disability Studies »Behinderung als heuristisches Moment, dessen Analyse kulturelle Praktiken und gesellschaftliche Strukturen zum Vorschein bringt, die sonst unerkannt gebleben wären« (Waldschmidt 2005: 26).

Ein innerhalb der Disability Studies bekanntes Beispiel für die Entwicklung einer solchen Perspektive ist das 1995 publizierte Buch *Enforcing Normalcy* von Lennard Davis. Davis versucht eine Rekonstruktion der Hervorbringung von Behinderung im europäischen Kulturraum unter den Bedingungen der Neuzeit. Dabei arbeitet er auch Unterschiede gegenüber der Antike heraus. Wie Davis betont, setzt der Prozess der Bedeutungszuschreibung bereits auf der Ebene der Wahrnehmung des Körpers an. Er schreibt: »Behinderung existiert in der sinnlichen Wahrnehmung. Der behinderte Körper verkörpert sich in ihr.« (Davis 1995: 13). Davis geht von der Beobachtung aus, dass Behinderungen einen »Reaktionsbedarf« (ebd.: xvi) hervorrufen. Jedoch ist es, wie er zu zeigen versucht, »möglicherweise die Reaktion, die die Behinderung hervorbringt« (ebd.). Mit anderen Worten: die Phänomene werden zu dem, was sie sind, aufgrund einer so oder so konventionalisierten Wahrnehmung, aufgrund der Bedeutung, die ihnen sodann zugeschrieben wird und aufgrund der Reaktionen und Verhaltensweise, die der Deutung folgen. Demnach ist der behinderte Körper kein objektivierbarer Gegenstand, sondern das Resultat einer objektivierbaren Bedeutungszuschreibung und darstellbarer sozialer Relationen. Die machtvollen Wirkungen dieser Relationen sind, wie Davis herausarbeitet, wesentlich an das Sehen gebunden, das sich unter bestimmten Bedingungen als Instrument der Macht und der Herrschaft erweist (vgl. Foucault 1973). Die visuelle Wahrnehmung von Behinderung operiert, wie Davis schreibt, auf der Grundlage von zwei entscheidenden Modalitäten: Funktion und Erscheinung. In der Modalität der Funktion erscheint Behinderung als Unfähigkeit, etwas zu tun, zu sehen, zu hören, zu sprechen, zu gehen usw. »Die Modalität der Funktion hat mit Standards der Bewegung, des Sehens, des Hörens usw. zu tun, die quantitativ festgelegt wurden.« (Davis 1995: 11) Davis zeigt aus historischer Sicht, dass die Standardisierung und Normierung menschlicher Körper- und Sinnesfunktionen maßgeblich durch die

Industrialisierung und die mit ihr entstandenen neuen Anforderungen an die Arbeiter beeinflusst wurde. Die Modalität der Erscheinung ist ebenfalls an das Sehen gebunden, oder genauer: an Erwartungen, die an das Sehen gekoppelt sind. Davis greift hier auf das Stigma-Konzept von Erving Goffman (1975) zurück. Durch das sichtbare Stigma ist der Körper gekennzeichnet – die fehlenden, verkürzten oder unförmigen Gliedmaßen oder eigenwillige Gestaltungen des Rumpfes, aber auch Prothesen, Blindenstöcke oder Rollstühle heben die Person im Sichtfeld hervor und drängen sich der Aufmerksamkeit auf. Ebenso wichtig sind jedoch die starken, häufig negativen emotionalen Reaktionen, die den Blick begleiten, etwa Irritation, Ekel, Abneigung oder Mitleid. An diesem Punkt seiner Analyse kehrt Davis die übliche Logik um. Ihm zufolge sind solche Gefühle nicht eigentlich eine Reaktion auf die Behinderung; vielmehr ist Behinderung ein Produkt der Gefühle, die ungewöhnliche Körper in uns auslösen. Der Blick produziert die »Unheimlichkeit« der Behinderung (vgl. Davis 1995: 141f.). Unter Berufung auf Freud gibt Davis diesem Prozess eine tiefenpsychologische Deutung:

»Was ist die Abstoßung letztlich anderes als die persönliche, internalisierte Version des Verlangens, das Objekt abzuwehren, zu unterdrücken, zu extrojizieren, zu vernichten? Die Abstoßung ist die erlernte Antwort auf individueller Ebene, die auf gesellschaftlicher Ebene in Handlungen wie Einkerkerung, Einweisung, Segregation, Diskriminierung, Marginalisierung etc. durchgeführt wird. Daher ist die ›normale‹, ›natürliche‹ Reaktion auf eine Person mit Behinderungen tatsächlich eine sozial konditionierte, politisch erzeugte Reaktion.« (Ebd.: 13)

Dieser These zufolge ist Behinderung der Effekt einer historischen kollektiven Psychodynamik, die aber ihrerseits an kulturelle, gesellschaftliche und politische Kontexte gebunden ist. Davis versucht, diese Kontexte im Rahmen einer Theorie der Normalität zu erfassen. Ich werde später auf diese Theorie zurückkommen. In Anschluss an David Mitchell und Sharon Snyder und mit Blick auf das »Problem der Behinderung« kann hier jedoch schon ein Kerngedanke dieser Theorie herausgestellt werden: Der Begriff der Behinderung hat die Funktion, »kognitive und physische Zustände zu bezeichnen, die von normativen Ideen über mentale Fähigkeiten und psychologische Funktionen abweichen« (Mitchell/Snyder 1997: 2). Hier deutet sich an, warum der Behinderungs*begriff* und sein Wandel innerhalb der Disability Studies so zentral bearbeitet werden. Am Begriff der Behinderung lässt sich ein komplexes Gefüge sozialer, kultureller, historischer, politischer und mythologischer Koordinaten mitsamt seiner psychischen Ablagerungen in den Individuen sichtbar machen. An ihm lässt sich auch die Bedeutung von Normen zeigen, die Vorstellungen von Normalität und Abweichung hervorbringen und behinderte Personen aus den hergebrachten Kreisläufen sozialer Interaktion herausfallen lassen und in Objekte institutionalisierter Diskurse verwandeln. Mit der historischen Analyse des Behinderungsbegriffs wird nicht versucht,

>»die Variablen und Beschränkungen zu verkleinern oder zu leugnen, die das physische Leben behinderter Personen mit sich bringt; freigelegt wird eine Vorstellung von Körperlichkeit, die von Narrationen über Bösartigkeit, exzessive Abhängigkeit und das Parasitentum einer Gemeinschaft mit besonderen Bedürfnissen durchsetzt und geformt ist. [...] Das Studium von Behinderung in den Humanwissenschaften arbeitet zugleich die marginale Subjektivität von Behinderten heraus und identifiziert die sozialen Phantasmen, die in der Geschichte auf das behinderte Subjekt projiziert wurden.« (Ebd.: 2ff.)

Zwei der von Mitchell und Snyder verwendeten Begriffe sind hier von besonderem Interesse:»Narration« und»Phantasma«. Narrationen – im wörtlichen Sinn»Erzählungen« – berichten von inneren oder äußeren Ereignissen. Unabhängig davon, ob Erzählungen nüchtern berichtend oder dramatisch abgefasst werden – ob es sich um wissenschaftliche, künstlerische, literarische, theoretische oder gesellschaftliche Narrationen handelt –, schaffen sie eine Ordnung, indem sie einen bestimmten Ausschnitt und eine bestimmte Erzählperspektive wählen und indem sie den Ursachen, dem (Sinn-)Zusammenhang und den Folgen von Ereignissen auf den Grund zu gehen suchen. Erzählungen sind Erkenntnisinstrumente, die dem Strom der Ereignisse nicht nur eine ästhetische, sondern auch eine kognitive Form geben und eine möglicherweise verwirrende und unverständliche Komplexität einerseits reduzieren und andererseits mit einer mehr oder weniger vielschichtigen Bedeutung aufladen (oder solche Bedeutungen korrigieren) können. Sie sind selbst das Ergebnis von Sinnerkennungs- und Deutungsprozessen und bieten Empfängern relevante Deutungsmuster an. Insofern können sie also quasi als Drehbücher oder Skripts für soziales Handeln dienen und daher selbst wieder zur Interpretationsfolie für Erkenntnisbildungs- und Verstehensprozesse werden. Dies gilt nicht nur auf der individuellen Ebene, sondern auch auf der sozialen Mikroebene, etwa in Bezug auf Familien oder kleinere soziale Verbände, sowie auf der Meso- und Makroebene. Manche – etwa mythische, religiöse, politische, wissenschaftliche, technische – Narrationen werden zum Bezugssystem ganzer Kulturen, zu einem zentralen Moment der Hervorbringung, der Verfestigung, aber auch der Veränderung individueller und sozialer Wirklichkeit.

In diesem Zusammenhang ist die Unterscheidung von Narration und Narrativ bedeutsam. Hilarion Petzold (1993) arbeitet heraus, wie die ursprünglich dem Individuum dienenden Erzählungen – Narrationen – sich verfestigen, verselbständigen und beginnen, das Ich – oder, in einer erweiterten Perspektive, ganze Sozialverbände oder gesellschaftliche Gruppen – zu dominieren.»*Narrative* sind in Gefahr, zu determinierenden Mustern zu entgleisen, die das strukturierende Moment in eine maligne Festlegung, eine Überstrukturiertheit verkehren, aus der es kein Entrinnen gibt.« (Petzold 1993: 388) Narrationen sind Erzählungen, die zwar eine Strukturierungshilfe bieten, aber dabei flexibel und in gewissem Rahmen offen bleiben. Narrative dagegen sind verfestigte, unflexible Sprech- und Deutungsmuster, die mehr tun als strukturieren: Sie verknöchern, werden hart und starr und auf diesem Weg zu einem Instrument der Einhegung, Unterdrückung und Kontrolle, die Alternativen kaum mehr zulässt. In Bezug auf unsere Thematik bedeutet dies, dass auch Behinderung ein diskursiv hergestelltes Narrativ ist. Narrative lehren uns, die Welt auf eine bestimmte Weise zu sehen. Insofern können sie im eigentlichen Wortsinn zu Phantasmen werden: zu Sinnestäuschungen, Trugbildern, Phantasien. Wenn sich solche Phantasmen zu gesellschaftlichen Strukturen und Institutionen verdichten, werden sie zu einer objektiven, »harten« Realität, die subtil oder gewaltförmig auf die Individuen und ihr Wahrnehmen, Fühlen, Denken und Handeln einwirkt.

Wie bei der Erörterung des Kulturbegriffs deutlich wurde, geht die Kulturwissenschaft von einer Verflechtung und Verschränkung von Mensch und kultureller Welt, von Innen und Außen aus. Deshalb entfalten abweichende Körper und Funktionen nicht nur eine starke Wirkung in der Geschichte der Wissenschaften sowie in der Kultur insgesamt, sondern auch in den Menschen selbst. Mitchell und Snyder (1997) verweisen in diesem Zusammenhang auf Georges Canguilhem, der herausgearbeitet hat, dass es gerade Fehlanpassung, Versagen und Schmerz sind, durch die sich das Leben zu einem Bewusstsein und einer Wissenschaft seiner selbst erhebt. Canguilhem versteht Behinderung, Krankheit und den Prozess des Alterns eher als Bestandteile einer normativen Physiologie und nicht als abnorme, pathologische Seins-Zustände. Hierzu werden sie erst durch die Kultur des Messens, Diagnostizierens und Bewertens (vgl. Canguillhem 1974). Dazu bemerken die Autoren:

»Doch während Kategorien wie Krankheit und Alter auch mit Assoziationen wie physischer Schwäche und mit dem sozialen Verdacht verringerter Produktivität angereichert wurden, trägt die Behinderung ebenso wie die Rasse und das Geschlecht die Last eines anhaltenden biologischen Zustandes, aus dem sich das Individuum nicht herausziehen kann.« (Mitchell/Snyder 1997: 3)

Insofern erleiden Menschen mit Behinderung eine Kontamination ihrer Identität: Ihre Verfassung wurzelt, so lautet die weit verbreitete Überzeugung,

»in der Struktur ihres physischen und moralischen Personenseins. Diese sozial definierte Erfahrung organismischer Kontamination kennzeichnet die behinderte Person als eine, der mehr als nur eine physische und kognitive Begrenzung oder Verschiedenheit anhaftet: Behinderung sickert in jeden Aspekt ihres sozialen Wesens ein. Diese Gleichsetzung von physischer Behinderung und sozialer Identität erzeugt ein tautologisches Bindeglied zwischen Biologie und (phantasiertem oder realem) Selbst, das nicht aufgelöst werden kann – die physische Welt liefert den materiellen Beweis eines (verkommenen oder tugendhaften) inneren Lebens, der durch das Zeichen sichtbarer Differenz gesichert wird.« (Ebd.)

Physische (und andere) Differenzen sowie die an sie gekoppelten kulturellen Deutungen und Bewertungen wirken sich auf das Selbstverhältnis der Individuen aus, bei denen solche Differenzen wahrgenommen werden. Zugleich führen die Differenzen bzw. deren Wahrnehmung zu einem spezifischen, kulturell vermittelten Verhalten der Mitmenschen den Behinderten gegenüber.

Behindertsein schließt Heilung aus: das Vorübergehen eines störenden, einschränkenden Zustandes. Sie ist dauerhaft und der umfassende Ausdruck einer Abwesenheit von Fähigkeit: »Disability is the absence of ability.« (Ebd.) Deshalb ist Behinderung nicht nur eine Herausforderung, sondern in gewisser Hinsicht auch eine Beleidigung bestimmter wichtiger Aspekte der vorherrschenden Mentalität westlicher Kulturen. Sie sprengt die Möglichkeiten zu einer sicheren Vorhersage eines angenommenen Verlaufs sowie zu planbarer und effektiver Intervention. Die Kultur des auf Wissen, Können und Technik basierenden Bewerkstelligens – im medizinischen Bereich das Konzept der Heilung – stößt bei vielen Behinderungen an eine kaum verschiebbare Grenze. Mitchell und Snyder betonen, die spezifische und eigenartige »Natur« des Behindertseins sei diese definitive Unvorhersehbarkeit (eines erwünschten positiven Resultats von Förderungs-, Erziehungs-, Heilungs-, Rehabilitations-, Eindämmungs- oder Normalisierungsbemühungen). Behinderte sind, wie die Autoren formulieren, »fatted« und »unsalvageable« (Mitchell/Snyder 1997: 4). »Fatted« bedeutet u.a., unter einem ungünstigen Stern zu stehen und zum Scheitern verurteilt zu sein. Beide Bedeutungen passen zum zweiten Begriff, »unsalvageable«. Dieser legt nahe, Behinderte seien unrettbar verloren. Deshalb – weil sich Behinderung der Heilbarkeit, der bewerkstelligenden Kontrolle und der Möglichkeit der Verbesserung entzieht – werden behinderte Menschen als »irgendwie hartnäckig unmenschlich« (ebd.) wahrgenommen. Sie

»konstituieren eine Population, die Unterschiede aufweist, die nicht auf Behandlung reagiert, und das daraus resultierende Stigma – um Erving Goffmans Begriff zu verwenden – situiert die behinderte Person folgerichtig im sozialen Raum der Differenz, der die befallenen Personen für immer den normativen Konventionen der alltäglichen sozialen und wissenschaftlichen Interaktion entfremdet« (ebd.: 4).

## Sprachkritik und Begriffspolitik

Neben konkreten historischen, kulturellen und gesellschaftlichen Prozessen widmen die Disability Studies der Sprache eine besondere Aufmerksamkeit, da ihr bei der Hervorbringungen und Deutung von Behinderung ein besonderer Stellenwert zukommt. In kulturwissenschaftlichen Arbeiten wird »Behinderung« häufig nominalistisch verstanden (vgl. Barry Allen 2005). »Behinderung« ist dieser Auffassung zufolge ein Etikett, eine Zuschreibung. Nominalismus bedeutet in diesem Zusammenhang, dass die Sprache mit Allgemeinbegriffen operiert, die grundsätzlich nicht Einzeldinge oder Einzelphänomene in ihrer Singularität erfassen können, sondern diese immer auf ein Allgemeines beziehen. Begriffe sind Sammelbezeichnungen, die in der Vorstellung Zusammengehöriges zusammenfassen. Sie sind konventionalisierte Zeichen und damit zunächst nichts weiter als Namen. So sind die Begriffe »Behinderung« oder »Schädigung« – um nur zwei Beispiele zu nennen – Allgemeinbegriffe, die es überhaupt erst ermöglichen, eine unendliche Fülle und Varianz von Einzelerscheinungen kategorial zusammenzufassen und zur Sprache zu bringen. Jedoch ist die sprachlich erzeugte »Ordnung der Dinge« kein Abbild der Wirklichkeit, sondern das Ergebnis eines komplexen Zusammenspiels von Bezeichnungen, Aussagen, Aussagensystemen und einem Netzwerk gesellschaftlicher Praktiken, die den in ihnen zur Verwendung kommenden Wörtern ihren spezifischen Sinn geben.

Auf dieser Grundlage wird die Sprachanalyse zu einem wichtigen Instrument für die Rekonstruktion und Kritik von Prozessen der gesellschaftlich-historischen Modellierung von Behinderung. Sie nimmt »linguistische Konventionen« in den Blick, die eine doppelte Strukturierungsfunktion haben: Sie strukturieren »die Bedeutungen, die Behinderung zugeschrieben werden, und die Muster der Reaktion auf Behinderung, die von den Bedeutungen ausgehen oder mit ihnen verbunden sind« (Linton 1998: 8). Die Unterdrückung und Diskriminierung von behinderten Menschen wird demnach in der Sprache nicht einfach abgebildet, sondern wird durch diese manifestiert und gefördert – es sind Funktionen der Sprache. Wie stellt die Sprache Behinderung her? »Behinderung« beruht auf einem Akt der Unterscheidung, also wörtlich: der Diskriminierung. Das zentrale Merkmal, das den begrifflich fixierten Unterschied markiert, ist die Fähigkeit, die »ability«. Die gesunde und fähige (»able-bodied«) Person liefert den Maßstab. Erst durch die Zentralstellung der »ability« und die kulturelle Deutung und Bewertung fehlender oder eingeschränkter »ability« entsteht »disability«. Analog zu den Begriffen Rassismus und Sexismus oder in jüngerer Vergangenheit auch »ageism« wird in den Disability Studies häufig von »ableism« gesprochen. Dieser Begriff artikuliert einer Kritik an der Vorstellung, »dass die Fähigkeiten oder Merkmale einer Person durch ihre Behinderung determiniert sind oder dass Menschen mit Behinderungen als Gruppe Nichtbehinderten unterlegen sind« (Linton 1998: 10).

Ein Beispiel für die Sprachkritik, die auch semantische Feinheiten genau in den Blick nimmt, ist die Analyse des Präfixes »dis« in »disability«. »Dis« ist verneinend, verweist auf ein Fehlendes oder Abwesendes, auf den Vorgang des Trennens und Auseinandernehmens oder auf Gegensätze. Die Verwendung des Verbs »disable« ist insofern ein Akt der Vorenthaltung oder der Beraubung von »Fähigkeit und Wirksamkeit« (Linton 1998: 30): »*Dis* ist die semantische Reinkarnation des Spaltes zwischen behinderten und nicht behinderten Menschen in der Gesellschaft« (ebd.: 31).[4] Damit ist ein zweiter Effekt der Strukturierung durch Sprache benannt: die Produktion einer als homogen wahrgenommenen sozialen Gruppe, deren verbindendes Glied die »Behinderung« ist, die ein Individuum als zur Gruppe der Behinderten zugehörig kennzeichnet und es zugleich aus der Gruppe der Nichtbehinderten ausschließt. Zumindest in den westlichen Kulturen werden die unterscheidenden Merkmale strikt individualisierend als Schädigungskategorien (des Körpers, des Denkens, der Sinnesfunktionen, der Emotionen, des sozialen Verhaltens etc.) gefasst.

In der hier skizzierten Perspektive ist eine theoretische Begriffsanalyse nicht von einer politischen Begriffskritik zu trennen. Die gesellschaftliche und politische Deutung des Behinderungsbegriffs impliziert eine wachsame, auch für Nuancen sensible Begriffsanalyse, wie diese Analyse umgekehrt immer auch auf gesellschaftliche und politische Hintergründe und Kontexte verweist. Die Begriffskritik tritt aber nicht nur gegenüber medizinisierten, individualisierenden oder moralisierenden Wendungen auf den Plan, sondern auch, wenn die zu kritisierenden Sachverhalte und Zustände euphemistisch schöngeredet oder zum Verschwinden gebracht werden. Linton weist auf die Ambivalenz hin, die sich häufig hinter solchen Begriffsbildungen und den mit ihnen gekoppelten sozialen Praktiken verbergen. So stellt die *Sonder*erziehung für Kinder mit »special needs« oder »besonderen Bedürfnissen« u.a. deshalb eine Aufwertung dar, weil ihnen überhaupt eine Bildungsfähigkeit und das Recht auf Bildung zugestanden wird. Allerdings dreht die erzieherische und institutionelle »Verbesonderung« einer großen Zahl von Kindern und Jugendlichen den in der Regel positiv gemeinten Begriff der Besonderheit um. »Besonders« ist

---

**4 |** In diesem Zusammenhang werden beispielsweise Begriffe und Redewendungen analysiert, die die Negativbewertung von Behinderung transportieren, etwa passivierende Formulierungen, nach denen Menschen mit Behinderung »Opfer« ihrer Behinderung sind, unter ihr »leiden« oder durch sie »an den Rollstuhl gefesselt« werden. Auch gröbere Begriffe werden einer kritischen Analyse unterzogen, etwa »Krüppel«, »menschliches Gemüse« (ein Begriff, der nicht selten für Menschen im Koma verwendet wird), »retardiert« (zurückgeblieben) oder »Freak« (Missgeburt, Monster) u.a.

nach dem üblichen Sprachgebrauch etwas, was das Durchschnittliche und Alltägliche *übersteigt*. Doch wer in unserer Gesellschaft ist ernsthaft der Meinung, behinderte Kinder seien in diesem Sinne »besonders«? Hier zeigt sich eine Ambivalenz, die nach Ansicht von Linton sehr weit verbreitet ist. In ihr mischen sich »Antipathie und Verachtung« mit »Gefühlen von Empathie, Schuld und Identifikation« (Linton 1998: 15). Diese Ambivalenz tritt auch hervor, wenn man sich Redewendungen wie »Bewältigung« oder »Überwindung der Behinderung« ansieht. Sie verdeutlichen und verfestigen die negative Bewertung von Behinderung, indem sie einerseits indirekt am Konzept der Heilung festhalten und andererseits die von den behinderten Individuen zu leistende Heilungsarbeit in deren moralische Bewertung einfließen lassen. Möglichkeiten der Kompensation von Schädigungen, individuellen Erschwernissen oder Beeinträchtigungen werden als positive Leistung und erstrebenswertes Ziel ausgewiesen. Wie Linton betont, soll damit nicht gesagt sein, dass Formen der Arbeit an sich selbst und das Streben nach Gesundheit, Wohlbefinden und Fitness den Zielen der Behindertenbewegung widersprechen. Doch können sie auch eine defensive oder bloß reaktive Anpassung an eine erwartete und daher auch sanktionierte Normalität bedeuten, also eine Selbstnormalisierung, die wiederum bekräftigt, dass der Zustand des Behindertseins letztlich unannehmbar ist.

Trotz der Belastungen, Negativismen und Verengungen, die der Begriff Behinderung transportiert, und trotz der mit ihm verbundenen praktisch-gesellschaftlichen Folgen wird er in den Disability Studies weitgehend beibehalten. Dies nicht nur deshalb, weil sich andere Begriffe als ungeeignet erwiesen haben, sondern vor allem mit dem positiven Ziel, ihm einen veränderten Sinn zuzuweisen. Aus dieser Sicht handelt es sich um einen politischen Begriff, der die Existenz und die politischen und gesellschaftlichen Anliegen einer sozial konstruierten Minderheit sichtbar machen soll, der Kritik ermöglicht und zur Veränderung beiträgt. Während der ontologisierende Sammelbegriff einer radikalen Kritik unterzogen wird, wird er zugleich als *politischer* Terminus genutzt. Dabei erfährt der Behinderungsbegriff eine Auslegung, die ihn als identitätsbildende Kategorie ausweist.[5]

---

5 | Insbesondere der Begriff »Krüppel« hat eine Aneignung durch behinderte Menschen erfahren. Sich selbst als Krüppel zu bezeichnen, hat unterschiedliche Ursachen und Wirkungen. Einerseits wird der Begriff, wenn er zur Selbstkennzeichnung verwendet wird, zu einem Spiegel für die Gesellschaft und ihre abwertende, ausgrenzende und gewalttätige Sprache. In dieser Verwendung ist er Provokation und politische Aktion. Zugleich ist er auch ein Zeichen für ein neues Selbstbewusstsein und übernimmt eine wichtige Funktion bei der Bildung kollektiver Identitäten. Siehe hierzu kritisch Davis (2002). Bezeichnungen wie »Behinderte/r« oder »die Behinderten« werden heute tendenziell durch die Bezeichnung »Menschen mit Behinderung/en« ersetzt, obwohl es auch dazu kritische Stimmen gibt.

In dieser Hinsicht steht er als politischer Sammelbegriff für eine spezifische soziale Minderheit, die durch »gemeinsame soziale und politische Erfahrung« (Linton 1998: 12) miteinander verbunden ist. Solange Menschen mit Behinderungen in der Gesellschaft Abwertung und Diskriminierung erfahren, ist der Begriff ein politisches und wissenschaftliches Instrument, hierauf aufmerksam zu machen. Aus einem abwertenden, negativ aufgeladenen Begriff, der eine Behinderung (und die Verantwortung dafür) individualisiert, wird ein Instrument der *Kritik*, der Rekonstruktion und Dekonstruktion historischer und aktueller Denkmuster, Philosophien, wissenschaftlicher Diskurse, gesellschaftlicher Praktiken und institutioneller Organisation. Politisches und gesellschaftliches Ziel ist ein Abbau der binären Logik, die die Opposition von normal/abnorm oder anomal, von behindert/nicht behindert konstruiert und aufrechterhält. An die Stelle dieser Logik hat nach Vorstellung der meisten Vertreterinnen und Vertreter der Disability Studies ein nicht ausgrenzendes, nicht hierarchisches, ein zugleich Differenzen anerkennendes und inklusives Denken zu treten. Solange jedoch die stigmatisierenden, mit offenkundigen oder subtilen Negativbewertungen operierenden Sichtweisen von Behinderung weiterexistieren, die Behinderung bzw. Menschen mit Behinderung als pädagogische, medizinische, soziale, anthropologische Sonderfälle kategorisieren, ist aus Sicht der Disability Studies am Behinderungsbegriff festzuhalten.

## Disability Studies und Not-Disability-Studies

Kenner der Diskussionen in der deutschsprachigen Behindertenpädagogik und Behindertenhilfe werden eine nicht geringe Schnittmenge von Themen, Fragen und Positionen bemerken, die die Disability Studies und zumindest diejenigen Vertreter der Behindertenpädagogik gemeinsam haben, die ihre Arbeit historisch, soziologisch, erkenntnistheoretisch oder ethisch anlegen. So gesehen bietet die Theorie der Disability Studies auf den ersten Blick wenig, was in der neueren wissenschaftlichen und behindertenpolitischen Diskussion nicht bereits bekannt ist oder zumindest bekannt sein könnte – unabhängig von der Frage, ob die Praxis diesem Wissen bereits folgt, denn dies ist nachweislich vielerorts nicht der Fall. Der entscheidende Unterschied zwischen Disability Studies und den etablierten Disziplinen, die sich mit Behinderung befassen, liegt insofern nicht primär im Entstehen neuen Wissens, sondern in einer neuen sozialen Konstellation. Wie Jan Weisser am Beispiel der Sonderpädagogik zeigt, sind die »Orte und Prioritäten des Wissens von Sonderpädagogik und Disability Studies [...] für sich wechselseitig unbekannt« (Weisser 2004: 28). Man könnte auch sagen, beide Disziplinen artikulieren sich vor dem Horizont höchst unterschiedlicher historischer Erfahrungen und gesellschaftlicher Positionen. Auf dieser Ebene ist der vielleicht entscheidende Unterschied, dass die Sonderpädagogik historisch – gewollt oder ungewollt – zu den Instanzen und Institutionen zu rechnen ist, die Marginalisierung, Ausgrenzung und Verbesonderung von behinderten Menschen mit betrieben haben und dieses System aufrechterhalten. Insofern sieht sie sich der Kritik und mitunter sehr deutlich formulierten Abgrenzungen durch die Disability Studies ausgesetzt. Darüber hinaus ist der Fokus der Sonderpädagogik ein pädagogischer. Sie hat es als Disziplin und Profession letztlich mit Fragen der Anwendung von Wissen zu tun, d.h. mit der Durchführung, Reflexion, Evaluation und Weiterentwicklung von Erziehung, Bildung, Förderung, Therapie und Beratung. Das führt dazu, dass die Analysen und der kritische Impetus der Sonderpädagogik, vor allem aber auch die daraus für die Praxis gezogenen Schlussfolgerungen in der Regel weitaus weniger radikal sind als die der Disability Studies. Eine weitere Folge der Anwendungsorientierung der Sonderpädagogik ist, dass die gesellschaftliche und politische Dimension in den Hintergrund tritt oder nicht selten ganz ausgeblendet bleibt. Deutlicher formuliert: Die Sonderpädagogik und Rehabilitation organisieren sich, sofern sie sich als angewandte Wissenschaften verstehen, um andere Leitdifferenzen und andere Zielstellungen als die Disability Studies. In ihrem Fokus steht die Intervention, letztlich die (in modernen Konzepten die Kontextfaktoren einbeziehende) Unterstützung und Veränderung des Subjekts durch pädagogische und andere unterstützende und begleitende Maßnahmen.

Wegen dieser Unterschiede plädiert Linton dafür, die interventionsorientierten Fächer trotz mancher Affinitäten und trotz der Revisionsprozesse, die teilweise in der Sonderpädagogik und anderen Disziplinen zu konstatieren sind, nicht mit den Disability Studies zu vermengen. Die Grenze zwischen den Disability Studies und den »Not-Disability-Studies« (Linton 1998: 136) verläuft zunächst zwischen jenen Disziplinen, die Behinderung als soziales, politisches, historisches und kulturelles Phänomen erforschen einerseits, und den angewandten Wissenschaften andererseits, die ihrem Selbstverständnis und ihrem gesellschaftlichen Auftrag nach auf Intervention, Therapie, Förderung, Kompensation usw. hin angelegt sind, also vor allem die Medizin, Pädagogik, Psychologie und Sozialarbeit. Ihnen gegenüber begreifen sich die Disability Studies als Instanz der Reflexion und Kritik sowie als Korrektiv. Sie liefern die epistemologische Basis für Forschung und sozialpolitische Aktivitäten, die im Rahmen der sich traditionell um Behinderung kümmernden Wissenschaften niemals hätten entwickelt werden können (vgl. ebd.: 133). Die Sicherung der Grenze zwischen Disability Studies und Not-Disability-Studies dient auch als ein »Kontrastmittel«, das das Bewusstsein dafür wach halten und weiter schärfen soll, dass behinderte Menschen aufgrund von Marginalisierungs- und Abwertungsprozessen zur sozialen Minderheit gemacht werden. Während die angewandten Disziplinen Produkt der gesellschaftlichen Reaktionen auf menschliches Behindertsein sind, verstehen sich die Disability Studies in erster Linie als Unternehmung, die die Prozesse der gesellschaftlichen und historischen Bedingtheit von Behinderung offenlegen und dekonstruieren will. Trotz dieser Abgrenzung wird die Hoffnung artikuliert, dass die geistes- und kulturwissenschaftlich orientierten Disability Studies auf die traditionell anwendungsorientierten Fächer und Disziplinen Einfluss haben. Sie sollen zur Veränderung mehr oder weniger eingeengter und begrenzter Theorien, Konzepte, Inhalte und der entsprechenden Lehrpläne beitragen. Auf der anderen Seite kann aber auch eine Öffnung der Disability Studies gegenüber den interventionsorientierten Disziplinen und Berufen zu einem Dialog über die Perspektivität und Relativität der jeweiligen Positionen führen und dadurch neue Sichtweisen und fruchtbare Verbindungen fördern.

Eine Voraussetzung hierfür ist aber, dass die grundlegende Kritik der Disability Studies an den »Not-Disability-Studies« ernst genommen wird. Die wichtigsten Kritikpunkte an den interventionsorientierten Methoden lassen sich mit Linton wie folgt bündeln:

- die vorherrschende Tendenz, Behinderung zu individualisieren, als isolierbares Phänomen zu behandeln und essenzialistisch und deterministisch zu fassen;
- das Verständnis von Behinderung als Problem statt als Streitfrage, Idee, Metapher, Phänomen oder Konstruktion;
- die Verdinglichung behinderter Menschen in der Wissenschaft und die Ausklammerung sowohl der Subjektivität behinderter Menschen als auch der Stimmen behinderter Forscher;
- die Pathologisierung der Erfahrung behinderter Menschen sowie die Verwendung diagnostischer Kategorien oder anderer Instrumente der Etikettierung;
- die Pathologisierung der Differenz und die Zuteilung der Rolle als Patient, Klient oder Kunde;
- die Überbetonung der Intervention auf individueller Ebene, eine Praxis, die Edison Trickett, Roderick Watts und Dana Birman »Menschenreparatur statt Kontextveränderung« (Trickett/Watts/Birman 1994: 18) genannt haben;
- die mangelnde Berücksichtigung von Ansätzen zur Veränderung medizinischer und pädagogischer Interventionen, die von Behinderten selbst entwickelt wurden;
- die unzureichende Aufmerksamkeit für behinderte Menschen als Minderheit;
- das Fehlen einer »Epistemologie der Inklusion« (vgl. Linton 1998: 135).

Nach Auffassung von Linton unterscheidet das konkrete gesellschaftliche und politische, auf Veränderung abzielende Engagement die Disability Studies von anderen Arbeits- und Forschungsfeldern, die sich mit Behinderung befassen. Während sich die angewandten Disziplinen auf die Arbeit am oder mit dem Individuum, höchstens aber mit seiner näheren »systemischen« Umgebung konzentrieren – womit sie im Übrigen ihrem gesellschaftlichen Auftrag nachkommen –, zielen die Disability Studies auf »Kontextveränderung«. Ihr Ziel ist es, die »Exklusion behinderter Menschen aus der Gesellschaft und von Behinderung aus den epistemologischen Traditionen der Gesellschaft« (Linton 1998: 156) zu analysieren und »den Stellenwert der Menschen und des Themas in der bürgerlichen und akademischen Kultur aufzuzeigen« (ebd.: 156). Hierdurch soll ein weit gefächerter Wissenskörper und eine intellektuelle Grundlage »für die Eingliederung behinderter Menschen als vollwertige und gleiche Mitglieder in die Gesellschaft« (ebd.: 135) geschaffen werden.

## Interne Kritik

Trotz der übergreifenden Zielsetzungen sind die politische Behindertenbewegung und die Disability Studies keineswegs ein in sich geschlossenes und einheitliches Gebilde. Albrecht zufolge ist es eine Vereinfachung und Idealisierung, von der geteilten Erfahrung des Behindertseins, der gesellschaftlichen Unterdrückung oder Marginalisierung auf eine interne Geschlossenheit zu schließen. Tatsächlich, so Albrecht, haben sich in den Vereinigten Staaten Behindertengruppen ursprünglich um bestimmte Behinderungstypen formiert, nach Altersgruppen, vor dem Hintergrund eines gemeinsamen sozialen Status oder auch gemeinsamer militärischer Erfahrungen (hiermit sind vor allem Kriegsveteranen gemeint).

»Diese Gruppen haben sich oft um die knappen Ressourcen, die für medizinische Behandlungen, Rehabilitation, soziale Dienste, selbständiges Leben und die Veränderung der Umwelt verfügbar waren, gestritten. Hinter den Kulissen stand eher Konkurrenz auf der Tagesordnung als Formen der Kooperation.« (Albrecht 2003: 39)

Tatsächlich ist das American Disability Movement Albrecht zufolge mit großer Mehrheit aus weißen, privilegierten, gebildeten Erwachsenen mit sichtbaren Behinderungen zusammengesetzt. »Die Anführer der Behindertenbewegung predigen öffentlich Einigkeit und Inklusion, aber wo sind die Armen, die farbigen Menschen, die Individuen mit nicht sichtbaren Behinderungen und die Geistigbehinderten?« (Ebd.: 40)

Vor dem Hintergrund solcher Selbstkritik erweist sich auch das Paradigma der »emancipatory disability research« als nicht unproblematisch. Gegenüber einer Forschung, die ihre eigenen methodischen, begrifflichen und historischen Voraussetzungen, ihre Bedingtheit durch institutionelle Einbettung, ihre Abhängigkeiten und Interessegeleitetheit nicht reflektiert und einen schlichten Objektivismus postuliert, hat dieser Ansatz zwar den

Vorzug, seine Interessen und Ziele von vorneherein offenzulegen. Doch bringt er auch alle Probleme mit sich, wie sie interessengebundene und parteiische Forschung grundsätzlich belasten. Wenn Forschung partikularen Interessen dient, ist sie beispielsweise in Gefahr, all diejenigen Forschungsfragen und Forschungsergebnisse zu ignorieren, die nicht mit den eigenen außerwissenschaftlichen Zielen übereinstimmen. Sie droht aufgrund ihrer außerwissenschaftlichen Funktion selektiv und einseitig zu werden. Zudem stellt sich die Frage, wessen Interessen bei einer so außerordentlich heterogenen Gruppe wie »den Behinderten« verfolgt werden. Beispielsweise sind die Interessen von Menschen mit Körperbehinderungen nicht deckungsgleich mit denjenigen von gehörlosen oder auch lernbehinderten Menschen. Hier besteht die Gefahr, dass diejenigen vergessen oder vernachlässigt werden, die selbst nicht in der Forschung repräsentiert sind, etwa Menschen mit einer geistigen Behinderung.[6] Auch das politische Leitziel der Inklusion wird nicht von allen Behindertengruppen geteilt. Bekannt ist das Beispiel der Gehörlosen, von denen nicht wenige von einer eigenständigen Gehörlosenkultur sprechen und etwa im Bereich der Schule eher auf Separation setzen.

Albrecht, selbst ein behinderter Wissenschaftler, scheut sich nicht, weitere Probleme klar zu benennen. So seien auch die Disability Studies nicht vor einer restriktiven Infiltration durch »politische Korrektheit« gefeit. Dabei weist er auf die problematische Tatsache hin, dass politisch korrekte Werte aufgerufen werden, um für bestimmte inhaltliche Positionen zu argumentieren und andere zum Verstummen zu bringen. Deshalb sei es gleichermaßen wichtig,

»die Werte, Ideologien und politischen Strategien der Teilnehmer am Behinderungsdiskurs und die Einstellungen und Werte, die Struktur und Kultur der Gesellschaft zu studieren, in der dieser Diskurs stattfindet« (Albrecht 2003: 23).

Die weit verbreitete Forderung von Vertreterinnen und Vertretern der Disability Studies, Behinderung in soziologischer, historischer oder kultureller Perspektive zu betrachten, muss also Albrecht zufolge auch auf die Disability Studies angewendet werden. Die Forschungsrichtung selbst muss mit Blick auf die sie konstituierenden Kontexte untersucht und verstanden werden.

---

6 | Wie viele andere Termini ist auch der Begriff »geistige Behinderung« in die Kritik geraten. So fordert die Betroffenenorganisation People first eine Abkehr von diesem Begriff, der durch den der »Lernschwierigkeiten« ersetzt werden soll. Analog dazu wird im englischen Sprachraum zunehmend von »learning difficulties« gesprochen (vgl. Kniel/Windisch 2005).

# 2. Körperdiskurse

## Körpergeschichte und Körpersoziologie

Wie bereits einleitend hervorgehoben wurde, nimmt der Körper im Diskurs über Behinderung eine zentrale Stellung ein. Dies gilt gleichermaßen aus der Perspektive des medizinischen, des sozialen und des kulturwissenschaftlichen Modells von Behinderung. Diese thematisieren den Körper jedoch auf höchst unterschiedliche Weise. Im medizinischen Modell wird der Körper essenzialistisch als außergesellschaftliches und ahistorisches Faktum verstanden, das dem objektivierenden Blick einer wissenschaftlich fundierten Praxis zugänglich ist und zum Zweck der Prävention, Heilung oder Linderung von Pathologien diagnostisch entschlüsselt und praktisch bearbeitet wird. Demgegenüber fokussiert das soziale Modell gesellschaftliche Reaktionen auf abweichende Merkmale des Körpers bzw. seiner Funktionen, Physiognomie, Symmetrie, Bewegungen und Gebärden, ferner in Normen und Wertvorstellungen verankerte kollektive Deutungsmuster, interaktiv hergestellte Zuschreibungen und Bewertungen, daraus resultierende Prozesse der Abwertung, Unterdrückung und Ausgrenzung sowie die Folgen all dessen für das Selbstverhältnis der Betroffenen. Die kulturwissenschaftlich orientierten Disability Studies setzen an den Erkenntnissen des sozialen Modells an, gehen aber in einer reflexiven Wendung über diese hinaus. Im Zentrum dieses Modells steht die Frage, wie, unter welchen Voraussetzungen, mit welchen Mitteln und Folgen Gesellschaften den individuellen Körper in den Blick nehmen, ihn thematisieren, ihm Bedeutung zuschreiben, Wissen über ihn hervorbringen, ihn künstlerisch darstellen oder zum Objekt von u.a. Heilungs-, Besserungs-, Resozialisierungs- oder Strafpraktiken machen. Das kulturelle Modell von Behinderung geht davon aus, dass zwar der »normale« Körper ebenso wie der geschädigte oder verletzte Körper

»als biophysische Größe angesehen werden kann, dass jedoch gleichzeitig Geschichte und Biographie, Bedeutung und Erfahrung, soziales Handeln und soziale Lage so unauflösbar in ihn eingewoben sind, dass sich eine binäre Trennung zwischen ›Natur‹ und ›Kultur‹ als kurzschlüssig erweist« (Waldschmidt 2005: 23).

Der Körper selbst wird unter historischen, gesellschaftlichen und kulturellen Gesichtspunkten betrachtet. Aus diesem Aspekt des kulturellen Modells ergibt sich die Kritik am sozialen Modell. Nach Ansicht der Kritiker teilt es mit dem medizinischen Modell einen unhinterfragt bleibenden essenzialistischen Kern. Die Beobachterunabhängigkeit bzw. die Objektivität der Schädigung des Körpers wird in beiden Modellen nicht in Frage gestellt. Demgegenüber arbeitet der kulturwissenschaftliche Zugang die Untrennbarkeit unseres Denkens über den Körper von ästhetischen, moralisch-normativen, sozialen und medizinischen Vorstellungen heraus, die sich historisch entwickelt haben und die unserer Kultur eingelagert sind. Aus diesem Grund sind die historische Körperforschung und eine kulturwissenschaftlich ergänzte Soziologie des Körpers für diese Perspektive unverzichtbar.

Das zentrale Thema der Körpergeschichte ist eine Historisierung des menschlichen Körpers. Dieser Forschungsrichtung zufolge ist es nicht möglich, den Körper als ahistorische und ontologische Konstante zu verstehen, dessen letztgültige Erforschung und Erklärung den Biowissenschaften zufällt. Vielmehr kann der Körper – oder genauer: die Vielfalt der Vorstellungen und Theorien über den Körper – nur »im Spektrum seiner sich wandelnden und teilweise gleichzeitig miteinander konkurrierenden Definitionen beschrieben und interpretiert werden« (Lorenz 2000: 11). Die historische Körperforschung bestreitet zwar nicht die physische Materialität des Körpers und einige basale körperliche Notwendigkeiten und Prozesse, schließt jedoch »allgemein und dauerhaft gültige Definitionen über die Physis« (ebd.) aus. Wissen über den Körper beruht ebenso wie das Denken über »den Menschen« auf Menschenbildern und kulturell vermittelten Körperbildern, auf »Vorannahmen und axiomatischen Definitionen, die mit gesellschaftlichem Wandel in reziprokem Zusammenhang stehen« (ebd.: 17).

Trotz unterschiedlicher disziplinärer Perspektiven ist das Programm der Soziologie des Körpers mit demjenigen der Körpergeschichte vergleichbar. Robert Gugutzer zufolge haben neben der Theorie der Postmoderne und dem Feminismus konstruktivistische Theorien dazu beigetragen, den Körper in den Blick der Soziologie zu rücken. Aus der relativistischen und perspektivistischen Sicht postmoderner Theorien ist es ausgeschlossen, zu einem letztgültigen »objektiven« Wissen über den Körper zu kommen. Der Feminismus hat eine ontologische Basis von Geschlecht und Geschlechterdifferenz in Frage gestellt. Und konstruktivistische Theorien haben zwei Thesen entwickelt, die uns nachfolgend noch beschäftigen werden. Der radikale Konstruktivismus begreift den Körper als sprachlichdiskursive Konstruktion. »Was immer wir mit unserem Körper tun, was wir von ihm wissen und wie wir ihn erfahren [...] ist vermittelt durch die in Diskursen abgelagerten Wissensbestände vom Körper« (Gugutzer 2004: 44). Der soziale Konstruktivismus entwickelt die These von der sozialen Prägung des Körpers »durch soziale (Macht-)Strukturen und Handlungen [...]. Körperpraxis, Körperhaltung, Körperwahrnehmung etc. sind Resultat gesellschaftlicher Verhältnisse, Institutionen, Werte und Normen.« (Ebd.) Nach Christina von Braun konzentrieren sich im Körper alle Vorstellungen über die »menschliche Natur«. Insofern

»stellt er eine der großen wissenschaftlicher Fiktionen jeder Epoche dar. Vergleichbar mit den Werken der Literatur und der bildenden Künste spiegeln sich in den Theorien über den Körper die Wunschvorstellungen edes Zeitalters wider. Allerdings kommen diese – anders als die Werke der Kunst – als Wissen daher.« (Braun 2002: 1)

Einerseits ist die Wahrnehmung des Körpers – Körperbilder, Schönheitsideale, Funktionalitäts- und Leistungsanforderungen, Krankheitstheorien usw. – untrennbar von kulturellem Wissen; andererseits wird der Körper selbst geschichtlich verstanden. Diese Geschichtlichkeit bezieht sich nicht nur auf den individuellen Körper und die Veränderungen, die er durch biographische Erfahrungen, durch seinen Alterungsprozess, Krankheiten, operative Eingriffe, prothetische Modifikationen usw. erfährt. Gemeint ist vielmehr der Körper überhaupt: Er ist nicht zeit- und ortlose Natur, er ist untrennbar von Kultur, von Wahrnehmung, Sprache, Wissen und sozialem Handeln. Aus kulturwissenschaftlicher Perspektive »sind Natur und Materie des Körpers, so wie wir sie wahrnehmen, vorstellen, repräsentieren und bearbeiten, keine verlässliche Referenz mehr außerhalb des Sprechens und Handelns« (Sarasin 2001: 11). Das sich im Laufe der Geschichte verändernde Sprechen und Handeln macht aus dem Körper eine *soziale* Tatsache. Beides prägt der Natur, die wir auch sind, »eine gesellschaftliche ›Form‹ auf oder ›schreib[t]‹ ihr einen kulturellen ›Text‹ ein« (ebd.: 12). Weil unser Wissen vom Körper wie von der Natur überhaupt immer ein kulturell bedingtes ist, lässt sich keine objektive, kulturunabhängige Grenze zwischen der Natur unseres Körpers und seinen kulturellen Prägungen ausmachen. Dies ist der Hintergrund der These. Körper seien

»unweigerlich vergeschlechtlicht, sozial klassifiziert, ethnisch und kulturell codiert sowie Normalitäts- und Ästhetikdiskursen unterworfen. So werden unterschiedliche und unterschiedene Körper laufend hervorgebracht und verändert. Im Zuge dieser Herstellungsprozesse von Körpern manifestieren sich gesellschaftliche Macht- und Dominanzverhältnisse.« (Bruner 2005: 33)

Eine Diskursgeschichte behinderter Körper hat demnach mehrperspektivisch und interdisziplinär vorzugehen. Es käme darauf an, beispielsweise die Sozialgeschichte behinderter Menschen, die Geschichte der Medizin und ihrer Institutionen, die schönen Künste, die historische Tradierung der »Ethik des Heilens«, die Prozesse der Exklusion abweichender Individuen oder Populationen usw. nicht isoliert, sondern in ihrer vielschichtigen Interdependenz zu betrachten. Die nachfolgenden Abschnitte versuchen, gesellschaftliche und kulturelle Prozesse der Hervorbringung und Repräsentation des behinderten Körpers zu rekonstruieren. Diese Prozesse sollen im weitgefassten Theorierahmen einer kulturwissenschaftlichen Perspektive skizziert werden, die körpersoziologische, historisch anthropologische, literaturwissenschaftliche, wissenssoziologische, diskurstheoretische sowie phänomenologische Motive hinzuzieht. Dabei soll die zentrale Bedeutung dieser Thematik für das Nachdenken über »Behinderung« zumindest in Grundzügen aufgezeigt werden.

### Die abendländische Kultur und der Körper

Im 20. Jahrhundert hat sich gezeigt, dass vereinheitlichende, ahistorische, von der Kultur und ihrem Wandel abstrahierende, auf ein menschliches »Wesen« rekurrierende und normative Konzeptionen vom Menschen nicht mehr haltbar sind. Diese Einsicht ist der gemeinsame Nenner der Historischen Anthropologie, der Geschichte und Soziologie des Körpers sowie der Foucault'schen Machtanalytik. Deutlich geworden ist aber auch, dass die Forschung über den Menschen eine doppelte Geschichtlichkeit und Kulturalität zu berücksichtigen hat: die Geschichtlichkeit und Kulturalität des untersuchten Gegenstandes wie des untersuchenden Forschers (vgl. Wulf 2004: 134). Denn nicht nur die Gegenstände der Forschung müssen in ihrer historischen und kulturellen Bedingtheit gesehen werden, sondern auch die gesellschaftliche und historische Situiertheit der Forschenden, ihre »Optik«, Fragestellungen, Methoden, Motive und Ziele. Auch aufgrund dieser Verschränkung ist es nicht mehr möglich, »den Körper« zu erforschen. Zum einen ist der Körper, wie vorab skizziert, nur in seinen variablen »historischen und kulturellen Repräsentationen« (ebd.: 150) begreifbar, und zum anderen erfolgt die Beschäftigung mit dem Körper selber auf der Grundlage eines historischen, gesellschaftlichen und kulturellen Wissens, dessen dynamischer Wandel im gleichen Zuge aufgedeckt wird. Aus Sicht der Historischen Anthropologie schreibt Christoph Wulf, es gelte die »Aufmerksamkeit auf Körperbilder und -konzeptionen sowie auf Körperpraktiken und den Umgang mit den Sinnen« (ebd.: 147) zu richten. Dem liegt die zentrale Annahme zugrunde, der Körper sei »*Träger menschlicher Geschichte und Kultur*« (ebd.: 148f.). Man kann präzisieren, dass der Körper nicht nur Träger der menschlichen Geschichte und Kultur ist, sondern auch deren Formkräften ausgesetzt ist. Daher wird der Körper in der Historischen Anthropologie »als Sitz des individuellen und des kollektiven Gedächtnisses untersucht« (ebd.: 149). Er ist Kreuzungspunkt eines höchst komplexen Geschehens: In ihm »materialisieren« sich religiöse Vorstellungen, ökonomische Lebensbedingungen und politische Verhältnisse, soziale Erfahrungen und kulturelle Mentalitäten, Rollenerwartungen und Regeln des sozialen Verhaltens, gesellschaftliche Zuschreibungen und kollektive Zugehörigkeiten, schließlich moralische und ästhetische Normen.

Maßgebliche theoretische Impulse für die Entwicklung und Entfaltung dieser Theorieperspektive stammen von Norbert Elias, Theodor W. Adorno und Max Horkheimer sowie Michel Foucault. Von diesen Autoren sowie von den bereits angeführten Arbeiten zur Soziologie des Körpers, zur Körpergeschichte wie zur Historischen Anthropologie ausgehend, sind als zentrale Etappen der Rekonstruktion des europäischen Körperdenkens zu nennen:

- das dualistische Erbe sowohl des Platonismus. d.h. der antiken griechischen Philosophie, als auch der jüdisch-christlichen Religionen;
- die Entwicklung des alteuropäischen Denkens seit Beginn der Neuzeit, insbesondere der cartesianisch-rationalistische Körper/Geist-Dualismus;
- die soziogenetische und psychohistorische Hervorbringung des modernen, individualisierten Subjektes;
- der Prozess der »Zivilisation« (ein Begriff, der aufgrund der in seinem Namen begangenen Barbareien und Grausamkeiten nur in Anführungszeichen verwendet werden sollte) und durch ihn hervorgebrachte Sichtweisen des Körpers und Praktiken der Körperkontrolle, die als äußere Zwänge ansetzen und als verinnerlichte Selbstzwänge zu einem Instrument der Selbstnormalisierung werden;
- der naturwissenschaftliche Materialismus, der die Entwicklung der Medizin und Biologie spätestens seit dem 19. Jahrhundert entscheidend geprägt hat und der einen spezifischen, medizinisch-klinischen Blick auf den menschlichen Körper hervorgebracht hat;
- der mittels der modernen Medizin und sozialer Regulationstechnologien geführte Kampf gegen Krankheiten, Abnormitäten und Anomalien, zu denen auch diejenigen Ausprägungsformen des Menschen gezählt werden, die aus dem Spektrum dessen, was in einer gegebenen historischen Epoche als »normgerecht« bzw. »normal« gilt, herausfallen;
- die Entwicklung der modernen Technik, der Prozess der technikgestützten Naturbeherrschung und, seit dem späten 19. Jahrhundert, die biopolitische Anwendung von Technologien auf Menschen bzw. Populationen (etwa Geburtenkontrolle und Populationsgenetik, Sterilisation, Gentechnologie und vorgeburtliche Diagnostik, pharmakologische Verhaltenskontrolle usw.).

Es würde den Rahmen dieses Buches sprengen, die einzelnen Punkte im Detail zu entwickeln. Doch sind einige Hinweise erforderlich, um diese zentralen Aspekte der europäischen Körpergeschichte in Zusammenhang zu bringen. Auf die beiden letztgenannten Aspekte, die für ein kulturwissenschaftlich differenziertes Verständnis von Behinderung in den Disability Studies besonderes aufschlussreich sind, werde ich im weiteren Verlauf gesondert eingehen.

Die europäische Philosophie hat den Menschen gerne als »animal rationale« gesehen. Dabei hat sie jedoch die Körperlichkeit in aller Regel kaum (oder gar nicht) interessiert. Vielmehr dominierte der Gedanke, der menschliche Organismus oder Körper sei gleichsam der Sitz »höherer« Vermögen wie »Geistigkeit« oder »Rationalität«, die den Menschen gegenüber allen anderen Lebewesen auszeichnen sollten. Diese Sichtweise geht auf begriffliche und anthropologische Differenzierungen zurück, die bereits der Platonismus vorgenommen hatte und die vor allem in die theoretische Selbstauslegung des abendländischen Menschen eingegangen sind. Diese Differenzierungen, die in der Neuzeit in den cartesianischen Körper/Geist-Dualismus mündeten, haben sich historisch mit der im Christentum verankerten Leibfeindlichkeit verbunden, und es ist insbesondere diese Verknüpfung, die die europäische Körperkultur geprägt hat. Dieser Prozess mündete in eine »Subtraktionsanthropologie«, die den Menschen über seine »höheren« Vermögen bestimmte und den Körper gering schätzte oder missachtete: eine zweieinhalb Jahrtausend alte Tradition, das Geistige mit dem »Höheren«, mit dem Göttlichen oder der Unsterblichkeit zu assoziieren, das Körperliche jedoch mit dem »Niedrigen«, dem Irrationalen und Verderblichen, aber auch mit der Gebrechlichkeit und Vergänglichkeit des Menschen gleichzusetzen. Der Leib war bloße Materie, Gefäß der Seele. Später, als der entseelte Körper in seiner Materialität in den Blick kam, wurde er als Maschine gedacht. In der älteren, tief im Mittelalter verwurzelten Tradition war der Körper Gernot Böhme zufolge

»eine Art Gegenspieler der Seele mit einem diffusen, dunklen Wollen, Ausdruck der Unmöglichkeit oder zumindest doch der Mühe des Menschen, über sich selbst Herr zu werden. So erfahren hatte der Leib stets etwas Dunkles, schwer Zugängliches, war in seinen Reaktionsweisen wie in seiner Konstitution als Gegenpol der Seele das Irrationale.« (Böhme 1985: 113f.)

Insbesondere in christlichen Kontexten stand »das Fleisch« für die Versuchung und den Weg der Sünde. Aber auch in der Philosophie der Neuzeit, die sich von religiösen Setzungen freizumachen suchte, blieb der Leib überwiegend negativ besetzt. Bei Descartes etwa, der den metaphysischen Dualismus in ein rationalistisches Denksystem einbettet, war der Leib mit seinen Sinnesorganen – neben der unreflektierten und mit Vorurteilen beladenen Tradition – eine der Hauptquellen für den philosophischen Irrtum, den es durch die Kraft des Zweifels und die Gewissheit des Denkens zu überwinden galt. Gegenüber der platonischen Philosophie, die den gering geschätzten Leib eher ignorierte, wandte sich die neuzeitliche Philosophie dem Leib explizit zu. In diesem Zusammenhang wird Descartes eine Schlüsselstellung zugemessen. Er gehört zu den ersten Philosophen, die den Körper als Maschine dachten. Jetzt avanciert der Körper

>»zu einem der Hauptdarsteller auf der Bühne methodisch-systematischer Diskurse in Philosophie und Pädagogik. Die Geschichte des modernen Körperbegriffs beginnt mit seiner säkularisierenden Verwissenschaftlichung mit Hilfe von Mathematik und Physik bei Descartes.« (König 1989: 50)

Das prekäre Verhältnis des durch die abendländische Kultur geprägten Menschen zu seiner Leiblichkeit hat aber nicht nur religiöse und philosophische Wurzeln, sondern auch kulturelle. So lässt sich Norbert Elias' epochales Werk *Über den Prozess der Zivilisation* (1976) als Zivilisationsgeschichte des Körpers lesen, ein »Modellierungsprozess der Affekte, Emotionen und Triebe« (Gugutzer 2004: 51) der in einen »Wandel körperlicher Ausdrucks-, Einstellungs- und Verhaltensweisen« (ebd.) mündete. Bei diesem Prozess spielten zahlreiche Faktoren auf komplexe Weise zusammen, vor allem der erste Säkularisierungsschub im Humanismus der Renaissance, die höfische Gesellschaft dieser Zeit und die Anfänge der bürgerlichen Gesellschaft. Mäßigung, Selbstbeherrschung und Affektkontrolle führten zu einer Anhebung der Scham- und Peinlichkeitsschwellen zumindest in »gehobenen« und gebildeten Kreisen und damit zu neuartigen inneren psychischen Strukturen, die eine gewisse Abstandnahme gegenüber dem Körperlichen implizierten. Nach Elias ist damit die psychische und soziale Grundstruktur der Gesellschaft am Beginn der Neuzeit umrissen. Sie wurde gleichermaßen in der höfischen Gesellschaft, im Bürgertum und in protestantisch-reformierten Kreisen des 16. Jahrhunderts zu einer grundlegenden normativen Forderung, die sich einzelne Menschen durch die Ausbildung eines entsprechenden individuellen Habitus anverwandelten. So kommt es zur Herausbildung einer komplexen inneren Welt der Individuen, die sich aus erlernten Dispositionen, Gefühlen, moralischen Grundsätzen und Bewertungsmaßstäben zusammensetzt (vgl. Wulf 2004: 147). Elias arbeitet die Dynamik heraus, durch die äußere Zwänge unter den sich wandelnden Bedingungen der Gesellschaft seit Beginn der Neuzeit zunehmend zu internalisierten »Selbstzwängen« wurden. Im Kern führt er diese Entwicklung auf zwei Ursachen zurück: Erstens nennt er die zunehmende Interdependenz der Menschen mitsamt einer Ausweitung der Handlungsketten. Durch dieses Netzwerk von Interdependenzen und Handlungsketten sind die Individuen nicht nur in der Gegenwart miteinander verflochten, sondern auch in gegenwärtig wirksame, in der Vergangenheit angelegte und sich auf die Zukunft auswirkende Ursachen- und

Wirkungskonstellationen eingebettet. Zweitens nennt Elias die Monopolisierung körperlicher Gewalt – ein Thema, das Foucault später aufgreifen und auf andere Weise weiterführen wird. Unterdrückung spontaner Regungen, Dämpfung und Mäßigung der Äußerung von Affekten, Vermeidung plötzlicher Umschwünge des Verhaltens, »Weitung des Gedankenraums über den Augenblick hinaus in die vergangenen Ursach-, die zukünftigen Folgeketten« (Elias 1976, Bd. 2: 322) charakterisieren den Habitus »zivilisierter« Individuen.

»Die eigentümliche Stabilität der psychischen Selbstzwang-Apparatur, die als ein entscheidender Zug im Habitus jedes ›zivilisierten‹ Menschen hervortritt, steht mit der Ausbildung von Monopolinstituten der körperlichen Gewalttat und mit der wachsenden Stabilität der gesellschaftlichen Zentralorgane in engstem Zusammenhang.« (Ebd.: 320)

Mit der zunehmenden Monopolisierung der Gewalt entstanden auch besondere Institutionen, die sich derjenigen Menschen annahmen, die sich den erwünschten Habitus nicht in erforderlichem Maße aneigneten. Wo sich die erwünschte und erwartete Vernunft nicht mit den gewöhnlichen Mitteln »von selbst« einstellte, musste nachgeholfen werden. Klaus Dörner schreibt:

»Der Aufstieg des Zeitalters der Vernunft, des Merkantilismus und des aufgeklärten Absolutismus vollzog sich in eins mit einer neuen rigorosen Raumordnung, die alle Formen der Unvernunft [...] demarkierte und jenseits der zivilen Verkehrs-, Sitten-, und Arbeitswelt, kurz: der Vernunftwelt, hinter Schloss und Riegel verschwinden ließ. Bettler und Vagabunden, Besitz-, Arbeits- und Berufslose, Verbrecher, politisch Auffällige und Häretiker, Dirnen, Wüstlinge, mit Lustseuchen Behaftete und Alkoholiker, Verrückte, Idioten und Sonderlinge, aber auch missliebige Ehefrauen, entjungferte Töchter und ihr Vermögen verschwendende Söhne wurden auf diese Weise ›unschädlich‹ und gleichsam unsichtbar gemacht. Europa überzog sich erstmals mit einem System von so etwas wie Konzentrationslagern für Menschen, die als unvernünftig galten.« (Dörner 1984: 20)

Während der Körper zivilisatorisch unter Kontrolle gebracht und in religiöser und philosophischer Hinsicht abgewertet, verdrängt oder schlicht ignoriert wurde, wurde er seit Beginn der Neuzeit zugleich zum bevorzugten Objekt der naturwissenschaftlichen, sich selbst eine strikt materialistische Grundlage gebenden Medizin. In der Diktion Gernot Böhmes (1985) kann man sagen, dass erst die Verdrängung des Leibes zu einer Entdeckung des Körpers führt. So ist, wie Eugen König herausarbeitet, in Folge der cartesianischen Spaltung von Körper und Geist eine eigentümliche Hinwendung der »res cogitans« zur abgespaltenen »res extensa« zu beobachten, die von wissenschaftlich-praktischen Interessen geleitet wird.

»Der störrische, affektive Körper, der aus dem Kreis der philosophischen Würde
verwiesen, ausgeschlossen, in die Verbannung getrieben und des philosophischen
Bürgerrechts, des Rechts auf philosophische Betrachtung beraubt ist, wird herr-
schaftlich revoziert [...]. Die wissenschaftlich-richtende Vernunft sichert sich ab, indem sie ihr Anderes ausschließt, und das macht sie, indem sie ihren Gegenspieler
als Objekt konstituiert und rationalisiert, um sich davor zu schützen und sich davon
freizumachen – und um es handhabbar zu machen.« (König 1989: 60)

Jedoch lehrt die Erfahrung, dass sich der Körper der vollständigen Kontrolle entzieht: Er ist Sitz aufwallenden Begehrens, er wird von Bedürfnissen
und Affekten beherrscht, er ist verletzbar und zerbrechlich, fällt Krankheiten und der Gebrechlichkeit anheim, und am Ende wird er sterben, so intensiv und konzentriert sich auch eine ganze Kultur um das Verdrängen
dieser Tatsache herum organisiert. Immer wieder, und mit letztlich nicht
zu besiegender Beharrlichkeit, meldet sich der »reale«, der gelebte Körper
zurück, und daher bleibt er bedrohlich:

»Die vom ver-rückten, ins Abseits gedrängten Körper ausgehende Bedrohung wird
zum Motiv seiner Aneignung durch die Seele: Es gilt, sich seiner zu bemächtigen:
ihn *fest-stellbar*, verfügbar zu machen; der solchermaßen *gegen-gestellte* Körper wird
im Bild von der Körpermaschine zum *Gegen-Stand* von Wissenschaft und zum *Ge-
stell* (Heidegger) von Technik.« (Ebd.)

Diese Aneignung und Anverwandlung des Körpers durch Kultur und Gesellschaft spitzt sich mit dem Vordringen der Biowissenschaften in der Gegenwart immer mehr zu. Der von den Biowissenschaften mit den Mitteln
der Naturwissenschaft bis in seine molekularen Strukturen hinein erforschte und dabei weiterhin wie ein Naturding betrachtete Körper wird
mehr und mehr zu einem Stück Kultur. Während kulturelle Eingriffe in
den Körper in Form von Beschneidungen, Tätowierungen, Modellierungen
von Körperteilen (etwa durch Veränderung von Kopfformen, Hälsen, Lippen, Ohren oder Füßen) und anderem mehr eine lange Tradition haben
und in vielen Kulturen zu finden sind, nimmt dieser Prozess in der Moderne qualitativ und quantitativ zu. Er beginnt bei der prothetischen Aus-
rüstung beschädigter Körper, setzt sich in der ästhetischen Transformation
durch plastische Chirurgie fort (etwa die Aufpolsterung von Körperteilen
durch Silikon), dringt mit der Ersetzung von Hüftgelenken und dem Einbau von Artefakten wie Herzschrittmachern, künstlichen Herzklappen,
Drainageventilen und Cochleaimplantaten in die Tiefen des Körpers ein
und mündet schließlich in die Unterstützung oder Ersetzung neuronaler
Funktionen durch Neurochips sowie in die Entschlüsselung und den technologischen Umbau der Gene, der »Bausteine des Lebens« selbst. Dies
zeigt, die »körperliche Natur« des Menschen verändert sich nicht allein
durch kulturelle Funktionszuweisungen und Eingriffe. Vielmehr lösen sich

gegenwärtig in der Materialität des Körpers die Grenzen zwischen Natur und Kultur immer mehr auf. Infolge der Entdeckung des Körpers als Objekt der Medizin kam es im 19. Jahrhundert zur Herausbildung sowohl eines statistischen Normalkörpers wie eines Normkörpers. Es entstand eine abstrakte Biologie, die herausarbeitet, wie ein Körper normalerweise morphologisch gestaltet ist (und normativ festlegt, wie er sein soll), welche anatomische Struktur er hat (und haben soll), wie er funktioniert (und funktionieren soll). Die Vielfältigkeit der Erscheinungs- und Funktionsweisen des menschlichen Körpers wird eingehegt, es werden ebenso eindeutige wie variabel handhabbare Grenzen hochgezogen, die das Normale und das Pathologische konstituieren. Ohne diese Entwicklung der Biologie und der Medizin wäre die Herausbildung der Eugenik, des Sozialdarwinismus und der Rassenhygiene nicht möglich gewesen.[7] In diesem Sinne schreiben Horkheimer und Adorno in der *Dialektik der Aufklärung*: »Wo Beherrschung der Natur das wahre Ziel ist, bleibt biologische Unterlegenheit das Stigma schlechthin, die von Natur geprägte Schwäche zur Gewalttat herausforderndes Mal.« (Horkheimer/Adorno 1998: 265) Sie sprechen von einer »Verstümmelung« (ebd.: 246) des Verhältnisses des Menschen zu seinem Körper, von einer »Erniedrigung des Fleisches durch die Macht« (ebd.). Hier artikuliert sich nicht nur eine pessimistisch getönte Kulturkritik. Es scheint auch ein wichtiges, ja zentrales Motiv auf, auf das bereits hingewiesen wurde: die Verwebung von Wissen und Macht. Ich werde im weiteren Verlauf unter Rückgriff auf einige Linien in Foucaults Denken darauf zurückkommen. »Erst Kultur«, schreiben Horkheimer und Adorno, »kennt den Körper als Ding, das man besitzen kann, erst in ihr hat er sich vom Geist, dem Inbegriff der Macht und des Kommandos, als der Gegenstand, das tote Ding, ›corpus‹, unterschieden.« (Ebd.) Der Prozess der zivilisatorischen Deutung und praktischen Transformation des Körpers habe Europa zu seinen »sublimsten kulturellen Leistungen befähigt«; mit der Kontrolle über den Körper habe sich aber zugleich »die unflätige Bosheit, die Hassliebe gegen den Körper verstärkt« (ebd.: 247).

Nach Horkheimer und Adorno ist die ganze neuere Kultur von dieser Sicht und Gefühlslage durchsetzt, von den Spannungen zwischen Tabuisierung, Anziehung und Widerwillen, zwischen Verunsicherung und Begehren, zwischen Anbetung und Herabsetzung. Die kulturellen Praktiken der Abwertung bei gleichzeitiger Kontrolle und machtgestützter Manipulation des Körpers bleiben von dieser tiefgehenden Ambivalenz unterfüttert

---

7 | Damit soll kein linear-kausaler Zusammenhang zwischen Zivilisationsprozess und eugenischem Denken, Sozialdarwinismus und Rassenhygiene behauptet werden; unbezweifelbar gehört aber das europäische Körper-Denken zu ihren wichtigsten historischen, kulturellen und ideengeschichtlichen Voraussetzungen.

– die Abwertung des Körpers löscht die von ihm ausgehende Anziehung nicht aus, ja steigert sie möglicherweise noch.

Gestützt wird diese Ambivalenz durch die herausragende Stellung des Sehsinnes in der europäischen Neuzeit. In der neuzeitlichen Wissenschaft erfolgen der empirische Zugriff auf die Welt und ihre Transformation in Wissen vor allem durch das Sehen. Der Blick schafft Distanz – und holt zugleich das Entfernte heran. Sehen ermöglicht Erfahrung ohne physische Nähe. Die Leitidee des wissenschaftlichen Denkens und der Aufklärung besteht darin, Licht ins Dunkle der Welt zu tragen das »Geheimnis der Natur« zu lüften, Verborgenes dem menschlichen Wissen zuzuführen. Sehen heißt wissen. Der Sehsinn ist aber auch zentral für die Ästhetik, die ihrerseits die Unterscheidung von schönen und hässlichen, von begehrenswerten und abstoßenden Körpern verfeinert. Gemäß dieser Prozesslogik wird der Körper nicht nur zu einem Objekt und theoretischen Problem, sondern es erfolgt auch eine sinnliche Ästhetisierung, die eine affektive Aufladung und damit eine psychologische und moralische Deutung des Körpers begünstigt. Eine besonders ausgeprägte Ambivalenz entwickelt sich, wie wir später noch genauer sehen werden, den »außerordentlichen« Körpern gegenüber.

In der Ausstellung »Der [im-]perfekte Mensch« des Deutschen Hygiene-Museums wurde eine Typologie verschiedener historischer und kultureller Ausprägungen des Blicks entwickelt, die jeweils mit unterschiedlichen Behinderungsbildern korrelieren:

a)    Der staunende und medizinische Blick
b)    Der vernichtende Blick
c)    Der mitleidige Blick
d)    Der bewundernde Blick
e)    Der instrumentalisierende Blick
f)    Der ausschließende Blick
(vgl. Stiftung Deutsches Hygiene-Museum 2001: 186ff.)

Diese unterschiedlichen Blicke und die mit ihnen verknüpften Behinderungsbilder haben historisch unterschiedliche Formen des Umgangs mit behinderten Menschen hervorgebracht. Insbesondere dort, wo der Körper als bedrohlich, unannehmbar eigenwillig, ordnungssprengend oder auf beunruhigende Weise faszinierend wahrgenommen wurde, wurde er auch zum Gegenstand des Zugriffs, zum Objekt kultureller u.a. medizinischer, politisch-polizeilicher, psychologischer, pädagogischer und rehabilitativer Bemühungen: Einhegung und Beherrschung von Degeneration und Verfall durch Medizin und Psychiatrie, pädagogisch vermittelte Einübung zivilisatorischer Selbstbeherrschung durch Körperbildung und Vermittlung von Kultur sowie Herausbildung des Disziplinarindividuums durch wissenschaftliche und politische Machtstrategien. Diese sehr unterschiedli-

chen Praktiken waren und sind immer mit einem spezifischen Denken
und einer diskursiven Herstellung von Wissen verbunden.

## Wissen, Macht, Regierung

Der kulturwissenschaftlichen Theorieperspektive zufolge sind Sichtweisen
des Körpers, ihn umrankende Bedeutungszuschreibungen und Wertigkei-
ten, etwa mit ihm verknüpfte Vorstellungen von Gesundheit und Krankheit, untrennbar von den historischen Kontexten, aus denen sie hervorgehen. Die Art und Weise, wie eine Kultur den Körper denkt, welche Sichtweisen vom Menschen sie in ihn hineinlegt oder aus ihm herausliest, zeigt,
was in dieser Kultur als schön und wertvoll, als erwünscht oder unerwünscht, als Ideal oder als Problem angesehen wird. Auf diesem Wege
werden aber auch die Grenzen einer Kultur sichtbar: welche Erscheinungsformen des Körpers sie akzeptiert und welche sie verwirft, wie sie ihn wert-
schätzt oder verachtet, wie sie ihn religiösen, politischen, medizinischen,
ästhetischen oder hygienisch-diätetischen Überzeugungen unterwirft, welche Spielräume und Toleranzen sie ihm gewährt und wann sie mit harten
oder weichen Regulationspraktiken eingreift.

Damit ist ein wichtiges, ja zentrales Thema angesprochen, das in den
bisher skizzierten Aspekten nur angeklungen ist: Eng mit der diskursiven
Erzeugung von Sicht- und Sprechweisen sowie von Körpersubjekten ist das
Phänomen der Macht verbunden. Insbesondere in diesem Kontext werden
die Arbeiten Foucaults in den Disability Studies rezipiert. So schreibt beispielsweise Bill Hughes in Anlehnung an Foucault: »Sehen (*voir*), Wissen
(*savoir*) und Handeln (*pouvoir*) sind genealogische Koordinaten der Macht,
und der ›Blick‹ ist eine ihrer wesentlichen Technologien. Der Blick (eine
Machttechnologie) produziert Information und Wissen.« (Hughes 2005: 81)

Die Deutungen des Körpers, die aus Beobachtungen hervorgehen, sind
weit mehr als bloße Deskriptionen. Der Körper bewegt und zeigt sich auf
spezifische Weise in einem gesellschaftlichen Feld, in ihm verkörpert sich
ein sozial erworbener Habitus, er wird wahrgenommen und vielfältigen,
offenen und subtilen Bewertungen unterworfen. Im Bereich der Medizin,
der Psychiatrie, der Rehabilitation und der Erziehung verbindet sich darüber hinaus auch ein spezifischer Zweck mit den kulturellen Deutungsmustern: der Zweck, den ungebändigten, von Krankheiten und Entstellungen, von bedrohlichen Visionen und als abnorm eingestuften Verhaltensweisen befallenen Körper – und das sich in ihm artikulierende psychische
und kognitive System – zu formen, zu zähmen, unter Kontrolle zu bringen.
Ein spezifisches Denken über den Körper ist demnach untrennbar mit spezifischen Praktiken verbunden: Der von der Sünde befallene Körper muss
gemartert oder mit Feuer gereinigt und geläutert werden, aus dem öffentlichen Raum verbannt und notfalls weggesperrt werden; der sich abnorm ar-

tikulierende und bewegende Körper muss geschult, beherrscht, durch Sondermaßnahmen (re-)sozialisiert, kultiviert und gebildet werden.

Dies geschieht immer unter Rückgriff auf ein spezifisches Wissen, das den Körper auf bestimmte Weise begreifbar macht: Ein Wissen über die »Natur« des Menschen, über die körperlichen Funktionen und ihre Entwicklung, seine Gestalt, seine Beweglichkeit, Expressivität etc. Wissen meint hier ganz allgemein und weit gefasst »die Gewissheit, dass Phänomene wirklich sind und bestimmte Eigenschaften haben« (Berger/Luckmann 1977: 1). Wissen und Wirklichkeit sind demnach miteinander verschränkt, und zwar dergestalt, dass »wirklich« dasjenige ist, über das wir fraglos gegebenes oder gesichertes Wissen haben, während die Herausbildung, Stabilisierung oder Veränderung unseres Wissens immer in einem Kontext gesellschaftlicher und kultureller Wirklichkeit stattfindet und untrennbar mit diesem verbunden ist. Wissen bezieht sich dabei gleichermaßen auf religiösen Glauben, politische Ideologien, wissenschaftliche Wahrheiten, lebenspraktisch mehr oder weniger bewährte Alltagsüberzeugungen (etwa in Form des »gesunden Menschenverstandes«) oder auf all jene Gewissheiten, auf deren Grundlage beispielsweise wirtschaftliches Handeln, Erziehung oder Heilbehandlungen beruhen. Die Produktion gesellschaftlichen Wissens ist somit auf ein vielgestaltiges kulturelles Geschehen zurückzuführen. Dieses Wissen ist umso wirklichkeitsmächtiger, je weniger es reflexiv auf seine Quellen, kulturellen Motive und womöglich eingelagerten Machtaspekte befragt wird. Tatsächlich erfolgt der Rückgriff auf in einer Kultur oder Teilkultur sedimentiertes Wissen aus Sicht der Wissenssoziologie nicht durchgehend bewusst und reflektiert; vielmehr gilt dieses Wissen meistens als fraglos gegeben.

Diese wissenssoziologische Einschätzung über die Entstehung und Stabilisierung von Wissen wird in Foucaults theoretischen Skizzen zum Diskursbegriff geteilt. Tatsächlich sind Diskurse und diskursive Praktiken das Resultat hoch komplexer kultureller Prozesse und Dynamiken, die über das Denken, Forschen, Sprechen, soziale und politische Handeln konkreter Individuen hinausgehen.[8] Dies gilt auch für die wissenschaftliche Erzeugung von Erkenntnis und Wissen. Nach Lily Kay stellen Diskurse eine

---

8 | Anders als Foucault gehe ich davon aus, dass sich Diskurse nicht völlig von handelnden Subjekten ablösen lassen. Damit bleiben diese, zumindest dem Prinzip nach, im Bereich der Verantwortung von Subjekten und werden als prinzipiell veränderbar gedacht. Anders gesagt, in diesem durchaus zentralen Punkt schließe ich mich der älteren Wissenssoziologie an, die im Gegensatz zu Foucault an der Idee der Freiheit festhält (vgl. zum Beispiel Berger 1977). Dies wiederum impliziert, dass ich die Foucault'sche Diskurstheorie als nützliches Instrument historischer und gesellschaftlicher Analyse verstehe, nicht jedoch als philosophische Verabschiedung des Subjekts, der Idee der Freiheit sowie der Möglichkeit, argumentativ Geltungsansprüche zu erheben.

»kulturelle Wirksamkeit mittels Bedeutungsregimen her. Darunter hat man sich die Gesamtheit der Praktiken und Repräsentationen vorzustellen, die in einer bestimmten historischen Epoche von einer Gesellschaft akzeptiert und für gültig gehalten werden [...]« (Kay 2001: 41).

Im Kontext der Wissenschaften könnte man sagen, dass es Diskurse sind, die zur Stabilisierung bereits vorhandener oder zur Durchsetzung neuer Paradigmen führen. Kay nennt drei Faktoren, die für das Verständnis von Bedeutungsregimen wichtig sind. Zu ihnen gehören

»die Mechanismen, durch die sich wahre von falschen Aussagen unterscheiden lassen, sowie die entsprechenden Sanktionsmittel [...] ferner die Techniken und Verfahren [...], denen Wert für die Wissensgewinnung zuerkannt wird [...]; sowie schließlich der Status derer, die dafür verantwortlich sind zu sagen, was als wahr gilt [...]. Wissen wird demnach generiert durch ein System geordneter Verfahren zur Produktion, Regulation, Zirkulation und Funktionsweise von Aussagen.« (Ebd.: 41)

In diesem Sinne bezeichnet Petra Gehring einen Diskurs als »unsichtbare Ordnung, die wie eine geheime Ökonomie den Raum möglicher Wahrheiten einer Zeit auf feste Bahnen bindet« (Gehring 2004: 60), ein »fungierendes Wirklichkeitsmuster [...], [das] den Aussagen zu einer gemeinsamen Wirklichkeit verhilft« (ebd.: 61).

Ebenso wie in der Wissenssoziologie wird der im Anschluss an Foucault entwickelte Wissensbegriff pragmatisch gefasst. In unserem Kontext, einem kulturwissenschaftlichen Verständnis des Körpers, bedeutet dies, dass das Wissen häufig eine bestimmte Praxis der Arbeit an und mit dem Körper nahelegt. Wissen ist in kommunikative Bezüge eingebettet und artikuliert sich in Handlungsweisen, die aufgrund ihrer Routine und Standardisierung häufig nicht weiter reflektiert werden.

»Die Thematisierung des Körpers erfolgt nicht nur kommunikativ, sie erfolgt auch in körperlicher Weise: Körper werden behandelt, verletzt, manipuliert, geheilt, bewegt, befestigt usw. Was immer mit ihnen gemacht wird, geschieht im Rahmen habitualisierter Handlungsweisen und mittels der kommunikativen Handlungsmuster einer Kultur.« (Knoblauch 2005: 110)

Wissen über den Körper weist den Weg zur seiner Formung, Verbesserung, Therapie, Heilung, Rehabilitation und Zurichtung – kurz: seiner Regulation. Unter Verweis auf *Die Geburt der Klinik* von Foucault (1973) schreiben Mitchell und Snyder:

»Literarische Bemühungen, die dunklen Nischen der Behinderung auszuleuchten, produzieren eine Form diskursiver Unterwerfung. Der Versuch, die Myriaden von

Abweichungen des Behindertseins zu erzählen, ist ein Versuch, die Widerspenstigkeit des Körpers unter Kontrolle zu bringen.« (Mitchell/Snyder 2000: 6)

Konsequent gedacht ist in dieser Perspektive auch die Rehabilitation eine Normalisierungspraktik, ein Prozess, durch den, wie Bryan Turner schreibt, »der ›behinderte Körper‹ [...] diskursiv produziert, beherrscht und reguliert« (Turner 2001: 253) wird. Dieser zwiespältige Zug der Rehabilitation ist im Begriff selbst angelegt: »Wiederherstellung« beinhaltet die Vorstellung eines ursprünglichen, als »natürlich« oder »normal« gedachten Zustands.

Rehabilitation ist in Anlehnung an Turner eine Form der Gouvernementalität. Was bedeutet Gouvernementalität? Foucault hat diesen Begriff 1978 als Analyseinstrument für den komplexen Begriff des »Regierens« eingeführt. Gouvernementalität bringt die Verschränkung von gesellschaftlicher und historischer Realität, die sich in Machtstrukturen verdichtet, und von Subjektivität auf den Punkt. In ihrem Begriff verbinden sich, so eine verbreitete Herleitung, Regieren (»gouverner«) und Mentalität oder Denkweise (vgl. Bröckling/Krasmann/Lemke 2000: 8). Inhaltlich mag diese Verknüpfung richtig sein, als Herleitung ist sie jedoch falsch. »Gouvernementalité« geht auf das Adjektiv »gouvernemental«, »die Regierung betreffend« zurück. Mit »Regierung« sind jedoch nicht in erster Linie Gesetzgebung und Rechtsprechung gemeint. Gemeint ist vielmehr eine »recht spezifische und doch komplexe Form der Macht« (Foucault 2000: 64), die »aus den Institutionen, den Verfahren, Analysen und Reflexionen, den Berechnungen und den Taktiken« (ebd.) zusammengesetzt ist. Deren Hauptzielscheibe ist die Bevölkerung, Hauptwissensform ist die politische Ökonomie, und wesentliches Instrument sind die Sicherheitsdispositive (vgl. ebd.)[9]. Im Zentrum der Gouvernementalität steht die Wechselwirkung von Herrschaftstechniken und Selbsttechniken. Dies zielt auf die Frage,

---

9 | Foucault bestimmt den abstrakten Begriff Dispositiv wie folgt: Er versteht darunter erstens »ein entschieden heterogenes Ensemble, das Diskurse, Institutionen, architekturale Einrichtungen, reglementierende Entscheidungen, Gesetze, administrative Maßnahmen, wissenschaftliche Aussagen, philosophische, moralische oder philanthropische Lehrsätze, kurz: Gesagtes ebenso wie Ungesagtes umfasst. [...] Zweitens möchte ich in dem Dispositiv gerade die Natur der Verbindung deutlich machen, die zwischen diesen heterogenen Elementen sich herstellen lässt. [...] Drittens verstehe ich unter Dispositiv eine Art von [...] Formation, deren Hauptfunktion zu einem gegebenen historischen Zeitpunkt darin bestanden hat, auf einen Notstand [...] zu antworten. Das Dispositiv hat also eine vorwiegend strategische Funktion.« (Foucault 1978: 119f.) Nach Gehring ist ein Dispositiv »ein Funktionsknoten von Wahrheiten und implizit institutionalisierten Zugriffsformen« (Gehring 2004: 109). Dispositive sind das, »worauf die Macht sich verlässt und verlassen muss, wenn sie als Macht funktioniert« (ebd.: 119).

wie es der Macht und den Herrschaftstechniken gelingen kann, nicht nur äußerlich auf das Subjekt einzuwirken, sondern so im Subjekt wirksam zu werden, dass es sich im gewünschten Sinne selber führt.

»Regierung im Sinne Foucaults bezieht sich somit nicht in erster Linie auf die Unterdrückung von Subjektivität, sondern vor allem auf ihre ›(Selbst-)Produktion‹, oder genauer: auf die Erfindung und Förderung von Selbsttechnologien, die an Regierungsziele gekoppelt werden können.« (Bröckling/Krasmann/Lemke 2000: 29)

Hinter dem Begriff der Gouvernementalität steht eine Gesellschaftstheorie, die Macht und Herrschaft nicht in Begriffen der Repression und nicht als klare Opposition von Herr und Knecht, Täter und Opfer denkt. Herrschaftstechniken arbeiten nicht ausschließlich, ja nicht einmal in erster Linie mit Verboten und mittels äußerer Zwänge durchgesetzten Geboten, die ein äußerer Souverän den Individuen aufzwingt. Ihre Wirksamkeit besteht gerade darin, »Subjekte zu einem bestimmten Handeln zu bewegen« (ebd.). Somit vermittelt der Begriff der Gouvernementalität zwischen Macht und Subjektivität und dient der Analyse von Verknüpfungen zwischen Herrschaftstechniken und Praktiken bzw. Techniken der Selbstregierung. Dieser Faden der Foucault'schen Theorie der Gouvernementalität soll an späterer Stelle wieder aufgenommen werden, wenn es um die Herstellung von Normalität und den Prozess der Selbstnormalisierung geht.

Nach Turner ist Foucaults Theorie der Gouvernementalität auch für ein machttheoretisches Verständnis von Rehabilitation bedeutsam. Rehabilitation als eine Form der Regulation des Körpers arbeitet an der

»Entwicklung von Mikro-Systemen sozialer Regulation, die eine normative Kontrolle über Individuen und Populationen ausüben. In diesem Sinne ist Rehabilitation eine Form der Gouvernementalität, die verschiedene medizinische und Wohlfahrtspraktiken zusammenführt, die darauf abzielen, die rehabilitierte Person zu erzeugen. Eine andere Illustration ist die Ausbreitung diätetischer Praktiken, in denen die ›Diät‹ als ›Herrschaft über den Körper‹ eine detaillierte Selbstregulation des Körpers hervorbringt, um mehr Kontrolle über das Selbst auszuüben.« (Turner 2001: 253)

Man könnte diese These noch weiter zuspitzen und sagen: Diese Praktiken und das in ihnen angelegte Wissen erzeugen die zu rehabilitierende Person.

Die von Turner in Anlehnung an Foucault eingenommene Theorieperspektive (Turner nennt sie »sozialkonstruktionistisch«, eine Weiterentwicklung des sozialen Konstruktivismus) stellt die Annahme eines feststehenden, objektiven, beobachter- und kulturunabhängigen Wissens in Frage. Entsprechend wird bestritten, wir könnten Zugang zu einer nicht veränderbaren, zeit- und kulturübergreifenden »Natur« oder »Essenz« von Behinderung haben. Tatsächlich, so Turner, ist das, was wir in unserem Kulturraum heute Behinderung nennen, untrennbar mit dem Prozess medizinischer Klassifikation verbunden, d.h. einer ganz spezifischen, historisch und kulturell bedingten, wirklichkeitsmächtigen Form von Wissen. Turner zufolge kann nachgezeichnet werden, wie im Lauf der Zeit Konzepte wie »Krankheit«, »Schädigung« oder »Behinderung« vom Medizinalsystem auf weitere gesellschaftliche Bereiche übertragen und wie dieser Prozess durch politische Auseinandersetzungen und ökonomische Interessen geformt wurde (vgl. Turner 2001: 256). In diesem Sinne schreiben Patrick Fougeyrollas und Line Beauregard:

»Ohne die Definition eines erwarteten Resultats und die Zuschreibung von Sinn durch den normativen kulturellen Kontext haben Differenzen keine vorherbestimmten Auswirkungen. Durch die Fokussierung auf den so genannten ›Beobachter‹, d.h. ein Erkenntnissubjekt oder eine Gruppe kohärent vorgehender Erkenntnissubjekte, wird deutlich gemacht, dass Beobachtungen immer an einen Beobachter, an konkrete Beobachtungsoperationen, an körperliche, psychologische, kognitive, situative und verschiedene kulturelle Voraussetzungen und Rahmenbedingungen gekoppelt sind. Ohne Beobachter gibt es weder den Prozess noch den Gegenstand der Beobachtung. Dies impliziert: auch die Konstatierung körperlicher Differenzen – physischer Abweichung, Deformation, Abnormität und Versehrtheit – ist grundsätzlich als historisch-kulturelle Konstruktion zu verstehen. Solche Konstruktionen manifestieren sich konkret in individuellen Wahrnehmungen, psychischen Reaktionen, Denkmustern und Handlungsweisen. [...] Die Variationen menschlicher Entwicklung und der Prozess der Erzeugung von Behinderung sind eng mit ihrer kulturellen Konstruktion verbunden.« (Fougeyrollas, Beauregard 2001: 189f.)

## Ein Schlüsselbegriff: Diskurs

Wie kommt es zu Differenzierungen und Spezialisierungen, zu Nosologien und Klassifikationssystemen, wie sie beispielsweise durch die Psychiatrie und die Sonderpädagogik hervorgebracht wurden? Soweit die Disability Studies eine kulturwissenschaftliche Perspektive beziehen, werden diese Fragen häufig unter Rückgriff auf Ideen und Theorieentwürfe von Foucault diskutiert. Hierbei kommt dem Begriff des Diskurses – in seiner untrennbaren Verzahnung mit den Termini »Wissen«, »Macht« und »Subjekt« – eine Zentralstellung zu.

Der Begriff »Diskurs« steht, fasst man ihn zunächst allgemein und unspezifisch, für die Annahme, dass sich Wahrnehmen, Sprechen, Erkennen sowie die Erfahrung von Bedeutung nicht auf objektive (sprach-, theorie-, erkenntnis-, gesellschafts- und kulturunabhängige) Gegebenheiten oder Phänomene beziehen, die in ihnen abgebildet oder widergespiegelt werden. Er steht für eine Theorie, die plausibel zu machen sucht, dass Wissen, Bedeutung, Sinn, Wahrheit etc. das Produkt historisch und kulturell spezi-

fischer Prozesse sind, durch die ihr Gegenstand – zumindest als Gegenstand des Wissens und Objekt von Praktiken – überhaupt erst hervorgebracht wird.

Die häufige Bezugnahme auf Foucaults Diskursanalyse in den Disability Studies ist insofern bemerkenswert, als bisher nur wenige fachspezifi-
sche Arbeiten vorliegen, die sich einer ausführlichen Rezeption seiner Arbeit widmen. Foucault wird fast durchgängig erwähnt, bis heute jedoch nur
vereinzelt explizit rezipiert oder kritisch diskutiert. Der erste Sammelband
über Foucault und die Disability Studies ist das von Shelley Tremain 2005
herausgegebene Buch *Foucault and the Government of Disability*. In den hier
versammelten Beiträgen zeigt sich, dass der Diskursbegriff, ein Herzstück
des Foucault'schen Theoriekosmos, von vielen Autorinnen und Autoren als
besonders wichtig für die kulturwissenschaftliche Forschung der Disability
Studies angesehen wird.[10]

Nach Foucault bilden Diskurse mit Macht unterfütterte und der Kontrolle und Disziplin dienende Praktiken, die »Gegenstandsbereiche und
Wahrheitsrituale« (Foucault 1977: 250) produzieren. Sie haben eine erkenntnistheoretisch und pragmatisch konstruktive Funktion, denn sie
bringen Objekte des Wissens hervor, die in spezifische Begriffe und Terminologien eingekleidet werden. Das Kernstück von Diskursen sind Aussagen, durch die Objekte konstituiert werden. Solche Aussagen verbinden
sich zu »diskursiven Formationen« (Foucault 1973: 48ff.), also durch Regeln geknüpfte Netze von Aussagen, durch die Wissen und Wissenssysteme entstehen. Nach Sarasin – der sich hier auf das Feld der Wissenschaften bezieht – sind Diskurse »Strukturen eines Feldes wissenschaftlichen
Sprechens, die mit institutionellen, politischen und ökonomischen Verhältnissen korrespondieren und die eine kohärente Praxis ermöglichen«
(Sarasin 2005: 103). Der Begriff des Feldes verweist darauf, dass Diskurse
nicht nur zeitlich, sondern auch räumlich gebunden sind. Michael Hagner
verwendet in diesem Zusammenhang den Terminus »Repräsentations-
raum«. Hierunter ist ein Ort zu verstehen, »wo wissenschaftliches Wissen
konfiguriert und ausgebreitet, eine beliebige Spekulation zu einem wissen-
schaftsrelevanten Thema, ein Lebewesen zu einem epistemischen bzw. zu
einem Forschungsobjekt wird« (Hagner 1995b: 74).

Der mit dem Diskurskonzept verbundene Wissensbegriff ist, wie hier
deutlich wird, ein pragmatischer. Deshalb spricht Foucault auch von diskursiven Praktiken. Um das Wissen und die Wissenssysteme organisieren
sich spezifische Praktiken und Institutionen – etwa Krankenasyle, Hospitä-
ler, Psychiatrien, »Idiotenanstalten«, Gefängnisse. Am Beispiel der Geschichte der Geisteskrankheiten erläutert Foucault: Diskurse sind Regeln
des Sprechens, Denkens und Forschens,

---

10 | Kompakte Einführungen in den Diskursbegriff finden sich u.a. bei Han-
nelore Bublitz (2003) und Reiner Keller (2004).

»die während einer gegebenen Periode das Erscheinen von Objekten möglich machen: von Objekten, die sich im täglichen Gebrauch, in der Jurisprudenz, in der religiösen Kasuistik, in der Diagnostik der Ärzte differenzieren, von Objekten, die sich in pathologischen Beschreibungen manifestieren, von Objekten, die von Bestimmungen der Medikation, der Behandlung, der Pflege umrissen sind« (Foucault 1973: 50f.).

Foucault zufolge ist die Geisteskrankheit

»durch die Gesamtheit all dessen konstruiert worden, was in der Gruppe all der Aussagen gesagt worden ist, die sie benannten, sie zerlegten, sie beschrieben, sie explizierten, ihre Entwicklungen erzählten, ihre verschiedenen Korrelationen anzeigten, sie beurteilten und ihr eventuell eine Sprache verliehen« (ebd.: 49).

Foucaults Begriff der diskursiven Praktik bildet »ein Scharnier, an dem sich Reden und Handeln, Sprache und Macht als Realität und Sinn erzeugende Praktiken verschränken« (Bublitz 2003: 10). Foucault bezieht den Diskursbegriff jedoch nicht nur auf Prozesse der Entstehung, Abgrenzung, Verfestigung, Durcharbeitung und gesellschaftlichen Institutionalisierung von Gegenstandsbereichen, sondern auch auf deren Transformation. Insofern thematisiert der Diskursbegriff immer beides: Diskurse und Diskursbrüche, die Herausbildung von Wissensordnungen und historischen Wahrheiten, die Entstehung von ordnungsstiftenden Institutionen und deren Wandel.[11] Seine Arbeit der vergangenen fünfzehn Jahre resümierend,

---

**11** | Ausgehend von den Arbeiten Foucaults wurden verschiedene diskursanalytische und diskurstheoretische Methoden entwickelt, die dessen Ideen ausbauen, erweitern und zu systematisieren versuchen. Wie Keller betont, bilden diskursanalytische oder diskurstheoretische Arbeiten keineswegs einen homogenen theoretischen Ansatz. Jedoch gibt es eine gemeinsame Basis: »Diskurstheorien und Diskursanalysen

- beschäftigen sich mit dem tatsächlichen Gebrauch von (geschriebener oder gesprochener) Sprache und anderen Symbolformen in gesellschaftlichen Praktiken;
- betonen, dass im praktischen Zeichengebrauch der Bedeutungsgehalt von Phänomenen sozial konstruiert und diese damit in ihrer gesellschaftlichen Realität konstituiert werden;
- unterstellen, dass sich einzelne Interpretationsangebote als Teile einer umfassenden Diskursstruktur verstehen lassen, die vorübergehend durch spezifische institutionell-organisatorische Kontexte erzeugt und stabilisiert wird, und
- gehen davon aus, dass der Gebrauch symbolischer Ordnungen rekonstruierbaren Regeln des Deutens und Handelns unterliegt.« (Keller 2004: 8)

schreibt Foucault im Jahr 1977 im Vorwort zur deutschen Ausgabe von *Der Wille zum Wissen*, seine Arbeiten in diesem Zeitraum seien folgendem Problem gewidmet: »Wie ist in den abendländischen Gesellschaften die Produktion von Diskursen, die (zumindest für eine bestimmte Zeit) mit einem Wahrheitswert geladen sind, an die unterschiedlichen Machtmechanismen und -institutionen gebunden?« (Foucault 1983: 8)

## Repräsentation und Wahrheit

Gemäß der hier eingenommenen Theorieperspektive stehen »der Blick«, Wissen, Macht, Diskurse und institutionalisierte Praktiken in einem unauflösbaren Zusammenhang. Im Kontext der Disability Studies ist insbesondere die Frage bedeutsam, wie Wissen über den Körper entsteht und sich verfestigt: wie es in eine – andere Sichtweisen verhindernde – Ordnung gebracht wird und zum festen Bestand von Denk- und Deutungsmustern avanciert und wie es in symbolischer Form kommuniziert wird. In diesem Zusammenhang nimmt der Begriff der Repräsentation eine zentrale Stellung ein (vgl. Mitchell/Snyder 1997; 2000).

Was bedeutet Repräsentation? Nach Bernhard Waldenfels lässt der Begriff vier verschiedene Bedeutungen zu: Vorstellung, Vergegenwärtigung, Darstellung und Stellvertretung. Diese sollen kurz skizziert werden.

a) Der Aspekt der Vorstellung verweist auf eine grundlegende erkenntnistheoretische Problematik, nämlich die Frage, wie wir etwas erfahren. »Phänomenologisch und hermeneutisch gesprochen besteht Erfahrung nicht darin, dass jemand oder ein Akt *etwas* vorstellt, sondern darin, dass sich jemandem *etwas als etwas* zeigt.« (Waldenfels 2002a: 154) Das, was wir erfahren, ist grundsätzlich mit Bedeutung versehen. Der Prozess des Erfahrens vollzieht sich im Rahmen von Mustern, Gestalten, Strukturen oder Regeln, die in das, was wir erfahren und wie wir es erfahren, eingehen. Das heißt: Etwas ist nicht einfach unmittelbar und kontextfrei »präsent« und aus bedeutungsstiftenden zeitlichen und situativen Horizonten herausgelöst. Diese gehen als Rahmen- und Hintergrundbedingungen in das ein, was sich in der Erfahrung zeigt.

b) Repräsentation als Vergegenwärtigung bedeutet, dass etwas, das »nicht zeitlich-räumlich gegenwärtig ist, [...] vergegenwärtigt« wird (ebd.: 155). Etwas wird gedanklich oder als Vorstellung vergegenwärtigt, ohne gegenwärtig zu sein. In der Repräsentation wird Abwesendes anwesend.

c) Repräsentation als Darstellung verweist auf die mediale Vermittlung des Erfahrenen. Eine solche Vermittlung liegt dann vor, wenn etwas nicht »direkt«, sondern symbolisch vermittelt, also durch Sprache, einen Text, als

Bild, Film- oder Tonaufzeichnung erfahren wird. In diesem Zusammenhang fragt Waldenfels,

>»ob nicht Bilder und Zeichen sowie entsprechende Techniken von Anfang an an der Gestaltung und Artikulation unserer Erfahrung beteiligt sind. Ist dies der Fall, so stellt sich die weitere Frage, wie wir den Beitrag der Medien zur Konstitution der Erfahrung bemessen können, wenn eine medienfreie ›unschuldige‹ Erfahrung nicht zur Verfügung steht.« (Ebd.: 156)

Das, was durch das Medium repräsentiert werden soll, und die Art und Weise, wie es repräsentiert wird, sind nicht mehr zu trennen. Nimmt man die Aspekte der Vergegenwärtigung und der Darstellung zusammen, so wird zunächst deutlich, dass wir Wissen über Menschen, Sachverhalte, Ereignisse oder Zusammenhänge haben können, ohne jemals direkt damit konfrontiert worden zu sein. Zugleich wird fraglich, ob ein direktes, unmittelbares Wissen überhaupt möglich ist.

d) Schließlich meint der Begriff Repräsentation Stellvertretung im politischen und juristischen Sinne. Auf dieser Bedeutungsebene ist die Frage zentral, »woher die vertretende Instanz die Autorität nimmt, für andere zu sprechen und zu entscheiden« (ebd.: 157).

Insgesamt fasst Waldenfels Repräsentation als »diskursive Ordnung der Erfahrung« (ebd.: 157). Dieser Zugang wirft eine Reihe von Fragen auf: »(1) *Als was*, in welchem Sinne, in welcher Bedeutung tritt das auf, was zur Erscheinung und zur Sprache kommt? (2) In welchen *raum-zeitlichen Kontexten* geschieht dies und (3) in welchen *Medien*? (4) Wer spricht, wenn etwas zur Sprache kommt?« (Ebd.) Waldenfels' phänomenologische Annäherung führt auf ein sprachphilosophisches Grundproblem: Worauf bezieht sich Sprache? Gibt es etwas außerhalb der Sprache, worauf sie verweist, oder ist sie ausschließlich selbstreferenziell? Bildet Sprache Wirklichkeit ab, oder stellt sie diese her? Ist sie ein Spiegel von in der Welt auffindbarer Bedeutung, oder ist sie Medium der Hervorbringung von Sinn? Diese Fragen beziehen sich auf das Problem der Referenzialität und Reflexivität von Sprache. Sie machen darüber hinaus auf den Sachverhalt aufmerksam, dass Sprache unsere Erfahrung strukturiert und semantische und grammatische Ordnungen ganz eigener Art hervorbringt. Vor allem aber zeigen die Überlegungen, dass den Repräsentationen immer Vorstellungen, Wissenskontexte und Wertungen eingelagert sind, die sich unentwirrbar mit der zu repräsentierenden »Realität« verbinden, auf die sie sich beziehen. Die Repräsentation von versehrten, entstellter oder verkrüppelten Menschen in Gemälden, literarischen Texten, Bühnenwerken und Filmen, aber auch im Medium der Wissenschaft oder der Unterhaltung, beispielsweise in teratologischen Sammlungen oder Freak-Shows, dient somit nicht einfach der

Abbildung einer spezifischen Realität. Vielmehr wird in ihnen Wirklichkeit sozial konstruiert. Repräsentationen lehren die Menschen, die in ihnen präsentierten Wirklichkeiten auf eine bestimmte Weise zu sehen und kognitiv-emotive Haltungen dazu einzunehmen. Die an Foucault orientierte diskurstheoretische, radikalisierte Variante der These, dass sprachliche Repräsentationen Wirklichkeit nicht abbilden, sondern erzeugen, besagt im Einzelnen: Schrift und Sprache sind »nicht in einer vorgängigen Ordnung der Dinge begründet, sondern bringen eine Ordnung der Dinge erst hervor« (Bublitz 2003: 3). In Repräsentationen sind nicht nur »Vorstellungen, Bilder und Kodierungskonventionen« (ebd.: 30) sedimentiert, sondern Zeichenordnungen bringen »symbolisch, sprachlich und diskursiv das hervor, was sie symbolisieren oder ›bezeichnen‹« (ebd.). Bei Waldenfels heißt es: »In jeder Rede kommt etwas auf bestimmte Weise zur Sprache, anderes nicht. Dieses gleichzeitige Zur-Sprache-bringen und Zum-Schweigen-bringen verweist auf selektive Redeordnungen, auf spezifische Themenfelder und Diskurse.« (Waldenfels 1999: 160) Wie sich hier andeutet, verweist die sprachphilosophische auf eine andere, nämlich gesellschaftliche Komponente des Problemkomplexes: auf die Verwobenheit von Repräsentation (die mit den Mitteln der Sprache, aber auch durch Bilder, Symbole, Dramaturgien etc. erfolgt) und Macht.

Diese Überlegungen münden in ein noch grundlegenderes Problem: die Frage nach der Wahrheit. Kann die Idee der Wahrheit überhaupt sinnvoll gedacht werden, wenn Repräsentationen, indem sie etwas zur Sprache bringen, grundsätzlich zugleich andere Zugänge zum gleichen Sachverhalt, Thema oder Problem, andere Sichtweisen, Unterscheidungen, Beschreibungen, Erklärungsmodi zum Schweigen bringen? Das traditionelle philosophische Wahrheitsmodell, die Korrespondenztheorie der Wahrheit, war davon ausgegangen, Wahrheit sei die Übereinstimmung von Erkenntnis und Wirklichkeit (vgl. Ferber 1998: 88ff.). Spätestens seit Kant jedoch ist dieses Modell brüchig geworden, da er in seiner Erkenntnistheorie zeigen konnte, dass uns das »Ding an sich« prinzipiell nicht zugänglich wird, weil die Vernunft selbst aktiv am Erkenntnisvorgang beteiligt ist und das Erkannte mitbestimmt wird durch die Begriffe des Verstandes und die Vorstellung von Zeit und Raum. »Wahrheit als Übereinstimmung mit einer Wirklichkeit an sich ist nur ein Ideal und unerreichbar. Erreichbar ist nur die Übereinstimmung mit einer hypothetischen Wirklichkeit.« (Ebd.: 114) Diese hypothetische Wirklichkeit aber ist einer ständigen Veränderung unterworfen und bringt immer neue mögliche Hinsichten hervor, wie ein Gegenstand, Thema oder Problem betrachtet werden kann. Es ist also kein Endpunkt erreichbar, an dem das Objekt endgültig erfasst ist. Insofern kann man sagen, dass ein Gegenstand oder Phänomen prinzipiell unausdeutbar ist. Diese Unausdeutbarkeit wird jedoch durch die Einbettung des Sprechens und Repräsentierens in diskursive Kontexte mit ihren Denk-, Deutungs- und Redeordnungen und ihren Wahrheitsansprüchen verdeckt.

Die Idee der Wahrheit ist wie diejenige der Objektivität an vorgängige Normen, an Kriterien (was Wahrheit und Objektivität jeweils sind) und an eine spezifische Rationalität gebunden. Indem wir die Wahrheit sagen, so schreibt Judith Butler unter Bezugnahme auf Foucault,

»halten wir uns an ein Wahrheitskriterium, das wir als für uns bindend akzeptieren. Indem wir es als bindend akzeptieren, nehmen wir eben jene Rationalitätsform, innerhalb welcher wir leben, als primär und fraglos an. Die Wahrheit [...] sagen hat also einen Preis, und dieser Preis liegt in der Aussetzung eines kritischen Verhältnisses zu dem Wahrheitsregime, in dem wir leben« (Butler 2003: 133).

Mit Wahrheitsansprüchen gekoppelte Repräsentation lässt uns die Welt auf bestimmte Weise sehen – und bringt andere Sehweisen und damit andere Erfahrungswirklichkeiten zum Verschwinden.

## Der Körper als Medium der Wahrheit und Matrix der Differenz

Wie die einführenden Überlegungen zur Körpersoziologie und Körpergeschichte gezeigt haben, ist die Wahrheit des Menschen immer eine Wahrheit des Körpers. Welche Wahrheit sich in Körpern zeigt, ist abhängig von den jeweiligen historisch und kulturell situierten »Repräsentationsräumen«, in denen sie hervorgebracht und modelliert wird. Solche Repräsentationsräume sind äußerst vielfältig: beispielsweise wissenschaftliche Laboratorien, philosophische, diätetische oder moralische Abhandlungen, Institutionen der Menschenführung, Krankenhäuser und magische Kraftplätze, politische oder religiöse Vereinigungen, ästhetische Theorien der bildenden Kunst, Museen oder literarische Texte. Im Kontext ihrer jeweiligen kulturellen Zusammenhänge bringen diese Repräsentationsräume Ideen, Theorien und Vorstellungen von Behinderung hervor und operieren zugleich auf der Grundlage von Repräsentationen. Nach Volker Schönwiese, der von Behinderungsbildern spricht, gibt es folgende Träger und Vermittler von Repräsentationen:

- »historisch entstandene Bilder
- durch die Wissenschaften systematisch geschaffene Bilder
- in der individuellen Sozialisation erworbene Bilder und
- über die Medien produzierte beziehungsweise verstärkte Bilder von Behinderung« (Schönwiese 2005b: 38).

Bei der Frage, wie die kulturelle Repräsentation des Körpers erfolgt und welche Bedeutung Behinderungen hierbei zukommt, wird sich zeigen, dass der Körper in zweierlei Hinsichten zentral ist: Er ist das physische

Medium, in dem sich Wahrheit materialisiert und sinnfällig wird. Und er fungiert als eine Matrix, anhand derer Gleichheit und Differenz der Menschen herausgestellt werden. Was macht den Körper so bedeutsam? Die Begriffe »physisch« oder »körperlich« verweisen auf die sinnlich erfahrbare Welt, auf wahrnehmbare Charakteristika. Nun wird der Körper nicht in seiner »Nacktheit« wahrgenommen, als Ding an sich, sondern, hermeneutisch gesprochen, als *etwas*: als Träger oder als Ausdruck von Bedeutung. Anders formuliert, geht die Wahrnehmung immer mit Erwartungen, Interpretationen und Bewertungen einher. Im Körperlichen zeigt sich etwas, was mit der »Wahrheit« des Menschen zusammenhängt, und dies auf individueller und kollektiver Ebene. Was bedeutet dies in Bezug auf Behinderungen? Behinderungen lösen im Betrachter sehr häufig Irritationen aus, vor allem, wenn sie nicht vertraut sind. Die Irritation entsteht durch die Auffälligkeit einer körperlichen oder verhaltensbezogenen Andersartigkeit. Es kommen also »körperliche Regelwidrigkeiten« in den Blick, etwa Unvollständigkeit oder Unvollzähligkeit von Körperteilen, Einschränkungen in der Mobilität, Schädigungen von Sinnesorganen, negativ empfundene ästhetische Auffälligkeiten, unvertrautes kommunikatives Verhalten und anderes mehr. Im Körperlichen werden Unterschiede sichtbar. Diesen liegen materielle Kriterien zugrunde, durch die jemand als physisch abweichend oder behindert identifiziert werden kann, etwa »die kognitive Schädigung, die mit Sprech- und Denkmustern von Menschen mit traumatischen Kopfverletzungen assoziiert wird oder den geistig Defektiven« (Mitchell/Snyder 1997: 13). Da aber Wahrnehmung sinnstiftend ist und Bedeutung generiert, bleibt sie nicht beim Registrieren der physischen Oberfläche stehen, sondern liest oder entschlüsselt den Körper; dringt zu dahinter liegenden, sich im Körperlichen zeigenden moralischen, psychischen oder charakterlichen Andersartigkeiten, Abweichungen oder Defekten vor. »Historisch gesehen hat die physische Oberfläche als ein Medium existiert, das die abstrakteren und schwer greifbaren Landschaften der Psychologie, Moralität und Spiritualität sichtbar macht.« (Ebd.) Dieser Schluss – die Erkenntnis eines eigentlich verborgenen Inneren aufgrund eines spezifischen Äußeren – basiert auf der Annahme, es bestehe eine regelförmige Korrelation zwischen Innen und Außen. Es ist genau diese angenommene Korrelation, die den Körper zu einem Ort der Wahrheit macht. Zugleich scheint diese Wahrheit vor allem in Gestalt von Abweichungen sichtbar zu werden. Deshalb gehen in vielen Theorien zum Körper Wahrheitsansprüche und soziale Differenzkonstruktionen Hand in Hand.

Die Kultur- und Wissenschaftsgeschichte ist hier reich an Beispielen. Eines der bekanntesten ist, dass Dummheit und Intelligenz eine jeweils korrelierende Physiognomie haben, also den Menschen ins Gesicht geschrieben sind. Aus diesem Grund lässt sich immer wieder beobachten, dass als schön empfundene Menschen erfolgreicher sind als solche, die als

hässlich gelten. Haare sind seit jeher Objekte für vielfältige anthropologische, charakterologische oder psychologische Spekulationen, wie die in vielen Kulturen auffindbaren Theorien zur Rothaarigkeit zeigen (sie galten
zum Teil als sicheres Anzeichen für frevelhafte Lüsternheit), die mit Fruchtbarkeit und Potenz in Verbindung gebrachten Mutmaßungen über Dichte,
Qualität und Farbe des Haupthaares oder kriminologische Hypothesen
über die tiefere Bedeutung zusammengewachsener Augenbrauen. Analo-
ges findet sich zu fast allen Körperteilen, vor allem Nase, Augen und
Mund. Während die Augen weithin als das Fenster zur Seele gelten, erscheinen Münder oder Lippen etwa als zart, schwungvoll, sinnlich oder
brutal und werden unterschiedliche Nasen mit Attributen wie »vornehm«,
»tyrannisch«, »stolz« oder »eingebildet« versehen. Ein berüchtigtes Beispiel für Diskriminierung anhand körperlicher Merkmale ist die »Juden-
nase« (vgl. Jeggle 1986). Körperliche Merkmale werden also nicht nur genutzt, um etwas über das Innere des jeweiligen Individuums zu erfahren,
sondern sie liefern auch Zeichen, anhand derer soziale Differenzierungen
vorgenommen werden können.

Welche Wahrheit zeigt sich im Körper? Der Blick auf den menschlichen Körper sowie der ihm zugeschriebene Sinn, seine Bedeutsamkeit,
sind selbst historischen Transformationen ausgesetzt. Mit gesellschaftlichen und kulturellen Veränderungen, etwa neuzeitlichen Säkularisations-
prozessen, der Herausbildung neuzeitlicher Körpertechniken sowie der
modernen Medizin, der Entstehung technischer Analyse- und Visualisie-
rungsverfahren (beispielsweise der Fotografie oder der Mikroskopie) geht
eine doppelte Veränderung einher: Mit der Veränderung des Blicks verändert sich auch das, was der Blick erfasst. Historische Transformationen betreffen das Netzwerk kultureller Bedeutungen und Sinnzuschreibungen,
mit denen das Erblickte versehen wird. Dies bedeutet letztendlich, dass die
Idee der Wahrheit selbst historisiert wird – im Körper zeigt sich nicht *die*
Wahrheit, sondern *eine* Wahrheit.

Diese These ist für die modernen Naturwissenschaften eine Provoka-
tion. Denn sie erheben den Anspruch, die gesellschaftlichen und historischen Vorurteile, die sich in den genannten Beispielen volkstümlicher phy-
siognomischer Deutungen oder in empirisch nicht haltbaren Krankheitstheorien artikulieren, zu überwinden. Das medizinische Paradigma verfolgt nach seinem Selbstverständnis die Strategie, der metaphorischen Aufladung des Körpers und dem Spiel von Faszination und Schrecken eine
klassifikatorische, taxonomische und systematische Nüchternheit entge-
genzustellen, die sich auf eine möglichst genaue Erfassung, Beschreibung
und Erklärung der nackten Körperlichkeit, auf eine Objektivierung im
Rahmen einer deterministischen Logik zurückzieht. Sie steht für den Anspruch einer radikal ernüchterten, aller Vorurteile und metaphysischen
Spekulationen entledigten Perspektive. Aber auch die Produktion von wissenschaftlichem Wissen und – in diesem Zusammenhang – medizini-

schen Behinderungsbildern unterliegt dem historischen Wandel, was bedeutet, dass das objektiv Erfasste und die Kriterien für Objektivität ihrerseits historisch variabel sind. Auch medizinische Modelle sind weder voraussetzungsfrei noch immunisiert gegen gesellschaftliche Strömungen, etwa Moden oder psychosoziale Befindlichkeiten gegenüber Randgruppen und Fremden, zeitspezifische Mentalitäten oder Infiltration durch politische Aufträge. In diesem Sinne schreiben Mitchell und Snyder:

»Während die Medizin sicherlich eine empirische Antithese zu den kurzlebigen Produkten der Kunst liefert, bleiben die historischen und mythischen Bedeutungen, die in die wissenschaftliche Terminologie des Empirismus eingebettet sind und die physische und die kognitive Behinderung konstruieren, gewöhnlich unanalysiert und daher auch unverstanden.« (Mitchell/Snyder 1997: 18)

Daraus ergibt sich für die Disability Studies die Notwendigkeit, den medizinischen Behinderungsdiskurs einer kulturwissenschaftlichen Analyse zu unterziehen. Hierbei geht es nicht darum, neues medizinisches Wissen zu erzeugen, sondern medizinisches Wissen zugleich als Ausdruck, als Medium, als Katalysator eines die Wirklichkeit erfassenden und umformenden Denkstils und einer kulturellen Wahrheit zu verstehen.

»Das professionelle Verlangen, die biologische Basis der Pathologie zu beweisen, hat historisch einen schwer greifbaren Versuch reflektiert, kulturelle Definitionen von Normalität und Überlegenheit zu verfestigen. Die Disability Studies in den Humanwissenschaften müssen unvermeidlich ihre Aufmerksamkeit auf die Anordnung der medizinischen Sprache als einen zentralen Schlüssel für die soziale Rezeption und Konstruktion physischer Abweichungen lenken.« (Ebd.)

Eine der zentralen Aufgaben der Disability Studies ist daher die Analyse der Herstellung kognitiver und physischer, am Individuum festgemachter Differenz.

Um die komplexen Prozesse der historischen Hervorbringung und Transformation von Behinderung zu veranschaulichen, wird im folgenden Kapitel die bisher im Vordergrund stehende Theorieperspektive zugunsten eines Abstechers in die Körpergeschichte zurücktreten. Skizziert werden einige wichtige Aspekte einer Geschichte des Monströsen.

# Repräsentationen

# 3. Fragmente einer Körpergeschichte des Monströsen

## Kulturelle Ordnungen und außerordentliche Körper

Die mit kulturwissenschaftlichen Parametern arbeitenden Diasability Studies gehen davon aus, dass unterschiedliche Kulturen jeweils andere soziale Wirklichkeiten, Denkstrukturen und Mentalitäten begünstigen und dass sie unterschiedliche Sprachen, symbolische Formen, Institutionen und Praktiken für den Umgang mit ihrer Wirklichkeit entwickeln. Da die menschliche Welt ohne den Körper nicht existieren würde – es gäbe keine Kommunikation, keine Arbeit, keinen Krieg, keine Wettkämpfe und kein Spiel, keine Sexualität, keine Kunst, keine Erziehung, keine Strafen, keine Kultur des Essens und Trinkens, der Heilung, des Umgangs mit den Toten – stellt der Körper dabei einerseits eine wichtige Konstante dar; zugleich war und ist alles Wissen über den Körper sowie auch der vielfältige Umgang mit ihm kulturell und symbolisch vermittelt. So handelt es sich bei der gesellschaftlichen und historischen Modellierung des Körpers, den an ihn gehefteten Wahrnehmungs- und Deutungsmustern sowie den mit ihm verbundenen Praktiken um einen komplexen und mehrdimensionalen Prozess.

Diese »Historisierung des menschlichen Körpers« (Zürcher 2004: 15) lenkt die wissenschaftliche Aufmerksamkeit auf historische Rekonstruktionen von Prozessen, in denen sich kulturelle Deutungsmuster des Körpers herausbilden, stabilisieren und schließlich verschieben und verändern. Einen entsprechenden Wandlungsprozess durchlaufen die Deutungsmuster »außerordentlicher« Körper: von der metaphysischen und religiösen Deutung als Monster zur medizinischen Pathologie und Anomalie, von der Einbettung in einen geschlossenen religiös-moralischen Kosmos zur Festschreibung biologischer, physikalischer und chemischer Kausalketten, von der affektiv aufgeladenen Zurschaustellung menschlicher Kuriositäten

hin zu den manchmal handwerklich-pragmatischen, manchmal sozialethisch überhöhten Praktiken des modernen Bioengineerings.

Welchen Gewinn verspricht eine kulturwissenschaftliche und historische Beschäftigung mit dem Körper? Und was könnte eine Geschichte
menschlicher Monstrositäten und Freaks leisten? Zwei Punkte sind von
besonderem Interesse. Die hier vorgestellte Theorieperspektive hat erstens
nicht den Anspruch, an die Stelle von Körperwissenschaften, etwa der Medizin, zu treten. Ihr Ziel ist es auch nicht, medizinisches Wissen zu falsifi-
zieren. Und ohne Zweifel bringt eine kulturwissenschaftliche Auseinandersetzung mit Theorien über Abnormitäten des menschlichen Körpers
auch kein neues *medizinisches* Wissen über den Körper hervor. Doch kann
sie, wie Gunnar Schmidt schreibt, selbst wenn sie »nichts vom Körper
weiß [...] die Kultur der Körperwissenschaft zu ihrem Gegenstand machen«
(Schmidt 2001: 245). Dadurch kann sie einen Beitrag dazu leisten, die Medizin und andere wissenschaftliche Disziplinen (etwa die Psychologie, die
Rehabilitationswissenschaften oder die so genannten Lebenswissenschaften), die den menschlichen Körper zum Gegenstand haben und ihn essenzialistisch als außerhistorische und überkulturelle Gegebenheit betrachten,
über ihre eigenen historischen und kulturellen Voraussetzungen aufzuklären.

Eine explizit historische Auseinandersetzung mit Missbildungen und
Anomalien des menschlichen Körpers verspricht zweitens »einen Einblick
in den Gang der Normalität, in die wenig ausgeleuchteten Schlupfwinkel
der sozialen Ordnung, in die Wahrnehmung von Behinderung in unterschiedlichen Kulturen« (Zürcher 2004: 16). In historischer Perspektive
zeigt sich das Monstrum als »Metapher für das Andere, Ausgegrenzte,
Ausgemerzte. Geschichten der Missbildungen sind Geschichten des Wissens, des Sehens, des Experimentierens, des Fühlens und des Glaubens.«
(Ebd.) Vor dem Hintergrund eines sich im Laufe der Geschichte verändernden Verständnisses der Natur legt die historische Betrachtung der Kultur konkurrierende und sich wandelnde Modelle des Menschen sowie Muster der Ein- und Ausgrenzung behinderter Menschen, der Herstellung von
Zugehörigkeit und Fremdheit frei. Im Mittelalter und in der frühen Neuzeit ist diese Geschichte durchsetzt von »mythologischen Motiven, von
Sorge, Schuld und Scham, von strafenden und warnenden Göttern« (ebd.:
283); später setzt eine Ernüchterung ein, eine Entzauberung des Monstrums, eine Verwissenschaftlichung des Blicks.

Durch die Herausarbeitung solcher Wandlungsprozesse wird gezeigt,
wie spezifisches Wissen entsteht und mit welchem Wissen die sich wandelnden Sichtweisen untermauert, begründet und legitimiert werden. Insofern wird auch eine Geschichte der Stilisierung, der Ausformung spezifischer allgemeiner Kategorien sichtbar, unter die das Besondere subsumiert
wird. So stellt Garland-Thomson mit Blick auf den Freak-Diskurs, die
Freak-Shows und die anatomischen Ausstellungen des 19. Jahrhunderts

einen paradoxen Effekt heraus, der für unser Wissen über Behinderungen zentral ist. Einerseits hob dieser Diskurs ausdrücklich spezifische »körperliche Exzentrizitäten« (Garland-Thomson 1996: 10) hervor, die andererseits »in eine einzige amorphe Kategorie körperlicher Andersheit« (ebd.) – den Begriff »Freak«[12] – eingeschmolzen wurden.

> »Indem sie den Freak als Ikone verallgemeinerter verkörperter Abweichung konstituieren, bekräftigten die Ausstellungen zugleich Geschlecht, Rasse, sexuelle Abweichung, Ethnizität, Behinderung als unentwirrbare, jedoch distinkte Systeme des Ausschlusses, die durch körperliche Variation legitimiert wurden – alle repräsentiert durch die einzige, vieldeutige Figur des Freaks. Daher ist das, was wir für einen Freak der Natur halten, tatsächlich ein Freak der Kultur.« (Ebd.)

Die Vielfalt und Heterogenität körperlicher Besonderheiten wird begrifflich und theoretisch vereinheitlicht, indem diese unter einen Zentralbegriff subsumiert werden. Hierdurch verschwindet das Besondere, das Individuelle und Einmalige im Abstrakten und Allgemeinen, das allein ein Merkmal fokussiert: die Abweichung, Pathologie, Abnormität.

Wie die historische Forschung über Menschen mit außerordentlichen Körpern oder »abweichenden Biologien« zeigt, üben solche Menschen seit jeher eine eigentümliche Anziehungskraft aus – sie wecken Neugier und Interesse, rufen intensive Gefühle zwischen Verunsicherung, Erschrecken, Ekel, Belustigung, Mitleid und Faszination hervor und evozieren vielfältige Deutungs- bzw. Erklärungsversuche. Wissenschaftshistorisch und erkenntnistheoretisch verweist dieser Befund auf den Einfluss von Emotionen und Affekten, auf die Produktion von alltäglichem ebenso wie von wissenschaftlichem Wissen. Entsprechend stellt Zürcher heraus,

> »dass Wissenschaft immer, nicht nur im Bereich der Missbildungsforschung, affektiv durchdrungen und angeleitet ist, dass Affekte in ihren unterschiedlichen Ausprägungen erst den Zugang zum Forschungsgegenstand ermöglichen, das heißt elementarer Bestandteil der epistemischen Situation sind und deshalb auch im wissenschaftlichen Wissen noch aufscheinen« (Zürcher 2004: 24).

Neben der affektiven Komponente der Wissensbildung ist noch ein anderer Sachverhalt bedeutsam. Die eigentümliche und oftmals hochambivalente

---

**12 |** Der englische Begriff »freak«, der hier auch in eingedeutschter Form verwendet wird, bedeutet ganz allgemein »etwas Außergewöhnliches«, »eine Laune der Natur«. Die spezifischere Bedeutung ist »Missgeburt«, »Monstrosität« oder »Monster«. Obwohl sich die Termini »freak« und »Monster« bzw. »Monstrosität« in ihrem Bedeutungsgehalt überschneiden, haben sie unterschiedliche Begriffsgeschichten und wurden in unterschiedlichen historischen Kontexten gebräuchlich. Hierauf werde ich im weiteren Verlauf des Kapitels eingehen.

Anziehungskraft der Monstrositäten und Missgestalten ist im Kern darauf zurückzuführen, dass sie »seit jeher [...] als eine Herausforderung für die natürliche und moralische Ordnung der Welt« (Hagner 1995a: 7) empfunden wurden. Hierzu gehören u.a. missgebildete Feten, Riesen, Zwerge, Zyklopen, Dreibeinige, siamesische Zwillinge, Hermaphroditen, Fallsüchtige, Rothaarige, Elefantenmenschen, Kretins, Menschen mit entstellten Gesichtern oder Buckeln, extremem Haarwuchs, Kröpfen und Beulen, motorischen Ticks oder extrem biegsame Individuen (vgl. Klaus Müller 1996).

Wie kommt es, dass Menschen mir »außerordentlichen Körpern« (Garland-Thomson 1996: 2) als Monster und Monstrositäten oder später, vor allem im 19. Jahrhundert, als »Freaks« angesehen werden? Phänomenologisch betrachtet setzt der Prozess ein, wenn Unvertrautes erscheint, wo Vertrautes erwartet wird, wenn das Unheimliche an die Stelle des Heimeligen tritt, das Ungeheure an die Stelle des Geheuren, wo es also zu einer Art Einbruch des Fremden in eine als selbstverständlich und natürlich empfundene Ordnung kommt. Außerordentliche Körper scheinen durch die gesamte Geschichte hindurch als atypisch und fremd wahrgenommen worden zu sein, wenn auch diese Fremdartigkeit höchst unterschiedlich gedeutet, funktionalisiert und bewertet wurde. Die »kulturellen Resonanzen« (ebd.), die sie hervorrufen, sind abhängig von historischen und intellektuellen Einflüssen und Voraussetzungen; durch diese werden die Körper zu metaphysischen, moralischen, ästhetischen, emotionalen, politischen oder wissenschaftlichen Bedeutungsträgern. Das heißt, wenn die Reaktion auf ein Phänomen durch seine Außerordentlichkeit bestimmt wird, ist bereits eine Ordnung vorausgesetzt, eine Form des Wissens über die »Natur« der Dinge, das Selbstverständliche und Normale. Insofern ist die Reaktion auf außerordentliche Körper auf individueller und kollektiver Ebene untrennbar mit gesellschaftlich und kulturell hervorgebrachten »Landkarten« verbunden: mit Erwartungen, Ideen und Deutungsmustern bezüglich dessen, wie die Dinge normaler- und richtigerweise sind, wie sie funktionieren, wie Menschen aussehen, welche Gestalt sie haben, wie sie sich bewegen und gebärden.

»Monstrositäten sind nicht loszulösen vom realen oder symbolischen Raum, in dem sie öffentlich repräsentiert werden. Zweifellos sind körperliche Fehlbildungen in den verschiedenen Kulturen und wohl zu allen Zeiten als verstörendes und furchterregendes Phänomen wahrgenommen worden. Doch das macht sie nicht zu Monstrositäten. Dazu werden sie erst, indem etwas an ihnen gezeigt wird, indem sie mit Bedeutung aufgeladen werden.« (Hagner 2003: 45)

Diese Bedeutung hat sich im Laufe der Geschichte mehrfach geändert: »Monstren« wurden als Zeichen und Wunder gedeutet, als physischer Ausdruck moralischer Verwerfungen, waren Objekte des gelehrten und profanen Vergnügens, galten als Elemente, die (wissenschaftliche) Ord-

nungs- und Klassifikationssysteme (ver-,störten, wurden aber auch episte-
mologisch zur Erforschung *ex negativc* der ontologischen Ordnung der
Dinge genutzt (vgl. Hagner 2003: 53).

Ich will nachfolgend nicht den Versuch unternehmen, eine konsistente
kulturwissenschaftliche Theorie missgebildeter Körper zu entwerfen, sondern mich auf einen knappen Überblick über ein komplexes historisches
Thema beschränken. Dabei konzentriere ich mich auf die Zeit ab dem
17. Jahrhundert, als Umwälzungen in den Ordnungen des Wissens einset-
zen, die auch für die Gegenwart bedeutsam sind.

## Die Naturalisierung des Monströsen

Dem Begriff des Monstrums, einer der ältesten Bezeichnungen für außerordentliche Körper in unserem Kulturraum, werden folgende Bedeutungen
zugeschrieben:»Ungeheuer; großer, unförmiger Gegenstand; Ungeheuer-
liches, Riesiges, Mißbildung, Mißgeburt«. Er geht einerseits auf das lateinische »monstrum« (deutsch Mahnzeichen, vom lateinischen monere,
deutsch mahnen) zurück, andererseits auf »monstrare«, deutsch zeigen,
weisen, hinweisen, bezeichnen (vgl. Herkunftswörterbuch 1989: 467). Wie
Hagner zeigt, bezeichnen die lateinischen Begriffe »monstrum« und
»monstrositas« nur teilweise den gleichen Gegenstand.»Monstrosus« wird
mit »wunderbar, widernatürlich, ungeheuerlich, missgestaltet, scheußlich«
(Hagner 1995a: 8) übersetzt.»Monstrositas« bedeutete häufig »Missbildung« und »Missgestalt«, während mit »monstrum« »die widernatürliche
Geburt und das göttliche Mahnzeichen« (ebd.) gemeint waren. Während
»Monstrosität« (im Sinne von Missbildung) ein eher der neuzeitlichen
Wissenschaft entsprechender Begriff ist ist »Monster« (Mahnzeichen) me-
taphysisch, religiös und moralisch besetzt. Der historische Bedeutungs-
wandel zeigt sich somit schon in der veränderten Begrifflichkeit.

Wie Javier Moscoso festhält, galt im 17. Jahrhundert ein gebrechliches
oder missgestaltetes Neugeborenes als Anzeichen für »Gottlosigkeit und
Undankbarkeit« (Moscoso 1995: 56). Es wurde also eine kognitive Verknüpfung von »körperlicher Missgestalt und moralischer Verfehlung«
(ebd.: 57) vorgenommen. Diese Verknüpfung wurde erst im Zeitalter der
Aufklärung gelöst; es kam zu einer »Entmythologisierung der Monster, die
auch eine Entflechtung von Ursachenforschung und moralischer Verurtei-
lung mit sich brachte« (ebd.: 57). Trotz dieser Entmythologisierung kann
jedoch nicht von einer wertfreien Beschäftigung mit außerordentlichen
Körpern die Rede sein. Vielmehr kam es zu einer Verschiebung und veränderten Begründung von Bewertungen und Wertmaßstäben – sie wurden
subtiler, bekamen ein rationales, wissenschaftliches Gewand. Wie Zürcher
konstatiert, ist »die Entmythologisierung selbst zum Mythos geworden«
(Zürcher 2004: 284).

Moscoso führt im Anschluss an Canguilhem aus, wie es im Zeitalter der Aufklärung und der modernen Wissenschaften zu einer »Naturalisierung des Monströsen« (Moscoso 1995: 58) kam. Hiermit ist der Versuch gemeint, Monstrositäten der natürlichen Ordnung einzugliedern, also ihnen ihre Widernatürlichkeit zu nehmen und sie zugleich durch die Ordnung der Natur, d.h. die in ihr waltenden Regelmäßigkeiten und Gesetze, zu erklären. Dieser Prozess der Säkularisierung, der »Verwissenschaftlichung und Rationalisierung« (Hagner 1995b: 73), ging wissenschaftshistorisch nicht ohne Komplikationen vonstatten; er erforderte tiefgehende epistemologische Umorientierungen. In dieser Phase der Wissenschaftsgeschichte wird versucht, das Abseitige und Abnorme, das alle Klassifikationsrahmen zu sprengen scheint und buchstäblich als außerordentlich wahrgenommen wird, in eine Ordnung des Wissens zu überführen. Dieser Versuch stellte die damaligen Wissenschaften vor allem vor das Problem der korrekten Klassifikation der kuriosen und absonderlichen Erscheinungen.

»Zu der Erkenntnis, dass die herkömmlichen Bezeichnungen oft nicht differenziert genug waren, um einen vorgeführten Fall adäquat zu beschreiben, gesellte sich die noch beunruhigendere Erfahrung, dass zur Erfassung mancher Fälle schlichtweg die Kategorien fehlten.« (Lange 2003: 228)

Die Monstrositäten brachten also das wissenschaftliche Klassifikationssystem, das allen Erscheinungen ihren Platz zuweist und somit eine Gesamtordnung des Wissens garantiert, an seine Grenzen. Gerade diese (Ver-)Störung aber, so zeigt Foucault, ruft immer wieder besondere und intensive Anstrengungen hervor, das (Ver-)Störende durch Wissen zu bannen, es in Wissen zu überführen. Nach Foucault ist der Begriff des Monsters im Kern ein Rechtsbegriff. Diese Auffassung mag zunächst überraschen, wird aber klarer, wenn man Foucaults Erläuterung folgt. Zugrunde gelegt wird ein sehr weit gefasster Rechtsbegriff: »[...] das Monster ist durch die Tatsache definiert, dass es qua Existenz und Form nicht nur eine Verletzung der gesellschaftlichen Gesetze darstellt, sondern auch eine Verletzung der Gesetze der Natur« (Foucault 2003: 76). Wenn Foucault hier von gesellschaftlichen Gesetzen spricht, sind damit nicht nur und auch nicht in erster Linie kodifizierte Gesetze im juristischen Sinn gemeint, sondern zum einen Normen und Werte, die oft gerade nicht kodifiziert sind, und zum anderen Gesetzmäßigkeiten, von denen man annimmt, dass sie die Ordnung der Natur bestimmen. Das Monster ist nach Foucault ein »rechtlich-biologisches« Phänomen (vgl. ebd.: 77), das wegen seiner Seltenheit zunächst die Ausnahme repräsentiert. Bei genauerem Hinsehen jedoch zeigt sich, dass es »das Unmögliche und das Verbotene kombiniert« (ebd.). Foucault weist darauf hin, dass das Monströse, obwohl es einen Bruch mit dem Gesetz darstellt und insofern das Außerordentliche repräsentiert, auch *Modell* sein kann. Von Modellhaftigkeit zu reden ist aber nur sinnvoll, wenn das Außerordentliche eine eigene Ordnung darstellt oder in Relation zu einer Ordnung gesetzt werden kann – wenn das außerhalb des Gesetzes oder der Ordnung Stehende also wieder in ein Gesetz oder eine Ordnung integriert werden kann, und sei es als deren Negation oder Anderes. Die Figur des Monsters ist nicht nur das Resultat einer Wahrnehmung und emotionalen Reaktion, sondern auch das Produkt eines spezifischen Wissens.

Foucault unternimmt einen Versuch zu erklären, wie es im 19. Jahrhundert zu einem neuartigen wissenschaftlichen Interesse am Monströsen kommt. Das Monströse wird, so seine These, zu einem »große[n] Modell aller kleinen Abweichungen« (Foucault 2003: 78). Man versuchte auf qualitativ neue Weise, das Unheimliche, das ganz Andere, dasjenige, in dem sich die Vorsehung oder Gottes Macht gezeigt hatte, mit weltlich-wissenschaftlichen Mitteln der Erkenntnis zuzuführen. Dabei bestand das Modellhafte des Monströsen darin, dass es auf die zahllosen kleinen Anomalien des Menschen verwies. Deren wahrhafte Bedeutung aber zeigte sich umgekehrt erst im Monströsen in aller Deutlichkeit. »Den wahren Grund der Monstrosität suchen, die hinter den kleinen Anomalien, den kleinen Abweichungen, den kleinen Unregelmäßigkeiten lauert: Dieses Problem wird das gesamte 19. Jahrhundert umtreiben.« (Ebd.) Obwohl also das Monströse einerseits als das Außergesetzliche oder Außerordentliche angesehen wurde und das Unmögliche und Verbotene repräsentierte, fungierte es paradoxerweise als »Prinzip der Erkennbarkeit« (ebd.). Das Unmögliche: das, was die Ordnung des Wissens zu sprengen droht oder tatsächlich sprengt, was geltenden Klassifikationen, Rasterungen, Taxonomien widerspricht. Das Monströse überschreitet die »natürlichen Grenzen, die Klassifikationen, die Kategorientafeln und das Gesetz als Tafel« (ebd.: 86f.).

Der medizinische Blick orientiert sich im 19. Jahrhundert an den ebenfalls aufkommenden Wissensformen der Phrenologie, der Ethologie und der Physiognomik. In diesem Blick mischen sich Herrschaftsansprüche, die nach Wiederaneignung dessen streben, was der Ordnung des Wissens zu entgleiten droht, mit einer kaum kaschierten Obszönität und Aufdringlichkeit.

Trotz der teilweise beträchtlichen Probleme und gelegentlich leidenschaftlich ausgetragenen Kontroversen (vgl. Hagner 1995b) lässt sich rekonstruieren, wie die außerordentlichen Körper im Laufe des 18. Jahrhunderts durch den wissenschaftlichen Diskurs als »Wissensobjekte« (Moscoso 1995: 69) konstruiert wurden. Es entstand ein wissenschaftliches Denken, in dem der gesetzmäßige und wohlgeordnete Aufbau der Welt sich bis in die anatomische Struktur von Körpern hinein verfolgen ließ. Das Auftauchen von Missbildungen galt nun nicht mehr als widernatürlich, sondern wurde genutzt, um den Mechanismen und Gesetzmäßigkeiten der Entwicklung des Menschen oder anderer Organismen auf die Spur zu kommen.»Die Naturalisierung der Monstrosität im 18. Jahrhundert lief also zunehmend darauf hinaus, dass die Ursachen für eine monströse Bildung im Körper gesucht wurden und dass sie den gleichen Naturgesetzen gehorchten wie die normale Entwicklung.« (Ebd.: 72) Außerordentliche Körper galten nun nicht mehr als das Resultat von moralischen oder religiösen Verfehlungen. Sie wurden in ein als natürlich gedachtes Ordnungssystem eingefügt,»das das Unheimliche und Schauderhafte des Monströsen bannen sollte. [...] Monster wurden zum Gegenstand integrativer Praktiken, die auch das Deviante und Wilde in aufgeklärte Normalitäten umschaffen sollten« (Hagner 1995b: 81). So wurde die Abweichung bzw. Fehlentwicklung im 18. Jahrhundert »zum konstitutiven Bestandteil der Wissenschaft vom Leben« (ebd.: 91).

## Die wissenschaftliche Lehre von den Missbildungen

Nach Zürcher sind die Jahre 1780 bis 1820 die Konstitutionsphase der Teratologie, die ihren Namen allerdings erst später erhielt. Zwischen 1832 und 1837 publizierte der französische Zoologe Isidore Geoffroy Saint-Hilaire ein dreibändiges Werk über die allgemeine und spezielle Geschichte der Anomalien beim Menschen und den Tieren, in dem der Begriff der Teratologie erstmals verwendet wird (vgl. Zürcher 2004: 163). Die im ausgehenden 18. Jahrhundert einsetzende Verwissenschaftlichung des Diskurses über Monstrositäten erreichte im 19. Jahrhundert ihren Höhepunkt. Die teratologische Erforschung der Missbildungen wurde zu einer Disziplin, die dem Programm verpflichtet war, die bis in die Antike reichende Faszination für das Monströse, das Wunder, Wunderbare und Ungeheuerliche aus der religiösen Spekulation in das Reich der Wissenschaft zu überführen. So kam es in der Neuzeit zu einer allmählichen Verschiebung von der theologischen zur teratologischen Betrachtung des Monströsen. Wenn von einer Verwissenschaftlichung gesprochen wird, dann impliziert dies gemäß der Selbstbeschreibung der modernen Naturwissenschaften einen Übergang von Vorurteil zu gesichertem Wissen, von Mythos zu Wahrheit, von metaphysischer Spekulation zu rationaler Welterfassung. Ebenso wichtig ist der Versuch einer Ausklammerung der Affekte, die nach neuzeitlicher Auffassung den Erkenntnisprozess subjektiv trüben und verzerren. Wenn es zutrifft, dass die Affekte seit jeher einen großen Einfluss auf die Wahrnehmung und Deutung außerordentlicher Körper ausgeübt haben, dann bedeutet die Ausklammerung der Affekte tatsächlich einen folgenreichen epistemologischen Umbruch. Abgesehen von der eher grundsätzlichen erkenntnistheoretischen Frage, ob eine gänzlich affektfreie Erkenntnis überhaupt möglich ist, lässt sich historisch zeigen, dass die Teratologie den Anspruch auf Affektfreiheit nicht einlösen konnte. Vielmehr wurde dieser Anspruch bereits durch den Begriff der Teratologie selbst unterminiert. Zürcher weist darauf hin, dass »Tera« im Griechischen »Wunder, Zeichen, aber auch Schreckbild und Ungeheuer« (Zürcher 2004: 12) bedeutet: »Die Teratologie trägt das Wunder, das sie überwinden will, im Namen und bewahrt es« (ebd.). Dieser Hinweis zeigt auch, dass im Anspruch der Verwissenschaftlichung selbst die alte, durchaus affektive Faszination noch am Werk war. Insbesondere Schmidts Studie über »anamorphotische Körper« (2001) arbeitet die subtile affektive Dynamik, die sich in ästhetischen Prozessen und medialen Repräsentationen der neuzeitlichen Medizin artikuliert, anschaulich heraus.

Die kulturelle und wissenschaftshistorische Bedeutung der Teratologie ist nicht zu verstehen, wenn sie als isoliertes Phänomen betrachtet wird. Vielmehr ist sie im Kontext der Veränderung des Wissenschaftsbegriffs in der Neuzeit – Wolf Lepenies unterstreicht hier vor allem »Erfahrungsdruck und Empirisierungszwang« (Lepenies 1978: 18) – sowie der Herausbildung eines der wichtigsten Prinzipien des wissenschaftlichen Arbeitens im 19. Jahrhundert entstanden, der Klassifizierung und Systematisierung der Natur. Zugleich sind Zürcher (2004) zufolge von der Teratologie wichtige wissensbildende Impulse ausgegangen. Diese wurden von anderen Naturwissenschaften aufgegriffen, expandierten aber auch in andere Wissensbereiche. Wie Zürcher mit Verweis auf Jürgen Link (1997) feststellt, ist die Lehre von den Missbildungen beispielhaft für das im 19. Jahrhundert etablierte wissenschaftliche Paradigma des Normalismus. Im Laufe des 19. Jahrhunderts diffundiert das teratologische Wissen in den Bereich des Sozialen. So werden bei Sektionen von Verbrechern körperliche Abweichungen festgestellt, die mit deren moralischen Verirrungen korrespondieren sollen. Ein anderes Beispiel ist der Versuch Rudolf Virchows[13], Parallelen zwischen der Gestalt von Wasserköpfen oder »Cretins« zu »pathologischen Rassen« herzustellen.

Dieses zweite Beispiel verweist auf ein weiteres wichtiges Charakteristikum der Teratologie des 19. Jahrhunderts. Unter dem Einfluss der Evolutionstheorie richtet sich der teratologische Blick nun vor allem auf solche Missbildungen, an denen eine klare Grenzziehung fragwürdig wird, die über viele Jahrhunderte das menschliche Selbstverständnis und die Gewissheit der eigenen Überlegenheit markiert hatte: die Grenze zwischen Tier und Mensch. Die neue Durchlässigkeit dieser vormals absolut gedachten Grenze wurde anhand physischer Merkmale wie Körperbau, Behaarung und Physiognomie demonstriert die naturgeschichtliche Verwandtschaft zwischen Mensch und Tier ließ sich besonders an Menschen mit

---

**13** | Rudolf Virchow (1821-1902), Begründer der Zellularpathologie, Medizinhistoriker, Hygieniker und Mitbegründer der 1869 aus der Berliner Anthropologischen Gesellschaft hervorgegangenen Deutschen Gesellschaft für Anthropologie, Ethnologie und Urgeschichte.

abnormen Körpern – beispielsweise an »Haar«- und »Schwanzmenschen« – aufzeigen. Die Frage nach dem Stellenwert der Missbildungen im Ordnungsgefüge der Natur ist im 19. Jahrhundert mit Versuchen zur gattungsgeschichtlichen Einordnung der Menschen in das Naturganze verbunden. Diese Frage verband sich häufig mit derjenigen nach dem Verhältnis der verschiedenen menschlichen »Rassen« sowie der Geschlechter. Eine naturgeschichtliche Betrachtung des Körpers und die Suche nach körperlichen Differenzmerkmalen sollte Auskunft geben über eine natürliche Hierarchie der Arten, Rassen und Geschlechter und damit gesellschaftliche Ordnungsvorstellungen durch ihre Naturalisierung objektiv begründen. Die Frage nach der Stellung des Menschen in der Natur wurde in zwei Richtungen gestellt, die häufig in einen Zusammenhang gebracht wurden: Einerseits waren die *Unterschiede* bedeutsam, denn sie dienten der anthropologischen Selbstvergewisserung der Menschen; andererseits wurde die Klarheit der Unterschiede immer wieder durch prozessorientierte Theorien und durch anatomische oder morphologische Ähnlichkeiten durchkreuzt und die *Kontinuität* in den Blick gerückt.

Die Prozessualisierung der Natur in den Wissenschaften brachte im 19. Jahrhundert zwei Theorien hervor, die einen lebhaften und kontroversen Disput auslösten. Die erste These soll nachfolgend kurz am Beispiel von zwei Menschen mit Mikrozephalie nachgezeichnet werden. Die beiden wurden 1849 als Kinder nach New York gebracht und seit 1853 in Europa als »Freaks« zur Schau gestellt. Sie wurden als letzte Überlebende der ausgestorbenen kleinwüchsigen »Rasse« der Azteken (beide waren etwa 130 cm groß) ausgegeben und erlangten unter den Namen Bartola und Maximo eine gewisse Berühmtheit. Manche Wissenschaftler behaupteten, die Geschwister stellten eine Art Vorform des Menschen dar. Die These war im Zuge der Popularisierung der Darwin'schen Evolutionstheorie sowie des »biogenetischen Gesetzes« von Ernst Haeckel entstanden. Dieses Gesetz behauptet, der Mensch rekapituliere in seiner vorgeburtlichen Entwicklung in extrem geraffter Form wichtige Stufen der Phylogenese. Die Rekapitulationstheorie impliziert, dass es nicht-menschliche oder vormenschliche Entwicklungsstufen innerhalb der vorgeburtlichen Entwicklung eines Menschen gebe. Die Anhänger dieser Theorie interessierten sich folglich für morphologisch außergewöhnliche Individuen, die von »normalen« Eltern geboren worden waren und die evolutionäre Vergangenheit der Menschheit verkörperten. Hierbei schienen zwei Varianten denkbar:

»(1) jene, deren gesamte Embryonalentwicklung an einem bestimmten Punkt stehen geblieben war und die daher die reife Form einer evolutionären Vorform des modernen Menschen repräsentierten; oder (2) diejenigen, deren Embryonalentwicklung nur in Teilbereichen stehen geblieben war und die daher eine Mischung evolutionärer Kreaturen verkörperten« (Rothfels 1996: 166).

Dieser Theorie zufolge konnte die Menschheit in solchen Wesen ihrer eigenen Vorgeschichte ansichtig werden (vgl. Lange 2003). Im Kontext dieses Diskussionszusammenhangs wurde auch die Idee entwickelt, dass die Organbildung bei Frauen auf einer früheren Stufe stehen bleibe als die der Männer (vgl. Hagner 1995b: 105). Entsprechend wurden Frauen häufig mit Kindern verglichen und als entwicklungshistorische Vorstufe des Mannes angesehen.

Diese Theorie insgesamt, aber auch der Status von Bartola und Maximo blieben umstritten. So erblickte der deutsche Forscher Carl Vogt in Menschen mit Mikrozephalie – insbesondere wegen ihres kleinen Schädels und Gehirns – Vorläufer des Menschen. Aufgrund eines Entwicklungsstillstandes des embryonalen Schädels, so Vogt, kam es zur Bildung eines affenartigen Schädels und Gehirns, was ihm die geringen Fähigkeiten Mikrozephaler erklärbar machte. Demgegenüber vertrat Virchow die These, bei den Geschwistern handle es sich um Menschen mit Mikrozephalie – also nicht um Vorformen des Menschen, sondern um pathologische Varianten. Er hielt es für ausgeschlossen, dass die beiden die reife Form einer Vorläuferrasse darstellten. Sie wären aus seiner Sicht schlecht nicht in der Lage gewesen, im Darwin'schen »struggle for survival« zu bestehen (vgl. Rothfels 1996: 166ff.).

Anders als die Rekapitulationstheoretiker lenkten die Vertreter der Evolutionstheorie ihre Aufmerksamkeit auf die Vergangenheit. Sie suchten nach Individuen bzw. Arten, die unseren mutmaßlichen Vorfahren, den Affen, ähnelten. Dem lag die Annahme zugrunde, es gebe evolutionäre Verbindungsglieder zwischen der Menschengattung und den anderen höheren Säugetieren, so genannte *missing links*. In manchen Theorien wurde »der Neger« als dieses gesuchte Verbindungsstück gehandelt. Während die weißen Menschen zur Spitze der Entwicklungsreihe der Organismen stilisiert wurden, wurde den schwarzen Menschen die Brückenfunktion zum Tierreich zugewiesen. Wie Lange schreibt,

»wurde gegen Ende des 19. Jahrhunderts im Deutschen Reich vielfach angenommen, dass die Verbindung zwischen Mensch und Tier am ehesten zwischen Primaten und ›Primitiven‹ zu suchen sei. Dabei galten als ›höchster‹ Menschenaffe der Gorilla und als Menschen auf dem ›niedrigsten‹ Entwicklungsstand die ›Naturvölker‹, zumeist die Schwarzafrikaner.« (Lange 2006: 87)

In diesem Denksystem erscheint »der Neger« als Figur, die die »Verbindung anschaulich macht, indem sie die kränkende Nähe zum Affen, die die Evolutionsbiologie für alle Menschen behauptet, gleichsam exklusiv verkörpert« (Sarasin 2001: 206). Eine andere Theorie unterbreitete den Vorschlag, Mensch und Affe hätten einen gemeinsamen Vorfahren, von dem aus sie sich in zwei unterschiedliche Richtungen entwickelt hätten, wobei die eine sich durch Arbeit und Tatkraft hervortat und die andere durch

Faulheit und Dummheit charakterisiert war. In dieser Theorie bilden jene Lebewesen, die den Affen in ihrer Wesensart ähneln, das Verbindungsstück zwischen Mensch und Tier: materieller oder geistiger Armut anheim gefallene Bettler und Blödsinnige. Sarasin zitiert den Urheber dieser Theorie, Carl Reclam, bei seinen Ausführungen über »Kretinen« – »die blödsinnig geborenen, Idioten, Troddeln« (Reclam 1870, zit. n. Sarasin 2001: 206), die im 19. Jahrhundert ein beliebtes Sujet waren – wie folgt: »geistlos stiert das kleine Auge, schlaff hängt der vorgeschobene Mund mit den dicken Lippen, von denen Speichel herabtropft« (ebd.: 206f.). Noch näher aber stünden die Mikrozephalen den Affen, wie der Autor Reclam in seinen bildhaften Beschreibungen anschaulich macht: kreischende, heulende, schreiende Wesen, die gewandt auf Bäumen herumspringen. »Wer erkennt nicht aus diesen Mittheilungen, dass das Benehmen all dieser unglücklichen Geschöpfe große Aehnlichkeit mit dem Verhalten der Affen zeigt?« (Ebd.: 207) Begründet wird die These nicht nur auf der Grundlage einer Phänomenologie des Verhaltens, sondern durch anatomische Ähnlichkeiten etwa der Schädelformen oder der Zahnstellungen.

Diese Diskussionen schürten nicht nur die Faszination an außerordentlichen Körpern, sondern führten auch zu einer tiefgreifenden Verunsicherung. In der Literatur finden sich immer wieder Hinweise auf erhebliche, beunruhigende Vermischungsphantasien und Ängste vor dem Verlust einer klaren menschlichen Identität oder Zugehörigkeit. Hatte die Teratologie durch die Naturalisierung der Monstrositäten anfangs deren Menschlichkeit nahegelegt, so verkehrt sich die Botschaft nun in ihr Gegenteil: Die Teratologie enthüllt einerseits die Nähe des Menschen zum Monstrum, andererseits – unter der Voraussetzung der Prozessualisierung der Natur und im Kontext des aufkommenden evolutionsbiologischen Denkens – auch die zum Tier. Die Verwissenschaftlichung des Blicks auf menschliche Monstrositäten führte zwar an der Oberfläche zu größerer Sachlichkeit; doch scheint es, als wären die früheren tiefen Ambivalenzen dadurch allenfalls überdeckt worden:

»Indem sie die Grenzen des Menschlichen und die Kohärenz dessen herausfordern, was die natürliche Welt zu sein schien, erschienen monströse Körper als das Erhabene, in dem das Schreckliche mit dem Wunderbaren verschmilzt, Zurückstoßung und Anziehung gleich werden.« (Garland-Thomson 1996: 3)

Während das wissenschaftliche Interesse am Monströsen seine affektive Dimension keineswegs verlor, wurden vordergründig Sachfragen verhandelt, die entweder implizit oder ausdrücklich mit der natürlichen und letztlich auch mit der sozial-moralischen Ordnung der Welt zusammenhingen.

## Die Ikonographie des Grotesken

Der wissenschaftliche Diskurs der Teratologie ist ebenso wie der Freak-Diskurs an Orte, an Personen, an Medien, an Überzeugungssysteme und Überlieferungslinien gebunden. Wie bereits hervorgehoben wurde, erfolgt die Herausbildung, mediale Darstellung, Diskussion und Modellierung von Wissen in Repräsentationsräumen: in Hör- und Seziersälen, in Bibliotheken und Archiven, in anatomischen Ausstellungen und auf Jahrmärkten. Wissensproduktion und -verbreitung erfordern aber auch eine materielle Basis, etwa Laboratorien, Untersuchungsgeräte und Darstellungsmedien wie Bücher, anatomische Atlanten oder Präparate. Repräsentation ist an Medien gebunden, die ein Wissen, eine Erkenntnis, eine Doktrin, eine Information, ein Ereignis fixieren, symbolisch darstellen und kommunizierbar machen. Wissen kann nur zirkulieren und sich verändern, wenn es in Medien kommuniziert, zugänglich gemacht und wahrgenommen wird. Nun ist die mediale Darstellung ihrerseits keineswegs neutral, sondern aktiv an der Figuration des dargestellten Gegenstandes beteiligt. Jede Darstellung ist unweigerlich perspektivisch, selektiv, arbeitet mit Hervorhebungen und Weglassungen und hat neben der informationsvermittelnden auch eine technische sowie eine symbolisch-suggestive Seite. Letztere reichert die Sachinformation affektiv an, legt eine bestimmte Lesart oder Deutung nahe und drängt andere in den Hintergrund oder lässt sie gar nicht aufkommen. Damit rücken nicht nur Fragen der Darstellungs- und Symbolisierungsformen und ihrer Medien ins Zentrum der Aufmerksamkeit, sondern auch solche der Rezeption.

Die medizinischen Sammlungen und Freak-Shows des 19. Jahrhunderts zeigen, dass die kulturelle Produktion von Monstrositäten untrennbar mit einer »Politik des Sehens« (vgl. Garland-Thomson 1996) verbunden ist. Auch für den innermedizinischen Diskurs lässt sich die zunehmende epistemologische Bedeutung des Sehens nachzeichnen, durch die der Blick auf monströse Körper nicht nur versachlicht, sondern gleichzeitig auch ästhetisiert wird. So rekonstruiert Schmidt (2001) in seiner wissenschaftshistorischen Analyse die Herausbildung einer spezifischen, symbol- und technikgestützten Ikonographie des abnormen und monströsen menschlichen Körpers sowie dessen Wandlungen. Dabei zeigt er, wie eine Kultur des Sehens, der Rückgriff auf technische Visualisierungsmedien, vor allem die Fotografie, und die Herausbildung eines epistemischen Feldes mitsamt der darin erfolgenden Produktion von Wissen ineinander greifen.

Für das 19. Jahrhundert ist nicht nur die Transformation des Monstrositätsdiskurses in eine elaborierte Theorie biologischer Abweichung charakteristisch, sondern auch eine Dynamik der Überbietung, eine sich steigernde Suche nach Extremen, die sich in zahlreichen medizinischen Sammlungen manifestierte. In Bildern und Präparaten wurde dort die durch die Wissenschaft hervorgebrachte »Ikonographie des biologisch Gro-

tesken« (Schmidt 2001: 80) zur Anschauung gebracht. Ein wichtiges
Merkmal dieser Repräsentationen war die eigentümliche Spannung zwischen ambivalenter Faszination und dem Wunsch nach wissenschaftlicher
Ordnung, zwischen »mythischem Schrecken und positivem Wissens-
wunsch« (ebd.: 81), »zwischen Ekel und fasziniertem Machtspiel« (ebd.:
116). Diese Spannung ist, mit Foucault gesprochen, eine Voraussetzung für
die Entstehung eines »Willens zum Wissen« und eines spezifischen Diskurses.
Wie Schmidt zeigt, wird die Fotografie in der Medizin des 19. Jahrhunderts zu einem wichtigen Instrument nicht nur der vermittelnden Darstellung; ausgehend von der Erscheinungsweise, der Morphologie des Körpers
und seinen sichtbaren Erkrankungen und Abnormitäten, wird die Fotografie zu einem Medium der Empirie. Die Visualisierung des Gegenstandes
mittels der Fotografie

»wird forschungs- und kommunikationsstrategisch als Objektivierungsprozess erfahren: Das beobachtende Subjekt, immer von Irrtümern, verzerrenden Konzeptionen und Philosophien bedroht, gibt der entsubjektivierenden Darstellungsform
Platz.« (Ebd.: 35)

Denn die Fotografie galt als Ausdruck eines von individuellen Beimischun-
gen bereinigten, sachbezogenen Blicks auf den Gegenstand. Anders gesagt,
man saß der Illusion auf, die Fotografie bilde den Körper ab: »So konnte
man glauben, dass die Sache selbst, trotz Transformation ins Ikonographische, vor das Auge des Betrachters trete.« (Ebd.)
Die dabei hervorgebrachte Ikonographie wurde untergründig durch eine medizinische Ästhetik des Hässlichen gesteuert (ebd.: 78ff.). Gefordert
war ein Sehen im Sinne der »aisthesis«, ein Begriff, der sinnliche Wahrnehmung und unmittelbare Erkenntnis verbindet. Sehen muss in Verstehen münden, um Wissen zu werden. Während das sinnliche Sehen nur
den äußeren Schein erfasst, muss die ästhetische Erfahrung tiefer gehen.
Der Blick soll lernen, das im Sichtbaren sich Zeigende zu dechiffrieren.
Wissen kann nur entstehen, wenn der Körper als *lesbarer* Bedeutungsträger, als Text verstanden wird: »Ästhetik muss Semiologie werden.«
(Schmidt 2001: 44)
Der Schrecken, der sich in die Faszination mischte, warf aber auch die
Frage auf, wie man dem beunruhigenden Phänomen begegnen konnte.
Wie Schmidt anhand einer Reihe von Fotografien zeigt, entwickelte sich
für einen gewissen Zeitraum im 19. Jahrhundert die Strategie, den Schre-
cken durch eine Suche nach der »humanen Korrespondenz« (Schmidt
2001: 84) zu bannen: dem Menschlichen im Unmenschlich-Monströsen.

## Monstrositäten und die Frage nach dem Menschen

An dieser Stelle möchte ich kurz den Hauptstrang meiner Darstellung verlassen und auf eine weiterreichende Folge des neuen »biologisch-anthropologischen« Wissens vom Menschen, wie es sich vor allem im 19. Jahrhundert herausgebildet hat, hinweisen. Vorab war mehrfach von einer Kränkung und Beunruhigung die Rede, die durch die Naturalisierung des Monströsen ausgelöst wurde. Sosehr die Wissenschaft bemüht war, die Missbildungen in den Naturprozess einzuordnen, standen diese doch nach wie vor im Widerspruch zur kultureller. Grundannahme einer strikten Tier/Mensch-Grenze. In den Augen vieler Theoretiker durchkreuzten und erschütterten sie eine tief im europäischen Denken und im christlichen Glauben verwurzelte Naturordnung. Die Präsentation missgebildeter menschlicher Feten in anatomischen Sammlungen verband sich vor diesem Hintergrund mit einem Motiv, das man psycho-anthropologisch nennen könnte. Der Anblick missgebildeter Feten und anderer abnormer Varianten des Menschen erzeugte einen Schrecken, nach Schmidt »den Schrecken einer nicht entwickelten Menschhaftigkeit« (Schmidt 2001: 84). Einerseits fungierten die medizinischen Sammlungen grotesker Körper als »bildhafte Gegenwelt zur Normalität des sozialisierten oder natürlichen Leibes« (ebd.: 88). Andererseits – aufgrund der neu aufkommenden, von Darwinisten, Embryologen und Ethnologen verbreiteten Vorstellungen von Evolution und Degeneration – wurden hier scheinbar »harte« Grenzen gegenüber den Bereichen des Sub- oder Vorhumanen, denen die Monstrositäten von manchen Theoretikern zugeordnet wurden, als durchlässig gezeigt. Das prozesshaft aufgefasste Naturganze befand sich für die Evolutionstheoretiker in einer dynamischen Aufwärtsentwicklung vom Niederen zum Höheren. Die menschliche Monstrosität erschien als

»Repräsentation einer älteren, und dementsprechend als primitiver gedachten biologischen Existenz des Menschen und wurde somit zum Symbol einer prozesshaften Natur, die vielfach nicht an das Ziel gelangte, welches das 19. Jahrhundert zum Maßstab erkoren hatte« (ebd.: 107).

Die neuen Vorstellungen von der Einordnung des Menschen in eine sich prozesshaft vom Niederen zum Höheren entwickelnde Natur führten damit letztendlich zu einer »Krise des Menschen« (ebd.: 101), die sich an der Frage nach gültigen »Zeichen der Menschenhaftigkeit« (ebd.: 88) entzündete. Sie stand sowohl hinter der Produktion wissenschaftlicher (Ab-)Bilder wie hinter der spektakulären Zurschaustellung deformierter, kurios gewachsener, entstellter Körper auf Jahrmärkten und in Freak-Shows. Die Frage nach der Menschhaftigkeit des Menschen ließ sich nur durch ein Auffinden und Benennen sicherer Anzeichen für diese Menschhaftigkeit beantworten. Doch wie lassen sich solche Anzeichen benennen, wenn Leben als zeitlich, als Entwicklung angesehen wird und Tiere und Menschen durch ein Entwicklungskontinuum miteinander verbunden sind? Durch welche Merkmale unterscheidet sich der Mensch von der Natur, der er entstammt? Das scheinbar fest gefügte Bild des Menschen hatte bedrohliche Risse bekommen,»der Mensch« (für den sich die »zivilisierten« Individuen Europas hielten) geriet »in einen Strudel der Veränderlichkeit ohne feste Grenzen« (ebd.: 106):

»Die ikonographische Hervorbringung eines *wilden* Körpers, einer wuchernden Lebendigkeit, muss jedwede physiologische oder anatomische Norm relativieren, sie zu einem Aspekt in der Vielheit der Erscheinungen machen oder als transitorisches Moment ausweisen.« (Ebd.)[14]

## Die Teratologie und der Freak-Diskurs des 19. Jahrhunderts

Wie schon erwähnt, beschränkte sich die von außerordentlichen Körpern ausgehende Faszination nicht auf Wissenschaftler – Mediziner, Biologen, Evolutionstheoretiker und Anthropologen. Am Ende des 19. Jahrhunderts erreichte die Popularisierung der Teratologie einen Höhepunkt. Hierzu trugen anatomische Sammlungen wie diejenige Virchows an der Berliner Charité bei, die wohl bekannteste ihrer Art. Virchow hatte nach seiner Übernahme des Lehrstuhls für Pathologie im Jahre 1856 eine 1500 Objekte umfassende Sammlung übernommen, die er bis 1890 auf einen Bestand

---

14 | Im gleichen Jahrhundert hat es sich der Sozialdarwinismus, wie später die Rassenhygiene, zur Aufgabe gemacht, dieses Transitorische, zumindest an seinem als negativ bewerteten Pol, zur Degenerationserscheinung und Minderwertigkeit zu erklären, es in zunächst anthropologischer, später auf eine privilegierte Rasse begrenzter Selbstvergewisserung zu bannen und schließlich auszulöschen. Hier soll nicht mit voreiligen historischen Analogieschlüssen argumentiert werden. Aber es ist offensichtlich, dass es seit dem 19. Jahrhundert ein Denken gibt, in dem Momente einer Ästhetik und Physiognomik des normierten Körpers, Fragen gesellschaftlich-ökonomischen Nutzens und einer in die Tiefe gehenden Entzifferung des Körpers bis hin zu seinen Vererbungsgesetzen ineinander greifen. Gegenüber der zu wahrenden, zu schützenden Normalwelt wird das Individuum mit abweichendem Körper zum Zerrbild oder zur Minusvariante des Lebens: zu einer Abart des Menschen, einem manchmal dem Tier gleichgesetzten, manchmal noch unterhalb der Tierwelt angesiedelten Wesen, einer Luther'schen *massa carnis*, einem geistig Toten (so bei Binding und Hoche, den Vordenkern der NS-»Euthanasie«, in ihrem Buch *Die Vernichtung lebensunwerten Lebens* von 1920), schließlich, als Mensch im Koma, zu einem *human vegetable*. Zur Geschichte eugenischen Denkens im Kontext von Behinderung vgl. etwa Dederich (2000: 73ff.) und Mitchell und Snyder (2003).

von 19.000 Objekten ausbaute. Sein Ziel war es, für jede damals bekannte Krankheit ein typisches Präparat auszustellen und die jeweiligen Krankheitsverläufe durch mehrere Organstudien zu dokumentieren. Bei dieser und ähnlichen Sammlungen handelt es sich um Orte des Sehens, in denen nicht nur Bilder, sondern auch Gefühle, Bedeutungen und Wissen erzeugt wurden. Sorgsam präparierte missgebildete Feten, die wie schwerelos in zylinderförmigen Gläsern schweben, tumorbefallene innere Organe, Längs- und Querschnitte durch verwachsene Menschenkörper, als Präparate konservierte Zyklopen, anenzephale oder dreibeinige Kinder, siamesische Zwillinge entfalteten als faszinierend-bedrohliche Suggestionen einer fehlgeleiteten und fremden Natur ihre Wirkung.

Zur gleichen Zeit wurden Menschen mit Missbildungen für das aufkommende Showbusiness attraktiv. Dass die Grenze zwischen Wissenschaft und Schaustellergewerbe hier überaus durchlässig war, zeigt u.a. das berühmte Beispiel der »siamesischen Zwillinge« Chang und Eng, die auf mehreren Europa-Touren als Sensationen gezeigt wurden und zugleich Ärzten wie Virchow als Forschungsobjekte dienten. Garland-Thomson spricht von einer »Genealogie des Freak-Diskurses« (Garland-Thomson 1996: 3), die durch eine klare Entwicklungsbewegung charakterisiert werden kann: »von einer Narration des Wunderbaren zu einer Narration des Abweichenden« (ebd.). Erfasst und choreographiert wurden laut Garland-Thomson diejenigen körperlichen Differenzen, die heute unter den Bezeichnungen »Rasse«, »Ethnizität« und »Behinderung« subsumiert werden. Kulturelle Andersheit – und hierarchische Unterlegenheit – wurde aus den »Rohstoffen körperlicher Vielfalt des Menschen« (Garland-Thomson 1997: 60) erzeugt. Die Inszenierungen produzierten auf der Grundlage des Betrachtens, Bestaunens und visuellen Taxierens eine »Politik des Sehens« und brachten – zum Teil bis heute wirksame – symbolische Codierungen hervor.

Während Virchows 1899 eröffnetes pathologisches Museum nach seinem Tod 1902 nachlassende Besucherzahlen verzeichnete und schließlich verkleinert werden musste, währte die Blüte solcher öffentlichen Spektakel in Amerika etwa von 1835 bis 1940. P.T. Barnum, den Garland-Thomson als »Apotheose des amerikanischen Unternehmertums« (ebd: 58) bezeichnet, verstand es dabei wie kein anderer, das Verlangen der amerikanischen Bürger nach dem Außerordentlichen, nach Wissen und Vergewisserung der eigenen Überlegenheit zu bedienen. Die Präsentation außergewöhnlicher Körper in Freak-Shows und medizinischen Sammlungen erfüllte auf diese Weise verschiedene Funktionen zugleich: Ihr ästhetisches Arrangement, das sie als spektakuläre Objekte eines überlegenen Wissens rekontextualisierte, führte zur Bestätigung und Verfestigung einer spezifischen Normalität in der Kultur der Betrachter.

Wie sich am Beispiel des amerikanischen Zirkus Barnum & Bailey ebenfalls zeigen lässt, stellten die Freak-Shows eine neue und erfolgreiche

Form der kommerziellen Verwertung des wissenschaftlichen Diskurses dar. Eines der erfolgreichsten Unternehmen P.T. Barnums war seine Schau »What is it«, die in New York gezeigt wurde. Drei Monate nach der Veröffentlichung von Charles Darwins *Die Entstehung der Arten* im Jahr 1859 stellte Barnum einen schwarzen Mann als mögliches Verbindungsglied zwischen Mensch und Tier aus, ein aus seiner Sicht naturgeschichtliches Faszinosum und wissenschaftlich bedeutsames »missing link« – und eine brisante These kurz vor Ausbruch des amerikanischen Bürgerkriegs, der sich an der Sklaverei entzündete. Die politischen und sozialen Implikationen der These waren weitreichend. Wie James Cook ausführt, berührten sie grundlegende Selbstverständlichkeiten des amerikanischen Lebens bis hin zu konkreten Eigentumsfragen. »Wenn der Mensch möglicherweise von den Tieren abstammte – was waren die Implikationen, wenn der ›Beweis‹ dieser Abstammung das Gesicht eines ›Vollblutafrikaners‹ hatte?« (Cook 1996: 140). Man konnte diesen Beweis als Bestätigung der inhärenten Unvernunft dunkelhäutiger Menschen begreifen, und damit als eine von der Natur selbst gelieferte Legitimation für ihre politische und wirtschaftliche Unterwerfung. Man konnte ihn aber auch als Hinweis auf eine tiefgehende, wenn auch abstrakte, in der natürlichen Ordnung der Welt wurzelnde Verwandtschaft deuten – eine Verwandtschaft »zwischen ›What is it‹ und Tausenden von New Yorkern, die zusammenströmten, um ihn zu sehen« (ebd.).

Als die Freak-Shows, die in Amerika große Erfolge feierten, um 1900 nach Europa kamen, erfreute sich, wie Lange zeigt, nicht nur das deutsche und europäische Massenpublikum

»an den menschlichen Sensationen in Schaubuden, Zoologischen Gärten, Panoptika, im Zirkus, auf Gewerbe- und Weltausstellungen. Auch Mediziner und Sprachforscher sowie Wissenschaftler aus den noch jungen Disziplinen der Anthropologie und Ethnologie besichtigten solche Ausstellungen, um Daten für ihre Forschungen zu erheben.« (Lange 2003: 216)

Es gab – neben oberflächlicheren Abgrenzungsversuchen der Wissenschaft vom Schaugewerbe und einer gewissen Konkurrenz – ein starkes gemeinsames Interesse der Wissenschaften und der kommerziellen Vergnügungsindustrie, die die »Konjunktur solcher Schaustellungen im Deutschen Kaiserreich« (ebd.: 217) anfachten. So besuchten auch Virchow und die Mitglieder der Berliner Gesellschaft für Anthropologie, Ethnologie und Urgeschichte regelmäßig in Berlin gastierende Völkerschauen, in denen »merkwürdige Menschen« (ebd.) präsentiert wurden. Umgekehrt lockten manche der Vorstellungen das Publikum mit wissenschaftlichen Schlagworten an. Ein Beispiel dafür sind die oben erwähnten »Azteken« Bartola und Maximo.

Ein wichtiger Bereich der Zusammenarbeit zwischen Schaugewerbe und Virchows Gesellschaft war die Begutachtung der Echtheit der Exponate der Volkerschauen bzw. der vorgeführten »Freaks«.

»Renommierte Naturwissenschaftler besuchten gemeinsam mit den Laien des Vereins Vorführungen in den beiden Berliner Wachsfigurenkabinetten, dem Passage-Panopticum und Castan's Panopticum, dem Zoo und dem Aquarium, oder sie bestellten die lebenden Exponate in ihre Räume im Königlichen Völkerkundemuseum. Dort begutachteten sie die äußere Erscheinung der Darsteller und deren Vorführung. Oft schloss sich eine physische Untersuchung an, deren Ergebnisse in den Sitzungen der Berliner Anthropologischen Gesellschaft ausgewertet wurden. Auf der Grundlage dieser Beobachtungen und gegebenenfalls der medizinisch-anthropologischen Untersuchungsergebnisse entschied die Gesellschaft über die ›Echtheit‹ der Vorgeführten.« (Lange 2006: 62)

Lange betont, dass das Schaugewerbe und die Wissenschaft sich gegenseitig durch die Begutachtung immer wieder neu angelieferter fremder und »abnormaler« Menschen wechselseitig legitimierten. »Die angeblichen Gegensätze erklärten sich zwar durch die verschiedenen Interessen – Aufklärung und Kommerz – bildeten aber ein zusammenhängendes ökonomisches System.« (Ebd.: 63)

## Das Ende der Schaumedizin

Nach Zürcher verloren die Monstrositäten in Europa ihre Attraktivität, als in Folge des Ersten Weltkrieges schwerwiegende Entstellungen und Behinderungen verwundeter Soldaten zu einem Massenphänomen wurden, das nicht mehr faszinierte, sondern zum alltäglichen Anblick wurde.

»Die Zeichen der Missbildungen wandelten sich zu einer Inschrift des Krieges, der staunende, leicht erschauernde Blick auf das Schauobjekt wich dem mitleidigen Blick auf die Kriegsversehrten, die zu einem nationalen Problem der Krieg führenden Staaten wurden.« (Zürcher 2004: 275)

Der zeichenhafte und affektive Charakter der versehrten Körper änderte sich nicht nur für diejenigen, die von der neuartigen physischen Zerstörungskraft und entfesselten Gewalt des Krieges verschont geblieben waren, sondern auch für die Betroffenen selbst. Zürcher verweist in diesem Zusammenhang auf den besonderen Einfluss des neuen Massenphänomens der Amputationen. Die amputierten Soldaten trugen in ihren nicht mehr vorhandenen Gliedern die Erinnerung an eine verlorene Normalität mit sich. Der Phantomschmerz verunmöglichte das Vergessen der Grausamkeit des Krieges und bildete eine immer wiederkehrende Erinnerung an die einstige Alltäglichkeit körperlicher Unversehrtheit und der mit ihr verbundenen körperlichen Aktivitäten. Während die Versehrung auf der subjektiven Ebene den Phantomschmerz mit dem Gedächtnis und der Erinnerung verkoppelt, wird der durch Amputation missgebildete Körper äußerlich »vollständig reduziert auf seine Unfähigkeit, die Normalität des Alltages zu bewältigen, er ist ein orthopädisches, therapeutisches, neurophysiologisches Problem geworden, ohne schaumedizinisches Potenzial, ohne Sensationswert« (ebd.: 279).

In der Folge veränderten sich die Repräsentationsweisen von Behinderung tief greifend – Tervooren spricht in Anlehnung an Henri-Jacques Stiker von einem »historischen Einschnitt in den Darstellungen und Wahrnehmungen behinderter Körper« (Tervooren 2005: 57). Die zahllosen verletzten Kriegsheimkehrer wurden aufgrund gravierender Veränderungen ihres Körpers durch Gewalteinwirkung als »verstümmelt« wahrgenommen und bezeichnet:

»Der verstümmelten Person fehlt etwas Spezifisches, ein Organ oder eine Funktion. Folglich ist das erste Bild, das durch diesen Wechsel der Begrifflichkeit hervorgerufen wurde, das des Schadens. Der Krieg hat weggenommen, wir müssen ersetzen. Die Entwicklung der ›Prothese‹ geht auf diesen Krieg zurück.« (Stiker 1999: 123)

Der Erste Weltkrieg markiert insofern die »Geburt der Rehabilitation«. Der in dieser Zeit entstandene neue medizinische Terminus meint die Wiederherstellung einer verletzten funktionsfähigen Integrität, den Versuch, durch medizinisch-technische Intervention einen vorherigen Zustand nachzubilden. Die Prothese ist also mehr als eine die Hand oder das Bein ersetzende mechanische Vorrichtung. Sie verkörpert – vor dem Hintergrund der damaligen wirtschaftlichen Notwendigkeit einer Restituierung möglichst vieler menschlicher Arbeitskräfte – die Idee der Reparier- und Ersetzbarkeit, der Substitution von Körperteilen durch Artefakte. »Ersatz, Wiederherstellung [...], Auswechslung, Kompensation – all dies wird nun sprachlich möglich« (ebd.: 124).

Die sich bereits während des Ersten Weltkrieges entwickelnde Modernisierung der Prothetik stand nicht nur einfach im Dienste der Rehabilitation der Kriegsversehrten; vielmehr erweist sich, wie Peter Berz und Matthew Price gezeigt haben, die Prothese als Emblem für die »Mechanisierung des Menschen« (Berz/Price 2003: 149). Die Prothetik war ein wichtiger Teil der Rehabilitationsanstrengungen, denn sie sollte auf quasi mechanischer Ebene die Frage beantworten, »wie die verwundeten Soldaten in funktionierende Arbeiter zu verwandeln wären« (ebd.: 150). Bei der Entwicklung des Gliederersatzes zeigte es sich als wissenschaftlich-technisches Problem, eine Verbindung von menschlichen Körpern und toten Artefakten herzustellen und eine möglichst präzise Rekonstruktion körperlicher Funktionen zu erreichen. Diese Aufgabe erforderte eine Normalisierung des Körpers, die bei der Festlegung einer auf ihn bezogenen technischen Begrifflichkeit ansetzt und eine »systematische Codierung und Analyse von Bewegungen« erfordert (ebd.: 153). Für die Arm- und Handprothesen musste zudem eine (für die industrialisierte Produktion als unverzichtbar angesehene) Technologie erfunden werden, die eine möglichst unkomplizierte – und das heißt normierte – Verbindung zwischen den prothetischen Ersatzgliedern und den verschiedenen zu benutzenden Werkzeugen erlaubte.

»Die Verknüpfung zwischen Rehabilitation und industriellem Kapitalismus [...] ist ein sozial-mechanisches System der Normierung, in das der Körper des Soldaten-Arbeiters eingefügt wird. Erklärtes Ziel von Rehabilitation und Prothesenforschung ist es, den Arbeiter in den modernen Arbeitsprozess so einzupassen, dass er an der totalen Mobilmachung des Kriegs teilnehmen und danach unverändert wieder in die industrielle Produktion der Friedenszeit eintreten kann In der Unauffälligkeit der kleinen Normen steckt eine umfassende, Körper und Technik durchdringende Revolution.« (Ebd.: 154)

Nach dem Zweiten Weltkrieg herrschte statt eines Mangels ein Überschuss an Arbeitskräften, und die »Utopie der Prothese« (ebd.: 156) verlor deutlich an Kraft und Einfluss. Trotzdem setzte sich eine Veränderung der Wahrnehmung von Behinderungen durch. Auf der Grundlage gesetzlicher Regelungen wurden spezielle, durch medizinisches Denken dominierte bzw. unter medizinischer Leitung stehende Einrichtungen geschaffen, die für die Rehabilitation der aus dem Krieg heimkehrenden verwundeten Soldaten zuständig waren. Auch wenn die defizitäre Sichtweise von Behinderung unangetastet blieb, diente die Rehabilitation durch medizinische Versorgung, prothetische Ausstattung und ökonomische Maßnamen der Wiedereingliederung der Kriegsversehrten in gesellschaftlich wichtige Funktionszusammenhänge. Da sie ihre Verwundung »im Dienste des Vaterlandes« erlitten hatten, verbot es sich, Behinderungen als Sensationen zur Schau zu stellen.

Was bereits im späten 18. Jahrhundert begonnen und sich im 19. Jahrhundert etabliert hatte, setzte sich im 20. Jahrhundert fort. Behinderte Menschen wurden dem Blick der Öffentlichkeit entzogen und verschwanden, von wenigen Ausnahmen abgesehen, hinter den Mauern (häufig abgelegener) Sonderinstitutionen. Erst seit den siebziger Jahren setzte hier eine langsame Veränderung ein.

# 4. Textkörper und Körpertexte:
# Behinderung in der Literatur

## Die Konstruktion von Behinderung in literarischen Texten

Nach dem Exkurs in die Geschichte soll in diesem Kapitel ein weiteres wichtiges Themenfeld der Disability Studies exemplarisch umrissen werden. Auch in der Literatur sind Mechanismen der Hervorbringung, Modellierung und Repräsentation von Behinderung in historischen und kulturellen Kontexten zu beobachten. Ich werde mich zur Einführung in mögliche Fragestellungen der Disability Studies weitgehend an den literaturwissenschaftlichen Arbeiten von David Mitchell und Sharon Snyder orientieren. Man kann vorausschicken, dass es bei allen nicht zu vernachlässigenden Unterschieden einige wichtige Parallelen zwischen der historischen und literarischen Repräsentation von Behinderung gibt; insbesondere werden jeweils verwandte Muster der Differenzkonstruktion sichtbar.

In ihrem im Jahr 2000 veröffentlichten Buch *Narrative Prosthesis. Disability and the Dependencies of Discourse* gehen Mitchell und Snyder auf der Grundlage theoretischer Überlegungen und der Analyse von Texten von Montaigne, Nietzsche, Shakespeare und Melville der Frage nach, mit welchen stilistischen und kompositorischen Mitteln in Prosatexten, Theaterstücken und philosophischen Abhandlungen an der narrativen Konstruktion von Behinderung gearbeitet wird; geprüft wird, welche Funktion behinderten Charakteren selbst dabei zukommt. Wie die Autoren einleitend schreiben, soll sichtbar werden, dass Behinderung auf vielfältige Weise in die Literatur und andere Künste Eingang findet: etwa als Symbol für soziale Abweichung, als sinnfällige und bedeutungsstiftende Metapher, als Instrument der Kulturkritik oder als Option bei der literarischen Verhandlung behinderter Subjektivität (Mitchell/Snyder 2000: 3). Die spezifisch literaturwissenschaftliche Thematik verbinden die Autoren dabei mit der weitergehenden Fragestellung, wie behinderte Körper überhaupt in der

Kultur repräsentiert werden und wie diese Repräsentationen an der Hervorbringung und Verfestigung allgemeiner (wissenschaftlicher, kultureller, sozialer) Differenzvorstellungen einer Gesellschaft mitwirken. Differenzvorstellungen führen, wenn sie mit Wertungen verbunden werden, zu Hierarchisierungen und sozialer Ungleichheit. Die grundlegende These lautet, dass die (europäische und amerikanische) Literatur – wie auch die darstellende Kunst – durch die Jahrhunderte hinweg einen wichtigen Anteil an der kulturellen Konstruktion von Behinderung als negativer Differenzkategorie hatte.

Mitchell und Snyder weisen darauf hin, dass der Rückgriff auf behinderte Körper zur Darstellung des vielfältigen Elends der Welt über die Jahrhunderte hinweg eine relativ stabile Konstante in der Literatur darstellt. Sie heben drei Punkte hervor, die für eine Analyse des Themas Behinderung in den verschiedenen Künsten wichtig scheinen: Erstens gibt es ein historisch konstantes Interesse von Künstlern an Behinderung als Abweichung oder Normbruch; zweitens fungiert die Kunst als Archiv für historische Wahrnehmungen und Erfahrungen, die ohne sie nicht übermittelt würden; drittens produziert die Kunst Bilder von Behinderung, die auch nach langer Zeit im Betrachter bzw. Leser Resonanzen auszulösen vermögen (vgl. Mitchell/Snyder 2001: 195). Für Mitchell und Snyder ist dabei »das ›Problem‹ der [künstlerischen und literarischen, M.D.] Repräsentation von Behinderung in der Geschichte das Ergebnis zweier vorherrschender Modi [...], das Thema anzugehen: einer überhitzten symbolischen Bildsprache einerseits und der verbreiteten Instrumentalisierung von Behinderung für darstellerische Zwecke andererseits« (ebd.: 196). Beide Teile dieser Aussage liefern einen Schlüssel für die Bedeutung und Funktion von Behinderung in der Literatur. Ich beginne mit einigen Hinweisen zur literarischen Instrumentalisierung von Behinderung.

Wie Mitchell und Snyder (2000) an vielen Beispielen zeigen, sind Behinderungen in literarischen Erzählungen ein beliebtes Stilmittel, um Figuren einen besonderen, einprägsamen Charakter zu verleihen. Auffälligkeiten, Anomalien und Abnormitäten schaffen einerseits eine Aura des Ungewöhnlichen, die Leser zu fesseln vermag; andererseits bieten sie den Ausgangspunkt für die Entfaltung literarischer Stoffe, die den Leser für moralische »Botschaften« zugänglich machen, sei es in Dramen, Satiren, Kriminalromanen, Tragödien, Entwicklungsromanen oder einer anderen Gattung. Schwere Erkrankungen, körperliche Entstellungen, »verrückte« innere Welten können ein ganzes Spektrum unterschiedlicher Gefühle, Resonanzen und Bilder wecken. Dabei wird Behinderung häufig als persönliche oder familiäre Tragödie, als Drama oder Schicksalsschlag inszeniert. Solche Szenarien werden typischerweise als Folie genutzt, um zu zeigen, wie Menschen durch Willensanstrengung Ausdauer und Kraft entwickeln und die Grausamkeit eines – individuellen – Schicksals zu überwinden lernen oder wie sie daran scheitern. Bei genauerer Betrachtung zeigt sich jedoch in vielen Texten noch eine spezifischere Funktion behinderter Charaktere. Körper werden morphologisch, physiognomisch oder durch Verhaltensweisen »markiert«, um auf der Differenz aufbauende Segregationsprozesse anschaulich zu machen. Im nachfolgenden Zitat wird deutlich, wie Mitchell und Snyder den Zusammenhang zwischen der erzählstrategischen Funktion von Behinderungen und der Markierung von Differenz sehen. Die Darstellung von Behinderung ist eine Methode, »die emotionalen Reaktionen des Publikums zu sichern, da sich Pathos, Mitleid und Abscheu als Teil des historischen Gepäcks in unserem Verständnis von Behinderung erwiesen haben« (Mitchell/Snyder 1997: 17). Die systematische Anwendung dieser Methode hat, wie die Autoren hinzufügen, weitreichende Folgen: »Die wiederholte Assoziation zwischen diesen [...] emotionalen Reaktionen und [...] physischen und kognitiven Anomalien segregiert behinderte Individuen als exotische Vertreter unserer verbreitetsten Narrative« (ebd.). Auf diese Weise untermauern und bekräftigen literarische Texte kulturelle Prozesse der Erzeugung, Aufrechterhaltung und »Bewältigung« von Differenz, werden Grenzen und Übergangsbereiche zwischen Normalität und Abweichung in der Erfahrung der Leser (re-) konstruiert.

Wie schon der Abschnitt über die wissenschaftliche und schaustellerische Präsentation von menschlichen »Monstrositäten« gezeigt hat, kann das kulturell Selbstverständliche und Normale besonders plastisch erfahrbar gemacht werden, indem das kulturell Andere und Fremde als Vergleichsfolie rekontextualisiert wird. Zugespitzt beschreibt Davis die wesentliche Funktion des Romans im 18. und 19. Jahrhundert als symbolische Reproduktion der Polarität zwischen Normalität und Abweichung. Diese Polarität präge zahlreiche Romanhandlungen dieser Zeit. »Häufig wird ein ›normaler‹ Charakter durch Umstände ›abnormal‹ gemacht« (Davis 2001: 541), vorzugsweise indem wichtige Figuren eines Romans mit einer Störung ihres gewohnten Lebens oder ihres Charakters konfrontiert werden, um von diesem Bruch ausgehend die Bedeutung der Norm und das Ringen um deren Wiederherstellung als Entwicklung zu veranschaulichen. Dies geschieht beispielsweise durch eine polarisierende Konfrontation gegensätzlich gezeichneter Charaktere, von denen der eine das »Gute« oder Althergebrachte repräsentiert und der andere das – variable – Gegenbild; das Spektrum reicht dort vom sozial und finanziell »Abnormen [...] bis zum Untugendhaften, geistig Kranken, rassisch ›Anderen‹ und zum Auftauchen von Charakteren mit körperlichen Behinderungen« (ebd.: 541). Als Beispiele nennt Davis u.a. die Romanfiguren Oliver Twist, Jane Eyre oder David Copperfield. Die »typische« Handlung insbesondere von Romanen des 18. Jahrhunderts erzeugt zunächst die Störung einer nationalen, sozialen oder geschlechtsspezifischen Normalität, um ihre Protagonisten am Ende zur jeweils entsprechenden Normalität zurückkehren zu lassen. Wenn man so will, arbeiten Romane, die ein solches Muster bedienen, einerseits an der Konstitution des modernen Subjekts und andererseits an der Konstitution des modernen »behinderten Objekts« (vgl. ebd.: 539).

Auch bei der »überhitzten symbolischen Bildsprache« geht es um eine Stellvertreterfunktion von Behinderung in literarischen Texten: Behinderungen werden (ebenso wie Erkrankungen) für die Bildung vielfältiger Analogien und Metaphern herangezogen. Das heißt, nicht die Behinderung ist das eigentliche Thema, sondern die Behinderung symbolisiert etwas Abstraktes oder Allgemeines, etwa innere Ängste, zwischenmenschliche Konflikte oder soziale Probleme wie die Folgen von Krieg und Gewalt. Auf diese Weise personifizieren Behinderte die Dramen der Existenz, gesellschaftliche Konflikte und Missstände, die Strafen der Götter und die Schuld der Menschen, die Irrungen der Politik und anderes mehr. Dabei hat die Darstellung von Behinderungen in der Literatur eine klar epistemologische Funktion. Sie »lehren« uns etwas über die Beschaffenheit der Welt, die Ordnung der Dinge und die tiefere Wahrheit unserer individuellen und kollektiven Erfahrung.

Insbesondere in dieser symbolischen und metaphorischen Form ist Behinderung in ihren unterschiedlichsten Formen und Schattierungen ein weit verbreitetes Thema narrativer Diskurse. Zugespitzter: narrative Diskurse sind von solchen symbolischen Darstellungen geradezu durchdrungen. Wie Mitchell in einem Interview berichtet, fanden Snyder und er am Anfang ihrer Beschäftigung mit dem Thema schnell heraus, »dass behinderte Charaktere [...] – wie Frauen – endlos repräsentiert werden« (Mitchell/Snyder 2002: 117). Das ist zunächst insofern erstaunlich, als die meisten anderen Minderheiten (Schwarze, Homosexuelle, ethnische Minderheiten u.a.) eher selten in der Literatur aufzutauchen scheinen, zumindest nicht an zentraler Stelle. »Doch beim Thema Behinderung zeigte sich das genaue Gegenteil: Behinderte Menschen wurden zwar mit Stigmata und Unterdrückung belegt, doch gleichzeitig befanden sie sich inmitten des Kreislaufs der Literatur.« (Ebd.) Einige Beispiele für die weite Verbreitung behinderter Charaktere in der europäischen und amerikanischen Literatur sind etwa Homers Figur Thersites, der stotternde Richter bei Molière, Victor Hugos Glöckner (im *Glöckner von Notre Dame*), der mordende bucklige König in *Richard III.* von William Shakespeare, der einbeinige Kapitän Ahab in Melvilles *Moby Dick*, Mary Shelleys »Frankenstein«, die Figur des Hippolyte in Flauberts *Madame Bovary*, der in geistiger Umnachtung endende Komponist Adrian Leverkühn aus Thomas Manns *Doktor Faustus* oder Günter Grass' kleinwüchsiger Oskar Matzerath aus der *Blechtrommel*. Weitere Beispiele sind Novellen von Zola, der Roman *The Sound and the Fury* von William Faulkner, Toni Morrisons *Sula* und *Lord Jim* von Joseph Conrad. Ohne Zweifel werden in den genannten Büchern sehr unterschiedliche Formen von Versehrung, Verstümmelung, Verirrung, Deformation und Außenseitertum repräsentiert. Doch haben die verschiedenen »Besonderheiten« jeweils eine genaue literarische Funktion, stehen im

Zentrum der jeweiligen Textkonstruktion und machen einen Großteil des Reizes der Texte aus.

Neben der ausgeprägten Präsenz behinderter Charaktere in der Literatur fällt auf, dass literarische Texte bis in das 20. Jahrhundert hinein, von Ausnahmen abgesehen, weitgehend ein negatives Bild von Behinderung zeichnen. Wie Mitchell und Snyder stellt Davis für die Literatur zusammenfassend fest, dass Behinderungen »im Großen und Ganzen in der dominierenden Kultur negativ dargestellt wurden« (Davis 2001: 532). Behinderte Romanfiguren bewegen sich meist zwischen den folgenden Polen: Sie werden als Schurken und Bösewichte gezeichnet, als getrübte, verbogene oder verbitterte Charaktere, oder als »unschuldige Opfer, gut und freundlich, desexualisiert und devitalisiert« (ebd.). Aus diesem Befund ziehen Mitchell und Snyder die Schlussfolgerung, Behinderung habe in der (westlich geprägten) Literatur (wie in der Kultur insgesamt) bis in die jüngere Vergangenheit eine doppelte Negation erfahren:

»Sie wurde allen ›abweichenden‹ Biologien als diskreditierende Eigenschaft zugeordnet und hat zugleich als Verkörperung der Minderwertigkeit selbst gedient. Man kann Behinderung als Grundfigur menschlicher Disqualifizierung denken.« (Mitchell/Snyder 2000: 3)

Wie kommt es zu der weiten Verbreitung behinderter Figuren in der Literatur mitsamt ihrer erzählstrategischen und symbolischen Funktion und ihrer gleichzeitig weitgehend negativ getönten und diskriminierenden Charakterisierung? Mitchell und Snyder verweisen auf ein weit verbreitetes Phänomen, eine Ambivalenz, die die Repräsentation von Behinderung fast durchgängig kennzeichnet. Ambivalenz meint hier eine emotionale, kognitive und soziale Zwiespältigkeit, bei der gegenläufige Haltungen, Bewertungen oder Strebungen gleichzeitig auftreten, Faszination und Abscheu, Neugier und Ablehnung, Zuwendung und Ausschluss.

»Fast jede Kultur betrachtet Behinderung als lösungsbedürftiges Problem, und auf diesem Glauben gründet eine der wichtigsten Formen der Zuwendung zu Menschen mit Behinderungen in der Geschichte. Die Notwendigkeit, verschiedene kulturelle Zugänge zur Handhabung des ›Problems‹ körperlicher Differenz zu entwickeln (durch mildtätige Organisationen, Veränderung physischer Architektur, Stützung durch die Wohlfahrt, Quarantäne, Genozid, Euthanasieprogramme usw.), berüdet zwischen Personen mit Behinderungen und den Kulturen und Geschichten, die sie bevölkern, eine zutiefst ambivalente Beziehung.« (Mitchell/Snyder 2000: 47)

Es ist genau dieses kulturell immer wieder und variantenreich mit ihnen verbundene »Krisenhafte« oder »Besondere«, das »behinderte Menschen nicht nur zu Subjekten von Regierungspolitik und Sozialprogrammen gemacht hat, sondern auch zu einem bevorzugten Objekt literarischer Repräsentation« (Mitchell/Snyder 2000: 47). Nun greift aber die Art und Weise, wie Behinderungen häufig in der Literatur repräsentiert werden, diese Ambivalenz nicht nur auf, sondern verfestigt und vertieft sie als Wissen:

»Physische und kognitive Differenz zeichnen Leben als unergründlich und mysteriös aus, und daher nähern wir uns diesen kunstvoll ausgeschmückten Differenzen mit einer distanzierten Neugier, die Intimität simuliert, während sie zugleich das Risiko einer Begegnung bannt. Wir erfahren Behinderung durch eine Antizipation unseres Verlangens, die geheimen Labyrinthe der Differenz zu begreifen, ohne das, was wir selbst zur Konstruktion der Differenz beitragen, ernsthaft zu hinterfragen. Egal, ob die jeweilige Erzählung die Verbindung zwischen Behinderung und moralischer Korruption zementiert oder die Assoziation zwischen Differenz und Unreinheit durchtrennt, sind wir fasziniert von der Erkundung ihrer potenziellen Allianz und abgestoßen von deren bloßer Möglichkeit, ob sie nun verwirklicht wird oder nicht.« (Mitchell/Snyder 1997: 15)

## KörperTexte I: Stoff und Sprache

Auf literaturtheoretischer Ebene unternehmen Mitchell und Snyder (2000) den Versuch, die zentralen Voraussetzungen und Mechanismen der literarischen Produktion von Behinderungsbildern und spezifisch »behinderten« Charakteren herauszuarbeiten. Nach ihrer Auffassung ist dieser Prozess an drei Voraussetzungen gebunden: die Sprache, einen normativen sozialen und historischen Kontext sowie bestimmte Erzählkulturen. Diese drei Faktoren erlauben einen gestaltenden Zugriff auf den entstellten oder deformierten Körper und überführen ihn in eine Art kollektive Mythologie. Diese gibt sich nicht als solche zu erkennen, sondern tritt mit einem Erkenntnis- und Wahrheitsanspruch auf. Denn im Prozess der narrativen Modellierung von Behinderung wird in aller Regel nicht sichtbar gemacht, wie Sprache und Text ihren Gegenstand operativ hervorbringen, ihn in ein ästhetisches Arrangement überführen, das allenfalls seine eigene, neue Wirklichkeit »abbildet«.

Bei der narrativen Hervorbringung, Gestaltung und Transformation des Gegenstandes sind zwei Aspekte besonders zu beachten. Zunächst ist die Versprachlichung des »Stoffes« zu nennen. Sprachtheoretisch gesehen besteht eine Kluft zwischen repräsentierendem Medium (der Sprache) und dem repräsentierten Gegenstand oder Thema, hier also dem außerordentlichen Körper. Deshalb ist der Körper »das Andere des Textes« (Mitchell/ Snyder 2000: 64).[15] Nach Mitchell und Snyder ist der in die Sprache über-

---

**15** | Die Autoren bewegen sich mit ihren diesbezüglichen Überlegungen auf dem Boden poststrukturalistischer und postmoderner Philosophien, die die Wahr-

führte Körper ein Sprach-Körper, während der Körper als »reine Physis« selbst nicht sprachlich ist. Der physische Körper wird durch das Medium des Textes in die nicht-physische Sprache überführt und dadurch transformiert. Er wird in einen gedanklichen, ideellen oder normativen, durch die Sprache hervorgebrachten und transportierten Kontext eingebettet. Insbesondere durch die metaphorische oder symbolische Aufladung wird das Sprechen oder Schreiben über den Körper zu einer Deutung, die zumindest implizit Bewertungen enthält. Der in der Sprache repräsentierte Körper ist nicht der physische, »reale« Körper, sondern ein sprachliches Gebilde, eine Repräsentation. Durch seine kulturelle Situierung ist er in ein Netzwerk von Relationen, Bedeutungen und Bewertungen eingelassen: als Durchschnitt oder Ideal, als qualitatives und quantitatives Maß, dem jedoch genau das Physische fehlt, das es erfassen soll. Obwohl also der sprachlich entworfene Körper eine Abstraktion ist, wirkt er als Ideal, Maß oder Verkörperung eines Durchschnitts in die historische Zeit und den gesellschaftlichen Raum zurück. Die sprachlich repräsentierten Körper sind zugleich Produkte der Kultur und kulturproduzierend. Sie fungieren in der Literatur wie in anderen Texten als Matrix der Differenz und Medium der Wahrheit.

Erst im Rahmen einer gegebenen Kultur und ihrer sozialen, moralischen, religiösen, politischen und wirtschaftlichen Ordnung kommt der Körper in die Sprache, und erst indem er zur Sprache kommt, kann die Idee entstehen, dass er selbst »spricht« und sich in ihm ein verborgener Sinn artikuliert, etwa als Materialisierung moralischen Unrechts oder durch Anzeichen einer besonderen Berufung. Der an sich sprachlose Körper wird innerhalb einer Kultur mit ihren Sichtweisen vom Menschen und ihren Erzählungen zu einer symbolischen Oberfläche, von der eine tiefere Bedeutung abgelesen werden kann. So wird die Kluft zwischen Materialität und Sprache scheinbar überwunden, nach Mitchell und Snyder aber vielmehr verdeckt. »Wenn der Körper das Andere des Textes ist, dann sucht die Repräsentation durch den Text einen Zugang zu dem, was sie am allerwenigsten zu greifen in der Lage ist.« (Mitchell/Snyder 2000: 64)[16]

---

heits- und Objektivitätsansprüche realistischer Erkenntnistheorien und eine referenztheoretische Auffassung von Sprache – also die Annahme einer wahrheitsrelevanten Beziehung zwischen Zeichen und Bezeichnetem – ablehnen.

16 | Im Hintergrund dieser Überlegungen steht eine weit verzweigte Diskussion, die in Anschluss an einige Thesen von Judith Butler zur Materialität des Körpers geführt wird. Butler, die die Geschlechterdifferenz problematisiert und die klare Unterscheidung von Natur, Kultur und Körper in Frage stellt, diskutiert in ihrem Buch *Körper von Gewicht* u.a. die Frage, ob Körper etwas rein Diskursives sind. Sie vertritt die These von der Differenz zwischen Sprache und Körper, grenzt sich aber zugleich auch von der Position ab, »dass der Körper einerseits lediglich sprachlicher Stoff sei oder dass er andererseits keinen Bezug zur Sprache habe« (Butler 1997:

Nach diesen Überlegungen zum Verhältnis von Materialität und Sprache komme ich zu den zentralen Aspekten der Theorie von Mitchell und Snyder: der metaphorischen und prothetischen Funktion von Behinderung in der Literatur.

## KörperTexte II: Metaphern und Prothesen

Die existenzielle Substanz, die Erkenntnisse, Wahrheiten und Botschaften, die literarische Texte zu repräsentieren beanspruchen, spiegeln sich nicht nur im Plot der Geschichten, im Aufbau und der Dramaturgie, sondern vor allem auch in ihrem symbolischen Gehalt, in Analogien und Metaphern. Behinderte Charaktere finden sich besonders deshalb häufig in der Literatur, so eine der Thesen von Mitchell und Snyder (2000), weil sie aufgrund ihrer stark körperlichen, physiognomischen und expressiven Merkmale ein reichhaltiges Material für die Bildung von Metaphern liefern. In diesem Kontext spielt der Begriff »Prothese« eine wichtige Rolle. Beides soll nachfolgend erläutert werden.

### a) Metaphern

Metaphern sind mehr als eine Technik der Versinnbildlichung oder Veranschaulichung abstrakter Gedanken, Ideen oder Zusammenhänge. Metaphern haben eine wichtige Funktion bei der Erzeugung, Verfestigung und Kommunikation von Bedeutung. Wegen ihrer Prägnanz und Anschaulichkeit sowie ihrer Eigenschaft, auf symbolische Weise Inhalte und Werte zu transportieren, sind Metaphern besonders geeignet, Ideen und Ordnungsvorstellungen in Umlauf zu bringen und zu deren Einschmelzung in den Wissensvorrat einer Kultur beizutragen. Metaphern haben daher eine nicht zu unterschätzende Macht bei der »Durchsetzung und Verstärkung von Moral und sozialer Ordnung« (Kay 2001: 55). Sie haben folglich nicht nur die Funktion, abstrakte oder komplexe Sachverhalte einprägsam und anschaulich zu machen, sondern lehren uns auch, die Dinge auf eine be-

---

104). In einer Erläuterung zu Butler schreibt Bublitz, diese setze sich von einem linguistischen Konstruktivismus ab, der davon ausgehe, die Kultur schreibe sich der als vorgängig gedachten Natur gewissermaßen ein. Demgegenüber ist »der Körper selbst ein Stück Gesellschaft« (Bublitz 2002: 39). Gesellschaft und ihre von Normen durchsetzte symbolische Ordnung materialisieren sich im Körper, der als Natur erscheint. »Körperliche Materie ist das Ergebnis normierender Einschleifungen und Sedimentierungen. [...] Die Annahme, dass Körper durch Diskurse und performative Sprechakte konfiguriert werden, bedeutet jedoch nicht, dass Körper als materielle Realitäten vollständig auf Diskurse zurückführbar sind; lediglich, dass es keine von der symbolischen Ordnung unberührte körperliche Materialität gibt.« (Ebd.: 40f.)

stimmte Weise wahrzunehmen und zu deuten. Dabei haben sie eine epistemologische Doppelfunktion: Enthüllen und Verschleiern. Ähnlich wie Karikaturen heben Metaphern (vorhandene oder nicht vorhandene) Züge hervor und blenden andere Sichtweisen oder Sinnzuschreibungen aus, und dies umso wirksamer, je weniger sie als Metaphern wahrgenommen werden. Metaphern sind, wie Kay hervorhebt, »sowohl für die wissenschaftliche Theoriebildung als auch für die Erfahrungskategorien konstitutiv [...], die dem wissenschaftlichen Forschen zugrunde liegen; beide Male werden verschiedene Merkmale hervorgehoben oder ausgeblendet« (ebd.).

Damit haben Metaphern auch einen wertenden Charakter (vgl. Mürner 1990). So lässt sich zeigen, dass auf Behinderung oder Krankheit bezogene Metaphern in der Regel eine individualisierende Sicht produzieren oder untermauern. Beispielsweise werden Behinderungen oder Erkrankungen häufig metaphorisch mit individueller Schuld oder Verantwortung assoziiert. Wie Mitchell und Snyder (2000) im Einzelnen zeigen, wird Behinderung mit Vorstellungen von »Kontamination«, »Befall«, »Vergiftung«, »Unreinheit«, »Heimsuchung«, »Beschädigung« oder »moralischer Korruption« konnotiert. Auch wenn es sich in der Verbindung mit Krankheit oder Behinderung um Metaphern handelt, verselbständigt sich nicht nur häufig die diskriminierende Bewertung, sondern werden auch kausale Erklärungen suggeriert. Interpretierende Metaphern dieses Typs vermitteln effektiv, dass Krankheiten oder Behinderungen gleichermaßen physischer, gesellschaftlicher und moralischer Natur sein können. Sie erscheinen ansteckend, heimtückisch, schleichend, aggressiv. Die Metaphern zeigen an, dass eine Ordnung aus dem Gleichgewicht ist, die durch entsprechende Maßnahmen, etwa Quarantäne, Hygiene, Therapie oder Ausrottung, wieder herzustellen ist.[17] In Bezug auf Krankheiten hat Susan Sontag in ihrem erstmals 1977 erschienenen Essay *Krankheit als Metapher* (2003) anhand der Tuberkulose und des Krebs (sowie in kleinen Exkursen über die Syphilis, die Cholera, den Wahnsinn und andere Erkrankungen) gezeigt, wie Krankheiten symbolisch aufgeladen, durch ein Bedeutungsfeld angereichert und mit einer »Mythologie« (ebd.: 23) versehen werden, die von tiefgehenden psychologischen, sozialen und moralischen Bewertungen durchzogen ist. Hierzu gehört die Vorstellung, Krankheit sei eine Strafe, Ausdruck einer moralischen Schuld oder Folge eines Charakterdefektes. Insbesondere solche Metaphern sind es, die eine – oft unterschwellige – diskriminierende Wirkung entfalten.

Bei Sontag wird noch ein anderer Aspekt der Bildung und Verwendung von Metaphern beleuchtet: Krankheiten selbst werden als Metaphern ver-

---

17 | Metaphernkritisch hat sich beispielweise Zygmunt Bauman immer wieder mit dem Begriffspaar »Reinheit« und »Schmutz« und seiner Bedeutung für die historische Konstruktion der Figur des »Fremden« und für die geistigen Grundlagen der Eugenik sowie des Holocaust befasst (vgl. Bauman 1999, Kap. 1 und 2).

wendet. Wie Mürner in Anlehnung an Sontag feststellt, werden diese Metaphern oft herangezogen, um das zu erfassen, was gesellschaftlich als
falsch empfunden wird (vgl. Mürner 1990: 10). Hierzu einige Beispiele von
Mitchell:

»Blindheit kann für die Unfähigkeit der Menschheit stehen, in die Zukunft zu sehen; Lahmheit kann die verkrüppelnden Effekte sozialer Ideologien erklären; physische Deformierung kann korrupte Unternehmenspolitik symbolisieren; Taubheit
kann die Weigerung von Führern repräsentieren, auf ihre Wähler zu hören; Diabe-
tes kann Bilder einer gefräßigen Warengesellschaft beschwören; Amputation kann
ein Beleg für eine unkontrollierte Medizinindustrie sein.« (Mitchell 2002: 25)

Weitere metaphorische Verwendungen von Behinderungen zielen etwa auf
die Symbolisierung von allgemeinem Verfall und kultureller Dekadenz,
von politischer Korrumpierbarkeit und gesellschaftlichem Niedergang oder
von individueller moralischer Verkommenheit und Niedertracht. Die behinderte Figur symbolisiert die Irrwege, die Verwerfungen oder das Scheitern der Zivilisierung des Menschen, fungiert als Verkörperung men-
schenverachtender Lebensumstände oder ist die personifizierte Darstellung
der Hinfälligkeit, der physischen und moralischen Zerbrechlichkeit des
Menschen selbst.[18]

So wird der gebeugte, welke, aufgedunsene, dysproportionale und
asymmetrische, verwachsene, grotesk entstellte, sich unkontrolliert bewegende, hinkende oder lahme, stammelnde, sich blind vorwärts tastende
Körper zu einer metaphorischen Figur, anhand derer abstrakte, sinnlich
nur indirekt erfassbare Vorgänge, Sachverhalte oder Ideen anschaulich und
evident werden. Der physische Körper wird zu einem Symbolkörper mit
epistemologischer Funktion. »Die körperliche Metapher bietet der Erzählung etwas, worüber sie nicht verfügt – einen Anker in der Materialität.«
(Mitchell/Snyder 2000: 63) Die Verwendung von Behinderungen als Metapher erlaubt daher »Schriftstellern den Zugang zu Anliegen metaphysischen Maßstabs« (Mitchell 2002: 25). Der Körper wird auf die eine oder
andere Weise zur Metapher, zum symbolischen Ort, an dem sich metaphy-
sische oder kulturelle Bedeutung materialisiert und sichtbar wird. Er bildet
einen metaphorischen Verweisungszusammenhang zwischen Allgemeinem und Besonderem. In ihm kommt es zu einer Verschränkung von in-
dividualisierter Erzählung und verallgemeinertem Wissen.

Wenn Behinderung als Metapher verwendet wird (unabhängig davon,
ob dies beispielsweise in der Literatur, in wissenschaftlichen Texten oder in
politischen Ansprachen geschieht), es also nicht um Menschen mit Behin-

---

18 | Ein Beispiel aus jüngerer Zeit für eine solche überwiegend metaphori-
sche Darstellung einer Behinderung, hier der Blindheit, ist der Roman *Die Stadt der
Blinden* von José Samarago, deutsch 1997.

derung selbst geht, dann bleibt die metaphorische Rede doch nicht ohne Auswirkungen für diejenigen Menschen, die den Stoff für die Metaphernbildung liefern. So vertritt Linton die These, dass »auf Behinderung bezogene Metaphern [...] mächtige Instrumente der Überredung« (Linton 1998: 125) sind. Sie dienen der Herstellung und Bestätigung von Überzeugungen. In Anlehnung an Herbert Kliebard (1992) betont Linton, die behinderungsbezogene Metapher sei mehr als ein Ornament der Rede und des geschriebenen Textes. Vielmehr ist sie ein wichtiges gedankliches Werkzeug, das als solches »eine tiefgründige Wirkung auf unser Denken über Menschen mit Behinderungen hat« (Linton 1998: 130). Metaphern entfalten ihre Macht vor allem dann, wenn sie nicht als solche hinterfragt werden. Eine genaue Untersuchung der verschiedenen Bedeutungsebenen und Implikationen der behinderungsbezogenen Metaphern, mit denen unser Reden und Schreiben durchsetzt ist, ist daher eine wichtige Aufgabe der Disability Studies. Deren Analyse und Kritik hat nicht nur die Funktion, unser Wissen zu vergrößern, sondern kann auch konkrete Veränderungen bewirken. In dieser Hinsicht ist Linton allerdings skeptisch. Sie vertritt die Ansicht, dass diese Metaphern sowie die in ihnen artikulierten Vorstellungen so weit verbreitet sind und so selbstverständlich benutzt werden, dass es schwierig sein dürfte, gegen ihre Verwendung vorzugehen. Andererseits kann man argumentieren, dass eine wissensgeschichtliche Sensibilisierung für die zugleich produktive und reduktionistische Macht von Metaphern auf allen Gebieten gesellschaftlicher Wissenserzeugung zu einem reflektierteren Umgang mit Metaphern führen und damit auch zu einem Abbau alltäglicher sprachlicher Diskriminierung beitragen kann.

## b) Prothesen

Wie oben schon angedeutet, ist »Prothese« ein weiterer zentraler Begriff in Mitchell und Snyders literaturtheoretischen Untersuchungen. Einerseits untersuchen sie Zusammenhänge, in denen konkrete Prothesen auftauchen, sowie die mit ihnen verbundenen metaphorischen Bedeutungen, andererseits nutzen sie den Begriff selbst als Metapher, um eine häufig anzutreffende Stellvertreterfunktion behinderter Charaktere in literarischen Texten herauszustellen.

Nach Auffassung von Mitchell und Snyder hebt die (konkrete) Prothese in der Literatur ein Problem, eine Beschädigung oder die Störung einer Ordnung hervor, dient aber als Metapher dem erzählerischen Zweck, das Problem, den Schaden oder die Störung zu beheben, zumindest aber zu lindern oder zu kompensieren. Auf diese Weise führt sie den prothetisch ausgerüsteten (und damit als different markierten Körper) näher an die gesellschaftliche Normalität heran, ohne die Differenz auszulöschen. Zugleich ist die Prothese ein Symbol, denn sie impliziert »ideologische Annahmen über das, was fehlerhaft ist« (Mitchell/Snyder 2000: 6). Die Prothese ist also zugleich materielles kulturelles Artefakt und Bedeutungsträger.

Wie Werner Schneider schreibt, machen Prothesen »Ordnungen von Körperlichkeit« (Schneider 2005: 377) sinnfällig; sie zeigen, welche Körper oder körperlichen Eigenarten in einem gegebenen kulturellen und historischen Kontext als beschädigt oder defizitär und damit prothesenbedürftig angesehen werden. Analog zu den Behinderungen selbst zeigt die Prothese, dass die von ihr »betroffenen« Menschen einer sozialen Normvorstellung von »muskulösen, ästhetischen und symmetrischen Körpern« (Mitchell/Snyder 2000: 63) und den damit korrespondierenden Erwartungen nicht entsprechen. Die Prothese verweist dabei gleichermaßen auf das »Behinderte« und auf das, was als normgerecht oder normal anzusehen ist. Wie Schneider ausführt, sind den Prothesen diskursive Bedeutungskonzepte eingeschrieben:

»Die mit den jeweiligen Prothesen verbundenen, in ihnen als ›dingliche Artefakte‹ gleichsam materialisierten Programmatiken der Zurichtung von Körperlichkeit – und nicht die beschädigte körperliche Funktionalität – bestimmen die jeweilige gesellschaftliche Wirklichkeit des Prothesenträgers und seiner sozialen Mitwelt – und zwar sowohl im ›leibhaftigen‹ Selbst-Bezug des Prothesenträgers wie im verkörperten sozialen Bezug zum Anderen.« (Schneider 2005: 378)

Prothesen haben in literarischen Texten demgemäß auch die Funktion, zu versinnbildlichen, wie mit der Differenz umzugehen und wie sie zu bewältigen ist. Sie markieren nicht nur körperliche Zustände oder Verfasstheiten, sondern haben eine pragmatische Dimension.

»Wenn eine Behinderung zu weit von einer akzeptablen Norm wegführt, versucht eine prothetische Intervention eine Auslöschung der Differenz insgesamt zu verwirklichen; wenn dies jedoch verfehlt wird, wie es immer bei Prothesen der Fall ist, ist das Minimalziel, zu einem akzeptablen Maß an Differenz zurückzukehren.« (Mitchell/Snyder 2000: 7)

Die literarische Metapher der Prothese symbolisiert in diesem Sinn einen kulturellen Zugriff auf den Körper. Literarische Texte vermitteln die sich um den Körper rankenden Ideen und Normen und bezeugen spezifische Prozesse, Probleme und Prozeduren im Umgang mit dem Körper. Von Behinderung handelnde Erzählungen berichten von der Entstehung, aber auch und vor allem von der Auflösung, Korrektur oder dem Ausschluss einer Abweichung, eines Aussehens, eines individuellen Verhaltens, einer spezifischen Art zu kommunizieren, zu reden und zu schweigen, die innerhalb eines gegebenen sozialen Kontextes als inadäquat, unzureichend oder in inakzeptablem Maße abweichend markiert wird. Die Erzählung deutet das Geschehen, ordnet es in einen kulturellen Bezugsrahmen (etwa in ein politisches Weltbild, eine Anthropologie, eine Mythologie oder eine Theodizee) ein und beleuchtet Ursachen und Konsequenzen des Eingriffs in den aberranten Modus des Körpers.

Die belletristische Erzählung, in der Abweichungen, Devianzen, Verstümmelungen oder abseitige Verhaltensweisen zur Sprache kommen, hat eine vergleichbare Funktion wie die physische Prothese. Sie verweist auf ein Problem und die Suche nach Lösungen sowie deren Erprobung. Die Prothese im eigentlichen wie im übertragenen Sinn hat somit weitreichende kulturelle Bedeutungen – und sie kann methodisch als Instrument benutzt werden, eine Kultur zu verstehen: ihren Diskurs über Norm und Abweichung, die Sprache und Metaphorik dieses Diskurses sowie die sozialen Praktiken des Umgangs mit Abnormität.

## KörperTexte III: Außen und Innen

Neben der Funktion von Metaphern für die Produktion »behinderter Körper« zeigen Mitchell und Snyder (2000) einen weiteren, in gewisser Weise verwandten literarischen Mechanismus, bei dem ebenfalls versucht wird, die Kluft zwischen physischer Materialität und nicht-materieller Bedeutung zu überbrücken. Er hängt von der weit verbreiteten Vorstellung ab, dass Behinderungen etwas Nicht-Materielles im Inneren des Menschen verkörpern. Behinderungen wie u.a. die Unvollständigkeit oder Unvollzähligkeit von Körperteilen, Einschränkungen in der Mobilität, Schädigungen von Sinnesorganen oder negativ empfundene ästhetische Auffälligkeiten können darum um individuelle psychologische Bedeutungen angereichert werden. Die physische Differenz verweist auf andere wahrnehmbare Charakteristika, die innerhalb einer Kultur als außerordentlich bewertet werden. Der Körper wird damit zum Bedeutungsträger, seine spezifische Materialität zum Symptom »hinter ihr« liegender, in ihr aber aufscheinender moralischer, psychischer, charakterlicher oder biographischer »Realitäten« des Individuums: Sein verborgenes Inneres, gedacht als »Wahrheit«, spiegelt sich in seinem Körper.[19]

Hinter diesem Mechanismus verbirgt sich ein altes Darstellungsproblem der Literatur. Der behinderte Körper wirft die Frage auf, wie sich Inhalt und Form zueinander verhalten. »Wenn Form zu Inhalt führt oder Sinn verkörpert, legt die Störung in der Kultur verwurzelter Körper-normen auch eine hiermit verknüpfte Fehlausrichtung der Subjektivität selbst nahe.« (Mitchell/Snyder 2000: 57) An anderer Stelle schreiben Mitchell

---

**19** | Wie bereits bei der Erläuterung des Kulturbegriffs der neueren Disability Studies deutlich wurde, ist eine strikte dualistische Trennung zwischen Innen und Außen, Natur und Kultur nicht haltbar. Das darf keinesfalls mit einem reduktiven Psychologismus verwechselt werden.

und Snyder:»Historisch gesehen hat die physische Oberfläche als ein Medium existiert, das die abstrakteren und schwer greifbaren Landschaften der Psychologie, Moralität und Spiritualität sichtbar macht.« (Mitchell/ Snyder 1997: 13) In der Literatur wird diese zwischen Innen und Außen vermittelnde Rolle des Körpers häufig als strikte Korrespondenz repräsentiert.»Entweder deformiert der ›abweichende‹ Körper die Subjektivität, oder die ›abweichende‹ Subjektivität bricht gewaltsam auf der Oberfläche des körperlichen Behälters aus.« (Mitchell/Snyder 2000: 58) Der verkrüppelte Körper erscheint dann beispielsweise als allseitig sichtbarer Ausdruck einer beschädigten»Seele«. So findet sich in verschiedenen Glaubens- und Überzeugungssystemen die Annahme, Behinderungen seien eine»Strafe für Sünden in diesem oder in einem früheren Leben« (Linton 1998: 26).

Das Sichtbarwerden eines Inneren im Äußeren ist nicht nur eine verbreitete literarische Erzähltechnik, sondern entspricht auch einer These, die immer wieder in verschiedenen anthropologisch unterfütterten Theorien aus der Soziologie, Psychologie oder Ethnologie vertreten wurde (vgl. Müller 1996). Wie wir weiter oben gesehen haben, war auch der wissenschaftliche Diskurs über Monstrositäten von dieser Frage inspiriert. Aber auch im Alltagswissen von Individuen spielt diese Annahme eine nicht unbedeutende Rolle. Das Problem der Relation von Inhalt und Form ist demzufolge ein allgemeines, das in der Literatur lediglich auf spezifische Weise bearbeitet wird. Im Alltagswissen der Menschen unterschiedlicher Kulturen spielt neben Körpernormen und physiognomischen Überzeugungen die Ästhetik eine wichtige Rolle bei der Beurteilung anderer Menschen. Ästhetik bezieht sich hier auf in einem gegebenen gesellschaftlichen oder kulturellen Kontext geltende Empfindungen in Bezug auf die Wohlgestaltetheit, Proportionalität und Schönheit, ganz allgemein: die Erscheinungsweise eines Körpers. Müller zitiert eine 1981 von Andreas Bächtold in der Schweiz durchgeführte Untersuchung, der zufolge Behinderte generell als»›hässlich‹, ›unhygienisch‹, ›unappetitlich‹ und ›abstoßend‹« (Müller 1996: 27) empfunden werden. Wenn beispielsweise lernbehinderte Schüler als hässlich empfunden werden, dann wird von dieser ästhetischen Beurteilung ausgehend häufig auf das»Innere« der betreffenden Personen geschlossen:»Eine Reihe von Beurteilern scheint den problematischen Schluss zu ziehen, dass Dummheit mit Hässlichkeit und Hässlichkeit mit Bösartigkeit einhergehe« (Bächtold 1981, 261, zit. n. Müller 1996: 28).[20] An

---

20 | Auch Schönheitsnormen haben zwar möglicherweise universale Kriterien (etwa die Annäherung an gewisse Proportionen oder Symmetrieverhältnisse), sind aber in ihrer jeweiligen sozialen bzw. kulturellen Ausprägung höchst variabel. Aus einer kulturwissenschaftlichen Theorieperspektive in den Disability Studies erscheint die verbreitete Vorstellung, im Äußeren zeige sich ein Inneres, als das Ergebnis einer individualisierenden Psychologisierung und Naturalisierung einer historischen und kulturellen Konstruktion. Die These, dass Behinderung eine Kon-

solche assoziative Verknüpfungen von Innen und Außen koppeln sich in der Regel psychosoziale Reaktionen.

»Schönheit wirkt anziehend und weckt Sympathien; sie entspricht der Vollendung des eigenweltlich Vertrauten. Beim Anblick von Hässlichem ist man geneigt, den Blick abzuwenden, wird irgendwie Unbehagen wach, weil wir zu glauben geneigt sind, dass die äußere Verzerrung nicht von ungefähr kommt, dass sie der Abdruck innerer ›Unstimmigkeiten‹, die mimische Projektion einer seelischen Entstellung ist. In allen Kulturen löst Hässlichkeit Argwohn, zumindest ungute Empfindungen aus.« (Ebd.)

Mit systematischer Gründlichkeit präparierten die Physiognomiker des 19. Jahrhunderts ein Inneres, einen Charakters oder eine moralische Persönlichkeit anhand äußerer Kennzeichen heraus Physiognomische Deutungen durchziehen allerdings die gesamte Geschichte. So prägte bereits in der Antike der Römische Dichter Juvenal die berühmte Formel »mens sana in corpore sano«. Insofern haben die Physiognomiker lediglich eine bereits vorhandene Praxis aufgegriffen und vertieft. Und auch nachdem die Theorien der Physiognomiker an Einfluss verloren hatten, waren ihre Ideen nicht verschwunden. Was sich im Laufe der Zeit veränderte, waren zum einen die Genauigkeit und die Subtilität der Analyse, zum anderen auch der Horizont der Interpretation (vgl. Mitchell/Snyder 2000: 60). Mitchell und Snyder beschreiben diesen Wandel der Deutungsmuster als Prozess zunehmender Individualisierung. Sie konstatieren einen Wandel von einer übernatürlichen und kulturellen Deutung hin zu einer individuellen und medizinischen Symbolik:

»Physische Anomalien verwandelten sich von einer symbolischen Interpretation weltlicher Bedeutungen zu einem primär individualisierten Ort der Interpretation. Die Entwicklung der Behinderung von einer Makro- zu einer Mikroebene der Vorhersage unterstreicht unsere Position, dass Behinderung als grundlegende Kategorie kultureller Interpretation gedient hat. Die andauernde Praxis physiognomischen Lesens zeigt, dass Behinderung und Deformation als Antrieb dienen, eine sonst

---

struktion ist, stellt übrigens, wie noch zu zeigen sein wird, die subjektive Erfahrung von Beeinträchtigungen nicht in Frage. Sie zielt vielmehr darauf ab, das sich dem (behinderten oder kranken) Körper überstülpende historische und kulturelle Narrativ aufzubrechen, indem sie zeigt, dass Körper durch ihre Repräsentation und Deutung in der Literatur, in wissenschaftlichen Schriften oder populären Medien in Zeichen kultureller Abweichung verwandelt werden. Für die Disability Studies ergibt sich hieraus die Notwendigkeit, einerseits mögliche Auswirkungen der Behinderung auf die Subjektivität und umgekehrt die Auswirkungen subjektiver Faktoren auf die Verkörperung der Behinderung zu untersuchen, ohne dabei das Innere und das Äußere in eine Korrespondenzbeziehung zu bringen.

verborgene Bedeutung oder ein Muster auf individueller Ebene zu analysieren.«
(Mitchell/Snyder 2000: 60)

## Exkurs: Andere Lesarten, andere Bilder

Mit Bezug auf die literaturhistorischen und -theoretischen Untersuchungen von Mitchell und Snyder fasst Tervooren zusammen:

»Die Situierung unterschiedlicher Repräsentationen von Behinderung in ihren jeweils spezifischen soziokulturellen und historischen Kontexten zeigt auf, dass Behinderung im abendländischen Kontext ein Objekt komplexer Wertvorstellungen ist und diese sich gemeinsam mit den Vorstellungen von Behinderung durch die Jahrhunderte hindurch grundlegend gewandelt haben.« (Tervooren 2002a: 174)

Garland-Thomson zeigt in ihrer Studie *Extraordinary Bodies*, dass – dem vorherrschenden Deutungsmuster von Behinderung in unserer Kultur entsprechend – behinderte Charaktere in der Literatur überwiegend als Code für Mangel, Ungenügen, Fehlschläge und Ähnliches fungieren; sie treten auf als verkörperte Repräsentanten negativ abweichender Besonderheit. Doch erkennt Garland-Thomson in literarischen Texten von Ann Petry, Toni Morrison und Audre Lorde auch verschiedene Ansätze zur Überwindung stereotyper, negativer Darstellungen. Zwar haben Behinderungen auch in diesen Texten symbolische oder metaphorische Funktionen, markieren dabei aber einen individuellen wie politischen Übergang von der Pathologie zur Emanzipation bzw. zur bejahten Identität jenseits gesellschaftlicher Normalität. Garland-Thomson stellt die These auf, dass einige durch die Frauenbewegung und die Bürgerrechtsbewegung der Afroamerikaner inspirierte Schriftstellerinnen und Schriftsteller in den außerordentlichen Körpern eine »rhetorische Strategie gefunden haben, um die Vorstellung eines Selbst auszudrücken, das die wesentlichen Unterschiede der Rassen- und Geschlechtsidentität verkörpert« (Garland-Thomson 1997: 130). Der außerordentliche Körper wird in den genannten literarischen Texten zu einem »physischen Zeugen individueller und kollektiver Erfahrung« (ebd.). Zugleich bringt er eine radikale Unterscheidung und Abgrenzung von denjenigen mit sich, »deren ununterschiedene Körper ihnen den Schutz eines banalen und oft trügerischen Normalstatus gewähren« (ebd.). Die außerordentlichen Körper in diesen Texten hingegen widersetzen sich der Assimilation und Inklusion und fordern dadurch herrschende Normen heraus. Ausgehend von physischen Differenzen werden hier verkörperte »Gegenstimmen« hörbar, die einer unverwechselbaren individuellen und kollektiven Geschichte Ausdruck verleihen und damit eine durchschnittliche (und in ihrer Durchschnittlichkeit zugleich idealisierte) Vorstellung des Selbst mit seiner biographischen wie gesellschaftlichen Normalität in Frage stellen. Die genannten Texte porträtieren Differenz ohne Negativbewertung und zeigen modellhaft, wie sie zu einem Instrument positiver Identitätspolitik werden kann.

Auch Mitchell und Snyder heben hervor, dass die narrative Darstellung von Behinderten und die mit ihnen verknüpften Vorstellungen und Bilder keineswegs ausschließlich und durchgehend negativ sind; behinderte Charaktere fungieren auch nicht immer als Symbole und Metaphern. Vielmehr zeigen die Autoren an verschiedenen Beispielen aus der neueren und zeitgenössischen Literatur alternative Formen der Repräsentation auf. Die Literatur ist ein wichtiges Medium für die sich verändernde Reflexion von Behinderung, weil sie vor allem in der Gegenwart – neben Reproduktionen althergebrachter, reduktionistischer und stereotyper Bilder – auch Gegenbilder hervorbringt (vgl. Mitchell/Snyder 2000: 164). Solche Texte können populäre Erwartungen an menschliches Behindertsein erschüttern, indem sie den Prozess der Unsichtbarmachung, der stigmatisierenden Hervorhebung, der Normalisierung oder der Auslöschung unterlaufen und beispielsweise den behinderten Körper nicht als Sinnbild für andere soziale oder menschliche Probleme missbrauchen. Mitchell und Snyder zufolge liegt es auch in der Verantwortung der Disability Studies, solche produktiven Möglichkeiten der Gegenwartsliteratur freizulegen und zugänglich zu machen. Als frühes Beispiel aus dem 19. Jahrhundert nennen sie *Eine Weihnachtsgeschichte* von Charles Dickens, ein Text, der unmenschliche und unwürdige Lebensbedingungen Behinderter sichtbar macht und Behinderung nicht als Metapher ausbeutet. Für das 20. Jahrhundert nennen sie eine ganze Reihe von zum Teil kanonischen amerikanischen Texten, die jedoch nur teilweise zur Lektüre an amerikanischen Schulen gehören: den Roman *Schall und Rauch* von William Faulkner, J.D. Salingers *Fänger im Roggen*, Ken Keseys *Einer flog über das Kuckucksnest*, Harper Lees *Wer die Nachtigall stört*, *Fiesta* von Ernest Hemingway sowie John Steinbecks *Von Mäusen und Menschen*.

Am Ende ihres Buches zitieren Mitchell und Snyder Henri-Jacques Stiker (1999), nach dessen Einschätzung die Frage nach der Integration behinderter Menschen zu kurz greift; vielmehr muss Behinderung als integraler Bestandteil der Kultur anerkannt werden. Und sie verweisen auf den japanischen Schriftsteller Kenzaburo Ôe, demzufolge wir eine Kultur nicht kennen können, bevor nicht deren behinderte Einwohner ihre Einschätzung abgegeben haben. »Die Perspektiven Behinderter spiegeln das Bild einer Kultur zurück, die sich zu leicht ihrer Menschlichkeit versichert.« (Mitchell/Snyder 2000: 178)

# Konstruktionen

# 5. Behinderung zwischen Norm und Normalität

## Norm und Normalität

Im vorangehenden Kapitel wurde gezeigt, dass Behinderungen in der Literatur sehr häufig metaphorisch bzw. als »narrative Prothese« eingesetzt werden. Abweichende körperliche Merkmale werden dabei häufig zu Sinnbildern »innerer« und sozialer Devianz. Der Körper wird zum Medium, in dem die Grenzen, die Übergänge, die Verschiebungen zwischen Norm und Abweichung markiert werden. Hier schließen die nachfolgenden Überlegungen an. Sie sollen die bisher stillschweigend vorausgesetzten Bedeutungen und Verwendungsweisen der Begriffe Norm und Normalität differenzieren. Denn obgleich es sich um zentrale Begriffe des Behinderungsdiskurses handelt, werden sie auch innerhalb der Disability Studies häufig noch nicht klar unterschieden. Aus der Allgegenwärtigkeit von Normen und Normalitätsvorstellungen einerseits und der Zentralstellung des Körpers andererseits ergibt sich beispielsweise für Davis die Notwendigkeit, deren wechselseitige Relation ins Zentrum der Disability Studies zu rücken. In seinem 1995 erschienenen Buch *Enforcing Normalcy* schreibt er etwa: »Um den behinderten Körper zu verstehen, muss man sich dem Konzept der Norm, des normalen Körpers zuwenden.« (Davis 1995: 23). Davis nennt eine Reihe von Beispielen zur Veranschaulichung seines Normbegriffs:

»Wir leben in einer Welt der Normen. Jeder von uns strebt danach, normal zu sein, oder versucht umgekehrt, diesen Zustand zu vermeiden. Wir ziehen in Erwägung, was die durchschnittliche Person tut, denkt, verdient oder konsumiert. Wir bringen unsere Intelligenz, unseren Cholesterinspiegel, unser Gewicht und die Körpergröße, den sexuellen Antrieb und andere körperliche Dimensionen anhand eines Konzeptes in eine Rangordnung von subnormal bis überdurchschnittlich.« (Ebd.)

Wie sich in den Zitaten zeigt, neigt Davis – ebenso wie zahlreiche andere Autorinnen und Autoren – dazu, die Begriffe »Norm« und »Normalität« zu vermengen. Da eine solche Unterscheidung jedoch für die Disability Studies theoretisch notwendig und fruchtbar ist, soll es nachfolgend darum gehen, beide Begriffe näher zu betrachten und im Rahmen einer spezifischen Theorie zu differenzieren.

## a) Norm

Im *Historischen Wörterbuch der Philosophie* (1984) wird »Norm« vom lateinischen »norma« hergeleitet. Hiermit wird das in der Baukunst verwendete Werkzeug des Winkelmaßes bezeichnet sowie die für das Errichten gerader Bauwerke verwendete Richtschnur. Diese bilden zusammen mit der Setzwaage und dem Senkblei wichtige Instrumente des Baumeisters. In der Baukunst verbindet sich das Handwerk mit der Mathematik, die beide im Dienste der Konstruktion stehen. Hier zeigt sich nicht nur der technisch-mathematische Ursprung des Begriffs, sondern es zeichnet sich bereits seine spätere wichtige Funktion im Prozess der Geometrisierung der Welt in der Kultur der Neuzeit ab, d.h. ihrer Verräumlichung, Vermessung und Kartografierung. Die Geometrisierung wiederum steht in enger Beziehung zum neuzeitlichen Körperdenken, das nicht nur das humanistische Bild des Menschen als Individuum hervorgebracht hat, sondern diesen im Gegensatz zum Mittelalter als distinkten, abgegrenzten Körper sieht, dessen Bau den Gesetzen von Maß und Proportion folgt (vgl. Kleinspehn 1989).

Bereits in der Antike wurde der Begriff »norma« auf verschiedene Wissensbereiche übertragen, vor allem auf die Naturphilosophie und die Rechtsphilosophie. In der Naturphilosophie erschien die Natur als Baumeisterin, die eine mathematischen Gesetzen folgende und proportional ausgewogene, geometrisch geordnete phänomenale Welt hervorbringt. In der Rechtsphilosophie – so etwa bei Cicero – stammen die Maßstäbe des Rechts analog zu denen des Bauens entweder direkt aus der Natur oder aus einem in ihr wirksamen allgemeinen Vernunftgesetz. So steht »norma« im römischen Recht schon früh für »Maßstab«, »Regel« und »Vorschrift« (vgl. Ganslandt 2004: 1030).

Im Mittelalter wird der Begriff der Norm überwiegend mit Blick auf geistige Phänomene verwendet, etwa im Rahmen der Rechts- und Moralphilosophien. Hier wird die geometrische Figur der Rechtwinkligkeit zu Plausibilisierungs- und Begründungszwecken herangezogen. So heißt es in einem im *Historischen Wörterbuch der Philosophie* zitierten Beispiel: Die Norm zeigt als Regel den richtigen Lebensweg, leitet zum richtigen Leben an, erlaubt nicht abzuirren und »korrigiert, was verkehrt und verdreht ist« (*Historisches Wörterbuch der Philosophie* 1984: Sp. 907). Entsprechend ist auch von einer »göttlichen Architektonik des Guten« (ebd.) die Rede.

Im Humanismus fungiert die Norm als dreifacher Maßstab:»Annäherung an Vollkommenheit, Ausgang vom angemessenen Handeln oder Einfügung in die unveränderliche ontologische Ordnung des Höher und Niedriger« (ebd.). Im Deutschland des 17. Jahrhunderts setzt sich der Begriff der Norm vor allem im Recht durch. Norm wird zur vorgeschriebenen Regel bzw. zum Gesetz, das bei Strafandrohung zu wahren ist. Daneben bildet sich durch den Einfluss der Philosophie Kants eine andere Bedeutungsschicht heraus, nämlich das Verständnis von Norm als»Gleichmaß« oder»Durchschnitt«. Insbesondere in der Medizin und der Psychologie verweist der Begriff auf ein Maß»des Gesunden, da das Durchschnittsmaß als das von Natur Richtige und Gewollte verstanden wird« (ebd.: 908f.).

In der Moralphilosophie bzw. Ethik avanciert der Begriff zu einem eigenständigen und bedeutsamen Oberbegriff, vor allem im Sinne einer regelnden Grundlage der moralischen Beurteilung Jedoch wird er keineswegs einheitlich verwendet, sondern steht für eine Fülle von Vorstellungen, etwa für Gebote, Verbote oder Erlaubnisse, Handlungsanweisungen oder Werturteile, praktisch regulative Ideen, allgemeine Sätze, universelle Aufforderungen, den Menschen entgegentretende Regelungen oder Maßbegriffe für die Legalität von Handlungen (vgl. ebd.: Sp. 911ff.).

Auch für die Soziologie war der Begriff seit ihren Anfängen im 19. Jahrhundert zentral. Eine für die Soziologie und Sozialphilosophie richtungweisende Unterscheidung formuliert Georg Simmel:

»Norm hat die zweifache Bedeutung: einmal dessen, was allgemein, generisch geschieht, dann dessen, was geschehen soll, wenngleich es vielleicht nicht geschieht. Diese Doppelheit mag den tiefen Zusammenhang haben, dass für den Einzelnen dasjenige die Norm im zweiten Sinne bedeutet, was Norm der Allgemeinheit im ersten ist.« (Simmel 1989: 77)

Es wird also zwischen einem empirisch-deskriptiven und einem präskriptiven bzw. normativen Bedeutungsgehalt unterschieden, nach dem»Seins-Aspekt der Normalität« und dem»Sollens-Aspekt der Vorschrift oder Forderung« (*Historisches Wörterbuch der Philosophie* 1984, Sp. 918). Bei Simmel zeichnet sich in ersten Umrissen bereits die Unterscheidung von Norm und Normalität ab, die uns noch beschäftigen wird.

Nach Max Weber (1988 [1922]) hat sich die Soziologie eigener Werturteile zu enthalten und sich bei ihren Untersuchungen schlicht an der faktischen Geltung von Normen zu orientieren, diese also als empirische, nicht moralische Tatsachen zu behandeln. Entsprechend werden in der Soziologie Normen nicht begründet oder aus anderen, allgemeineren Normen abgeleitet – dies wäre eine Aufgabe der philosophischen Ethik –, sondern durch Beobachtung derer ermittelt, die die Normen setzen bzw. befolgen. In dieser Perspektive sind Normen generalisierte Erwartungsmuster, die eng mit den weiteren soziologischen Grundbegriffen»Sanktion«,»Herrschaft« und »Macht« verbunden sind. Dies gilt etwa mit Blick auf die Frage, welche gesellschaftlichen Kräfte bzw. Institutionen die Macht haben, Normen zu definieren, durchzusetzen oder zu verändern. Die Einhaltung sozialer Normen wird durch *Sanktionen*, d.h. Belohnung oder Bestrafung, gewährleistet. Die Sanktionierung erfolgt durch Mitmenschen, durch Personen in *Machtpositionen* oder durch Institutionen. In dieser Denktradition werden soziale Normen als gesellschaftlich bedingte, interkulturell variable und historisch veränderbare Handlungsmaximen, Verhaltensmaßregeln, -anweisungen oder -forderungen beschrieben, d.h. als Regulative, die Gesellschaften ihren einzelnen Mitgliedern zumuten. Sie legen fest, was in spezifischen sozialen Situationen geboten oder verboten ist.

Nach geläufiger soziologischer Auffassung werden Normen durch allgemeine soziokulturelle Wertvorstellungen legitimiert, die sich ihrerseits in den Normen artikulieren. Soziale Normen strukturieren die Erwartungen der *Interaktionspartner* in spezifischen sozialen Situationen und machen das *Handeln* der Akteure und ihre Interaktion in einem gewissen Umfang vorhersagbar. Insofern strukturieren sie nicht nur den sozialen Austausch, sondern reduzieren auch Komplexität und engen die Verhaltensmöglichkeiten der Individuen ein. Im Sinne Foucaults wäre diese soziologische Auffassung dahingehend zu erweitern, dass Normen nicht nur repressiv sind, sondern überhaupt erst einen Möglichkeitsraum sozialen Handelns eröffnen. Durch den Prozess der Sozialisation bleiben Normen den Individuen nicht nur äußerlich, sondern werden internalisiert. So wächst der Mensch in die ihn umgebende Gesellschaft und Kultur hinein und wird zu einem gesellschaftlich handlungsfähigen Subjekt. Die Sozialisation gilt dann als gelungen, wenn das Individuum seine eigenen Handlungen an der Norm ausrichtet und von anderen normkonformes Verhalten erwartet.

Zum Abschluss dieses Überblicks komme ich zum philosophischen Normbegriff. Dieser lässt sich nach Otfried Höffe in vier Richtungen auffächern: a) Norm als empirisch ermittelter Durchschnittswert; b) Norm als Idee bzw. ideativer Begriff; c) Norm im technisch-pragmatischen Sinn; und d) Norm im rechtlichen oder moralischen Sinn.

Als empirisch ermittelter Durchschnittswert bezieht sich eine Norm auf die an bestimmten Kriterien festgemachte Beschaffenheit einer Klasse von Gegenständen. Der einzelne Gegenstand wird mit Blick auf die allgemeine Beschaffenheit der Klasse von Gegenständen als normal bzw. anomal bezeichnet.

Als *Idee bzw. ideativer Begriff* ist eine Norm als Grenzbegriff zu verstehen; sie verweist auf eine Eigenschaft nicht mehr zu übertreffender Vollkommenheit. Im Lichte einer solchen Idealnorm können die konkreten empirischen Gegenstände bzw. Handlungen immer nur »als mehr oder weniger gelungene Annäherungen realisiert und beurteilt werden« (Höffe 1992: 200).

Im *technisch-pragmatischen Sinn* fungiert eine Norm als an Kriterien der Zweckmäßigkeit oder Realisierbarkeit orientierte Maßeinheit oder Regel, »die die Klassifizierung von Gegenständen und/oder die Schematisierung von Handlungen und Handlungsfolgen ermöglicht (Beispiel DIN-Norm, Spielregeln)« (ebd.).

Normen im *rechtlichen oder moralischen Sinn* fungieren als allgemeiner Imperativ, der für das rechtliche und moralische Handeln der einzelnen Menschen oder von Gruppen verbindlich bzw. maßgeblich ist.

## b) Normalität

Auch der Begriff der Normalität hat sich vom lateinischen »norma« her entwickelt. Entsprechend den vorangehenden Erläuterungen zu »norma« verstand man in der Antike unter Normalität das Naturgemäße.

»Dabei kommt dem Begriff ›normal‹ jene Zweideutigkeit zu, die dem Naturbegriff eigen ist. ›Natur‹ meint [...] zum einen die durchschnittliche, ›natürliche‹ Beschaffenheit, zum anderen auch etwa den gesunden Zustand des Körpers und seiner Organe und damit den Idealzustand, dessen Wiederherstellung Ziel der ärztlichen Therapie ist.« (*Historisches Wörterbuch der Philosophie* 1984, Sp. 920)

Der Gegenbegriff zu diesem speziell ärztlichen Normalitätsbegriff ist das Naturwidrige, Abnorme. Hier sehen wir, wie das Abnorme von der Norm her gedacht wird und wie es bereits im antiken Denken naturalisiert wird. Insbesondere in der Physiologie des 18. und 19. Jahrhunderts ist die Vorstellung von einem Normalzustand des Körpers eine häufig anzutreffende Denkfigur. Da es nur mehr oder weniger große Annäherungen an diesen Normalzustand des Körpers gibt, handelt es sich dabei genau genommen um ein Ideal. Das Normale ist ein Konstrukt des Denkens, das durch regelgeleitete Beobachtung die Anomalie aufspürt. Etymologisch verweist »normal« auf das der Regel gemäße, das Regelmäßige: »das, was sich weder nach rechts noch nach links neigt, sich also in der richtigen Mitte hält« (ebd.: Sp. 921). Hieraus ergeben sich zwei Bedeutungen von »normal«: »das, was für die Mehrzahl der Vertreter einer bestimmten Gattung zutrifft oder was den Durchschnitt bzw. die Maßeinheit eines messbaren Merkmals ausmacht« (ebd.).

Bis hierher lassen sich »Norm« und »Normalität« nur schwer voneinander abgrenzen. Unter Rückgriff auf eine Theorie des Normalismus, die der Literaturwissenschaftler Jürgen Link (1997) vorgelegt hat, werde ich nachfolgend versuchen, den auch theoretisch bedeutsamen Unterschied zwischen beiden Begriffen herauszuarbeiten. Es liegt bereits eine Reihe von Studien vor, die auf der Grundlage der Theorie Links die Bedeutung der Begriffe »Norm« und »Normalität« in ihrer Relevanz für den Behinderungsdiskurs herausgearbeitet und konturiert haben (vgl. Ulrike Schild-

132 | KÖRPER, KULTUR UND BEHINDERUNG

mann 2000 aus behindertenpädagogischer und Waldschmidt 1998 aus soziologischer Perspektive). Auch in den amerikanischen Disability Studies wird zumindest implizit mit dieser Unterscheidung gearbeitet. So zeigen die Arbeiten von Mitchell und Snyder (2000) sowie Davis (1995) trotz gewisser begrifflicher Unschärfen Überschneidungen mit der Theorie Links.

## Eine normalismustheoretische Differenzierung

Link greift insbesondere auf Foucault zurück, der sich immer wieder mit den Begriffen »Norm« und »Normalität« befasst hat. Zu Foucaults Quellen gehört die wichtige Arbeit seines akademischen Lehrers Georges Canguilhem *Das Normale und das Pathologische* (1974). Foucault rezipiert bei Canguilhem vor allem die Idee der im 18. Jahrhundert einsetzenden sozialen, politischen und technischen Normalisierung. Die Unterscheidung zwischen dem Normalen und dem Pathologischen hat sich, wie Canguilhem zeigt, seit dem 18. Jahrhundert zu einer Leitdifferenz der Wissenschaften vom Leben entwickelt. Insbesondere die Anthropologie, die klinische Medizin und Psychologie sowie die Psychiatrie haben auf theoretischer und empirischer Basis – also durch Zählen und Messen – intensiv daran gearbeitet, Normalmaße, Normen und Normalität zu entwickeln. Hierbei wurde der Entwicklung von Typen, Mittelwerten und charakteristischen Verlaufsformen pathologischer Prozesse besondere Aufmerksamkeit geschenkt; sie fungieren als Raster, die in einem komplexen Kontinuum eine Abgrenzung des Abweichenden, des körperlich Pathologischen und psychosozial »Verrückten« erlauben. Die Norm, so akzentuiert Foucault seine Sichtweise Mitte der siebziger Jahre in Anschluss an Canguilhem, ist »keineswegs als Naturgesetz« (Foucault 2003: 71) zu verstehen, sondern entfaltet einen spezifischen Zwangscharakter. Sie fungiert nicht einfach als »Erkenntnisraster« (ebd.: 72), sondern dient der Begründung und Legitimierung von Machtansprüchen. Prägnant spricht er von der »Macht der Norm« (Foucault 1977: 237) und fragt, ob es sich hierbei um das neue Gesetz der modernen Gesellschaft handelt. Er wählt eine vorsichtige Antwort: Im 18. Jahrhundert sei die Macht der Norm zu anderen Mächten – der Macht des Gesetzes, des Wortes und des Textes, der Tradition – hinzugetreten und habe »neue Grenzziehungen« (ebd.) erzwungen:

»Zusammen mit der Überwachung wird am Ende des klassischen Zeitalters die Normalisierung zu einem der großen Machtinstrumente. An die Stelle der Male, die Standeszugehörigkeit und Privilegien sichtbar machten, tritt mehr und mehr ein System von Normalitätsgraden, welche die Zugehörigkeit zu einem homogenen Gesellschaftskörper anzeigen, dabei jedoch klassifizierend, hierarchisierend und rangordnend wirken. Einerseits zwingt die Normalisierungsmacht zur Homogenität, andererseits wirkt sie individualisierend, da sie Abstände misst, Niveaus bestimmt, Be-

sonderheiten fixiert und die Unterschiede ruzbringend aufeinander abstimmt.«
(Ebd.)

Während die Homogenität beispielsweise von Körpern oder von Kollektiven zur Regel erhoben wird, erlauben es vor allem statistisch basierte
Messverfahren, innerhalb dieser Homogenität »die gesamte Abstufung der
individuellen Unterschiede« (ebd.: 238) zu erfassen.

Wie die zitierte Passage andeutet, ist Individualisierung für Foucault
ein Effekt der übergeordneten Stellung einer Population, eines Gesell-
schaftskörpers. Indem dieser als homogen gedacht und zur Regel erhoben
wird, wird es möglich, individuelle Unterschiede zu erfassen. An anderer
Stelle hebt Foucault hervor, die Norm bringe

»ein Prinzip der Bewertung und ein Prinzip der Korrektur mit sich. Die Funktion
der Norm besteht nicht darin, auszuschließen oder zurückzuweisen. Sie ist im Gegenteil immer eine positive Technik der Intervention und Transformation, an eine
Art normatives Projekt gebunden.« (Foucault 2003: 72)

Die Norm hat damit produktiven, herstellenden und sichernden Charakter.
Nun bleiben auch in den soeben zitierter Textpassagen die Begriffe Norm
und Normalisierung schillernd. Nach Link sind diese, ebenso wie Normalität und Normativität, als sich zwar berührende, jedoch verschiedene Kategorien zu behandeln. Links Theorie operiert mit der strikten

»Unterscheidung zwischen den Kategorien (semantischen Komplexen) ›Rechts-
Norm‹/›normativ‹/›normgemäß‹/›Normativität‹/›Normgeltung‹ auf der einen und
›normal‹/›Normalität‹/›normalisieren‹/›Normalisierung‹/›Industrienorm‹ auf der
anderen Seite [...]. Zweifellos gehören (quasi-juristische) ›Normen‹ zum Wesen
menschlicher Gesellschaften, zweifellos haben alle Gesellschaften Normen dieses
Typs besessen. [...] Ganz sicher aber ist ›normal‹ nicht einfach gleich ›normgemäß‹,
›Normgeltung‹ nicht einfach identisch mit ›Normalität‹.« (Link 1997: 23)

Was unterscheidet Normativität und Normalität? Normativität weist, wie
Links Begriffsbestimmung herausstellt, eine deutlich juristische Tönung
auf. Sie ist vorschreibend und zieht relativ klare Trennlinien zwischen richtig und falsch bzw. erwünscht oder unerwünscht. Die normative Perspektive gibt Normen einen Vorrang und betrachtet beispielsweise menschliches
Verhalten mit Blick auf die Frage, ob es regel- und damit erwartungskon-
form ist oder nicht. Normen sind »explizite oder implizite, durch Sanktionen verstärkte Regulative, die material oder formal bestimmten Personen-
gruppen ein bestimmtes Handeln vorschreiben. Normen sind daher dem
Handeln stets prä-existent.« (Link 1998: 254). Demgegenüber ist Normalität eine deskriptive Kategorie. Sie verweist auf den Prozess fortwährender
Herstellung einer Mitte, eines Durchschnitts, der als Vergleichskriterium

fungiert. Normalität beruht also auf Statistik, auf Durchschnittswerten. »Normales Handeln« in einem gegebenen sozialen Kontext ist »durchschnittliches Handeln«. Deshalb ist »»Normalität‹ im Gegensatz zu ›Normativität‹ dem Handeln wesentlich post-existent« (ebd.: 255). Link versucht, den Unterschied zwischen Normativität und Normalität exemplarisch am Begriff der Toleranz festzumachen, der in beiden Kontexten eine ganz andere Bedeutung hat:

»Während Normativität das Problem der Toleranz überhaupt und grundsätzlich aufwirft, arbeitet Normalität mit (quasi-technischen) *Toleranzen.* Normalität wäre demnach eine wesentlich graduelle Kategorie. Während die ›normative‹ Norm also auf einen Bereich ›qualitativer Werte‹ (etwa ›Gerechtigkeit‹) verweist, erscheint das Normale in seiner alltäglichen Verwendung auf eine immanente Skala verschiedener Grade von Normalität bezogen, auf der wie auf einem *Thermostaten* eine ›Markierung‹ ›herauf- oder heruntergefahren‹ werden kann. Es geht also um *Ein-Stellung* in einem quasi-technischen Sinn.« (Link 1997: 22)

Während Normen äußerlich gesetzt sind – den Individuen also beispielsweise in Form ethischer, rechtlicher oder sozialer Vorschriften vorgegeben werden, deren Einhaltung in der Regel sanktioniert wird –, basiert Normalität wesentlich auf Vergleichen. Normalität ist das, was in der Gauß'schen Normalverteilung in den mittleren, durchschnittlichen Bereich fällt. Die Orientierung an der Normalität im normalistischen Sinn bedeutet dann eine Selbstregulierung der Subjekte auf den Durchschnitt hin. Auch die Normalisierung arbeitet mit Bewertungen. Der Unterschied zu normativen, also präexistierenden Normen besteht darin, dass normalistische Normen »erst im Nachhinein, als Folge der Herstellung einer statistischen Mitte« (Waldschmidt 1998: 11), wirksam werden.

Um die Unterscheidung zwischen Normalität und Normativität an einem Beispiel zu verdeutlichen: In der Religion verankerte oder gesetzlich festgeschriebene Normen legen eindeutig fest, ob ein Schwangerschaftsabbruch zulässig oder unzulässig ist. Demgegenüber versucht die Frage nach der Normalität von Abtreibung deskriptiv zu klären, ob und inwieweit »das tatsächliche Verhalten als ›tolerabel‹ und ›akzeptabel‹ gelten kann oder ob dringend interveniert werden muss« (Link 1997: 22). Das Beispiel macht überdies deutlich, dass gesetzliche Norm und allgemein akzeptierte oder tolerierte Normativität miteinander in Widerspruch geraten können. Während religiöse oder ethische Normen den Schwangerschaftsabbruch als unzulässig oder unmoralisch bewerten, können sich die gesellschaftlichen Toleranzen so weit verschieben, dass diese Praktik zunehmend als »normal« akzeptiert oder zumindest hingenommen wird. An diesem Punkt lässt sich in Bezug auf die ethischen Debatten zur Biomedizin ein Grundproblem festmachen, das die Disability Studies und die Behindertenpädagogik mit-

einander teilen: Während beide ein Interesse daran haben, durch die Begründung von ethischen Normen einen unangreifbaren Schutzbereich etwa für geschädigte Neugeborene oder Menschen im Koma zu sichern (oder
angesichts der neuen Biotechnologien überhaupt erst zu etablieren), setzen
sich in der Gesellschaft zunehmend »Normalitäten« durch, die die normativen Ansprüche einer solchen Ethik in einem schleichenden Prozess auf-
weichen und wirkungslos machen. Dies zeigt sich beispielsweise in der
vergleichsweise sehr hohen Akzeptanz gegenüber Schwangerschaftsabbrü-
chen nach der pränatalen Diagnose eines Down-Syndroms oder in der
wachsenden Akzeptanz gegenüber der Sterbehilfe.

Die »Landschaft der Normalität« (Waldschmidt 1998: 12) ist das Ergebnis von »Durchschnittswert, Normalspektrum, Grenzwerten und Anorma-
litätszonen« (ebd.). Jedoch existieren auch in einer Landschaft der Normalität mit flexiblen Grenzen immer noch Grenzen oder Grenzbereiche. Jenseits beginnt die Anormalität: »Normalität ohne einen auch qualitativ
unterschiedlichen Gegenpol ist grundsätzlich nicht denkbar.« (Ebd.) Die
Entstehung und Stabilisierung von Normalität (oder Normalitäten) beruht
auf Prozessen der Grenzziehung, die im Fall des flexiblen Normalismus
eher als Grenzregionen und Zonen des Übergangs zu denken sind. »Es
gibt keinen Normalismus ohne Gradualismus« (Link 2004: 136), ohne Abstufungen und Verteilungen in der breiten Mitte, am schmaler werdenden
Rand oder an den Grenzen der Normalverteilung.

In diesem Kontext sollen der Begriff des »Protonormalismus« und ein
von Link (1997) verwendeter Komplementärbegriff, der »flexible Normalismus«, näher betrachtet werden. Es handelt sich um zwei Spielarten bzw.
Strategien des Normalismus, die jeweils die Grenzziehung zwischen Normalität und Anormalität unterschiedlich vornehmen. Die erste und historisch ältere Strategie, der Protonormalismus, versucht, die fließenden
Grenzen zwischen Normalität und Anormalität möglichst abzudichten.
Der Protonormalismus komprimiert den Normalbereich durch minimierte
Toleranzgrenzen. Hierdurch wird der Bereich der Anormalität entsprechend groß: Je enger Normalität gefasst wird desto mehr menschliche
Verhaltensweisen fallen aus ihrem Bereich heraus. Ein besonderes Kennzeichen des Protonormalismus ist die Errichtung von möglichst starren,
massiven, abschreckenden und undurchlässigen Normalitätsgrenzen (vgl.
Link 2004: 135).

»Die protonormalistische Strategie (auch repressive) geht mit maximaler Kompres-
sion, rigiden, starren und eng fixierten Normalitätsgrenzen und scheinbaren Dicho-
tomien (normal/behindert, gesund/krank) einher, die flexibel-normalistische dagegen zielt auf maximale Expansion und Dynamisierung und weist durchlässige
Grenzen auf.« (Weinman 2001: 429)

Anders als die »harte« Spielart des Normalismus operiert die flexible Strategie mit einer Ausweitung des Normalbereichs und einer gewissen Durchlässigkeit der Grenzen, so dass es zu einer zunehmenden Integration und »Normalisierung« des Anormalen kommen kann. Insofern verheißt für Link die »Verschiebung der Normalitätsgrenzen nach weit außen im Vergleich mit dem Protonormalismus [...] vielen, ja der Mehrheit der Behinderten, die Inklusion und die Integration« (Link 2004: 137). Dieses Zitat von Link unterlegt den flexiblen Normalismus mit einer sehr positiven Bewertung. Tatsächlich *kann* sich flexible Normalisierung positiv für behinderte Menschen auswirken. Jedoch kommt es auf gleichem Weg zum Beispiel auch zur »Normalisierung« der Sterbehilfe für Schwerkranke oder der kaum hinterfragten, regelhaften Abtreibung von Kindern mit Down-Syndrom. Nur noch teilweise »anormal« erscheint da, dass die Medizin Leben *nicht* unbedingt schützt bzw. dass Lebensgrenzen *nicht* gesellschaftlich angesetzt werden. Die flexible Normalisierung erweitert Toleranzen, aber sie tut dies ohne ethische oder rechtliche Maßstäbe. Der »weiche« Normalismus ist also für behinderte Menschen nicht weniger ambivalent als der harte (vgl. Dederich 2003: 245ff.). Deshalb ist u.a. für Menschen mit Behinderung das Verankern harter juristischer Schutzgrenzen von besonderer Bedeutung.

Wie bereits angedeutet kommt auch der flexible Normalismus nicht ohne Grenzziehungen aus. Auch eine Ausweitung des Normalbereichs definiert an ihren Rändern eine Grenze, jenseits derer – vom Durchschnitt her gesehen – der Bereich des Anormalen beginnt.

»Die Grenzen selbst sind fließend, so dass sie wesentlich als Toleranz-Grenzen bzw. Handlungsbedarfs-Grenzen erscheinen. [...] Im ›Inneren‹ der Toleranz-Grenzen wird [...] stets ein breiter Bereich sicherer, undiskutabler Normalität konstituiert [...] – und umgekehrt im ›Äußeren‹ ein Bereich indiskutabler Anormalität, Devianz, zweifelsfreien Interventionsbedarfs.« (Link 1997: 21)[21]

In beiden Formen des Normalismus erfolgt die Grenzziehung auf je unterschiedliche Weise.

»Der Protonormalismus legt seine Normen ex ante fest und ist bereit, sie den Individuen repressiv aufzuzwingen, [...] der flexible Normalismus errechnet die Norm ex post aus statistischen Erhebungen und überlässt es den Individuen aufgrund ihres Wissens über die Statistik selbst zu adjustieren« (ebd.: 92).

---

21 | Insbesondere in der pädagogischen Integrations- bzw. Inklusionsdiskussion wird gelegentlich eine dritte Spielart des Normalismus diskutiert, der Transnormalismus: ein maximal expandiertes Normalfeld, das keine Grenzen mehr zieht. Ein solches normatives sozialethisches Konzept sprengt allerdings die deskriptive und explikative Dimension der Theorie des Normalismus.

Mit anderen Worten: Der flexible Normalismus arbeitet mit der Selbstnormalisierung, der »Selbstverdurchschnittlichung« des Individuums. Normalisierung wird den Individuen nicht repressiv von außen aufgezwungen, sondern wirkt, ähnlich wie die von Elias (1976) beschriebenen »Selbstzwänge«, »produktiv« im Inneren der Individuen.

## Selbstnormalisierung. Das Beispiel Pränataldiagnostik

Wie man insbesondere im Anschluss an Foucaults (2000) Überlegungen zur Gouvernementalität zeigen kann, handelt es sich bei der flexibelnormalistischen Strategie nicht um eine der Politik entgegengesetzte, sondern um eine *andere Form* der politischen Strategie. Wie Foucault deutlich macht, greifen bei dieser Strategie »Herrschaftstechniken« und »Selbsttechniken« ineinander. In dieser Perspektive zeigt sich flexible Normalisierung als den Individuen auferlegte Selbstnormalisation; sie ist daher eine Machtstrategie. Sie besteht im Kern darin, den Individuen zunächst Handlungsoptionen zu eröffnen, doch

»[die] Förderung von Handlungsoptionen ist nicht zu trennen von der Forderung, einen spezifischen Gebrauch von diesen ›Freiheiten‹ zu machen, so dass die Freiheit zum Handeln sich oftmals in einen faktischen Zwang zum Handeln oder eine Entscheidungszumutung verwandelt. Da die Wahl der Handlungsoptionen als Ausdruck eines freien Willens erscheint, haben sich die Einzelnen die Folgen ihres Handelns selbst zuzurechnen.« (Bröckling et al. 2000: 30)

Insofern korrespondiert die hier beschriebene Strategie mit der heute im Umbau westlicher Sozialsysteme wirksamen politischen Tendenz zur neoliberalen Individualisierungsstrategie. Macht im Sinne Foucaults ist nicht als eine äußerliche, gesellschaftliche Kraft zu verstehen. Durch Verinnerlichung wird sie in Formen der Selbstregulation der Individuen verwandelt. Die Normalisierung produziert hier ein »individuelles« Ethos, das möglichst viele Individuen dazu anleitet, möglichst »selbstbestimmt« und »vernünftig« über bestimmte Themen und Konflikte zu denken und sich möglichst »eigenverantwortlich« für Handlungsoptionen zu entscheiden. Im Lichte dieser Theorie wäre es beispielsweise zu einfach, mit Blick auf eugenische Tendenzen in der gegenwärtigen Biopolitik von einem »von oben« ausgehenden Zwang und repressiver Durchsetzung etwa der Pränataldiagnostik und des Schwangerschaftsabbruchs bei positiver Down-Syndrom-Diagnose am Fetus zu sprechen. Vielmehr lässt sich in vielen Teilen der Gesellschaft eine nicht zentral gesteuerte Ausweitung von (vielfach wertneutral wirkenden) Toleranzen gegenüber diesen Praktiken beobachten. Bestimmte Prozeduren im Kontext der Schwangerschaftsvorsorge werden zu kaum hinterfragten Routinen, deren Anwendung im Zweifelsfall als Ausdruck von Verantwortungsbewusstsein (gegenüber den eigenen nicht behinderten Kindern, der Familie, der Gesellschaft, aber auch den eigenen Lebensentwürfen und Autonomiebedürfnissen) legitimiert wird (vgl. Beck-Gernsheim 1994). Insbesondere dann, wenn die Routinen der Schwangerschaftsvorsorge durch den Glauben an die Planbarkeit der Schwangerschaft und die rationale Handhabbarkeit von Schwangerschaftsrisiken legitimiert werden, wird die Inanspruchnahme von Beratung und Pränataldiagnostik nicht nur zu einer verinnerlichten Selbstverständlichkeit, sondern zur (gesellschaftlich unterschwellig erhobenen) Pflicht. Vor diesem Hintergrund weist Waldschmidt (2006) in Anlehnung an Tremain (2005) auf die Herrschaftstechnik der Selbstnormalisierung hin, die im Zusammenhang mit Fragen der Biomedizin, Biopolitik und Bioethik von der internationalen Behindertenbewegung noch nicht hinreichend wahrgenommen werde. Die neoliberale Politik arbeitet nicht mit Mitteln der Repression und einem äußeren Machtapparat, sondern mit einer »allgegenwärtigen Matrix, die die Politik und Programme strukturiert und zugleich Techniken der Selbstregulation bereitstellt« (Waldschmidt 2006: o.S).

Nun finden sich in modernen Gesellschaften sowohl protonormalistische als auch flexibel normalistische Strategien. Unter Bezugnahme auf Robert Castel zeigt Link, dass Normalfelder einmal flexibel, zugleich aber homogen strukturiert sein können, indem sie eine einheitliche »Siebung« einer gegebenen Personengruppe anhand der Leitdifferenz normal/anormal vornehmen. Die Homogenisierung geschieht durch vereinheitlichende begriffliche und theoretische Rasterung und Kategorisierung, die unterschiedlichste Phänomene einem einheitlichen Klassifikationsschema zuführen. Die Folge dieses Prozesses ist nicht eindeutig, sondern ambivalent. »Die Verbreiterung der normalistischen ›Toleranzen‹ kann zur Toleranz beitragen, sie kann aber auch Denormalisierungsangst auf größere Populationen ausdehnen und verstärken« (Link 1997: 151). In Bezug auf das Risiko, ein geschädigtes, als abnorm eingestuftes Kind zu bekommen, können dann beispielsweise die modernen biomedizinischen Technologien als Instanz der Befreiung von dieser Angst auftreten. Sie bieten beispielsweise mit der Pränataldiagnostik prognostische Methoden an, die einerseits »Sicherheit« verschaffen, wenn kein auffälliger Befund erhoben wird, und die andererseits im Sinne der Selbstbestimmung verschiedene Handlungsoptionen eröffnen, wenn eine Schädigung diagnostiziert wird. Die Pränataldiagnostik scheint diesbezüglich eine hochambivalente Wirkung zu entfalten, denn sie steht nicht nur für das Versprechen, die Denormalisierungsangst zu bannen, sondern sie ist zugleich eine der Instanzen, die diese Angst hervorbringen und schüren. Führt man sich vor diesem Hintergrund die fast flächendeckende Abtreibung von Kindern mit Down-Syndrom nach positiver Pränataldiagnostik vor Augen, ist die mit ihr verbundene Tendenz zur protonormalistischen Ausgrenzung klar erkennbar.[22]

## Normalismus und Behinderung

Was bedeutet die Normalismustheorie für unser Verständnis von Behinderung und in Bezug auf die Lebenswirklichkeit behinderter Menschen? Aus Sicht der Normalismustheorie ist Normalität eine wichtige kulturelle Größe bei der kulturellen Produktion von Pathologie, Abweichung und Behinderung. Diese ermöglichen es, das, was jeweils unter Normalität verstanden wird, gleichsam als Kontrastmittel sichtbar und begreifbar machen. In dieser Hinsicht dient Behinderung in den darstellenden Künsten ebenso wie in den verschiedenen Wissenschaften der Sichtbarmachung, Untermauerung, Absicherung und Abgrenzung von Normalität. Hierzu schreiben Mitchell und Snyder:

»Die Produktion von Behinderung als menschliche Absonderlichkeit oder außerordentliche Beschränkung in den Wissenschaften wie in der Kunst wäre auf der Fähigkeit der Norm begründet, sich als evidenter Durchschnitt zu tarnen. Auf diese Weise zeigt sich die körperliche Norm als universell wünschenswert – das Barometer, mit dem alle Biologien beurteilt und verglichen werden.« (Mitchell/Snyder 2001: 204)

Wie die beiden Autoren anfügen, hat diese Art der Erforschung von Normalität eine ideologiekritische Seite, weil sie deren normative Implikationen als ideologische Abstraktion zu entlarven sucht, die auf einer falschen Empirie beruht – einer Empirie, die das Normale und Durchschnittliche zum Maß macht. Behinderungen machen deutlich, »dass das Ideal der Norm nicht ohne seinen abweichenden Kontrast existieren kann« (ebd.: 205). Somit wird deutlich, dass das Normale und das Abnorme bzw. Pathologische relationale Begriffe sind. Tatsächlich aber werden sie, wie Linton betont, in der Regel als absolute Begriffe verwendet. Sie haben ihre Stabilität und ihren Gewissheitscharakter durch ihre Verknüpfung mit dem Empirizismus gewonnen,

---

**22 |** Insbesondere im Zusammenhang mit Technologien wie der Präimplantationsdiagnostik ist auf einen weiteren wichtigen Begriff in der Foucault'schen Machtanalytik hinzuweisen, die »Bio-Macht«: Diese setzt an der Sexualität an, die die Schnittstelle zwischen Individual- und Gesellschaftskörper bildet. Die Bio-Macht ist eine Technologie, die nicht nur disziplinierend im Individuum wirkt, sondern zugleich auch regulierend auf die Gattung einwirkt und bevölkerungspolitische Ziele verfolgt (vgl. Foucault 1983).

»und sie leiden an den reduktionistischen und vereinfachenden Tendenzen des Empirizismus. Ihre Macht und Reichweite ist enorm. Sie beeinflussen die privatesten Überlegungen von Individuen zu ihrem Wert und ihrer Akzeptierbarkeit, und sie bestimmen die soziale Position und die soziale Reaktion auf Verhaltensweisen.« (Linton 1998: 24)

Mit Blick auf das gegenwärtige Verständnis von Behinderung konstatiert Waldschmidt »die Wirkmächtigkeit normalistischer Normen und das Nebeneinander von sowohl proto- als auch flexibelnormalistischen Strategien« (Waldschmidt 2003b: 89). In gegenwärtigen Slogans wird Behindertsein als »normal« angepriesen, so wie es als »normal« angesehen wird, verschieden zu sein. Diese Slogans stehen für flexibel-normalistische Strategien, die in den vergangenen zwei Jahrzehnten in unterschiedlichen Kontexten vertreten wurden. Zu denken ist dabei an die Bestrebungen zur schulischen und außerschulischen Integration Behinderter, an die Deinstitutionalisierung von Menschen mit geistiger Behinderung, die Entwicklung des Assistenzgedankens etc. Ein Großteil der aktuellen Konzepte in der Behindertenpädagogik und Behindertenhilfe verfolgt flexibel-normalistische Strategien. In vergleichbarer Weise ist »der Gedanke, behinderten Menschen die Lebensbedingungen der Mehrheitsgesellschaft zu ermöglichen, zum wichtigsten Orientierungspunkt« (ebd.: 92) der Behindertenpolitik geworden. Wie bereits mit Blick auf die Pränataldiagnostik festgestellt wurde, sind zugleich im Feld der gegenwärtigen Biomedizin Tendenzen zu einem ausgrenzenden Protonormalismus auszumachen. Nach Dieter Mattner gerät der gesellschaftliche Umgang mit Behinderung bzw. Behinderten in Folge dieser neuen protonormalistischen Tendenz

»immer mehr in ein Spannungsfeld zwischen einer individuellen bedürfnisorientierten Förderung und einer neuen, am Kosten/Nutzen-Aspekt orientierten Entsorgungsdebatte [...]. Hier scheint die postmoderne Lebenswert-Debatte über die pränatale Entsorgungsoption des ›Anderen der Normalität‹ das moralische Gerüst sozialstaatlicher Unterstützung der Schwächsten durch den am rationalen Nützlichkeitskalkül orientierten bioethischen Zeitgeist ins Wanken zu bringen, wie es die ›Erfolge‹ einer humangenetischen Beratungstätigkeit bereits drastisch vor Augen führen.« (Mattner 2000: 15)

Diese zwiespältige Situation lässt sich auch in anderen Bereichen beobachten. Wie Waldschmidt (2003b) in Bezug auf die 2001 verabschiedete internationale Klassifikation der WHO, die »International Classification of Functioning, Disability and Health« (ICF) zeigt, arbeitet dieses bislang überwiegend positiv aufgenommene System trotz seiner Bemühung, Wertungen zu vermeiden, an verschiedenen Stellen immer noch mit dem medizinischen Normalitätsbegriff. Zugleich weist es klare normalistische Tendenzen auf. Dies zeigt sich vor allem dort, wo die Bevölkerung als

Norm an die Stelle der medizinischen Norm tritt. Auf der einen Seite operiert die ICF mit einem impliziten Normkörperkonzept, in dem Schädigungen mit einer Anomalie, einem Defekt, einem Verlust oder einer anderen bedeutsamen Abweichung der Körperstrukturen in Verbindung gebracht werden; auf der anderen Seite werden Schädigungen als Abweichung von allgemein akzeptierten körperlichen Funktions- und Strukturstandards in der Bevölkerung konzipiert. Der Bezugsgruppenvergleich erhält in der ICF einen »systematischen Stellenwert« (Waldschmidt 2003b: 97). Während die Werteproblematik auf den ersten Blick umschifft wird, dient der Bezugsgruppenvergleich »als Maßstab, um die einzelnen in der Behinderungslandschaft zu positionieren« (ebd.). Bei allen Bestrebungen, die Behinderungslandschaft zu flexibilisieren, bleibt die grundlegende Dichotomie zwischen Gesundheit einerseits und Krankheit und Behinderung andererseits letztlich unangetastet. Das »Normalfeld« wird somit zwar erweitert und flexibilisiert; da jedoch gesundheitliche Beeinträchtigungen und Behinderungen unverändert negativ bewertet werden, wird das normalistische Feld mit seinen Normalitätsgrenzen letzlich auch durch die ICF aufrechterhalten.[23]

Insgesamt zeigen die hier angeführten Beispiele, dass es in der Gegenwart ein Zusammenspiel von flexibler Normalisierung, Prozessen der Selbstnormalisierung und protonormalistischen Strategien gibt. Auf ein wichtiges Feld, in dem sich die Aufrechterhaltung und Neuzementierung von Grenzen zeigt, das Feld der Biomedizin und Biopolitik, werde ich noch zurückkommen.

---

**23** | Siehe hierzu auch den Befund von Marianne Hirschberg, die auf eine Reihe von Ambivalenzen in der ICF aufmerksam macht. Trotz der expliziten Intention der WHO, Diskriminierung zu vermeiden, bleibt die ICF letztlich in der medizinischen Klassifikationstradition. Hierzu ein Beispiel: Obwohl die ICF häufig die Umweltfaktoren als wichtige neue Komponente hervorhebt, beurteilt das Klassifikationssystem die individuelle Leistungsfähigkeit auch ohne Assistenz. Als Maßstab fungiert offensichtlich das normal funktionsfähige Individuum ohne Behinderung. »Damit wird nicht die Lebenssituation eines Menschen innerhalb gesellschaftlicher Bedingungen und dem für diese Bedingungen notwendigen Assistenzbedarf in den Mittelpunkt gestellt, sondern die Abweichung von der Leistungsfähigkeit eines Menschen ohne Assistenzbedarf.« (Hirschberg 2003: 19)

# 6. Körperkonstruktionen und leibliche Erfahrungen

## Die kulturelle Produktion des behinderten Körpers und der gelebte Leib

Wie im ersten Kapitel gezeigt wurde, hat das in den Disability Studies und der politischen Behindertenbewegung entwickelte soziale Modell von Behinderung wichtige theoretische Impulse in die Debatte eingebracht und zu einer allgemeinen Sensibilisierung für gesellschaftliche Komponenten konkreter Behinderungen geführt. Ein zentraler Aspekt des sozialen Modells ist die Kritik am »medizinischen Blick« auf Behinderung, die den Behinderungsdiskurs lange dominiert hat. Die Kritik wandte sich darüber hinaus grundsätzlich gegen innerdisziplinäre und gesellschaftliche Sichtweisen, die Schädigungen oder biologische Abweichungen individualisieren. Sie hat damit in den Blick gerückt, was lange Zeit aus dem gesellschaftlich-medizinisch-politischen Behinderungsdiskurs ausgeklammert worden war. Dies ist und bleibt das wichtigste Verdienst dieses Modells. Die interne Kritik am sozialen Modell in den Disability Studies richtet sich vor allem gegen eine Tendenz, das Konzept der Schädigung unhinterfragt hinzunehmen. Hier machen die neueren Disability Studies kulturwissenschaftliche Perspektiven fruchtbar, in denen der Körper als variables historisches und gesellschaftliches Konstrukt erscheint.

Bei der Konturierung dieser Kritik folge ich zunächst den Überlegungen von Bill Hughes und Kevin Paterson. Die beiden Autoren setzen bei der Beobachtung an, dass die Wiederentdeckung des Körpers in der Soziologie der achtziger und neunziger Jahre mit einer eigentümlichen Ausklammerung des Körpers im sozialen Modell von Behinderung kontrastiert. Das soziale Modell deckt, wie bisher gezeigt wurde, historisch die Entstehung und die gesellschaftliche Wirkweise von negativen und diskriminierenden Zuschreibungen auf. Es beleuchtet Prozesse sozialer Stigmatisierung, Ausgrenzung, politischer Entrechtung und Unterdrückung. Behinderung erscheint nicht als Ergebnis individueller Pathologie, sondern sozialer Organisationsformen und gesellschaftlicher Strukturen. Doch hat die starke, häufig ausschließliche Fokussierung dieser (politisch bedeutsamen) Aspekte zu einer Marginalisierung, gelegentlich sogar Tabuisierung des Körpers innerhalb der Disability Studies und der Behindertenbewegung geführt. Der Grund ist einleuchtend: Es bestand und besteht die (vermutlich berechtigte) Befürchtung, eine Thematisierung individueller Aspekte der Schädigung werde zu einer erneuten Infragestellung des sozialen Modells führen. Für Hughes und Paterson bestehen keine Zweifel, dass dies verhindert werden muss. Auf der anderen Seite weisen sie auf problematische Einseitigkeiten des sozialen Modells hin. Im sozialen Modell wird der Körper, zumindest implizit, als rein biologisches Phänomen betrachtet:»Er hat keine Geschichte. Er ist eine Essenz, eine zeitlose ontologische Basis.« (Hughes/Paterson 1997: 329) Auf der Ebene der Schädigung des Körpers kommen seine Anatomie, seine Morphologie und seine Funktionen in den Blick, die zweifelsfrei objektivierbar sind. Dadurch scheint impliziert, die Schädigung sei *nicht* sozial konstruiert, sondern »ein ahistorischer, vor-sozialer, rein natürlicher Gegenstand« (ebd.: 326). Dadurch bleibt auch im sozialen Modell ein essenzialistischer Kern erhalten, der den cartesianischen Dualismus reproduziert und die geschädigte Physis dem Zugriff und Deutungsmonopol der Medizin überlässt. Dies ist nach Hughes und Paterson der entscheidende, theoretisch und praktisch folgenreiche Fehler der einseitigen Blickrichtung des sozialen Modells.

Dem stellen sie die These gegenüber, Schädigung sei »mehr als ein medizinisches Problem«, nämlich gleichermaßen eine gelebte Erfahrung und eine kulturelle Konstruktion (vgl. ebd.). Somit ist ein doppelter Perspektivwechsel angezeigt: Einerseits rücken die – immer auch sozial zu denkenden – Erfahrungen konkreter Individuen mit ihrer Leiblichkeit in den Vordergrund, andererseits eine Soziologie der Schädigung oder, wie die Autoren auch sagen, eine Ethnographie der Körperlichkeit (vgl. ebd.: 334). Hughes und Paterson versuchen in ihrem Beitrag zu zeigen, dass beide Zugänge für die Disability Studies unverzichtbar sind. Sie erläutern ihre These anhand des Foucault'schen Diskursbegriffs und einer an Maurice Merleau-Ponty orientierten Phänomenologie des Leibes.

Im Mittelpunkt der kulturellen Konstruktion des (behinderten) Körpers steht die Trias von Wissen, Macht und Diskurs. Erst durch die Sprache werden körperliche Empfindungen und Handlungen mit kommunizierbarem Sinn versehen. Folgt man Foucault, geht die Macht der Sprache über die Erzeugung von Bedeutung hinaus. Sprache bringt das, was sie repräsentiert, überhaupt erst hervor. Sprache hat also eine weitreichende pragmatische, Wirklichkeit erzeugende Macht. Demnach bezeichnen Begriffe keine vor und außerhalb der Sprache existierenden »ontologischen Wesenheiten«. Foucault betont, dass der Diskurs gerade nicht »in ein Spiel von vorgängigen Bedeutungen aufzulösen« (Foucault 1991: 34) ist:

»Wir müssen uns nicht einbilden, dass uns die Welt ein lesbares Gesicht zuwendet, welches wir nur zu entziffern haben. [...] Man muss den Diskurs als eine Gewalt begreifen, die wir den Dingen antun; jedenfalls als eine Praxis, die wir ihnen aufzwingen.« (Ebd.: 34f.)

Durch die Sprache und durch regelförmiges soziales Handeln bleibt die Macht nicht rein äußerlich, eine externe Zwangsapparatur, die das Subjekt unterwirft. Die Macht des Diskurses ist subtiler. Sie richtet sich über den Körper im Subjekt selbst ein. In der Folge sind Machteffekte und Subjektivität nicht mehr klar voneinander zu trennen. Im Subjekt wird die Macht nicht nur in psychische, sondern in körperliche Realität verwandelt. Der Körper ist insofern nicht nur ein Gegenstand des Wissens, er ist das Ziel von Machtpraktiken, die in Form von Herrschaftstechniken auf ihn einwirken (vgl. Foucault 1977) und sich in ihm einnisten. Durch eine weitgehende Monopolisierung der Benennung körperlicher Dysfunktionen beherrscht die Medizin den Diskurs über Schädigungen des Körpers. Bedeutung ist eine Folge der Benennung und diagnostischen Etikettierung; deren beständige Wiederholung »produziert eine spezifische Gattung von Körpern mit den dazugehörigen Zeichen, Symptomen, Verhaltensweisen und normativen Erwartungen« (Hughes/Paterson 1997: 333). Durch diesen machtgestützten Prozess verwandelt sich der Körper in eine Materialisation der diagnostischen Etiketten und ihrer Zwänge und Regulierungen.

Hughes und Paterson weisen darauf hin, dass Foucaults Machtanalytik einen wichtigen Beitrag zur historischen Rekonstruktion der medizinischen Sichtweise von Behinderung und zu deren Dekonstruktion leisten kann. Die diskurstheoretisch und machtanalytisch ansetzende Perspektive radikalisiert insofern das soziale Modell von Behinderung, als sie die erkenntnis- und wissenschaftstheoretischen Grundlagen des medizinischen Modells historisiert und als Resultat des Zusammenspiels von Wissen und Macht begreift. So wird einer realistischen Ontologie der Boden entzogen, wie sie nach Tremain dem Behinderungsdiskurs der Vergangenheit zugrunde lag. Infolgedessen

»zirkulierte die Schädigung zumeist als eine Art objektive, transhistorische und transkulturelle Entität durch den Behinderungsdiskurs, der durch die Biomedizin genau repräsentiert wird. Foucaults historischer Zugang jedoch würde uns in die Lage versetzen zu zeigen, dass diese angebliche reale Entität tatsächlich ein historisch kontingenter Effekt moderner Macht ist.« (Tremain 2002: 34)

Demgegenüber behaupten an Foucault anschließende diskurstheoretische,

aber auch kulturwissenschaftliche, historisch-anthropologische und einige
konstruktivistische Positionen,»dass es keine Phänomene oder Zustände
gibt, die unabhängig von spezifischen historischen und kulturellen Sprach-
spielen existieren, in denen wir sie verstehen und mit denen wir sie repräsentieren« (ebd.: 32).

Das sich hier auftuende Spannungsfeld zwischen biologisch-objektivis-
tischen und kulturalistischen Positionen durchzieht auch die gegenwärtige
Diskussion über die Lebenswissenschaften. Diese Debatte macht deutlich,
dass die Thematisierung des Körpers in den Disability Studies eine keineswegs nur für eine Minderheit relevante Fragestellung aufgreift, sondern
ein Problem von erheblicher Reichweite formuliert. Letztlich wird die Frage verhandelt, wie Leben zu verstehen ist und welche anthropologischen,
politischen, sozialethischen, grundlagentheoretischen, aber auch wissen-
schaftspolitischen Schlussfolgerungen hieraus zu ziehen sind. In einem
Beitrag zur Philosophischen Anthropologie Helmut Plessners arbeitet Joachim Fischer im Spektrum der Theoriepositionen dieser Diskussion zwei
Pole heraus, die sich diametral und unvereinbar gegenüberstehen. Da seine Skizze das uns nachfolgend beschäftigende Problem prägnant umreißt,
möchte ich sie kurz referieren. Um den einen Pol organisiert sich nach Fischer die biowissenschaftliche Position mit ihrem molekularbiologischen
Paradigma; am anderen Pol finden sich kulturalistische Positionen mit
sprach- und diskurstheoretischen Grundlagen. Die Biowissenschaften entwerfen ein Modell vom Leben, das bis in seine hoch organisierten und
komplexen Formen – zum Beispiel auf der Ebene des menschlichen Gehirns – biologisch erklärt werden kann. Neben entsprechenden Erkenntnissen über Mechanismen der Vererbung und die genetische Steuerung
von Lebensprozessen werden biologisch-evolutionäre Erkenntnistheorien
propagiert (denen zufolge das biologische Leben selbst Kognition und Er-
kenntnisvermögen hervorbringt), biologisch-evolutionäre Anthropologien
sowie sozio- und kulturbiologische Theorien. Auf die gleiche Weise werden
im biologischen Erklärungsmodell soziale, kulturelle und intellektuelle
Realitäten angeeignet: Sie sind grundsätzlich sekundäre Phänomene, die
aus biologisch beschreibbaren Lebensprozessen hervorgehen und auf diese
zurückzuführen sind. Interessant ist, dass die epistemologische Kluft zwischen Natur und Kultur auf diese Weise nicht aufgehoben, sondern lediglich verschoben wird; ganz anders argumentiert das kulturalistische Paradigma, in dem Kultur auch im Bereich der »Natur« immer schon gegeben
ist.[24] Fischer betont besonders, dass kulturalistische Ansätze die menschli-

24 | Dies gilt nicht nur in dem Sinne, dass alle Objekte der Erkenntnis kultu-
rell vermittelt sind. Wenn heute den Tieren in kulturwissenschaftlichen Untersuchungen verstärkte Aufmerksamkeit gewidmet wird, so geht es auch um die Beschreibung konkreter Kulturtechniken sowie ihrer Tradierung bei Tieren. Vgl. dazu
beispielsweise Frans de Waal (2002).

che Erfahrung auf »produktive Akte der [...] sprachlichen Symbolisierung« gründen:

»Das Denken ist ein Reden, und jedes Reden ist ein Miteinanderreden, es ist genuin sozial strukturiert, und damit sind Selbst- und Weltzugänge niemals ›natürlich‹, sondern immer sozial und ›kultürlich‹.« (Fischer 2005: 164)

Insofern wird hier die Biologie (mit ihren jeweiligen sprachlichen Klassifikationen etc.) selbst »als eine Kulturwissenschaft« re- und dekonstruiert (vgl. ebd.: 165). Beide Paradigmen schließen sich Fischer zufolge gegenseitig aus. Während das biologische Paradigma »in die Kapillaren der soziokulturellen Welt vordringt« (ebd.: 164), erhebt das kulturalistische Paradigma einen Deutungsanspruch auch über das Leben und den Körper. Traditionelle Grenzen zwischen Natur- und Geisteswissenschaften werden damit von beiden Seiten überschritten, manchmal mit der Tendenz, auch für die andere Seite einen umfassenden Deutungsanspruch zu erheben. Die wissenschaftshistorische Pointe liegt laut Fischer darin, dass beide neuen Paradigmen Erben des cartesianischen Dualismus von Geist und Körper sind:

»Weiß der Mensch sich historisch-empirisch einerseits als vermittelt durch Diskursivität, die die Wirklichkeit nach dem apriorischen Maß ihrer Kategorien erzeugt und reguliert, so legt ihm natural-empirisches Wissen zugleich nahe, sich im Leben vom Leben her bis in seine Kognitionen und Emotionen hinein als das Produkt einer fortlaufenden Naturgeschichte zu begreifen [...]. Der Mensch ist einerseits das Produkt einer Stammesgeschichte der Lebewesen, und diese Phylogenie ist andererseits wiederum – als diskursive Disziplin der Biologie gesehen – ein Effekt des Geistes, der Sprache, ihrer historisch-intellektuellen Konstruktion.« (Ebd.: 166)

In einer Plessner-Paraphrase fragt Fischer:

»[G]ehe ich *mit* meinem Bewusstsein, mit den Diskursen spazieren, getragen von einem naturgeschichtlich uralten Leib [...], von dessen naturgeschichtlichem Aufbau, genetischer Prägung und Standort der Ausschnitt und die Perspektive vorgerahmt sind, oder gehe ich *in* meinem Bewusstsein innerhalb der Diskurse spazieren, wobei mir der eigene Leibkörper einschließlich seiner so genannten Natur mit seinen Ortswechseln als Inhalt nur kraft der ie diskursiven Konstruktion erscheint?« (Ebd.: 167)

Die Frontstellung zwischen den neuen Paradigmen findet sich auch im Diskurs über medizinisch-biologische Krankheits- und Behinderungsmodelle einerseits und solche kulturalistischer Prägung andererseits wieder. Die kritische Analyse von Hughes und Paterson (1997) greift nun genau diese Problematik auf. Die Autoren machen auf zweierlei aufmerksam: auf die Folgen der Nichtbeachtung des Körpers im sozialen Modell und auf die Engführungen, die sich aus einer einseitig kulturalistischen Blickrichtung auf den Körper ergeben. Mit diesem zweiten Aspekt ihrer Kritik will ich mich im Folgenden beschäftigen.

Während Hughes und Paterson die Foucault'sche Machtanalytik und Diskurstheorie als einen wichtigen Fundus für den gegenwärtigen kritischen Behinderungsdiskurs ansehen, werfen sie Foucault zugleich vor, den biologischen Essenzialismus durch einen Diskursessenzialismus zu ersetzen. Die Folge einer einseitigen Fokussierung der Diskurse sei das Zunichtemachen des Körpers in seiner materiellen und außerdiskursiven Realität. Der Körper verschwinde »in der Sprache und im Diskurs« (Hughes/Paterson 1997: 334), er verliere seine »organische Konstitution in der umfassenden Souveränität des Symbols« (ebd.). Die Kehrseite des analytischen und kritischen Potenzials der Theorie Foucaults für die Disability Studies sei die »theoretische Eliminierung der Materialität des Körpers« (ebd.). An anderer Stelle schreibt Hughes:

»Die praktische (politische) Aktivität, die die Sinnlichkeit und Sensibilität des körperlichen Daseins konstituiert und aufrechterhält, ist in Foucaults Werk verblüffend abwesend. [...] Der Körper ist eine Zielscheibe (der Macht), ein Effekt, ein Text [...]. Der Körper wird als passiv und handlungsunfähig konstituiert, ein Spielball des Diskurses und Textes, eine beschriftbare Oberfläche.« (Hughes 2005: 85)

Maren Lorenz fasst ihre Kritik an Foucault wie folgt zusammen: Er sei der Materialität des Körpers aus dem Wege gegangen und

»thematisierte keine Krankheiten oder auch andere als sexuelle physische Bedürfnisse. Für ihn war ›Körper‹ nur der gegenständliche *Ort*, auf den die Effekte von Diskursen [...] einwirken [...]. Das Fleisch wurde zwar physisch erfahrbar zum realen Schauplatz seiner eigenen Inszenierung. Doch der menschliche Körper als fleischlich-seelische Einheit wird bei Foucault zur metaphysischen Matrix, zur bloßen Hülle, die gefüllt wird, zum Raster, auf dem andere die Koordinaten setzen.« (Lorenz 2000: 95)[25]

---

25 | Es ist allerdings stark zu bezweifeln, dass diese Kritik zutrifft – zumal auf den »späten« Foucault, der sich mit Fragen der Ethik, insbesondere einer Ethik der Selbstsorge befasst hat (vgl. Foucault 1986; auch: Christoph Menke 2003). So weist Tremain den in diesem Zusammenhang ebenfalls erhobenen Vorwurf zurück, Foucaults Machtdenken lasse praktisch keinen Spielraum für individuelle und politische Veränderung. Das Gegenteil ist der Fall. Nach Foucault gibt es keine Macht ohne potenziellen Widerstand oder potenzielle Revolte (vgl. Tremain 2002: 44, Foucault 1987).

Ähnlich wie Hughes und Paterson (1997) beobachten Mitchell und Snyder die Tendenz zur Ausblendung des Körpers jedoch als *Erfahrungswirklichkeit* in den Disability Studies. Der Hauptgrund dafür ist der hier unternommene Versuch, behinderte Körper zu »destigmatisieren« (Mitchell/Snyder 2004: 78). »Wir argumentieren, dass die Disability Studies die Erfahrung der Verkörperung von Behinderung strategisch negiert haben, um Behinderung von ihrer Verankerung in medizinischen Kulturen und Institutionen zu trennen.« (Ebd.: 79)

Erst seit wenigen Jahren wird nun versucht, den Körper neu zu thematisieren – jenseits des objektivierenden, klinischen Blicks.

## Der leibphänomenologische Zugang

Damit befinden wir uns bereits in der Diskussion des zweiten Teils der These von Hughes und Paterson (1997): die Unverzichtbarkeit der leiblichen Erfahrung für den theoretischen Behinderungsdiskurs. Der phänomenologische Zugang geht erfahrungsnah und beschreibend vor. Zugleich strebt auch die Phänomenologie verallgemeinerbare Aussagen an, etwa über Strukturen der Erfahrung, so dass sie nicht im »bloß Subjektiven« und Individuellen verbleibt. Die Phänomenologie des Leibes, auf die sich Hughes und Paterson beziehen, ist vor allem durch den französischen Philosophen Merleau-Ponty (1966) und in seiner Nachfolge entwickelt worden. Diese Philosophie »zielt auf eine Auseinandersetzung mit wissenschaftlichen Doktrinen im Hinblick auf Objektivierungen des Körpers und auf die grundsätzliche Problematik des Leib/Seele-Dualismus« (*Wörterbuch der phänomenologischen Begriffe* 2004: 331). Nachfolgend kann nur eine allgemeine Skizze dieser hochkomplexen Thematik entworfen werden, die innerhalb der phänomenologisch ausgerichteten Philosophie keineswegs einheitlich diskutiert worden ist. Ich beschränke mich dabei auf diejenigen Aspekte, die für die Behinderungsthematik bedeutsam sind. Zuvor komme ich noch kurz auf die im vierten Kapitel behandelte Kluft zwischen Sprache und Leib zurück, da die phänomenologische Perspektive sich trotz gewisser Ähnlichkeiten von der konstruktivistischen absetzt.

In der phänomenologischen Betrachtung ist das Sprechen *über* den Körper dem leiblich gelebten Leben unhintergehbar nachgeordnet. Das Sprechen ist mit anderen Worten durch eine nicht einholbare Nachträglichkeit charakterisiert, was sich zum Beispiel darin zeigt, dass das Benennen einer leiblichen Empfindung erst erfolgen kann, wenn diese Empfindung bemerkt wurde. Die Phänomenologie zeigt außerdem, dass das, was in der Sprache zur Sprache kommt, nicht mit der Aktualität eines leiblichsinnlichen Geschehens zur Deckung gebracht werden kann. Der sprachliche Ausdruck für eine Schmerzempfindung oder eine Emotion wie Freude oder Zorn ist nicht identisch mit der Empfindung oder Emotion selbst. Zugleich aber – und hier knüpft die phänomenologische Sichtweise durchaus an Foucault an – werden Empfindungen durch vorgängige repräsentative Ordnungen beeinflusst, etwa wenn sie als positiv und wünschenswert oder umgekehrt als Zeichen von Schwäche gelten oder tabuisiert werden. Man kann die Kluft zwischen Sprache und Leib noch weiter zuspitzen und sagen: Der in der Sprache thematisierte Leib ist nicht identisch mit dem sprechenden Leib. Doch lässt sich durch phänomenologische Beschreibungen zeigen, dass zwischen Worten und Dingen zwar eine Kluft besteht, jedoch kein Bruch.»Etwas als etwas sagen bedeutet, eine Kluft zu überqueren, ohne sie zu überbrücken.« (Waldenfels 2002b: 40) Waldenfels verweist auf Merleau-Pontys »Paradox des Ausdrucks«, das auf etwas scheinbar Unmögliches verweist, nämlich »etwas förmlich ›zur Sprache zu bringen‹, was weder in ihr noch außer ihr Platz findet« (ebd.). Nach Merleau-Ponty (1966) besteht ein unauflösbarer Zusammenhang zwischen Sprache und Leiblichkeit. Diese ist bis in die Sexualität hinein durch Intentionalität und Bedeutung bestimmt. Somit kann eine Phänomenologie der Leiblichkeit etwas zur Sprache bringen, was eine zu rigide Fokussierung auf den Diskurs nicht in den Blick bekommt.[26]

Bei den für die Behinderungsthematik zentralen Aspekten gilt es zunächst festzuhalten, dass es keine allgemeine und bündige Definition der Begriffe »Leib« und »Leiblichkeit« gibt. Im Französischen, das keine begriffliche Differenzierung von Körper und Leib kennt, ist öfter die Rede von *corps propre, corps phénoménal* oder *corps vivant*. In diesen Termini deutet sich eine entscheidende Perspektivverschiebung an: Es geht nicht allein um den Körper als materiellen Gegenstand, wie er sich uns aus einer objektivierenden Außenperspektive zeigt, sondern um den Körper in der ersten Person, wie wir ihn beim Wahrnehmen und Handeln, in der Bewegung und im Berührtwerden, bei der Arbeit und im Spiel, im Schmerz und in der Liebe erfahren. Untrennbar davon thematisiert die Leibphänomenologie, wie wir die Anderen (den Körper in der zweiten Person des Du) und die Dinge der Welt erfahren – und uns durch die Anderen und die Dinge konstituieren. Wie weiter oben bereits angedeutet, impliziert diese Diskussion keine psychologischen Fragestellungen (obwohl sie Konsequenzen für die Psychologie hat), sondern setzt philosophisch an und greift zentrale Probleme wie die Subjekt/Objekt-Relation, ungeklärte Aspekte der Erkenntnistheorie oder die Frage nach der Konstitution des Subjekts auf.

Der letztgenannte Punkt ist im hier behandelten Zusammenhang besonders wichtig. Während Foucault Subjektivität (zumindest in seiner frü-

---

26 | Dies ist Hughes (2005) zufolge nicht nur aus theoretischen, sondern auch aus praktischen Gründen wichtig, da Foucaults diskurstheoretische Konzeptualisierung von Körper, Wissen und Macht zwar ein gutes Analyseinstrument für bestimmte Fragestellungen sei, jedoch keinen Beitrag zur Verbesserung der Lebenssituation von Menschen mit einer Behinderung leisten könne – eine Zielsetzung, die, darauf beharrt auch Hughes, für die Disability Studies unverzichtbar ist.

heren und mittleren Schaffensphase) letztlich als Machteffekt ableitet, »wurzelt« Subjektivität aus phänomenologischer Perspektive im Leiblichen und ist inkarnierte, also verkörperte Subjektivität. Demnach ist ein Selbstbezug des Individuums ohne die Leiblichkeit nicht zu denken. So heißt es bündig bei Merleau-Ponty: »Ich *bin* mein Leib.« (Merleau-Ponty 1966: 180) Darüber hinaus ist der Leib das »Medium«, durch das wir in der Welt sind und an ihr Teil haben, uns in ihr bewegen und mit ihr kommunizieren. Dies nennt Merleau-Ponty das »Zur-Welt-Sein«. Beide Aspekte, der Selbstbezug und die Bezogenheit auf die Welt sind vielfältig miteinander verschränkt. Die körperliche Dimension unserer Subjektivität zeigt sich in den Empfindungen, von denen unser Körper durchzogen ist: das Sich-Spüren in Befindlichkeiten wie Leichtigkeit, Wohlbehagen, Müdigkeit, Anspannung, Schwere, Energiegeladenheit oder Trägheit etc., das Erleben von Wahrnehmungen und Bewegungen, die körperliche Dimension von Emotionen wie Lust, Angst, Freude, Scham oder Ekel. Wie Merleau-Ponty deutlich macht, ist es mein Leib, durch den ich die Gegenstände wahrnehme und berühre. Ich erfahre die Welt mittels meines Leibes, den ich selbst auch als einen Gegenstand erfahren kann, jedoch als einen besonderen Gegenstand. So ist der Leib nach Merleau-Ponty »ein für alle anderen Gegenstände *empfindlicher* Gegenstand, der allen Tönen ihre *Resonanz* gibt, mit allen Farben *mitschwingt* und allen Worten durch die Art und Weise, in der er sie aufnimmt, ihre ursprüngliche *Bedeutung* verleiht« (ebd.: 276). So wird nochmals hervorgehoben, dass die Leiblichkeit unser Medium der »Welthabe« ist, der »Ort«, von dem aus und durch den hindurch wir unsere Welt wahrnehmen, erleben und erfahren. Das heißt aber auch, dass unsere jeweilige Welt immer auch eine leiblich (und nicht nur durch geistige Akte) interpretierte Welt ist.

Die Phänomenologie zeigt nun, dass zwischen Subjekt und Welt keine strikte Trennung vorliegt, sondern beide Aspekte verschränkt sind:

»Mein Leib und meine Welt sind niemals zwei getrennte oder auch nur trennbare Dinge. Meine Welt entsteht ja erst durch (à travers) meinen Leib, sie ist an das Vorhandensein meines Leibes gebunden. Unser Leib gehört faktisch *beiden* zugleich an: meinem Ich und meiner Welt.« (Plügge 1967: 64f.)

In dieser letzten Formulierung deutet Herbert Plügge nicht nur die Gegenständlichkeit und Materialität der Leiblichkeit an sondern auch ihre Sozialität. Tatsächlich hat Leiblichkeit auch eine soziale Dimension. Das ist zum einen die sichtbare, von anderen Menschen wahrgenommene, gedeutete, in ein komplexes Netzwerk von Interaktionen, Beziehungen, Sinnzuschreibungen und Wertungen eingelassene Körperlichkeit. Zum anderen aber ist unser leibliches Selbstverhältnis immer in soziale Bezüge, in ein Netzwerk sozialer Beziehungen eingebettet und durch diese mitgeformt. »Selbstbezug ist nur im Fremdbezug zu fassen.« (Waldenfels 2000: 266)

Leiblichkeit und Sozialität sind wechselseitig aufeinander bezogen, ohne dass einer Seite ein zeitlicher, ontologischer oder logischer Vorrang zukommt.

## Behinderung: Konstruktion und Verkörperung

Diese knappen Hinweise auf phänomenologische Positionen mögen verdeutlichen, dass eine Auseinandersetzung mit einer Theorie der Leiblichkeit für die Disability Studies gewinnbringend sein kann, soweit die Konstitution des Subjekts bzw. konkrete Erfahrungen des Behindertseins thematisiert werden. Die Einbeziehung der Leiblichkeit vermeidet nicht nur die problematischen Aspekte der an Foucault orientierten Perspektive, sondern ermöglicht auch eine entscheidende Erweiterung des bio-psycho-sozialen Modells von Behinderung. Das hier vorgeschlagene Modell impliziert neben einer Überwindung des cartesianischen Dualismus von Körper und Geist auch den Innen/Außen-Dualismus. Nach Hughes und Paterson (1997) neigen die Disability Studies durch ihre Vernachlässigung bzw. Ausklammerung der organischen Schädigung dazu, diesen Dualismus zu reproduzieren. Gegenüber der diskursiven Produktion des Körpers und seiner Konzeptualisierung als Machteffekt lenkt der phänomenologische Zugang die Aufmerksamkeit auf die Verkörperung der Subjektivität im Leib. Aus Sicht der Phänomenologie greift die These von der diskursiven Produktion des Körpers zu kurz, weil sie die Leiblichkeit ausblendet. Diese kann nicht als sekundäres Produkt verstanden werden. Sie ist das »Medium« des Zur-Welt-Seins, Dreh- und Angelpunkt des individuellen Selbstbezuges wie der Sozialität, »Sitz« der Erfahrung und Quelle des Wissens über die Welt.

An diesem Punkt empfiehlt es sich, auf die von Hughes und Paterson formulierte Kritik an der weit verbreiteten Unterscheidung von Schädigung und Behinderung einzugehen. Dem sozialen Modell zufolge ist »Schädigung« die – nicht weiter thematisierte und problematisierte – individuelle und körperliche Dimension physischer Differenz, während »Behinderung« als negative Zuschreibung und als Produkt sozialer bzw. gesellschaftlicher Prozesse verstanden wird; sie impliziert unmittelbar die Marginalisierung, Missachtung und Unterdrückung der betroffenen Individuen. Demgegenüber führen Hughes und Paterson an, dass Menschen mit einer Behinderung körperliche Aspekte der Schädigung und Momente der Missachtung oder Unterdrückung nicht in getrennten cartesianischen Bereichen erfahren, »sondern als Teile einer komplexen wechselseitigen Durchdringung von Unterdrückung und Not« (Hughes/Paterson 1997: 335). Unterdrückung und Ausschluss treffen im Leib auf Empfindsamkeit und Sensibilität und werden auf der Grundlage vorgängiger Erfahrungen verarbeitet. »Behinderung wird im, am und durch den Körper erfahren, genauso wie die Schädigung im Lichte der persönlichen und kulturellen Narrationen erfahren wird, die zur Konstitution ihrer Bedeutung beitragen.« (Ebd.) Daher gilt es nicht nur herauszuarbeiten, wie die Form- und Wirkkräfte der Kultur den Körper konstituieren, sondern auch zu zeigen, wie das Individuum als inkarniertes, leibliches Subjekt auf diese Form- und Wirkkräfte antwortet, wie es ihnen eine ganz individuelle Gestalt und Bedeutung gibt und möglicherweise auch vom Vorgegebenen abweicht. So kann in Anlehnung an Merleau-Ponty (1966) gezeigt werden, dass die individuelle Schädigung zugleich erfahren *und* verkörpert bzw. verleiblicht wird (vgl. Iwakuma 2002).

Hughes und Paterson nehmen diesen Gedanken auf und verweisen auf die Zweiheit von Leibsein und Körperhaben, die durch die philosophische Anthropologie des 20. Jahrhunderts bekannt geworden ist. Die gewohnheitsmäßige Präsenz der Schädigung strukturiert nach Hughes und Paterson die Erfahrungen der eigenen Lebenswelt. Zugleich aber ist dieser Leib auch ein ins Gegenständliche reichender Körper, ein Objekt unserer Handlungen, Gedanken und Gefühle. Während wir also einerseits dieser Leib *sind, haben* wir andererseits auch einen Körper, den wir mit Bedeutungen und Sinn versehen.

»Im Bereich der Bedeutung wird die [subjektiv erlebte und verkörperte, M.D.] Schädigung in Narrationen über Schädigungen transformiert. In solchen Narrationen gehen das Körperliche, das Persönliche und das Kulturelle ineinander über und die Erfahrung der Schädigung und der Behinderung löser sich in eine lebendige Einheit auf.« (Hughes/Paterson 1997: 335)

Ohne dass dabei historische, gesellschaftliche, wissenschaftliche und ideengeschichtliche Kontexte und Hintergründe ausgeblendet werden sollen, ist der menschliche Leib der zentrale Fokus dieses Modells. Auf Merleau-Ponty Bezug nehmend schreibt der Soziologe Turner, der sich den Disability Studies zurechnet und einen vergleichbaren Ansatz wie Hughes und Paterson vertritt: Die Phänomenologie

»erkennt das komplexe Zusammenspiel zwischen dem objektivierten Körper des medizinischen Diskurses, dem phänomenalen Körper der alltäglichen Erfahrung und dem Körperbild, das [...] die sozialen Räume zwischen Identität, Erfahrung und sozialen Beziehungen vermittelt« (Turner 2001: 254).

So konfrontieren beispielsweise chronische »degenerative« Erkrankungen die betroffenen Menschen mit Spannungen zwischen ihrer gewachsenen Identität, dem leiblichen Erleben ihrer Krankheit, den biologischen Veränderungen ihres Körpers, der Aneignung oder Bearbeitung dieses Körpers durch die Medizin und den kulturellen Deutungen ihrer Krankheit, mit denen sie in ihren sozialen Interaktionen konfrontiert werden. Diese Situa-

tion erfordert es beispielsweise, eine neue Beziehung zur eigenen Körperlichkeit zu entwickeln, die unter dem Blick der Ärzte zumindest teilweise
zu einem Objekt von Diagnosen und medizinischen Interventionen wird.
Hieraus kann für chronisch kranke Menschen die subjektiv empfundene
Notwendigkeit entstehen, den stigmatisierten und stigmatisierenden Körper in der alltäglichen Interaktion so zu kontrollieren, dass eine weitere Be-
schämung und Beschädigung der eigenen Identität vermieden wird (vgl.
Goffman 1975). Dieser Versuch, das eigene Körperbild vor der Selbst- und
Fremdwahrnehmung zu schützen, kann beispielsweise bis zum Abbruch
aller sozialen Kontakte reichen.

Diese Überlegungen zeigen, wie sich beide Sichtweisen verschränken
können. Wie Turner (2001) deutlich macht, ist die individuelle Identität
wichtig für eine Freilegung der Schnittstelle zwischen subjektiv erlebter
Leiblichkeit einerseits und der sozialen und symbolischen Deutung des
Körpers andererseits. In den Worten von Hughes und Paterson:

»Schädigung (als Körperlichkeit) kann weder kulturellen Bedeutungen und Überzeugungen entgehen noch ihrer Einbettung in soziale Strukturen. Auf der anderen
Seite gehören Unterdrückung und Vorurteil nicht nur zum politischen Körper, sondern werden als Schmerz und Leid verkörpert. [...] Behinderung wird verkörpert und
Schädigung ist sozial.« (Hughes/Paterson 1997: 336)

Entsprechend ist Identität weder von der konkreten Lebenswelt eines Individuums noch von den biographischen Erfahrungen und den historischen,
sozialen und gesellschaftlichen Rahmenbedingungen, die diese strukturieren, zu trennen. Zugleich ist sie immer und unausweichlich eine verkörperte Identität. Dies bedeutet nicht, dass das Physische einen moralischen
Zustand spiegelt. Es ist jedoch unmöglich, einen Menschen ohne seinen
verkörperten Habitus, seine Physiognomie, seinen Gestus, den Klang seiner Stimme, seine physische Präsenz als unverwechselbares, einmaliges
Individuum wahrzunehmen.

»Wie könnten wir ohne diese Kontinuität der Verkörperung effektiv über die Zeit
hinweg wieder erkannt werden? Für Phänomenologen basiert die Vorstellung eines
kontinuierlichen Selbst deshalb auf der Idee der Verkörperung, und daher behaupten sie, eine scharfe Differenzierung zwischen Geist und Körper sei als Basis für das
Verständnis des Selbst in der Gesellschaft unangemessen. Wer ich bin, kann nicht
davon getrennt werden, wie ich verkörpert bin, und daher bringt jede traumatische
Störung meines Körpers durch Unfall oder Erkrankung eine Störung meines Selbst
mit sich.« (Turner 2001: 255)

Den bisherigen Gedankengang zusammenfassend kann festgehalten werden, dass Hughes und Paterson (1997) sowie Turner (2001) Versuche vor-
legen, die Theorieperspektive Foucaults mit einem phänomenologischen

Ansatz zu verbinden, obwohl beide häufig als inkommensurabel angesehen werden.

»Eine angemessene Soziologie des Körpers in den Disability Studies muss verschiedene Ebenen von Behinderung untersuchen – namentlich, wie Individuen Behinderung erfahren, die soziale Organisation von Behinderung in Form soziokultureller Kategorien und die Makro- oder Gesellschaftsebene der Bereitstellung von Wohlfahrt und einer Behindertenpolitik [...]. Auf der einen Seite ist Foucaults Idee der Normalisierung nützlich, um zu verstehen, wie medizinische Interventionen die menschliche Erfahrung standardisieren. Auf der anderen Seite ist die Phänomenologie des Leibes eine Basis für ein besseres Verständnis der tatsächlichen Erfahrungen und Subjektivitäten der Verkörperung.« (Turner 2001: 255)

Wie Turner konstatiert, hilft eine solche Perspektive auch, zwei Einseitigkeiten zu vermeiden: diejenige eines radikalen Konstruktivismus, für den der Körper ausschließlich ein gesellschaftliches, sprachliches oder interaktionistisches Produkt ist, und die positivistische Sichtweise der Medizin oder der Naturwissenschaften, die den Körper als naturhaft und objektiv Gegebenes betrachten. Der konstruktivistischen Sichtweise kommt die Aufgabe zu, Behinderung von der kulturell immer noch dominierenden medizinischen Sichtweise zu befreien und in Verbindung mit poststrukturalistischen Analysen zu zeigen, wie Politik und Kultur insgesamt dazu beitragen, menschliches Leiden zu formen. Die Phänomenologie erweitert die Perspektive insofern, als sie die subjektive Weltsicht der Menschen und die Aspekte der Verkörperung, die für die Medizin traditionell irrelevant sind, mit einbezieht.

Zur Spezifizierung des Konzepts der Verkörperung unterscheidet Turner (2001) analytisch verschiedene Ebenen bzw. Komponenten. Erstens nennt er in Anlehnung an Elias eine zivilisationstheoretische Ebene. Diese bezieht sich auf das historisch und kulturell bedingte Erlernen von körperbezogenen Techniken und Praktiken, die den Leib in gewisser Weise domestizieren, seine Erscheinungs-, Verhaltens-, Bewegungs- und Ausdrucksformen prägen und gestalten, kanalisieren und gesellschaftlichen Minimal-, Durchschnitts- und Idealnormen annähern. Wie bereits erläutert wurde, setzen am Körper äußerliche Zwangsmechanismen an, die über die Zivilisierung internalisiert werden – sie werden zu verkörperten Selbstzwängen (vgl. Elias 1976). Kulturelle oder zivilisatorische Standards werden so zum individuell verkörperten Habitus. Zweitens meint Verkörperung die gelebte subjektive Erfahrung des Leibes in seiner Lebenswelt. Drittens bezeichnet Turner Verkörperung als soziales Projekt, das immer schon in einer Lebenswelt, d.h. einer sozialen Welt, situiert ist. Verkörperung ist daher kein individueller, gleichsam privater und intimer Prozess, sondern sie ereignet sich in einem sozialen Netzwerk miteinander verbundener sozialer Akteure. Auch daran wird wieder deutlich, dass die Phänomenologie des Leibes von einer ursprünglichen, leiblich vermittelten Sozialität des Menschen ausgeht, d.h. sie misst lebensweltlichen, sozialen und gesellschaftlichen Kontexten und Rahmenbedingungen einen zentralen Stellenwert bei. Viertens ist Verkörperung das Entstehen und Werden eines Körpers, zugleich aber auch die Selbstwerdung eines Individuums.[27] Im folgenden Abschnitt soll die hier entwickelte Theorieperspektive am Beispiel des Schmerzes verdeutlicht werden.

## Schädigung und Schmerz

Wie zahlreiche phänomenologische Arbeiten gezeigt haben, wird die Leiblichkeit des Menschen häufig erst durch eine fundamentale menschliche Erfahrung explizit bzw. bewusst, nämlich durch Missbefinden oder Schmerz. Wie vorab gezeigt wurde, ist der Leib mit der Welt verwickelt oder verschränkt, und diese Verwicklung oder Verschränkung macht ihn verletzungsoffen, verwundbar durch den »Biss des Realen« (Marcel 1986: 19). Die vorab skizzierte Perspektive eröffnet eine bisher in den Disability Studies nur von wenigen Autoren wahrgenommene und thematisierte Fragestellung: die mit der Weltoffenheit und Sensibilität des Leibes verbundene Frage nach seiner Verletzbarkeit und letztendlich nicht vermeidbaren Hinfälligkeit und deren Einbettung in einen individuell-biographischen, sozio-kulturellen und historischen Kontext. Im Horizont einer solchen Perspektive erscheint auch die Frage nach dem menschlichen Leiden in einem neuen Licht.

Der Begriff des Leidens impliziert mehr als die landläufige Auffassung von Kummer, Qual oder Schmerz. Er verweist phänomenologisch auch auf eine häufig ausgeblendete, jedoch fundamentale Passivität des menschlichen Lebens. Mit Passivität ist nicht ein bloßes Nichttun gemeint, sondern ein grundsätzliches Phänomen: Noch vor unserer bewussten Herausbildung von Erfahrung, unserem Denken und Handeln, sind wir mit anderen Menschen, mit den Dingen, die uns in unserer Lebenswelt umgeben, mit der Widerständigkeit der Dinge, dem Eigensinn anderer Menschen und der Widrigkeit der Verhältnisse konfrontiert, die auf uns eindringen und unserem Tun gleichermaßen Grenzen auferlegen und antwortendes Handeln herausfordern. In diesem Kontext heißt Passivität, dass uns Dinge widerfahren, und zwar selbst dann noch, wenn wir an ihrem Geschehen aktiv beteiligt sind. Auch der Handelnde

---

27 | Dieses Modell geht insofern über in der Soziologie der Behinderungen gängige Identitätstheorien (wie sie u.a. bei Günther Cloerkes 1997 dargestellt werden) hinaus, als diese in der Regel die leibliche Dimension und damit den Aspekt der Verkörperung ausklammern.

»hat es immer mit etwas zu tun, was ihm geschieht, ihm zustößt, ihm angetan wird, was ihn überrascht, herausfordert, lockt, antreibt, bedroht, oder schließlich verletzt und vernichtet. [...] Eine Situation, in die wir geraten oder in der wir uns befinden, lässt sich nicht auf kognitive und praktische Leistungen reduzieren. Es spielt immer fordernd und hindernd etwas hinein, was wir nicht in der Hand haben; das gilt sogar für das, was wir an uns selbst sind.« (Waldenfels 1990: 122)[28]

Das Erleiden hat auch dann, wenn wir aktiv und bewusst mit ihm umgehen, eine passive Seite: etwas, das uns widerfährt und uns zugleich mit dem verbindet, was uns widerfährt. In diesem Sinne hat das Leiden eine responsive Struktur, es lässt sich als Antwort begreifen, als »antwortendes Aufnehmen, die Fähigkeit zum Widerhall auf das Andere« (zur Lippe 1994: 22). Dieser Modus des Erleidens ist nicht zu verwechseln mit der sozialen Rolle des Opfers oder einem durch Erfahrungen erworbenen, vielleicht aufgezwungenen psychophysischen Habitus des Erduldens oder Ertragens. Gemeint ist eine Passivität, die menschliches Leben grundsätzlich aufweist.

Weil Behinderung immer noch sehr stark als individuelle Kategorie verstanden wird, ist diese Thematik sensibel und zweischneidig. Es gibt eine lange und unselige Tradition, Behinderung mit Leiden zu assoziieren. Bis in die Gegenwart hinein wird Leiden – sei es, weil es von Menschen artikuliert wird, sei es, weil es zugeschrieben oder angenommen wird – dafür missbraucht, eine reduzierte Lebensqualität zu unterstellen, das Leben behinderter Menschen als Last, Qual oder unerträglich einzustufen oder ihnen den Lebenswillen, manchmal sogar das Lebensrecht abzusprechen. Leiden hat historisch immer wieder Mitleid provoziert, eine Haltung, mit der oft das, was dem Betrachter als Mit-Akteur unerträglich erscheint (vgl. Dörner 1988), distanziert wird. Im Kontext der Biomedizin verdichtet sich darüber hinaus ein spezifisch modernes Phänomen. Das Leiden der Menschen wird zu einem technologischen Problem, das, so die Grundüberzeugung, durch die Entwicklung und den Einsatz adäquater Mittel (Apparate, chirurgische Eingriffe, medikamentöse Behandlung und andere therapeutische Interventionen) »bewältigt« werden kann. In der Humangenetik und Pränataldiagnostik setzt diese Bewältigung schon sehr früh an, nämlich bei der Prävention. Da Behinderung als Leiden sowohl für die Betroffenen selbst als auch ihre Angehörigen begriffen wird und eine gravierende Einschränkung der Lebensqualität darstellt, gilt es, dieses Übel von vorne herein zu vermeiden.

Dieses einseitige und missbräuchliche Verständnis von Leiden hat aus

---

**28** | Vgl. dazu auch den Begriff des Pathischen als zentrale Kategorie in der phänomenologisch-anthropologischen Medizin, etwa bei Viktor von Weizsäcker (1986).

guten Gründen in der Behindertenbewegung scharfe Kritik und vehemente Ablehnung erfahren. Hierzu Swantje Köbsell:

»Behinderung = Leid lautet die schlichte Formel, auf der die Sicht eines großen Teils der nichtbehinderten Umwelt auf Behinderung beruht. Dieser Reduktionismus hat in der Behindertenbewegung dazu geführt, dass man sich dagegen stark abgrenzen musste, es teilweise geradezu zu positiven Verklärungen des Behindertseins kam. In der Frühzeit der Behindertenbewegung gab es den Slogan ›Behindert? Na und!‹, andere gingen und gehen noch weiter und behaupten ›Krüppelsein ist schön‹. In der Behindertenbewegung war es lange Zeit geradezu verpönt, über das eigene ›Leiden‹, also die Probleme, Schmerzen etc., die Folgen der Schädigung sein können, zu sprechen, denn das hätte das Bild, das Nichtbehinderte von Behinderten haben, bestätigt. Inzwischen kann man darüber sprechen. Allein, es bleibt das Unbehagen, damit wieder denjenigen den Ball zuzuspielen, die schon immer zu wissen glaubten, dass Behinderung vor allem Leid bedeutet und deshalb auf jeden Fall verhindert werden muss – und sei es durch Verhinderung der Leidenden, zum Beispiel durch Pränataldiagnostik und selektive Abtreibung.« (Köbsell 2003: 15f.)

Die phänomenologische Perspektive beleuchtet dagegen die Allgemeinheit der Verletzbarkeit bzw. der Möglichkeit, aufgrund von Krankheiten, Verletzungen, Traumatisierungen, Schmerzen etc. zu leiden.

»Wenn das Leiden in all seinen Formen mit unserem Leben verquickt ist, wenn Leiden und Tun sich ergänzen wie Ein- und Ausatmen und wenn die eminente Verletzlichkeit unseres Daseins die Kehrseite unserer Empfänglichkeit ist – dann hat die schlichte Verneinung oder Herabsetzung des Leidens eine ebenso schlichte *Verneinung und Herabsetzung des Lebens* zur Folge.« (Waldenfels 1990: 129)

Daher kommt es darauf an, »dass man die Gewichte des Lebens anders setzt und auf eine Meisterung des Lebens samt seiner Leiden hinarbeitet« (ebd.). Zu entwickeln wäre also eine Perspektive, die die Thematisierung des Schmerzes und des Leidens auch im Kontext von Behinderung ermöglicht, ohne Behinderung einfach damit gleichzusetzen – und in der Folge Praktiken der »Erlösung« zu initiieren oder zu stützen.

Heute werden Missbefinden, Schmerz und durch Krankheiten verursachte Leiden auch in den Lebenswissenschaften oder der Medizin entweder gar nicht oder aber so thematisiert, dass sie sich mittels des Einsatzes von Technik, Medikation und Heilhandlungen als zu überwindendes Problem zeigen; entsprechend gerichtet ist auch die Aufmerksamkeit, die im Alltag der menschlichen Körperlichkeit in Gestalt normativ wirksamer Schönheits- oder Fitness-Ideale geschenkt wird. Sosehr man sich dafür hüten sollte, dem Schmerz irgendeinen verallgemeinerbaren »Sinn« zuzuschreiben, so gehört er doch, wie List mutmaßt, zu den Manifestationen des Lebendigen – ist aber so gut wie gar nicht Thema gegenwärtiger »Menschenwissenschaft« (Elias) und kursierender Menschenbilder. Durch seine relative Abwesenheit in den Wissenschaften vom Leben wird er, und mit ihm die von Schmerz und Leid Betroffenen, anomalisiert und entkulturalisiert, d.h. konkret in reparatur- und palliativmedizinische Ghettos eingeschlossen.[29]

Ich möchte nachfolgend einige Überlegungen von Elisabeth List (1999) nachzeichnen, die auf eine anthropologische Dimension von Schmerz abzielen, um sie dann mit der gegenwärtigen Theoriediskussion in den Disability Studies zu verknüpfen. Wenn List den Schmerz als Erscheinungsweise des Lebendigen auffasst, bedeutet das keineswegs, dass es sich um eine quasi naturhafte, unabänderliche Tatsache handelt. Vielmehr unterliegt der Schmerz, wie die menschliche Leiblichkeit überhaupt, einer symbolischen und kulturellen Transformation. List versucht, die Bedeutung des Schmerzes für eine anthropologisch basierte und ethisch wie politisch ausgerichtete Philosophie auszuloten. Dazu entwickelt sie systematische Aspekte einer integrativen Theorie des Schmerzes. Wie sie schreibt, haben neuere Forschungen gezeigt, dass das Schmerzgeschehen »auf der Wechselwirkung somatischer, kognitiver und affektiver Faktoren beruht« (List 1999: 767). Dies ist besonders wichtig für kulturwissenschaftlich orientierte Forschungen in den Disability Studies, weil zumindest über kognitive und affektive Faktoren gesellschaftliche und historische Einflüsse biographisch relevant werden.

Die Phänomenologie der Leiblichkeit legt nahe, die strikte Trennung von Schmerzempfindung und Schmerzgefühl, wie sie insbesondere Anfang des 20. Jahrhunderts von einigen Forschern propagiert wurde, zu verwerfen. Diese Trennung geht auf den psychophysischen Dualismus zurück, der die abendländische Philosophie und Wissenschaft geprägt hat. Wie List schreibt, ist eine genaue Trennung »isolierbarer Schmerzempfindungen vom Schmerzerleben, was sich auf die Gesamtverfassung des Subjektes bezieht, nicht praktikabel« (List 1999: 769):

»Tatsächlich hat das Phänomen des Schmerzhabens vom Standpunkt subjektiver Erfahrung einen eigentümlichen Doppelcharakter, wenn auch in einem etwas anderen Sinn als dem eines psycho-physischen Dualismus. Einerseits ist der Schmerz ein Gegebenes des phänomenalen Bewusstseins, des Spürens, des unabweisbaren und unmittelbaren Gewahrseins. Zugleich aber ist er ein Phänomen, das sich der

---

29 | In Randbereichen der Medizin wird der Schmerz heute nicht mehr lediglich als Symptom angesehen, sondern als eigenständiges und teilweise systemisch zu therapierendes Krankheitsgeschehen erforscht und behandelt. Schmerz kommt übrigens in den populären Medien sehr häufig zur Darstellung, allerdings in der Regel in einer Weise, die von konkreten Ursachen des Schmerzes ablenkt, damit die Betrachterdistanz erhält oder sogar zu einer Desensibilisierung führen kann.

dualistischen Trennung von Körper und Geist/Bewusstsein hartnäckig widersetzt.
Er ist also unmittelbare Gewissheit des Leidseins: Im Schmerzen-Haben erfahren
wir am deutlichsten, dass wir uns nicht immer von den Selbstverständlichkeiten des
Leibhaftig-Existierens distanzieren und uns in unserem Bewusstsein und unserer
Aufmerksamkeit auf die Domäne des Geistigen, als dem eigentlichen Ort des Exis-
tierens, zurückziehen können. Der Schmerz drängt sich auf als unabweisbares Moment unseres leiblichen Daseins, *wir* sind im Schmerz, nicht der Körper ›da draußen‹. Wir haben einen Körper, und spätestens im Schmerz wird uns gewiss, dass
wir dieser Leib sind. Dergestalt ist der Schmerz zugleich die Erfahrung des bewussten Gewahrseins seiner selbst und der unaufhebbaren Leibgebundenheit des Exis-
tierens.« (Ebd.: 770).

Anders als List vertritt Plügge, ein phänomenologisch orientierter Arzt, die
These, die Bewusstwerdung der eigenen Leiblichkeit erfolge bereits früher:
nicht erst durch manifeste Schmerzen, sondern durch Missbefinden. Dieses »ermöglicht (oder vielleicht auch: erzwingt), dass mein leibliches Ich
für mich als eine besondere Leiblichkeit fühlbar feststellbar wird« (Plügge
1967: 71). Was dabei geschieht, erläutert Plügge wie folgt. Im Zustand der
Gesundheit bzw. des Wohlbefindens sind wir in der Welt durch Aktivitäten, beispielsweise durch Arbeit, im Spiel oder im Gespräch, in der Welt
engagiert und intentional auf diese gerichtet – auf die Umgebung, das im
Entstehen begriffene Ergebnis unserer aktuellen Tätigkeit, auf die anwe-
senden Menschen. In diesem Sinne nennt Dörner (2003) in Anlehnung an
Hans-Georg Gadamer Gesundheit ein »selbstvergessenes Weggegeben-
sein«. Die eigene Leiblichkeit tritt in den Hintergrund, ist quasi verborgen.
Das plötzliche oder allmähliche »Auftauchen« einer Missempfindung
macht sich für Plügge als Verschiebung zum Gegenständlichen, d.h. zum
Körperlichen hin bemerkbar: eine Region des Leibes, die sich durch Stechen, Ziehen oder Drücken (wenn auch vielleicht mit unscharfen Grenzen)
abhebt und sich in den Vordergrund der Aufmerksamkeit schiebt. Plügge
beschreibt diesen Vorgang als eigentümliche Doppelbewegung. Durch »pathologische Sensationen« (Plügge 1967: 63) wird mir die entsprechende
Körperpartie fremd, drängt sich mir aber zugleich in ihrer Zugehörigkeit
auf:

»Es gehört zum widersprüchlichen Charakter unserer Leiblichkeit, dass ein Sich-
bemerkbar-machen, ein Sich-entfremden und eine gleichzeitig erfahrene Zugehörigkeit dieser sich entfremdenden Partie zu unserer Leiblichkeit sich nicht ausschließen, sondern gegenseitig geradezu fordern. Ja, noch mehr: sie sind *ein* unteil-
barer unauflöslicher Vorgang.« (Ebd.: 63)

Die Erfahrung des Gegenständlichwerdens einer sich durch Schmerzen
aufdrängenden Körperpartie und das Erleben ihrer Zugehörigkeit sind unauflösbar verschränkt.»Liegt mir mein Herz wie ein Stein in der Brust,

erlebe ich gleichzeitig mehr als je, dass dieses Schwere *mein* Herz ist, obgleich es sich wie etwas Eigenständiges, Autonomes benimmt.« (Ebd.: 64) Was hier also in den Blick kommt, ist nicht ein isolierbares und mit medizinisch-diagnostischen Kategorien eingrenzbares Schmerzempfinden, das möglichst auf eine konkrete organische Ursache zurückzuführen ist; vielmehr versucht die phänomenologische Beschreibung, das Missbefinden ebenso wie den Schmerz als Lebensfunktion im übergreifenden Zusammenhang der subjektiven Selbst- und Welterfahrung zu verstehen.

In Anlehnung an Frederik Buytendijks Schrift »Über den Schmerz« (1980 [1955/56]) arbeitet List eine Reihe von Eigenschaften oder Merkmalen des Schmerzes heraus. Dazu gehört zunächst, dass wir Schmerzempfindungen häufig mit einem Handlungsimpuls verbinden, einem Impuls, der auf Linderung der Schmerzen hin angelegt ist. Wenn aber die Erfahrung gemacht wird, dass sich der Schmerz nicht lindern oder »abstellen« lässt, kann er ein Gefühl des Scheiterns und des Leidens auslösen. Hier zeigt sich besonders die pathische Qualität des Schmerzes, d.h. das Erleben des Erleiden- und Erduldenmüssens, das er uns auferlegt. Eine wichtige Unterscheidung ist in diesem Kontext die zwischen relativ kurzen und eingegrenzten, vorübergehenden oder länger andauernden, sich ausbreitenden Schmerzempfindungen. Während es bei einer kurzen, intensiven Berührung, etwa einem körperlichen Zusammenstoß, zu einer Schmerzempfindung kommt, die schnell wieder vergeht, entsteht das eigentliche Schmerzerleben nach List erst, wenn ein »Wissen um die Bedrohtheit des Individuums in seiner Körperlichkeit« (List 1999: 771) hinzukommt,

»im Falle einer schweren Verletzung, einer Krankheit und auf noch andere Weise in der Situation chronischen Schmerzes oder bleibender Schädigung des Organismus. In diesen Situationen sind es der kognitive, der symbolische, der soziale und kulturelle Kontext, die das Erleben und auch das Empfinden von Schmerz bestimmen« (ebd.).

Im Kontext der Unterscheidung von akutem und chronischem Schmerz definiert List weiter in Anlehnung an Buytendijk »Das Besondere der Situation des akuten Schmerzes besteht darin, dass hier das Subjekt in seiner psycho-physischen Einheit getroffen ist, und dass es zu einer markanten Akzentuierung des Ich-Bewusstseins[30] kommt.« (Ebd.: 772) Eine chronifizierte Form des Schmerzerlebens bezeichnet Buytendijk als »Leiden«. Im Gegensatz zum akuten, relativ isolierten und zeitlich begrenzten Schmerz-

---

30 | Der Begriff »Ich-Bewusstsein« scheint im Kontext der Bedingungen für Schmerzerfahrung zu eng. Mittlerweile ist es eine anerkannte Tatsache, dass sowohl menschliche Säuglinge als auch Tiere (unterschiedliche und leichte bis schwerste) Schmerzen empfinden und darauf sowohl kurz- wie langfristig reagieren. Solche Propriozeption ist nicht an die Vorstellung eines Ich gebunden.

empfinden zeigt sich das Leiden Buytendijk zufolge eher als Lebenszustand. Hier kommt die pathische oder passivierende Qualität des Schmerzes besonders deutlich zum Vorschein. Trotz des Charakteristikums des Ausgeliefertseins an den Schmerz ist es aber wichtig zu betonen, dass auch kognitive Aspekte, etwa eine veränderte Einstellung, Auswirkungen auf das Schmerzerleben haben und zu einem Abklingen, zumindest einer Linderung des erlebten Schmerzgefühls oder Missbefindens beitragen können. Hierauf werde ich noch zurückkommen.

»Philosophisch betrachtet, sind die Formen des Schmerzerlebens und des Zufügens von Schmerz Weisen des ›Zur-Welt-Seins‹, des Selbst- und Weltverhältnisses in ihrer Vermitteltheit durch die Leiblichkeit des Subjekts einerseits und durch die Medien des Ausdrucks der Sprache und des Symbols andererseits. Der *Körper im Schmerz*, Körperlichkeit im Sinne von Leiblichkeit allgemein sind der Schauplatz der Emergenz des Symbolischen aus dem Organisch-Kreatürlichen, die Schnittstelle von Natur und Kultur.« (List 1999: 776)

Deshalb, so List, zeichnen postmoderne Theorien des Körpers ein allzu einseitiges Bild, wenn sie den Körper kulturalistisch als reines Produkt oder Konstrukt ansehen.

»Worauf es vielmehr ankommt, ist symbolische Artikulation und kulturelle Transformation des Potentials der autoregulativen Fähigkeiten des organisch Lebendigen zu begreifen, ohne dieses kulturalistisch zu eliminieren [...]. Das ist das Paradox der Leibgebundenheit von Wissen und Können: Dasjenige, was offenbar Möglichkeitsbedingung aller Erkenntnis ist – die eigene leibliche Verfassung – entzieht sich der Erkenntnis im herkömmlichen Sinne. Leiblichkeit ist der reale Grund für die unvermeidbare Situiertheit, für die Prozessualität und Unabgeschlossenheit allen Wissens.« (Ebd.)

Was kann diese theoretische Reflexion zu unserem Verständnis von Behinderung beitragen? Eine mögliche Antwort liefern die Überlegungen von Susan Wendell (1999), die nicht wie List anthropologisch argumentiert, sondern sich mit einigen Aspekten der feministischen Theoriebildung auseinandersetzt. Ausgehend von eigenen Erfahrungen von Krankheit, Schmerz und Behinderung, umreißt sie auf der Grundlage phänomenologischer Quellen eine philosophische Theorie des Körpers und reflektiert unterschiedliche Aspekte seiner Transzendierung. Wendell setzt bei einer Kritik feministischer Theorien an, die aus ihrer Sicht ein wichtiges Motiv zur Transzendierung des Körpers bisher so gut wie gar nicht berücksichtigt haben, eben das Erleben von Schmerz. Feministinnen, so schreibt sie, übersehen oder unterschätzen häufig,

»dass der Körper auch eine Quelle der Frustration, des Leidens oder sogar der Qual ist. Eine Folge davon ist, dass behinderte Frauen das Gefühl bekommen können, Feministinnen hingen einem Ideal des weiblichen Körpers oder der weiblichen Körpererfahrung an, an dem sie so wenig teilhaben können, wie an den idealisierten Bildern der sexistischen Gesellschaft, und dass ihre Erfahrung in einem feministischen Verständnis des Körpers keinen Platz hat.« (Wendell 1999: 805)

Diese Kritik trifft jedoch nicht nur manche Aspekte feministischer Theorien. Wie List (1999) kritisiert auch Wendell (1999) die Tendenz im poststrukturalistischen und postmodernen Denken, den Körper oder seine Teile auf symbolische oder kulturelle Bedeutungen zu reduzieren. Die individuelle, subjektive Seite des eigenen Körpers werde damit ausgeblendet, er selbst seiner subjektiv erlebten Leiblichkeit beraubt. In einem Interview sagt Wendell entsprechend:

»Unvermeidbares oder unheilbares ungewolltes Leiden ist ein Thema, das in der modernen Philosophie und sogar in der medizinischen Ethik der Tendenz nach ignoriert wird. PhilosophInnen haben sich – vielleicht zu Recht – auf die Möglichkeit der Vermeidung des Leidens, auf seine Beendigung oder zumindest auf die Verringerung des Leidens konzentriert. Wir haben nicht geklärt, wie Menschen mit diesem Leiden leben, wie es sie beeinflusst und welche Möglichkeiten es bietet.« (Wendell 2003: 51)

Auf der anderen Seite sieht auch Wendell die Gefahr, Leiden und Schmerz zu individualisieren und damit ihre gesellschaftlichen und kulturellen Dimensionen zu verkennen. Wie bereits gesagt, ist Behinderung in Geschichte und Gegenwart oft mit individuellem und stigmatisierendem Leiden identifiziert worden. Aus diesem Grund ist es zum Beispiel schwierig, sich offen über subjektive Erfahrungen von schädigungsbedingtem, subjektiv erfahrenem Schmerz zu verständigen – seine Ursachen, seine Wirkung auf Formen der Selbsterfahrung oder Faktoren, die das Schmerzerleben beeinflussen können. Doch gibt es neben unterschiedlichen kulturellen Mustern der Schmerzdeutung und Schmerzerfahrung unleugbar auch große individuelle Unterschiede in der Weise, wie Menschen sich auf eigene Schmerzen beziehen, sie ausdrücken etc. Das heißt: Schmerzerleben ist individuell und kulturell zugleich. Es ergreift unser Denken und Fühlen, das biographisch und durch sozio-kulturelle Einflüsse geformt ist. Jedes Individuum hat seine eigene Schmerzgeschichte. Sie ist jedoch untrennbar von der Geschichte anderer Menschen und dem sozialen Raum, in dem es lebt. Dieser soziale Raum ist angereichert mit Werten und Normen, mit kollektiven Annahmen über die »Natur« des Menschen und den »Sinn« des Leidens, mit Metaphern und Narrationen, wie man dem Schmerz zu begegnen, über ihn zu sprechen und wann man zu schweigen hat.

»Schmerz ist kein körperliches Ereignis, sondern ein existentielles. Es leidet nicht der Körper, sondern der Mensch als Ganzes. [...] Die physiologische Kausalität alleine kann nicht von der Komplexität des Verhältnisses des Menschen zu seinem Schmerz Zeugnis ablegen. Schmerz spiegelt die vielfältigsten Ursachen wider. Verwoben mit dem unbewussten Selbstverhältnis des Subjekts, funktioniert er als Projektionsfläche, auf der Identitätskonflikte freigesetzt werden. Im Schmerz verbinden sich Versatzstücke kultureller Muster, und er wird von gesellschaftlich geltenden Regeln genährt.« (Le Breton 2003: 47f.)

Die gegebenen kulturellen Deutungsmuster wirken aber nicht nur repressiv; Kommunikation, Sprache und soziale Beziehungen stellen zugleich den Spielraum dar, innerhalb dessen das leidende Individuum versuchen kann, die ausweglose Unmittelbarkeit seines Schmerzes zu überschreiten, den individuellen Schmerz in das Leben zu integrieren. Wendell versucht daher, zwei Aspekte der Erfahrung und Verarbeitung von Schmerzen getrennt zu behandeln. Auf der einen Seite geht es um den Versuch des Individuums, dem Schmerz einen positiven Sinn abzugewinnen. Auf der anderen Seite arbeitet Wendell heraus, wie die Interpretation des Schmerzempfindens – zu der beispielsweise auch das Maß an Aufmerksamkeit gehört, das dem Schmerz gewidmet wird – sich auf das Schmerzerleben selbst auswirkt.

Wendell setzt bei ihren eigenen, mit lang anhaltenden Schmerzen verbundenen Krankheitserfahrungen an, die sie ihren theoretischen Überlegungen zugrunde legt. Schmerz und Krankheit machen es notwendig, die Beziehung zum eigenen Körper neu zu überdenken. Ausschlaggebend war für Wendell persönlich das Gefühl, von einer »tiefreichenden körperlichen Verletzlichkeit verraten und überwältigt« worden zu sein (Wendell 1999: 806); »[...] ein Hauptaspekt meiner Erfahrung war gerade der Zwang, anzuerkennen und zu lernen, dass ich nun mit *körperlichen* und nicht nur mit kulturellen Einschränkungen zu leben hatte« (ebd.). Hier setzt Wendells Kritik an den Aspekten der feministischen Theorie an, die Gefahr laufen, den Körper zu idealisieren und einen großen Teil der »gelebten Körpererfahrung« (ebd.) auszublenden. Darüber hinaus scheint hier wieder die Einsicht auf, dass der Körper dem Subjekt gerade im Zustand der Erkrankung oder Behinderung gegenwärtig wird. Durch die Erkrankung oder eine Behinderung verliert er in gewisser Weise seine naive Selbstverständlichkeit und wird zu einem Gegenstand der Sorge. Ähnlich wie Plügge (1967) verallgemeinert Wendell, Körperbewusstsein sei oft das »Bewusstsein eines Unbehagens, einer physischen Schwierigkeit« (Wendell 1999: 807).

Zugleich betont sie, der Schmerz sei keineswegs ein quasi naturhaftes Ereignis. Zumindest der chronische Schmerz ist eine interpretierte Erfahrung; die Erfahrung des Schmerzes, so schreibt sie, kann »manchmal und teilweise ein Produkt der Interpretation von Sinneseindrücken« (ebd.: 808) sein. Sie betont, »dass Schmerzen in einem komplexen, physischen, psychischen, sozialen Kontext auftauchen, der unsere Schmerzerfahrung formt und verwandelt« (ebd.). Hierin liegt, wie Wendell zeigt, auch eine wichtige Chance und Möglichkeit. In der Folge konzentriert sie sich auf die Möglichkeit der Neuinterpretation von Körperempfindungen. Sie berichtet von einem Erfahrungs- und Lernprozess, der es ihr ermöglich hat, ihren Körper und ihre Schmerzen auf neue Art kennen zu lernen, sich auf neue, »transzendierende« Weise auf sie zu beziehen. Zentral hierfür war die Erfahrung, dass ihre Befindlichkeit und ihr Denken nicht völlig vom Zustand ihres Körpers abhängig sind. »Kurz gesagt, lerne ich, mich selbst nicht mit meinem Körper zu identifizieren, und das hilft mir, mit meiner chronischen Krankheit, die mich einschränkt, ein gutes Leben zu führen.« (Ebd.: 811) Natürlich hebt sie damit die Leibgebundenheit ihrer Existenz nicht auf, aber setzt sich reflexiv dazu in Beziehung, indem sie, trotz des Bewusstseins, unauflöslich mit ihrem Leib verbunden zu sein, die Identifikation mit ihrem Körper lockert.[31] Explizit weist Wendell die weiter oben skizzierte hartnäckige Annahme zurück, dass sich im Körperlichen das Innere, Seelische oder auch Geistige widerspiegele. Sie beharrt darauf, »dass der Körper sein eigenes, komplexes Leben haben kann, das wir zum großen Teil nicht deuten können« (ebd.). Damit drückt sie eine ihrer wichtigsten Erfahrungen im Verlauf der Krankheit aus und bestreitet zugleich die Grundüberzeugung der tiefenpsychologischen Hermeneutik, durch Verstehen und Erkenntnis alle Aspekte unserer körperlichen und innerpsychischen Existenz ausleuchten zu können. Wendell lernte, ihre Erkrankung nicht zu psychologisieren und dadurch in den Sog einer möglicherweise unendlichen Suche nach psychischen oder biographischen Ursachen zu geraten. Zudem machte sie die Erfahrung, dass in Zeiten starker Schmerzen eine Distanzierung vom eigenen Körper hilfreich war. Wendell nennt diese Distanzierung »Transzendenz«; sie basiert nicht auf Verdrängung, sondern setzt voraus, dass das Individuum sich dem Schmerz zuwenden kann, ohne mit ihm identisch zu werden und ohne ihn in negative oder positive Bedeutungszusammenhänge zu verstricken.

»So aber hat mich mein Körper zu einer veränderten Identität geführt, zu einem ganz anderen Selbstgefühl, auch wenn ich mich inzwischen weit weniger mit dem identifiziere, was in meinem Körper vorgeht.« (Wendell 1999: 812) Transzendierung, Annahme und eine flexible Identifikation mit einer bestimmten Körperlichkeit müssen nach ihrer Überzeugung Hand in Hand gehen.

Mit Blick auf die Wissenschaften vom Menschen betont Wendell, dass

---

31 | Dies lässt sich als Musterbeispiel für das anführen, was Plessner (1975) »exzentrische Positionalität« nennt: das Gebundensein des Menschen an seinen Leib, von dem er sich zugleich distanzieren kann. Durch diese Distanzierung entsteht die Exzentrizität, das Sich-in-Beziehung-Setzen mit dem, was ich bin, ohne mit ihm identisch zu sein.

»die Erfahrungen von Menschen mit Behinderungen zu berücksichtigen [sind], wenn man theoretische Überlegungen zur Beziehung zwischen dem Bewusstsein und dem Körper anstellt. Eines ist klar: Es darf nicht nur über [...] körperliche Entfremdung, über ein gesteigertes Körperbewusstsein geredet und das Lob der Stärken und Freuden des Körpers gesungen werden; wir müssen auch darüber sprechen, wie wir mit einem leidenden Körper leben können, mit dem, was sich nicht ohne Schmerz wahrnehmen und nicht ohne Ambivalenz feiern lässt.« (Ebd.: 815)[32]

## Schlussfolgerungen

Welchen Stellenwert haben die vorangehenden Ansätze zur Konstruktion der Schädigung sowie zu Missbefinden und Schmerz für die Disability Studies? Linton weist eindringlich auf eine relative Berechtigung individualisierender Sichtweisen hin, wie sie in der Medizin, (Sonder-)Pädagogik und Rehabilitation dominieren, kritisiert aber, wie Vertreter und Vertreterinnen der Disability Studies im Allgemeinen, deren Einseitigkeit und Überbetonung. Ein politischer, kultureller und sozialer Bezugsrahmen ist für die Disability Studies entscheidend; doch ist bisher versäumt worden, auch die individuell-existenziellen Aspekte von Schädigungen angemessen zu würdigen.

»Selbstverständlich gibt es Probleme, die eine unmittelbare Folge einer Schädigung sind; Schmerz, Leiden, Frustration und Angst sind häufige Begleiterscheinungen von Schädigungen, und kein noch so starker sozialer Wandel und keine Theorie wird diese auflösen. Obwohl Schmerz und auch weniger extreme Arten des Missbefindens durch soziale und politische Bedingungen vermittelt sind, bleiben sie intensive persönliche Erfahrungen.« (Linton 1998: 138)

Linton betont, die Disability Studies sollten sich mehr als bisher um die Dimension der Schädigung kümmern und deren Nuanciertheit und Komplexität auch theoretisch würdigen. »Wir hatten Vorbehalte, bei der Theorieentwicklung in eine bestimmte Richtung zu gehen – nämlich in Rich-

---

32 | Der Text von Wendell (1999) wirft eine Reihe von Fragen auf, die einer eingehenden Untersuchung bedürfen. Folgende drei Punkte seien genannt: Der Unterschied zwischen Leid und Schmerz müsste explizit behandelt werden; es müsste diskutiert werden, ob behinderte Menschen tatsächlich besonders viel über Schmerz wissen; schließlich müsste die Bedeutung der Kontexte eines Individuums stärker unterstrichen werden, und zwar erstens mit Blick auf die Intersubjektivität von Schmerzerfahrungen und zweitens mit Blick auf die unaufhebbare Asymmetrie dieser Intersubjektivität. Trotz dieser Kritikpunkte kann Wendells Arbeit wichtige Impulse geben, den Behinderungsdiskurs für neue und bisher zu wenig beachtete Fragestellungen zu öffnen.

tung des Themas der Schädigung selbst.« (Ebd.) Als einen möglichen Grund nennt Linton die Verdrängung von Leiden und Einschränkungen, die behinderte Forscher selbst erfahren. Vor allem aber führt sie die bisherige theoretische Unterbelichtung der Schädigung auf die Schwierigkeit zurück, sie zu thematisieren, ohne sie zu essenzialisieren und auf ein individuelles Problem zu reduzieren. Ähnlich wie Köbsell (2003) sieht Linton (1998) die Gefahr eines Aufmerksamkeitsverlusts für die von den Disability Studies als soziale Aspekte der Behinderung diskutierten Themen, wie etwa mangelnd abgesicherte Bürgerrechte und mangelnd gesicherte Gleichstellung. So betont sie die Notwendigkeit, die Ebene der individuellen Schädigung und der daraus resultierenden Probleme dem Deutungsmonopol der Medizin zu entziehen, sofern diese für das Paradigma steht, die Schädigung sei ein mit medizinischen Mitteln zu behebender Schadensfall. Dies impliziert die Notwendigkeit, die Schädigung nicht mehr – wie bisher – als Negativbegriff zu verwenden. Den obigen Ausführungen zur Soziologie der Schädigung entsprechend fordert Linton, auch die Schädigung als ein kulturelles, soziales und historisch variables und vermitteltes Phänomen zu sehen und zu diskutieren. Schmerzen, Ängste, Frustrationen etc. sollten als phänomenologisch-deskriptive Begriffe verwendet werden, die individuelles Erleben zumindest in einer Annäherung artikulieren, ohne es zu pathologisieren. Mehr Aufmerksamkeit für diese Ebene würde darüber hinaus auch zu einem besseren Verständnis davon führen, wie Menschen mit einer spezifischen Behinderung oder chronischen Erkrankung sich, ihre Welt und sich in ihrer Welt erleben – einem individuellen Verständnis, das nicht den Körper, die sinnliche Ausstattung, die Motorik, die Emotionalität, die psychischen und kognitiven Fähigkeiten durchschnittlicher Nichtbehinderter zum Maßstab macht.

Susan Wendell sagt zu der von ihr skizzierten »Phänomenologie des körperlichen Leids« (Wendell 1999: 807):

»Ich glaube, wir müssen darauf hören, was Menschen über ihr körperliches Leiden sagen [...]. Wir dürfen nicht vor dem Bewusstsein des Schmerzes davonlaufen oder die anderen vor diesem Wissen schützen, sondern wir müssen genau hinschauen, uns davon erzählen und Theorien darüber entwickeln. Ich spreche davon, das körperliche Leiden als menschliche Erfahrung zu bewerten. Natürlich schlage ich nicht vor, Leid anzustreben oder seine Verhinderung, Heilung oder Linderung zu stoppen, aber es gibt viele, deren körperliches Leiden trotz aller Bemühungen anhält, und ich sehe nicht, wie man leidende Menschen anerkennen oder ihnen Verständnis entgegenbringen kann, wenn man ihren Erfahrungen keinen Wert beilegt. Darüber hinaus gibt es einen Fundus an Wissen darüber, wie man mit dem Leid leben kann und was wir von ihm lernen können und dieses Wissen ist normalerweise nichtbehinderten Menschen verborgen.« (Wendell 2003: 53).

An diesen letzten Punkt anknüpfend schreibt Wendell: »Da Menschen mit

Behinderungen am Besten über diese Aspekte der Körpererfahrung Bescheid wissen, sollten sie einen entscheidenden Anteil an unserem kulturellen Verständnis des Körpers haben.« (Wendell 1999: 807)

Aus diesem Zugang können möglicherweise Erkenntnisse gewonnen werden, die auch für eines der großen und kontroversen Diskussionsfelder der Gegenwart fruchtbar und weiterführend sein könnten: die Bio- und Lebenswissenschaften.

# 7. Außerordentliche Körper, Kultur und Ethik

## Die Biowissenschaften und Biomedizin im Diskurs der Disability Studies

In diesem letzten Kapitel sollen bislang nur implizit angesprochene normativ-ethische Fragen in den Vordergrund gerückt werden. Zunächst werde ich Spannungs- und Konfliktlinien freilegen, die zwischen einigen Grundannahmen der modernen Biowissenschaften einerseits und den Disability Studies andererseits bestehen. In einem nächsten Schritt werden exemplarisch zwei ethische Positionen nachgezeichnet, die als Antworten auf gegenwärtige biowissenschaftliche und gesellschaftliche Herausforderungen zu verstehen sind und die auf unterschiedliche Weise dazu beitragen können, ein kulturelles Verständnis von Behinderung auch für die Biowissenschaften fruchtbar zu machen.

Mit den schlagzeilenträchtigen Bio- und Lebenswissenschaften ist in der vergangenen Dekade ein zugleich grundlagenwissenschaftliches und anwendungsorientiertes, multinationales und milliardenschweres Forschungsprogramm etabliert worden, das aus verschiedenen Gründen im Brennpunkt des Interesses der Disability Studies stehen muss. Dieses Programm betrifft Kernbereiche des menschlichen Lebens: Gesundheit und Krankheit, Geburt und Tod, Abhängigkeit und Autonomie, die Erzeugung von Nachkommen, das Altern und das Sterben. In ihren radikalisierten Varianten arbeiten die Biowissenschaften an einer umfassenden Biologisierung des Bildes vom Menschen. Technisch greifen sie in Basisprozesse des Lebens selbst steuernd und formend ein. Dies ist am deutlichsten der Fall bei Technologien wie dem Klonen, der Keimbahntherapie und verschiedenen Formen der assistierten Reproduktion. Aber auch die (selektierende) vorgeburtliche Diagnostik, die Transplantationsmedizin und der Transfer technologischer Artefakte in den Körper (wie Herzschrittmacher oder Herzklappen, künstliche Gelenke, Cochleaimplantate, künstliches Insulin etc.), die der Substitution oder Unterstützung geschädigter Funktionen dienen, weisen in diese Richtung. Mit ihrem Programm und ihren praktisch anwendbaren Technologien sind die Lebenswissenschaften dabei, unsere Vorstellungen von Leben, Natur und Kultur ebenso wie das Verhältnis von »Schicksal« (beispielsweise in Form der Unabänderlichkeit unserer genetischen Ausstattung) und technischer Machbarkeit grundlegend zu verändern. Diese Entwicklungen werfen, wie die teilweise hitzig geführten Diskussionen zeigen, erhebliche politische, ökonomische, juristische, gesellschaftliche, soziale und nicht zuletzt philosophische Fragen auf. Das zeigt zunächst zweierlei. Erstens gibt es eine ganze Reihe bedeutender Zusammenhänge zwischen Biowissenschaften und zentralen Themen der Disability Studies. Zweitens ist der gesamte Komplex der biowissenschaftlichen Entwicklungen und der mit ihnen verbundenen Probleme auf gesellschaftlicher, philosophisch-anthropologischer, ethischer und rechtlicher Ebene untrennbar mit normativen Fragen verbunden, wie Alexandra Manzei verdeutlicht:

»Moderne europäische Vorstellungen über die ›Natur des Menschen‹, über Anfang und Ende des Lebens, über die Unteilbarkeit individueller Existenz oder über das Verhältnis von Alter und Ego erweisen sich als überholt angesichts der dauerhaften Einverleibung fremder Körperteile und Techniken. Erscheinungen wie ›warme Leichen‹, ›schwangere Hirntote‹ oder ›tiefgefrorene Embryonen‹ oder auch der moralische Anspruch auf die Organe anderer Menschen, wie er durch die Transplantationsmedizin entsteht, lassen sich mit den gewohnten Gegenüberstellungen wie natürlich/künstlich, organisch/technisch, innen/außen oder eigen/fremd kaum mehr angemessen beschreiben. Durch die Technisierung des Menschen in der Biomedizin werden vielmehr unsere alltäglichen Handlungssicherheiten und Wahrnehmungsgewohnheiten, unser Alltagswissen, unsere sozialen Beziehungen und nicht zuletzt unser *gesellschaftlich geteiltes Selbstverständnis als Menschen* in Frage gestellt.« (Manzei 2005: 56f.)

Die Beispiele illustrieren auch die theoretische, planerische und wirtschaftliche Rationalität, die in den Biowissenschaften am Werk ist. Diese Rationalität hat kulturelle und historische Wurzeln sowie normative Implikationen, die von biowissenschaftlicher Seite kaum expliziert und reflektiert werden. Nach Dörner ist die Idee der Perfektibilität des Menschen, »der Steigerungsfähigkeit alles Gesunden« (Dörner 2003: 33), die wohl wichtigste normative Grundlage der gegenwärtigen Lebenswissenschaften und des Medizinsystems. Sie motiviert zu einer steten Weiterentwicklung und Verfeinerung diagnostischer Instrumente, die ihrerseits »etwas Gesundes als in Wirklichkeit Krankhaftes und daher Besserungsfähiges« (ebd.) sichtbar machen und dem Prozess der Korrektur oder Heilung zuführen. Im Begriff und Programm der Lebenswissenschaften sind »all die Bestrebungen zusammengefasst, die die ›natürlichen‹ Grenzen des Menschen sprengen und seine Gesundheit für grenzenlos verbesserungsfähig halten wollen« (ebd.: 34). Gesundheit wird individuell und kollektiv zu einem höchsten Wert.

»Den großen Segnungen der Medizin, wie der Beherrschbarkeit vieler Erkrankungen und der Verlängerung des Lebens, steht die Verwissenschaftlichung von immer mehr Bereichen der Lebenswelt gegenüber, die Ausweitung der medizinischen Definitions- und Deutungsmacht auf das Leben der Menschen, die Zwangssozialisierung der Bürger bis zur Gesundheit als soz.a:er Pflicht und damit die ›Kolonisierung‹ oder Enteignung des Körpers [...]« (ebd.: 37).³³

Zu den zentralen Referenzpunkten der Biowissenschaften, vor allem der Biomedizin, gehören demzufolge Gesundheit und Behinderung bzw. Krankheit. Gleiches gilt für die Bioethik, jener Teildisziplin der philosophischen Ethik, die u.a. Entwicklungen und Probleme der modernen Humanbiologie und Medizin reflektieren und anwendungsnah normative Antworten darauf finden soll. Adrienne Asch und David Wassermann zufolge stehen folgende »fundamentale Fragen« (Asch/Wassermann 2006: 165) im Mittelpunkt der Bioethik: »Gesundheit und Krankheit; Leben und Tod; Autonomie, Würde, Personalität und Menschlichkeit; das Verhältnis der Medizin zur Natur; die Beziehung von Gesundheit und Wohlbefinden.« (Ebd.)

Jerome Bickenbach und David Wassermann nennen exemplarisch die drei folgenden Diskussionsfelder der Disability Studies, an denen sich Zusammenhänge und Verknüpfungen von Behinderung und Ethik aufzeigen

---

33 | Interessant ist auch die Metaphorik der Lebenswissenschaften (vgl. dazu grundsätzlich Kay 2001). Verbreitet ist ein neuer Verantwortungsdiskurs im Gesundheitssektor. Tendenziell verantwortet das Individuum Gesundheit und Erkrankungen selbst. Entsprechenden Forderungen nach Befolgung normativer Vorsorge- und Präventionsmaßnahmen wird durch eine (angedrohte) Einschränkung von Leistungen ökonomisch Nachdruck verliehen. Zugleich führt die Forschung einen expliziten »Kampf« oder »Krieg« gegen Krankheiten.« Aber der ›Krieg‹ gegen eine Krankheit«, schreibt Susan Sontag, »ist nicht bloß der Aufruf zu noch mehr Engagement der Bevölkerung und die Forderung nach noch mehr Mitteln für die Forschung. Diese Metapher sorgt auch dafür, dass eine besonders gefürchtete Krankheit als etwas ebenso ›Fremdes‹ und ›Anderes‹ gesehen wird wie der Feind in einem modernen Krieg; dann aber ist der Schritt von der Dämonisierung der Krankheit zur Schuldzuweisung an den Patienten zwangsläufig, gleichgültig, ob der Patient als Opfer gedacht wird oder nicht. Ein Opfer suggeriert Unschuld. Unschuld aber suggeriert, nach der unerbittlichen Logik derartiger relationaler Begriffe, Schuld« (Sontag 2003: 84). Nach Sontag hat die moderne Medizin die vorneuzeitliche Tendenz, Krankheit und Behinderung zu moralisieren, keineswegs überwunden, sondern lediglich verlagert.

lassen: a) das gute Leben und die Diskussion über Lebenswert; b) Autonomie, Kompetenz und geistige Behinderung und c) Behinderung und die
Sprache der Rechte (vgl. Bickenbach/Wassermann 2006). Die erste Thematik verhandelt den in den Biowissenschaften oft nur latent mitschwin-
genden, häufig aber auch explizit behaupteten Zusammenhang von Behinderung und verschiedenen Aspekten von Minderung, die eine Behinderung mit sich bringen kann: Minderung der Chancen, ein gutes Leben zu
führen, Minderung der individuellen Lebensqualität und Minderung des
Lebenswertes (für die betroffene Person, ihr Umfeld oder die Gesellschaft
insgesamt). Die zweite Thematik betrifft Fragen eines für die philosophische Ethik zentralen Themenfeldes, die Auseinandersetzung über Selbstbestimmung, moralische Autonomie, Paternalismus, Willensfreiheit und
Verantwortung. Diskutiert wird beispielsweise, ob Menschen mit intellektuellen Beeinträchtigungen überhaupt im Sinne der genannten Begriffe
»moralische Personen« sein können oder wie Behandlungsentscheidungen
bei behinderten Neugeborenen, demenziell Erkrankten oder Komapatien-
ten geregelt werden können. Die dritte Thematik schließlich befasst sich
mit Fragen der Menschenrechte, der Gerechtigkeit und des Schutzes von
Minderheiten. Ein Beispiel ist das Problem der fremdnützigen Forschung
an nicht einwilligungsfähigen Menschen.

Soweit die Disability Studies mit kulturwissenschaftlichen Parametern
arbeiten, sind die Biowissenschaften und die eng mit ihnen verbundene
Bioethik zwar seit vielen Jahren als Kontext präsent, doch gibt es erst in
den letzten Jahren Tendenzen, sich intensiver mit der Thematik zu befassen. Für die Disability Studies insgesamt und die Publikationen aus der
Behindertenbewegung ergibt sich ein anderes Bild. Eine ganze Reihe von
Veröffentlichungen belegt, dass sich die Behindertenbewegung in Deutschland schon früh mit Fragen der Biowissenschaften und der Bioethik befasst
hat, häufig im Zusammenhang einer kritischen Aufarbeitung der Zeit des
Nationalsozialismus, häufig auch in den seit 1989 geführten Debatten über
die Positionen von Peter Singer (vgl. dazu Sierck/Radke 1984; Steiner 1988;
Degener/Köbsell 1992; Waldschmidt 1995; Bruns/Penselin/Sierck 1999).
Köbsell weist darauf hin, dass in fast jeder Ausgabe der »Krüppelzeitung«
(1979 bis 1985) – sie war das erste Sprachrohr der deutschen Behindertenbewegung – Artikel zu Themen der Biomedizin oder Bioethik publiziert
wurden.

»Bis zum Inkrafttreten des Betreuungsgesetzes 1992 war die (Zwangs-)Sterilisation
vor allem geistig behinderter Mädchen immer wieder ein Thema, aber auch Sterbehilfe und humangenetische Beratung wurden wiederkehrend thematisiert. Mit den
Jahren trat die humangenetische Beratung zunehmend gegenüber der Problematik
der pränatalen Diagnostik in den Hintergrund. Der Oberbegriff für alle diese Themen war Eugenik, also die Bewertung von (behindertem) Leben in fortpflanzungs-
wert oder -unwert bzw. in letzter Konsequenz in lebenswert bzw. lebensunwert. Alle

Entwicklungen im biomedizinischen Bereich wurden aufmerksam verfolgt, immer unter der Fragestellung, welche Bedeutung diese für Menschen mit Behinderungen haben könnten, und was ihnen ggf. entgegengesetzt werden könnte.« (Köbsell 2003: 3)

Wie Asch – die sich eher mit rechtlichen und ethischen als mit kulturwissenschaftlichen Fragen befasst – 2001 in einem Überblicksartikel gezeigt hat, sind zentrale bioethische Themen in den vergangenen zwanzig Jahren von US-amerikanischen Disability-Rights-Aktivisten diskutiert worden. In der ersten Hälfte der achtziger Jahre fokussierten sie die Frage nach der Behandlung bzw. Nichtbehandlung von behinderten Neugeborenen. Ein zentrales Kriterium bei Behandlungsentscheidungen, die Lebensqualität, die viele Bioethiker durch eine Behinderung als erheblich eingeschränkt einstufen, stand hier im Mittelpunkt. Ein anderes Thema waren Kontroversen über Entscheidungskriterien und -instanzen bei nicht einwilligungsfähigen Menschen. In den neunziger Jahren nahm dann die Diskussion über die pränatale Diagnostik und den selektiven Schwangerschaftsabbruch einen ähnlichen Stellenwert ein wie die Debatte zur medizinischen Behandlung behinderter Neugeborener im Jahrzehnt zuvor. Breiten Raum widmet Asch der Debatte über den *Physician Assisted Suicide*, die ärztliche Beihilfe zur Selbsttötung. Sie begann 1983, als eine gelähmte Frau den Wunsch nach Unterstützung bei der Durchführung ihrer Selbsttötung äußerte. Im Zuge der Debatte plädierten viele Bioethiker für ein Recht auf einen selbstbestimmten Tod, während die Frage die Behindertenbewegung bis heute spaltet. Einige Aktivisten und Wissenschaftler verteidigen das Recht auf einen selbstbestimmten Tod und setzen sich für den assistierten Suizid mit dem Argument ein, eine Verweigerung sei eine Diskriminierung von Menschen mit Behinderung, die eben aufgrund ihrer Behinderung den Suizid nicht selbst ausführen können. Zu den Befürwortern gehört die Organisation Autonomy. Sie vertritt die Interessen behinderter Menschen, die den Wunsch haben, alle Aspekte ihres Lebens selbst zu bestimmen, d.h. auch den Zeitpunkt ihres Lebensendes. Die Befürworter werfen den Gegnern einer Legalisierung der aktiven Sterbehilfe Paternalismus gegenüber Menschen mit Behinderung vor. Dagegen halten beispielsweise Asch und die Aktions-Gruppe Not Dead Yet die Legalisierung für extrem problematisch. Eine Legalisierung würde nach ihrer Überzeugung die Benachteiligung von Menschen mit Behinderung noch verstärken. So fordert Asch (2001), stellvertretend für viele Sterbehilfe-Gegner, mehr konkrete Unterstützung beim Leben, bevor man sich mit der Frage nach Formen der Unterstützung beim Sterben auseinandersetzt.

Das Beispiel der Beihilfe zur Selbsttötung zeigt, dass die Behindertenbewegung und die Biomedizin und Bioethik nicht in einem grundsätzlichen moralischen Widerspruch stehen. Hierauf macht Asch (2001) aufmerksam. Neben fundamentalen Gegensätzen gibt es zumindest in Bezug auf den sehr zentralen Aspekt der Selbstbestimmung durchaus Konvergenzen, denn Selbstbestimmung wird sowohl in weiten Kreisen der Bioethik wie in der Behindertenbewegung und den Disability Studies als hohes und schützenswertes Gut eingestuft. Hieraus ergeben sich brisante und teilweise widersprüchliche Diskussionslinien (vgl. Davis 2006). Man kann festhalten, dass die Biowissenschaften mit einer neuen Fassung des medizinischen Modells von Behinderung operieren. Allein dadurch werden die Biowissenschaften zu einer Herausforderung für die Disability Studies, stellen doch medizinische Behinderungsbegriffe alle in den Disability Studies ausgearbeiteten jüngeren Modelle in Frage. Dies soll im nächsten Abschnitt näher beleuchtet werden.

## Ein biologisches Modell von Behinderung – Konzept und Kritik

Nach Jackie Leach Scully (2002) folgen die Bio- und Lebenswissenschaften einem neuen molekularbiologischen Paradigma, das ein bestimmtes Modell von Krankheit und Behinderung hervorbringt. Grundlagen dieses Modells sind einige zentrale Charakteristika der modernen Medizin. Gegen den subjektiven Blick auf Beschwerden aller Art (und damit die Einbeziehung der Erfahrung des Individuums) setzt diese die objektive, möglichst quantifizierende Datenerhebung. Konsequenterweise erscheinen beispielsweise Schmerz oder Leiden noch bis in die Gegenwart vielen Medizinern nicht als eigenständiges Geschehen, sondern als im Zweifelsfall bei der Behandlung zu vernachlässigendes Symptom. Behinderungs- bzw. Krankheitsbilder und deren Verläufe werden in der Medizin auf einem statistisch-normalistischen Fundament entwickelt. In der Folge werden Fragen der Diagnostik auf das »Ausmaß der Abweichung von bestimmten ›normalen‹ numerischen Schwankungen, außerhalb derer eine Person als krank oder behindert betrachtet werden sollte« (Scully 2002: 49), reduziert. Der Rückgriff auf einen quantitativ definierten Normalbereich ist zum einen auf die verbesserten technologischen Möglichkeiten der Erhebung physiologischer und biochemischer (in der Psychodiagnostik auch psychologischer) Parameter zurückzuführen, zum anderen auf die kontinuierliche Neuentwicklung diagnostischer Instrumente.

Scully führt aus, dass die Biomedizin in den letzten Jahren ihre ursprünglich sehr eng auf die Genetik fixierte Ausrichtung einer molekularbiologischen Erweiterung unterzogen hat, die inzwischen zum organisierenden Prinzip der Medizin als Wissenschaft geworden ist.

»Das molekulare Modell versucht unter Verwendung der theoretischen und praktischen Techniken der molekularen Biologie eine Beschreibung des gesamten Krankheitsprozesses, um den molekularen Weg von der molekularen Läsion zur Pathologie aufzuklären. Die Entstehung von Abnormität, der vollständige pathologische Prozess, kann durch molekulare Interaktionen und ohne Rückgriff auf andere Faktoren erfolgreich erklärt werden.« (Ebd.: 51)

Produziert wird dabei ein definitorisches Verständnis des Körpers als Netzwerk dynamischer biochemischer und biophysikalischer Prozesse. Entsprechend werden Normalität und Pathologie bzw. Gesundheit und Krankheit zunehmend in biowissenschaftlichen Kategorien gedacht. Infolge der stetigen Verfeinerung der diagnostischen Verfahren werden immer mehr körperliche Prozesse und Veränderungen, die früher als »normal« hingenommen wurden, zu Pathologien oder Krankheiten.

Der Status der Lebenswissenschaften als Leitwissenschaften und die mit dem molekularen Modell verbundene geradezu paradigmatische Gewissheit, den »Gesetzen des Lebens« auf der Spur zu sein, haben weitreichende Konsequenzen. Unsere Annahmen darüber, was ein »normaler« oder »gesunder« Körper ist und was nicht, werden dadurch massiv beeinflusst und auf biologische Abläufe verpflichtet; das an somatischen Parametern festgemachte normalistische Modell zieht nicht nur eine diagnostisch scheinbar immer »objektivere« Grenze zwischen Gesundheit und Krankheit, sondern es führt auch zu einer starken Eingrenzung dessen, was als körperliche Normalität an- und hinzunehmen ist. Aus der Sicht der angewandten Biowissenschaften ist das Spektrum »normaler« Variation tatsächlich sehr beschränkt. »Das Repertoire pathologischer Verkörperungen dagegen ist umfangreich, und es weitet sich mit unserer Fähigkeit zu identifizieren und subtile Unterscheidungen zu treffen noch weiter aus.« (Scully 2002: 53)

Wegen seiner Dominanz und Wirkungsmacht bezeichnet Scully den biomedizinischen Diskurs nicht als ein Modell – als solches hätte er kein Deutungsmonopol –, sondern im Sinne der postmodernen Philosophie als eine »Metaerzählung«, d.h. als unhinterfragtes vereinheitlichendes Prinzip, eine Art Grundlesart zur Natur der Dinge, die selber über längere Zeiträume nicht Gegenstand wissenschaftlicher Reflexion oder Kritik ist, sondern die Basis des wissenschaftlichen Erkenntnisprozesses. Die biomedizinische Perspektive setzt Abweichungen von einer molekularen Norm mit Krankheit und Behinderung gleich. Eine Konsequenz hieraus ist, dass »die Kontrolle dieser Abweichungen zum primären Ziel der Medizin wird« (ebd.: 54). Für die nicht wertende Erforschung von Differenz und ihrer Möglichkeiten bleibt im Rahmen dieses Paradigmas wenig Raum.

Damit ist der wohl wichtigste Kritikpunkt der Disability Studies am Paradigma der Biomedizin und Lebenswissenschaften benannt: Es basiert letztlich darauf, »dass funktionale Schädigung zu einem unannehmbaren, unbefriedigenden Leben führt« (Asch 2001: 299). Obwohl dies keineswegs zwangsläufig ist, geht das biomedizinische Modell von Behinderung oft mit der Behauptung einher, Behinderung sei qualitätsmindernd und redu-

ziere den Lebenswert.[34] Vor diesem Hintergrund stellt Jayne Clapton die
These auf, in der Gegenwart vollziehe sich eine »Re-Kolonisierung« des
Lebens insbesondere von Menschen mit intellektuellen Einschränkungen
durch »machtvolle Disziplinen wie die Medizin, die Naturwissenschaften
und das Recht« (Clapton 2003: 541), die dabei von starken Strömungen innerhalb der Moralphilosophie unterstützt werden. Hierzu gehören all jene
Ethiken, die Behinderten beispielsweise den Personenstatus absprechen
und ihre Rechte mehr oder weniger radikal einschränken. Ähnlich wie
Scully (2003) attestiert Clapton den Biowissenschaften und der sie flankierenden Bioethik die Hervorbringung von in der Biologie verankerten,
normativ wirksamen Differenzkategorien, aus denen mit Blick auf Behinderte negative sozialethische Identitäten abgeleitet werden, die auf »Etiketten, Beschränkung und Verlust« (Clapton 2003: 541) basieren. Behinderung wird für die betroffenen Menschen selbst, ihre Angehörigen und die
Gesellschaft als Belastung, Tragödie und Katastrophe ausgelegt, und die
Hauptanstrengung der Medizin und der Philosophie hat der Behebung
dieses Übels zu dienen, also den »Zustand des ›nicht-gut‹ zu verbessern
oder ›nicht-richtige‹ Formen des Menschseins zu verhindern« (ebd.).

Der Selektionsgedanke ist nicht neu. Ruth Hubbard weist darauf hin,
dass es zwar zwischen den gegenwärtigen Entwicklungen und der nationalsozialistischen Bevölkerungspolitik mit ihrer eugenischen Programmatik und deren praktischer Umsetzung durch Sterilisation oder Euthanasie
erhebliche Unterschiede gebe; dennoch habe man es mit einer ähnlichen
»eugenischen Ideologie« (Hubbard 1997: 195) zu tun, die den damaligen
Ereignissen und den heute entwickelten und angewendeten Techniken zugrunde liege. »Naturwissenschaftler und Ärzte [...] sind wieder damit beschäftigt, Instrumente für die Entscheidung zu entwickeln, welche Leben
lebenswert sind und wer auf der Welt leben sollte und wer nicht« (Hubbard
1997: 195f.).[35] Implizit, oft aber auch ausdrücklich, ist dies eine der zentralen Fragen der Bioethik in den vergangenen Jahrzehnten gewesen. Da Behinderung als Qualitätsminderung und vermeidbares Übel betrachtet wird,
kommen viele Bioethiker zu dem Schluss, den moralischen Status und die

---

**34** | In Deutschland wird diese Position zum Beispiel von dem Rechts- und
Sozialphilosophen Norbert Hoerster vertreten. So schreibt er in seinem Buch *Neugeborene und das Recht auf Leben*: »Das Leben irgendeines Individuums A, von dem wir
nichts weiter wissen, als dass es *nicht* krank oder behindert ist, besitzt wahrscheinlich einen größeren Wert als das Leben irgendeines Individuums B, von dem wir
nichts weiter wissen, als dass es krank oder behindert ist« (Hoerster 1995: 120).
Hieraus schließt Hoerster, die Welt wäre erstens besser, wenn Kranke und Behinderte nicht krank und behindert wären und wenn zweitens anstelle der kranken und
behinderten Menschen gesunde und nicht behinderte Menschen leben würden.

**35** | Mitchell und Snyder stellen mit Blick auf das 19. und frühe 20. Jahrhun-
dert vergleichbare Parallelen fest (vgl. Mitchell/Snyder 2003).

Rechte von »behindertem Leben« unter bestimmten Umständen stark ein-
zuschränken. Hieraus folgert Clapton pointiert: »Daher beruht die Beziehung zwischen der Bioethik (als einer normativen Beschützerin des ›Guten‹) und Behinderung (die als Anomalie und Abnormität konstruiert wird)
auf einer vorherrschenden Ethik der moralischen Exklusion statt der moralischen Inklusion.« (Clapton 2003: 541)

Zusammenfassend gesagt, ergibt sich die Bedeutung und Brisanz der
Biowissenschaften, der Biomedizin und der Bioethik für die Disability Studies vorrangig aus der Idee einer biotechnischen Perfektibilität des Menschen zu Lasten der Verbesserung sozialer Umstände, individueller Bil-
dungs- und Arbeitschancen etc., aus den Einseitigkeiten einer »Ethik des
Heilens« und der darin eingeschlossenen Abwertung unheilbar kranker
oder behinderter Menschen und aus den Tendenzen zur Verallgemeine-
rung eines molekularbiologisch-diagnostischen Behinderungsbildes und
den damit verbundenen selektiven Tendenzen, die in der heutigen Pränataldiagnostik, -behandlung und -beratung zu beobachten sind. Tatsächlich
werden die gegenwärtigen biowissenschaftlichen Entwicklungen in der
Behindertenbewegung teilweise sehr skeptisch beobachtet. So sieht Köbsell
die in der Behindertenbewegung schon früh geäußerten Befürchtungen, es
werde zu einem neuen Erstarken eugenischer Ansätze kommen, als bestätigt an. Sie konstatiert für die Gegenwart

»die paradoxe Situation, dass Menschen mit Behinderungen einerseits so viele
Rechte haben und auch in der Öffentlichkeit so selbstbewusst und zahlreich auftreten wie nie. Andererseits wird gleichzeitig im Kontext der rasanten biomedizinischen Entwicklung ihr Lebensrecht zunehmend in Frage gestellt.« (Köbsell 2006a:
74)

Innerhalb der Behindertenorganisationen in Deutschland, den USA und
England werden im Zuge dieser Entwicklung zwei zentrale Befürchtungen
diskutiert: Erstens könnte es zu einer Verschlechterung der allgemeinen
Einstellung gegenüber behinderten Menschen kommen, wenn es zunehmend selbstverständlich wird, Behinderungen – konkret also: Menschen
mit Behinderungen – biomedizinisch zu verhindern. Zweitens droht – neben dem wachsenden Druck auf die Eltern behinderter Kinder, die diese
nicht mit den Möglichkeiten der modernen Medizin verhindern wollen –,
die Beschneidung staatlicher Leistungen für behinderte Menschen. Dem
steht eine Reihe von Positionen der Behindertenbewegung gegenüber, die
international weitgehend geteilt werden:

- »Hinterfragung des absoluten Wertes von ›Choice‹ im Hinblick auf Abtreibung (reproduktive Selbstbestimmung)
- Kritik an der diskriminierenden Abtreibungsgesetzgebung und -praxis
  (unterschiedliche Fristen für Föten mit und ohne Behinderung)

- Kritik an der Selbstverständlichkeit, mit der beeinträchtigte Föten abgetrieben werden
- Propagieren einer alternativen Ethik nach dem sozialen Modell von Behinderung, die Vielfalt und Unterschiedlichkeit respektiert und nicht eliminiert
- Abbau von physischen und ökonomischen Barrieren
- Die Schaffung von Bedingungen, die es Menschen möglich machen, sich für ein behindertes Kind zu entscheiden
- Verpflichtung von allen im medizinischen und sozialen Bereich Beschäftigten, sich mit Behinderung auseinanderzusetzen
- Ablehnung der Legalisierung aktiver Sterbehilfe
- Beteiligung behinderter Menschen bzw. ihrer Organisationen an allen für sie relevanten Entscheidungen [...].« (Ebd.: 75)

Es würde den Rahmen dieses Überblicks sprengen, im Detail auf die hochkomplexen ethischen Fragen einzugehen, die mit dem bisher skizzierten Bündel von Themen und Problemen verknüpft sind. In den nachfolgenden Abschnitten sollen vielmehr exemplarisch zwei Argumentationslinien vorgestellt werden, die zeigen, wie in den Disability Studies auf die Herausforderungen der Biowissenschaften und Bioethik geantwortet wird. Diese Positionen werden nicht deshalb referiert, weil sie das Spektrum ethischer Positionen in den Disability Studies genauer abbilden als andere, sondern weil hier jeweils ethische Implikationen der These vom historischen und kulturellen Konstruktionscharakter des Körpers beleuchtet werden.

## Intrinsische und zugeschriebene Werte des Körpers

Wie im vorangehenden Abschnitt gezeigt wurde, ist im Diskurs der Biowissenschaften und Bioethik die Annahme weit verbreitet, bestimmte körperliche Merkmale und Funktionen besäßen einen intrinsischen Wert, der im Falle einer Schädigung gemindert werde oder ganz entfalle. Auf der Grundlage solcher Bewertungen werden beispielsweise moralphilosophische Unterscheidungen zwischen Personen und Nicht-Personen, Noch-nicht-Personen oder Nicht-mehr-Personen sowie Abstufungen der ethischen und rechtlichen Schutzwürdigkeit postuliert. Peter Singers *Praktische Ethik* (1994) ist in diesen Hinsichten nur ein Beispiel unter vielen. Vor dem Hintergrund vergleichbarer Ethiken gewinnt die konstruktivistische These, Körper – und damit auch die Schädigungen des Körpers – seien Konstruktionen, für die Disability Studies an Attraktivität. Wenn die Schädigungen Konstruktionen sind, ist es nicht mehr möglich, körperlichen Merkmalen oder Funktionen intrinsische Werte zuzuschreiben und damit Schädigungen als wertmindernd anzusehen. Wie ich nachfolgend in Anlehnung an Eric Parens und Adrienne Asch zeigen möchte, scheint diese

Argumentation vor allem in sozialethischer und rechtlicher Hinsicht eine erhebliche Schwäche zu haben.

Die These, der Körper und folglich auch der geschädigte Körper seien Konstruktionen, scheint nach Parens und Asch (2000) zweierlei zu implizieren: Erstens stellen Körperteile und -funktionen keinen dem Körper selbst intrinsischen Wert dar. Der Körper mitsamt seiner Teile und Funktionen ist an sich wertneutral. Zweitens scheint die These zu besagen, dass das, was als »Schädigung« bezeichnet wird, keine körperliche bzw. biologische Grundlage hat. Der Begriff der Schädigung operiert mit der Vorstellung, dass dem Körper motorische, sensorische, kognitive, emotionale oder verhaltensbezogene Funktionen fehlen, abhanden gekommen sind oder nur in unzureichendem Maß zur Verfügung stehen. Wenn aber eine Funktion als eingeschränkt oder fehlend eingestuft werden kann, dann setzt dies offensichtlich voraus, dass die Funktion an sich als ein Gut angesehen wird, das von Wert für das Individuum ist. In der Konsequenz ist dann die Einschränkung oder das Fehlen der Funktion eine Minderung dieses Gutes, die auch als Wertminderung begriffen werden kann. Neben der bereits diskutierten eher epistemologischen Frage, ob es Schädigungen objektiv und unabhängig von einer Beobachterperspektive (und einer hinter ihr stehenden Kultur des Beobachtens, Benennens und Intervenierens) gibt, stellt sich hier die Frage, ob Körperteile und -funktionen tatsächlich einen intrinsischen Wert haben, ob diese Werte »nur« zugeschrieben sind oder ob es im Sinne einer Wertigkeit irrelevant ist, ob ein Mensch über diese Funktionen verfügt oder nicht. Zumindest rechtlich könnte die Verneinung dieser Frage erhebliche Folgen haben. Wenn die Funktionen keinen Wert haben oder es irrelevant ist, ob jemand gehen, sehen, sprechen oder komplexe Sachverhalte kognitiv erfassen kann, dann lassen sich zum Beispiel gesetzlich garantierte Nachteilsausgleiche nicht mehr zwingend begründen. Gerechtigkeitsethisch wäre es kaum plausibel zu machen, jemandem besondere Unterstützung zu gewähren, ohne den Ausgleich eines allgemein anerkannten Nachteils als Grund angeben zu können. Insofern ist die Frage nach dem intrinsischen Wert von Funktionen des menschlichen Körpers sozialethisch und rechtlich von hoher Relevanz.

Parens und Asch diskutieren die Fragestellung jedoch anhand einer konkreten Thematik, der Pränataldiagnostik. Viele Vertreter der Disability Studies weisen in Zusammenhang mit ihrer Kritik an der Pränataldiagnostik auf die Neutralität derjenigen körperlichen Merkmale hin, die häufig für die Durchführung selektiver Schwangerschaftsabbrüche ausschlaggebend sind, etwa eine Trisomie oder eine Spina bifida. Die These, diese Merkmale seien neutral, ist eine Replik auf die in der Gesellschaft und im Feld der Gentechnologie und Pränataldiagnostik weit verbreitete Ansicht, dass die Merkmale, die eine individuelle Schädigung konstituieren, nicht neutral sind, sondern einen qualitativen, nämlich wertmindernden Unterschied machen. Die Schädigung und die mit ihr verbundene Wertminderung ist die wichtigste Legitimation für den Schwangerschaftsabbruch nach positiver Diagnose. Gegenüber dieser Position wird in den Disability Studies häufig vorgebracht, die hier zugrunde gelegten Negativbewertungen bestimmter körperlicher Merkmale seien sozial konstruiert. Parens und Asch fassen diese Position wie folgt zusammen:

»Wenn ein gegebener Gesundheitszustand sich als Handicap herausstellen sollte, wäre das auf gesellschaftliche, nicht auf individuelle Defizite zurückzuführen; die angemessene Reaktion hierauf wäre, die Gesellschaft zu verändern, so dass die Person ein volles Leben mit einer Reihe von Talenten, Fähigkeiten und Schwierigkeiten, die für alle existieren, leben könnte.« (Parens/Asch 2000: 23)

Die Autoren führen nun das Argument an, die Abhängigkeit von mechanischen oder anderen Hilfen beim Sehen, Hören, bei der Fortbewegung oder beim Lernen sei *nicht* neutral, denn die individuelle Schädigung selbst begrenze eine Reihe von Optionen. Sie schreiben: »Niemand würde bestreiten, dass behindernde Merkmale – Abweichungen von gattungstypischen Funktionen – einige Optionen verschließen, oder dass einige Behinderungen mehr Optionen verschließen als andere.« (Parens/Asch 2000: 24) Wenn Blindheit den Zugang zur Erfahrung bildender Kunst, Gehörlosigkeit die Erfahrung von Musik, ein Down-Syndrom die Lektüre von Texten eines bestimmten Komplexitätsgrades oder eine körperliche Behinderung bestimmte körperliche Aktivitäten verhindern, dann ist dies Parens und Asch zufolge tatsächlich auf die jeweilige Schädigung zurückzuführen und nicht auf einen gesellschaftlichen Prozess.

»In diesem Sinne anerkennen Kritiker aus der Behindertengemeinschaft, dass diese Facetten einiger Behinderungen ›real‹ sind – dem Merkmal selbst inhärent – und kein Artefakt irgendeiner Interaktion mit der Umwelt. Selbst wenn alle Merkmale in einem gewissen Maß ›sozial konstruiert‹ sind, ist dies ohne Bedeutung für die Tatsache, dass die Existenz dieser Merkmale ihren Trägern die Möglichkeit verschließt, sich in einigen hoch wünschenswerten und wertvollen Aktivitäten zu engagieren.« (Ebd.)

Die politisch völlig inkorrekte Schlussfolgerung lautet: »Nicht in der Lage zu sein, sich in jenen Aktivitäten zu engagieren, ist ein negativer Wert [*disvaluable*]« (ebd.). Dieser Argumentation zufolge kann ein inhärenter Wert körperlicher Funktionen nicht abgestritten werden. Wenn eine körperliche, sensorische oder kognitive Einschränkung vorliegt, kann dies tatsächlich Optionen, Handlungsmöglichkeiten oder bestimmte positive Erfahrungen einschränken oder verhindern.

Dies ist aber nach Parens und Asch nicht das eigentliche Problem. Es entsteht aus qualitativ anderen Arten der Bewertung, die an solche abweichenden Merkmale geknüpft werden. Die einseitige Fixierung auf die Beschränkungen, die bestimmte Merkmale mit sich bringen, verdeckt eine Reihe von wichtigen Aspekten, die unbedingt zu beachten sind. So fordern Parens und Asch erstens, an Stelle der Konzentration auf die Einschränkungen nach Wegen zu suchen, wie Menschen mit Behinderungen in den Genuss alternativer Modalitäten der gleichen Aktivität kommen können. Zweitens sollte die Aufmerksamkeit auf die nahezu unendliche Spannweite der verbliebenen Möglichkeiten der betroffenen Menschen gerichtet werden und nicht zentral auf die geschädigten oder nicht vorhandenen, jedoch als wichtig erachteten Merkmale. Während also insbesondere im Feld der Pränataldiagnostik einzelne nicht ausgebildete, geschädigte oder dysfunktionale Merkmale oftmals als so wichtig angesehen werden, dass sie beispielsweise die Durchführung eines selektiven Schwangerschaftsabbruches legitimieren, betonen Vertreter der Disability Studies, dass ein vollgültiges, befriedigendes und erfüllendes Leben mit den verbliebenen Möglichkeiten in aller Regel möglich ist. Dies impliziert die für Nichtbehinderte immer noch schwer zu akzeptierende Feststellung, dass das Leben von Menschen mit Behinderungen keineswegs qualitativ schlechter sein muss als dasjenige von Menschen ohne Behinderungen.

Innerhalb der Behindertenbewegung selbst wird, wie die vorangehenden Überlegungen deutlich gemacht haben, durchaus Gebrauch von einem Behinderungsbegriff gemacht, der die Qualität behindernder individueller Merkmale hervorhebt. Wie bereits angedeutet, ist gerade in rechtlicher Hinsicht die Bedeutung dieser Art der Diskriminierung – wörtlich: Unterscheidung – von grundlegender und unverzichtbarer Bedeutung.

»In der Tat, die gesellschaftliche Bereitstellung besonderer Ressourcen und Dienste für Menschen mit Behinderungen hängt von der Wahrnehmung der beschreibenden und bewertenden, in gewissem Sinn also nicht neutralen Aspekte behindernder Merkmale ab, und davon, wie die Bedürfnisse der Menschen, die mit ihnen leben, in einem deskriptiven Sinn nicht normal sind.« (Parens/Asch 2000: 26)

Zentral für diesen Gedanken ist, dass die Autoren die Unterscheidung von »normal« und »nicht normal« nur im Sinne des statistischen Durchschnitts und der statistischen Abweichung gelten lassen, nicht jedoch in einem wertenden, normativen Sinn. »Nicht normal« wären unter Umständen individuelle Bedürfnisse und Bedarfslagen, die sich aus bestimmten beeinträchtigten Funktionen ergeben. Mit anderen Worten: empirisch sind Menschen in bio-psycho-sozialer Hinsicht auf vielfältige Weise ungleich. Von »nicht normal« im deskriptiv-empirischen Sinn darf jedoch nicht auf eine ethische und rechtliche Ungleichheit geschlossen werden. Umgekehrt aber darf auch die ethische und rechtliche Gleichheit nicht zu einer Nichtbeachtung der empirischen Ungleichheit führen. Vielmehr fordert die Idee der Gleichheit, behinderungsbedingte Ungleichheit und daraus resultierende Nachteile auszugleichen.

»Ungleiche oder spezielle Unterstützung drückt eine Verpflichtung auf moralische Gleichheit aus. Die Anerkennung der Nichtneutralität des Merkmals und der ›Ab-normität‹ der Bedürfnisse der Person ist notwendig, um die Verpflichtung zu moralischer Gleichheit und Chancengleichheit auszudrücken.« (Ebd.: 26f.)

Gerechtigkeit ist nur dann möglich, wenn besondere Bedürfnisse und besondere Lebenslagen als solche benannt und anerkannt werden. Diese zu begründen setzt aber nach Ansicht von Parens und Asch voraus, körperlichen Funktionen und Merkmalen tatsächlich einen intrinsischen Wert zuzusprechen.

## Aspekte einer Ethik des Körpers

In den vorangehenden Kapiteln wurde gezeigt, wie die verschiedenen Modelle von Behinderung den Körper auf je unterschiedliche Weise thematisieren und theoriegeleitet konzipieren. Dabei wurde deutlich, dass der Körper nicht auf einen isolierbaren physischen Gegenstand reduziert und von den Einstellungen ihm gegenüber, von Zuschreibungen und Sinngebungen abgelöst werden kann. Ebenso wurde die klare Trennungslinie zwischen der sozial konstruierten Behinderung und einer unabhängig von Geschichte und Gesellschaft gegebenen körperlichen Schädigung hinterfragt. Aus dieser Überlegung wurde der Schluss gezogen: Wenn die Konzepte des Körpers und der Behinderung fragwürdig werden, verliert auch der Begriff der Schädigung seine stabile Grundlage, seine Verankerung in einer als objektiv gedachten Materialität. Nach Parens und Asch (2000) führt dieser im weitesten Sinne konstruktivistische Standpunkt trotz seiner Vorzüge zu einer Schwächung der Position behinderter Menschen, wenn es beispielsweise um die Begründung eines Nachteilsausgleichs und damit um Gerechtigkeitsfragen geht.

An diesem Punkt möchte ich mich dem zweiten Versuch zuwenden, den hier diskutierten Problemkomplex ethisch in den Blick zu nehmen. Es handelt sich um einige Thesen von Davis (2002), die das Thema der Körperkonstruktion aufnehmen und auf normative Implikationen hin befragen. Im Gegensatz zu Parens und Asch, die den Körper und seine Funktionen fokussieren und für den intrinsischen Wert von Körperfunktionen (im Sinne einer Annäherung an und Abweichung von einer gattungstypischen, empirisch ermittelbaren Normalität) argumentieren, setzt Davis gerade nicht auf der Ebene des Körpers an. Er entwickelt seine Überlegungen im Rahmen einer allgemein gefassten Gesellschafts- und Kulturkritik. Diese führt ihn zu einer Kritik solcher Differenzkategorien, die auf der Basis negativ bewerteter biologischer Abweichungen konstruiert werden. Unter anderem wendet sich Davis gegen fragwürdige Körperideologien und die Übermacht einer Rehabilitations- und Versorgungsindustrie, die an der

Hervorbringung der »Übel«, die sie zu bearbeiten bzw. zu verwalten hat, beteiligt ist.

Davis zufolge hat die Position, der Körper und die Schädigung seien historisch-kulturelle Konstruktionen, eine bedeutende Konsequenz, die im Behinderungsdiskurs bisher kaum wahrgenommen wurde. Sie stellt, so seine provokante These, ein Kernstück der Disability Studies und der politischen Behindertenbewegung in Frage – die Formierung einer Individual- und Gruppenidentität auf der Basis des Merkmals »behindert«. Dies wiederum zieht Konsequenzen in Bezug auf politische und ethische Positionierungen nach sich. Wie im ersten Kapitel gezeigt wurde, hat die Behindertenbewegung seit ihren Anfängen identitätspolitische Ziele verfolgt. Sie hat sich als Minderheit und sozial unterdrückte Gruppe verstanden, die entlang spezifischer, als stabil gedachter körperlicher Merkmale identifiziert und von anderen Gruppen abgegrenzt werden konnte. Dieser Prozess folgte einer ambivalenten Logik: Während die gesellschaftliche Modellierung von Behinderung anhand solcher negativ bewerteter Differenzmerkmale kritisiert wurde, waren diese zugleich auch unverzichtbar für die Ausbildung einer Identität als Minderheit. Aus der Selbstidentifikation als Minderheit anhand gesellschaftlich negativ attribuierter Merkmale wurden dann weitreichende theoretische, politische und rechtliche Schlussfolgerungen gezogen. Wenn aber der Körper und Schädigungen nur Konstruktionen sind, fällt nach Davis die Grundlage für die an körperlichen Merkmalen orientierte Bildung von Identitäten in sich zusammen.[36] Aus diesem Gedankengang können sehr unterschiedliche, ja gegenläufige Schlüsse gezogen werden. Es besteht zunächst die Möglichkeit zu argumentieren, die negative Attribuierung von Merkmalen sowie der gesellschaftliche und kulturelle Status als Minderheit sei identitätspolitisch hinreichend. Des Weiteren kann man die »Konstruktionsthese« zurücknehmen oder abmildern und sich auf die Position von Parens und Asch (2000) zurückziehen, die besagt, dass körperliche Merkmale im erläuterten Sinn doch einen intrinsischen Wert haben. Schließlich gibt es die Option, das Ziel einer identitätspolitisch orientierten politischen Position mitsamt ihrer ethischen Implikationen zugunsten einer anderen Argumentation aufzugeben.

Davis (2002) bevorzugt die letztgenannte Option und schlägt eine differenzphilosophisch basierte Argumentation vor. Ein Kerngedanke von Differenzphilosophien, wie sie insbesondere unter dem (nicht unproblematischen) Oberbegriff »Postmoderne« ausgearbeitet wurden, ist die Verwer-

---

36 | Scully weist auf eine andere mögliche Folge des postmodernen Antiessenzialismus hin: »Jeder Aspekt der postmodernen Sichtweise könnte die Dinge eher schlechter als besser machen. Beispielsweise hat die Formulierung, Subjektivität sei diskursiv konstruiert und keine Manifestation eines wesenhaften Selbst, die Tendenz, der individuellen Autonomie viel an Boden zu entziehen – und dies ist eine Behinderten schon allzu bekannte Position.« (Scully 2002: 58)

fung von Anthropologien bzw. von Menschenbildern, die positive, spezifische Wesensmerkmale des Menschen postulieren. Aufgrund problematischer Entwicklungen und Implikationen des Postmodernismus spricht Davis von »Dismodernismus« und stellt die These auf, dass Differenz nicht speziellen gesellschaftlichen Gruppen vorbehalten ist. Einerseits sind anhand körperlicher Merkmale wie Hautfarbe, Geschlecht oder Behinderung hergestellte (Gruppen-)Identitäten gesellschaftliche Realitäten. Andererseits aber haben diese Identitäten keine materielle oder anderweitig im Sein selbst gründende Wertbasis. Differenz ist laut Davis vielmehr dasjenige, was allen Menschen gemeinsam ist. In der Konsequenz wird auch die Kategorie der Identität selbst verabschiedet. Der Idee fixer und stabiler Identitäten wird die Vorstellung von Offenheit, Nichtfestgelegtheit und Veränderbarkeit entgegengestellt. So sind biographische und soziokulturelle Normalität – als Gegensatz zu Abweichung, Krankheit und Behinderung – ebenso wie normativ getönte biologische Menschenbilder Davis zufolge kaum mehr als Phantome.

Um diese grundlegende These seines Textes zu stützen, greift Davis auf eine Reihe empirischer Evidenzen zurück, verzichtet jedoch auf eine weitergehende Begründung. Als ersten Beleg führt er die faktische Verlagerung bzw. Auflösung von biographischen und soziokulturellen Normalitäten an, die die demografischen Veränderungen westlicher Gesellschaften mit sich bringen. Diese führen zu einem immer größeren Anteil alter, kranker, gebrechlicher und abhängiger Menschen und zeigen, dass Krankheit, Behinderung und Abhängigkeit mehr und mehr zum Normalfall werden. Als weiteren Beleg führt er die These von der Unhaltbarkeit einer biologischen Begründung der Unterscheidung »gesund/krank« bzw. »behindert/nichtbehindert« an. Diese Behauptung steht in krassem Widerspruch zu der weiter oben referierten These der Biowissenschaften, der zufolge Gesundheit, Krankheit und Behinderung genetisch bzw. biologisch determiniert sind. Von einem solchen schlichten Determinismus kann Davis zufolge keine Rede sein. War das molekularbiologische Paradigma angetreten, Krankheit auf biologische Prozesse zurückzuführen, so hat die jüngere Forschung genau entgegen der ursprünglichen Intention gezeigt, dass Krankheiten und Behinderungen durch höchst komplexe Prozesse entstehen, die häufig gerade *nicht* auf einfache biologische Mechanismen oder monogen verankerte Prozesse zurückgeführt werden können. Davis verweist auf die Komplexität der Funktionen einzelner Gene, die, wie das Human-Genome-Project gezeigt hat, zugleich für bestimmte Krankheiten (mit-)verantwortlich sind *und* für die Ausbildung körperlicher Resistenzen gegen andere Krankheiten. Diese nach Davis häufig anzutreffende Doppeldeutigkeit genetischer Informationen lässt eine klare Trennung zwischen genetisch determinierter Gesundheit und Krankheit obsolet werden.[37]

---

37 | Ergänzend kann an dieser Stelle auf einen Aspekt hingewiesen werden,

Die skizzierten Befunde haben laut Davis Konsequenzen normativer Art. Sowohl die sozial-demografischen Veränderungen als auch die Entwicklungen in den Biowissenschaften mitsamt der sich radikal verändernden Sicht des Körpers erfordern seiner Argumentation zufolge eine neue Ethik, die ihrerseits den Körper in den Mittelpunkt rückt. Diese »Ethik des Körpers« hätte nicht nur die Aufgabe, eine angemessene Antwort auf die gegenwärtigen Entwicklungen zu formulieren; sie hätte auch die Funktion eines Korrektivs gegenüber Mythen der Aufklärung (etwa der Idee der Perfektibilität des Menschen), aber auch solchen der »Postmoderne«. Mit Blick auf die Gegenwart skizziert Davis eine Typologie unterschiedlicher Formen der Zuwendung zum Körper, die nach seiner Auffassung wichtig für eine Ethik des Körpers sind. Obwohl er diese drei Typen selbst in etwas missverständlicher Weise »Ethiken« nennt und seine Ausführungen recht allgemein und undifferenziert bleiben, sind sie zumindest für eine erste Annäherung an die Thematik hilfreich. Beim ersten Typ handelt es sich eher um den ideologisch überhöhten Ausdruck gegenwärtiger Lebensformen, während der zweite aus einer makrosoziologischen Perspektive das Gesundheits- und Behindertenhilfesystem fokussiert. Allein der dritte Typus kann für sich beanspruchen, als philosophische Ethik zu argumentieren.

Als ersten Typus nennt Davis »care of the body«. Die moderne Konsumgesellschaft lehrt das Individuum, pflegebezogene Körperbilder und ästhetische Körpernormen als ihm eigentümlich zu empfinden und diesen durch Anwendung der von der Industrie bereitgestellten Mittel und Verfahren nachzueifern. Nach den Verheißungen der Werbeindustrie kann der Körper erst durch den Konsum und die Anwendung dieses oder jenes Produktes oder Pflegemittels bzw. bestimmte Maßnahmen der Körperformung ganz er selbst werden. Wie weiter oben bereits gezeigt wurde, wird der Körper dabei zunehmend »zu einem Modul [...], dem verschiedene technologische Zusätze angehängt werden können« (Davis 2002: 27), die ihn ästhetisch oder prothetisch stützen, aufwerten oder erweitern. Nach den Vorgaben der Industrie und der Werbung wird der Körper für den

---

den die Humangenetikerin Sabine Stengel-Rutkowski betont, nämlich die Frage, wie genetische oder chromosomale Differenzen bewertet werden. Nach ihrer Auffassung ist die Humangenetik eine Lehre von der Variabilität des Menschen. Wertende Unterscheidungen von »richtig« und »falsch« in Zusammenhang mit Genveränderungen sollen vermieden werden, da »Begriffe wie ›Gen-Defekte‹ oder ›Chromosomen-Aberrationen‹ [...] keine biologischen Wurzeln« (Stengel-Rutkowski 2002: 47) haben. Kinder entwickeln sich ihrem jeweiligen genetischen Programm gemäß, unabhängig davon, ob sie behindert sind oder nicht. Deshalb sind Bewertungen solch unterschiedlicher genetischer Normalitäten der Entwicklung nicht angemessen. Umgekehrt geht es »um die gesellschaftliche Akzeptanz, Gleichberechtigung und Wertschätzung von menschlicher Vielfalt« (ebd.).

Einzelnen zu einer ästhetischen und funktionalen Herausforderung, die permanent zu bewältigen ist. Nur der in Form gebrachte und hohen funktionalen wie wechselnden ästhetischen Erfordernissen angepasste Körper ist laut Davis der normale Körper. Auf dieser Ebene verläuft also eine »von außen« instruierte (scheinbar) intime Selbstnormalisierung durch Versorgung und Bearbeitung des eigenen Körpers.

Der zweite Typus, »care *for* the body«, ist wiederum eng mit industriellen und wirtschaftlichen Prozessen verbunden, erscheint aber weniger intim. Hier geht es um eine gesellschaftliche Sorge für den Körper, wie sie die Gesundheits- und Wohlfahrtsindustrie hervorgebracht hat und weiter in Gang hält: das System von Kliniken, Arztpraxen, Krankenversicherungen, Alters- und Pflegeheimen, Therapie- und Rehabilitationseinrichtungen, Pflegediensten, Hospizen, der pharmazeutischen Industrie und der Produzenten, Händler und Anwender von Diagnosetechnologien und Rehabilitationsartefakten, der Wohlfahrtsverbände und des gesamten Feldes der medizinischen und rehabilitationsorientierten Forschung und Lehre. Davis unterstreicht, dass die Hervorbringung und Aufrechterhaltung dieser Gesundheits- und Wohlfahrtsindustrie ein wichtiger ökonomischer Faktor ist, an dem vielfältige finanzielle Interessen hängen. Dabei läuft sie nicht nur Gefahr, an den Bedürfnissen der Betroffenen vorbeizuarbeiten, sondern auch, sie auf reduktionistische Weise zu Objekten der Hilfe und Versorgung zu machen und schließlich ihre Verbesonderung und Stigmatisierung zu zementieren. Politisch und ethisch ist dieser Typus u.a. deshalb wichtig, weil er mit weitreichenden Fragen der Ressourcenverteilung zusammenhängt. Eine »Annäherung an eine ethische Gesellschaft« (ebd.: 28) kann nur gelingen, wenn die diesbezüglichen Probleme gerecht gelöst werden.

Den dritten, für Davis relevantesten Typus beschreibt er als »caring *about* the body«, was etwa bedeutet »sich etwas aus dem Körper machen«, »sich dem Körper aufmerksam zuwenden«. Auf der Grundlage einer solchen auch affektiven Aufmerksamkeit für den Körper entsteht aus seiner Sicht eine Möglichkeit, einen ganz neuen »Diskurs des Körpers und der Weisen des Körpergebrauchs zu entwickeln« (ebd.). Verstehen wir diesen Passus im Sinne der Überlegungen des vorangehenden Kapitels, dann könnte damit gemeint sein, dass der Körper auf dieser Ebene nicht als etwas erscheint, dem wir uns sei es als einer ästhetischen Gestaltungsaufgabe, sei es als einem medizinisch-rehabilitativen Problem nähern. Vielmehr schließt »caring *about* the body« eine Sorge sowohl um die eigene leibliche Existenz als auch um die des Anderen ein. Der Körper wird – als eigener und anderer Leib – zur Quelle von Wahrnehmung und Empfindung, von Genuss, Begehren und Leiden, untrennbar verwoben mit individueller Geschichte, gelebtem Leben, subjektiver Bedeutung, der Nähe zu anderen Menschen und intersubjektiver Kommunikation. Die Sorge um den in dieser Weise als Leib verstandenen Körper ist daher mit einer Ethik der Nähe

und der Verantwortung verbunden. Diese neue Weise des Körpergebrauchs könnte sich konkret beispielsweise darauf beziehen, wie wir Körper anblicken, wie wir uns ihnen nähern oder wie wir sie berühren (etwa in
Pflegesituationen). Sie ist Ausdruck des Respekts vor einer Existenz mit
eigenen Erfahrungen, Bedürfnissen und »Wahrheiten«.

Insgesamt ist eine Sorge gemeint, die untrennbar von der Idee des
ethisch guten und gelingenden Lebens ist. »Caring about the body« hat insofern auch positive gesellschaftliche und politische Implikationen. Hier
sind Davis zufolge drei Aspekte besonders wichtig: Erstens macht die angesprochene Form der Zuwendung zum Körper auf Folgeprobleme der
sozialen Ungleichheit gesellschaftlicher Randgruppen aufmerksam, etwa
die ungleiche Verteilung von Ressourcen, die eine Sorge um und für den
Körper erfordert. Zweitens beinhaltet diese Ethik eine Kritik der Negativbewertung und Diskriminierung von Menschen aufgrund körperlicher und
anderer Merkmale, die als abweichend eingestuft werden. Schließlich, drittens, fordert diese Ethik des Körpers dazu heraus, Konzepte wie Autonomie und Selbstbestimmung neu zu denken und stärker im Lichte von Abhängigkeit und asymmetrischen Beziehungen zu reflektieren.

Mit Blick auf den ersten Aspekt, also die gesellschaftliche und politische
Dimension, weist Davis anhand einer Reihe von Beispielen darauf hin,
dass viele Behinderte bezüglich der Chancengleichheit und Verfügbarkeit
von Ressourcen benachteiligt sind. Auf dieser Ebene geht es nicht um wirtschaftliche und politische Interessen, Profite und Macht, sondern um
»Menschenrechte und Zivilrechte, die verwirklicht werden müssen« (Davis
2002: 28). Die Problematik der Benachteiligung zeigt sich nach Davis vor
allem, wenn man den Zusammenhang von Behinderung, Bildungsferne
und Armut beachtet, denn »nach allen Schätzungen ist die Mehrheit behinderter Menschen arm, arbeitslos und wenig gebildet« (ebd.). Sie sind
insofern benachteiligt, eine Sorge für ihren Körper zu entwickeln.

Zum zweiten Aspekt, der Negativbewertung und Diskriminierung,
verweist Davis auf einen Komplex von Problemen, die auch spezifiziertere
Minderheiten berühren, etwa die Diskriminierung von behinderten Frau-
en, die Kriminalisierung behinderter Afroamerikaner, die überdurchschnittlich hohe Kriminalisierung von Menschen mit geistigen und emotionalen Behinderungen, das Problem der Landminen und der massenwei-
sen Tötung oder Verstümmelung von Menschen, oder die Unterdrückung
von behinderten oder homosexuellen Frauen in Ländern der »Dritten
Welt«. In diesem Zusammenhang reflektiert Davis auch die Frage der körperbezogenen Identitätspolitik.

»Eine Ethik des Körpers ermöglicht eine besondere Einsicht in die Komplexität und
die Sackgassen der Identitätspolitik. Das Problem, vor das wir durch die Identitätspolitik gestellt werden, ist die Betonung einer Exklusivität, die eine spezifische so
genannte Identität umgibt.« (Davis 2002: 29)

An diesem Punkt können die Disability Studies nach Ansicht von Davis einen Beitrag zu einer Ethik leisten, der über das eng begrenzte Feld traditioneller Behinderungen hinausgeht. Dieser Beitrag wäre eine kritische politische Diskussion der Mechanismen, durch die verschiedene gesellschaftliche Gruppen

»auf der Grundlage körperlicher Merkmale und Markierungen durch ein umfassenderes System der Regulationen und Bezeichnungen für das Behindertwerden selektiert werden. So ist es paradoxerweise die am stärksten marginalisierte Gruppe – die Menschen mit Behinderungen –, die am meisten zum Verständnis zeitgenössischer Systeme der Unterdrückung beitragen können.« (Ebd.)

Den dritten Aspekt, das Spannungsverhältnis zwischen Autonomie und Abhängigkeit, erläutert Davis wie folgt: Der Subjektbegriff dieser den Körper fokussierenden Ethik beruht auf dem Versuch, die Vorstellungen von Normalität und Normalisierung des Subjekts zu überwinden, und ersetzt diese durch »ein geteiltes, unvollständiges Subjekt, das nicht durch Autonomie und Unabhängigkeit verwirklicht wird, sondern durch Abhängigkeit und Interdependenz. Dies ist ein ganz anderer Begriff von Subjektivität, der sich um verwundete Identitäten organisiert.« (Ebd.: 38)

Wenn es ein »anthropologisches Merkmal« gibt, dann das der Verletzbarkeit. Damit deutet Davis ein mögliches Menschenbild an, bei dem nicht mehr in der Tradition der europäischen Aufklärung einseitig Autonomie und Selbstbestimmung im Vordergrund stehen, sondern Aspekte wie Abhängigkeit und Angewiesenheit, Fragilität und Zerbrechlichkeit verstärkt hervortreten. Die Ethik hätte also nicht nur – als politische Ethik – gesellschaftlich bedingte Unterdrückung, Ungerechtigkeit, Diskriminierung und Benachteiligung zu reflektieren und identitätspolitische Engführungen gruppenspezifischer Ethiken zu umschiffen. Als differenzphilosophisch ansetzende Ethik würde sie Vielfalt als Regelfall betrachten und das Konzept der Abweichung zurückweisen. Schließlich wäre sie als Plädoyer für die Anerkennung und ethische Würdigung des Sachverhaltes zu verstehen, dass ein gewisses Maß an Abhängigkeit allen Menschen gemeinsam ist und dass die *conditio humana* durch Verletzbarkeit und Zerbrechlichkeit charakterisiert ist. Dies sind die zentralen Überlegungen der von Davis umrissenen Ethik des Körpers.

Es stellt sich die Frage, ob es zwischen den Positionen von Parens und Asch (2000) einerseits und Davis (2002) andererseits Konvergenzen gibt. Beide konstatieren übereinstimmend, dass Gesellschaft und Kultur immer wieder Gefahr laufen, Benachteiligungen zu produzieren, indem ihre Lebens-, Arbeits- und Wirtschaftsformen, ihre Normen und Werte bestimmte Eigenschaften bzw. Fähigkeiten und Fertigkeiten von Individuen bevorzugen und dadurch diejenigen an den Rand drängen oder ausschließen, die nicht oder nur eingeschränkt darüber verfügen. Hierdurch werden nicht nur räumliche und materielle Barrieren errichtet, sondern – über die Ungleichverteilung von Chancen, Ressourcen, Rechten und Anerkennung – auch psychosoziale, ökonomische und gesellschaftliche. Nicht die Naturwüchsigkeit von individuellen Merkmalen ist in dieser Hinsicht also entscheidend, sondern der Stellenwert, den diese in der Gesellschaft haben, die mit ihnen verbundenen Bewertungen und die Nachteile, die für Individuen daraus erwachsen können. Es steht außer Frage, dass beispielsweise das Sehen eine spezifische Qualität hat, die in sich als wertvoll erfahren werden kann, da sie spezifische Erfahrungen und Orientierungen ermöglicht. Ebenso klar ist es aber auch, dass einseitig visuell orientierte Kulturen die Neigung haben, diesen Wert zu überhöhen und die Einschränkung bzw. das Fehlen des Sehsinnes als kulturunabhängige Einschränkung der Lebensqualität oder des »Lebenswertes« anzusehen. Zu einem Problem wird die individuelle Beeinträchtigung erst, wenn die notwendigen und möglichen Mittel zur Kompensation der Einschränkung nicht bereitgestellt werden und es zu hierarchischen Differenzkonstruktionen und Ungleichheiten, negativen Bewertungen, Benachteiligungen, vielleicht sogar zu Gefährdungen der betroffenen Menschen kommt.

Von hier aus betrachtet ist die Frage nach dem *intrinsischen* Wert körperlicher Merkmale zwar durchaus von Bedeutung, aber keineswegs zentral. Nicht die individuelle Schädigung oder Beeinträchtigung ist das Entscheidende, sondern die Entstehung eines Gemeinwesens, in dem Vielfalt ebenso Anerkennung findet wie die Tatsache der Verletzbarkeit und der Abhängigkeit von Menschen. Wenn Menschen beeinträchtigt sind und ihre Teilhabe an der Gesellschaft sowie an kulturellen Werten und Errungenschaften erschwert ist, dann ist die Gesellschaft zunächst herausgefordert, den bürgerrechtlich verankerten Ausgleich für Einschränkungen und Benachteiligungen sicherzustellen und auf Chancengleichheit und Gerechtigkeit hinzuarbeiten – nicht, weil Schädigungen den intrinsischen Wert mindern, sondern umgekehrt, weil hier kulturelle Werte berührt sind. Im Rahmen des kulturellen Modells von Behinderung geht es aber um mehr. Wie Waldschmidt betont, genügen etwa

»Sozialleistungen und Bürgerrechte allein nicht [...], um Anerkennung und Teilhabe zu erreichen, vielmehr bedarf es auch der kulturellen Repräsentation. Individuelle und gesellschaftliche Akzeptanz wird erst dann möglich sein, wenn behinderte Menschen nicht als zu integrierende Minderheit, sondern als integraler Bestandteil der Gesellschaft verstanden werden. [...] Aus Sicht des kulturellen Modells sind nicht nur die Politik, sondern auch Lebenswelt und Diskurs aufgefordert, den soziokulturellen Wandel zu bewirken, der notwendig ist, um Behinderung als stigmatisierte Lebenslage zu überwinden.« (Waldschmidt 2005: 27)

## Ausblick: Eine erweiterte Perspektive

An Waldschmidt anknüpfend möchte ich zuletzt fragen, wie die kulturwissenschaftliche Sichtweise des Körpers in den Disability Studies und das entsprechende Modell von Behinderung für einen behinderungsbezogenen wissenschaftlichen und gesellschaftlichen Diskurs zu Problemen der Biowissenschaften fruchtbar gemacht werden können.

In einem Aufsatz mit dem Titel »Identity and Biotechnology« entwickelt Davis (2006) die These, die Aufarbeitung, kritische Reflexion und fundierte Stellungnahme zu Themen der Biomedizin und Bioethik erfordere von allen Beteiligten eine »biocultural literacy«, also »biokulturelle Bildung«. In diesem Terminus steckt zunächst eine Kritik. Kritisiert wird die oft sehr enge Fokussierung der Bioethik auf Spezialfragen einer Bereichsethik, die sich mit Entwicklungen und Problematiken der Biowissenschaften, insbesondere der Medizin befasst, »häufig ohne die ethischen Themen mit einem weiteren Blick zu verknüpfen, der Geschichte und Kultur einschließt« (Davis 2006: 2). Der biokulturelle Zugang hat zum Ziel, die sehr enge Betrachtungsweise biowissenschaftlicher und bioethischer Fragestellungen zu lockern und in einen deutlich ausgeweiteten, gesellschaftlich-kulturellen Kontext zu stellen. Nach Davis operiert dieser Zugang an der Schnittstelle von Naturwissenschaften, Technologie, Medizin, verschiedenen Humanwissenschaften und Recht und steht für den Versuch, unterschiedliche Fragestellungen und Problemhorizonte miteinander ins Gespräch zu bringen. Insbesondere aber geht es darum, die in den Disability Studies formulierte Kritik und ihre Positionen in den Diskurs einzubringen. Sowohl aufgrund ihrer Transdisziplinarität und breiten kulturwissenschaftlichen Ausrichtung als auch aufgrund der existenziellen Erfahrungen behinderter Menschen können die Disability Studies Problemzugänge und Erkenntnisse über Zusammenhänge von Kultur, Biowissenschaften und Behinderung herausarbeiten, die in bisherigen Diskussionen häufig kaum wahrgenommen werden. Diese Zusammenhänge sind auch mit Blick auf normative bzw. ethische Fragestellungen von zentraler Bedeutung, weil sie auf unhinterfragte normative Vorannahmen aufmerksam machen und sie einer kritischen Reflexion unterziehen – eine wichtige Voraussetzung dafür, veränderte ethische Positionen und Geltungsansprüche erkennbar zu machen und zu begründen.

Um diesem allgemein formulierten Ziel näher zu kommen, ist die Thematisierung und Reflexion der nachfolgend skizzierten Punkte von besonderer Bedeutung.

a) Grundlegend für eine produktive Sicht der Biowissenschaften und Biomedizin ist zunächst die Annahme ihrer historischen und kulturellen Bedingtheit. Medizinisches, therapeutisches und rehabilitationsorientiertes Wissen und Handeln ist grundsätzlich in soziokulturelle Kontexte eingebettet, die sowohl dominierende Körperkonzeptionen als auch das Verständnis und den praktischen Umgang mit Gesundheit, Krankheit, Behinderung und Tod prägen. Nach Vera Kalitzkus gibt es drei Vorstellungsbereiche, die für die soziokulturelle Prägung von Medizinsystemen grundlegend sind, nämlich

- »das Verhältnis zwischen einer Person und ihrem Körper
- die Einbindung einer Person in ihre Gemeinschaft
- die Einbindung einer Person und ihrer Gemeinschaft in den Kosmos.«
(Kalitzkus 2003: 8).

Als Beispiele für den ersten Punkt führt Kalitzkus die Besessenheit oder das Konzept der multiplen Persönlichkeit an, die jeweils eine Vorstellung von der Verbindung zwischen der Person und dem Körper implizieren. Zu den zwei weiteren Punkten schreibt Kalitzkus:

»Wie sieht das Verhältnis zwischen dem Individuum und seiner Gemeinschaft aus? Wird Erkrankung als individuelles Problem aufgefasst oder als Resultat von Konflikten und Problemen der Gesellschaft gesehen? Vorstellungen zu diesem Bereich beeinflussen sowohl die Krankheitstheorien als auch die Wahl der Maßnahmen zur Heilung. Und wie sieht die Einbettung des Menschen und seiner Gemeinschaft in den Kosmos aus? Wird dieser Verbindung eine Bedeutung zugeschrieben [...] oder sind die Erklärungsmodelle für Erkrankungen rein auf den biologischen Körper beschränkt? Auch dies wirkt sich auf die zu ergreifenden Maßnahmen als Reaktion auf die Erkrankung sowie die Bedeutung, die sie von der Gemeinschaft zugeschrieben bekommt, aus.« (Ebd.: 9)[38]

b) Körpervorstellungen sowie Vorstellungen über den Zusammenhang von Individuum und Gemeinschaft und dessen Einbettung etwa in religiöse, politische oder wissenschaftliche Weltbilder sind kulturelle Phänomene, die sich auf Normen, Werte und Moralsysteme auswirken bzw. durch diese reflektiert werden. Daher ist das Verhältnis von Normativität und Kultur von großer Bedeutung für die Klärung der Zusammenhänge zwischen Kultur, Biowissenschaften und Behinderung. Vorstellungen von Gesundheit, Krankheit, Behinderung und Tod sind von normativen Annahmen durchsetzt, die sich auf moralische Vorstellungen auswirken und häufig den unausgesprochenen kulturell-historischen Untergrund ethischer Konzeptionen bilden. In diesem Sinne ist die Auseinandersetzung mit normativen Aspekten der Kultur sowie mit deren Auswirkungen auf die Biowissen-

---

38 | Als Beispiel für die Einbettung des Menschen und der Gemeinschaft in den Kosmos nennt Kalitzkus die häufig anzutreffende Vorstellung einer Entsprechung von Mikro- und Makrokosmos. Demzufolge sind hier also im weitesten Sinne religiöse Vorstellungen und Deutungsmuster von Krankheit angesprochen.

schaften und vorherrschende Behinderungsbilder auch für die Ethik relevant. Insofern erfordert die Klärung des Zusammenhangs von Normativität und Kultur auch, ethische Modelle bzw. Geltungsansprüche auf historische und kulturelle Voraussetzungen und Bedingtheiten hin zu untersuchen. Ein solcher eher deskriptiver und vergleichender Zugang zur Ethik muss nicht in einen unverbindlichen Relativismus münden, verweist aber auf die Entstehungs- und Bedingungsgefüge von Normen und beachtet die Kontexte, aus denen heraus ethische Geltungsansprüche formuliert werden. Das Ziel solcher Reflexionen wäre eine »kulturell aufgeklärte Bioethik« (Döring 2006: 40). Diese steht vor allem für den Versuch, »eine kritische Korrektivinstanz gegenüber Ansprüchen auf totale Deutungshoheit in normativen oder deutenden Urteilen« (ebd.: 41) stark zu machen.

c) Hier knüpft die von Davis geforderte »biokulturelle Bildung« an. Deren Ziel ist eine Erweiterung der Perspektive der biowissenschaftlichen und bioethischen Diskurse um humanwissenschaftliche und soziokulturelle Aspekte. Was eine solche erweiterte Perspektive bedeuten könnte, umreißt Davis am Beispiel des Schwangerschaftsabbruchs.

»Ein biokultureller Zugang zu Fragen des Schwangerschaftsabbruchs würde die neuesten naturwissenschaftlichen Tatsachen zur Reproduktion, Befruchtung, Implantation, Schwangerschaft usw. umfassen. Aber er würde auch die kulturellen, moralischen und religiösen Kontexte beachten, die mit den medizinischen Fragen verbunden sind. Des Weiteren würde der biokulturelle Zugang die soziale und politische Geschichte der Debatten selbst in Betracht ziehen sowie verwandte ethische und philosophische Themen wie Infantizid, Pränataldiagnostik, Praktiken des Schwangerschaftsabbruchs in Entwicklungsländern, Tierrechte und die Todesstrafe.« (Davis 2006: 3)

Davis nennt eine Reihe von weiteren Beispielen, die die Notwendigkeit einer biokulturell erweiterten Perspektive unterstreichen sollen. So führt er Menschen an, die sich nach amerikanischer Diktion in einem »persistent vegitative state«, also einem anhaltenden Apallischen Syndrom befinden. In diesem Zusammenhang wird häufig die Frage diskutiert, ob diese Individuen eine Identität haben, menschliche Wesen oder Personen sind. Stattdessen wäre beispielsweise zu fragen, warum die Frage nach dem Status als »Mensch« oder »Person« überhaupt von Bedeutung ist, was genau der Sinn von »menschlich« in diesem Zusammenhang sein könnte, was »Identität« bedeuten soll und warum es sich hierbei um ein für die Ethik relevantes Konzept handelt. Mit Blick auf Neugeborene mit schweren Behinderungen oder u.a. demenzkranke Menschen in den letzten Stadien der Erkrankung stellen sich vergleichbare Fragen (obwohl es sich um sehr unterschiedliche Gruppen handelt, deren Homogenisierung höchst problematisch ist). Die Diskussion über diese und andere Behinderungen bzw.

Erkrankungen, die mit einem hohen Maß an Abhängigkeit einhergehen, werfen nicht nur Spezialfragen an Biowissenschaftler, Ethiker, heilberuflich Tätige oder Betroffene und ihre Angehörigen auf, sondern betreffen die normativen und mit ihnen die humanen Grundlagen der Gesellschaft insgesamt. Daher ist die Aufarbeitung und Reflexion dieser und anderer Fragen nach Ansicht von Davis eine wichtige Aufgabe der unterschiedlichen Bildungsinstitutionen.

d) Von zentraler Bedeutung ist schließlich die von unterschiedlichen Autoren erhobene Forderung, in den biowissenschaftlichen Diskussionen nicht nur einseitig den verobjektivierten Körper aus der Perspektive eines vermeintlich überlegenen Expertenwissens zu betrachten. So sind die gegenwärtigen Bioethikdebatten zum einen durch eine klare Tendenz bestimmt, den verdinglichten Körper zu reflektieren, nicht jedoch die Leiblichkeit. Phänomenologisch gesprochen: der Leib, der ich bin, ist ebenso selten Gegenstand der Biowissenschaften und bioethischer Positionen wie der Leib des Anderen, der mir als ein Du gegenübertritt und mit dem ich sozial verbunden bin. Zum anderen fordert die Kritik immer wieder ein, die existenzielle Dimension zu berücksichtigen und die individuellen Erfahrungen aller Mitglieder einer Kultur in den Mittelpunkt zu rücken (vgl. Waldschmidt 2005: 26), wie sie etwa im vorigen Kapitel am Beispiel des Schmerzes thematisiert wurden. Eine mögliche Begründung für diesen Zugang liefert Scully (2002). Ähnlich wie Davis knüpft sie kritisch an Ideen des Postmodernismus an und legt ihren Überlegungen in Anschluss an feministische Positionen das Modell eines radikal situierten Subjekts zugrunde. Dieses ist nur im Netzwerk und Kontext seiner vielfältigen Bezogenheiten zu denken. Neben der Netzwerk- und Kontextorientierung ist für Scully der »Stil« des Individuums wichtig, »den eigenen Körper zu begreifen« (Scully 2002: 57). Die Frage ist nun, wie Individuen und gesellschaftliche Gruppen mit sehr unterschiedlichen Erfahrungshintergründen, Zugehörigkeiten, Professionen, Interessen, Wertvorstellungen etc. in einen verständigungsorientierten Dialog eintreten können. Wie ist ein Dialog in diesem Sinne ungleicher Partner möglich? Voraussetzung für eine Verständigung ist nach Scully die Verabschiedung der Idee der moralischen Überlegenheit, die Anerkennung der Pluralität von Positionen, Respekt und der Wunsch, den Anderen zu verstehen. Scully spricht von einer »Wertschätzung von Verschiedenheit und situierter Subjektivität« (ebd.: 59) – der Tatsache also, dass Individuen von spezifischen biographischen und soziokulturellen Orten aus sprechen, der anderen Orten und Erfahrungshintergründen gegenüber nicht über- oder unterlegen ist. Auf dieser Grundlage könnten lebensweltorientierte und »hermeneutische« Dialoge (ebd.: 58) in Gang kommen, die dort, wo dies unvermeidbar ist, advokatorisch zu führen sind, also etwa bei Demenzkranken oder Menschen im Koma. In diesem Sinne verstandene Dialoge würden Behinderung im Kontext der Lebens- und Erfahrungswelt der Individuen situieren und die mit ihnen verbundenen Bedeutungen und Bewertungen berücksichtigen.

Dieser letzte Punkt ist nicht nur für die einzelnen Individuen von Bedeutung, sondern auch für die Kultur insgesamt: Wenn individuelle Erfahrungen mit Behinderungen in höherem Maße als bisher wahrgenommen werden und ihnen ein größeres Gewicht im gesellschaftlichen Diskurs beigemessen wird, kann es zu einer Veränderung der sich um sie rankenden kulturellen Deutungsmuster und Bewertungen kommen. Der Diskurs über Fragen und Probleme der Biowissenschaften und der Bioethik würde an Tiefe, Weite und Reflektiertheit gewinnen, wenn die unterschiedlichen relevanten Kontexte und Positionen wie solche, die in der Behindertenbewegung und den Disability Studies entwickelt und vertreten werden, nicht nur eine Stimme bekämen, sondern auch Gehör fänden. Dies wäre eine wichtige Voraussetzung für mehr Akzeptanz und Anerkennung. Insofern können die Disability Studies tatsächlich einen wichtigen Beitrag zur Entwicklung der von Davis geforderten »biokulturellen Bildung« leisten. Die Berücksichtigung der Perspektive Betroffener, ihrer Erfahrungen, ihres Wissens, ihrer Befürchtungen und Kritik, die Anerkennung der divergenten Perspektiven der Individuen sowie die Bemühung um Verständigung – dies wären wichtige Schritte in Richtung eines kulturellen Wandels, die einer der wichtigsten und grundlegendsten Forderungen der Behindertenbewegung nachkämen: »Nichts über uns ohne uns«.

# Literaturverzeichnis

Albrecht, Gary L./Seelman, Katherine D./Bury, Michael (2001):»The Formation of Disability Studies«. In: Dies. (Hg.): *Handbook of Disability Studies*. Thousand Oaks, London, New Delhi: Sage Publications, S. 1-8.

Albrecht, Gary L. (2003):»American Pragmatism, Sociology and the Development of Disability Studies«. In: *Heilpädagogik-online*, Heft 2/2003, S. 22-50.

Allen, Barry (2005):»Foucault's Nominalism«. In: Shelley Tremain (Hg.): *Foucault and the Government of Disability*. Ann Arbor: The Universitiy of Michigan Press, S. 93-107.

Asch, Adrienne (2001):»Disability, Bioethics and Human Rights«. In: Gary L. Albrecht/Katherine D. Seelmar./Michael Bury (Hg.): *Handbook of Disability Studies*. Thousand Oaks, London, Neu Delhi: Sage Publications, S. 297-326.

Dies. (2000):»Why I Haven't Changed My Mind about Prenatal Diagnosis: Reflections and Refinements«. In: Eric Parens/Adrienne Asch: *Prenatal Testing and Disability Rights*. Washingtcn DC: Georgetown University Press, S. 234-258.

Asch, Adrienne/Wassermann, David (2006):»Bioethics«. In: Gary L. Albrecht (Hg.): *Encyclopedia of Disability*, Bd. 1. Thousand Oaks, London, Neu Delhi: Sage Publications, S. 165-172.

Bächtold, Andreas (1981): *Behinderte Jugendliche: soziale Isolierung oder Partizipation. Ergebnisse einer repräsentativen Umfrage*. Bern und Stuttgart: Haupt.

Barnes, Colin/Mercer, Geof (2001):»Disability Culture: Assimilation or Inclusion?« In: Gary L. Albrecht/Michael Bury (Hg.): *Handbook of Disability Studies*, Thousand Oaks, London, Neu Delhi: Sage Publications, S. 515-534.

Bauman, Zygmunt (1999): *Unbehagen in der Postmoderne*. Hamburg: Hamburg Edition.

Ders. (2000): *Vom Nutzen der Soziologie*. Frankfurt a.M.: Suhrkamp.

Beck-Gernsheim, Elisabeth (1994):»Gesundheit und Verantwortung im Zeitalter der Gentechnologie«. In: Ulrich Beck/Elisabeth Beck-Gernsheim (Hg.): *Riskante Freiheiten.* Frankfurt a.m.: Suhrkamp, S. 316-335.

Berger, Peter L./Luckmann, Thomas (1977): *Die gesellschaftliche Konstruktion der Wirklichkeit. Eine Theorie der Wissenssoziologie.* Frankfurt a.M.: Fischer.

Berger, Peter L. (1977): *Einladung zur Soziologie.* München: List.

Berz, Peter/Price, Matthew (2003):»Ersatzglieder«. In: Petra Lutz/Thomas Macho et al.: *Der [im]perfekte Mensch. Metamorphosen von Normalität und Abweichung.* Köln: Böhlau, S. 143-161.

Bickenbach, Jerome E./Wassermann, David (2006):»Ethics«. In: Gary L. Albrecht (Hg.): *Encyclopedia of Disability,* Bd. 2. Thousand Oaks, London, Neu Delhi: Sage Publications, S. 618-624.

Böhme, Gernot (1985): *Anthropologie in pragmatischer Hinsicht.* Frankfurt a.m.: Suhrkamp.

Böhme, Hartmut (2000):»Kulturwissenschaft«. In: *Reallexikon der deutschen Literaturwissenschaft, Bd. II.* Berlin und New York: de Gruyter, S. 356-359.

Böhme, Hartmut/Matussek, Peter/Müller, Lothar (2002): *Orientierung Kulturwissenschaft.* 2. Auflage. Reinbek bei Hamburg: Rowohlt.

Braddock, David L./Parish, Susan L. (2001):»An Institutional History of Disability«. In: Gary L. Albrecht/Katherine D. Seelman/Michael Bury (Hg.): *Handbook of Disability Studies.* Thousand Oaks, London, Neu Delhi: Sage Publications, S. 11-68.

Braun, Christina von: *Zwischen Wissen und Glauben. Das Bild der menschlichen Natur.* URL:*www.gruene-akademie.de/download/common_vbraun. pdf*(12.10.2005).

Bröckling, Ulrich/Krasmann, Susanne/Lemke, Thomas (2000):»Gouvernementalität, Neoliberalismus und Selbsttechnologien. Eine Einleitung«. In: Dies.: *Gouvernementalität der Gegenwart. Studien zur Ökonomisierung des Sozialen.* Frankfurt a.M.: Suhrkamp, S. 7-40.

Bruner, Claudia Franziska/Dannenbeck, Clemens (2002):»Disability Studies in Deutschland. Zur Formierung eines Diskurses«. In: *Diskurs,* 12. Jg., Heft 2/2002, S. 69-73.

Bruner, Claudia Franziska (2005):»Körper und Behinderung im Diskurs«. In: *Psychologie & Gesellschaftskritik,* 29. Jg., Heft 1/2005, S. 33-53.

Bruns, Theo/Penselin, Ulla/Sierck, Udo (1999): *Tödliche Ethik. Beiträge gegen Eugenik und»Euthanasie«.* Hamburg: Verlag Libertäre Assoziation.

Bublitz, Hannelore (2002): *Judith Butler zur Einführung.* Hamburg: Junius. Dies. (2003): *Diskurs.* Bielefeld: transcript.

Butler, Judith (1997): *Körper von Gewicht. Die diskursiven Grenzen des Geschlechts.* Frankfurt a.M.: Suhrkamp.

Dies. (2003): *Kritik der ethischen Gewalt. Adorno-Vorlesungen 2002.* Frankfurt a.M.: Suhrkamp.

Buytendijk, Frederik Jacobus Johannes (1980):»Über den Schmerz«. In: Walter Bräutigam (Hg.): *Medizinisch-psychologische Anthropologie*. Darmstadt: Wiss. Buchgesellschaft, S. 169-188.

Canguilhem, Georges (1974): *Das Normale und das Pathologische*. Frankfurt a.M.: Suhrkamp.

Clapton, Jayne (2003):»Tragedy and catastrophe: Contentious discourses of ethics and disability«. In: *Journals of Intellectual Disability Research*, 47. Jg., Oktober 2003, S. 540-547.

Cloerkes, Günther (1997): *Soziologie der Behinderten. Eine Einführung*. Heidelberg: Universitäts-Verlag C. Winter.

Cook, James W. (1996):»Of Men, Missing Links, and Nondescripts: The Strange Career of P.T. Barnum's ›What is it‹ Exibition«. In: Rosemary Garland-Thomson (Hg.): *Freakery. Cultural Spectacles of the Extraordinary Body*. New York and London: New York University Press, S. 139-157.

Davis, Lennard J. (1995): *Enforcing Normalcy. Disability, Deafness and the Body*. London, New York: Verso.

Ders. (2001):»Identity Politics, Disability, and Culture«. In: Gary L. Albrecht/Katherine D. Seelman/Michael Bury (Hg.): *Handbook of Disability Studies*. Thousand Oaks, London, Neu Delhi: Sage Publications, S. 535-545.

Ders. (2002): *Bending over Backwards. Disability, Dismodernism and Other Difficult Positions*. New York, London: New York University Press.

Ders. (2006):»Identity and Biotechnology. Life, Death, and Biocultural Literacy«. In: *Access Press*, Bd. 17, Nr. 2, 10. Februar 2006. URL: *www.accesspress.org/archive/2006/ozstory_identity_and_biotechnology.html* (8.4.2006).

Dederich, Markus (2000): *Behinderung, Medizin, Ethik. Behindertenpädagogische Reflexionen zu Grenzsituationen am Anfang und Ende des Lebens*. Bad Heilbrunn: Klinkhardt.

Ders. (2003):»Normalismus,»Eugenik« und Ethik«. In: Ders. (Hg.): *Bioethik und Behinderung*. Bad Heilbrunn: Klinkhardt, S. 237-266.

Degener, Theresia/Köbsell, Swantje (1992):»*Hauptsache, es ist gesund«? Weibliche Selbstbestimmung unter humangenetischer Kontrolle*. Hamburg: Konkret Literatur Verlag.

Döring, Ole (2006):»Was kann eine kulturell aufgeklärte Bioethik leisten? Ein Blick auf die Deutung des Lebensanfangs und traditionelle Werte im modernen China«. In: Sigrid Graumann/Katrin Grüber (Hg.): *Biomedizin im Kontext*. Berlin u.a.: LIT, S. 33-50.

Dörner, Klaus (1984): *Bürger und Irre*. Frankfurt a.M.: Europäische Verlags-Anstalt.

Ders. (1988): *Tödliches Mitleid. Zur Frage der Unerträglichkeit des Lebens oder: die soziale Frage: Entstehung, Medizinisierung, NS-Endlösung, heute, morgen*. Gütersloh: Jakob van Hoddis.

Ders. (2003): *Die Gesundheitsfalle. Woran unsere Medizin krankt. Zwölf Thesen zu ihrer Heilung.* München: Econ.

Elias, Norbert (1976): *Über den Prozeß der Zivilisation. Soziogenetische und Psychogenetische Untersuchungen.* 2 Bände. Frankfurt a.M.: Suhrkamp.

Ferber, Rafael (1998): *Philosophische Grundbegriffe.* München: Beck.

Fischer, Joachim (2005):»Biophilosophie als Kern des Theorieprogramms der Philosophischen Anthropologie. Zur Kritik des wissenschaftlichen Radikalismus«. In: Gerhard Gamm/Mathias Gutmann/Alexandra Manzei (Hg.): *Zwischen Anthropologie und Gesellschaftstheorie. Zur Renaissance Helmuth Plessners im Kontext der modernen Lebenswissenschaften.* Bielefeld: transcript, S. 159-182.

Foucault, Michel (1973): *Die Geburt der Klinik. Eine Archäologie des ärztlichen Blicks.* München: Carl Hanser.

Ders. (1977): *Überwachen und Strafen. Die Geburt des Gefängnisses.* Frankfurt a.M.: Suhrkamp.

Ders. (1978): *Dispositive der Macht. Über Sexualität, Wissen und Wahrheit.* Berlin: Merve.

Ders. (1981): *Archäologie des Wissens.* Frankfurt a.M.: Suhrkamp.

Ders. (1983): *Der Wille zum Wissen. Sexualität und Wahrheit 1.* Frankfurt a.M.: Suhrkamp.

Ders. (1986): *Die Sorge um sich. Sexualität und Wahrheit 3.* Frankfurt a.M.: Suhrkamp.

Ders. (1987):»Das Subjekt und die Macht«. In: Hubert L. Dreyfus/Paul Rabinow (Hg.): *Michel Foucault. Jenseits von Strukturalismus und Hermeneutik.* Frankfurt a.M.: Athenäum, S. 241-261.

Ders. (1991): *Die Ordnung des Diskurses.* Frankfurt a.M., Berlin, Wien: Ullstein.

Ders. (2000):»Die Gouvernementalität«. In: Ulrich Bröckling/Susanne Krasmann/Thomas Lemke: *Gouvernementalität der Gegenwart. Studien zur Ökonomisierung des Sozialen.* Frankfurt a.M.: Suhrkamp, S. 41-67.

Ders. (2003): *Die Anormalen. Vorlesungen am Collège de France (1974-1975).* Frankfurt a.M.: Suhrkamp.

Ders. (2004): *Hermeneutik des Subjekts. Vorlesungen am Collège de France (1981-1982).* Frankfurt a.M.: Suhrkamp.

Fougeyrollas, Patrick/Beauregard, Line (2001):»Disability: An Interactive Person-Environment Social Creation«. In: Gary L. Albrecht/Katherine D. Seelman/Michael Bury (Hg.): *Handbook of Disability Studies.* Thousand Oaks, London, Neu Delhi: Sage Publications, S. 171-194.

Ganslandt, Herbert R. (2004):»Norm«. In: Jürgen Mittelstraß (Hg.): *Enzyklopädie Philosophie und Wissenschaftstheorie,* Bd. 2. Stuttgart, Weimar: J.B. Metzler, S. 1030-1031.

Garland-Thomson, Rosemary (1997): *Extraordinary Bodies. Figuring physical disability in American culture and literature.* New York: Columbia University Press.

Dies. (1996):»Introduction: From Wonder to Error – A Genealogy of Freak Discourse in Modernity«. In: Dies. (Hg.): *Freakery. Cultural Spectacles of the Extraordinary Body*. New York and London: New York University Press, S. 1-22.

Dies. (2003):»Andere Geschichten«. In: Petra Lutz/Thomas Macho et al.: *Der [im]perfekte Mensch. Metamorphosen von Normalität und Abweichung*. Köln: Böhlau, S. 418-425.

Gehring, Petra (2004): *Foucault – Die Philosophie im Archiv*. Frankfurt a.M. u.a.: Campus.

Goffman, Erving (1975): *Stigma. Über Techniken der Bewältigung beschädigter Identität*. Frankfurt a.M.: Suhrkamp.

Gugutzer, Robert (2004): *Soziologie des Körpers*. Bielefeld: transcript.

Hacking, Ian (1999): *Was heißt ›soziale Konstruktion‹? Zur Konjunktur einer Kampfvokabel in den Wissenschaften*. Frankfurt a.M.: Fischer.

Hagner, Michael (1995a):»Monstrositäten haben eine Geschichte«. In: Ders. (Hg.): *Der falsche Körper. Beiträge zu einer Geschichte der Monstrositäten*. Göttingen: Wallstein, S. 7-20.

Ders. (1995b):»Vom Naturalienkabinett zur Embryologie. Wandlungen des Monströsen und die Ordnungen des Lebens«. In: Ders. (Hg.): *Der falsche Körper. Beiträge zu einer Geschichte der Monstrositäten*. Göttingen: Wallstein, S. 73-107.

Ders. (2003):»Monstrositäten in gelehrten Räumen«. In: Petra Lutz/Thomas Macho et al.: *Der [im]perfekte Mensch. Metamorphosen von Normalität und Abweichung*. Köln: Böhlau, S. 42-61.

Hansen, Klaus P. (2003): *Kultur und Kulturwissenschaft*. 3. Auflage. Tübingen und Basel: Francke.

Hirschberg, Marianne (2003):»Ambivalenzen in der Klassifizierung von Behinderung«. In: Akademie für Ethik in der Medizin (Hg.): *Behinderung und medizinischer Fortschritt*. Göttingen: Selbstverlag, S. 11-21.

*Historisches Wörterbuch der Philosophie*, Bd. 6 (1984): Joachim Ritter/Karlfried Gründer (Hg.). Darmstadt: Wiss. Buchgesellschaft.

Hoerster, Norbert (1995): *Neugeborene und das Recht auf Leben*. Frankfurt a.M.: Suhrkamp.

Höffe, Otfried (1992): *Lexikon der Ethik*. München: Beck.

Horkheimer, Max/Adorno, Theodor W. (1998): *Dialektik der Aufklärung. Philosophische Fragmente*. Frankfurt a.M.: Suhrkamp.

Hubbard, Ruth (1997):»Abortion and Disability. Who Should and Who Should not Inhabit the World?« In: Lennard, J. Davis (Hg.): *Disability Studies Reader*. New York und London: Routledge, S. 187-200.

Hughes, Bill/Paterson, Kevin (1997):»The Social Model of Disability and the Disappearing Body: towards a sociology of impairment«. In: *Disability & Society*, Vol. 12, No. 3, 1997, S. 325-340.

Hughes, Bill (2005): »What can a Foucauldian Analysis Contribute to Disability Theory?« In: Shelley Tremain (Hg.): *Foucault and the Government of Disability*. Ann Arbor: The University of Michigan Press, S. 78-92.

Iwakuma, Miho (2002): »The Body as Imbodiment: An Investigation of the Body by Merleau-Ponty«. In: Mairian Corker/Tom Shakespeare (Hg.): *Disability/Postmodernity. Embodying disability theory*. London und New York: Continuum, S. 76-87.

Jakubowicz, Andrew/Meekosha, Helen (2002): *Disability Studies dis/engages with multicultural studies*. Konferenzbeitrag vom 16. Februar 2001. URL: *www.arts.unsw.edu.au/socialwork/Research/ Research/SRDRN/DWAD isabMulticulpaper.htm* (23.2.2002).

Jeggle, Utz (1986): *Der Kopf des Körpers. Eine volkskundliche Anatomie*. Weinheim/Berlin: Quadriga.

Kalitzkus, Vera (2003): *Biomedizin und Gesellschaft. Ein ethnologischer Blick auf die Biomedizin. IMEW-Expertise 2*. Berlin: Selbstverlag.

Kay, Lily E. (2001): *Das Buch des Lebens. Wer schrieb den genetischen Code?* München/Wien: Carl Hanser.

Keller, Reiner (2004): *Diskursforschung. Eine Einführung für SozialwissenschaftlerInnen*. 2. Auflage. Opladen: Leske + Budrich.

Kleinspehn, Thomas (1989): *Der flüchtige Blick. Sehen und Identität in der Kultur der Neuzeit*. Reinbek bei Hamburg: Rowohlt.

Kliebard, Herbert M. (1992): *Forging the American Curriculum: Essays in curriculum history and theory*. New York: Routledge.

Kniel Adrian/Windisch, Matthias (2005) (Hg.): *People First. Selbsthilfegruppen von und für Menschen mit geistiger Behinderung*. München/Basel: Reinhardt.

Knoblauch, Hubert (2005): »Kulturkörper. Die Bedeutung des Körpers in der sozialkonstruktivistischen Wissenssoziologie«. In: Markus Schroer (Hg.): *Soziologie des Körpers*. Frankfurt a.M.: Suhrkamp, S. 92-113.

Köbsell, Swantje (2003): *Die aktuelle Biomedizin aus Sicht der Disability Studies*. Gutachten für die AG Bioethik und Wissenschaftskommunikation am Max-Delbrück-Zentrum für molekulare Medizin (MDC). Berlin. URL: *www.bioethik-diskurs.de/documents/wissensdatenbank/Gutachten/ Biomedizin-Disability.html* (17.8.2005).

Dies. (2006a): »Behinderte Menschen und Bioethik. Schlaglichter aus Deutschland, Großbritannien und den USA«. In: Gisela Hermes/Eckhard Rohrmann (Hg.): *Nicht über uns – ohne uns! Disability Studies als neuer Ansatz emanzipatorischer und interdisziplinärer Forschung über Behinderung*. Neu-Ulm: AG SPAK, S. 59-79.

Dies. (2006b): »Towards Self-Determination and Equalization: A Short History of the German Disability Rights Movement«. In: *Disability Studies Quarterly*, Vol. 26, No. 2, Spring. URL: *www.dsq-sds.org/2006_spring_toc.html* (2.6.2006).

König, Eugen (1989): *Körper – Wissen – Macht. Studien zur historischen Anthropologie des Körpers*. Berlin: Reimer.

Lange, Britta (2003): »›Aechtes und Unächtes‹. Zur Ökonomie des Abnormalen als Täuschung«. In: Petra Lutz/Thomas Macho et al.: *Der [im]perfekte Mensch. Metamorphosen von Normalität und Abweichung*. Köln: Böhlau, S. 214-235.

Dies. (2006): *Echt. Unecht. Lebensecht. Menschenbilder im Umlauf*. Berlin: Kulturverlag Kadmos.

Le Breton, David (2003): *Schmerz*. Zürich und Berlin: Diaphanes.

Lepenies, Wolf (1978): *Das Ende der Naturgeschichte. Wandel kultureller Selbstverständlichkeiten in den Wissenschaften des 18. und 19. Jahrhunderts*. Frankfurt a.M.: Suhrkamp.

Link, Jürgen (1997): *Versuch über den Normalismus. Wie Normalität produziert wird*. Opladen und Wiesbaden: Westdeutscher Verlag.

Ders. (1998): »Von der ›Macht der Norm‹ zum ›flexiblen Normalismus‹: Überlegungen nach Foucault«. In: Joseph Just (Hg.): *Zeitgenössische französische Denker. Eine Bilanz*. Freiburg i.Br.: Rombach, S. 251-268.

Ders. (2004): »›Irgendwo stößt die flexibelste Integration schließlich an eine Grenze‹ – Behinderung zwischen Normativität und Normalität«. In: Sigrid Graumann et al. (Hg.): *Ethik und Behinderung. Ein Perspektivwechsel*. Frankfurt a.M./New York: Campus, S. 130-139.

Linton, Simi (1998): *Claiming Disability. Knowledge and Identity*. New York: New York University Press.

Lippe, Rudolf zur (1994): »Denken und Leben. Essay zur Einführung«. In: Humberto Maturana: *Was ist Erkennen?* München und Zürich: Piper.

List, Elisabeth (1999): »Schmerz – Manifestation des Lebendigen und ihre kulturellen Transformationen«. In: *Deutsche Zeitschrift für Philosophie*, 47. Jg., Heft 5/1999, S. 763-780.

Lorenz, Maren (2000): *Leibhaftige Vergangenheit. Einführung in die Körpergeschichte*. Tübingen: Edition Diskord.

Manzei, Alexandra (2005): »Umkämpfte Deutungen – Gesellschaftstheorie und die Kritik szientifischer Bestimmungen menschlicher Existenz in der biotechnologischen Medizin«. In: Gerhard Gamm/Mathias Gutmann/Alexandra Manzei (Hg.): *Zwischen Anthropologie und Gesellschaftstheorie. Zur Renaissance Helmuth Plessners im Kontext der modernen Lebenswissenschaften*. Bielefeld: transcript, S. 55-82.

Marcel, Gabriel (1986): »Leibliche Begegnung. Notizen aus einem gemeinsamen Gedankengang«. In: Hilarion Petzold (Hg.): *Leiblichkeit. Philosophische, gesellschaftliche und therapeutische Perspektiven*. Paderborn: Junfermann, S. 15-46.

Maskos, Rebecca (2001): »Versuch zur Enthinderung der Wissenschaft: Disability Studies in den USA«. In: *Newsletter Behindertenpolitik* Nr. 5, September 2001, S. 4-7. URL: www.bioskop-forum.de/newsletter_behindertenpolitik/nr_5-sep2001-alles.htm) (17.08.2002).

Mattner, Dieter (2000):»Die Erfindung der Normalität«. In: Stiftung Deutsches Hygiene-Museum e.V. und Deutsche Behindertenhilfe – Aktion Mensch (Hg.): *Der [im]perfekte Mensch. Vom Recht auf Unvollkommenheit. Begleitbuch zur Ausstellung.* Ostfildern-Ruit: Hatje Cantz, S. 13-32.

Menke, Christoph (2003):»Zweierlei Übung. Zum Verhältnis von sozialer Disziplinierung und ästhetischer Existenz«. In: Axel Honneth/Martin Saar: *Michel Foucault – Zwischenbilanz einer Rezeption. Frankfurter Foucault-Konferenz 2001.* Frankfurt a.M.: Suhrkamp, S. 283-299.

Mercer, Geof (2002):»Emancipatory Disability Research«. In: Colin Barnes/Mike Oliver/Lex Barton: *Disability Studies Today.* Cambridge: Polity Press, S. 228-249.

Merleau-Ponty, Maurice (1996): *Phänomenologie der Wahrnehmung.* Berlin: W. de Gruyter.

Miles-Paul, Ottmar (2006): Selbstbestimmung behinderter Menschen – eine Grundlage der Disability Studies«. In: Gisela Hermes/Eckhard Rohrmann (Hg.): *Nicht über uns – ohne uns! Disability Studies als neuer Ansatz emanzipatorischer und interdisziplinärer Forschung über Behinderung.* Neu-Ulm: AG SPAK, S. 31-41.

Mitchell, David T. (2002):»Narrative Prosthesis and the Materiality of Metaphor«. In: Sharon L. Snyder/Brenda Jo Brueggemann/Rosemary Garland-Thomson (Hg.): *Disability Studies. Enabling the Humanities.* New York: The Modern Language Association of America, S. 15-30.

Mitchell, David T./Snyder, Sharon L. (1997):»Introduction: Disability Studies and the Double Bind of Representation«. In: Dies. (Hg.): *The Body and Physical Difference. Discourses of Disability.* Ann Arbor: The University of Michigan Press, S. 1-31.

Dies. (2000): *Narrative Prosthesis. Disability and the Dependencies of Discourse.* Ann Arbor: The University of Michigan Press.

Dies. (2001):»Representation and Its Discontents. The Uneasy Home of Disbility in Literature and Film«. In: Gary L. Albrecht/Katherine D. Seelman/Michael Bury (Hg.): *Handbook of Disability Studies.* Thousand Oaks, London, Neu Delhi, S. 195-218.

Dies. (2002):»Disability Studies, Körper und das komplexe Feld der Identitäten. Ein Interview von Anja Tervooren«. In: *Die Philosophin. Forum für feministische Theorie und Philosophie.* 13. Jg., Heft 25, Juni 2002, S. 115-125.

Dies. (2003):»The Eugenic Atlantic; race, disability, and the making of an international Eugenic Science, 1800-1945«. In: *Disability & Society,* Vol. 18, Nr. 7, 2003, S. 834-864.

Dies. (2004):»Die Aufmerksamkeit wieder auf den Körper richten. Disability Studies und der Widerstand gegenüber Verkörperung«. In: Jan Weisser/Cornelia Renggli (Hg.): *Disability Studies. Ein Lesebuch.* Luzern: SZH/CSPS Edition, S. 77-105.

Moscoso, Javier (1995):»Vollkommene Monstren und unheilvolle Gestalten«. In: Michael Hagner (Hg.): *Der falsche Körper. Beiträge zu einer Geschichte der Monstrositäten.* Göttingen: Wallstein, S. 56-72.

Müller, Klaus E. (1996): *Der Krüppel. Ethnologia passionis humanae.* München: Beck.

Mürner, Christian (1990): *Behinderung als Metapher. Pädagogik und Psychologie zwischen Wissenschaft und Kunst am Beispiel von Behinderten in der Literatur.* Bern und Stuttgart: Haupt.

Ders. (2003): *Medien- und Kulturgeschichte behinderter Menschen. Sensationslust und Selbstbestimmung.* Weinheim, Basel und Berlin: Beltz.

Parens, Eric/Asch, Adrienne (2000): »The Disability Rights Critique of Prenatal Genetic Testing: Reflections and Recommendations«. In: Dies.: *Prenatal Testing and Disability Rights.* Washington DC, S. 3-43.

Petzold, Hilarion (1993): *Integrative Therapie. Modelle, Theorien und Methoden für eine schulenübergreifende Psychotherapie. Bd. 1: Klinische Philosophie.* Paderborn: Junfermann.

Plessner, Helmuth (1975): *Die Stufen des Organischen und der Mensch.* Berlin und New York: de Gruyter.

Plügge, Herbert (1967): *Der Mensch und sein Leib.* Tübingen: Niemayer.

Priestley, Mark (2003):»Worum geht es bei den Disability Studies? Eine britische Sichtweise«. In: Anne Waldschmidt (Hg.): *Kulturwissenschaftliche Perspektiven der Disability Studies. Tagungsdokumentation.* Kassel: bifos Schriftenreihe, S. 23-35.

Raulff, Ulrich (Hg.) (1987): *Mentalitäter-Geschichte.* Berlin: Wagenbach.

Reckwitz, Andreas (2004):»Die Kontingenzperspektive der ›Kultur‹. Kulturbegriffe, Kulturtheorien und das kulturwissenschaftliche Forschungsprogramm«. In: Friedrich Jaeger/Jörn Rüsen (Hg.): *Handbuch der Kulturwissenschaften Bd. 3: Themen und Tendenzen.* Stuttgart und Weimar: J.B. Metzler, S. 1-20.

Renggli, Cornelia (2004):»Disability Studies. Ein historischer Überblick«. In: Jan Weisser/Cornelia Renggli (Hg.): *Disability Studies. Ein Lesebuch.* Luzern: SZH/CSPS Edition, S. 14-25.

Rothfels, Nigel (1996):»Aztecs, Aborigines, and Ape-People. Science and Freaks in Germany, 1850-1900«. In: Rosemary Garland-Thomson (Hg.): *Freakery. Cultural Spectacles of the Extraordinary Body.* New York and London: New York University Press, S. 158-172.

Sarasin, Philipp (2001): *Reizbare Maschinen. Eine Geschichte des Körpers 1765-1914.* Frankfurt a.M.: Suhrkamp.

Ders. (2005): *Michel Foucault zur Einführung.* Hamburg: Junius.

Schildmann, Ulrike (2000):»Forschungsfeld Normalität. Reflexionen vor dem Hintergrund von Geschlecht und Behinderung«. In: *Zeitschrift für Heilpädagogik.*, 51. Jg., Heft 3/2000, S. 90-94.

Schmidt, Gunnar (2001): *Anamorphotische Körper. Medizinische Bilder vom Menschen im 19. Jahrhundert.* Köln, Weimar, Berlin: Böhlau.

Schneider, Werner (2005):»Der Prothesen-Körper als gesellschaftliches Grenzproblem«. In: Markus Schroer (Hg.): *Soziologie des Körpers*. Frankfurt a.m.: Suhrkamp, S. 371-397.

Schönwiese, Volker (2005a):»Perspektiven der Disability Studies«. In: *Behindert(e) in Familie, Schule und Gesellschaft*, 28. Jg., 4/2005, S. 16-21.

Ders. (2005b):»Das gesellschaftliche Bild behinderter Menschen«. In: *Behindert(e) in Familie, Schule und Gesellschaft*, 28. Jg., 4/2005, S. 32-41.

Schwemmer, Oswald (2004):»Kultur«. In: Jürgen Mittelstraß (Hg.): *Enzyklopädie Philosophie und Wissenschaftstheorie*, Bd. 2. Stuttgart und Weimar: J.B. Metzler, S. 508-510.

Scully, Jackie Leach (2002):»A postmodern disorder: Moral Encaunters with Molecular Models of Disability«. In: Mairian Corker/Tom Shakespeare (Hg.): *Disability/Postmodernity. Embodying disability theory*. London und New York: Continuum, S. 48-61.

Shakespeare, Tom (2003):»Betrachtungen zu den britischen Disability Studies«. In: Petra Lutz/Thomas Macho et al.: *Der [im]perfekte Mensch. Metamorphosen von Normalität und Abweichung*. Köln: Böhlau, S. 426-434.

Sierck, Udo/Radke, Nati (1984): *Die Wohltäter-Mafia. Vom Erbgesundheitsgericht zur Humangenetischen Beratung*. Hamburg: Selbstverlag.

Sierck, Udo (1987):»Missachtet – Ausgesondert – Vernichtet«. In: Michael Wunder/Udo Sierck (Hg.): *Sie nennen es Fürsorge. Behinderung zwischen Vernichtung und Widerstand*. 2. Auflage, Berlin: Mabuse, S. 27-42.

Simmel, Georg (1989): *Einleitung in die Moralwissenschaft. Eine Kritik der ethischen Grundbegriffe. Erster Band*. Gesamtausgabe Bd. 3. Frankfurt a.M.: Suhrkamp.

Singer, Peter (1994): *Praktische Ethik*. Stuttgart: Reclam.

Sontag, Susan (2003): *Krankheit als Metapher. Aids und seine Metaphern*. München: Carl Hanser.

Steiner, Gusti (Hg.) (1988): *Hand- und Fußbuch für Behinderte*. Frankfurt a.M.: Fischer.

Stengel-Rutkowski, Sabine (2002):»Vom Defekt zur Vielfalt. Ein Beitrag der Humangenetik zu gesellschaftlichen Wandlungsprozessen«. In: *Zeitschrift für Heilpädagogik*, 53. Jg., 2/2002, S. 46-55.

Stiftung Deutsches Hygiene-Museum (Hg.) (2001): *Der [im]perfekte Mensch. Vom Recht auf Unvollkommenheit*. Ostfildern-Ruit: Hatje Cantz.

Stiker, Henri-Jacques (1999): *A History of Disability*. Ann Arbor: The Universitsy of Michigan Press.

Tervooren, Anja (2002a):»Freak-Shows und Körperinszenierungen. Kulturelle Konstruktionen von Behinderung«. In: *Behindertenpädagogik*, 41. Jg., Heft 2/2002, S. 173-184.

Dies. (2002b):»Kritik an der Normalität. Disability Studies in Deutschland«. In: *Das Parlament*, 25.10.2002, URL: *www.bundestag.de/cgi-bin/druck.pl?N=parlament* (2.1.2003).

Dies. (2003):»Der verletzliche Körper. Überlegungen zu einer Systematik der Disability Studies«. In: Anne Waldschmidt (Hg.): *Kulturwissenschaftliche Perspektiven der Disability Studies. Tagungsdokumentation*. Kassel: bifos Schriftenreihe, S. 37-48.

Dies. (2005):»Körper- und Menschenbilder«. In: *Behindert(e) in Familie, Schule und Gesellschaft*, 28. Jg., 5/2005, S. 50-59.

Thomas, Carol (2004):»Theorien der Behinderung. Schlüsselkonzepte, Themen und Personen«. In: Jan Weisser/Cornelia Renggli (Hg.): *Disability Studies. Ein Lesebuch*. Luzern: SZH/CSPS Edition, S. 31-56.

Tremain, Shelley (Hg.) (2005): *Foucault and the Government of Disability*. Ann Arbor: The University of Michigan Press.

Dies. (2002):»On the Subject of Impairment«. In: Mairian Corker/Tom Shakespeare: *Disability/Postmodernity. Embodying disability theory*. London, New York: Continuum, S. 32- 47.

Trickett, Edison J./Watts, Roderick J./Birman, Dana (1994):»Toward an overarching framework for diversity«. In: Edison J. Trickett/Roderick Watts/Dana Birman (Hg.): *Human Diversity. Perspectives on people in context*. San Francisco: Jossey Bass, S. 7-80.

Turner, Bryan S. (2001):»Disability and the Sociology of the Body«. In: Gary L. Albrecht/Katherine D. Seelman/Michael Bury (Hg.): *Handbook of Disability Studies*. Thousand Oaks, London, Neu Delhi: Sage Publications, S. 252-266.

Waal, Frans de (2002): *Der Affe und der Sushimeister. Das kulturelle Leben der Tiere*. München: Carl Hanser.

Waldenfels, Bernhard (1990): *Der Stachel des Fremden*. Frankfurt a.M.: Suhrkamp.

Ders. (1999): *Vielstimmigkeit der Rede. Studien zur Phänomenologie des Fremden*. Frankfurt a.M.: Suhrkamp.

Ders. (2000): *Das leibliche Selbst. Vorlesungen zur Phänomenologie des Leibes*. Frankfurt a.M.: Suhrkamp.

Ders. (2002a):»Paradoxien ethnographischer Fremddarstellung«. In: Iris Därmann/Christoph Jamme (Hg.): *Fremderfahrung und Repräsentation*. Weilerswist: Velbrück, S. 151-182.

Ders. (2002b): *Bruchlinien der Erfahrung. Phänomenologie, Psychoanalyse, Phänomenotechnik*. Frankfurt a.M.: Suhrkamp.

Waldschmidt, Anne (1995):»Lieber lebendig als normal!« Positionen der Behindertenbewegung zu Humangenetik und Pränataldiagnostik.« In: Eva Schindele: *Schwangerschaft. Zwischen guter Hoffnung und medizinischem Risiko*. Hamburg: Rasch u. Röhring, S. 333-362.

Dies. (1998):»Flexible Normalisierung oder stabile Ausgrenzung: Veränderungen im Verhältnis Behinderung und Normalität«. In: *Soziale Probleme*, 9. Jg., Heft 1/1998, S. 3-25.

Dies. (2003a):»›Behinderung‹ neu denken: Kulturwissenschaftliche Perspektiven der Disability Studies«. In: Dies. (Hg.): *Kulturwissenschaftliche*

*Perspektiven der Disability Studies. Tagungsdokumentation.* Kassel: bifos Schriftenreihe, S. 11-22.

Dies. (2003b):»Ist Behindertsein normal? Behinderung als flexibelnormalistisches Dispositiv«. In: Günther Cloerkes (Hg.): *Wie man behindert wird. Texte zur Konstruktion einer sozialen Rolle und zur Lebenssituation betroffener Menschen.* Heidelberg: Universitätsverlag C. Winter, S. 83-101.

Dies. (2005):»Disability Studies: Individuelles, soziales und/oder kulturelles Modell von Behinderung«. In: *Psychologie & Gesellschaftskritik,* 29. Jg., Heft 1/2005, S. 9-31.

Dies. (2006):»Normalcy, Bio-Politics and Disability: Some Remarks on the German Disability Discourse«. In: *Disability Studies Quarterly,* Vol. 26, No. 2, Spring. URL: *www.dsq-sds.org/2006_spring_toc.html* (2.6.2006)

Weber, Max (1988 [1922]): *Gesammelte Aufsätze zur Wissenschaftslehre.* Tübingen: Mohr.

Weinmann, Ute (2001):»Zur Aktualität und Geschichte des Fachdiskurses der Behindertenpädagogik über Normalität und Behinderung – mit besonderer Berücksichtigung der Pädagogen Jan Daniel Georgens (1823-1886) und Heinrich Martinius Deinhardt (1821-1880)«. In: *Behindertenpädagogik,* 40 Jg., Heft 4/2001, S. 418-447.

Weisser, Jan (2004):»Disability Studies und die Sonderpädagogik«. In: Jan Weisser/Cornelia Renggli (Hg.): *Disability Studies. Ein Lesebuch.* Luzern: SZH/CSPS Edition, S. 27-30.

Weizsäcker, Viktor von (1986): *Der Gestaltkreis. Theorie der Einheit von Wahrnehmen und Bewegen.* Stuttgart/New York: Thieme.

Wendell, Susan (1999):»Feminismus, Behinderung und die Transzendenz des Körpers«. In: *Deutsche Zeitschrift für Philosophie,* 47. Jg., Heft 5/1999, S. 803-815.

Dies. (2003):»Der verworfene Körper (Interview)«. In: *Journal Phänomenologie* 19/2003, S. 49-56.

WHO (World Health Organization) (2001): *International Classification of Functioning, Disability, and Health: ICF.* Genf

*Wörterbuch der phänomenologischen Begriffe* (2004). Herausgegeben von Helmuth Vetter. Hamburg: Meiner.

Wulf, Christoph (2004): *Anthropologie. Geschichte, Kultur, Philosophie.* Reinbek bei Hamburg: Rowohlt.

Zürcher, Urs (2004): *Monster oder Laune der Natur. Medizin und die Lehre von den Missbildungen 1780-1914.* Frankfurt a.M./New York: Campus.

# »Körper« bei transcript

Franz Bockrath,
Bernhard Boschert,
Elk Franke (Hg.)
**Körperliche Erkenntnis**
Formen reflexiver Erfahrung
Juni 2007, ca. 250 Seiten,
kart., ca. 25,80 €,
ISBN: 978-3-89942-227-6

Patrick S. Föhl,
Stefanie Erdrich,
Hartmut John,
Karin Maaß (Hg.)
**Das barrierefreie Museum**
Theorie und Praxis einer
besseren Zugänglichkeit.
Ein Handbuch
Juni 2007, ca. 450 Seiten,
kart., ca. 29,80 €,
ISBN: 978-3-89942-576-5

Felicitas Lowinski
**Bewegung im Dazwischen**
Ein körperorientierter Ansatz
für kulturpädagogische
Projekte mit benachteiligten
Jugendlichen
Juni 2007, ca. 230 Seiten,
kart., ca. 25,80 €,
ISBN: 978-3-89942-726-4

Markus Dederich
**Körper, Kultur und
Behinderung**
Eine Einführung in die
Disability Studies
Mai 2007, 208 Seiten,
kart., 20,80 €,
ISBN: 978-3-89942-641-0

Anne Waldschmidt,
Werner Schneider (Hg.)
**Disability Studies,
Kultursoziologie und
Soziologie der Behinderung**
Erkundungen in einem neuen
Forschungsfeld
Mai 2007, 350 Seiten,
kart., 29,80 €,
ISBN: 978-3-89942-486-7

Bettina Bock von Wülfingen
**Genetisierung der Zeugung**
Eine Diskurs- und
Metapheranalyse
reproduktionsgenetischer
Zukünfte
Februar 2007, 374 Seiten,
kart., 30,80 €,
ISBN: 978-3-89942-579-6

Robert Gugutzer (Hg.)
**body turn**
Perspektiven der Soziologie des
Körpers und des Sports
2006, 370 Seiten,
kart., 20,80 €,
ISBN: 978-3-89942-470-6

Stiftung Niedersachsen (Hg.)
**»älter – bunter – weniger«**
Die demografische Heraus-
forderung an die Kultur
2006, 232 Seiten,
kart., 24,80 €,
ISBN: 978-3-89942-505-5

**Leseproben und weitere Informationen finden Sie unter:**
**www.transcript-verlag.de**

## »Körper« bei transcript

Antje Stache (Hg.)
**Das Harte und das Weiche**
Körper – Erfahrung –
Konstruktion
2006, 208 Seiten,
kart., 23,80 €,
ISBN: 978-3-89942-428-7

Heike Hartung (Hg.)
**Alter und Geschlecht**
Repräsentationen, Geschichten
und Theorien des Alter(n)s
2005, 286 Seiten,
kart., 26,80 €,
ISBN: 978-3-89942-349-5

Johann S. Ach,
Arnd Pollmann (Hg.)
**no body is perfect**
Baumaßnahmen am
menschlichen Körper.
Bioethische und ästhetische
Aufrisse
2006, 358 Seiten,
kart., 27,80 €,
ISBN: 978-3-89942-427-0

Claudia Franziska Bruner
**KörperSpuren**
Zur Dekonstruktion von Körper
und Behinderung in biografi-
schen Erzählungen von Frauen
2005, 314 Seiten,
kart., 27,80 €,
ISBN: 978-3-89942-298-6

Stefanie Richter
**Essstörung**
Eine fallrekonstruktive Studie
anhand erzählter Lebens-
geschichten betroffener Frauen
2006, 496 Seiten,
kart., 32,80 €,
ISBN: 978-3-89942-464-5

Gabriele Alex,
Sabine Klocke-Daffa (Hg.)
**Sex and the Body**
Ethnologische Perspektiven zu
Sexualität, Körper und
Geschlecht
2005, 156 Seiten,
kart., 14,80 €,
ISBN: 978-3-89942-282-5

**Leseproben und weitere Informationen finden Sie unter:**
**www.transcript-verlag.de**

# HISTORISCHE FRIEDHÖFE & GRABMÄLER IN BERLIN

Klaus Hammer   Fotos Jürgen Nagel

# HISTORISCHE
# FRIEDHÖFE
# & GRABMÄLER
# IN BERLIN

Die Deutsche Bibliothek – CIP-Einheitsaufnahme

**Hammer, Klaus:**
Historische Friedhöfe in Berlin / Klaus Hammer.
Mit Fotos von Jürgen Nagel. – Berlin : Stattbuch-Verl., 1994
  (Reisen)
  ISBN 3-922778-32-1

© by Stattbuch Verlag, Gneisenaustr. 2a, D-10961 Berlin

**Redaktion** Klaus Esche
**Gestaltung & Herstellung** Klaus Esche
**Pläne** Klaus Esche
**Belichtung** Satzart, Berlin
**Lithos** Stattbuch Verlag
**Druck** Fuldaer Verlagsanstalt

**Vertrieb** (A) Herder, Wien (CH) Impressum, Schaffhausen (D) Rotation, Berlin

# INHALTSVERZEICHNIS

7

# Einleitung

Berlin hat keinen Père Lachaise wie Paris und keinen Campo santo wie die alten italienischen Städte, eine heilige Stadt, wo die Großen beieinanderruhen. Deren Grabstätten sind in Berlin auf mehr als sechzig Friedhöfen verstreut, umspannt von Straßen und Gleisanlagen die eine Begräbnisstätte, an kahle Brandmauern mehrstöckiger Wohnhäuser, an die sich zu ebener Erde die Fassadenarchitektur der Erbbegräbnisse anlehnt, die andere. Friedhöfe, die einer Parkanlage ähnlicher sind als so manches ausgewiesene Grünareal, Friedhöfe, bei deren Besuch sich die nicht mehr zahlenmäßig zu erfassende Monotonie der Totentafeln der in den Kriegen Gefallenen wie eine bleierne Last auf den Betrachter legen kann, Grabstätten auch, die, wie die jüdischen Friedhöfe, nichts als ein einziger Ort bitterster Trauer sein können – vorausgesetzt, man weiß um die nicht enden wollende Verantwortung für die Untaten jüngster deutscher Geschichte.

In diesem Buch der historischen Friedhöfe und Grabmäler in Berlin sind 139 Begräbnisstätten genannt, grün verstreut über das ganze Stadtgebiet wie die braunen Steine von Bornholm, oder der Stahnsdorfer Friedhof außerhalb Berlins, südwestlich der Stadtgrenzen.

In Berlin als einem Zentrum der Reformation standen die meisten Friedhöfe unter evangelischer Obhut – darunter befinden sich zwei der Brüdergemeine –, später dann auch in städtischer Verwaltung, viele katholische kommen hinzu, wenige jüdische sind erhalten geblieben, ein muslimischer Friedhof, ein russisch-orthodoxer und eine buddhistische Grabanlage. Da kann nicht unbedingt von religiöser Vielfalt die Rede sein, doch sehr wohl von kulturhistorisch einzigartigen Begräbnisstätten, unter denen sich nicht nur Meisterwerke der Bildhauerei und Architektur befinden, sondern deutsche Geschichte quasi gebündelt dargeboten wird. Berlin ist ja schließlich nicht nur die heutige Hauptstadt der Bundesrepublik Deutschland, sondern war Hauptstadt des Deutschen Reiches, königliche und vormals kurfürstliche Residenzstadt und schließlich ganz früh mittelalterliche Handelsstadt. Das sind sehr unterschiedliche politische Epochen, deren Einstellung zu Leben und Tod, deren gesellschaftliche Konflikte und Widersprüche sich auf den "heiligen Stätten" widerspiegeln. Die Berliner Grabstätten zählen sicher einzeln wie in ihrer Gesamtheit zu den "sprechendsten", zu den bedeutsamsten und aufregendsten in Deutschland.

Wie kommt es aber, daß Berlin über eine derart große Zahl verstreut liegender Grabstätten verfügt? Wer sich die Übersichtskarte "Berlin & Umgebung" auf der Rückseite des Buchumschlags anschaut, wird sofort begreifen, daß die Stadt aus einem disparaten Verbund zahlreicher, ehemals eigenständiger Städte und Dörfer besteht – mit zwei Zentren, Berlin-Mitte – die einstige Doppelstadt Berlin-Cölln – und Charlottenburg, die während der

Spaltung Berlins auch die historischen Altstädte in Ost und West bildeten. Zumeist 1920 eingemeindet, sind die Dorfzentren mit ihren Dorfkirchen, Dorfauen und niedrigen Wohnhäusern bis zum heutigen Tage an den Radien Berlins aufzuspüren.

Bis zum Mittelalter fanden Bestattungen in der Kirche oder den unmittelbar angefügten Kirchhöfen statt. Ein Besuch der Marien-, Nikolai- und Parochialkirche in Berlin-Mitte, der St. Nikolaikirche in Spandau, aber auch der größtenteils im 13. und 14. Jahrhundert errichteten Dorfkirchen in den Berliner Außenbezirken vermittelt einen lebendigen Eindruck von der Art und Weise der Bestattung und des Gedenkens an die Toten jener Zeit. In den Kirchen und Grabkapellen wurden traditionsgemäß nur noch Angehörige des Hofes und des Adels und bedeutende Persönlichkeiten der Bürgerschaft bis in das 18. Jahrhundert beigesetzt. Aber auch die Friedhöfe lagen bis zu dieser Zeit noch innerhalb der Stadtgrenzen, waren keine abgeschiedenen Gedächtnishaine, sondern Stätten der unmittelbaren Begegnung von Leben und Tod.

Erst im 18. Jahrhundert verlagerte man die Friedhofskomplexe vor die Stadtmauern. So entstanden die Friedhöfe vor dem Halleschen Tor, der Invalidenfriedhof oder der Dorotheenstädtische und Französische Friedhof an der Chausseestraße. Doch nicht lange darauf lagen sie schon wieder mitten im Treiben der wuchernden Stadt, und mit ihr wuchsen auch Entfernung und Größe der nach draußen gelagerten neuen Friedhöfe. In der zweiten Hälfte des 19. Jahrhunderts entstanden die ersten künstlerisch gestalteten Reformfriedhöfe; der älteste ist der 1881 angelegte Städtische Zentralfriedhof Friedrichsfelde, der dann eine besondere Bedeutung als Begräbnisstätte für die Führer der politischen Linken erhielt. Ihm folgten Wald- und Parkfriedhöfe bis in unsere Zeit: vom 1909 eröffneten Südwestfriedhof des Berliner Stadtsynodalverbandes in Stahnsdorf bis zu dem 1951 geschaffenen Heidefriedhof Mariendorf. Auch das Bestattungswesen veränderte sich: 1911 hatte der preußische Staat Feuerbestattungen genehmigt, die schon seit 1850 heftig diskutiert wurden. Bereits ein Jahr später ist das erste Krematorium Berlins in der Weddinger Gerichtstraße mit dazugehöriger Urnenhalle entstanden, dem dann drei weitere folgten. Man wandelte nun nicht mehr zum Gedächtnis der Toten durch Kirchenräume oder unter freiem Himmel, sondern entlang an übermannshohen Wänden mit eingelassenen Urnennischen.

Der Zahn der Zeit, Witterungseinflüsse und Umweltschäden, aber auch menschlicher Unverstand haben an vielen historisch wertvollen Grabgelegen unübersehbare Spuren hinterlassen – bis auf die Grundsubstanz marode, Steine – umgestürzt, Zinnsärge – aufgebrochen, plastischer Schmuck – entwendet. Mit der Mauer quer durch und rings um den Westteil der Stadt wurden zur "Grenzsicherung" rücksichtslos Todesschneisen durch die

"Refugien des Friedens" geschlagen – und unersetzliche Werke pietätlos vernichtet. Der Zweite Weltkrieg hat den Bestand an Grabmälern vor allem in den Kirchen dezimiert. In der zerstörten Klosterkirche befand sich Berlins ältester Grabstein aus dem Jahre 1308, der ins Märkische Museum überführt wurde. Er zeigt in Lebensgröße den Ratsherrn und Bürgermeister Konrad von Belitz, der ein Jahr vor seinem Tod die beiden Städte Berlin und Cölln zu einer "Bundesstadt" vereinigte. Mit dem Belitzschen Grabmal wird ein bedeutsames Kapitel Berliner Kulturgeschichte aufgeschlagen. Fragen kommen auf: Wer waren die Menschen, denen man ein Denkmal setzte, wer die Künstler, die die Erinnerung an den Verstorbenen in Stein, Bronze, Eisen und andere Materialien meißelten und stichelten, schnitten und gossen? Welche Zeit hat welche künstlerische Ausdrucksformen gewählt, wann war die Ära der freistehenden Figur und des Bildnisses, der Sarkophage und Mausoleen? Welche Symbole, Allegorien und Attribute gab man Leben und Tod, der vergänglichen Zeit und der Ewigkeit, der Jenseitserwartung und der Auferstehung, der Liebe, dem Nichtvergessenkönnen, der Trauer und dem Leid? Welchen Wandlungen waren sie in den zurückliegenden Jahrhunderten bis zum heutigen Tag unterzogen?

Ausgewählte Beispiele sollen hier für ganze Kunstgeschichtsepochen, stilistische Richtungen und Grabmalstypen stehen. Am Bildnisgrabstein haben Adel wie Bürgertum lange festgehalten; in selbstbewußter Haltung und reicher Tracht stellen sich die Verstorbenen dar, Rollwerk rahmt Schrifttafeln und Wappenschilde ein. In der Grablege der Hohenzollern im Berliner Dom am Lustgarten treffen wir mit dem bronzenen Grabmal für den Kurfürsten Johann Cicero (gest. 1439) den in dieser Zeit charakteristischen Typus des Tischgrabmals an: Eine gleichsam in die Horizontale gelegte Stele, auf denen der Verstorbene eher steht als liegt. Die Bodenplatte zeigt den Toten im Flachrelief, darüber, von sechs Pfeilern mit davor hockenden Löwen getragen, die obere Platte mit der vollplastischen Liegefigur des "Lebenden" und den Insignien seiner Macht. Fast zwei Jahrhunderte später trägt eines der bedeutendsten barocken Herrschergräber, der Prachtsarkophag der preußischen Königin Sophie Charlotte (gest. 1705) von Schlüter, das Reliefbildnis der Verstorbenen, das von den Allegorien der Vergänglichkeit und des ewigen Schlafes gehalten wird. Am Fuße des Sarges aber sitzt der Tod als eine mumifizierte, in einen weiten Kapuzenmantel gehüllte Gestalt, die den Namen der Königin in das Buch der Unsterblichkeit einträgt. An die Stelle der ganzen Person sind neben das Bildnismedaillon die herrscherlichen Embleme getreten. Dagegen stellt das panoramaartige Marmorwandgrab des Feldmarschalls des Großen Kurfürsten Otto Christoph von Sparr (gest. 1666) in der Marienkirche den Verstorbenen vor triumphbogenartiger Hintergrundarchitektur in Rüstung kniend vor seinem Hausaltar dar, während über dem Gebälk Trophäen, antikisierende Kriegsgötter und Sklaven ruhmreiche Taten verherrlichen.

Auf den Friedhöfen stammen die ältesten Grabmäler aus der Zeit des Barock und des Klassizismus. Kaum noch erscheint der Tod als Knochenmann, um so häufiger der Zeitgott Chronos als langbärtiger hagerer Greis mit Sanduhr und Axt. Auf dem Friedhof am Halleschen Tor stützt sich auf dem Grabmonument des Obristen und königlich-preußischen Landjägermeisters Friedrich Wilhelm von Lüderitz (gest. 1795) Chronos auf eine mit dem Wappen des Verstorbenen verzierte Urne, während ein weinender Putto seiner Trauer Ausdruck gibt. Putten, selbst Bilder blühenden Lebens, spielen in dieser Zeit eine bevorzugte Rolle. Sie halten Stundengläser und Totenschädel, lassen Seifenblasen steigen, um auf die Vergänglichkeit des menschlichen Daseins hinzuweisen, deuten mit gesenkten Fackeln das Verlöschen des Lebens an oder posaunen den Ruhm des Verstorbenen aus.

In der Zeit des Klassizismus begegnet uns immer wieder das Antikenzitat in den Grabmälern Schadows und seiner Zeitgenossen. An etruskische Sarkophage erinnert das Wandgrab mit Nische für Johann Carl Wilhelm Moehsen (gest. 1795), dem Leibarzt Friedrichs II., am Halleschen Tor. Die Schlange des Äskulap und die dargebotene Opferschale weisen die auf der Tumba gelagerte Frauengestalt als Personifikation der Gesundheit aus und geben so einen Bezug zur ärztlichen Tätigkeit des Verstorbenen.

Tod, Vergänglichkeit und Auferstehung hatte Schlüter noch in von furchtbarer Lebensqual erfüllten allegorischen Figuren verkörpert. Dagegen ist in dem von Christian Rauch geschaffenen Sarkophag der Königin Luise (gest. 1810) das Irdische vom Jenseitigen nicht mehr so ohne weiteres geschieden. In den Gesichtsausdruck der Königin legte Rauch etwas von jener Harmonie, wie sie als Ideal der deutschen Klassik galt. Eher Schlaf als Tod rührt uns an.

Den alten Typus des freistehenden Hochsarkophages hat Karl Friedrich Schinkel 1824 in dem monumentalen Grabmal für den preußischen Heeresreformer Gerhard von Scharnhorst auf dem Invalidenfriedhof in gänzlich architektonischer Weise abgewandelt. Der auf zwei schweren Sockeln ruhende Marmorsarkophag wirkt durch seine blockhafte Form und als Träger eines reliefierten Frieses wie ein zweites Postament für den mächtigen, ruhenden Löwen, der, von Rauch entworfen, das Denkmal bekrönt. In enger Zusammenarbeit mit Schinkel produzierte die 1804 eröffnete Königliche Eisengießerei auch Grabkreuze und -denkmäler, von denen sich auf den Berliner Friedhöfen zahlreiche schöne Exemplare bis heute erhalten haben. Von Schinkel stammt auch das stattliche Eisenguß-Grabmal für den preußischen Kriegsminister Job von Witzleben (gest. 1837), ein von Säulen getragenes und von Adlern mit ausgebreiteten Schwingen bekröntes  13

Tabernakel mit einer Statuette der Siegesgöttin. Hier, auf dem Invaliden-friedhof wie auf dem Alten und Neuen Garnisonfriedhof in Mitte und Neu-kölln, hat sich Preußens "Glanz und Gloria" erhalten, das immer zugleich Elend und Grauen einschloß und damit auch ein Stück unverwechselbarer deutscher Geschichte ist.

Welche Vielfalt unterschiedlicher Grabmaltypen, figürlicher, bildnishafter oder architektonischer Gestaltungen finden wir auf den Friedhöfen des 19. Jahrhunderts! Schadow führte das Grabmal für den Heldendarsteller Johann Friedrich Ferdinand Fleck (gest. 1801) als Marmorurne mit den Masken der Tragödie und Komödie aus. Dagegen trägt die gußeiserne Ara des nicht weniger berühmten Schauspielers Ludwig Devrient (gest. 1832) eine antikische Henkelschale. Nur sieben goldene Lettern in Schreibschrift bilden den Namen "Iffland", und darunter in kleineren Buchstaben "starb 1814", auf dem unauffälligen Wandgrab des Mannes, dem einstmals Berlin als Theaterstadt sein Ansehen verdankte. Auf hohem Sockel erhebt sich die Bildnisstatuette Schadows selbst, mit Zirkel und Meißel, die 1822 sein Schüler Heinrich Kaehler geschaffen hat. Die Grabstele Christian Rauchs ist von einem geflügelten Genius bekrönt und trägt ein Porträtmedaillon des Verstorbenen. Eine Büste von Reinhold Begas vor einer sternfunkelnden Marmorarchitektur schmückt das Grab der "kleinen Eminenz", des Malers Adolph Menzel (gest. 1905) an der Bergmannstraße. Die Zitierung des Verstorbenen in Bildnisform führte vornehmlich auf Unternehmergräbern zu aufwendigen Figurengruppen oder monumentalen architektonischen Einbindungen. Die Büste des "Lokomotivenkönigs" August Borsig (gest. 1854) von Rauch auf denkmalartigem Sockel, an dem später als vollplastische Gruppe das Porträtrelief der Ehefrau hinzugefügt wurde, ist in einem tem-pelartigen Baldachin aufgestellt. In neubarocker Deklamatorik gestaltete Reinhold Begas 1874 die figurenreiche Gruppe für den jung verstorbenen Sohn des "Eisenbahnkönigs" Bethel Strousberg: Vom Tod hingestreckt ruht der Jüngling auf der Tumba, von zwei Putten mit Efeu und Rosen bekränzt und von einem weiblichen Todesgenius in den Armen gehalten. Besonders angesehene, reiche Bürgerdynastien ließen sich einen "Friedhof im Fried-hof" der Gemeinde errichten. So erbaute Friedrich Hitzig 1877 ein dreiteiliges Mausoleum mit einem von dorischer Säulenbalustrade abgeschlossenen Denkmalsgarten und einem an das römische Scipionengrab anklingenden Sarkophag in der Mitte für die Bankiersfamilie Hansemann auf dem Matthäusfriedhof. Einem solchen Privatfriedhof für die Familien von Helm-holtz und von Siemens gab 1906 auch Adolf von Hildebrand auf dem Neuen Friedhof Wannsee den architektonischen Rahmen.

Gegen Ende des 19. Jahrhunderts tritt das Bild der Person gegenüber der abstrakteren, symbolträchtigeren Repräsentation des Werkes und Wertes des Verstorbenen zurück. Ein hervorragendes Beispiel ist Siemerings Relief für das pergolaartige Grab des Architekten Martin Gropius (gest. 1880) auf dem Dreifaltigkeitsfriedhof mit dem Todesgenius und der trauernden "Kunst", eine Mappe mit den Arbeiten des Verstorbenen unter dem Arm. Auf die Leistung des berühmten Ägyptologen Heinrich Brugsch (gest. 1894) verweist die stelenartig aufgerichtete mächtige Sargplatte aus Sakkara (4000 v. Chr.). Schaffenskraft und Erfolg sind seit der Gründerzeit die Synonyme arrivierter Bürger. Für das Grabmal des Fabrikanten Robert Stock (gest. 1912) auf dem Luisenstädtischen Friedhof wurde die lebensgroße Bronzestatue eines Schmiedes verwendet, übrigens ein Stück aus dessen Kunstsammlung. Höhepunkt dieses Zeitgeistes ist wohl die Kolossalfigur des geflügelten und bärtigen Chronos auf dem architektonischen Grabmal für Georg Wolff (gest. 1904), das an den schlafenden Kaiser des Kyffhäuser-Denkmals erinnert und auch von dem gleichen Künstler, Bruno Schmitz, geschaffen wurde.

Die ausdrucksstarke Periode des Jugendstils mit der ihm eigenen sinnlichen Schönheit der Linien und Ornamente, Pflanzen und Figuren, verbunden mit gotischem Maßwerk und einem das Baumodell des Verstorbenen vorweisenden Engel, findet eine Synthese in dem großartigen Grabmal für den Baumeister Johannes Otzen (gest. 1911), dessen von ihm entworfene Trauerhalle sich gleich daneben auf dem Neuen Friedhof Wannsee befindet. Beinahe durchgängig begegnet man um die Jahrhundertwende der gleichzeitigen Verwendung von Elementen vergangener Kunstrichtungen (Neugotik, Neubarock, Neuklassizismus), manchmal miteinander oder mit anderen Stilrichtungen verbunden, aber aus zeitgenössischem Geist und durchaus eigenständig, wie sie in der expressiven Marmorbüste "Das Leid" mit klassizistischem Bildnis und neubarocker Formulierung des Leidens von Gustav Eberlein über dem Grabstein der Josefa Müller (gest. 1927) geschaffen und auf eine neue symbolistische Formel gebracht worden ist.

Dann hört die bildliche Darstellung von Person, Abschied, Leid oder Trost auf. Die architektonische Grabmalkunst hatte schon um 1800 ihren charakteristischen Ausdruck in der 1938 wiederentdeckten Grabstätte des Architekten David Gilly (gest. 1808) gefunden, einer nur durch einen weit schwingenden halbkreisförmigen Bogen unter schlichtem Giebel gegliederten Wand, die wohl von ihm selbst geschaffen wurde. Monumentale Architekturformen bieten dann mehr als ein Jahrhundert später die Grabmäler für den Architekten Messel (gest. 1909) oder für den Politiker Gustav Stresemann (gest. 1929). Dem einen wurde auf dem Matthäusfriedhof eine dorische Tempelfront mit eingeblendeten Säulen gesetzt, die einen Fries mit girlandenhaltenden Putten tragen, dem anderen ein architektonisch gerahmter Sarkophag von Hugo Lederer auf dem Luisenstädtischen Friedhof. Zu den vielen Fassadenarchitekturen dieser Zeit setzt die von Walter Gropius entworfene Kleinarchitektur des Grabmals Mendel in Weißensee mit ihrer 15 belebenden Symmetrie und räumlichen Wirkung einen Gegenakzent. Als einzigartige expressionistische Raumstruktur aus Stahlbeton wurde 1920 das Grabmal Wissinger in Stahnsdorf nach dem Entwurf des Architekten Max Taut errichtet. Aus kristallin stilisiertem Wurzelwerk wächst eine Arkatur aus Schäften und spitzgiebeligen Bögen hervor, die die räumliche Idee einer dreijochigen gotischen Halle vermittelt.

In der Schlichtheit liegt der Ansatzpunkt für die Grabmalgestaltung unserer Zeit. Zwei unbearbeitete Granitfindlinge tragen lediglich die Namen des Dichters Bertolt Brecht (gest. 1956) und der Schauspielerin Helene Weigel (gest. 1971) auf dem Dorotheenstädtischen Friedhof.

Ist also die Zeit des figürlich geschmückten oder architektonischen Grabmals endgültig vorbei? Ist die Eintönigkeit ewig gleichen Steins auf die Berliner Friedhöfe niedergegangen? Von den Serien einander gleichender Inschriftensteine heben sich hin und wieder originelle Schöpfungen ab. Dafür drei Beispiele: Die witzig-liebevolle Ritzzeichnung auf einem unbehauenen Findling für den Malerdichter Günter Bruno Fuchs von Günter Anlauf, die grob behauenen Gedenksteine Kurt Mühlenhaupts für die zum Teil noch nicht verstorbenen Familienmitglieder mit köstlich naiv gemalten Medaillons, und, als seltenes Beispiel einer abstrakten Plastik, die aufstrebende Pflanze für die Grabstätte Seidler von Volkmar Haase an der Heerstraße.

Originalität und Wiederholung, Variation und Vielheit, Kontrast und Wandlung, Stilreinheit und Vermischung sind die Merkmale, die auf jedem der Friedhöfe zu finden sind, – eine schier unendliche "Schatztruhe" tut sich für den interessierten Besucher der geweihten Erde auf. Über 300 der namhaftesten und bekanntesten, auch der vergessenen und verkannten Künstler sind in diesem Buch der Grabmalkunst eingetragen. Wer wird sie finden im Labyrinth der Grabstätten der Stadt?

Diese Vielfalt gilt ebenso für Herkunft, Lebensstationen und Schicksale der über 1700 hier aufgeführten Bestatteten. Gräber berühmter Persönlichkeiten tragen nur einen schlichten Stein oder eine einfache Tafel, während heute gänzlich Unbekannten pompöse Grabanlagen, aber auch kunsthistorisch wertvolle Grabmäler gesetzt wurden. Auf dem Dorotheenstädtischen Friedhof haben sich vor allem die Bildhauer, Baumeister und Philosophen aus klassischer Zeit zusammengefunden: Schadow, Rauch, Schinkel, Fichte, Hegel. Nach 1945 hat auch die ostdeutsche Prominenz aus Kunst, Wissenschaft und Politik hier ihre letzte Ruhestätte gefunden. Tieck, Schleiermacher und Menzel ruhen auf dem Dreifaltigkeitsfriedhof. Die schlichten Obelisken der Märchenbrüder Grimm findet man auf dem Matthäusfriedhof. Geht man den Weg der Romantik ins 19. Jahrhundert weiter, muß man sich am Halleschen Tor zu Chamisso, E.T.A. Hoffmann und Adolf Glaßbrenner begeben. Kleists Grabstein steht ganz draußen am Kleinen Wannsee, wo auch heute das Leben lärmt – nur an grauen Novembertagen wird die Melancholie dieser Stätte wieder lebendig. Lediglich ein einfaches Steinkreuz erinnert an den Komponisten Felix Mendelssohn-Bartholdy am Halleschen Tor, während Albert Lortzing auf dem "Musikerfriedhof" an der Bergstraße Frieden fand. Eine schmucklose Grabtafel deutet auf dem Französischen Friedhof an der Liesenstraße auf die letzte Ruhestätte des berühmten Berliner Romanciers und "Wanderers durch die Mark Brandenburg", Theodor Fontane, während der weltberühmte Maler Max Liebermann 1935 von nur wenigen Getreuen auf dem Jüdischen Friedhof Schönhauser Allee zu Grabe getragen wurde. Der idyllische Friedhof an der Heerstraße birgt viele Namen aus der Berliner Kunstwelt vor und zwischen den beiden Weltkriegen (Arno Holz, Joachim Ringelnatz, Theodor Däubler, Maximilian Harden, Ferdinand Bruckner, Georg Kolbe, Paul Wegener). Auf dem Waldfriedhof Dahlem sind die Schriftsteller Gottfried Benn und Erich Mühsam, die Maler Carl Hofer und Karl Schmidt-Rottluff begraben, während dessen Gefährte aus der "Brücke"-Zeit Max Pechstein neben dem Bildhauer Richard Scheibe auf dem Friedhof an der Schmargendorfer Kirche liegt. Vater Zille hält ebenso wie der Maler Lovis Corinth in Stahnsdorf ewigen Schlaf. Auf dem Zentralfriedhof Friedrichsfelde ziert das Grabmal der 1945 verstorbenen Käthe Kollwitz ihr Relief "Ruht im Frieden seiner Hände". Das Grab des ermordeten Ministers Walter Rathenau befindet sich in Oberschöneweide, Otto Lilienthal, der erste Pionier des Flugwesens, wurde in der Nähe seines Absturzortes in Lichterfelde begraben. Die Grabstätten, zu denen heute wohl am häufigsten gewallfahrt wird, sind die von Rosa Luxemburg und Wilhelm und Karl Liebknecht auf dem Friedrichsfelder Zentralfriedhof, von Ernst Reuter und Willy Brandt auf dem Zehlendorfer Waldfriedhof. Aber nicht weniger besucht wird seit 1992 das Grab der zum Mythos gewordenen Marlene Dietrich auf dem Dritten Schöneberger Friedhof.

"Nicht alle sind tot, die begraben sind", verkündet ein Grabspruch auf dem Stahnsdorfer Friedhof. Begräbnisstätten reflektieren die Gesellschaft, die Kultur, die ethischen Vorstellungen und Werte der einstmals Lebenden. Sie sind aber auch ein Spiegelbild für den Zeitgeist der heute Lebenden, für ihren Umgang mit den Toten. Sie sind wie ein Bilderbuch, das wir nur recht zu lesen verstehen müssen. Sie sind wie elysische Gefilde aus Stein und Gras, Strauchwerk und Bäumen und Bänken, mit Himmel und Erde, Sonne, Regen und Schnee, in denen wir mit Andacht und Trauer, aber auch mit Lust und Vergnügen wandeln können. Wer sie als Quelle eigener Neugier betrachtet, wird auf seinen Exkursionen und Wanderungen quer durch Berlin wohl auch auf Bekanntes und Vertrautes, aber vornehmlich auf Neues, Unvorhergesehenes stoßen. Beides könnte sich darin auf sinnvolle Weise ergänzen.

*Klaus Hammer*
*in Zusammenarbeit mit Klaus Esche* 17

# MITTE

*Detail an der Sophienkirche*

# GRUFTKIRCHE IM DOM

*Karl-Liebknecht-Straße / Lustgarten*
*10178 Berlin*

Für die einen gilt der am Lustgarten 1893-1905 von JULIUS RASCHDORFF als "Hauptkirche des preußischen Protestantismus in Berlin" im Stile der italienischen Hochrenaissance erbaute Dom als eine der schönsten europäischen Hallenkirchen, für die anderen ist er nur ein wilhelminischer Prunk- und Protzbau, "ein häßliches Monster von 100 Meter Länge und 100 Meter Höhe". Mittlerweile gehört das "Monstrum" zu den Wahrzeichen der zusammengewachsenen Hauptstadt, und daß er die größte Beisetzungsstätte der Hohenzollern ist, gibt ihm seine besondere Bedeutung. Der Dom wurde 1945 stark beschädigt und lediglich die Gruftkirche konnte in der Folgezeit vorübergehend für Gottesdienste benutzt werden.

1974 begann die Instandsetzung des Äußeren, unter anderem mit finanzieller Hilfe der Evangelischen Kirche in Deutschland. Am 6. Juni 1993 ist die Predigtkirche mit ihren 1600 Sitzplätzen eingeweiht worden. Die Prunksärge des ersten preußischen Königspaares Friedrich I. und Sophie Charlotte sowie des Großen Kurfürsten und seiner zweiten Gemahlin Dorothea und das Bronzegrabmal für den Kurfürsten Johann Cicero wurden, da die Denkmalskirche, ihr ursprünglicher Standort, 1975 abgerissen wurde, unterhalb der Orgel und der Südempore aufgestellt – die Sarkophage werden im folgenden Abschnitt über die Gruftkirche behandelt. Im Herbst 1994 ist dann auch die Fürstengruft der Hohenzollern baulich fertig und wieder den Besuchern zugänglich.

Seinen Namen leitet der Dom von der 1747 abgetragenen Domkirche am Schloßplatz her. Er ist der dritte Kirchenbau an dieser Stelle: Den von JOHANN BOUMANN D.Ä. 1747/50 erbauten ersten Dom am Lustgarten hatte KARL FRIEDRICH SCHINKEL 1817 innen und 1820/22 außen in hellenischen Formen umgebaut, jedoch unter Wahrung der Substanz. 1893 wurde er zugunsten des Raschdorffschen Baues abgerissen. Nach langwierigen Planungsverfahren (1867/68 hatte es einen öffentlichen internationalen Architektenwettbewerb gegeben; 1892 hatte der preußische Landtag die Summe von 10 Millionen Goldmark bewilligt, auf deren Einhaltung der Kaiser sehr achtete) wurde unter dem Einfluß Wilhelms II. die Entscheidung zugunsten des Raschdorffschen Projektes gefällt.

Die Kirche ist ein 114 Meter langer und 73 Meter tiefer Zentralbau mit hoher Kuppel (Höhe bis zum Fuß der Laterne: 75 Meter) aus schlesischem Sandstein. Sie ist in Haupt-(Predigt-)Kirche, Gruftkirche und Kirche für Taufen und Trauungen gegliedert.

19

*Berliner Dom*

Von den zwölf Zugängen liegen neun an der Lustgartenseite, einer gegenüber dem früheren Schloß und zwei am Spreekai. Der Raschdorffsche Dom ist eigentlich immer auf Kritik gestoßen: "Höhepunkt des Verfalls" (Walter Wendland), "Lärmend protziger Schwall" (P.O. Rave). Erst seit jüngster Zeit wird er als authentisches Dokument seiner Zeit baugeschichtlich akzeptiert.

In der Gruftkirche, "einer der größten und bedeutendsten Grablegen Europas" (Dombaumeister Rüdiger Hoth), befinden sich etwa 90 Sarkophage und Grabmäler von Angehörigen des Hauses Hohenzollern. Die Sarkophage sind vom 16. bis frühen 18. Jahrhundert vorwiegend aus Zinn, mit ornamentalem und figürlichem, dem Zeitgeschmack folgenden Dekor, vom 18. Jahrhundert an, seit Friedrich Wilhelm I., zumeist aus Holz, samt- oder brokatbezogen und mit Tressen und ornamentalem Schmuck. So veranschaulichen sie in der zeitlichen Abfolge den lückenlosen Wandel von Renaissance zum Barock.

Ein Meisterwerk der älteren Erzbildnerei ist das mächtige Bronzegrabmal für den **Kurfürsten Johann Cicero** (gest. 1499). Dessen Sohn Joachim I. hat es 1524 der Vischerschen Gießhütte in Nürnberg in Auftrag gegeben, und es ist, unter Beteiligung von PETER VISCHER D.Ä. bis 1530 von dessen Sohn HANS VISCHER ausgeführt, das Hauptwerk des Künstlers. Die Figur des Kurfürsten ist mit dem Grabmal Friedrichs des Weisen in Wittenberg vergleichbar.

Nicht eindeutig geklärt ist die Entstehungsgeschichte. Ursprünglich in der Klosterkirche Lehnin bei Brandenburg aufgestellt, wurde das Grabmal

20

1545 in den Berliner Dom verbracht. Es hat die mittelalterliche Form eines Tischgrabes: die Bodenplatte gibt die Darstellung des Verstorbenen (in Kurtracht) im Flachrelief, darüber befindet sich, von sechs Renaissancepfeilern mit davor hockenden Löwen getragen, die Deckplatte als Prunkbett mit der vollplastischen Liegefigur des Kurfürsten in Rüstung und reich gemustertem Mantel sowie den Insignien seiner Macht. Am Plattenrand zieht sich die Grabschrift nebst Wappentafeln entlang.

Die barocken Prunksarkophage sind in zwei Gruppen zu unterteilen: Die erste Gruppe hat JOHANN MICHAEL DÖBEL geschaffen. Es sind zwei vergoldete Prunksarkophage für **Kurfürst Friedrich Wilhelm** (Großer Kurfürst, gest. 1688) und seine zweite Gemahlin **Dorothea von Holstein-Glücksburg** (gest. 1689). DÖBEL hat sie vielleicht nach einem Entwurf von JOHANN ARNOLD NERING ausgeführt. Der Kurfürstensarkophag wird von besiegten Kriegern und Löwen getragen, er ist mit reichem plastischem Schmuck versehen, an den Ecken des durch Kurhut und Wappen geschmückten Deckels halten Adler Bänder mit Inschrifttafeln in ihren Schnäbeln. An den Seitenwänden befinden sich Embleme und allegorisch auf den Verstorbenen bezogene Reliefmedaillons, unter anderem eine Ansicht der Festung Berlin und eine Darstellung der Schlacht bei Fehrbellin gegen die Schweden, alle reich verziert durch Trophäendraperien und Akanthusblattwerk. Der Sarkophag der Kurfürstin ist ähnlich gestaltet. Vier Löwen tragen den Sarg, an den Wandungen und am Deckel befinden sich zahlreiche Putten, Schwäne, Akanthusblattwerk, Lorbeer- und Palmenzweige sowie Blumengirlanden. Verwandt im Typ und figürlich ähnlich dekoriert der Sarkophag des **Markgrafen Karl Philipp** (gest. 1695), urkundlich 1699 von DÖBEL gestaltet. Stilistisch werden DÖBEL auch die Sarkophage der **Kurprinzessin Elisabeth Henriette**, der ersten Gemahlin des späteren Königs Friedrich I. (gest. 1683) und des **Markgrafen Ludwig** (gest. 1687) sowie der Kindersarkophag für **Friedrich August** (gest. 1686) zugeschrieben.

Die zweite Gruppe barocker Prunksarkophage stammt von ANDREAS SCHLÜTER und seinem Kreis. Hauptwerke sind die beiden prachtvollen, vergoldeten Sarkophage für den ersten König von Preußen, **Friedrich I.** (gest. 1713), und seine zweite Gemahlin **Sophie Charlotte** (gest. 1705) von ANDREAS SCHLÜTER, ausgeführt von JOHANN JACOBI in einer Blei-Zinn-Legierung – es sind Höhepunkte barocker Sarkophaggestaltung. Der Sarkophag der Königin ist nach Schlüters Modell in 143 Tagen für die feierlichen Beisetzungszeremonien am 25. Juni 1705 gefertigt worden. Das neue Königtum ist Hauptthema der bildnerischen Gestaltung: Ein kronenbesäter, hermelingefütterter Mantel liegt über dem Sarkophagdeckel, die Königskrone steht über dem am Kopfende aufgerichteten Porträtmedaillon wie über beiden seitlichen Kartuschen. Sie tragen die Inschrift und Wappen der welfischen Prinzessin und werden jeweils von zwei Welfenrössern gestützt. Der preußische Adler beherrscht die zwei Ecken zu Füßen, das riesige Königlich Preußische und Kurfürstlich Brandenburgische Wappen rahmend. Allegorische Reliefs an den stark gebauchten Sarkophagseiten bringen die Tugenden der Verstorbenen zum Ausdruck. Die zu Füßen hockende Gestalt des Todes, eine vom schwingenden Mantel umhüllte Freifigur, schreibt den Namen der Königin in das große Buch der Ewigkeit. Diese Todesgestalt, durch ihre momentane Haltung und Tätigkeit von furchterregenden Leben erfüllt, wird noch verstärkt durch den Kontrast zu der Figur am Kopfende, der im Kronenmantel Schlummernden, wohl einer Allegorie des ewigen Schlafes. Ihr gegenüber die Allegorie der Vergangenheit. Der Sarkophag des Königs, das letzte Werk Schlüters in Berlin, 1713 möglicherweise nach einem bereits 1705 durchdachten Gesamtplan geschaffen, ist auf den der Königin derart bezogen, daß man sich, besonders auch in Hinblick auf die einseitig erhöhten allegorischen Frauenfiguren, die Konzeption beider Werke wohl bereits 1705 denken muß. Hier wird das gerahmte Bildnis von weiblichen Personifikationen der "Kurmark" und der "Borussia" begleitet. An der Vorderseite entspricht dem Tod eine große Klagefigur, die einen Seifenkugeln blasenden Putto neben sich hat als Zeichen der Vanitas, der Vergänglichkeit.

Als SCHLÜTER 1708 den Auftrag für den Kindersarkophag des **Prinzen Friedrich Ludwig** (gest. 1708), des erstgeborenen Sohnes des Kronprinzen Wilhelm, erhielt, gab er dem Auferstehungsglauben ergreifenden Ausdruck: Zu Häupten die Königskrone, zu Füßen der mächtige, wie ein Wächter hockende Adler, richtet sich ein nackter Knabe von idealer Schönheit mit sprechender Geste überlebensgroß empor. Er ruht noch auf dem Leichentuch über dem hermelingefütterten Mantel, der den Sarkophagdeckel mit seinen vier grausigen Totenkopfgriffen halb bedeckt. Das Kind ist kein Porträt im eigentlichen Sinne, sondern Verkörperung der sich erhebenden Seele – so wird dem fast übermächtig vorgetragenen Gedanken von Tod und Vergänglichkeit die verheißungsvolle Verkündigung der Auferstehung hinzugefügt. Offensichtlich ist der Sarkophag des Prinzen Friedrich Ludwig von dem frühbarocken Kinder-Sarkophag des Prinzen Wilhelm Heinrich (gest. 1649) angeregt worden. Schlüter zugeschrieben werden auch die Kinder-Sarkophage für **Friederike Dorothea Henriette von Brandenburg-Schwedt** (gest. 1701) und **Georg Wilhelm von Brandenburg-Schwedt** (gest. 1704). Daß der theologische und dynastische Gehalt unvermittelt zum Ausdruck kommt, sich in den verschiedenartigen, das Gefühl erregenden Gestalten, in den lebhaft agierenden Wappentieren ebenso ausspricht wie in der ornamentalen Pracht und kraftvollen Plastizität der Sarkophage, ist Schlüters unverbildetem Genie zu verdanken, dem die meisterhafte Gießerkunst von Johann Jacobi zur Seite stand. Die Sarkophage sind aus einer leichter als Bronze zu behandelnden Blei-Zinn-Legierung, die Figuren vergoldete Bleigüsse.

Wenn auch nicht mehr von Schlüter selbst geschaffen, gehört zu dieser Gruppe auch der vergoldete Prunksarkophag für **Markgraf Philipp Wilhelm von Brandenburg-Schwedt** (gest. 1711), vermutlich von JOHANN GEORG GLUME D.Ä., dem Hauptmeister der Schlüter-Nachfolge in Berlin, 1715 vollendet. Von berstenden Kanonenkugeln getragen, die Ecken eingefaßt von Kanonenrohren, nehmen auch die Darstellungen der Wandungen bezug auf die Tätigkeit des Verstorbenen als Generalfeldzeugmeister: Die Mitte beider Langseiten mit idealisierten Reliefbildern des Markgrafen, umgeben von Tugenden, seitlich davon und an den Schmalseiten Waffen und Kriegs- sowie Vermessungsgerät, ferner emblematische Darstellungen – alles von vorzüglicher Qualität. Der Kindersarkophag des **Prinzen Friedrich Wilhelm** (gest. 1711) stammt ebenfalls von JOHANN GEORG GLUME D.Ä., es ist sein frühestes nachgewiesenes Werk. Die Särge weiterer Schwedter Markgrafen wurden 1983 von Schwedt in die Gruft des Berliner Doms überführt, in der ja schon der erste Schwedter Markgraf Philipp Wilhelm mit seiner Familie ruhte.

Unter den spätesten Beispielen ragt der inzwischen völlig restaurierte Marmor-Kenotaph für **Kaiser Friedrich III.** (gest. 1888) von REINHOLD BEGAS, dem Hauptvertreter der neubarocken Plastik in Deutschland, heraus. Er wurde 1905 aus dem Mausoleum an der Friedenskirche in Potsdam nach Berlin verbracht: Auf der Tumba die lebensgroße Liegefigur des Verstorbenen, mit Lorbeerblättern und einem Palmwedel bedeckt, von den Füßen hängt ein Krönungsmantel herab. Am Kopfende des Sarges stehen zwei Adler. In Potsdam ist eine eigenhändige Replik von 1905 verblieben.

Die Hohenzollerngruft soll nach ihrer Fertigstellung auch die Särge der letzten deutschen Kaiserin **Auguste Viktoria**, der zweiten Frau Kaiser Wilhelms II., von Prinzessin **Hermine** sowie von drei Hohenzollernprinzen aufnehmen, die zur Zeit noch unzugänglich im Potsdamer Antikentempel stehen. Nicht nach Berlin umgebettet wird der in Doorn in Holland beigesetzte Ex-Kaiser Wilhelm II., der in einem Testamentsnachtrag vom Dezember 1933 Hitlers Pläne durchkreuzt hatte, seinen Sarg nach Potsdam bringen zu lassen.

Die Fürstengruft des Domes sowie das Mausoleum der Königin Luise im Garten des Charlottenburger Schlosses sind die Grablege der Hohenzollern. 1992 sind zudem die Gebeine Friedrichs II. aus der Stammburg Hohenzollern nach Potsdam-Sanssouci überführt worden.

## MARIENKIRCHE

Karl-Liebknecht-Straße

*10178 Berlin*

*Eingang Marienkirche*

Die brandenburgischen Kurfürsten und preußischen Könige ruhen im Dom, der mit seiner mächtigen Kuppel die Silhouette der Innenstadt prägt. Dagegen ist die **Marienkirche** am Neuen Markt zwischen dem Roten Rathaus und der Stadtbahn ehrwürdiges Zeugnis Berliner Stadtgeschichte. Der gotische Totentanz in der Turmhalle zieht sich 22 Meter lang hin, vereinigt 27 Paare – Mensch und Tod – zum letzten Tanz. Ob weltlich oder geistlich, jung oder alt, arm oder reich, niedrig von Stand oder hoch: der Tod holt sie alle. Und hier in der Kirche und um sie herum sind sie begraben, die Bürgermeister und Stadthonoratioren, die hohen Militärs und kurfürstlichen Räte zwischen Renaissance, Barock und dem neuen Rationalismus des 18. Jhds.

Die Pfarrkirche der nach Mitte des 13. Jahrhunderts gegründeten Neustadt erhebt sich als langgestreckter Backsteinbau über hohem Feldsteinsockel. Die dreischiffige Hallenkirche von sechs Jochen, mit einschiffigem, einjochigem Chor und siebenseitigem aus dem Zwölfeck gebildeten Schluß wurde um 1270/80 begonnen und in der ersten Hälfte des 14. Jahrhunderts vollendet. Der Chor war bei der ersten urkundlichen Erwähnung 1294 wohl schon fertiggestellt. Die Sakristei am südlichen Seitenschiff entstand in der zweiten Hälfte des 14. Jahrhunderts. Nach dem Stadtbrand 1380 wurde die Kirche erneuert, dabei blieben wesentliche Teile des Gründungsbaues erhalten; der Ostgiebel des Langhauses kam Ende des 14. Jahrhunderts hinzu. Im frühen 15. Jahrhundert wurde die Kirche nach Westen durch Verbreiterung der westlichen Travée und Errichtung einer dreischiffigen Vorhalle in Schiffsbreite aus Bruchsteinmauerwerk erweitert, mit hochaufragendem Turm über dem mittleren Joch, um 1418 begonnen und bis Ende des 15. Jahrhunderts ausgeführt. Als Baumeister wird 1466/67 STEFFEN BOXTHUDE genannt. Der den Turm wirkungsvoll abschließende originale Aufsatz in gotisierenden Formen geht 1789/90 auf CARL GOTTHARD LANGHANS D.Ä.

zurück. Dem Langhaus wurde 1729 die Magistratsloge an der Südseite vorgelegt, die 1893/94 neugotisch umgestaltet und mit der Sakristei unter
Einfügung einer Vorhalle und Wiederholung des Sakristeigiebels zur einheitlichen Fassade mit vier Giebeln zusammengeschlossen wurde. Die Magistratsloge ist nach 1945 zu einer Kapelle ausgebaut worden.

Im Innern finden wir achtpaßförmige Bündelpfeiler, ihr oberer Abschluß
wurde 1817/19 verändert, ein Kreuzrippengewölbe, die im frühen 15.
Jahrhundert erweiterte westliche Travée sowie die Turmhalle mit Netz- bzw.
Sterngewölben; das Gewölbe im Turmjoch entstand 1893/94, auch die Westempore hat neugotische Formen.

Im nördlichen Teil der Turmhalle befindet sich der schon genannte
**Totentanz**, die bedeutendste erhaltene mittelalterliche Darstellung dieses
Themas in Norddeutschland und zugleich das Hauptwerk der Berliner Male-
rei des 15. Jahrhunderts. Er ist um 1485, wohl unmittelbar nach einer großen
Pestepidemie, entstanden. Ein Fries von zwei Meter Höhe und etwa 22 Meter
Länge: Die Vertreter der geistlichen und weltlichen Stände, jeweils von
Leichnamen geführt, schreiten in einer Art Reigentanz von links nach rechts;
am Nordwestpfeiler, zwischen der geistlichen und weltlichen Gruppe, befindet sich eine wahrscheinlich etwas ältere Kreuzigungsdarstellung mit Stif-
tern; unterhalb der Darstellung ein Schriftband mit moralisierenden Texten
in niederdeutscher Sprache. Der Totentanz wurde 1860 freigelegt und mehrfach stark ergänzt, 1955/58 konserviert und von Übermalungen befreit. Er
befindet sich in schlechtem, stark gefährdetem Zustand.

Ein Meisterwerk auch die **Marmorkanzel** von ANDREAS SCHLÜTER, 1702/
03, ein Hauptbeispiel Schlüterscher Dekorationskunst.

In der Marienkirche sind zahlreiche Berliner Bürger bestattet worden.
Der reiche Bestand an **Tafelbildern** und **Epitaphien** bietet einen repräsentativen Überblick über die Berliner Malerei und Plastik vom Mittelalter bis
zum späten 18. Jahrhundert: Im Chor macht die Beweinung Christi zwischen
Johannes und Maria Magdalena sowie dem Stifterpaar **Blankenfelde** vom
Meister des Epitaphs WIN, Ende des 15. Jahrhunderts, auf sich aufmerksam.
Ihr zugehörig der bemalte Rahmen mit vier Heiligen. Oben ein kunstvoll
verschlungenes Spruchband, unten die ikonographisch interessanten Passions-
attribute. Unter der Westempore die Kreuzigung Christi mit Heiligen und der
Familie des Stifters **Thomas von Blankenfelde**, im Hintergrund eine Land-
schaft mit Stadtansicht, ebenfalls vom Meister des Epitaphs WIN, um 1505.
Beide Tafelbilder waren ehemals in der Franziskanerkirche. Auch unter der
Westempore befindet sich das Epitaphgemälde mit dem **Weinberg des
Herrn** (Allegorie nach einem Holzschnitt von ERHARD SCHOEN) und **Christus in der Kelter**, für ein unbekanntes Paar um Mitte des 16. Jahrhunderts
angefertigt.

25

Eine Anzahl von Epitaphien des zweiten und dritten Viertels des 16. Jahrhunderts, geprägt vom neuen protestantischen Gedankengut, werden MICHEL RIBESTEIN zugeschrieben, der 1539 als Neubürger in Berlin und kurfürstlicher Hofmaler genannt wird: Das Epitaph für **Peter Matthias** und **Frau**, Christus, die Hölle bezwingend, 1553, unter der Empore (ehemals Nikolaikirche); das Epitaphgemälde für **Hans Tempelhoff**, Jüngstes Gericht, 1558, im nördlichen Seitenschiff; das Epitaphgemälde für **Simon Mehlmann**, Christi Höllenfahrt, 1562, im südlichen Seitenschiff. Von anderen Künstlern stammen das Epitaph für ein unbekanntes Paar, **Auferstehung Christi**, in Renaissancerahmen, Ende des 16. Jahrhunderts, im nördlichen Seitenschiff; das Epitaphgemälde für **Marcus Goltze** (gest. 1612) und Frau, Lehrender Christus im Tempel, ein bedeutendes spätmanieristisches Werk unter dem Einfluß HANS VON AACHENS, unter der Westempore (ehemals in der Nikolaikirche); das Epitaphgemälde für Bürgermeister **H. Rötzlow** (gest. 1642), Jakobs Traum, in der ursprünglichen Rahmung, MICHAEL CONRAD HIRT zugeschrieben, unter der Westempore. Im Chor vom Süden nach Norden: der Wandepitaph für den Bürgermeister **Joh. Joachim Lietzmann** (gest. 1712), Sandstein, ein bewegter Aufbau mit reichem allegorischem Figurenschmuck, die wappengeschmückte Inschrifttafel durch eine Urne zwischen den Personifikationen Justitia und Caritas bekrönt, unten ein geflügelter Chronos und Totenkopf, zu beiden Seiten zwei weibliche Allegorien mit gesenkter bzw. erhobener Fackel, vermutlich von JOHANN GEORG GLUME D.Ä.. Der Inschriften-Doppelepitaph für Schloßhauptmann **Balthasar von Schlieben** (gest. 1639) und **Frau** (gest. 1673), eine Marmortafel in Sandsteinrahmung. Bedeutsam für den Einfluß des flämischen Barock auf die vorschlütersche Plastik in Berlin das Wandgrabmal des brandenburgischen Generalfeldmarschalls **O. Chr. von Sparr** (gest. 1668), Marmor, 1662/63 von ARTUS QUELLINUS D.Ä. aus Antwerpen gefertigt: Ein großer Säulenaufbau, im Mittelfeld vor triumphbogenartiger Hintergrundarchitektur der gerüstete Feldmarschall, vor seinem Hausaltar kniend, begleitet von einem helmtragenden Pagen und einem Hund, im Aufsatz zu seiten des Familienwappens Mars und Minerva, ferner Gefangene, Sklaven, Kriegs- und Siegestrophäen. Das Werk ist im Gesamtaufbau wie in den Details von hoher Qualität. Außen die zugehörige Familiengruft, darin zehn ornamentierte Särge des 17. Jahrhunderts. Das schöne schmiedeeiserne Gitter befindet sich jetzt vor dem Röbelschen Grabmal.

Im nördlichen Seitenschiff von Osten nach Westen: Das Epitaph **Ehrenreich von Röbel** (gest. 1630) und **Frau** (gest. 1642), Sandstein, ein retabelartiger manieristischer Architekturaufbau, von Engelskaryatiden getragen, die Verstorbenen kniend vor dem Gekreuzigten, an den Seiten in Tabernakeln mit wappenverzierten Säulen die Personifikationen der Klugheit und des Glaubens, im Aufsatz drei weitere Figuren, die Hoffnung, flankiert von

26

*Grabdenkmal F. Roloff und Frau*    *Wandgrabmal O.Chr. von Sparr*

Johannes und Paulus, Anfang des 17. Jahrhunderts aus Holz, das Ganze reich mit Roll- und Knorpelwerk verziert, das die starre spätmanieristische Figurendarstellung in Bewegung versetzt. Davor das feine schmiedeeiserne Gitter, das ursprünglich zum Grabmal Sparr gehörte Weiter das Grabdenkmal für drei **Kinder** des Pfarrers **Martin Lubarth** (gest. 1654/61), Sandstein; der Epitaph **H. Krause** (gest. 1677), in Sandsteinrahmung; das Denkmal für den Pfarrer **D.E. Roloff** (gest. 1743) und **Frau** (gest. 1773), 1794 von EMANUEL BARDOU, eines seiner Hauptwerke. Auf hohem Inschriftsockel die lebensgroße frühklassizistische Marmorstatue der Hoffnung mit Anker und Schlange, an eine Urne gelehnt, daran die vorzüglichen Reliefbildnisse der Verstorbenen, davor das strenge eiserne Gitter der Zeit; der Epitaph für **A. Margaretha Hoffmann** (gest. 1741), Marmor, Inschriftkartusche mit Putto, der das Reliefbildnis hält; ein Epitaph ohne Inschrift, hölzerner Sarkophagaufbau mit Urne und zwei trauernden Putten, Ende des 18. Jahrhunderts.

Ebenfalls im nördlichen Seitenschiff der Stuckepitaph für den Hofschneider **Johann Korn** (gest. 1671), hinter dem Tischaltar die Halbfigur des Verstorbenen im Gebet, mit allegorischem Beiwerk; der Epitaph für **Joh. Melchior Leonhard** (gest. 1697), eine Inschrifttafel in reicher Rahmung; der Inschriftepitaph für Bürgermeister **Andreas Weber** (gest. 1694), Sandstein; der Doppelepitaph **Margarethe Tieffenbach** (gest. 1687) und **Tochter** (gest. 1687), marmorne Inschrifttafeln in aufwendigem Akanthus-Holzrahmen mit symbolischen Reliefdarstellungen.

27

Im südlichen Seitenschiff von Westen nach Osten: drei Inschriftepitaphien für **R. Stiller** (gest. 1712), **C. Stiller** (gest. 1710) und **A. Stiller** (gest. 1719), sämtlich Sandstein; Epitaph für **Ph. Christians** (gest. 1687), Sandstein; darüber der Epitaph für **J. Zerer** (gest. 1543), von HANS SCHENK, GENANNT SCHEUßLICH, Sandstein, eine Reliefbüste in architektonischer Rahmung, ein wichtiges Zeugnis der Berliner Renaissance-Plastik; der Inschriftepitaph für **S. Seger** (gest. 1654) und **Tochter** (gest. 1677), Marmor; darüber der Inschriftepitaph für **M. Sartorio** und **Frau** (gest. 1708), in Sandsteinrahmung; der Inschriftgrabstein für **D. Pollborn** (gest. 1691), Marmor mit Sandstein-rahmung; der Wandepitaph für **J.G. Hackert** (gest. 1704) und **Frau** (gest. 1710), Sandstein, der Sarkophagaufbau mit Inschriftkartusche und trauern-den Putten; der Inschriftepitaph für **M. Weise** (gest. 1693) und **Frau** (gest. 1671), Sandstein. Das Erbbegräbnis der Familie **Simon**, Sandstein, 1715 gestiftet, besteht aus einer architektonisch gerahmten Portalnische, darauf eine trauernde weibliche Gewandfigur mit Urne, gefertigt von BARTHOLOMÉ DAMART; außen die ehemalige Gruft mit schmiedeeisernem Gitter. Weiter der Inschriftepitaph für **J. Berchelmann** (gest. 1631) und **Frau** (gest. 1666), Sandstein; zwei Inschriftplatten für **G. Königsdorff** und **Frau** (gest. 1715 bzw. 1716), Sandstein. Der Epitaph für den Advokaten **J. Flaccus** (gest. 1562) und **Frau** (gest. 1560), der in architektonischer Rahmung das Relief des Abendmahls, darüber das Gethsemanerelief, enthält, wird HANS SCHENK GENANNT SCHEUßLICH zugeschrieben. Über der Tür zur alten Bibliothek der Epitaph für **A. Schilling** (gest. 1698), eine reiche Sandsteinrahmung mit gemaltem Porträtmedaillon. Weiter der Kinderepitaph **A. Ritter** (gest. 1595), Sandstein, mit Relieffigur; der Epitaph **Lubath** (gest. 1667 bzw. 1671), Sandstein.

In der Turmhalle drei **Grabplatten** mit den ganzfigurigen Reliefdarstel-lungen der Verstorbenen, **J. Steinbrecher** (gest. 1598), **E. Steinbrecher** (gest. 1599), **G. Steinbrecher** (gest. 1598); zwei hölzerne Totenschilde für **F. von Götzen** (gest. 1669) und **C.E. von Platen** (gest. 1669), reich ge-schnitzt und mit symbolischem Beiwerk.

In der südlichen Vorhalle die Inschrifttafel für **J.F. Schmidt** (gest. 1813), Marmor; der Kinderepitaph **A.** und **E. Ritter** (gest. 1588), Sandstein mit Relieffiguren; der Inschriftepitaph für **E. Pancovius** (gest. 1658), Sandstein; der architektonische Wandepitaph für Kaufmann **H. Müller** und **Frau** (gest. 1811 bzw. 1803), Sandstein, mit klassizistischem Ornamentschmuck und Inschriften; der Inschriftepitaph für den Hofmedikus **T. Pancovius** (gest. 1665), Sandstein. In der Kapelle (ehemals Magistratsloge) der Inschriftepitaph für **K. Pancovius** (gest. 1683), Sandstein.

Am Außenbau befinden sich mehrere Grabsteine des 17. und 18. Jhds. An der Turmfront steht ein steinernes **Sühnekreuz** für die Ermordung des Propstes **Nikolaus von Bernau** im Jahre 1325 seit 1726 an dieser Stelle.

## PAROCHIALKIRCHE MIT KIRCHHOF
*Klosterstraße, Ecke Parochialstraße*
*10179 Berlin*

Die Kirche wurde 1695 als Putzbau nach einem Entwurf von JOHANN ARNOLD NERING in Form einer Vierkonchenanlage (mit innen gerundeter, außen polygonal gebrochener Wandung) mit straßenseitiger Vorhalle begonnen. Sie ist eines der letzten und reifsten Werke des 1695 verstorbenen Architekten, von holländischen Vorbildern beeinflußt. Nach Nerings Tod erfolgte die Weiterführung des Baues durch MARTIN GRÜNBERG. 1698, nach Einsturz des Gewölbes über dem mittleren Quadrat, wurde der Plan vereinfacht und u.a. auf den bekrönenden Zentralturm verzichtet sowie das Hauptgesims auf die Vorhalle reduziert. Die Konchen sind sehr schlicht gehalten, die zweigeschossige, drei Achsen breite und eine Achse tiefe Vorhalle ist reich durch Kolossalpilaster und kräftiges Hauptgesims mit Attika sowie säulenflankierte, übergiebelte Portalrisalite gegliedert. Der Turm darüber ist erst 1713/14 nach einem Entwurf von JEAN DE BODT durch PHILIPP GERLACH ausgeführt worden; zwei Turmgeschosse werden von einem obeliskartigen Helm bekrönt (in der Nachfolge der Domentwürfe de Bodts); das obere, stark aufgebrochene Geschoß erhielt 1715 das Glockenspiel von Schlüters verunglücktem Münzturm.

1944 brannte die Kirche aus, Helm und oberes Turmgewölbe stürzten ein. Im Inneren sind die Gewölbe in den Konchen erhalten. 1950/51 wurde das Dach in seiner ursprünglichen Gestalt wieder aufgebracht, der Ausbau des Inneren und die Rekonstruktion des Turmes ist noch nicht erfolgt. Lediglich das Obergeschoß der Vorhalle wurde 1946 als Kapelle ausgebaut.

Von der einstigen Ausstattung ist u.a. erhalten: **Pastorenbilder** in ununterbrochener Folge von 1703 an, in der Turmvorhalle sechs **Epitaphien** aus dem 18. Jahrhundert (z.Z. verkleidet). Unter der Kirche befinden sich Grabgewölbe mit Sarkophagen des 18. Jahrhunderts (vermauert). Hier haben Angehörige des vornehmen Adels wie des reichen Bürgertums ihre letzte Ruhestätte gefunden: 1712 der Reichsgraf von Wartenberg, **Johann Kasimir von Kolbe**, 1755 der Justizminister Friedrichs II., **Samuel von Cocceji**, oder 1764 der Fabrikant **Wilhelm Caspar Wegely**, der 1751 die erste Berliner Porzellanmanufaktur begründet hatte.

Auf dem ehemaligen **Friedhof** bei der Parochialkirche an der östlichen Begrenzungsmauer zur Waisenstraße befinden sich einige Grabkapellen des 19. Jahrhunderts sowie mehrere Sandstein-Epitaphien des 18. Jahrhunderts, zudem zahlreiche gußeiserne Grabkreuze des 19. Jahrhunderts. Hier liegt auch **Jakob Friedrich Lamprecht** (gest. 1744); er war Schriftsteller und Redakteur der "Berlinischen Nachrichten" und gab 1741 die erste deutsche Shakespeare-Übersetzung, K.W. von Borcks "Julius Cäsar", heraus. Diese

29

anonym erschienene Übertragung in Alexandrinern war der frühe, wichtige Schritt zur Eindeutschung Shakespeares. 1750 wurde auf dem Friedhof auch Pfarrer **Jacob Elsner** und 1784 **Friedrich Wilhelm Daniel Muzel** (1716-1784), der Leibarzt des Großen Königs, beigesetzt.

## NIKOLAIKIRCHE
*Poststraße*
*10178 Berlin*

*Die Nikolaikirche*

Die älteste und vornehmste Pfarr-kirche Berlins, an der Poststraße in unmittelbarer Nähe des Molken-marktes gelegen, des Zentrums der sich entwickelnden Stadt, wurde im Zweiten Weltkrieg schwer zerstört und erst seit 1982 wieder aufgebaut. Sie ist heute für Besucher geöffnet und wird auch für Ausstellungen und Veranstaltungen genutzt.

Der Gründungsbau, eine kreuz-förmige Feldsteinbasilika mit drei Apsiden, querrechteckigem West-bau, um 1230 begonnen, wurde noch im 13. Jahrhundert zu einer frühgo-tischen Hallenkirche umgewandelt. Baubeginn des bestehenden Baues, einer spätgotischen Hallenkirche aus Backstein, war etwa 1380. Um 1400 wurde der Hallenumgangschor mit Randkapellen zwischen den Strebe-pfeilern vollendet und stellt das früheste Beispiel dieses Typs in der Mark dar. Dem System des Chores folgt auch in geringfügiger Abwandlung das fünfjochige Langhaus, das dann erst in der zweiten Hälfte des 15. Jahrhun-derts abgeschlossen wurde. Parallel zu den Arbeiten am Langhaus wurden die Anbauten ausgeführt, die 1452 gestiftete Liebfrauenkapelle im Südwesten und die ebenfalls zweigeschossige Chornordkapelle für Sakristei und Bi-bliothek.

In den Randkapellen am Chor und an der Südseite des Langhauses waren **Gruftkapellen** eingebaut, so die für die Familie Kötteritz um 1610 (Unter-geschoß der Liebfrauenkapelle); **Distelmeier** um 1590 (Südseite des Lang-hauses); **Schindler** um 1730 (Südseite des Chores), **Pufendorf** um 1695 (Nordseite des Chores) und **Kraut** um 1725 von JOHANN GEORG GLUME (Turm). Eines der vorzüglichsten Kunstwerke des 18. Jahrhunderts in Berlin ist die Grabkapelle für den Minister im General-, Ober-, Finanz-, Kriegs- und Domänendirektorium **Johann Andreas von Kraut**, dessen Alabasterbüste den figuralen Aufbau an der Nordwand des Turmes bekrönt. Der Schöpfer des Grabdenkmals, JOHANN GEORG GLUME, setzte als talentiertester Schüler 31

Schlüters dessen künsterlische Tradtition fort. Die Restaurierung und Wiederherstellung der Kapelle konnte 1989 abeschlossen werden.

Die Grabkapelle für den kürfürstlichen Rat **Johann von Kötteritz** im Untergeschoß der Liebfrauenkapelle wurde im Zweiten Weltkrieg nahezu völlig zerstört. Es ist ein einzigartiges Zeugnis manieristischer Kunstauffassung. Die zweijochige, kreuzgewölbte Kapelle wurde wiederhergestellt. Ein Epitaph für den Kaufmann **Joachim Heinrich Baurmeister** (gest. 1727), das den Gedanken der Vergänglichkeit aufgreift, verkleidet den Gruftzugang an der Westwand der Kapelle. An der Südseite der Kirche tritt die 1737 für den Manufakturunternehmer **Severin Schindler** und seine Frau **Rosina** geschaffene Schindlersche Kapelle hervor. Die Volutenverdachung wird vom Kopf eines geflügelten Chorus gestützt und von einer Engelsgloriole bekrönt.

Im Chorumgang füllt das monumentale Epitaph für den Obristen **Karl Konstantin von Schnitter** (gest. 1721) die gesamte Rückwand der zentral gelegenen Randkapelle. Von Wappen umrahmt, zeigt ein Medaillon das Brustbild des verstorbenen Militärs mit einer üppigen Allongeperücke. Er war ein bekannter Festungsbaumeister und entwarf im Auftrage des Kurfürsten Friedrich Wilhelm an der Goldküste Afrikas eine Festungsanlage Groß-Friedrichsburg.

"Seine Gebeine ruhen hier, seine Seele ist in den Himmel aufgenommen, sein Ruhm flattert über dem ganzen Erdkreis" – so lautet übertragen die lateinische Inschrift auf einer schlichten Sandsteinplatte in einer der Chorkapellen. **Samuel von Pufendorf** (1632-1694) fand 1694 in der Nikolaikirche seine Ruhestätte. Der berühmte Rechtsgelehrte und Historiker war der erste einer langen Reihe von Historikern, die in Berlin wirkten: Ranke, Sybel, Treitschke, Droysen, Mommsen, Meinecke und viele andere. Er war 1686 einem Ruf des Kurfürsten Friedrich Wilhelm von Brandenburg als Hofrat, Historiograph und Kammergerichtsbeisitzer gefolgt und gilt als Begründer des Natur- und Völkerrechts.

Der Figurenaufbau der benachbarten Grabkapelle für den Hof- und Kammergerichtsrat **Johann Wolfgang Bewert** ist ebenfalls JOHANN GEORG GLUME zuzuweisen. 1721 ist das Grabmal – ähnlich dem Figurenschmuck der Krautschen Kapelle – errichtet worden.

Der älteste erhaltene Epitaphstein der Kirche zeigt die Gestalt des kurfürstlichen Rates **Gregor Bagius** (gest. 1549), der eine Schlange mit einer Schriftrolle und einem Apfelzweig in seiner Hand hält. Links davon ist die Höllenfahrt Christi in das Ornament eingefügt. Der sitzende Heiland hält an Ketten Tod und Teufel. Rechts unten Adam und Eva mit dem Kreuz der Erlösung. Das Gerippe mit dem Stundenglas, umringelt von Schlangenleibern, senkt die Sichel auf den Verstorbenen. Inschriften weisen auf Ewigkeit und Vergänglichkeit hin.

An der Westwand des lichtdurchfluteten Hallenraumes begegnen wir heute wieder dem 1700 von ANDREAS SCHLÜTER geschaffenen Grabmal für den Hofgoldschmied **Daniel Männlich**, das, in den 60er Jahren aus der Ruine genommen, bis 1986 im Bodemuseum verwahrt wurde. 1698 war Männlichs Frau gestorben, er folgte ihr ein Jahr nach Vollendung des Schlüterschen Meisterwerkes. Auf die Umgliederung des Grufteinganges hatte der Bildhauer die großartige Bildwerkgruppe aufgebaut, deren Figuren er eine dramatische Lebendigkeit verlieh. Wie das Triumphsymbol des Todes thront die Urne auf dem Dach der Rahmung und an das Gefäß war ursprünglich ein Porträtmedaillon des Ehepaares geheftet. Der Profession des Bestellers entsprechend, hatte man es vergoldet, doch fiel es wohl samt der Inschrifttafel den Buntmetallmardern der Nachkriegszeit in die Hände. Links der Urne aber hockt die Figur des Todes, doch nicht als der übliche Knochenmann. Furchterregend ist der Anblick jener herben Strenge und des unabwendbaren Griffes nach dem Kinde. Der Knabe scheint verzweifelt in letzter Minute fliehen zu wollen. Ein Gefährte beschaut das Geschehen angstvoll von rechts, doch ohne helfen zu können. Wie eine harte Dissonanz stehen Symbol der Verwesung und Genius des Lebens hier einander gegenüber. Die Allegorie, in der die alten Totentanzmotive zu erwachen scheinen, wird im dekorativen Verband zur grimmigsten Wirklichkeit gestaltet. Zur Findung dieser drastischen Form in ihrer unerbittlichen Wahrhaftigkeit mag Schlüter die eigene Schicksalserfahrung geholfen haben: Eben war sein jüngster Sohn Gotthard einjährig gestorben. So will dem Betrachter scheinen, daß des Todes Augen drohend auf ihn niederblitzen. Daher kann man nicht zuletzt an jenem Ort, der so beredt von Männlichs Geld und Schlüters Ruhm zu künden weiß, dem Tod ins Auge schauen.

An den Außenmauern der Nikolaikirche befinden sich noch immer eine Reihe von **Steinen**, so der des Begründers des Pietismus, Probst an St. Nikolai, **Philipp Jakob Spener** (1635-1705). Seine Religiosität, auf Mystik und Spiritualismus zurückgehend, feind aller toten Orthodoxie und allem leeren Kirchenchristentum, regte das geistige Leben auch der deutschen Klassik und Romantik an. Noch der Berliner Theologe Schleiermacher und die moderne, auf Kierkegaard zurückgehende Philosophie nahmen pietistische Einflüsse auf. Hier ruhten seit 1698 **Johann Kaspar Schade**, der Verfasser des Liedes "Meine Seel ist stille zu Gott", seit 1734 der Ratsmann **Stanislaus Rücker**, seit 1748 der Buchhändler **Ambrosius Haude**, Speners Schwiegersohn, seit 1804 der Probst, Theologe und Schriftsteller **Johann Joachim Spalding**. Neueren Datums sind die Tafeln: **"Paul Gerhardt**, 1607-1676, wirkte an der S. Nikolaikirche in Berlin von 1657 bis 1666. Lobet den Herrn alle, die ihn ehren", und **"Johann Crüger**, 1598-1666, Kantor an der St. Nikolaikirche in Berlin von 1622-1662. Nun danket alle Gott."

33

## St.-Hedwig-Kathedrale
*Hedwigskirchgasse*
*10117 Berlin*

Die Hedwigskirche ist die Kathedrale des Bistums Berlin. Sie wurde seit 1747 als Kirche der katholischen Gemeinde in Anlehnung an das Pantheon in Rom nach Ideen Friedrichs II. und Plänen von Georg Wenzeslaus von Knobelsdorff von Johann Boumann erbaut. Die Fertigstellung der Kirche erfolgte nach Verzögerungen erst 1773.

Es ist ein kreisrunder Zentralbau unter hoher Kuppel, mit giebelbekröntem Säulenportikus an der zum Platz gewendeten Eingangsfront und ebenfalls überkuppeltem rückwärtigem Kapellenanbau. Die **Hedwigsgruppe** auf dem Giebel des Portikus wurde 1773 von Wilhelm Christian Meyer d.Ä. geschaffen; sie befindet sich heute in einem beschädigten Zustand. Der übrige Skulpturenschmuck, ein christologisches Programm, ist erst im 19. Jahrhundert ausgeführt worden: die **Supraportenreliefs** nach Entwürfen von Georg Franz Ebenhech 1837 von Theodor W. Achtermann. Von diesem stammt auch das Modell zum **Giebelrelief**, 1897 von Nikolaus Geiger vollendet. Der Bau wurde 1884/87 von Max Hasak verändert. 1943 brannte die Kirche aus. Der Wiederaufbau erfolgte 1952/63 nach Entwürfen von Hans Schwippert: Das Äußere wurde mit einer in der Umrißlinie veränderten Stahlbetonkuppel versehen, das weiträumige Innere in modernen Formen unter Benutzung des historischen Raumgefüges (gekuppelte Kolossalsäulen) und räumlicher Einbeziehung der ehemaligen Krypta mit Radialkapellen als Unterkirche rekonstruiert. Die Fassung der Oberkirche ist um 1978 im Zusammenhang mit dem Einbau der Orgel zum Teil verändert worden.

In der Krypta befinden sich die **Gräber** der Berliner Bischöfe: **Konrad Graf von Preysing-Lichtenegg-Moos** (1880-1950), 1932 Bischof von Eichstätt, 1935 Bischof von Berlin, 1946 Kardinal; **Julius Döpfner** (1913-1976), 1948 Bischof von Würzburg, 1957 Bischof von Berlin, 1958 Kardinal, 1961 Erzbischof von München-Freising, 1965 Vorsitzender der Fuldaer Bischofskonferenz; **Alfred Bengsch** (1921-1979), 1959 Weihbischof, 1962 Erzbischof der Diözese, 1967 Kardinal (Kardinalpriester der Heiligen Römischen Kirche mit dem Titel: San Pilippi Neri in Furosia). Zudem das Grab des Dompropstes **Bernhard Lichtenberg** (1875-1943), ab 1900 in Berlin, 1943 auf der Fahrt zum KZ Dachau ermordet.

## INVALIDENFRIEDHOF
*Scharnhorststraße 25*
*10115 Berlin*

Der 1748 angelegte, nach dem Garnisonsfriedhof zweitälteste Militärfriedhof Berlins war ursprünglich nur als letzte Ruhestätte für die "lahmen Kriegsleut" des Invalidenhauses gedacht. Nach den Freiheitskriegen und 1848 wurde er zunehmend zu einer Erinnerungsstätte wechselvoller preußisch-deutscher Geschichte. Hier wurden die mit dem Eisernen Kreuz und dem Orden Pour le mérite ausgezeichneten hohen Militärs beerdigt. Seit Ende des 19. Jahrhunderts fanden auch Zivilpersonen auf diesem Friedhof ihre letzte Ruhe. Da Berlin seit 1810 Sitz der Kriegsakademie war, erhielt der Invalidenfriedhof (und seine nächste Umgebung mit der 1852 als Nationaldenkmal errichteten Säule und den zahlreichen Gefallenenderkmälern) bis in den Zweiten Weltkrieg eine besondere Funktion für den Heldenkult. Wolfgang Gottschalk berichtet, daß es während der Zeit des Nationalsozialismus Vorstellungen gab, die wichtigsten Grabmäler in einer gigantischen "Soldatenhalle" mit Gruftgewölbe aufzustellen, die nach Plänen von WILHELM KREIS an der sogenannten Nord-Süd-Achse entstehen sollte. Da das Territorium des Friedhofes für einen von Hitlers Hauptarchitekten ALBERT SPEER projektierten Großbau (das Oberkommando der Kriegsmarine) benutzt werden sollte, schlug Ernst von Harnack in seiner 1941/43 verfaßten Denkschrift vor, alle bedeutenden Grabstätten in den Ehrenhof des Invalidenhauses zu überführen. Der Verlauf des Zweiten Weltkrieges verhinderte diese Aktionen; ebenso kam es nicht zur Errichtung eines bombastischen Ehrenmals für den SS-Führer Reinhard Heydrich (1904-1942) durch den Architekten Wilhelm Kreis mit Plastiken von Arno Breker, das als Pendant zum Scharnhorst-Denkmal gedacht war.

Die Namen der Toten, die hier ruhen, sind ebenso mit den besten patriotischen Traditionen wie mit der verhängnisvollen militaristischen und NS-Geschichte verbunden. Neben Scharnhorst, Boyen und Friesen oder den Offizieren des gescheiterten Attentates auf Hitler vom 20. Juli 1944 sind hier Schlieffen, Seeckt, Todt und Heydrich bestattet. 1950 wurde die Schließung des Friedhofes verfügt und mit einer Abräumung abgelaufener bzw. ungepflegter Grabstellen begonnen. Der Mauerbau vom 13. August 1961 brachte brutale Eingriffe in die Friedhofsanlage: Die drei westlichen Begräbnisfelder E, F und G lagen im sogenannten Todesstreifen, die Felder H, C und B – mit dem Scharnhorst-Denkmal – im Grenzgebiet. Grabdenkmäler, die im Sperrgebiet "sichtbehindernd" wirkten, wurden flachgedeckt bzw. demontiert, andere vollständig beseitigt und die Ruhestätten eingeebnet.

Dem Schicksal der völligen Liquidierung entging der Friedhof nur knapp. Von 3000 Grabstätten sind heute nur noch etwa 230 in unterschiedlichem 35

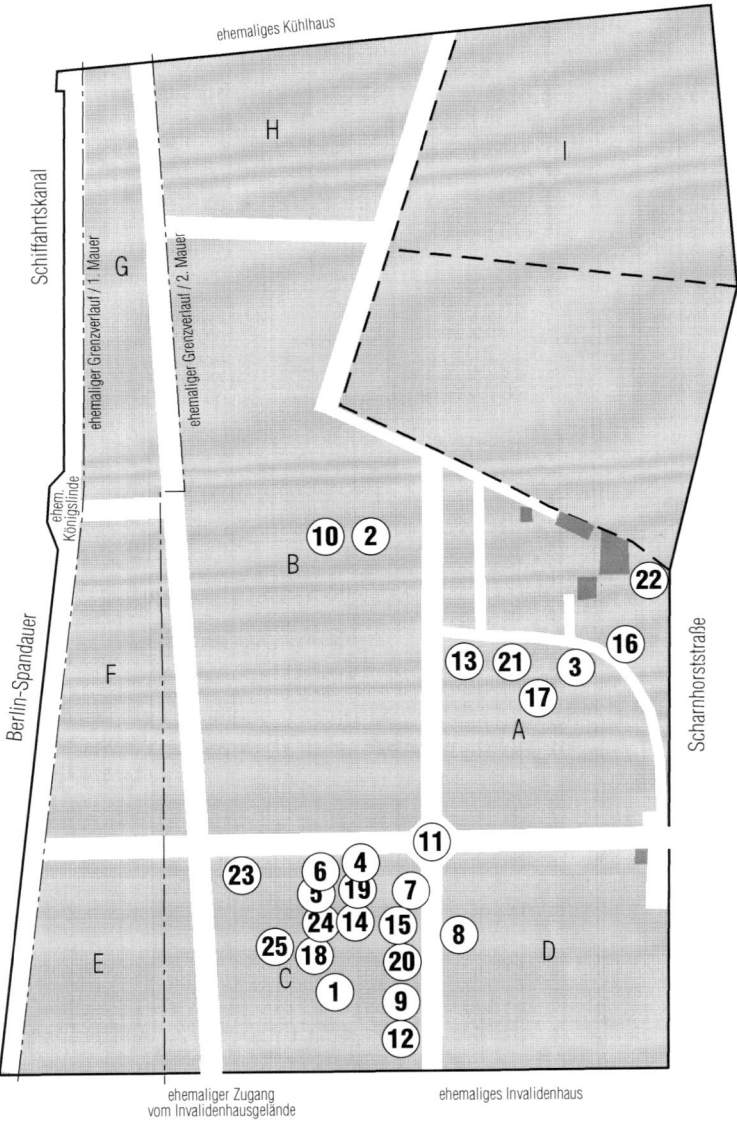

Zustand erhalten. Seit der Maueröffnung vom 9. November 1989 ist der Friedhof wieder uneingeschränkt zugänglich. Geplant ist nicht die Rekonstruktion der Gesamtanlage, sondern die Erhaltung des Vorhandenen. Auch die Mauer soll an dieser Stelle als historisches Dokument stehen bleiben. Die Hauptallee ist wiederhergestellt und mit jungen Bäumen bepflanzt worden.

Von überragendem Kunst- und Geschichtswert ist das 1826-34 von SCHINKEL entworfene Grabmal für **Gerhard Johann David von Scharnhorst** (1755-1813). Der weitsichtige General in den Befreiungskriegen und Reorganisator des preußischen Heeres, war in der Schlacht bei Großgörschen als Generalstabschef Blüchers verwundet worden und in Prag verstorben. Von dort wurden seine sterblichen Überreste 1826 nach Berlin auf den Invalidenfriedhof überführt. Bereits 1820 hatte Schinkel eine Grabkapelle für Scharnhorst entworfen, die in Prag errichtet werden sollte. Zu seinem zweiten Denkmalsentwurf von 1824 schrieb er zwei Jahre später in seiner "Sammlung architektonischer Entwürfe" "Ein Sarcophag von weißem Marmor, an dessen Seiten die Hauptmomente aus der Lebensgeschichte Scharnhorst's in Basrelief dargestellt sind, ist auf zwei starken pfeilerartigen Steinen in beträchtlicher Höhe aufgestellt, so daß die darauf befindlichen Kunstwerke vor der Feuchtigkeit sowohl als vor Angriff geschützt sind. Am Deckstein des Sarcophages stehen die Inschriften, und auf den in den letzten Augenblicken seines Lebens ausgesprochenen Wunsch des Verewigten ist das eiserne Kreuz an den Ecken angebracht. Ein Löwe, in Metall gegossen, liegt ruhend auf dem Deckstein. Das Metall hierzu wird aus er-

37

*Grabmal General G.D. von Scharnhorst*

oberten Kanonen gewonnen. Es ist späterhin entschieden worden, die
Gebeine Scharnhorsts von Prag nach Berlin zu bringen und sie auf einem
Militärkirchhofe bei der Stadt in einem Gewölbe zu verwahren, welches
dann durch das Denkmal geziert werden soll. Die Ausführung der Skulpturen
dieses Monuments ist dem Bildhauer Professor TIECK übertragen. Der Löwe
wird nach einem Modell gegossen, das unter Leitung des Professors RAUCH
gearbeitet wurde." Diese reifste Leistung Schinkels auf dem Gebiet der
Grabmalkunst, so der Schinkel-Biograph Paul Ortvin Rave, hat unbeschädigt
die Zeiten überdauert. Ein klassizistisch strenger Aufbau von 5,6 Meter
Höhe: auf abgetrepptem Sockel zwei glattflächige Rechteckpfeiler, auf
denen als mächtiger Quader aus Carrara-Marmor ein Hochsarkophag ruht,
auf seinem umlaufenden Relief antikisierend dargestellte Szenen aus
Scharnhorsts Leben von CHRISTIAN FRIEDRICH TIECK, die erst 1833 fertiggestellt wurden; an seinem Deckstein Widmungsinschriften. Als Bekrönung
des Denkmals ein ruhender monumentaler Löwe, ein bedeutender Bronzeguß
der Kgl. Eisengießerei, 1828 nach Modell von CHRISTIAN DANIEL RAUCH
ausgeführt von THEODOR KALIDE. In ursprünglichem Zustand erhalten auch
das gußeiserne Gitter, ebenfalls von SCHINKEL entworfen. Nach Umbettung
der Gebeine konnte das Grabmal 1834 enthüllt werden.

Der alte Typus des freistehenden Hochsarkophages ist hier in architektonischer Weise abgewandelt, da der Marmorsarkophag – auf zwei schweren
Sockeln ruhend – durch seine blockhafte Form und als Träger eines reliefierten
38  Frieses wie ein zweites Postament für den mächtigen, auf dem Deckel ruhen-

den Löwen wirkt. Rauch modellierte den Löwen nach der Natur; im Gegensatz zu Thorvaldsens 1818 für das Luzerner Kriegerdenkmal entworfenem Löwen, der in illusionistischer Weise in einer Felshöhle tödlich getroffen liegt, erhielt er durch das Motiv des Schlafens einen ganz anderen Symbolwert: Der Friede ist gemeint und zugleich die mögliche Erweckung stärkster Kräfte bei Gefahr. Als einer der ersten glänzend gelungenen Bronzegüsse der Kgl. Eisengießerei (aus dem Metall alter Kanonen, das Prinz August geschenkt hatte) markiert er den Beginn der gerade in Berlin zu besonderem Ruhm aufsteigenden Erzbildnerei. Tieck schuf nach Schinkels Entwürfen die Friesszenen aus dem Leben Scharn-

*Grabmal Friedrich Friesen*

horsts. Wie jedoch Schinkel den reichbewegten Reliefstil durch Zurücksetzung und markante, horizontal gelagerte Steinblöcke einzubinden verstand und auch den ruhenden Löwen dem blockhaften Umriß unterordnete, ohne seiner Lebenskraft etwas zu nehmen, ist ein hervorragendes Beispiel dafür, daß große Architekten oft die besten Denkmäler entwerfen.

Für **Karl Friedrich Friesen** (1785-1814), maßgeblich an der Erneuerung der preußischen Armee nach 1806 beteiligt, Leutnant und Adjutant im Lützowschen Freikorps und Mitbegründer der deutschen Turnbewegung (er legte den ersten Turnplatz in der Hasenheide an), ließ König Friedrich Wilhelm IV. 1842 ein schmuckloses Eisenkreuz rechter Hand vom Scharnhorst-Monument errichten. Es wurde 1872 durch die Berliner Turnvereine erneuert, die alljährlich zum Todestag Friesens an dessen Grab Lorbeerkränze niederlegten. Friesen war am 15. März 1814 in der Nähe des französischen Dorfes La Lobbe bei Rethel als Versprengter erschossen worden. Er hatte mit seinem Freund August Freiherr von Vietinghoff gelobt, daß beim Tode des einen der andere dessen Gebeine zur Ruhestätte in vaterländische Erde heimführen sollte. Erst im Dezember 1816 aber konnte Vietinghoff das Grab ausfindig machen und öffnen. "Er nahm die Gebeine mit sich von Garnison zu Garnison, 26 Jahre hindurch, bis er endlich als Oberstleutnant a.D. sich in Berlin niederlassen konnte", berichtet die Zeitschrift "Der Bär" in einem Beitrag vom 2. Juni 1900. "Am 15. Dezember 1842 wandte er sich an den Staatsminister von Eichhorn mit der Bitte, seinem Freunde eine Ruhestätte 39 zu erwirken. Friedrich Wilhelm IV. genehmigte die Bestattung Friesens auf dem Invalidenkirchhof. Stabsarzt Dr. Schotte setzte das Skelett kunstvoll zusammen und legte es in einen Sarg, den Schädel mit Lorbeer geschmückt, die übrigen Gebeine mit Kränzen und Blumen bedeckt. Am 15. März, nachmittags 4 Uhr, fand in Gegenwart vieler Freunde und Kameraden die feierliche Beerdigung statt. Generalmajor von Held, der zweite Kommandant des Invalidenkorps, war mit seinen sämtlichen Offizieren in Paradeuniform zugegen. Ein vertrauter Freund Friesens, Professor Jenne, sprach die Grabrede. 16 Unteroffiziere trugen den Sarg in die Gruft, Prediger Weidig segnete ihn ein. Auf Befehl des Königs wurde auf sein Grab ein eisernes Kreuz gelegt."

Nicht mehr erhalten ist das einem Entwurf Schinkels zugrundeliegende Grabmal des Infanteriegenerals **Friedrich Boguslav Emanuel Graf Tauentzien von Wittenberg** (1760-1824), der während der Befreiungskriege 1814 mit seiner Armee den Sturm auf Wittenberg, Großbeeren und Dennewitz unternahm und später Gouverneur in Berlin wurde.

Unweit von den Ruhestätten Friesens und Scharnhorsts erhebt sich das von Friedrich Wilhelm IV. gestiftete architektonische Grabmal für den Generalleutnant **Friedrich von Rauch** (1790-1850), Generaladjutant Friedrich Wilhelms IV., und für weitere Mitglieder der Familie von Rauch. Es geht auf einen Entwurf FRIEDRICH AUGUST STÜLERS zurück und steht in der Schinkel-Nachfolge: Ein langgestrecktes, von Pfeilern eingefaßtes Postament wird von einem rundbogigen Portikus übergiebelt, in dem sich wohl ursprünglich eine Statue befand.

Von dem ursprünglich unmittelbar vor, heute links neben dem Scharnhorst-Denkmal liegenden Erbbegräbnis des Generalfeldmarschalls, preußischen Kriegsministers und Heeresreformers **Hermann von Boyen** (1771-1848), ebenfalls von STÜLER im Auftrag Friedrich Wilhelms IV. entworfen, ist nur noch die schlichte niedrige Rückmauer mit den Schrifttafeln vorhanden. Die einst hochragenden Ecksäulen mit ihren von Viktorien bekrönten Kapitellen wurden 1952 wegen Baufälligkeit beseitigt.

Erst zu seinem 100. Todestag wurden die sterblichen Überreste des Generalleutnants **Hans Carl von Winterfeldt** (1707-1757) 1857 aus dem schlesischen Pilgramsdorf nach Berlin überführt und dem durch seine Freundschaft mit Friedrich II. berühmt gewordenen Feldherrn auf dem Invalidenfriedhof in Anlehnung an barocke Vorbilder ein aufwendiges Grabmal errichtet. Das Zitat des Königs am rückwärtigen Teil des Sockels: "Er war ein guter Mensch, ein Seelenmensch. Er war mein Freund" bezeugt die historisch volksnahe Betrachtungsweise der Biedermeierzeit. Der hochaufragende Granitunterbau trägt ein Bronzemedaillon mit Porträtbüste des Verstorbenen sowie auf der Rückseite ein Relief mit einer trauernden Viktoria und wird gekrönt von einem Tropaion, das auf den Fahnenbändern

*Grabmal Friedrich von Rauch*

die Ruhmestaten der Schlesischen Kriege verzeichnet und durch die Schriftrolle auf das Bündnis zwischen Rußland und Preußen 1840 hinweist. Es sind
Arbeiten von HEINRICH FREIHERR VON LEDEBUR, 1859; das Grab des Generalleutnants **Ledebur** (1832-1912), der auch als Heraldiker und Bildhauer
hervortrat, im Feld A ist eingeebnet.

Die stilistisch verwandte, aber wesentlich schlichter gestaltete Granitstele
für den Generalleutnant und Divisionskommandeur **Ferdinand August von
Witzleben** (1800-1859), die von einem Federbusch bekrönt wird, trägt ein
– unsigniertes – Bronzemedaillon mit vollplastischer Porträtbüste des Kriegs-
ministersohnes, das im Sommer 1990 gestohlen wurde. Das Grabmal stand
ursprünglich links von der Ruhestätte der Familie Rauch und wurde nach
dem 1945 hinter das Scharnhorst-Denkmal versetzt.

Die Königliche Eisengießerei ist noch durch mehrere Werke auf dem
Friedhof vertreten: Mitten auf der Kreuzung der beiden Hauptwege stößt
man auf die wappengeschmückte Eisenplatte für den Generalleutnant und
Kommandanten des Invalidenhauses **Gustav Friedrich von Kessel** (1760-
1827). Die Grabplatte für den General **Johann August Friedrich Freiherr
Hiller von Gaertringen** (1772-1856) schmückte ursprünglich ein Lorbeerkranz aus Bronze, dagegen bezeichnen einfache Schriftplatten die Gräber
von General **August Friedrich von Reiche** (1775-1855) und General und
Chef des Generalstabs der Armee **Carl Friedrich Wilhelm von Reyher**
(1786-1857).

41

Wenigstens drei weitere Grabmäler von SCHINKEL sind nachgewiesen, aber nicht mehr vorhanden. So wurde 1984 das neogotische Eisenkunstguß-Denkmal für den General und Kriegsminister **Job Wilhelm Carl Ernst von Witzleben** (1783-1837), 1840 im Auftrage Friedrich Wilhelms III. nach Entwürfen SCHINKELS entstanden, ein von Säulen getragenes und von Adlern mit ausgebreiteten Schwingen bekröntes Tabernakel mit einer Statue der Siegesgöttin, wegen völliger Verrostung abgeräumt. Andere sind zur Restaurierung im Sommer 1990 abgebaut worden, so das Grabmal für den Generalmajor und Invalidenhauskommandanten **Ernst Otto von Reineck** (1729-1792): in Gestalt einer Säule mit Urne und einem Waffengehänge mit Lorbeerkranz am Sockel. Das Sandsteinmal für den General und Kriegsminister **Friedrich Wilhelm von Rohdich** (1719-1796) in Form einer großen elliptischen Urne wurde schon 1920 in den ursprünglichen Empireformen erneuert.

Das älteste und bemerkenswerteste Grabmal ist das mächtige, den klassizistischen Typ der Ara verkörpernde Sandsteinmonument für den Obersten und Kommandanten des Invalidenhauses **Michael Lodewig von Diezelsky** (1708-1779), ein kubischer Inschriftstein mit Bildnisrelief, ganz antikisch als Profilkopf im Rund von einer Lorbeergirlande umhangen, bekrönt von Schild und Federbuschhelm, nach einem Entwurf des Malers BERNHARD RODE. Das 3,45 Meter hohe Mal ist beispielhaft für den Berliner Klassizismus der Jahrhundertwende; es war auch am stärksten verwittert und gefährdet und wurde deshalb sichergestellt.

Diesem Grabmalstyp folgen stilistisch auch die nebeneinanderstehenden Eisengußdenkmäler für die Brüder **Otto Carl Lorenz von Pirch** (1765-1824) und **Georg Dubislaw Ludwig von Pirch** (1763-1814), die beide Generalleutnants in der preußischen Armee waren. Die beiden Monumente, auf deren hohem lorbeergeschmücktem Sockel sich der Federbuschhelm über Schwert und Eichenkranz erhebt, gehen auf einen Entwurf SCHINKELS zurück, der 1825 auf der Neujahrsplakette der Königlichen Eisengießerei abgebildet war; sie wurden ebenfalls zur Restaurierung abgebaut.

Auf dem Grabfeld C haben sich einige bemerkenswerte Denkmäler des 20. Jahrhunderts erhalten. Bei dem Kalksteinmal für Generaloberst **Ludwig Freiherr von Falkenhausen** (1844-1936) folgten die Bildhauer HANS DAMMANN und HEINRICH ROCHLITZ klassizistischen Vorbildern – so dem Monument Pirch: Gesenkte Fackeln begrenzen die Ara, auf der ein mächtiger Helm über Schwert und Lorbeerkranz ruht.

Im Stile der Neuen Sachlichkeit ist der von OTTO HITZBERGER entworfene Grabstein für Generalfeldmarschall **Hermann von Eichhorn** (1848-1919) gehalten. Er trägt auf der Rückseite eine zeittypische Inschrift: "Sein Leben war geweiht Pflicht, Ehre, Vaterland. Er starb in unerschütterlichem Glauben an das heilige Recht des deutschen Schwertes, in ritterlicher Treue zugetan seinem König und Kaiser, vertrauend und ergeben in die göttliche Vorsehung."

Die mächtige rötliche Granitplatte über der Ruhestätte des Generalfeldmarschalls **Alfred Graf von Schlieffen** (1833-1913) umgab früher – wie viele andere Denkmäler – ein Kunstschmiedegitter. Schlieffen war 1891-1905 Chef des Generalstabes und arbeitete den "Schlieffen-Plan" für den Weltkrieg aus. Dieser Aufmarschplan sah im Falle eines Zweifrontenkrieges für die deutschen Armeen Zurückhaltung im Osten und Konzentration der Kräfte am westlichen Nordflügel vor. Hier liegt auch **Hellmuth von Moltke** (1848-1916), Generalstabschef bei Ausbruch des Ersten Weltkrieges, dem die Schuld für die Nichtbefolgung des Schlieffen-Planes in die Schuhe geschoben wurde. In der Nähe ebenfalls die Granitplatte für Generaloberst **Werner Freiherr von Fritsch** (1880-1939), der als Oberbefehlshaber des Heeres in militärische Opposition zu Hitler geriet und deshalb 1938 entlassen wurde. Umgesetzt vom abgeräumten Feld E wurde das Grabmal für Generalmajor **Max Hoffmann** (1869-1927), der 1917/18 die deutsche Delegation bei den Friedensverhandlungen von Brest-Litowsk leitete, mit einer auf hohem Sockel überlebensgroßen Sitzfigur eines männlichen Aktes des Klinger-Schülers ARNOLD RECHBERG, ein Bronzeguß der Berliner Werkstatt Hermann Noack.

Zur Linken befindet sich die lebensgroße Jugendstil-Marmorfigur einer Trauernden vor einem zyklopischen Kreuz aus schwarzem Granit über der Grabstätte **Julius Nolte** (gest. 1908); sie stammt von dem Hannoveraner Bildhauer ROLAND ENGELHARD. Auf dem Städtischen Friedhof Zehlendorf gibt es eine identische, 1905 geschaffene Plastik.

Nur hier, auf keinem anderen Berliner Friedhof, ist ein Heiliger Georg im Kampf mit dem Drachen anzutreffen, eine Bronzeplastik von OTTO FEIST, gegossen bei Peters in Karlsruhe. Sie erhebt sich vor einer Granitstele für den Generalmajor **Julius von Groß, genannt von Schwarzhoff** (1850-1901), inmitten des Feldes D links vom Eingang. Der Jenaer Bildhauer NATTER schuf für **Hans-Joachim Buddecke** (1890-1918) einen Steinpfeiler, der in einem stilisierten Jagdfalken ausläuft. Das heute bis zur Unkenntlichkeit verwitterte Sandsteinrelief "Mutter Erde nimmt ihren Sohn auf" für den Leutnant **Werner John** (1898-1918) ist eine Arbeit von EMIL CAUER D.J.; eine leicht abgewandelte Marmorausführung kann man auf dem Südwestfriedhof des Berliner Synodalverbandes in Stahnsdorf an der 1915 angelegten Ruhestätte Wolff wiederfinden.

An der Nordostmauer des Grabfeldes A befand sich vor der einzigen erhaltenen Grabkapelle, um 1902 für die Generalsfamilie **Voigts-Rhetz** in dorischer Tempelform errichtet, der 1990 sichergestellte kniende Marmorengel vom früheren Grab des Generals **Julius von Verdy du Vernois** (1832-

*Grabmal General Max Hoffmann (rechts)*

1910). Aber auch Persönlichkeiten wie der Industrielle **Ludwig Wöhlert** (1798-1877), der Maurermeister **Carl Rabitz** (1825-1891), durch die Rabitzwand "unsterblich" geworden, der als "Graue Eminenz" bekannte preußische Politiker **Friedrich von Holstein** (1837-1909) oder der General-intendant der Königlichen Schauspiele zu Berlin (auch der in Kassel, Wies-baden, Hannover) **Botho von Hülsen** (1815-1886), der über 30 Jahre lang eine ganze Generation von Dramatikern und Schauspielern mitbestimmte, sind hier beerdigt. Ihre Grabstätten sind allerdings zerstört.

Auf dem Friedhof sind auch die sterblichen Überreste der Kampfflieger **Manfred Freiherr von Richthofen** (1892-1918), **Werner Mölders** (1913-1941) und **Ernst Udet** (1896-1941) beigesetzt worden. Richthofen war der wagemutigste Fliegeroffizier im Ersten Weltkrieg, Kommandeur des Jagdge-schwaders Nr. 1, auch nach der Farbe seines Flugzeugs der "Rote Baron" genannt. Er brachte es auf 80 Abschüsse, nach dem sechzehnten erhielt er den Orden Pour le mérite. Mitte der 1970er Jahre sind seine Gebeine in die Wiesbadener Familiengruft umgebettet worden. Mölders Grab wurde beim Mauerbau planiert, im Herbst 1991 aber wieder eingeweiht, direkt unter den Resten der Hinterlandmauer, auf dem Todesstreifen. Ernst Udet, das Vorbild für Zuckmayers Nachkriegsdrama "Des Teufels General", war einer der "erfolgreichsten" Jagdflieger – 62 Abschüsse im Ersten Weltkrieg –, er wurde 1938 zum Luft- und Generalluftzeugmeister der deutschen Luftwaffe

befördert, 1940 zum Generalobersten ernannt. Da er von Hitler und Göring

*Ansicht Invalidenfriedhof vor Resten der Berliner Mauer, 1991*

für den Mißerfolg in der Luftschlacht um England verantwortlich gemacht wurde, ging er in den Freitod. In den USA vernahm Zuckmayer allein die falsche offizielle Meldung, Udet sei beim Ausprobieren einer neuen Waffe tödlich verunglückt – die Propagandaversion, die dem Wunschbild des Fliegerhelden Udet gemäß war.

Neben den Tätern wurden die Opfer des Krieges begraben. In den letzten, den schrecklichsten Bombennächten Berlins bestattete man in Massengräbern die Toten der Luftangriffe. Auch die Schwestern des Kaiserin-Augusta-Hospitals liegen hier.

So liest man auf diesem Friedhof wie in einem Geschichtsbuch unter freiem Himmel, nur mit dem Unterschied, daß diese Geschichte noch längst nicht abgeschlossen ist und uns, die Erben, an unsere Verantwortung und Lernfähigkeit mahnt.

# FRIEDHOF DER DOROTHEENSTÄDTISCHEN UND FRIEDRICH-WERDERSCHEN GEMEINDEN

*Chausseestraße 126*
*10115 Berlin*

Ursprünglich gab es fünf Friedhöfe vor dem ehemaligen Oranienburger Tor an der Chausseestraße. Es waren im Westen der ehemalige **Charité-Friedhof**, gegründet im 18. Jahrhundert, 1856 geschlossen; südwestlich in etwa durch die Hessische Straße und einen Teil der Hannoverschen Straße begrenzt. Östlich von ihm, getrennt durch eine zum Teil erhalten gebliebene Mauer, liegt der 1762 angelegte **Dorotheenstädtische Friedhof**, der mit einem schmalen Stück bis an die Hannoversche Straße herangeführt wird und von der Chausseestraße 126 zugänglich ist. Unmittelbar an der Chausseestraße 127, zwischen dieser und dem Dorotheenstädtischen Friedhof, befindet sich der **Friedhof der französischen reformierten Gemeinde**, der seit der Gründung 1780 in ursprünglicher Ausdehnung überliefert ist. Im südlich anschließenden Zwickel existierten vormals noch zwei kleinere Friedhöfe: der 1777 gegründete, 1902 beräumte katholische **St.-Hedwigs-Friedhof** und der etwa gleichzeitig entstandene, bereits 1887 zur Bebauung verkaufte **Friedrichwerdersche Friedhof**.

Der Dorotheenstädtische Friedhof wurde zwischen 1814 und 1826 dreimal erheblich vergrößert. Seit Schließung des Friedrichswerderschen Friedhofs war er für beide Gemeinden bestimmt. 1889 wurden auch einige Grabstätten aus dem beräumten Friedhof an die jetzige Stelle verlegt, so diejenigen von Johann Gottlieb Fichte, Georg Wilhelm Friedrich Hegel, Christoph Wilhelm Hufeland und des Juristen K.A.C. Klenze.

Der Dorotheenstädtische Friedhof ist die traditionelle Begräbnisstätte bedeutender Gelehrter, Künstler, Industrieller und Politiker bis in die jüngste Zeit. Es gibt wohl kaum einen Friedhof, an dem so viel Geistes- und Kulturgeschichte sichtbar wird: Vom Geist des Napoleonischen Freiheitskampfes, den Fichte beschwor, bis zum Widerstandskampf im Dritten Reich, vom Klassizismus bis zum Dadaismus, vom Industrialismus bis zum sozialistischen Staat. In buntem Durcheinander liegen hier auf engstem Raum der preußische Minister Delbrück, der Theaterintendant Wolfgang Langhoff und der Vorsitzende der Liberal-Demokratischen Partei Deutschlands (LDPD), Hans Loch; der Erfinder der Anilinfarben, Hofmann, und der Komponist Hanns Eisler liegen neben Rungenhagen, dem Direktor der Singakademie, Brecht und Helene Weigel im Schatten von Hufeland, dem Arzt Schillers, Goethes und des Königs. Der Bildhauer Rauch liegt neben Borsig, einem Vizeadmiral und einem Konditor, weiterhin Kollegen Hegels, wie Eduard Gans, August Boekh, und Bürger ohne Titel und Rang.

46

*Grabmal J.G. Schadow*

Auf dem von Pappeln umsäumten Hauptweg – am früheren Wohnhaus von Brecht und Helene Weigel vorbei – kommt man zur großen Marmorstatue **Martin Luthers**, 1909 von ERNST WAEGENER kopiert nach dem 1821 für den Wittenberger Marktplatz geschaffenen Original Johann Gottfried Schadows, ursprünglich in der Dorotheenstädtischen Kirche, 1975 hier aufgestellt.

Die Berliner Grabmalkunst des 19. Jahrhunderts ist auf dem Friedhof typologisch nahezu vollständig durch eine Reihe qualitätsvoller Denkmäler aus dem Kreis der klassizistischen Baumeister und Bildhauer – Schinkel, Schadow, Rauch, Tieck – sowie deren Schulen vertreten. Das Material ist in der Regel roter und schwarzer Granit, geschliffen und poliert, bzw. Sandstein; der plastische Schmuck und die Inschriften in Bronze. Aus Gußeisen sind einige Grabkreuze aus der ersten Hälfte des 19. Jahrhunderts – an drei Stellen – erhalten. Barocke Denkmäler sind nicht überliefert.

Ältestes klassizistisches Grabmal ist das für den Lederfabrikanten **Jacob F. Frölich** (1737-1807), ein urnenbekrönter (die Henkel der marmornen Deckelurne fehlen), rechteckiger Grabaltar von schönen Proportionen, mit Inschrifttafeln und einer Öllampe im Relief unter gedrücktem Halbkreisbogen, in den kubischen Formen der Gilly-Schule. Das drei Meter hohe Grabmal für **Marie Henriette Caroline Schadow** (gest. 1832) wurde von JOHANN GOTT-FRIED SCHADOW für seine zweite Frau errichtet: eine abgeschnittene Sandsteinsäule mit einer Deckelurne (sie ist ohne antikes Vorbild) aus grauem Marmor als Symbol der Vergänglichkeit. Schadow gilt als der bedeutendste deutsche Bildhauer um 1800. Seine Hauptwerke sind das 47

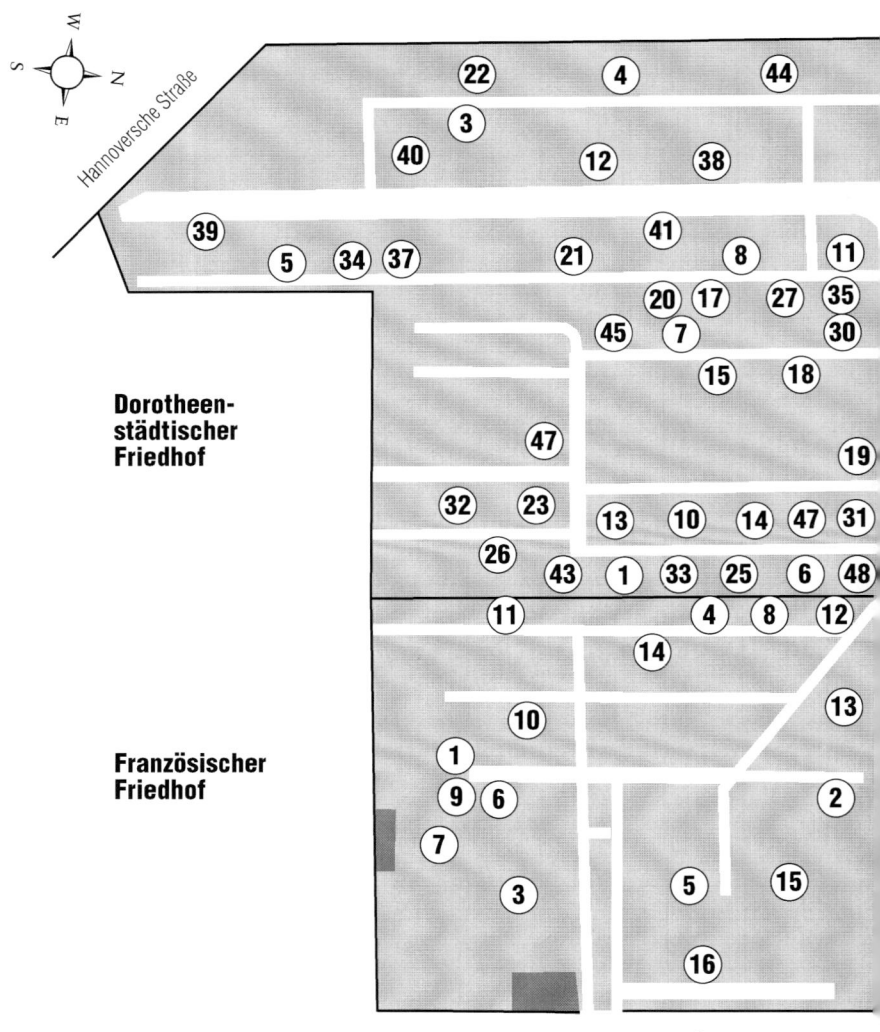

W N
S E
Hannoversche Straße

(22) (4) (44)
(3)
(40) (12) (38)
(39)
(5) (34) (37) (21) (41) (8) (11)
(20) (17) (27) (35)
(45) (7) (30)
(15) (18)

**Dorotheen-
städtischer
Friedhof**

(47)
(19)
(32) (23) (13) (10) (14) (47) (31)
(26) (43) (1) (33) (25) (6) (48)
(11) (4) (8) (12)
(14)

**Französischer
Friedhof**

(10)
(13)
(1)
(9) (6) (2)
(7)
(3) (5) (15)
(16)

Chaussee-

LEGENDE

**Dorotheenstädtischer
Friedhof**

(1) Johannes R. Becher
(2) Wilhelm Beuth
(3) August Boeckh

(4) Dietrich Bonhoeffer
(5) August Borsig
(6) Bertolt Brecht und
   Helene Weigel
(7) Arnolt Bronnen
(8) Theodor Brugsch
(9) Gottlieb Christian Cantian
(10) Paul Dessau

(11) Johannes Dieckmann
(12) Heinrich Ehmsen
(13) Hanns Eisler
(14) Erich Engel
(15) Johann Gottlieb Fichte
(16) Erich Franz
(17) John Heartfield
(18) Georg Wilhelm Friedri
   Hegel

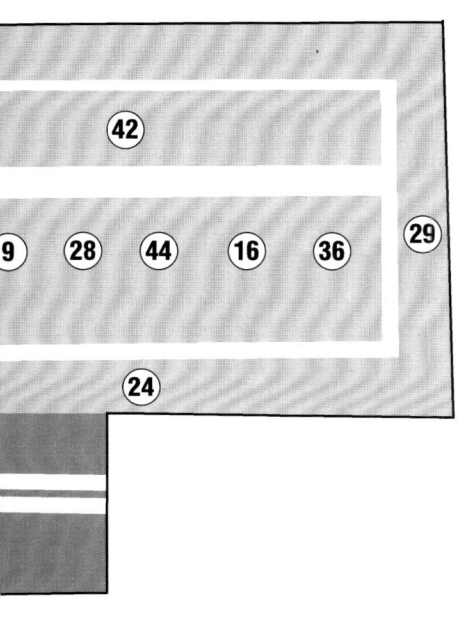

(26) Lin Jaldati
(27) Heinrich Kilger
(28) Willy A. Kleinau
(29) Franz Krüger
(30) Wolfgang Langhoff
(31) Ernst Theodor Litfaß
(32) Heinrich Gustav Magnus
(33) Heinrich Mann
(34) Christian Daniel Rauch
(35) Rudolf Wagner-Regeny
(36) Hans José Rehfisch
(37) Carl Friedrich Rungenhagen
(38) Herbert Sandberg
(39) Gottfried Schadow
(40) Herbert Schievelbein
(41) Karl Friedrich Schinkel
(42) Louis Schwartzkopff
(43) Anna Seghers
(44) Max Spitta
(45) Johann Heinrich Strack
(46) Johannes Tralow
(47) Bodo Uhse
(48) Arnold Zweig

### Französischer Friedhof

(1) Friedrich Ançillon
(2) Franz Bendel
(3) Felix-Henri du
    Bois-Reymond
(4) Carola Braunbock
(5) Daniel Chodowiecki
(6) Ludwig Devrient
(7) Marie Anne Dutitre
(8) Amy Frank /
    Friedrich Richter
(9) Dieter Franke
(10) Heinrich Greif
(11) Robert Guiscard von
     Hauteville
(12) Rolf Herricht
(13) Familie Jouanne
(14) P. Ludwig Ravené
(15) Familie Th. Serre
(16) Carl Steffeck

Brecht-
Gedenkstätte

straße

(19) Carl Hess
(20) Wieland Herzfelde
(21) Erbbegräbnis Hitzig
(22) Friedrich Hoffmann
(23) August Wilhelm von
     Hofmann
(24) Johann Georg Hossauer
(25) Wilhelm von Hufeland

Grabmal des Grafen von der Mark, das erste lebensgroße Doppelstandbild des Klassizismus "Prinzessinnengruppe" (beide Alte Nationalgalerie, Berlin), die Quadriga auf dem Brandenburger Tor, das Relieffries für die Münze (heute Altenwohnheim am Charlottenburger Schloß). Der durch ihn begründete realistische Stil der Berliner Bildhauerschule wirkte bis zum Ende des 19. Jahrhunderts nach. **Schadows** (1764-1850) eigenes Grabmal ist ein überaus realistisch durchgebildeter, schlanker Pfeiler mit Volutenkapitell, darauf die Statuette des damals 60jährigen Schadow im Alltagskleid mit den Attributen seines Handwerks nach dem Modell seines Schülers HEINRICH KÄHLER von 1822. Als Schadow diese Arbeit sah, gefiel sie ihm so gut, daß er selbst einen Bronzeguß (1822) als Schmuck für sein Grabmal bestimmte. Das Original wurde dann durch einen Zinkguß ersetzt. Ein Bronzeguß von 1850 befindet sich im Gemeindehaus Johannes-Dieckmann-Straße 3.

Die einfachste Form des klassizistischen Grabmals – eine in die Mauer eingelassene Inschrifttafel – ist an der Familiengrabstätte Krüger von 1844 zu finden, dort auch die Tafel für den Hofmaler **Franz Krüger** (gest. 1856). Er wurde der "Pferdekrüger" genannt, weil er zahlreiche Kriegs- und Jagdszenen wie Reiterbilder malte. In der Alten Nationalgalerie befindet sich sein Kolossalgemälde "Parade auf dem Opernplatz in Berlin 1822" von 1829; es gibt die Atmosphäre jener Zeit wieder und stellt Berühmtheiten des damaligen Berlin vor. **Johanna Eunicke**, die 1821 in der Premiere von Carl Maria von Webers "Freischütz" die Rolle des Ännchen sang – diese Aufführung bezeichnete man seitdem als Geburtsstunde der deutschen Oper – wurde 1825 Krügers Frau. Sie starb 1856 und ist hier ebenfalls beigesetzt. Von derselben Schlichtheit das Grabmal für den Arzt **Christoph Wilhelm Hufeland** (1762-1836) und seine Familie, ein violett schimmerndes Marmorkreuz. Er war 1798 als königlicher Leibarzt, erster Arzt der Charité und Mitglied der Akademie der Wissenschaften nach Berlin gekommen und übernahm bei Gründung der Universität die Professur für spezielle Pathologie. Hufeland war nicht nur Arzt von betont christlicher Gesinnung, sondern auch Begründer der Medizinisch-chirurgischen Gesellschaft. Seine "Makrobiotik oder Die Kunst, das menschliche Leben zu verlängern" (1796) wurde in viele Sprachen, selbst ins Chinesische, übersetzt.

Einzigartig das – heute stark verrostete – Eisengußdenkmal für **Martin August Freund** (1806-1827), Mitbegründer der Freundschen Eisengießerei in Charlottenburg: ein großer Lekythos mit Reliefdarstellung der Norne Skuld vor einem schreitenden Pferd, in Anlehnung an attische Vorbilder, auf würfelförmigem Postament, vom Bruder des Verstorbenen, dem Kopenhagener Bildhauer HERMANN ERNST FREUND; das Gefäß wurde in Gleiwitz gegossen.

Zwei ausgewählte Beispiele für die Obeliskform sind einmal der hohe, dreiseitige Obelisk vom Grab des Philosophen und Patrioten **Johann Gott-**

**lieb Fichte** (1762-1814), des ersten Rektors der Berliner Universität, bekannt geworden durch seine gegen die französische Fremdherrschaft gerichteten "Reden an die deutsche Nation". Das Grabmal, ursprünglich aus Gußeisen der Königlichen Eisengießerei, wurde nach 1819 errichtet (der Entwurf von KARL FRIEDRICH SCHINKEL ist umstritten), 1945 zerstört und 1950 durch einen gedrungeneren aus Sandstein ersetzt. Das originale, von Eichenlaub umkränzte Bildnismedaillon aus vergoldeter Bronze von LUDWIG WICHMANN befindet sich jetzt in der Johannes-Dieckmann-Straße 3. Zum anderen der hohe Granitobelisk für den klassischen Philologen **August Boeckh** (1785-1867) mit dem schönen Bronzemedaillon von REINHOLD BEGAS.

Die gebräuchlichste Form des klassizistischen Grabmals, die Stele, ein in der Regel schlank proportionierter, aufrecht stehender Monolith, häufig mit Bildnismedaillon und übergiebeltem Abschluß, ist in zahlreichen Beispielen vertreten. Ausnahmsweise mehr quaderförmig gedrungen und betont schlicht der kleine Cippus aus Granit ohne Bildnis am Grab des berühmten Philosophen **Georg Wilhelm Friedrich Hegel** (1770-1831). Der Begründer der dialektischen Methode, in der Friedrich Engels "zum ersten Male die ganze natürliche, geschichtliche und geistige Welt als ein Prozeß dargestellt" sah, hatte sich schon zu seinen Lebzeiten einen Platz neben seinem Vorgänger Fichte ausgewählt. Üblicher dagegen die Form des Grabmals für **P.K. Buttmann** (gest. 1829), ursprünglich mit zwei Reliefs von FRIEDRICH TIECK; dasjenige mit dem Bildnis befindet sich jetzt in der Johannes-Dieckmann-Straße 3, das andere wurde 1973 entwendet.

Entsprechend auch die Grabstelen für **Karl August Clemens Klenze** (gest. 1838), des Rechtsgelehrten und Bruders des Baumeisters **Leo von Klenze**, des Juristen **Eduard Gans** (gest. 1839) oder des Komponisten **C.F. Rungenhagen** (gest. 1851), Zelters Nachfolger als Direktor der Singakademie, eine breite Stele mit steinernem Kreuz darauf. Der schlichten Stele für den Bildhauer **Felix Schadow** (1819-1861), den Sohn von Johann Gottfried Schadow, schräg hinter der Porträtstatuette seines Vaters, fehlt das Medaillon. An der Granitstele für den Bildhauer **F.A. Hermann Schievelbein** (1817-1867) stammt das Bildnismedaillon 1870 von GUSTAV BLÄSER. Daneben die Stele für **J. C. Otto** (gest. 1865). Die Grabstele aus rotem Granit für den Bildhauer **Christian Daniel Rauch** (1777-1857) wurde nach eigenem Entwurf von 1855 mit der bekrönenden Allegorie der Hoffnung aus Bronze, einem mit flehender Gebärde aufblickendem Genius, und mit dem Reliefbildnis von ALBERT WOLFF, 1859, bekrönt. Rauch, dessen monumentales Reiterstandbild für Friedrich II. Unter den Linden als bedeutendstes Denkmal der Berliner Kunstgeschichte des 19. Jahrhunderts gilt, verband in seinem Stil klassische, an der Antike orientierte Formen mit individueller Porträt- und historischer Kostümgenauigkeit und war in besonderem Maße 51

*Grabmal Rauch (vorne) und Grabmal Borsig*

schulbildend. Seine Schüler prägten die Berliner Bildhauerschule bis zum Jahrhundertende.

Weiter die Stelen für den Bildhauer **Friedrich Wilhelm Dankberg** (gest. 1866), wohl nach eigenem Entwurf ein würfelförmiger Stelenaufsatz mit Bildnismedaillon, für den Physiker **H.G. Magnus** (gest. 1870) und für den preußischen Staatsminister **Rudolf von Delbrück** (1817-1903), eine rote Granitstele mit klassizistisch tradiertem Bildnismedaillon von JOSEPH KOPF, Rom, 1884, wobei das reiche neugotische Gitter hierher übernommen worden ist. Delbrück war Bismarcks engster Mitarbeiter und besorgte die Organisation der Verwaltung im neugegründeten Deutschen Reich; so redigierte er die Reichsverfassung von 1871.

Auf verschiedenen Berliner Friedhöfen stehen Grabdenkmäler, die auf Entwürfe KARL FRIEDRICH SCHINKELS zurückgehen. 1821 zeichnete Schinkel fünf verschiedene Formen für Grabmale. Darunter auch eins, das als Cippus oder Stele bezeichnet wird. Es zeigt eine etwas verjüngte Grabplatte in antiker Art mit Sockel, Bildwerk und Giebel. 1833 entwarf er das Grabmal für den Chemiker **S.F. Hermbstaedt** (gest. 1841), eine besondere, später oft wiederholte und abgewandelte Form des Stelenaufsatzes – ein Palmettenakroterion mit allegorischer Figur darin sowie mit weiblichen, Kränze haltenden Genien.

Auch das Grabmal **Karl Friedrich Schinkels** (1781-1841), der als der bedeutendste deutsche Baumeister des 19. Jahrhunderts gilt, ist in der bevorzugten Form des Klassizismus als Stele gestaltet. Schinkel ist der

Hauptvertreter der deutschen klassischen Architektur, der in seinen Werken antikisierende, neugotische, klassizistische und romantische Tendenzen vereinte und sie produktiv für die eigene Zeit verwertete. Er hat mit der Neuen Wache, dem Schauspielhaus, dem Alten Museum und der Friedrichwerderschen Kirche wie kein anderer das Stadtbild Berlins geprägt. An der Bauakademie entwickelte er ganz neuartige Architektursysteme. Er war ein universeller Künstler: Architekt, Stadtplaner, Landschaftsmaler, Maler und Zeichner, Bühnenbildner, Entwerfer (Designer) für Möbel und Gebrauchsgegenstände, Innenraumgestalter und Architekturtheoretiker. Er entwarf das Grabmal für Scharnhorst auf dem Invalidenfriedhof, aber auch gleich nebenan, auf dem Französischen Friedhof, findet sich das renovierte Grabmal, das Friedrich Wilhelm IV. seinem Erzieher und späteren Minister Ançillon von Schinkel errichten ließ. Schinkel setzte zudem für die Grabmalskunst das Eisen ein und brachte den Kunstguß der Königlichen Berliner Eisengießerei zu hoher Blüte. Schinkels eigenes Grabmal wurde auf Vorschlag von Schinkels Freund BEUTH dem einer griechischen Stele nachempfundenen Mal für Hermbstaedt nachgebildet: ein zartgliedriger, geflügelter Genius steht in den Ranken der Bekrönung (erneuert). Das vergoldete Porträtmedaillon folgt Christian Daniel Rauchs Modell von 1836. "Was vom Himmel kommt, was zum Himmel führt, ist für den Tod zu groß, ist für die Erde zu klein", steht auf dem Grabsockel zu lesen. Die Ausführung an beiden Denkmälern hat AUGUST KIß besorgt, das Original des Bildnismedaillons Schinkels befindet sich jetzt im Gemeindehaus, Johannes-Dieckmann-Straße 3. Das Gitter nach Entwurf von AUGUST STIER verwendet Ornamentformen Schinkels zwischen durchbrochenen Pfeilern.

Repliken desselben Palmettenakroterions, nur mit veränderten Figürchen, sind an den drei Stelen – vor rechteckig vertieften Wandfeldern – der Familie des für den preußischen Hof tätigen Goldschmieds **George Hossauer** (1794-1874) aus der Mitte des 19. Jahrhunderts zu finden. Den Aufsatz im Ganzen abgewandelt trägt das Grabmal des preußischen Staatsmannes **Peter Christian Beuth** (1781-1853), dem Begründer des Berliner Gewerbeinstitutes. Preußen verdankt ihm einen starken gewerblichen Aufschwung. Das Bildnismedaillon ist wohl von AUGUST KIß. Aber auch die beiden Marmorstelen für **G.W. Stüler** (gest. 1838) und **Philippine Stüler** (gest.1862), die Erzieherin und Freundin der Königin Josephine von Schweden und Norwegen, haben diesen Aufsatz. Das späteste Beispiel dieser Art ist das Grabmal **M.S. Borchardt** (gest. 1915), mit dem Bildnismedaillon von FRITZ SCHAPER. Die Stele wird großräumig eingefaßt von einer dreiseitigen Säulenreihe, an deren Enden sich die sandsteinernen Sitzfiguren zweier trauernder Engel, diese 1883 von MICHAEL LOCK, befinden.

Das Wandgrab ist in zwei Varianten vertreten: Die Familiengrabstätte **Bramer** (1832) trägt eine schlicht klassizistische, dreigeteilte Fassaden- 53 projektion. An der Außenwand links ein zierlich in Renaissanceformen mit Nischensitzfiguren gegliedertes Wandgrabmal für den Architekten **Albrecht Dietrich Schadow** (1797-1869). Die Mitte des Triptychons wird betont durch das Bildnismedaillon, die beiden allegorischen Zinkgußfiguren in den seitlichen Nischen stammen von HERMANN SCHIEVELBEIN.

Dagegen hat die Grabstätte der Steinmetz- und Baumeisterfamilie **Gottlieb Chr. Cantian** aus der Mitte des 19. Jahrhunderts die Form eines monumentalen altrömischen Sandsteinsarkophages, einem Cippus an der Via Appia in Rom nachempfunden: an der Vorder- und Rückseite ist der Opferkranz biedermeierlich aus Blumen gewunden, gerahmt von je zwei gekreuzten, gesenkten Fackeln. Die Todessymbole gehen vielleicht auf eine Anregung von KARL FRIEDRICH SCHINKEL zurück, der sandsteinerne – gänzlich unantike – Block wird von einer dreiseitigen Mauer eingefaßt und das Ganze ist wirkungsvoll an den Anfang der Birkenallee gesetzt worden. Gottlieb Christian Cantian war ein Schinkel-Schüler, auf ihn geht die große Granitschale vor dem Alten Museum zurück.

Das Grabmal für den Industriellen **August Borsig** (1804-1854), den Begründer der gleichnamigen Maschinen- und Lokomotivfabrik, besteht aus einem zweiseitigen Giebel mit straffen Bandvoluten und Akroteren über einer dorisch säulengetragenen offenen Ädikula, nach dem Entwurf von JOHANN HEINRICH STRACK 1857. Auf hohem Postament die bronzene Büste des Verstorbenen 1855 von CHRISTIAN DANIEL RAUCH; am Fuß des Postaments wurde später das von zwei Knaben (neben einem Genius wohl der Sohn Albert) flankierte Bildnismedaillon der **Ehefrau** (gest. 1887) als vollplastische Gruppe hinzugefügt. Borsigs erste größere Fabrik war unweit des Friedhofs gelegen. Zu seiner Beerdigung strömte eine große Menge zusammen, weil er den 14-Stunden-Arbeitstag abgeschafft hatte.

Des Architekten **Johann Heinrich Strack** (1805-1880) eigenes Grabmal ist dem Borsigschen nachgebildet, die rückwärtige Hälfte jedoch geschlossen, darin erhebt sich auf hohem Postament die beschädigte Marmorbüste des Verstorbenen (1881), von ALEXANDER CALANDRELLI.

Im Typ ähnlich das im Zweiten Weltkrieg schwer beschädigte Grabmal für den Architekten und Schinkel-Schüler **Friedrich August Stüler** (1800-1865), 1867 von J. H. STRACK entworfen. Es ist ein Denkmal der Freundschaft. Strack, der sonst rein klassizistische Formen wählte, charakterisierte mit einem Rundbogen Stülers Bauweise, mit der aus dem Akanthus am Giebel aufwachsenden Kreuzblume dessen Frömmigkeit und verwendete für die Säulen den von Stüler bevorzugten Pavonazetta-Marmor. Die Bildnisbüste von HERMANN SCHIEVELBEIN fehlt.

Das Grabmal der Familie Hitzig, u.a. auch des Kriminalisten und Schriftstellers **Eduard Hitzig**, Freund und Biograph des phantastischen Dichters E.T.A. Hoffmann, und des Architekten und Schinkel-Schülers **Friedrich**

*Grabmal J.F.A. Borsig, Detail*

**Hitzig** (1811-1881), bildet ein von HERMANN ENDE 1882 entworfenes monumentales Mausoleum in Formen der italienisierenden Neurenaissance, rechteckig mit halbrund geschlossenen Schmalseiten und einem von ionischen Säulen eingefaßten Portikus.

Das Grabmal des Baurates **Friedrich Eduard Hoffmann** (1818-1900) krönt eine Christus-Statue nach BERTEL THORVALDSEN in einem dreiflügeligen Aufbau aus weißen, gelben und grünen glasierten Formsteinen in Anspielung auf die Erfindung des Ziegelringofens durch den Verstorbenen. Hier liegen auch die vier Kinder des Erfinders, die innerhalb weniger Wochen an Scharlach starben.

Das Grabmal für den Baurat **Hermann Alexander Wentzel** (1820-1899) und seine als Mäzenatin tätige Frau **Maria Elisabeth** (1833-1899) schließlich ist eine nach des Architekten eigenem Entwurf errichtete aufwendige Pfeiler- und Säulenarchitektur aus polierten roten Granitmonolithen – ein Temenos in dorischem Stil –; die bronzene Bildnisbüste in der Mitte wurde von FRITZ SCHAPER geschaffen.

An der Mauer zum Französischen Friedhof befinden sich künstlerisch bemerkenswerte Grabmäler aus jüngster Vergangenheit: Das Grabmal des Schriftstellers **Heinrich Mann** (1871-1950), des ersten Präsidenten der Deutschen Akademie der Künste, der freilich vor Amtsantritt in seinem kalifornischen Exil verstarb. Seine Urne wurde erst 1961 hier beigesetzt und das Grab mit der überlebensgroßen bronzenen Bildnisbüste (1950) von dem 55

*Grabstätten Bertolt Brecht und Helene Weigel*

bereits zu dieser Zeit an der Hochschule für Bildende Kunst in Hamburg lehrenden GUSTAV SEITZ geschmückt. Das Grabmal des Internisten **Theodor Brugsch** (gest. 1963), eine auf breiter Stele reliefierte Bronzetafel mit vier szenischen Darstellungen aus dem Leben des Mediziners, wurde 1969 von dem Berliner Bildhauer WERNER STÖTZER geschaffen. Das Grabmal des Malers und Grafikers **Heinrich Ehmsen** (gest. 1964) bezeichnet eine Stele mit symbolischer Darstellung auf einer Bronzeplatte von FRITZ CREMER. Aus dem Exil kehrte **Anna Seghers** nach Ost-Berlin zurück, die 1928 mit dem Kleist-Preis ausgezeichnet und durch "Die Fischer von St. Barbara", "Die Rettung", "Transit", "Das siebte Kreuz" und "Der Ausflug der toten Mädchen" berühmt wurde. Ihr Grabstein teilt nun ihren richtigen Namen mit: *Netty Radvanyi, geb. Reiling,* geboren 1900 in Mainz und 1983 in Berlin verstorben.

Die Grabmäler des Dichters, Stückeschreibers und Theoretikers **Bertolt Brecht** (1898-1956) und seiner Frau, der Schauspielerin **Helene Weigel** (1900-1971), der Intendantin des 1949 mit Brecht gegründeten Berliner Ensembles, markieren zwei unbearbeitete Granitfindlinge mit den Namen der Verstorbenen. Brecht, der mit Helene Weigel in zwei getrennten Wohnungen neben dem Friedhof die letzten Lebensjahre verbracht hatte und seinen morgendlichen Blick auf den Friedhof in einem Gedicht festhielt, hatte im Mai 1955 in einem Schreiben an die Akademie der Künste verfügt: "Im Falle meines Todes möchte ich nirgends aufgebahrt und öffentlich

aufgestellt werden. Am Grab soll nicht geredet werden. Beerdigt werden möchte ich auf dem Friedhof neben dem Haus, in dem ich wohne, in der Chausseestraße." Am 14. August 1956 starb Brecht. Drei Tage später wurde er dieser Anweisung entsprechend beigesetzt. Als sein Verleger Peter Suhrkamp um 9 Uhr auf dem Friedhof erschien, war schon alles vorüber. Brecht hatte vorausgesagt, sein Beispiel werde wohl Schule machen und der Friedhof zum Treffpunkt werden wie der Künstlerklub "Möwe". So kam es. In einiger Entfernung seines und Helene Weigels Grab finden sich die Urnengräber von zwei seiner engsten Mitarbeiterinnen. **Elisabeth Hauptmann** hatte wesentlich zu Brechts größtem Erfolg in den zwanziger Jahren, der "Dreigroschenoper", beigetragen und auch die Story zu "Happy-End" geliefert, mit der man vergeblich versuchte, an diesen Erfolg anzuknüpfen. **Ruth Berlau-Lund**, seine "Laitu", hatte ihm nicht nur im dänischen Exil geholfen, sondern war ihm Mitarbeiterin und Geliebte und bitter Enttäuschte gewesen.

Weitere Grabstätten bedeutender Persönlichkeiten: **E.Th. Litfaß** (gest. 1874), der Berliner Drucker, der die Anschlagsäule erfand. Er durfte sie 1855 erstmals öffentlich in Berlin aufstellen und sie trat daraufhin ihren Siegeszug durch die ganze Welt an. Die Tafel auf der eisernen Umfriedung trägt nur den Namenszug ihres Erfinders. **Johannes R. Becher** (1891-1958), Dichter, zunächst Vertreter des Expressionismus, dann Anschluß an die kommunistische Arbeiterbewegung, Mitbegründer und Vorsitzender des Bundes proletarisch-revolutionärer Schriftsteller, während der sowjetischen Emigration Chefredakteur der "Internationalen Literatur / Deutsche Blätter", 1953 Präsident der Deutschen Akademie der Künste, 1954 erster Minister für Kultur der DDR . Auf dem Stein stehen seine Verse: "Vollendung träumend, / hab' ich mich vollendet .../ denn das war meines Werkes heilige Sendung / Dienst an der Menschheit künftiger Vollendung." Gemeint ist die heilige Sendung eines kommunistischen Dichters, die säkularisierte Ewigkeit. **Bodo Uhse** (1904-1963), Romanschriftsteller, er emigrierte 1933 nach Paris, schrieb u.a. den antifaschistischen Roman "Leutnant Bertram" (1944). Hier ließ sich ausdrücklich auch **Erich Engel** (1889-1966) beisetzen, der in West-Berlin wohnte. Er hat fast alle Brecht-Uraufführungen bis zur "Dreigroschenoper" inszeniert, seit 1930 auch Filme gemacht und nach Brechts Tod auch dessen Regiearbeit am "Galilei" im Berliner Ensemble zu Ende geführt. **Paul Dessau** (1894-1979), Komponist, er schuf Chorwerke, Theatermusiken zu Stücken Brechts, Opern, sinfonische Werke und Kammermusik. Mit Brecht war er 1942 zusammen in den USA. Er hat die Musik zur "Mutter Courage" geschrieben und aus Brechts "Puntila" eine Oper gemacht, die dessen Frau Ruth Berghaus 1966 zur Uraufführung brachte. **Hanns Eisler** (1898-1962), Komponist, Schüler von Arnold Schönberg, er emigrierte 1934 in die USA, seine enge Zusammenarbeit mit Brecht führte zu einer neuen Funktion der Bühnenmusik. er schuf Lieder und Songs, sinfonische  57

*Grabstein Hanns Eisler vor historischem Grabmal*

Werke, Orchester-, Kammer- und Klaviermusik; seinen würfelförmigen Grabstein entwarf WERNER STÖTZER.

Weitere Persönlichkeiten sollen genannt werden: **Slatan Dudow**, der Regisseur des Brecht-Films "Kuhle Wampe"; **René Graetz** (1908-1974), Bildhauer, Maler und Grafiker; **Maximilian Scheer** (1896-1978), Schriftsteller und Publizist, verfaßte Reportagen und dokumentarische Werke; **Arnolt Bronnen** (1895-1968), österreichischer Schriftsteller, begann als Expressionist (seinen "Vatermord" versuchte Brecht in den zwanziger Jahren erfolglos zu inszenieren), brach mit den Nationalsozialisten, denen er sich anfangs verbunden fühlte, und schloß sich den österreichischen Kommunisten an; **Johannes Tralow** (1882-1968), Dramatiker und vielgelesener Romanschriftsteller ("Osmanische Tetralogie", 1942-1956); **Hans José Rehfisch** (1891-1960), Dramatiker, der ein handfestes und rollenreiches Theater bot. **John Heartfield** (1891-1968), Grafiker, Fotomonteur, Bühnenbildner und Maler. Er war Mitbegründer der Berliner Dada-Bewegung, Schöpfer der Fotomontage, die er zum künstlerischen Mittel der politischen Karikatur und Agitation gemacht hat. Die Stele mit dem wie aus stilisierten Scherenblättern zusammengesetzten H-Monogramm soll an das Hauptwerkzeug des Fotomonteurs – die Schere – erinnern; sein Bruder, der Schriftsteller und Verleger **Wieland Herzfelde**, leitete von 1917 bis 1933 den von ihm begründeten Malik-Verlag (benannt nach dem ersten verlegten Roman von Else Lasker-Schüler), den er in der Emigration von Prag aus bis 1939 weiterführte; **Rudolf Wagner-Regeny** (1903-1969), Komponist, schrieb

58

Opern ("Der Günstling", 1935; "Die Bürger von Calais", 1939), Ballette, Orchester- und Chorwerke, Kammer- und Klaviermusik sowie Lieder; **Leo Spies** (1899-1965), Komponist, schuf Ballettmusiken, Lieder und Kantaten, Orchesterwerke und Kammermusik; **Arnold Zweig** (1887-1968), Romanschriftsteller, Novellist, Dramatiker und Essayist. Bestimmendes Erlebnis wurde für ihn der Erste Weltkrieg, der ihn zum Kritiker und Humanisten werden ließ. Ein Welterfolg wurde sein Roman "Der Streit um den Serganten Grisha" (1927), der das Kernstück des großen Romanzyklus aus der Zeit des Ersten Weltkrieges, "Der große Krieg der weißen Männer" (1927-1957) bildet; **Hans Loch** (1898-1960), Politiker, 1945 Mitbegründer, 1951 Vorsitzender der LDPD, seit 1951 Stellvertreter des Vorsitzenden des Ministerrates der DDR; **Wolfgang Langhoff** (1901-1966), Schauspieler, Regisseur, Theaterleiter, er emigrierte 1934 in die Schweiz, spielte bis 1945 in Zürich, war von 1946 bis 1963 Intendant des Deutschen Theaters und der Kammerspiele, die er wieder zu führenden Bühnen entwickelte; der Bühnenbildner **Heinrich Kilger** (1907-1969), dem vor allem in der Zusammenarbeit mit Langhoff dramaturgisch-funktionelle wie phantastische Bildlösungen gelangen; der über eine ungewöhnliche Verwandlungs- und Verkörpererungskraft verfügende Schauspieler **Willy A. Kleinau** (1907-1957); **Gustav Bläser** (gest. 1910), Bildhauer; **Johannes Dieckmann** (1893-1969), Politiker, früherer Mitarbeiter von Gustav Stresemann, 1945 Mitbegründer der LDPD, 1949 erster Präsident der Volkskammer der DDR; **Otto Nuschke** (1883-1959), Journalist und Politiker, 1945 Mitbegründer und 1948 Vorsitzender der CDU (Ost), seit 1949 Stellvertreter des Vorsitzenden des Ministerrates der DDR. Die zwei gerundeten Obelisken beiderseits der Grabplatte lassen ebenso an zwei Druckwalzen und damit an die Herkunft des Verstorbenen wie an ein Kreuz als Grundriß und damit an das Wirken für die CDU denken. Sonst ließ sich die Prominenz der DDR in Friedrichsfelde bestatten. Schließlich **Max Spitta** (gest.1909), Architekt, nach dessen Plänen Kirchen in Berlin-Mitte in historistischen Formen erbaut wurden.

Hier befinden sich auch die Grabstätten von Widerstandkämpfern gegen den Nationalsozialismus aus den Jahren 1933/45. In einem großen Grab hat man die Opfer der Gestapo beigesetzt, die noch Ende April 1945 im Gefängnis an der Lehrter Straße umgekommen sind. Die Grabplatte weist u.a. die Namen **Bonhoeffer** und **Dohnányi** auf

So wird der Gang über den Dorotheenstädtischen Friedhof zum Gang durch die deutsche Geschichte. Die dennoch fast heitere Nachdenklichkeit, die sich dabei einstellt, hat Wolf Biermann, der vor seiner Ausbürgerung wenig weiter, in der Chausseestraße 131 wohnte, in einem Lied beschrieben: "Wir hakeln uns Hand in Hand / und schlendern zu Brecht seinem Grab ... / Dann freu'n wir uns und gehen weiter / Und denken noch beim Küssegeben: / Wie nah sind uns manche Tote, doch / Wie tot sind manche, die leben." 59

*Blick über den Französischen Friedhof*

## FRANZÖSISCHER FRIEDHOF
*Chausseestraße 127*
*10115 Berlin*

PLAN
SIEHE
SEITE
48 / 49
Er wurde 1780 von der französisch-reformierten Gemeinde angelegt; auf ihm sind bedeutende Persönlichkeiten aus dem Berliner Kulturleben des 19. Jahrhunderts beigesetzt worden.

So befindet sich hier auch die lange gesuchte Begräbnisstätte des Kupferstechers, Zeichners und Malers des 18. Jahrhunderts **Daniel Chodowiecki** (1726-1801). Er hat Gravüren zu Werken von Lessing, Goethe und Lavater wie bürgerliche Familienbilder geschaffen und in überzeugender Einzelbeobachtung den bürgerlichen Alltag für die deutsche Kunst erschlossen. Sein Grabstein ist 1932 in der Nähe des vermuteten Grabes errichtet und 1960 renoviert worden.

Die Begräbnisstätte des Schriftstellers **Henri Du Bois-Reymond** (gest. 1865) bezeichnet eine übergiebelte Marmorstele. Auf der Grabstätte des Historienmalers **Carl Steffeck** (gest. 1890) befindet sich ein bearbeiteter Findling mit dem beziehungsvoll auf eine Malerpalette projizierten Reliefbildnis des Verstorbenen von FRIEDRICH REUSCH.

Die klassizistische Grabmalkunst ist in einigen bemerkenswerten Beispielen überliefert. Eindrucksvoll schlicht die sieben großen Sandsteinsarkophage mit Inschriftplatten für die Familie **Jouanne** aus der ersten Hälfte des 19. Jahrhunderts. Im Typ der Ara das von Freunden gesetzte

60

Grabmal des Schauspielers **Ludwig Devrient** (1784-1832), des wohl bedeutendsten Mimen der romantischen Periode, der in seinen phantastischen und dämonischen Gestalten die Widersprüche der Zeit zum Ausdruck brachte: Eine schöne gußeiserne Stele, bedeutendes Zeugnis der Königlichen Eisengießerei in Gestalt eines überhöhten Cippus, von einer antikischen Henkelvase bekrönt; an der einen Seite Reliefs mit den Masken der Komödie und Tragödie, mit Narrenzepter und Schwert, an der anderen ein Todesgenius mit Kranz. 1815 wurde Devrient Nachfolger Ifflands als Leiter des Königlichen Schauspielhauses in Berlin, in dem er durch seine Shakespeare- und Schiller-Interpretationen Triumphe

*Grabmal L. Devrient*

feierte. Mit seinem Freunde E.T.A. Hoffmann verkehrte er im Weinlokal Lutter & Wegener am Gendarmermarkt, das durch sie berühmt wurde.

Links vom Hauptweg das wohl bedeutendste, 1993 restaurierte Marmorgrabmal für **Friedrich Ançillon** (1757-1837), den Erzieher des Kronprinzen Friedrich Wilhelm (Friedrich Wilhelm IV.) und von diesem gestiftet, 1840 von KARL FRIEDRICH SCHINKEL in Gestalt eines großen antiken römischen Scipionensarkophages aus Marmor auf hohem Sockel entworfen, mit Bildnismedaillon, Triglyphenfries und einer über den Schmalseiten aufgerollten Volute. Es ist eines der letzten Werke Schinkels, die Ausführung stammt von CHRISTIAN GOTTLIEB CANTIAN, die Aufstellung erfolgte 1841.

Der Historismus ist ausgezeichnet vertreten durch das große Baldachingrabmal für den Kommerzienrat und Kunstsammler **P. Ludwig Ravené** (gest. 1861): ein Sarkophag mit lebensgroßer bronzener Liegefigur des Toten und zwei knienden Engeln am Fußende, das Ganze in überdachter, allseitig offener Säulenhalle in neuromanisierenden Formen aus schwarzem poliertem Syenit. Das schreinartige Gehäuse, ausgeführt von E. Ackermann aus Weißenstadt, vollendet 1867, ist laut Inschrift von FRIEDRICH AUGUST STÜLER entworfen, die Ausführung der figürlichen Bronzewerke stammt von GUSTAV BLÄSER.

Zwei Grabmäler mit den etwa lebensgroßen Sandsteinfiguren einer Trauernden sind für den Komponisten **Franz Bendel** (gest. 1874), die Trauernde mit Lyra und Kranz kniend vor einem Obelisken mit Bild- 61

*Grabmal L. Ravené*

nismedaillon, von HEINRICH POHLMANN, und für die Familie **Th. Sarre**, um 1893, die Trauernde in einem Portikus stehend.

Ein gußeisernes Kreuz erinnert an ein stadtbekanntes Original, **Marie Anne Dutitre**, *geb. George* (1748-1827), die "Berliner Madame", wie sie durch ihre schlagfertigen Aussprüche genannt wurde. Selbst aus einer Hugenottenfamilie stammend, heiratete sie einen wohlhabenden französischstämmigen Textilfabrikanten und unterhielt lebhaften Kontakt mit Künstlern und der Hofwelt. Ihr Mutterwitz in Gesprächen mit Friedrich Wilhelm III., den Schauspieler Devrient und Goethe sind in bekannten Anekdoten überliefert.

Aus jüngster Zeit stammen die Grabmäler für den Schauspieler **Dieter Franke** (1934-1982) neben der Ara von Ludwig Devrient, das Schauspielerehepaar **Amy Frank** (1896-1980) und **Friedrich Richter** (1894-1984), die Schauspielerin **Carola Braunbock** und den Schauspieler **Rolf Herricht** (1927-1981) an der Mauer zum Dorotheenstädtischen Friedhof.

*Grabmal Carl Begas*

## ALTER DOMFRIEDHOF ST. HEDWIG
*Liesenstraße 8*
*13355 Berlin*

Der heute älteste und zugleich bedeutendste katholische Friedhof in Berlin wurde 1834 eingeweiht. Bis 1899 fanden hier – so gibt Wolfgang Gottschalk an – 23.588 Gemeindemitglieder ihre letzte Ruhestätte, darunter auch 429 bzw. 1111 Opfer der Choleraepidemien von 1849 und 1866. Er löste den bisherigen ersten katholischen Friedhof am Oranienburger Tor in der Chausseestraße ab, dessen Areal seit Anfang des 20. Jahrhunderts mit Miets- häusern bebaut wurde. 1866/67 wurde auf der Nordhälfte des dreieckigen Territoriums eine **Friedhofskapelle**, offensichtlich mit seinem der italieni- schen Renaissance nachempfundenen Schmuck aus Terrakottaformsteinen und kupfernem Kuppeldach in der Schinkel-Nachfolge, errichtet. In den letzten Jahrzehnten wegen Baufälligkeit nicht mehr benutzbar, ist sie seit 1987 originalgetreu wiederhergestellt worden. Der Altar der Kapelle von St. Annen wurde im November 1991 von Georg Kardinal Sterzinsky einge- weiht.

Mit dem Mauerbau vom 13. August 1961 wurde die Friedhofsgrenze an der Liesenstraße, die zur Staatsgrenze wurde, um etwa 40 Meter zurückge- setzt. In diesem Todesstreifen sind die Grabstellen eingeebnet worden, da- runter zahlreiche alte, zum Teil künstlerisch wertvolle Erbbegräbnisse. Der Friedhof war nur für wenige Stunden in der Woche und nur für Angehörige 63

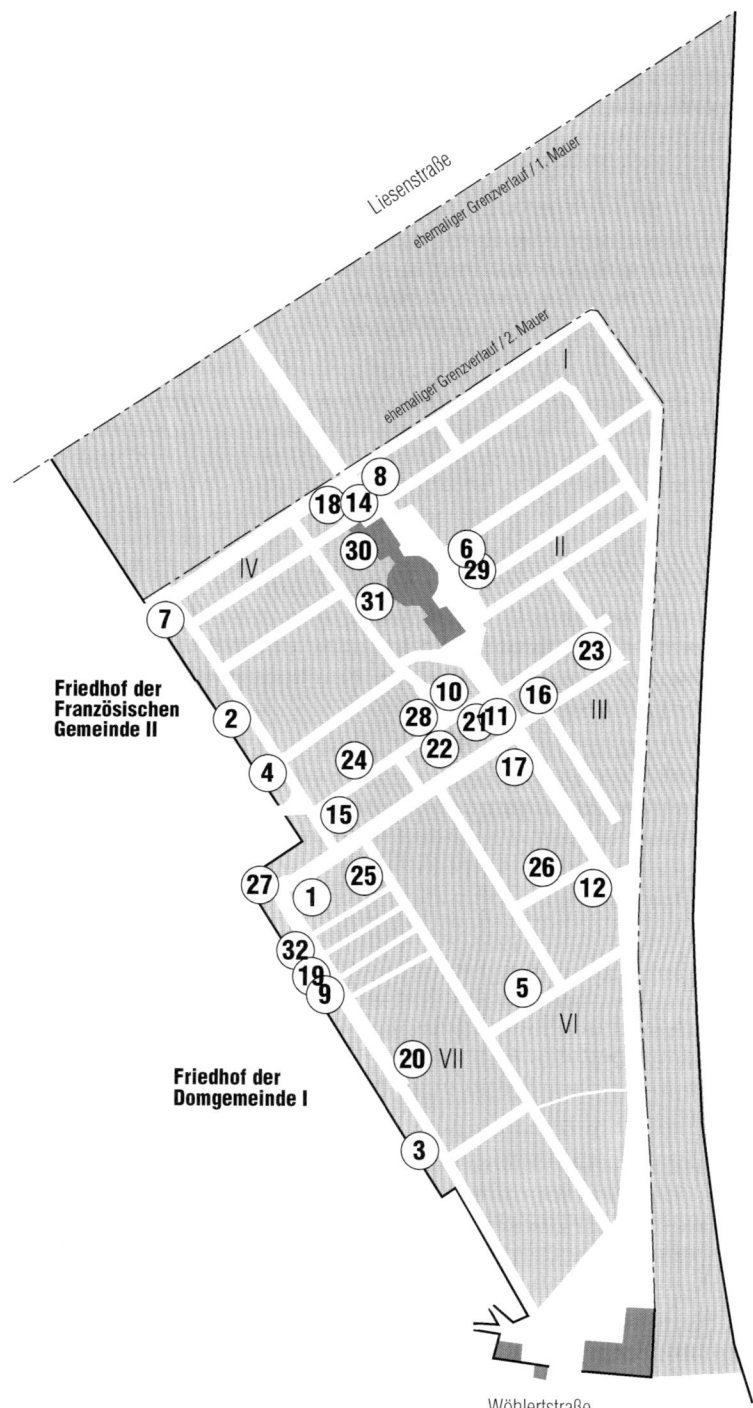

Liesenstraße

ehemaliger Grenzverlauf / 1. Mauer

ehemaliger Grenzverlauf / 2. Mauer

I

8

18 14

30

6
29

II

31

IV

7

23

Friedhof der
Französischen
Gemeinde II

2

10

16

28

2 11

III

22

24

17

4

15

26

27

25

12

1

32

19

9

5

20  VII

VI

Friedhof der
Domgemeinde I

3

64

Wöhlertstraße

der hier Bestatteten zugänglich. Der Bau einer zweiten Mauer 1967 hatte weitere Abräumungen von Grabstellen zur Folge, wenigstens konnte der Friedhof aber seit 1986 wieder besucht werden.

So wurden an die südwestliche Friedhofsmauer die Gedenksteine für den Mathematiker **Karl Weierstraß** (1815-1897) und den Bildhauer **Ceccardo Gilli** (1798-1862) mit einem Marmor-Porträtmedaillon versetzt, das sein Sohn ALEXANDER GILLI entworfen hatte. Für den Maler **Carl Begas d.Ä.** (1794-1854) wurde eine neue Stele errichtet, weil das ursprüngliche Granitmonument mit Marmorbildnis von REINHOLD BEGAS der Zerstörung anheimgefallen war. Hier befindet sich auch das Marmorkreuz für **Daniel Liszt** (1839-1859), den Sohn Franz Liszts und der Gräfin Marie d'Agoult, sowie die in vereinfachten Formen neu errichtete Grabstätte des Malers **Peter von Cornelius** (1783-1867) mit marmornen Inschrifttafeln in einer Klinkerwand, die durch Zwischenpfeiler mit Akanthus-Doppelkapitellen aus gebranntem Ton gegliedert ist. Er hat die Entwürfe für den großen Wandgemäldezyklus geschaffen, der die Fürstengruft des Mitte des 19. Jahrhunderts geplanten Domneubaus schmücken sollte und sich heute in der Alten Nationalgalerie befindet.

Verschwunden sind die Grabmäler für den Theatermaler **Julius Qualigo** (1833-1899), die Berliner Tänzerfamilie **Hoguet**, den Kunstsammler **Athanasius Graf von Raczynski** (1788-1874), den Generaldirektor der Berliner Museen **Ignaz M.W. von Olfers** (1793-1872) oder den Bildhauer **Johannes Janda** (1827-1875). Die Denksteine für die **Gräfin Wilhelmine von Lichtenau** (1753-1820) und den wilhelminischen Baumeister **Ernst Eberhard von Ihne** (1848-1917) die 1943 bzw. 1956 aus der Gruft der kriegszerstörten Hedwigskathedrale auf den Friedhof in der Liesenstraße überführt wurden, standen im Todesstreifen und sind verschollen.

65

Verschiedene Denkmäler waren mit Porträtreliefs geschmückt, so für den Schauspieler **Carl Seydelmann** (1793-1843), den Historienmaler **Carl Breitbach** (1833-1904) von FRITZ SCHAPER, den Historiker **Paul Scheffer-Boichorst** (1843-1902) von FRITZ KLIMSCH; den bedeutenden preußischen Politiker der Fortschrittspartei und Bismarck-Gegner **Fürst Franz Leo Benedikt Waldeck** (1802-1870). Das Grab von **Franz von Forckenbeck** (1796-1840), Oberlandesgerichts-Vizepräsident und Vater des Berliner Oberbürgermeisters Max von Forckenbeck, trug ein schlichtes Eisenkreuz; an der Ruhestätte der Sängerin **Mathilde Mallinger** (1847-1920) einen trauernden Genius vor geborstener Säule. Auf dem Grab von **Joseph Carl Engel** (1821-1888), Direktor des Krollschen Etablissements, befand sich eine spätklassizistische Marmorstele mit antikisierendem Vasenaufsatz, auf dem des bedeutenden Physiologen und medizinischen Forschers **Johannes Müller** (1801-1858) nur eine schmucklose Steinplatte.

Das aufwendige Wanderbbegräbnis für die Familie **Johann Baptist Dotti** war – so Wolfgang Gottschalk – 1881 im Auftrag der "Aktiengesellschaft Nord" errichtet worden. Es besaß reichen plastischen Schmuck – vor allem das neubarocke Marmorrelief mit umkränztem Porträtmedaillon des Fabrikanten von Militäreffekten und Armee Dotti – und wurde von dem Bildhauer ERNST HERTER geschaffen. Diese Anlage an der östlichen Friedhofsmauer zur Stettiner Bahn mußte erst in den 1970er Jahren der Grenzsicherung weichen. Früher verschwanden wohl schon das von JOHANNES BOESE 1899 modellierte Bronzerelief für den Schauspieler **Ernst Formes** (1841-1898) und das ungewöhnliche, lyraförmige Jugendstil-Granitmal mit Doppelporträtmedaillon für das Musiker-Ehepaar **Josef Sucher** (1843-1908) und **Rosa Sucher** (1849-1927), die – er als Dirigent, sie als Sopranistin – an der Berliner Oper wirkten, ebenso das Denkmal in abgewandelter Kreuzesform für den Kirchenbaumeister **August Rincklage** (1843-1914).

Eines der künstlerisch bedeutendsten Monumente des Hedwigfriedhofes ist jedoch schon 1925 ins Märkische Museum überführt worden, nämlich das 1816 von JOHANN GOTTFRIED SCHADOW für seine erste Gattin **Marianne Schadow** (1758-1815) geschaffene Denkmal. Dieses Marmormal mit einer Urne auf kannelierter Säule wurde 1901 von seinem ursprünglichen Ort auf dem alten Gemeindefriedhof an der Chausseestraße zur Liesenstraße umgesetzt worden, auch das bereits 1891 leider vernichtete Grabmal für die Schauspielerin **Margaretha Louisa Schick** (1773-1809), ebenfalls eine Arbeit SCHADOWS aus Sandstein und Marmor. Deren Grabmal trug als Inschrift ein originelles Wortspiel mit dem Namen der Künstlerin:

S chöperisch in Deinem Kunstgefühle,
C ränzte irdisch Dich die Palme schon;
H in zu der Vollendung hohem Ziele
I st – Dein Nievergessen – Ringerlohn.

C ränze treuer Liebe bleiben Dir verlehen,
K ann das – was unsterblich ist – verblühen?
Die gewaltsamen Eingriffe erfolgten auf einem Drittel der Fläche. Durch den Abriß der Einfriedungsmauern zur Liesenstraße und zum östlich anschließenden Bahngelände gingen nicht nur bedeutende Wanderbbegräbnisse verloren, die Hauptbegräbnisstätte der Berliner Katholiken schrumpfte bis zur Unkenntlichkeit zusammen. Dennoch findet man auf den verbliebenen 1,37 Hektar des Hedwigfriedhofes immer noch eine beträchtliche Zahl von Grabstätten bedeutender Persönlichkeiten und Zeugnisse der Berliner Grabmalkunst vom Klassizismus bis in unser Jahrhundert.

Das künstlerisch anspruchsvollste Denkmal mußte 1985 aus dem erweiterten Grenzbereich in die Nähe der Kapelle umgesetzt werden: das mächtige Holzkreuz mit unterlebensgroßem expressionistischem, an den Schnitzstil der Spätgotik angelehntem Bronze-Kruzifix, 1935 von HANS PERATHONER geschaffen, für den Theologen **Carl Sonnenschein** (1876-1929), der sich als Begründer der katholisch-sozialen Studentenbewegung große Verdienste und den Ehrentitel "Großstadtapostel" erwarb. Seinem Sarge war einst ein kilometerlanger Zug gefolgt. Stilistisch verwandt, ohne die gleiche künstlerische Qualität aufzuweisen, die Grabmäler für den Pfarrer **Willibald Velten** (1894-1937), unter dem 1932 bis 1934 die St.-Albert-Kirche errichtet wurde, für den von den Nationalsozialisten ermordeten Priester und Dichter **Ernst Thrasoldt** (1876-1945) – eine Pièta, die der Berliner Holzbildhauer RUDOLF HELTZEL 1955 schuf und die 1990 restauriert wurde – und für den Pfarrer von St. Albert **Ernst Brzoza** (1898-1950).

Östlich der Kapelle befindet sich die Ruhestätte der **Barmherzigen Schwestern vom Heiligen Karl Borromäus**, westlich die Grabanlage der **Schwestern des St.-Hedwigs-Krankenhauses**, beide tragen einfache Marmorschrifttafeln, dagegen sind die efeuüberwachsenen Hügel der **Schwestern von der Heiligen Elisabeth** namenlos.

Nachdem die Hedwigskathedrale 1943 ausgebrannt war, wurden die Berliner Bischöfe **Konrad Kardinal Graf von Preysing** (1880-1950) und **Wilhelm Weskamm** (1891-1956) zunächst in der Gruft des Domkapitels in der Liesenstraße beigesetzt. Sie fanden dann 1968 in der neugeschaffenen Unterkirche von St. Hedwig eine würdige letzte Ruhestätte. Die sterblichen Überreste von Dompropst **Bernhard Lichtenberg** (1875-1943) waren dorthin bereits 1965 überführt worden. Damit wurde eine Persönlichkeit geehrt, die ihr unerschrockenes öffentliches Eintreten für Juden und KZ-Häftlinge mit dem Leben bezahlen mußte. Der Grabstein der Eltern von Bernhard Lichtenberg wurde 1986 vom ehemaligen Friedhof der Charlottenburger Herz-Jesu-Gemeinde in Staaken nach der Liesenstraße umgesetzt. Das schlichte Werksteinmal von 1931 zeigt ein Terrakottarelief mit Kreuzigungsdarstellung des Berliner Bildhauers JOSEF DORLS, der u.a. Bauplastiken 67 für die katholische Marienkirche in Berlin-Karlshorst geschaffen hat. Vor dem Achtermannschen Friedhofskreuz liegt die Grabstätte von **Joseph Jahnel** (1834-1897), Fürstbischöflicher Delegat, Propst, Prälat und Ehrendomherr zu Breslau, der nach der Beilegung des Kulturkampfes zwischen dem preußischen Staat und der katholischen Kirche 1887 das Gemeindeleben in Berlin prägte. Der Klaviervirtuose und Komponist **Hermann Cohen** (1820-1871), der 1849 in den Karmeliterorden eintrat und während des Deutsch-Französischen Krieges als Seelsorger für die französischen Gefangenen in Spandau wirkte und dort als Opfer einer Pockeninfektion verstarb, wurde 1943 aus der zerstörten Gruft der Hedwigskathedrale in die Reihe der Priestergräber in der Liesenstraße umgebettet.

Von der Stadt Berlin wurde der Sopranistin **Anna Milder-Hauptmann** (1785-1838) ein Gedenkstein gesetzt, sie sang 1805 die Leonore in der Uraufführung von Beethovens "Fidelio". Den Marmorengel auf dem Grab der Sängerin **Eleonore de Ahna** (1839-1865) hat JULIUS FRANZ 1867 geschaffen. Das Marmormedaillon am schwarzen Granitmonument für den Justizrat **Theodor Jansen** (1829-1885) ist ein Werk von RUDOLF SCHWEINITZ von 1887. Ein Marmorengel mit Fanfare als Symbol des Jüngsten Gerichtes (1897) von HEINRICH POHLMANN erhebt sich auf dem Grab der Familie **Girke**. Das hochaufragende Werksteingrabmal der Familie **Rilz** von 1888 im Neurenaissancestil fällt besonders durch eine zeltdachartige, reichverzierte Bekrönung aus Zinkguß auf. An spätbarocke Vorbilder – etwa das Monument Diezelsky auf dem Invalidenfriedhof von 1779 – knüpft das vermutlich von HANS DAMMANN entworfene riesige Tuffsteindenkmal für im Ersten Weltkrieg gefallene Mitglieder der Familie **Kappel** an. Die von ADOLF VON HILDEBRAND 1907 geschaffene neuklassizistische Eckgrabanlage der rumänischen Generalkonsulsfamilie **Russell** besaß ursprünglich Bronzeschrifttafeln. Der Muschelkalkstein ist bereits stark verwittert und die plastische Gestaltung kaum noch zu erkennen. Es besteht eine direkte Verwandtschaft mit dem etwa gleichzeitig von HILDEBRAND entworfenen Erbbegräbnis Helmholtz-Siemens auf dem Neuen Friedhof Wannsee. Ein Marmorkreuz in lateinischer Form bezeichnet das Grab der **Maximiliane Gräfin von Oriola** (1818-1884), Tochter des Dichterehepaares Bettina und Achim von Arnim. An der in der Nähe befindlichen Ruhestätte der Familie Reichensperger fehlt die Tafel für den seinerzeit führenden katholischen Zentrumspolitiker **Peter Franz Reichensperger** (1810-1892).

An einigen Grabstätten erinnern die Namen an die großen Traditionen der Berliner Gastronomie. Das große geschwungene Muschelkalksteinmal für die Hotelierfamilie Adlon zeigt im Mittelteil ein Marmorporträtrelief **Lorenz Adlons** (1849-1921) von WALTER SCHOTT. Als schlichte Putzwand mit Scheintür gestaltet ist die Ruhestätte für **Mathias Bauer** (1833-1894) und seine Frau **Therese** (1843-1906), Besitzer des 1867 gegründeten berühmten

Cafés Bauer Unter den Linden, des ersten Wiener Kaffeehauses in Berlin. Ein Muschelkalkdenkmal in Jugendstilformen mit einer sitzenden trauernden Frauenfigur vor einem Rundbogen bezeichnet das Grab für den Meisterkoch **Jules Brunfaut** (1873-1928). Der Familie Patzenhofer wurden drei spätklassizistische Kreuze und zwei akanthusverzierte Stelen aus Marmor gesetzt; der Münchener **Johann Georg Patzenhofer** (1815-1873) begründete 1853 die gleichnamige bekannte Berliner Brauerei. Vor einer neoklassizistischen Wandarchitektur aus muschelkalkartigem Werkstein erhebt sich eine überlebensgroße Christusfigur auf dem Erbbegräbnis **James Cloppenburg** (1877-1926) und **Mary Cloppenburg**, *geb. Peck* (1879-1937), deren Namen eng mit dem Berliner Konfektionshandel verbunden ist. Die Ruhestätte der Familie **Hermann Dyckhoff** (1853-1916) mit einer ebenfalls überlebensgroßen Christusgestalt aus Marmor vor einer halbrunden Arkadenarchitektur aus Muschelkalk, gestaltet von den Werkstätten für Friedhofskunst Berlin, erinnert an die einst renommierte Textilfirma Esder & Dyckhoff. Ihr gegenüber erhebt sich die ovale Grabarchitektur der bedeutenden Steinmetzfamilie Schilling aus Muschelkalk in typischen Art-Deco-Formen. Hier ruhen die "Königlichen Hofsteinmetzmeister" **Matthias Carl Schilling** (1851-1909) und sein Sohn, der Architekt und Steinmetzmeister **Carl Schilling jun.** (1876-1939), deren Werkstatt an vielen öffentlichen Bauten in ganz Berlin beteiligt war. Im Erbbegräbnis Egells mit seinen schönen, vom Verfall bedrohten klassizistischen eisernen Umfassungsgittern ruht auch **Franz Anton Jakob Egells** (1788-1854), der als einer der Hauptbegründer der deutschen Maschinenbauindustrie 1821 die erste private Eisengießerei in der Chausseestraße eröffnete und u.a. Lehrmeister von August Borsig war. Das gleiche Gitter ist an der rückwärts anstoßenden Grabstätte der Medizinerfamilie Renvers zu finden, die mit den Egells verwandt ist – **Rudolf von Renvers** (1854-1909) war langjähriger ärztlicher Direktor des Krankenhauses Moabit. Der Name des Ingenieurs **Carl Flohr** (1850-1927) ist mit der seit 1879 bestehenden und heute international tätigen Firma für Fahrtreppen und Aufzüge Flohr-Otis verbunden. Ein schlichtes schwarzes Granitkreuz setzte man **Therese Renz** (1859-1938), Kunstreiterin aus der bekannten Berliner Zirkusfamilie. Wiederentdeckt werden konnte 1986 durch die Friedhofsverwaltung das Grab des spanischen romantischen Dichters und Romanciers **Enrique Gil y Carrasco** (1815-1846), der ab 1844 Botschaftssekretär in Berlin und hier mit Alexander von Humboldt befreundet war. Seine sterblichen Überreste sind inzwischen in sein Geburtsland überführt worden.

Auf dem Hedwigsfriedhof sind Arbeiten verschiedener wichtiger Berliner Steinmetzwerkstätten zu finden, so u. a. von Kessel & Röhl, Scherhag und Stahl & Herzog. Der Architekt und Grabstättenforscher WILLIBALD E. MEYER entwarf für die Kreuzberger Firma Grabmalskunst die neogotische 69

*Friedhof II der Französischen Gemeinde, Grabstätte Theodor Fontane und Frau*

Backsteinkapelle des Kapellmeisters und Komponisten **Eugen Gottlieb** (1879-1940) und die Muschelkalksteinanlage der Familie **Weber** von 1912. Die Wandarchitektur aus grauem Syenit für die Grabstätte **Arnstein** von 1906 mit überlebensgroßem galvanoplastischen geborstenen Engel stammt aus der Werkstatt von W. HENZE.

In der Nähe des Friedhofszuganges von der Wöhlertstraße stehen jetzt die beiden drei Meter hohen knienden Marmorengel von JOSEF LIMBURG (1874-1955), dessen Grabstätte sich bis 1985 in der Nähe befand. Die Engel sollen wieder auf dem Hauptweg vom Eingang Liesenstraße, wo sie seit 1950 standen, aufgestellt werden.

Noch offen ist die Frage, ob eingeebnete Gräber wenigstens teilweise wieder rekonstruiert werden können und wann die Domgemeinde wieder über das gesamte Gelände verfügen kann. Durch die staatlichen Behinderungen in den DDR-Jahren orientierten sich viele Katholiken zu anderen Friedhöfen hin.

## FRIEDHOF II DER FRANZÖSISCHEN GEMEINDE

*Liesenstraße 7*
*13355 Berlin*

Der neue Friedhof der Französischen Gemeinde wurde 1835 in der Liesen- PLAN
straße angelegt, am damaligen Nordrand der Stadt, zum Wedding gehörig. SIEHE
Dort wurden zwischen 1830 und 1835 vier kirchliche Friedhöfe eingerichtet: SEITE
Der evangelische **Domfriedhof**, mit dem Dom am Lustgarten verbunden, 64
der **Friedhof der Französisch-Reformierten Gemeinde**, deren Dom am
Gendarmenmarkt steht, der **Domfriedhof der katholischen St.-Hedwigs-
Gemeinde**. Auf der gegenüberliegenden Straßenseite, ehemals West-Berlin, befindet sich der evangelische **Neue Dorotheenstädtische Friedhof**.
Früher waren diese Friedhöfe durch Haupteingänge in der Liesenstraße
erreichbar. Seit dem Mauerbau lag der Eingang des Friedhofs der Französischen Gemeinde an der Hintertür in der Pflugstraße. Auch der des Dom-
friedhofs der Hedwigsgemeinde war nur durch den Hofeingang an der
Wöhlertstraße, Ecke Pflugstraße zu erreichen.

Auf dem Friedhof der Französisch-Reformierten Gemeinde deutet eine
schmucklose Grabtafel auf die letzte Ruhestätte des "Wanderers durch die
Mark Brandenburg" **Theodor Fontane** (1819-1898). Das Grab wurde im
Zweiten Weltkrieg zerstört und dann wieder hergestellt. Nach dem Mauerbau
war es nur mit Antrag zu besichtigen, und Heinz Knobloch berichtet in
seinem Buch "Berliner Grabsteine" über die wiederholten Bemühungen,
zum Fontane-Grab zu gelangen. Panzersperren durchzogen den Friedhof,
Grenzsoldaten patrouillierten die Gräber entlang, viele Grabanlagen wurden
zerstört. Die Wunden sind kaum heilbar. Fontane, der Meister des Berliner
Gesellschaftsromans auf märkisch-preußischem Hintergrund, stammt aus
der französischen Kolonie Berlins. Der Apothekerssohn aus Neuruppin war
zunächst Zeitungsschreiber aus Passion, bevor er über den historischen Roman, die Ballade und Novelle erst im Alter das fand, was ihm eigentlich aufgegeben war: das Berlin der Gründerzeit, wie er es selbst erlebt hat. Das
Großstadtbürgertum um 1880, eine neu sich bildende Welt des Momenta-
nen, in der das alte Preußische aufgesogen wird von den Strudeln eines neuen
Reiches. Im Dichter selbst lebte es fort in der nüchternen Ehrlichkeit, mit der
er phrasenlos aufdeckte, was mit dieser Gesellschaft los war. Und dazu die
heute wie damals beliebten "Wanderungen durch die Mark", einzigartig
verflochten Landschaft und Geschichte, um Junker, Pfarrer, Adel, Volk und
Bürger.

## ALTER JÜDISCHER FRIEDHOF

*Oranienburger Straße / Große Hamburger Straße 26*
*10115 Berlin*

1672, im Jahr nach der Neugründung der Jüdischen Gemeinde Berlin, kaufte Mordechai Model, Sohn von David Tewele Halewi Öttingen, genannt **Model Riess**, ein 0,59 Hektar großes Gelände an der Oranienburger Heer- und der Großen Hamburger Straße und übereignete es der Jüdischen Gemeinde als Begräbnisplatz.

An den Stifter erinnert noch heute eine Gedenktafel mit dem hebräischen Text: "Der hier Bestattete erwarb im Jahre 1672 dieses Grundstück zum Begräbnisplatz, auf welchem bis zum 24. Juni 1827 beerdigt wurde. Das Andenken dieses Friedhofsbegründers ehrte durch diese Denktafel im Jahre 1884 Samuel Nehemias Speier, ein in achter Generation von ihm abstammender Enkel." Bevor dieser Friedhof 1827, nach Eröffnung des Jüdischen Friedhofes an der Schönhauser Allee, geschlossen wurde, sollen hier 12.000 Verstorbene bestattet worden sein. In einem 1872 abgeschlossenen Verzeichnis hat der damalige Inspektor dieses Friedhofes, Leiser Landshut, noch 2767 Grabstätten erfaßt. Viele, vor allem hölzerne Grabzeichen für ärmere Verstorbene sollen bei einem großen Brand in der Oranienburger Straße durch den Einsatz von Feuerwehrspritzen, die über den Friedhof gefahren wurden, zerstört worden sein.

Der bedeutendste der auf diesem Friedhof Bestatteten war der Popularphilosoph der Aufklärungszeit und Vorkämpfer der Judenemanzipation **Moses Mendelssohn** (1729-1786), der Freund Lessings (er war das Vorbild für "Nathan der Weise") und zugleich Großvater des Komponisten Felix Mendelssohn-Bartholdy. Sein jetziges Grabmal, ein schlichter Muschelkalkstein, ist das dritte. Das erste, ein ähnlich einfacher Stein, uns durch eine Zeichnung Wilhelm Chodowieckis überliefert, war um 1880 durch ein großes schwarzes Granitmal mit goldenen Lettern ersetzt worden. Gleichzeitig hatte man die Grabstätte mit einem eisernen Gitter eingehegt und sie so aus der Gemeinschaft der übrigen herausgehoben. Nahe Mendelssohn lag sein Lehrer, der Oberrabbiner **David Fränkel**, dem er vierzehnjährig aus Dessau nach Berlin gefolgt war, wo er die neuhochdeutsche Schriftsprache und das Latein erlernte. Hier befanden sich auch die Gräber des Seidenfabrikanten **Isaak Bernhard**, der dem jungen Mendelssohn eine Existenz als Hauslehrer und Buchhalter in Berlin gegeben hatte, von **Veitel Heine Ephraim** – sein Palais am Nikolaiviertel –, **Marcus Herz**, des Arztes und Philosophen, des königliche Hofbaurates **Isaak Daniel Itzig** und vieler anderer mehr. Die Gräber sind alle zerstört, auch die Grabstätte Mendelssohns ist nur ungefähr an jener Stelle wieder errichtet worden, wo sie sich einmal befunden hat.

*Gedenkstein Moses Mendelssohn*

Den Eingang zum Friedhof bildete früher das 1828 eingeweihte erste Altersheim der Jüdischen Gemeinde, in dem 194 die Gestapo eines ihrer berüchtigten Sammellager eingerichtet hatte, in denen Tausende jüdischer Bürger aus Berlin zum Abtransport in die Vernichtungslager Auschwitz und Theresienstadt zusammengetrieben wurden. Das Haus wurde 1943 zerstört.

An seiner Stelle mahnen ein Gedenkstein und seit 1985 eine **Figurengruppe** des Bildhauers WILL LAMMERT an die Greuel, die hier geschehen sind. Lammert hatte 1953 mit der großangelegten Arbeit für die Gedenkstätte Ravensbrück begonnen, eine Fülle von Entwürfen, Skizzen, Studien - auch von ausgemergelten, hageren und von körperlichem Leiden gezeichneten Akten – entstanden, aber die Vollendung einer der ergreifendsten und wirkungsvollsten Bildfindungen deutscher Denkmalsplastik war ihm nicht beschieden. Nach seinem Tode 1957 wurde auf einer in den Schedtsee ausgreifenden künstlichen Halbinsel eine Zweifigurengruppe auf einem turmartigen Sockel errichtet, eine aufrecht Gehende, die eine Zusammengebrochene trägt. Die figurenreiche Gruppe von Frauen, die der Künstler am Fuße der Stele vorgesehen hatte, wurde jedoch nur in Einzelfiguren überliefert. Doch 13 dieser unterlebensgroßen Figuren von Frauen und Mädchen sind in lockerer und beziehungsreicher Anordnung 1985 zu jenem Mahnmal zum Gedenken an die Deportation und Vernichtung jüdischer Bürger auf dem Alten Jüdischen Friedhof in der Großen Hamburger Straße zusammengefaßt worden. Die Kargheit der Gestik und der Verzicht auf eine erzählerisch-szenische Verbindung stellt jede der pfahlhaft gestalteten Stehenden in strenger 73

*Gruppenkomposition des Bildhauers Will Lammert*

Statuarik auf sich selbst, und zugleich bringt die Differenzierung und Auflösung des Blockhaften – die Gestrauchelte, die Kniende, die Einbeziehung
des Kindes – eine durchgehende Bewegung in die Gruppenkomposition.

Schon früher als das Altersheim war der Friedhof vernichtet worden.
1943 hatte die Gestapo mittendurch einen Splittergraben ziehen, ihn mit
Grabsteinen absteifen und die Gebeine der Toten hinauswerfen lassen. Nur
ein paar Grabmale, die in die südliche Grundstücksmauer eingelassen waren,
blieben vom alten Friedhof erhalten, der nach 1945 zu einer Parkanlage
umgestaltet wurde, darunter auch jenes des **Gumpericht Jechiel Aschkenasi**,
der hier 1672 als erster beigesetzt worden war.

## Sophienkirche mit Kirchhof
*Sophienstraße 2-3*
*10178 Berlin*

Als Pfarrkirche für die Spandauer Vorstadt wurde sie 1712 von der Königin Sophie Luise, der Gemahlin Friedrichs I., gestiftet. Es entstand ein rechteckiger, ursprünglich quer-orientierter, schlichter Emporensaal im Typ der Berliner protestantischen Predigtkirchen. Der hochaufragende **Westturm**, der einzige erhaltene Barockturm Berlins, wurde 1732/34 nach Entwurf von Johann Friedrich Grael hinzugefügt; er ist dem eingestürzten Münzturm Schlüters, aber auch dem Turm der 1968 beseitigten Potsdamer Garnisonkirche von Philipp Gerlach verpflichtet. Der quadratische Unterbau besteht aus drei Geschossen, im genuteten Erdgeschoß befindet sich ein Portal zwischen Doppelpilastern und unter einem Dreiecksgiebel, die beiden oberen Geschosse sind durch Wandvorlagen zusammengefaßt und über einem sich verkröpfenden Gesims durch eine Eisenbrüstung des frühen 19. Jahrhunderts (ursprünglich Steinbalustrade) abgeschlossen. Darüber die beiden Glockengeschosse, am unteren Geschoß Freisäulen an den Turmecken und jeweils beidseitig der rundbogigen Schallöffnungen, am oberen, leicht verjüngten Geschoß wird das Aedikulamotiv nochmals wiederholt. Der Abschluß erfolgt durch eine reich bewegte kupferverkleidete Haube mit obeliskartiger Spitze.

Das **Kirchenschiff** ist 1892 von Adolf Heyden und Kurt Berndt im neubarocken Geschmack verändert worden, gleichzeitig erfolgte die Neugestaltung des Inneren mit einer dreiseitigen Empore und einer reich stilisierten Decke sowie der Einbau einer Chorapsis. Die Kanzel ist von 1712, der Korb von einer gewundenen Säule getragen. Die Taufe aus Sandstein ist von 1741, mit Eckvoluten und Engelflüchten. Die **Orgel** wurde 1789/90 von Max Ernst erbaut. Im Schiff befinden sich elf Pastorenbilder des 18. bis 20. Jahrhunderts.

*Grabmal und Medaillon Leopold von Ranke*

Zwei Inschriftepitaphien sind für den Pfarrer **F. Lüderwald** (gest. 1739) und für **J. Fritsche** (gest. 1746), letzteres mit einem von Putten gehaltenen Porträtmedaillon.

Auf dem Sophienkirchhof befinden sich einige für die Berliner Kunst- und Kulturgeschichte wichtige Grab- und Erinnerungsdenkmale der Barockzeit, des Rokoko und Empire. Das Grabdenkmal für den Schiffsbaumeister vom Schiffbauerdamm und Wohltäter der Sophiengemeinde **Friedrich Johann Köpjohann** (gest. 1792) und **Frau** (gest. 1776), Sandstein, ist wohl nach dem Tode der Frau von WILHELM CHRISTIAN MEYER D.Ä. geschaffen worden: eine bewegte Engelsstatue mit geöffnetem Buch (mit dem Wort der Offenbarung des Johannes vom seligen Sterben), zu ihren Füßen ein Füllhorn, Gaben der Fortuna, Zeichen der Vergänglichkeit irdischer Macht. Das Winkelmaß auf dem Podest deutet den Beruf des Verstorbenen an, der Putto die Klage, dazu eine Tafel bzw. Draperie mit Inschriften. Dem Grabmal zugehörig auch das hohe eiserne Gitter.

An der südlichen Begrenzungswand die Grabstätte des konservativen Historikers **Leopold von Ranke** (1795-1886), des Begründers der modernen Geschichtswissenschaft, der 1841 auch Historiograph des preußischen Staates ("Zwölf Bücher preußischer Geschichte", 1874) geworden war, mit dem Medaillonbildnis des Verstorbenen in architektonischer Rahmung. An Rankes Leitwort zur Forschung, festzustellen, "wie es eigentlich gewesen", hielt sich eine ganze Schule von Gelehrten. Nördlich der Kirche die Grabstätte des

Baumeisters, Komponisten und Musikpädagogen **Carl Friedrich Zelter**

(1758-1832), ein schlichter, 1883 erneuerter Obelisk. Das Maurerhandwerk, das Zelter ursprünglich erlernte, hat er bis zu seinem Tode gepflegt. Nach dem Tod seines Lehrers Karl Fasch wurde er 1800 sein Nachfolger als Leiter der Berliner Singakademie, gründete 1808 in Berlin die erste Liedertafel für Männergesang und leistete in dieser musikalischen Spezialität Pionierdienste. Er ist u.a. durch Vertonung zahlreicher Goethe-Gedichte hervorgetreten. Zelter starb knapp zwei Monate nach Goethe, seinem Weimarer Duzfreund, mit dem ihn ein langjähriger Briefwechsel verband. Auf die Nachricht von Goethes Tode soll er gesagt haben: "Exzellenz hatten natürlich den Vortritt, aber ich folge bald nach."

In der Nähe zwei gußeiserne Grabkreuze von 1833 und 1852. Ein Urnengrabmal mit der sich in den Schwanz beißenden Schlange als Ewigkeitssymbol weist auf **Johann August Buchholtz** (1706-1793) hin, den Hof-Etats-Rentmeister, königlichen Kriegs- und Domänenrat, Trésorier und Hofstaats-Rentmeister bei Friedrich II. Er stand für Etatskürzungen und Einsparungen angesichts der hohen Militärkosten, und der König schob seinen Geldbeutelbewahrer oft vor, wenn er nicht gewillt war, Geld für zivile Zwecke zu bewilligen. Sein "Da kennen Sie Buchholtzen schlecht!" wurde bald zu einem geflügelten Wort.

An den Außenwänden der Kirche befinden sich mehrere barocke Epitaphien, so für den Bildhauer **J.D. Schwartzenhauer** (gest. 1748) sowie Erinnerungstafeln für die Dichterin **Anna Louisa Karschin** (1722-1791) und den Dichter **Karl Wilhelm Ramler** (1725-1796). Die Karschin, die aus elenden Verhältnissen hervorging, erlangte durch adlige Gönner Zugang zum preußischen Hof, sie stand dem "preußisch-patriotischen Kreis" um Gleim nahe, der sie emphatisch als "deutsche Sappho" bezeichnete; sie schrieb pathetische Oden und anakreontische, aber auch tief empfundene Verse über ihre Heimat, das Landleben und den Krieg. Ramler, der 1790 zugleich Leiter des Nationaltheaters wurde, verfaßte Oden in antiken Versmaßen und gab Anthologien zeitgenössischer, von ihm umgearbeiteter Dichtungen ("Lieder der Deutschen", 1766) heraus. Nach Christian Ewald von Kleist, der an seinen Verletzungen aus der Schlacht von Kunersdorf starb, wurde Ramler der bekannteste Sänger Friedrichs II.

Hier auch, an der Südseite der Kirche, ein blockhaftes Grabmonument für **Th. Hotho** (gest. 1780), ursprünglich von einer Urne bekrönt.

*Garnisonfriedhof*

## ALTER GARNISONFRIEDHOF
*Kleine Rosenthaler Straße 3-7*
*10119 Berlin*

Die berlinisch-preußische Militärtradition, die diesem Friedhof den Charakter eines "steinernen Militärmuseums" gibt, steht in merkwürdigem Widerspruch zu der stimmungsvollen Beschaulichkeit der schwarzen Eisengußkreuze und Steingrabmäler unter hohen Laubbäumen. Er ist heute der stillste und ungestörteste der einstigen Begräbnisplätze in Berlin-Mitte und lädt so recht zum Verweilen und Besinnen ein.

Der Friedhof, der im spitzen Winkel zur Rosenthaler Straße bis an die einstigen Palisaden in der Linienstraße verläuft, wurde 1722 für die 1701 beim Spandauer Tor erbaute Garnisonkirche angelegt. Zunächst war er den im Stadtinneren einquartierten Regimentern als Begräbnisplatz vorbehalten, ab 1804 für die Verstorbenen aller in Berlin stationierten Regimenter. Ursprünglich war er doppelt so groß und wurde später durch die Gormannstraße in zwei Karrees geteilt. Der wahrscheinlich schon 1701 existierende östliche Bereich, von der Mulack-, Rücker- und Linienstraße begrenzt, war für die Mannschaften bestimmt; er wurde 1866 zum Park umgewandelt und 1899 zur Bebauung freigegeben. Hier entstand das Gebäude für den Zentralarbeitsnachweis. Wolfgang Gottschalk hat jüngst den Friedhof beschrieben.

78

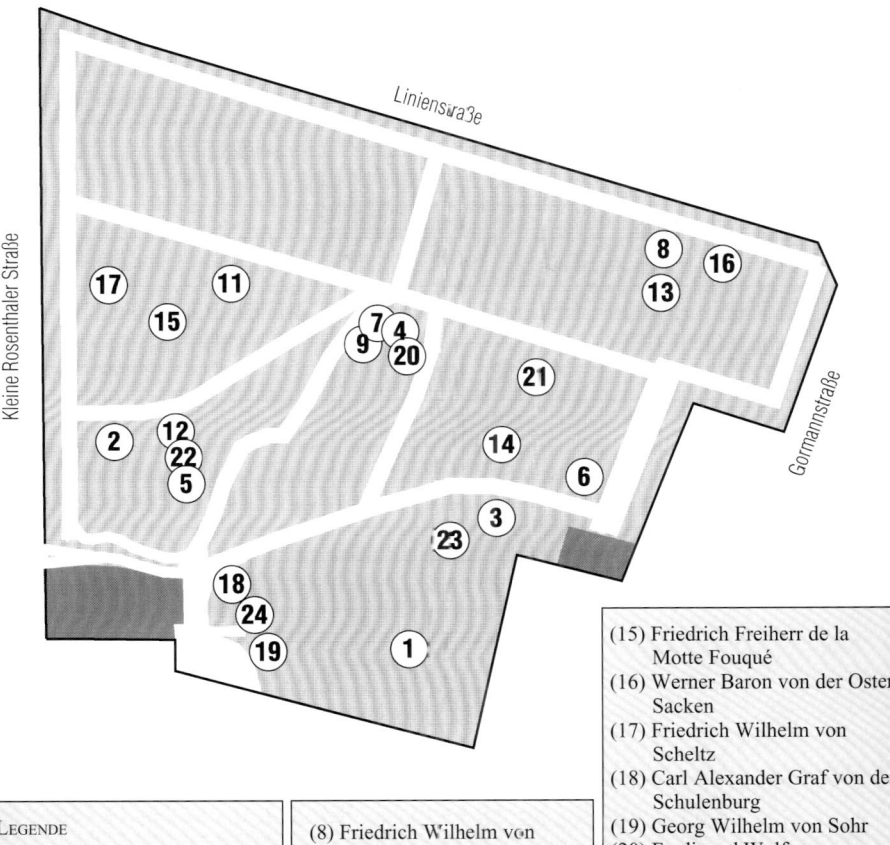

Kleine Rosenthaler Straße

Linienstraße

Gormannstraße

LEGENDE

(1) Franz Heinrich von Barfuß
(2) Familie Bernert
(3) Ernst Sigismund von Boyen
(4) Ludwig Matthias Nathanael Gottlieb von Brauchitsch
(5) Johann Carl Ludwig von Braun
(6) Wilhelm von Clausewitz
(7) Emil Frommel

(8) Friedrich Wilhelm von Graumann
(9) Familie von Greiffenberg
(10) Familien Gumtau und von Trützschler
(11) Carl Friedrich von Holtzendorff
(12) Carl Friedrich von dem Knesebeck
(13) Adolph Freiherr von Lützow
(14) Olga Malcomess

(15) Friedrich Freiherr de la Motte Fouqué
(16) Werner Baron von der Osten Sacken
(17) Friedrich Wilhelm von Scheltz
(18) Carl Alexander Graf von der Schulenburg
(19) Georg Wilhelm von Sohr
(20) Ferdinand Wolf von Stülpnagel
(21) Daniel Friedrich Gottlob Teichert
(22) Ernst Ludwig von Tippelskirch
(23) Friedrich Wilhelm von Verno und Klevenow
(24) Georg Friedrich Wilhelm von Winterfeld

Der Offiziersfriedhof im Karree westlich der Gormannstraße, begrenzt von Linienstraße und Kleiner Rosenthaler Straße, mit Backsteinmauer und Portal sowie eingeschossigem Wärterhaus um 1850 ist zum Teil bis heute erhalten geblieben. 1950 erfolgte seine Schließung als Bestattungsort, die meisten Gräber wurden abgeräumt, nur einige wenige Ruhestätten von Persönlichkeiten, die in der DDR-Geschichtsschreibung positiv bewertet wurden, blieben erhalten. 1978 erfolgte dann eine parkartige Umgestaltung, von 79 den 489 noch vorhandenen Denkmälern wurden 309 beseitigt, ebenso die meisten Grabgitter. Die Aktion wurde dann zwar eingestellt und der Garnisonfriedhof unter Denkmalschutz gestellt – aber der ursprüngliche Gesamteindruck ging ein für allemal verloren.

Dennoch ist heute eine Vielzahl von Eisengrabmälern erhalten, von Fialen oder Maßwerkbögen bekrönte Stelen aus der ersten Hälfte des 19. Jahrhunderts, die Zeugnis ablegen vom hohen technischen und künstlerischen Niveau des damaligen Berliner Eisenkunstgusses. Auf Sandsteinsockeln stehende Kreuze sind in vielen Varianten bei gleichbleibender Grundform zu finden, besonders kunstvoll ausgebildet die für Oberst **Friedrich Wilhelm von Graumann** (1760-1834), ein Kreuz mit feinen Profilen und Palmettenenden, für Oberstleutnant **Friedrich Wilhelm von Scheltz** (1793-1846), die Leutnantsfamilie **Bernert**, um 1850, die Generalsfamilie **Stülpnagel**, ein Kreuz mit gotisierenden Dreipaßenden, zwischen 1846 und 1885 errichtet, sowie für Generalleutnant **Werner Baron von der Osten Sacken** (1821-1889), Kreuze mit romanisierender Relieffornamentik an den Enden.

Auf einen Entwurf SCHINKELS geht das um 1853 entstandene neugotische gußeiserne Tabernakel für die Oberleutnantsfamilie **Teichert** zurück. Schinkel hat für den 1813 verstorbenen Kaufmann Toussaint ein sehr ähnliches Grabmal gezeichnet und dazu vermerkt: "Ein viersäuliger gotischer Baldachin, jede seiner vier Seiten gleich verziert." Unter dem Baldachin des 1986 bis 1989 restaurierten Grabmals Teichert befand sich auf hohem, wappengeschmücktem Sockel ursprünglich ein ebenfalls gußeiserner Todesgenius – eine antikische Jünglingsfigur mit Lorbeerkranz in der linken, auf ein Postament gestützten Hand und nach unten gesenkter Fackel in der Rechten. Allein vier aufrecht stehende, stelenartige Platten, von neogotischen Fialen oder Maßwerkbogen bekrönt, kennzeichnen die Gräber der Familien **Gumtau** (gest. 1847, 1864 und 1904) und **A. von Trützschler** (gest. 1833), zwischen 1833 und 1904 aufgestellt. Ein großer Granitstein markiert das Grab des preußischen Generalfeldmarschalls und Diplomaten **Carl Friedrich von dem Knesebeck** (1768-1848), der in der Schlacht von Auerstedt 1806 den König vor Gefangenschaft bewahrte und seitdem dessen wachsendes Vertrauen in verantwortungsvollen militärischen und diplomatischen Missionen genoß. Das die Grabstätte einfriedende gotisierende Gitter (filigranhaft mit Eselsrückenbögen) ist nicht mehr vollständig erhalten, es fehlt auch eins der beiden in zarte Stege aufgelösten Eisenkreuze.

KARL FRIEDRICH SCHINKEL hat eines der schönsten Denkmäler entworfen, die schlichte rote Granitstele für den Generalleutnant **Carl Friedrich von Holtzendorff** (1764-1828), ihm 1829 von den Offizieren der Artillerie gewidmet, im Oberteil ein qualitätsvolles Bronzerelief mit der Viktoria, die Schlachtennamen in das Buch der Geschichte schreibt, aus dem Kreis um

*Familiengrabmal Teichert*          *Grabmal E L. von Tippelskirch*

CHRISTIAN FRIEDRICH TIECK oder LUDWIG WICHMANN. Ganz besonders fällt das 1827 in der Berliner Kgl. Eisengießerei entstandene Grabmal für den Generalleutnant **Ludwig Matthias Nathanael Gottlieb von Brauchitsch** (1757-1827) auf, eine hohe Eisengußstele mit der Figur eines weiblichen Genius mit ausgebreiteten Flügeln (Viktoria) im palmettenbekrönten Giebelaufsatz, die von dem Bildhauer LUDWIG WICHMANN stammt. Das beeindruckende, 3,75 Meter hohe Eisenmonument stürzte 1983 infolge Verwitterung um und wurde 1987 nach sorgfältiger Restaurierung wieder aufgestellt. Dieses bedeutende klassizistische Grabmal war bereits 1828 auf einer Neujahrsplakette der Kgl. Eisengießerei abgebildet worden.

Von derselben Grundform die aus Zink gegossene und vollplastisch durchgebildete Stele auf schwarzem Marmorsockel für den Generalleutnant **Ernst Ludwig von Tippelskirch** (1774-1840), der wie Brauchitsch Stadtkommandant und Chef der Gendarmerie war, deren Corps ihm das Grabmal errichten ließ. Es wurde von dem Baumeister AUGUST SOLLER entworfen, der die klassizistische Grabmalform durch gerundeten Abschluß und räumlich vor- und zurücktretenden plastischen Schmuck bereicherte.

Im südlichen Teil, unweit des Verwaltungsgebäudes aus dem 19. Jahrhundert, findet man noch einige stark verwitterte Sandsteindenkmäler vom Ende des 18. Jahrhunderts, darunter im Empirestil die Urnengrabmäler für den 1797 im Alter von drei Jahren verstorbener **Carl Alexander Eduard Graf von der Schulenburg** – ursprünglich lehnte sich an die Urne ein      81 trauerndem Genius mit gesenkter Fackel an –, den Major **Franz Heinrich von Barfuß** (1740-1796) und einen unbekannten Offizier, der 1787 bestattet wurde.

Eines der ältesten erhaltenen Steingrabmäler im Typus der Ara ist das für den Obersten **Georg Friedrich Wilhelm von Winterfeld** (gest. 1800), ein großer sockelloser Sandsteinquader, die Abdeckung mit Flachgiebeln und Akroterien, in den klaren Formen des Berliner Frühklassizismus. Benachbart zwei Grabmäler des gleichen Typs, aber feiner durchgebildet, die Grabmäler für **Georg Wilhelm von Sohr** (gest. 1800) und **Johann Carl Ludwig von Braun** (gest. 1835). Auf den beiden großen, im Rasen liegenden Sandsteinplatten für den Obersten **Friedrich Wilhelm von Verno und Klevenow** (1767-1826) und für den General der Kavallerie **Ernst Sigismund von Boyen** (gest. 1806) sind in geschwungenen Linien Schriftzüge eingemeißelt. Bei Boyen heißt es, daß man an der "Ruhestätte eines redlichen Geistes und treuen Staatsdieners" stehe.

Eine Marmorstele mit palmettengeschmücktem Aufsatz und Eisenkreuz – als biedermeierliche Mischform wenig gelungen – wurde für den bedeutenden romantischen Dichter und Freiwilligen Jäger von 1813 **Friedrich Freiherr de la Motte Fouqué** (1777-1843) errichtet. Er stammte aus altadliger Emigrantenfamilie in der Mark Brandenburg, sein Großvater war ein berühmter General Friedrichs II., und lebte als "märkischer Dichterfürst" auf dem Gut Nennhausen bei Rathenow, wo auch 1811 sein Kunstmärchen "Undine" entstand. Der Ruhm dieses "allerliebsten Märchens", wie es Goethe nannte, liegt darin, daß es dem romantischen Spiel eine erschütternde Existenzwahrheit abgewinnt. "Undine" wurde 1811 von E.T.A. Hoffmann vertont (wie auch später von Lortzing), der wie A.W. Schlegel, Karl August Varnhagen von Ense, A. von Chamisso, Willibald Alexis, H. von Kleist u.a. häufig in Nennhausen weilte.

Am bekanntesten das Grabmal **Adolph Freiherr von Lützow** (1782-1834), Generalleutnant und Freikorpsführer von 1813/14. Der patriotische Dichter Theodor Körner, der Adjutant Lützows in der "Schwarzen Schar" der Lützowschen Jäger war und im Kampf fiel, schrieb "Lützows wilde Jagd", das von Carl Maria von Weber vertont wurde. Die Stele aus poliertem rotem Granit innerhalb der kleinen Gitterstelle trägt die Inschrift: "Dem deutschen Manne, stark, treu, fest, tapfer, unerschütterlich im Sturm der Zeit. Dem verehrten Führer der schwarzen Frei-Schar in dem Befreiungskampfe der Jahre 1813/1814 als Denkmal der Liebe gewidmet von seinen Waffengefährten 1847." Davor liegt eine mit Eichenlaubkranz geschmückte Sandsteinplatte aus dem Jahre 1913. Die Grabstätte wurde 1968 restauriert.

Eine Ruinenarchitektur mit drei Marmorsäulen und vier Porträtmedaillons im Gebälk bezeichnet das – heute namenlose – Erbbegräbnis der Familie **von Greiffenberg** um die Mitte des 19. Jahrhunderts. Es wurde der dreisäuligen

Ruine des Castor-und-Pollux-Tempels in Rom nachgebildet. Die vier Medaillons auf der Vorderseite des abschließenden Gebälks – mit zwei weiblichen und zwei männlichen Reliefköpfen – sind von hoher Qualität. Am Grab von **Olga Malcomess,** *geb. Zieten* (1852-1904) steht die lebensgroße Marmorfigur einer Trauernden, 1908 in gutem Jugendstil von ADOLF JAHN geschaffen; das historisierende Gitter kommt aus der Werkstatt W. Sipperling. Das Gruftgewölbe des Garnisons- und Hofpredigers **Emil Frommel** (1828-1896) wird bekrönt von einem Marmorkreuz, einer Arbeit des Leipziger Bildhauers TREBST von 1917.

*Architekturgrabmal von Greiffenberg*

Neben dem Garnisonfriedhof war auch die **Garnisonkirche,** 1701/03 als erstes eigenes Gotteshaus für die protestantische Berliner Militärgemeinde errichtet worden, eine bedeutende Begräbnisstätte. 1721/22 erfolgte der Neubau, der in der Folgezeit unterkellert und in zahlreiche Gruftkammern aufgeteilt wurde. 1943 brannte die Kirche vollständig aus, die Ruine wurde 1961/62 abgerissen.

Zwischen 1730 und 1830, dem Jahr der endgültigen Schließung der Grabgewölbe, wurden hier 15 Feldmarschälle, 44 Generäle und zahlreiche weitere höhere Offiziere, außerdem Geistliche und Ärzte der Garnison, Gouverneure und Kommandanten von Berlin und Spandau beigesetzt. Zu nennen sind u.a. die Generalfeldmarschälle **Alexander Hermann Reichsgraf von Wartensleben** (1650-1734), **Albrecht Conrad Graf Finck von Finckenstein** (1660-1735), **Friedrich Wilhelm von Grumbkow** (1678-1739), **Dubislaw Gneomar von Natzmer** (1654-1739), **Samuel Reichsgraf von Schmettau** (1684-1751), **Jacob von Keith** (1696-1758) und **Friedrich Graf Kleist von Nollendorf** (1762-1823). Die Särge wurden nach 1830 bis zum Abriß der Ruine in jüngster Zeit auf andere Friedhöfe überführt.

83

## FRIEDHOF DER SOPHIENGEMEINDE
*Bergstraße 29*
*10115 Berlin*

Der Kirchhof wurde 1827 als Erweiterung des alten Friedhofes an der Sophienkirche angelegt, die Kapelle entstand um 1880 als romantisierender Klinkerbau. Am Zugang von der Ackerstraße her gibt es ein Quartier, das im Volksmund als "Musikerfriedhof" bezeichnet wird. Hier ruht unter einem schlichten gußeisernen Grabkreuz mit Widmung von 1907 der letzte Enkel Johann Sebastian Bachs, **Wilhelm Bach** (1759-1845), Komponist und Hofkapellmeister der Königin Luise. Er wurde als Sohn Johann Christoph Friedrich Bachs 1759 in Bückeburg geboren und kam 1798 nach Preußen, wo er als Cembalist und Pianolehrer der Witwe Friedrichs II., Elisabeth Christine, wirkte, das Musikleben am preußischen Hofe organisierte und die Mitglieder der königlichen Familie unterrichtete. 1810 zog er sich ins Privatleben zurück.

Die Gräber von **Heinrich Stieglitz** und **Charlotte Sophie Stieglitz** sind eingebettet. Es wird berichtet, daß sich Charlotte Sophie 1834 den Tod gab, um ihren Mann dichterisch zu inspirieren. Theodor Mundt sammelte ihre Briefe und Tagebücher unter dem Titel "Charlotte S., ein Denkmal" (1835). Heinrich Stieglitz starb 1849 in Venedig an der Cholera. Von seinen Werken sind "Gruß an Berlin, ein Zukunftstraum" (1838) und Reiseerinnerungen aus dem Süden interessant.

84

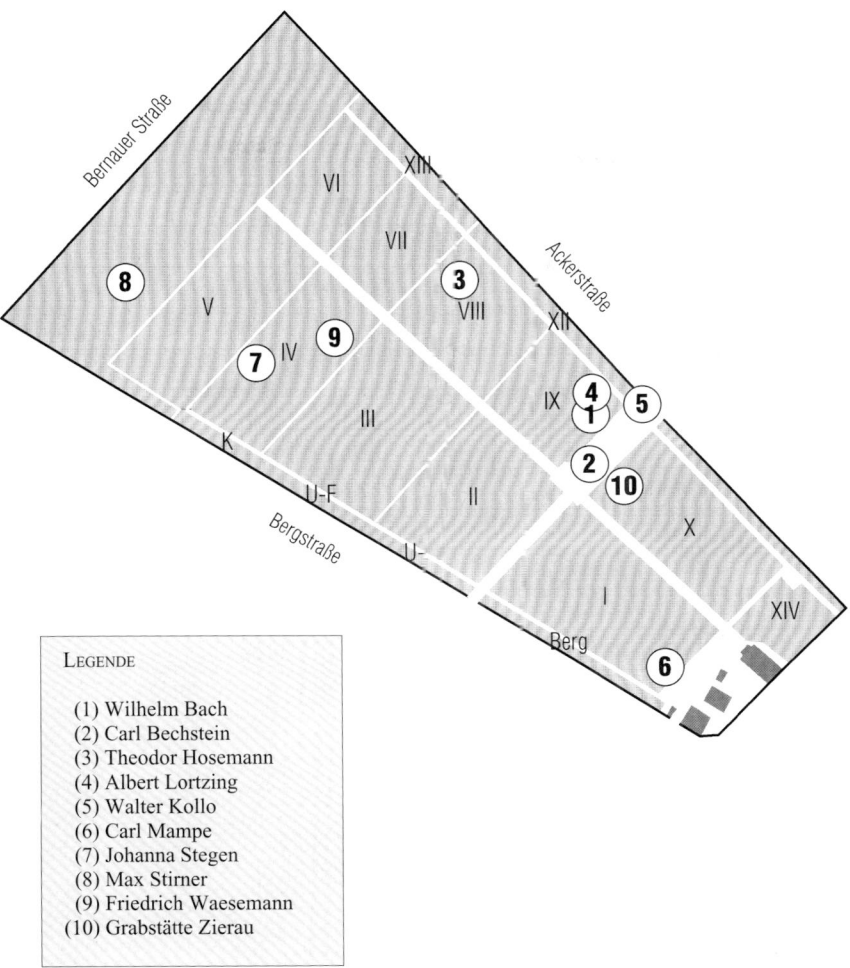

LEGENDE

(1) Wilhelm Bach
(2) Carl Bechstein
(3) Theodor Hosemann
(4) Albert Lortzing
(5) Walter Kollo
(6) Carl Mampe
(7) Johanna Stegen
(8) Max Stirner
(9) Friedrich Waesemann
(10) Grabstätte Zierau

Eine neugotische Sandsteinstele mit Bildnismedaillon, gestiftet 1859, erneuert 1927, schmückt das Grab des Komponisten **Albert Lortzing** (1803 -1851), des Meisters der deutschen komischen Oper. Einige schlichte Verse erinnern an sein bewegtes Lebensschicksal:

"Deutsch war sein Lied, und deutsch sein Leid,

Sein Leben Kampf mit Not und Neid.

Das Leid flieht diesen Friedensort,

Der Kampf ist aus, sein Lied tönt fort.'

Sein Lied tönt fort in seinem "Zar und Zimmermann", seinem "Waffenschmied", in seinen Melodien, die in das Herz des deutschen Volkes gedrungen sind. In ärmlichen Verhältnissen ist er in Berlin gestorben.

85

*Grabmal Johanna Stegen*

Auf dem Friedhof erheben sich zugleich repräsentative Steinungetüme der Gründerzeit, die Miniaturausgabe eines ägyptischen Totentempels, antike Tempel, Triumphbögen, Burgfassaden, Türme. Wir finden Granit, Marmor, Travertin, Sprüche. Besonders aufwendig ist das Grabmal **Carl Bechsteins** (gest. 1900), des Gründers der bekannten Berliner Klavierfabrik, als halbkreisförmige, in Rundbogenarkaden gegliederte Anlage, vor deren betonter Mitte sich die bronzene Sitzfigur einer Trauernden befindet. Zu ihren Füßen ruht ein Sarkophag. Seitliche Pylonen mit Bildnismedaillons tragen das Grab **Walter Kollo** (1878-1940) und **Frau**. "Untern Linden, Untern Linden" hatte der Operettenkomponist und spätere Verfasser von Filmmelodien geschrieben, "Die Männer sind alle Verbrecher" und das Lied von Schöneberg einst im Mai. Er gründete auch einen eigenen Verlag, den dann sein Sohn Willi weiterführte.

Über der Grabstätte der **Johanna Stegen** (gest 1842), aus der Zeit der Befreiungskriege als "Heldenmädchen von Lüneburg" bekannt, erhebt sich das 1906 erneuerte Grabmal mit einem bronzenen Bildnisrelief von ALBERT MORITZ WOLFF. Sie verhalf den Freikorps im Gefecht bei Lüneburg am 2. April 1813 zum Siege, indem sie der kämpfenden Truppe den notwendigen Munitionsnachschub heranschleppte. Offenbar waren die Männer der Ansicht, daß allein der Kampf Mann gegen Mann manneswürdig sei. Ohne die wackere Tat der Jungfrau wären sie ohne Zweifel Opfer ihrer Rollenzwänge geworden. Ihr heroisches Eingreifen wurde von vielen patriotischen Dich-

*Familiengrabstätte Zierau*

tern wie Rückert besungen. Der Turnvater Jahn war Trauzeuge, als sie 1817 den Berliner Drucker Hindersin heiratete.

Für die Geschichte Berlins ist das Grabmal für **Friedrich Waesemann** (gest. 1879), den Baumeister des Berliner Rathauses, eine Stele mit bronzenem Bildnismedaillon von OTTO GEYER, ebenso bedeutend wie der Stein für **Theodor Hosemann** (1807-1875), den Illustrator von Glaßbrenners satirischer Volksdichtung, den liebevollen Schilderer des kleinbürgerlichen Alltags. 1857 wurde er der Zeichenlehrer des Prinzen Georg von Preußen, zum Professor ernannt und drei Jahre später Mitglied der Akademie der Künste.

Nach Art des Schinkel-Grabmals auf dem Dorotheenstädtischen Friedhof ist die Marmorstele in dreiteiligem Aufbau mit bekrönendem Palmettenakroterion für **C. Leicht** und **Frau** (gest. 1871 und 1884) gearbeitet.

Aus dem frühen 20. Jahrhundert gibt es einige Familiengrabstätten in Tempelform oder als Pergola. Beachtlich die Familiengrabstätte **Zierau** mit der lebensgroßen Bronzefigur einer Trauernden in der Mitte, zu den Seiten hin eine gerundete Reihe von Säulen mit Gebälk, entstanden um 1912. Am Grabmal der Familie **Silex** ebenfalls eine lebensgroße weibliche Symbolfigur aus Sandstein in einer Architektur aus Sockel, sechs Säulen mit Volutenkapitellen und ornamentiertem Gebälk, um 1925.

Auf dem Sophienfriedhof wurde auch **Max Stirner** (1806-1856), der Verfasser der radikal-anarchistischen Schrift "Der Einzige und sein Eigentum" (1845), beigesetzt. Er war von Bayreuth nach Berlin gekommen und wirkte hier als Gymnasial- und Töchterschullehrer bis zu seinem Tode 1856. 87

Die Maxime des egoistischen Ich lautet bei Stirner: "Greife zu und nimm, was du brauchst!" Die Befreiung des Ich, die sich in einem individuellen Bewußtseinsakt erschöpft, erfordere daher die Abschaffung des Staates als Feind und Mörder der Eigenheit. Als eine der theoretischen Quellen des Anarchismus erhielt Stirners Lehre nach der Jahrhundertwende erneute Wirkung.

Hier ruht der Literat und Historiker **Adolf Streckfuß**, der als radikaler Demokrat in der Revolution 1848 Mitglied des Berliner Volksklubs und anderer Vereinigungen war, und, da ihm dadurch die akademische Laufbahn verwehrt wurde, ein Tabakgeschäft eröffnete. Er schrieb die Bücher "Berlin März 1848" und "Die große französische Revolution und die Schreckensherrschaft", das ihm eine Hochverratsanklage einbrachte, sowie eine zweibändige Berlin-Geschichte. Der Kaufmann **Carl Mampe** (1857-1899) wiederum stellte erst in Köslin, dann ab 1878 in Berlin "Dr. Mampes Bittere Tropfen" her. Sein Sohn führte die Firma weiter und produzierte ab 1894 den berühmten "Mampe Halb und Halb" mit dem weißen Elefanten als Etikett, die zu einer Berliner Spirituosenspezialität wurde.

Und bei materiell Gläubigen ist immer noch das längst eingeebnete Grab von "**Millionen-Ede**" im Gerede. Der verstarb nach einer mehr oder weniger erfolgreichen Bankräuberlaufbahn in den 1950er Jahren. Die Witwe gestand schließlich, daß das Geld im Sarg versteckt sei. In einer spektakulären Aktion wurde das Grab geöffnet und das Geld wieder den Zwecken des ersten Arbeiter- und Bauernstaates auf deutschem Boden zugeführt.

## FRIEDHOF DER ELISABETHGEMEINDE
*Ackerstraße 37*
*10115 Berlin*

Auf dem Hauptweg des 1844 eingeweihten Friedhofes erhebt sich ein großes Kreuz aus der Königlichen Eisengießerei, inschriftlich 1851 von Friedrich Wilhelm IV. gestiftet. Unter den Grabmälern des Historismus des 19. Jahrhunderts ist wegen seiner stattlichen Größe das Wandgrabmal der Familie **Wollank** an der Nordmauer hervorhebenswert: Es wurde um 1860 in den Formen der italianisierenden Neurenaissance errichtet, eine anderthalbgeschossige Architekturkulisse von sieben Achsen mit zwei Risaliten, in deren Portikus sich die Figur einer Betenden befindet. Die zweiachsigen Seitenflügel sind mit einer kurzen Säulenreihe versehen.

Das Grabmal für den Musikpädagogen und Förderer des Volksgesanges **Ludwig Erck** (gest.1883) bildet eine hohe Granitstele mit bekrönender Vase, ergänzt durch ein Bildnismedallon des Verstorbenen aus Marmor, darunter eine bronzene Lyra.

Aus dem frühen 20. Jahrhundert ist das Grabmal **A. Weber** zu nennen, eine hohe schwarze Granitstele, daneben die überlebensgroße Marmorfigur einer Trauernden, um 1908; weiterhin die Grabstätte der Familie **C. Schmidt** an der Westmauer, eine neoklassizistische dorische Tempelfront von fünf Achsen aus Sandstein, mit dreiachsigen Seitenflügeln, um 1912.

## KOPPEGRAB AM KOPPENPLATZ

*Koppenplatz*
*10115 Berlin*

Der Koppenplatz befindet sich im Norden Berlins, zwischen Linien- und Auguststraße. **Christian Koppe**, der Mann, der diesem Platz seinen Namen gab, verhalf seiner Stadt zugleich zu einer einmaligen Sehenswürdigkeit: dem einzigen Erbbegräbnis der Welt auf der Straße. Er war im 18. Jahrhundert Berliner Stadthauptmann gewesen, "ein edler, uneigennütziger Mann", wie es heißt, der sich die Liebe und Verehrung seiner Zeitgenossen erwarb. 1960 wollte aber der Ost-Berliner Magistrat allen Ernstes die Grabstätte Koppes abreißen. Die Bewohner des Koppenplatzes traten in Briefen und Versammlungen für die Wiederherstellung der Stätte ein. Alles, was sie erreichten, war ein Aufschub. Die Hand der inzwischen Gesamtberliner Stadtverwaltung liegt aber weiter drohend auf diesem einzigartigen Stück Berliner Stadtgeschichte.

Dabei hat Koppe sein gesamtes Vermögen den Armen und Waisen der Stadt geopfert. In der Gegend des heutigen Koppenplatzes hatte er ein Armenhaus und ein Hospital bauen und ringsum einen Armenfriedhof anlegen lassen. Als später der Friedhof eingeebnet wurde, bewahrte die Verehrung der Berliner Koppes Grab vor dem Vergessen. Der Baumeister FRIEDRICH AUGUST STÜLER entwarf einen Säulenbau für das schlichte Grab, eine Ehrenpforte im griechischen Stil. Stufen, auf denen vier korinthische Säulen mit Gebälk stehen, führten zum Grabmal. Eine Marmorplatte auf der Rückwand hielt in Goldschrift die Worte fest: "Herr Christian Koppe, Rathsverwandter und Stadthauptmann zu Berlin, widmete diesen Platz und dessen Umgebung im Jahre 1705 als Ruhestätte den Armen und Waisen, in deren Mitte er selbst mit den Seinen ruhen wollte und ruht. Sein Andenken ehrt dankbar die Stadt Berlin. 1855."

Die Architekten und Baukolonnen, die den Koppenplatz und die umliegenden Straßen bauten, schonten das seltsame Grab pietätvoll. So überstand es in 100 Jahren ein halbes Dutzend Kriege und überlebte Könige, Kaiser und Präsidenten. Millionen Touristen sahen und bestaunten es. "Unser alter Koppe", sagen noch heute die Berliner aus der Linienstraße. Wie ein Wunder blieb das Grabmal auch im letzten Krieg unversehrt. Aber keine Hand rührte sich seit 1945 für die Erhaltung der Gedenkstätte. Das einzige "Straßengrabmal" der Welt muß erhalten bleiben.

# KREUZBERG

# FRIEDHÖFE AM HALLESCHEN TOR

*Eingänge: Mehringdamm / Zossener Straße*
*10961 Berlin*

Mit dem Friedhofskomplex, wie ihn zwischen dem Mehringdamm, der Baruther, der Zossener und der Blücherstraße die Begräbnisstätten der **Dreifaltigkeitsgemeinde**, der vereinigten **Jerusalems- und Neuen Kirchengemeinde**, der **Böhmisch-Lutherischen Bethlehemsgemeinde** und der **Brüdergemeine** bilden, haben wir einen der ältesten und zugleich kulturhistorisch bedeutendsten Berliner Friedhöfe vor uns. Er ist zudem der erste in Berlin, der nicht als Kirchhof um ein Gotteshaus herum angelegt wurde. Da Beerdigungen nach dem Willen des Soldatenkönigs Friedrich Wilhelm I. nur noch außerhalb der Mauern von Berlin stattfinden sollten, entstand hier um 1735 ein Gräberfeld, das zunächst noch verächtlich "Armenfriedhof" genannt wurde. Doch durch das Hallesche Tor klapperten bald nicht mehr nur die Leichenkarren der Besitzlosen, sondern zogen auch die prunkvollen Wagen der Wohlhabenden.

Neben den Berliner Gemeinden der Jerusalems- und Neuen Kirche bestatteten dort auch die Mitglieder der neu in Berlin angesiedelten Böhmischen Gemeinde, die bald ihren eigenen Gottesacker bildeten, wovon sich 1746 noch die Brüdergemeine abtrennte. Auf ihm schmückten – getreu dem Grundsatz "Im Tode sind alle gleich" – nur liegende Steine die Gräber. Um 1739 war auch die Dreifaltigkeitsgemeinde hinzugekommen. 1796 und 1819 erfolgten wichtige Erweiterungen in Richtung zur Baruther Straße hin. Durch die Verbreiterung der Zossener Straße 1887 wurde ein Teil der wertvollen alten Wandgräber zerstört.

Gegen Ende des letzten Krieges beschädigten Bomben zahlreiche wichtige Grabdenkmäler. Empfindlich wurde dann der Gesamteindruck der Friedhofsanlage mit ihren vielen Winkeln und Abzweigungen, Teil- und Seitenstücken 1971 durch den Bau der Blücherstraße beeinträchtigt. Der größte Teil des Gottesackers der Brüdergemeine fiel dem Straßenbau zum Opfer. Verfall und Verwahrlosung taten ein übriges. Aus den wenigen verbliebenen Resten kann man heute nur noch einen recht unvollständigen Eindruck gewinnen. Dennoch wird sich auch der heutige Besucher nicht der besonderen Atmosphäre dieses in seiner Art einmaligen Friedhofskomplexes entziehen können.

Bedeutende Künstler und Architekten, Schriftsteller und Schauspieler, Theologen und Ärzte, Gelehrte und Erfinder, Diplomaten und Unternehmer aus der Zeit Friedrichs II. bis in unsere Epoche haben hier ihre letzte Ruhestätte gefunden. Am Halleschen Tor "liegt auf knapp einem Quadratkilometer die Geschichte Preußens begraben", konstatierte Landeskonservator Professor

Helmut Engel. Sechs figürliche Sandsteindenkmäler des Louis-Seize dokumentieren im Übergang vom Rokoko zum Klassizismus die fast verlorene Bildhauerkunst vor Schadow.
Die Berliner Bildhauerschule des 19.
Jahrhunderts ist gut vertreten. Gruftgewölbe (Mausoleen) der Zeit um
1800 und die von ihnen abgeleiteten
fassadenartigen Wandgestaltungen
belegen den von David Gilly, seinem Sohn Friedrich Gilly, Henrich
Gentz und dem jungen Schinkel vertretenen dorischen Klassizismus.

Betritt man den Eingang Zossener
Straße, so findet man rechter Hand
vier Grabsteine aufgestellt: Das Marmordenkmal für den Theologen und
Kirchenhistoriker **August Neander**

*Grabstein August Neander*

(1789-1850) mit dem Reliefporträt des Verstorbenen von dem bedeutendsten Rauch-Schüler FRIEDRICH DRAKE. Über die Vergeßlichkeit des gedanken-
vollen Mannes gab es viele Anekdoten, so die, daß er bei einem Umzug seine
neue Wohnung vergaß und zum Glück auf der Straße einen Studenten traf,
der ihn hinführen konnte. Daneben der kleine Gedenkstein für die beiden
ursprünglich im Deutschen Dom beigesetzten und 1881 auf diesen Friedhof
überführten berühmtesten Künstler am Hofe Friedrichs II., den Baumeister
**Georg Wenzeslaus von Knobelsdorff** (1699-1753) und den Hofmaler **Antoine Pesne** (1683-1757). Anfangs war Knobelsdorff als Maler Schüler von
Pesne, wandte sich dann bald darauf der Architektur zu und wurde später
auch als Gartenarchitekt wirksam. Er wurde mit dem Um- und Ausbau des
Schlosses Rheinsberg 1737/39 beauftragt, wurde 1740 zum Oberintendant
der preußischen Schlösser und Gärten ernannt, erbaute 1741/43 das Berliner
Opernhaus und leitete gleichzeitig den Um- und Ausbau des Schlosses
Charlottenburg und des Potsdamer Stadtschlosses. 1745-47 errichtete er das
Schloß Sanssouci gemäß einer Ideenskizze Friedrichs II. In seinen Barock-
bauten durchdringen sich Rokokohaftes und klassizistische Elemente, im
Dekor setzten sich bald Naturmotive durch. Der 1710 aus Paris nach Berlin
übersiedelte Pesne, einer der bedeutendsten Bildnismaler des Rokoko, malte
zunächst Bildnisse von Repräsentanten und Damen des Hofes und des Adels
und wurde seit dem Machtantritt Friedrichs II. mit mythologisch-allegorischen
Wand- und Deckengemälden in den Schlössern Rheinsberg, Charlottenburg, 93

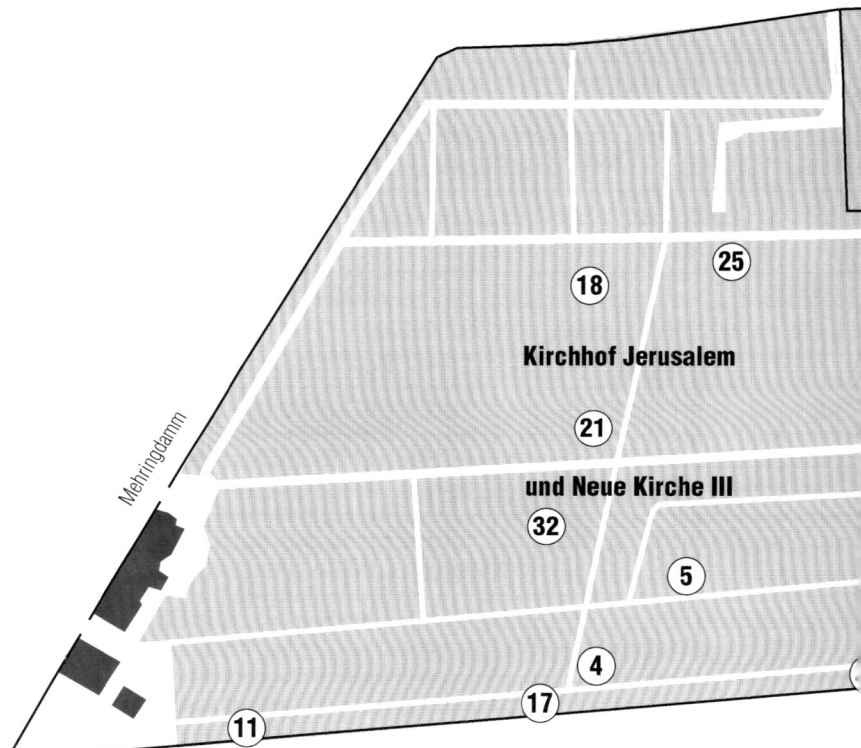

Kirchhof Jerusalem

und Neue Kirche III

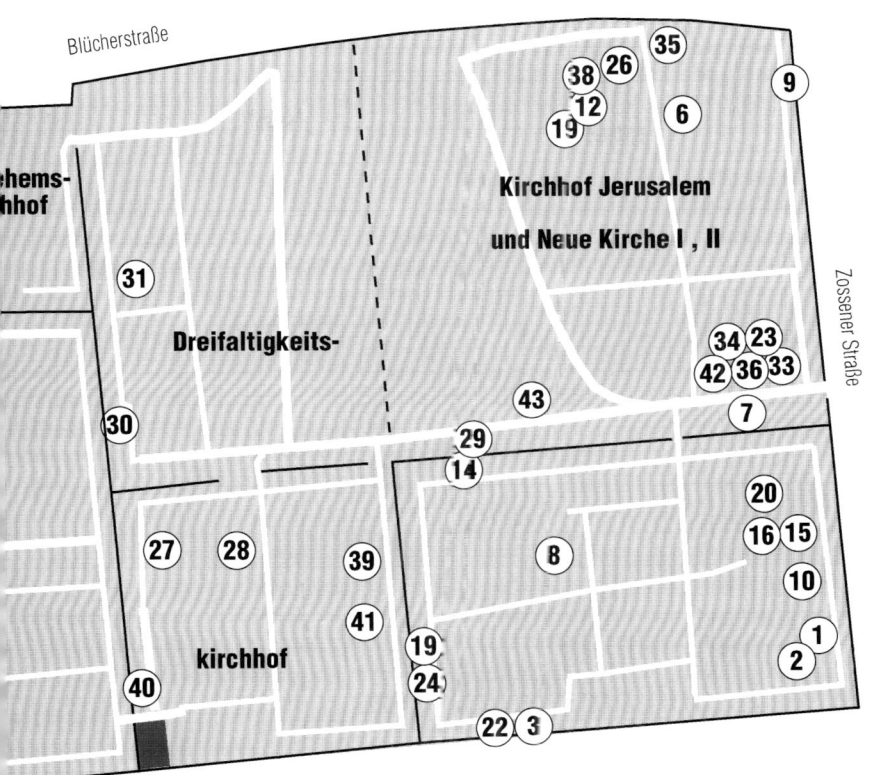

| (26) Friedrich Wilhelm von Lüderitz | (37) Mausoleum Prächtel |
|---|---|

(26) Friedrich Wilhelm von
     Lüderitz
(27) Abraham Ernst Mendelssohn-
     Bartholdy
(28) Felix Mendelssohn-Bartholdy
(29) Johann Carl Wilhelm
     Moehsen
(30) Martin Daniel Mosisch
(31) Wilhelm Mühlenhaupt
(32) Josefa Müller
(33) August Neander
(34) Petrus Simon Pallas
(35) Ludwig Passini
(36) Antoine Pesne

(37) Mausoleum Prächtel
(38) Justus Friedrich
     Schlechtendall
(39) Heinrich von Stephan
(40) Heinrich Twesten
(41) Rahel und Karl August
     Varnhagen von Ense
(42) Friedrich Wehling
(43) Julius Worpitzky

Sanssouci und im Stadtschloß Potsdam beauftragt. Einige seiner schönsten Porträts sind im Dahlemer Museum zu sehen.

Der dunkelpolierte Granitstein mit marmornem Reliefbild für den Naturforscher und Forschungsreisenden **Petrus Simon Pallas** (1741-1811) wurde 1835 von den wissenschaftlichen Akademien in Berlin und Petersburg errichtet. Der Gelehrte war von der in Zerbst geborenen Zarin Katharina II. als Leiter einer sechs Jahre währenden Expedition in die östlichen Teile Rußlands, in den Ural und nach Sibirien, berufen worden, hatte sich aufgrund glänzender Resultate seiner Unternehmungen hohe Ehren erworben, kehrte aber ein Jahr vor seinem Tod in seine Vaterstadt zurück.

Schließlich die meisterhafte Ara für den Oberfinanzrat **Friedrich Wehling** (1743-1809), der unter Friedrich II. die Entwässerung des Rhins, einem Nebenfluß der Havel, leitete, mit einem Bildnismedaillon und einem figürlichen Relief am Fuße des Cippus, Persephone als Herrscherin der Unterwelt und den Todesgenius des Verstorbenen darstellend, an den Schmalseiten eine Amphore und gesenkte Fackel.

Gegenüber, an der ursprünglichen Rückmauer, erhebt sich "**Eben's Begräbniß 1798**", ein kubischer Bau mit flachem Giebel und ägyptisierender schwarzer Eisentür unter einem tympanonartigen Relief, auf dem "Poenitentia", Sinnbild der Bußfertigkeit, die von Chronos geleitete Verstorbene erwartet. Rechts ein Genius mit der Lebensfackel und ein Putto mit dem Schmetterling, als Symbol der menschlichen Seele. Dieses frühklassizistische Gruftgewölbe ist wahrscheinlich von DAVID GILLY errichtet, der nachweislich den Anschlag zur angrenzenden Mauer 1799 unterzeichnet hat. Gilly, der Schloß und Dorf Paretz für Friedrich Wilhelm III., Schloß Freienwalde für Königin Luise und andere Schlösser und Landhäuser entwarf, bevorzugte einfache kubische Formen, die er mit griechisch-antiken Formen sparsam gliederte.

Etwa 70 Schritte weiter befindet sich das gut erhaltene, in der Art etruskischer Grabmäler angelegte Wandgrabmal für den Leibarzt Friedrichs II., **Johann Carl Wilhelm Moehsen** (1722-1795), "Des Königs würdiger Zeitgenosse". In einer 2,30 Meter hohen Wandnische steht ein Steinsarkophag mit der auf dem Deckel ruhenden Hygieia, Tochter des Heilgottes Asklepios und Sinnbild der Gesundheit, die Schlange, das heilige Tier des Asklepios, tränkend. In seiner strengen römisch-antiken Form ist es eines der schönsten klassizistischen Grabmäler nicht nur dieses Friedhofes. Moehsen, der sich auch der Volksgesundheit widmete, fiel beim König in Ungnade, weil er ihm um dessen Gesundheit willen die Teltower Rübchen und eine Inspektionsfahrt nach Ostpreußen verbieten wollte. Friedrich rief ihm die zornigen Worte entgegen: "Alter Teufel, will Mich reprimandiren! Geh Er fort, ich brauche Seiner nicht mehr!"

Gleich dahinter auf der linken Seite ein k eines beschädigtes **Sandsteinmal** des Louis-Seize ohne Namen: Ein kindlicher Todesgenius mit verlöschender Lebensfackel neben der Urne vor einem Obelisken. Schräg gegenüber, einige Meter zurück, befindet sich eine ebenfalls unbezeichnete **Ädikula** mit der Figur der Verstorbenen im Hochrelief vor einem Scheinportal, das ins Reich der Toten führt. In der Rechten hält sie einen Mohnkranz, in der Linken einen Palmenzweig, die Sinnbilder für ewigen Schlaf und irdischen Ruhm. Die Marmorfigur wurde von JULIUS MOSER 1881 geschaffen. Erst der Privatarchivar Hans Uth stieß 1981 in den Archiven der Neuen Jerusalemer Kirchengemeinde auf Dokumente, die über die Geschichte des Grabes Auskunft geben. Hier wurde 1881 der Gymnasialprofessor **Julius Worpitzky** beigesetzt. Seine von ihm geschiedene Frau Hedwig, *geb. Kube*, gab das Grabmal bei dem Bildhauer JULIUS MOSER in Auftrag, sie überlebte den Tod ihres Mannes aber nur um wenige Monate. So vermutete Uth, daß sie der Tod überraschte, bevor sie einen Steinmetz beauftragen konnte, den Namen in die Grabplatte zu schlagen.

Geht man bis zum Wegende an der Binnenmauer des Böhmischen Friedhofs weiter, hat sich rechter Hand die jetzt mit einem Glasdach geschützte Sandsteinskulptur eines über der Urne trauernden Puttos erhalten. Unten ein Stundenglas als Symbol der unerbittlich verrinnenden Zeit. Die geschlossene, ein Dreieck beschreibende Komposition ruht auf einer in die Mauer gefügte Konsole, in die die Namenstafel **Martin Daniel Mosisch**, 1796, komponiert ist. Weiter rechts, aber gegenüber der Mauer am Weg, hat der Berliner Maler und Bildhauer KURT MÜHLENHAUPT (geb. 1921) mit vier grob behauenen Grabsteinen das wohl eigenwilligste Familiengrab unserer Zeit geschaffen. Die Familienmitglieder sind auf weißem Grund mit einfachem Strich umrissen, die Farben flächig aufgetragen, jeder hält eine Tafel in den Händen, der man die wesentlichen persönlichen Daten entnehmen kann. So steht auf der Tafel des Grabmales seines Bruders, des im Kreuzberger Milieu durch seine naive Malerei bekannten **Wilhelm Mühlenhaupt** (1907-1977): "Glasbläser, Sattler, Straßenfeger, Kammerjäger und Erfinder aller möglichen und unmöglichen Bilder, lebte mit seinem Bruder Kurt zusammen am Chamissoplatz in Kreuzberg." Auf einer Inschriftentafel hat sich der Künstler selbst verewigt – mit seinem Symbol: Ein Leierkasten mit einem Affen. Mühlenhaupt erklärte 1981: "Der Friedhof ist für die Kreuzberger so eine Art Park. Damit es nicht so traurig aussieht, habe ich Grabsteine von mir, meiner Frau, meiner Schwester und meinem Bruder aufgestellt. Er ist der einzige, der schon im Grab liegt."

Weiter in Richtung Blücherstraße zu befinden sich die Grabmäler des Malers **Ludwig Passini** (1832-1903), den seine Rom- und Venedig-Aufenthalte zu Aquarellen mit Motiven des Volkslebens inspirierten, und die Schauspiele-  97

*Gräber Leopold Otto und Marie von Gaudi*

rin **Anna Schramm** (1835-1916), die spätere komische Alte des Friedrich-Wilhelmstädtischen Theaters und des Königlichen Schauspielhauses. Als 1889 auf einem Berliner Postamt eine Karte aufgegeben wurde, adressiert: "An die beliebteste Künstlerin Deutschlands", stellte die Post sie Anna Schramm zu.

Die ältesten skulptierten Sandsteingrabmäler liegen im nordöstlichen Teil, schon von weitem sichtbar durch die auf hohen Metallrohren gespannten Schutzplanen: Das Grabmal für den Landjägermeister und Obristen **Friedrich Wilhelm von Lüderitz** (1717-1785), das älteste noch erhaltene des Friedhofs, zeigt auf girlandengeschmücktem Kubus die mit dem Wappen des Verstorbenen verzierte Urne. An sie lehnt der muskulöse Zeitgott Chronos mit dem Stundenglas und ein trauernder Putto, am Urnenpostament der mächtige Helm mit Federbusch. Durch den blockhaften Unterbau zieht sich eine Lorbeergirlande hindurch. Das benachbarte spätbarocke Urnengrabmal mit antikisierendem Bildnismedaillon wurde ein Jahr später für den Kammergerichtsrat **Justus Dietrich Schlechtendall** (1712-1786) gesetzt. Es stellt eine Trauernde mit efeuumranktem Stecken (wohl Allegorie der Freundschaft) und zwei Putten dar, der eine die Lebensfackel löschend, der andere eine Girlande haltend. Auf dem Grabstein ist zu lesen:

"Dein Amt war Gerechtigkeit
Dein Vergnügen Wissenschaft,
Dein Umgang Freundschaft,
Dein Leben Tugend,

Dein früher Tod für dich
ein sanfter Schlaf,
Für alle, die dich lieben,
Ein tausendfacher Tod."
Auch hier ist die Basis ein mächtiger rechteckiger Kubus.

Das Motiv der Urne verwenden auch die beiden von schweren eisernen Mäandergittern zwischen Steinpfosten umgebenen Grabmäler des Kriegsministers Friedrichs II., **Leopold Otto von Gaudi** (1728-1789), und seines einzigen Kindes **Marie Amalie Charlotte von Gaudi** (1768-1786). Die auf einer kanellierten Säule stehende, reich skulptierte Urne des Vaters gibt im zarten Relief vorn einen heranschwebenden Todesgenius mit Mohnkranz und verlöschender Fackel wider. Auf der Rückseite

*Grabmal Franz Duncker*

sitzt weinend ein Putto vor einem Rundaltar mit brennendem Feuer. Ein großes Waffengehänge am Säulenpostament weist auf das Amt des Verstorbenen hin. Dagegen ist die schlichte, mit einem Schleier umwundene Urne für die Tochter nur durch ein ornamentales Band, cen sogenannten "Laufenden Hund", ausgezeichnet. Die Steinmetzarbeiten, auch das nach einem Entwurf Schadows entstandene Grabmal für den Schauspieler Johann Friedrich Ferdinand Fleck, auf das noch einzugehen sein wird, drohten durch schwefelhaltige Substanzen aus der Luft bei feuchtem Wetter zersetzt zu werden. So wurden 1988 jeweils grau gestrichene Rohrgestelle mit verspannten Planungen als Überdachungen errichtet, die von den einen als "postmoderne Architekturgigantomanie" kritisiert, von den anderen als "notwendige Zweckbauten" verteidigt wurden.

Geht man den Querweg in Richtung Zossener Straße weiter, stößt man rechter Hand auf das von einer vollplastischen Blumenkette umkränzte Sandsteinmal von **Franz Duncker** (1822-1888), des Mitbegründers der ersten gewerkschaftlichen Arbeiterorganisation Deutschlands und Verlegers der "Berliner Volkszeitung", zu deren Neuerungen der tägliche Leitartikel und Wetterbericht und der wöchentliche naturwissenschaftliche Aufsatz gehörten. Das von einem Lorbeerzweig unterfangene Bildnisrelief des Verstorbenen stammt von GUSTAV EBERLEIN, einem der produktivsten Künstler des Neubarock. Am Ende des Weges, knapp vor der Blücherstraße, erhebt sich eine Replik der von SCHADOW geschaffenen Marmorbüste für den 99

*Grabmal Carl Friedrich Fasch*

Kirchenmusiker und Komponisten **Carl Friedrich Fasch** (1736-1800), den verdienstvollen Gründer der Singakademie zu Berlin.

Hinter dem Eben-Gruftgewölbe betritt man linker Hand den Bezirk von 1798, der durch einen Mittelweg in zwei Hälften geteilt wird. Im linken Teil befindet sich das 1,60 Meter hohe, gußeiserne, gotische Stilelemente aufweisende Kreuz, ein SCHINKEL-Entwurf für die Königliche Gießerei, auf dem Grab von **Henriette Herz** (1764-1847). Der Salon dieser schönen, geistreichen Frau, der Tochter eines jüdischen Arztes portugiesischer Herkunft, vereinigte die geistigen Köpfe Berlins. Wohl unter dem Einfluß ihres Geistesfreundes Schleiermacher trat sie 1817 zum Christentum über.

Unweit das klassizistische Grabmal für den Chirurgen und Generalstabsarzt **Carl F. von Graefe** (1787-1840) und seine **Frau** mit den Marmorbüsten von FRIEDRICH DRAKE unter hoher tempelartiger Ädikula. Graefe gilt als einer der bedeutendsten Pioniere auf dem Gebiet der plastischen Chirurgie. Noch heute ist eine hierbei verwendete Operationsmethode nach ihm benannt. Rechts daneben die Granitstele für seinen berühmten Sohn, den "Lehrer der Augenheilkunde" **Albrecht von Graefe** (1828-1870) und seine **Frau** mit dem marmornen Doppelbildnis-Medaillon von dem Rauch-Schüler BERNHARD AFINGER. Durch Anwendung des von Helmholtz 1850 erfundenen Augenspiegels hatte Graefe den bis dahin als unheilbar geltenden grünen Star operativ behandeln können.

Unter einem schützenden Zeltdach das schon erwähnte Urnengrabmal für den Schauspieler **Johann Friedrich Ferdinand Fleck** (1757-1801), das die

Henriette verwittwete Hofräthin Herz,
geb. de Lemos,
geb. d. 5. Septbr. 1764 gest. d. 22. Octbr. 1847.

*Grabkreuz der Henriette Herz*

Masken der Tragödie und Komödie zeigt. Fleck war zu seiner Zeit der erste herausragende Heldenspieler des deutschen Theaters; sein harmonisches und mitreißendes Spiel wurde besonders in Shakespeares und Schillers Heldenrollen, als Lear, Macbeth, Shylock, Goethes Götz von Berlichingen, als Karl Moor und Wallenstein, gerühmt. Zwei Jahre nach seinem Tode ließ Iffland, der Direktor der Königlichen Schauspiele zu Berlin, das Grabmal auf eigene Kosten von GOTTFRIED SCHADOW ausführen.

Im Winkel Zossener, Baruther Straße zwei schöne, nach 1895 entstandene Jugendstil-Grabmäler von IGNAZ TASCHNER, dem Schöpfer des Märchenbrunnens im Volkspark Friedrichshain: Im Kalksteinmal für **Emy Bennewitz von Loefen** (gest. 1899) wächst der sinnend geneigte Frauenkopf mit langem Haar wie eine Blüte aus dem Stengel in weicher Linienführung aus der architektonisch kantigen Stelenform heraus. Direkt am Weg die sich verjüngende Sandsteinstele mit dem ornamental eingefaßten Marmortondo "ARS" im Münchner Sezessionsstil für den Maler märkischer Landschaften **Karl Wilhelm Bennewitz von Loefen** (1826-1895).

Geht man an der Mauer zur Baruther Straße entlang, weiter in den rechten Teil, erblickt man die marmornen Namenstafeln der Goethe-Freundin und sehr beliebten Berliner Schauspielerin **Friederike Bethmann-Unzelmann** (1768-1815) und ihres Sohnes **Friedrich Unzelmann** (1797-1854), der besonders durch die Holzschnitte zu Shakespeares Dramen und zu Menzels Werken bekannt wurde. Rechts daneben die schwarze Granittafel mit der lapidaren Inschrift "Iffland, starb 1814" für den berühmten Schauspieler und

*Grabmal Emy Bennewitz von Loefen*

geschäftsklugen Direktor der Königlichen Schauspiele zu Berlin, **August Wilhelm Iffland** (1759-1814), der auch Verfasser seinerzeit vielgespielter Rührstücke war.

An der Mauer zum Dreifaltigkeitskirchhof befinden sich das **von Knoblochsche Erbbegräbnis** im Gilly-Stil und das mit einem wie projizierend erscheinenden Sarkophag geschmückte Wandgrab des Volksarztes **Ernst Ludwig Heim** (1747-1834), der zugleich Arzt der Königin Luise war. An der Innenmauer das 1938 aufgefundene und restaurierte Grabmal für den Architekten **David Gilly** (1748-1808). Die durch einen zurücktretenden Halbbogen unter schlichtem Giebel gegliederte Wand mit dem gußeisernen Namensschild und den vier steinernen Pfosten ist vermutlich von GILLY selbst, den SCHADOW als "das für die damalige Zeit größte Genie" bezeichnete, beim Tode der Tochter Minna 1803 geschaffen worden.

In der Mitte dieses Friedhofsteils erhebt sich in jugendstiliger Linearität eine architektonisch gerahmte Skulptur, eine marmorne Liegefigur, für **Clara Gräfin von Einsiedel**, die WALTER SCHOTT in Abwandlung von Renaissance-Wandgräbern entworfen hat.

Der benachbarte und zugleich älteste, um 1739 angelegte quadratische Dreifaltigkeitskirchof an der Baruther Straße trägt am Weg entlang der südlichen Binnenmauer den von einem kunstschmiedeeisernen Gitter umgebenen, hochaufragenden Obelisken für den Generalpostmeister und Staatsminister **Heinrich von Stephan** (1831-1897). Der Schöpfer des modernen

*Grabmal des Architekten David Gilly*

deutschen Postwesens und Begründer des Weltpostvereins führte die Postkarte und Postanweisung, den Fernsprecher, das Telegraphenwesen und die Rohrpost ein. Auf einem in Stufen ansteigenden Sockel mit dem jugendstiligen Relief einer aufsteigenden Sonne als Symbol "ewigen Friedens" erhebt sich eine Trauernde mit dem Lorbeerkranz in der Hand. Schöpfer ist der Begas-Schüler JOSEPH UPHUES, ein Vertreter des Neubarock. Dahinter die schlichten Marmortafeln auf den Gräbern von **Rahel** (1771-1833) und **Karl August Varnhagen von Ense** (1785-1358). K.A. Varnhagen von Enses neunbändige "Denkwürdigkeiten" und die nach seinem Tod aufsehenerregenden "Tagebücher" sind aufschlußreiche Dokumente jener Zeit. Ihr mit Henriette Herz rivalisierender Salon in der Mauerstraße 36 bildete den Kern der romantischen Literaturbewegung. Sie litt darunter, allein die Rolle der Gattin einnehmen zu müssen, konnte und wollte aber durch den Übertritt zum Christentum nicht auch die eigene jüdische Vergangenheit auslöschen. Auf der Grabtafel die Worte Rahels: "Gute Menschen – / Wenn etwas Gutes für die Menschheit geschieht, / dann gedenkt freundlich in / Eurer Freude auch meiner."

Fast inmitten des Kirchhofs, hart am Wege, erhebt sich ein Granitkreuz zum Gedächtnis eines der produktivsten Bühnendichter seiner Zeit, **Ernst Raupach** (1784-1852). Er schrieb 117 Dramen, darunter sogenannte "Schicksalstragödien", in denen außermenschliches Schicksal nur noch als kleinliches Verhängnis, als theatralisch effektvolles Requisit erschien. Gegenüber an der nördlichen Mauer das Wandgrab des Theologen und Schleiermacher- 103

*Grabstätte der Familien Mendelssohn und Hensel*

Nachfolgers **August Twesten** (1789-1876) mit dem Bildnis-Medaillon von OTTO GEYER. Rechts folgt **Schaezers** Erbbegräbnis (1824) mit zwei gotischen Lanzettbögen seitlich des Mittelfeldes. Im Winkel der östlichen Mauer zwei schlichte Stelen über den efeubedeckten Gräbern des Bankiers **Abraham Ernst Mendelssohn-Bartholdy** (1776-1835), des Sohnes des jüdischen Religionsphilosophen Moses Mendelssohn, und seiner Frau **Lea**, *geb. Salomon*, die nach gemeinsamer Taufe ihren Mann bewegen konnte, den angenommenen Namen ihres Bruders Bartholdy, des Mäzens der Nazarener in Rom, dem Fortkommen der Kinder zuliebe anzufügen.

Ganz in der Nähe am Mittelweg ruht in einem gotisierenden Gitter unter einem Marmorkreuz ihr Sohn, der bereits 38jährig verstorbene Komponist **Felix Mendelssohn-Bartholdy** (1809-1847). Als genialer Dirigent führte er die Leipziger Gewandhaus-Konzerte zu Weltruhm, und seine Sinfonien, Konzertouvertüren, Kammer- und Klaviermusik und Oratorien werden ebenso unsterblich bleiben wie seine Lieder "O Täler weit, o Höhen ...", "Wer hat dich, du schöner Wald, aufgebaut so hoch da droben ...?", deren Texte Eichendorff schrieb. Neben ihm der Grabstein seiner geliebten, wenige Monate vor ihm verstorbenen Schwester **Fanny** (1805-1847) mit dem in Noten unterlegten Lied "Gedanken gehn und Lieder fort bis ins Himmelreich ..." und deren Ehemann, des Porträtmalers **Wilhelm Hensel** (1794-1861). Eine alte Dame, eine ehemalige Musiklehrerin aus Kreuzberg und Verehrerin des großen Tonsetzers, hält die Gräber in Ordnung. Wird sie einmal einen Nachfolger finden? Rechts schließen sich die Grabmäler der Geschwister

Heinrich Heines – **Clara Louise, Moritz Ludwig** (1813-1847), **Wilhelm Gotthold** (1819-1848) und **Rudolph Hermann Heine** (1825-1866) – an, während sich auf der linken Seite und am Wege auf der Gegenseite die Gräber weiterer Angehöriger der **Mendelssohn-Bartholdys** befinden.

Den in einer dritten Erweiterung 1819 geschaffenen Friedhofsteil der Jerusalemer und Neuen Kirche betritt man linker Hand vom Twesten-Grab und findet hier entlang der Mauer zur Baruther Straße eine Vielzahl von Mausoleumsfassaden vom frühen Biedermeier (**Zimmermanns** Erbbegräbnis, 1836; **Haucksches** und **von Graevenitzsches** Erbbegräbnis) bis zum Jugendstil (**Friedländer-Fuld**, 1917; **Prächtel** 1903). Beim Familienbegräbnis **L. Köhler** handelt es sich um eine der wenigen erhaltenen keramischen Kleinarchitekturen, hier im neugotischen Stil, um 1880 zu datieren.

Dort, wo der Querweg rechts beginnt, befindet sich der Granitstein für den Dichter **Adelbert von Chamisso** (1781-1838) und seine **Frau**. Der französische Emigrant fand in Deutschland sein zweites Vaterland. Das Märchen vom Mann ohne Schatten, "Peter Schlemihls wundersame Geschichte" (1814), begründete seinen Weltruhm. Robert Schumann hat den Dichter durch seinen Liederzyklus "Frauenliebe und -leben" auch musikalisch unsterblich gemacht.

Geht man den Querweg in Richtung Mittelweg weiter, sieht man rechter Hand das Grabmal für **Theodor Döring** (1803-1873), der im Großen Schauspielhaus am Gendarmenmarkt in Stücken Shakespeares, Schillers, Kleists und Hebbels als einer der größten Tragöden seiner Zeit glänzte. Der Vorhang ist gefallen – das ist das Symbol für die mit einem kordelgeschmückten Tuch bedeckte Stele. Nicht weit davon die expressive Marmorskulptur "Das Leid", ein von Flügeln gerahmter weiblicher Kopf, von GUSTAV EBERLEIN auf dem Grab einer **Josefa Müller** (gest. 1927). Auch die Trauernde am Kreuz auf dem Grabmal des Königlichen Hof- und Sanitätsrates **Oscar Boer** ist eine frühe Arbeit des gleichen Bildhauers. Linker Hand nahe am Mittelweg das Doppelgrab des Schriftstellers und Musikers **Walther Harich** (1888-1931) und des Sängers, Musikers und Komponisten **Ludwig Hess** (1877-1944).

Hat man die Hauptkreuzung überschritten, befindet sich auf linker Seite das oft mit frischen Blumen geschmückte Grab **E.T.A. Hoffmanns** (1776-1822), der in Verehrung für Mozart den Vornamen Amadeus annahm. Der gelernte Jurist ist der Schöpfer vieler Geschichten. Seiner Feder entstammen "Die Serapionsbrüder", "Kater Murr", "Das Fräulein von Scudery", die Märchen "Der goldene Topf" und "Meister Floh". Viele hat er im historischen Weinkeller von Lutter & Wegner ersonnen. Der Legende nach soll sich der "Gespenster-Hoffmann" sogar nachts vor seinen eigenen Gestalten gefürchtet haben. In dem hohen Stein ist der Spruch eingemeißelt: "E.T.W. 105

*Granitstele Adolf Glaßbrenner*

Hoffmann, ausgezeichnet im Amte, als Dichter, als Tonkünstler, als Maler. Gewidmet von seinen Freunden." Einer der Freunde, der Schauspieler Ludwig Devrient, saß noch Wochen später häufig an dem Grab. Eine halb ausgetrunkene Flasche in der Hand schwenkend, soll er dem Toten nachgerufen haben: "Komm raus, du!"

Geht man den Querweg in Richtung Blücherstraße weiter, liegt linker Hand das Grab des Volksschriftstellers und Vaters des Berliner Witzes **Adolf Glaßbrenner** (1810-1876) – eine Granitstele mit einem großen Marmor-Bildnis, dessen Schöpfer unbekannt ist. Die Grabstelle seiner Gattin, der Schauspielerin **Adele Glaßbrenner-Peroni** (1813-1895), die vor allem in Rollen Ferdinand Raimunds hervortrat, befand sich ursprünglich daneben, ist aber 1928 mit der ihres Gatten vereinigt worden. Unweit auch das Grab eines seinerzeit bekannten Zeitgenossen Glaßbrenners, des Bühnenschriftstellers **Adolph L'Arronge** (1838-1908), dessen bühnenwirksame, rührselige Volksstücke jahrzehntelang auf den Spielplänen standen. Er gründete auch 1883 das Deutsche Theater in Berlin und brachte hier bedeutende Klassikeraufführungen heraus.

Am Ende des Querweges erhebt sich rechter Hand die rote Granitstele mit Bildnismedaillon von F. ROSSE für den Theaterarchitekten **Karl Ferdinand Langhans** (1782-1869), der den Neubau des Berliner Opernhauses, das Leipziger Stadttheater und das Prinz-Wilhelm-Palais Unter den Linden errichtete. Wer kennt heute noch die Schauspielerin **Anna von Strantz-Führing** (gest. 1929), das Modell der Germania auf den früheren deutschen Briefmarken? Und wer weiß, daß hier 1935 der **Erzherzog Leopold von Habsburg** beigesetzt wurde, der unter dem bürgerlichen Namen *Leopold Wölffling* in Berlin gelebt hatte?

Auf diesem Friedhof im Straßenrechteck ruhen so viele bekannte wie vergessene Persönlichkeiten, daß man in der Tat von einer Berliner Kulturgeschichte auf Grabsteinen sprechen kann.

*Monument für die Fürstin Christine Charlotte Sophie von der Osten Sacken*

## FRIEDHÖFE AN DER BERGMANNSTRASSE

*Bergmannstraße*
*10961 Berlin*

Von den vier nebeneinanderliegenden Friedhöfen ist der **Dreifaltigkeitskirchhof**, 1825 auf dem Gelände eines einstigen Weinberges kreuzförmig
angelegt und durch Friedrich Schleiermacher anläßlich der ersten Beisetzung eingeweiht, der älteste und kulturhistorisch bemerkenswerteste. Familiengräber (Erbbegräbnisse), die entlang der Mauern oder im oberen Mittelteil
plaziert sind, Wegegräber am Rande des Grabfeldes und Reihengräber im
Innenbereich oder an den Wegerändern bestimmen das Gesamtbild.

Gleich eingangs des Mittelweges rechts das Grabmal der Schauspielerin
**Amalie Wolff** (1780-1851), eine der großen Heldendarstellerinnen auf der
Weimarer und Berliner Bühne. Die Hauptachse führt auf eine Anhöhe, wo
sich das große gußeiserne Monument befindet, das die Königliche Eisengießerei 1827 nach dem Entwurf KARL FRIEDRICH SCHINKELS, des Baumeisters
des Klassizismus, für die **Fürstin Christiane Charlotte Sophie von der
Osten Sacken** (1733-1811) anfertigte. Im Sockel ist der Sarkophag mit dem
fürstlichen Wappen hinter Vierpaßgittern eingestellt; darüber das Relief des
betenden Genius, auf der Rückseite die ringförmige Schlange, das Symbol
der Ewigkeit. 1826 wurde hier auch ihr Gemahl, der **Fürst Karl von der
Osten Sacken** beigesetzt. Mit ihm war der preußische Fürstenzweig derer 107

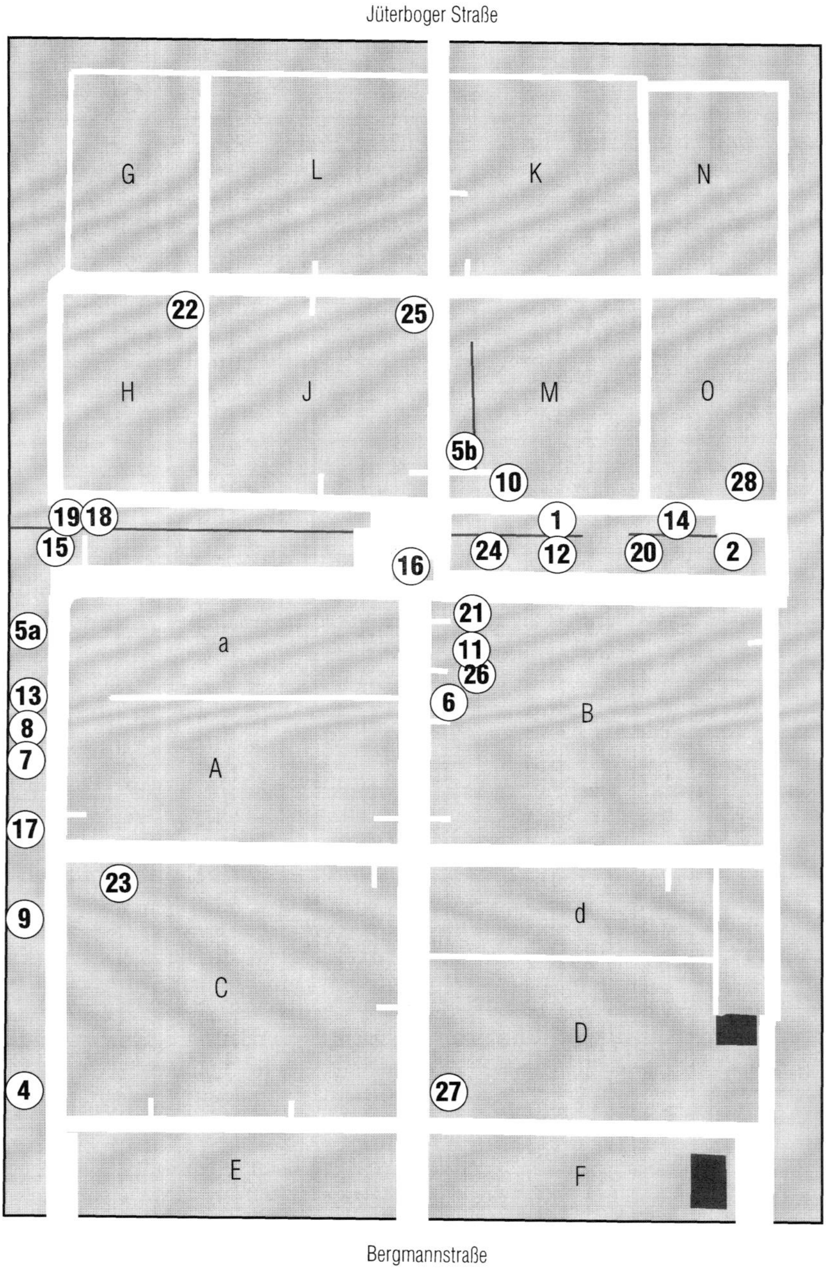

Jüterboger Straße

G    L    K    N

(22)    (25)

H    J    M    O

(5b)
(10)    (28)
(19)(18)    1    (14)
(15)    (16)    (24)    (12)    (20)    (2)

(5a)    a    (21)
(11)
(26)
(13)    6    B
(8)
(7)    A

(17)

(23)
9    d

C
D

4    (27)

E    F

Bergmannstraße

*Grabmal Friedrich Schleiermacher*

von der Osten, genannt von Sacken, erloschen.

Hier oben, am rechten Querweg, liegen die Grabmäler bedeutender Persönlichkeiten aus der ersten Hälfte des 19. Jahrhunderts zusammen. Eine Stele mit rotem Granitsockel und der Marmorbüste im Tondo von CHRISTIAN DANIEL RAUCH, dem Begründer der Berliner Bildhauerschule, begrenzt von einem schönen klassizistischen Gitter, bezeichnet das Grab des dem Kreis der Romantiker angehörenden protestantischen Theologen **Friedrich Schleiermacher** (1768-1834), der zugleich bedeutend als idealistischer Philosoph und hervorragend als Kanzelredner war. August Neander verkündete am 12. Februar 1834 vom Katheder herab die Botschaft vom Tode Schleiermachers: "Heute schied der Mann von uns, von dem man in der Zukunft einen neuen Zeitabschnitt in der Theologie datieren wird." Er war der religiöse und sittliche Reformator seiner Zeit, der eine Weltanschauung begründet hatte, "in welcher Philosophie und Religion, Wissen und Glauben, Menschenbildung und Frömmigkeit in einer höheren Einheit sich zusammenfanden." Wohl an 30.000 bis 40.000 Menschen aus allen Ständen, die katholische wie evangelische Geistlichkeit, "Freund und Feind", 109

*Granitstele Ludwig Tieck*

folgten dem Sarge, den Studenten trugen.

Dahinter erhebt sich die Marmorstele für den Germanisten **Karl Lachmann** (1793-1851), der Hartmann von Aue, Wolfram von Eschenbach und Walther von der Vogelweide zu den Häuptern der mittelhochdeutschen Poesie erhob.

Ein wenig darunter befindet sich die schlichte Granitstele für den "romantischen Dichterfürsten" **Ludwig Tieck** (1773-1853). "Als der Sarg eingesenkt wurde und die Erdschollen auf die reichen Blumenkränze niederfielen, stieg oben im blauen Raume die Lerche auf; als die Trauernden den Kirchhof verließen, schlug die Nachtigall im jungen Grün. Die Natur blieb ihrem Dichter treu", berichtet der getreue Biograph Köpke über jenen 1. Mai, als man den fast Achtzigjährigen zur letzten Ruhe geleitete.

Geht man noch einige Schritte den Hauptweg herunter, steht man vor dem Efeugrab mit schlichter Kissenplatte für **Charlotte von Kalb** (1761-1843), der Seelenfreundin von Schiller, Hölderlin und Jean Paul (sie ist die Linda in dessen "Titan"). Fast achtzigjährig diktierte die 1821 Erblindete die Erinnerungen ihres Lebens, die die dreißig wichtigsten Jahre umfassen.

Wir kehren über den Hauptweg zum Schinkel-Denkmal zurück, biegen in den rechten Querweg ein, gehen an dem dreiteiligen Wandgrab des Verlegers der deutschen Romantiker **Georg Andreas Reimer** (1776-1842) vorbei und stehen fast am Ende der linken Mauerfront vor dem Grab von Heines "Molly", seiner Cousine **Amalie Friedländer** (1800-1838), die der Dichter in zahllosen Liedern des Schmerzes und der Freude besungen hat. Noch in der Pariser "Matratzengruft" bedrängte ihn das Bild der Jugendgeliebten, wie der Freund Gérard de Nerval 1856 bezeugte: "Eine hoffnungslose Jugendliebe schlummert noch immer im Herzen des Dichters; wenn er ihrer gedenkt, kann er noch weinen oder er zerdrückt seine Träne aus Groll."

An der Rückseite der Mauer, auf dem Querweg darüber, die schmucklose Familiengrabstätte des Historikers **Theodor Mommsen** (1817-1903). In seiner Gedächtnisrede sagte Professor Harnack: "Wir haben keinen Geschichtsschreiber besessen, der mit solcher Anspannung und solcher Kraft das Große und das Kleine zwang, damit es ihm Antwort gebe, der auch dem

*Erbbegräbnis Friedrich Wilhelm von Krause*

härtesten und unbeachtetsten Kiesel Funken entlockte, und der nicht ruhte, bis sich die Dinge in einen Kreis rundeten, in einen Kreis fester Erkenntnis und Anschauung ..." Mommsens Hauptwerk, die "Römische Geschichte" (1854), im Geiste liberaler Geschichtsbetrachtung geschrieben, wurde in viele Sprachen übersetzt.

Wenn wir uns nun wieder auf dem oberen Querweg zum Hauptweg zurückbegeben, fällt gegenüber der Grabstätte des Sprachforschers **Franz Bopp** (1791-1867) das mächtige gründerzeitliche Erbbegräbnis des Industriellen **Friedrich Wilhelm von Krause** (gest. 1877) auf. Es wurde als offene, dreiteilige Kapelle von FRIEDRICH HITZIG entworfen. Die Thorvaldsen nachempfundene, überlebensgroße Christusfigur stammt von J. MOSER und die später hinzugekommenen Bildnisbüsten der Verstorbenen schuf FRIEDRICH DRAKE.

Am Querweg rechts ein Bildnis-Tondo der **Gräfin Pfeil**, einer Enkelin von Amalie Friedländer, aus Carrara-Marmor über einem Säulenpostament. Hier fällt auch ein bronzenes Grabmal für **Fr. Moritz Wolff** (gest. 1917) von HOSAEUS ins Auge: ein über Pyramiden schreitender Jüngling mit Stundenglas, darunter ein Lebensfries.

Im oberen Teil des Kirchhofs, auf der linken Seite an einer Quer-/Längswegecke, weist eine Stele mit Bildnismedaillon und Engelsfigur auf das Grab der Schauspielerin **Marie Seebach** (1829-1897), die als Gretchen (Goethe), Maria Stuart (Shakespeare) und Desdemona (Shakespeare) Trium- 111

*Familiengrabstätte Adolph Menzel*

phe in Europa feierte und ein Heim für invalide Kunstgenossen in Weimar stiftete.

Wir gehen den Weg an der Mauer des Friedrich-Werderschen Friedhofes zurück, vorbei an kaiserzeitlichen Industriellengräbern, verweilen auf der Höhe des Schinkel-Monumentes rechts vor dem grünen Porphyrobelisken für den Geschichtsschreiber der "Hohenstaufen" **Friedrich Raumer** (gest. 1873) und gelangen zu dem mit einem Gitter versehenen pompösen Wandgrab **Adolph Menzels** (1815-1905). In einer Nische mit Rundbogen steht die Porträtbüste der "kleinen Exzellenz", der Bronzeguß einer Marmorbüste von REINHOLD BEGAS, die noch zu Menzels Lebzeiten für die Nationalgalerie angefertigt worden war. Menzels Historienbilder konnten zu Lebenden Bildern gestellt werden. Kaiser Wilhelm II. ließ zur Trauerfeier Menzels Bildwerk "Die Armee Friedrichs des Großen in ihrer Uniformierung" (1857) als Ehrengeleit in der Rotunde des Alten Museums am Lustgarten lebendig werden und folgte, als sich der Trauerzug in Bewegung setzte, dann selbst als erster Menzels Sarg. Seit Velasquez hatte kein Herrscher mehr den Sarg eines Malers zur letzten Ruhe geleitet. Doch obwohl Menzel der höchste preußische Orden, der Schwarze Adlerorden, verliehen und er in den Adelsstand erhoben wurde, blieb er immer Bürger. Als er von einem der königlichen Prinzen beim Malen gestört wurde, sagte er schroff: "Bleiben Sie, da nun Sie schon mal da sind. Sie kommen ja beim nächsten Mal ebenso ungelegen."

Um das Menzel-Grab gruppieren sich weitere neoklassizistische Wandgrabmäler mit Jugendstilelementen, so für den Architekten **Heinrich Kayser** (1842-1917), der durch seine Geschäfts- und Kaufhäuser das Berlin der Jahrhundertwende prägte. Die architektonische Grabanlage entwarf der Grunewald-Architekt ARNOLD HARTMANN, einer der letzten großen Architekten des Kaiserreiches, die Büste des Verstorbenen schuf der Bildhauer GERHARD JANENSCH; den Bankier **Arthur von Gwinner** (1856-1931) mit dem Christushaupt im Zentrum einer symbolischen Himmelspforte, geschaffen von dem Bildhauer GEORG WRBA; und das AEG-Vorstandsmitglied **Georg Klingenberg** (gest. 1925) mit großer Bronzeplakette von FRITZ KLIMSCH.

*Erbbegräbnis der Familie Oppenfeld*

In der hinteren Ecke, auf gleicher Höhe wie das gußeiserne Grabmal von der Osten Sacken, ist, geschickt als Blickfang konzipiert, das Erbbegräbnis **von Oppenfeld** in ägyptischem Stil (1823) zu sehen, eines der ältesten und das wohl stilistisch eigenwilligste Mausoleum auf den historischen Friedhöfen Kreuzbergs. Über dem nahezu quadratischen Grundriß erhebt sich ein Pyramidenstumpf. An der Vorderseite führt die umlaufende dreistufige Treppe zu einer trapezförmigen gußeisernen Tür, die zu zwei Dritteln von Gitterwerk durchbrochen ist. Über der Tür ein Vordach mit einer reliefartigen Halbsonne als Verzierung. Über den Erbauer des Mausoleums gibt es noch keine zuverlässigen Hinweise.

Weiter unten die Ädikula mit Porträtmedaillon für den Philosophen, Naturforscher und Dichter **Heinrich Steffens** (1773-1845), der an der patriotischen Bewegung gegen Napoleon teilnahm; das später mit einer Büste von OTTO GEYER geschmückte Grab des Schriftstellers und Entdeckers der Blauen Grotte in Capri **August Kopisch** (1799-1853); und der marmorne Denkstein für den Lehrer und Erforscher der klassischen Baukunst **Carl Boetticher** (1806-1889), der die Witwe seines Freundes Kopisch geheiratet hatte. Boettichers Baugedanken übertrug sein Schüler **Martin Gropius** (1824-1880) in originelle Schöpfungen, so den quadratischen Bau des Kunstgewerbemuseums mit seinem glasbedachten Lichthof (heute Martin-Gropius-Bau) in der Prinz-Albrecht-Straße. Von Gropius selbst ist auch 1868 die eigene Grabanlage entworfen worden, eine Pergola in dorischen Architekturformen und mit einem Eisengitter aus Diagonalen und Viertel- 113

# HISTORISCHE FRIEDHÖFE & GRABMÄLER IN BERLIN

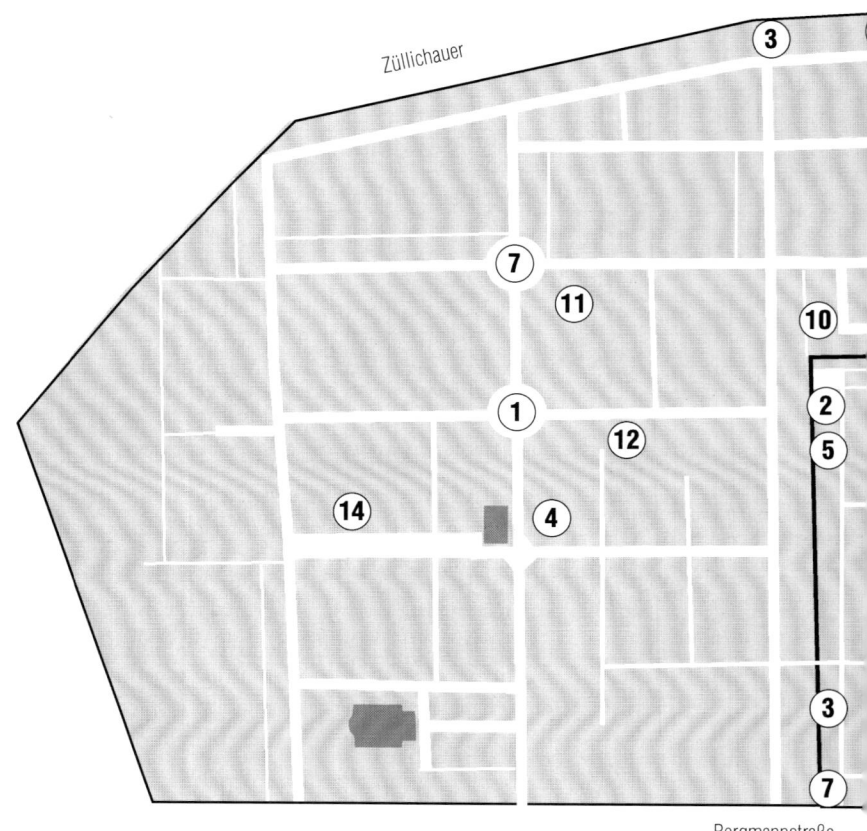

**Friedhof der Luisenstädtischen Kirche**

Bergmannstraße

LEGENDEN

**Luisenstädtischer Friedhof**

(1) Auferstehungsengel
(2) Ruhestätte Biedermann-Richter
(3) Gustav Eltschig
(4) Ernst Fidicin
(5) Hans Heims
(6) Julius Kühnel
(7) Ruhestätte Löblich-Liebau

(8) Ruhestätte Lüben
(9) Christian Reinhard Moritz Maassen
(10) Georg August Moser
(11) Flora Scherl
(12) Ruhestätte Schischin
(13) Friedrich Wilhelm Schmidt
(14) Gustav Stresemann
(15) Ruhestätte Stücklen

**Friedhof der Jerusalemer und Neuen Kirche**

(1) Charlotte Birch-Pfeiffer
(2) Heinrich August Dankberg
(3) Hermann von der Hude
(4) Max Krause
(5) Wilhelm Riehmer
(6) Fritz Schaper
(7) Kurd von Schlözer
(8) Georg Wolff

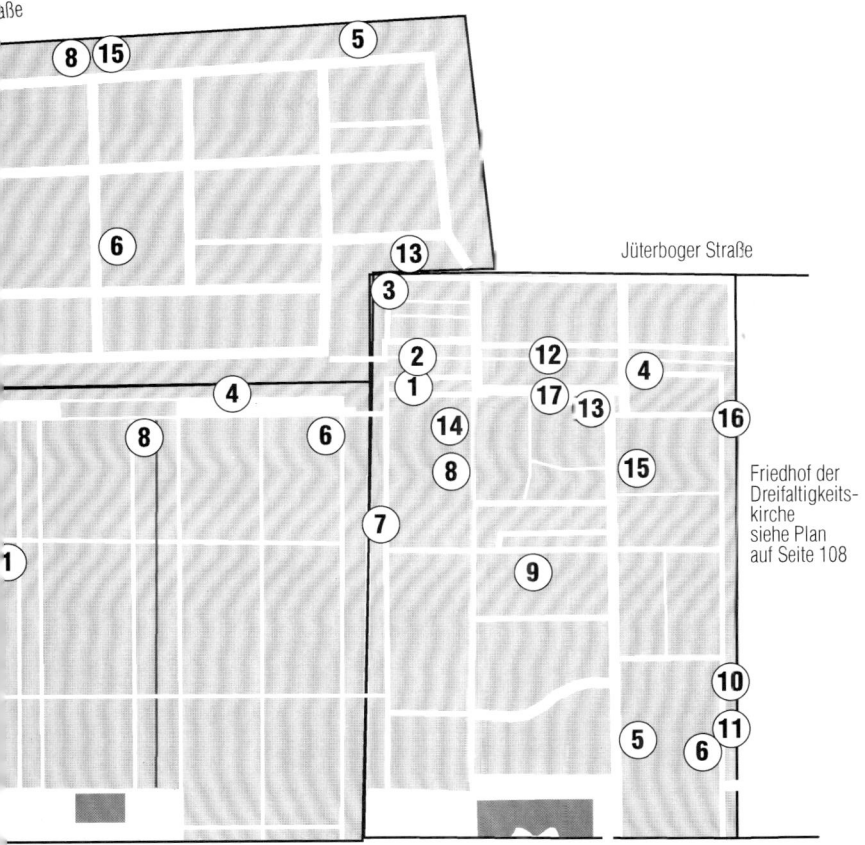

## iedhof der Jerusalemer und der Neuen Kirche

## Friedhof der Friedrichswerderschen Kirche

**Friedhof der Friedrichswerderschen Kirche**

(1) Carl Busse (1803-1886)
(2) Carl Busse (1834-1896)
(3) Hermann Clausius
(4) Johann Dieffenbach
(5) Eduard Grell
(6) Julius Heese
(7) Karl Kindermann
(8) Ernst Viktor von Leyden

(9) Martin Anton Niendorf
(10) Ruhestätte Rex
(11) Heinrich Moritz Romberg
(12) Ruhestätte Seeger
(13) Johann Karl Stahn
(14) Hermann Weigand
(15) Ruhestätte Weydinger
(16) Heinrich Otto Wilke
(17) älteste, noch erhaltene Gräber

115

*Durchgang zum Friedrichwerderschen Kirchhof*

kreisen. Die Rückwand trägt ein Marmor-Grabrelief des Freundes RUDOLF SIEMERING mit der Darstellung des Todesgenius und der trauernden Kunst, ein architektonisches Skizzenbuch im Arm, vor dem Aschealtar. Anstelle einer Porträtbüste wird hier auf das Werk des Architekten verwiesen, der kurz vor seinem Tode noch den Wettbewerb für das Gewandhaus Leipzig gewonnen hatte.

Es schließt sich der 1844 angelegte **Friedhof der Friedrich-Werderschen Gemeinde** mit zahlreichen klassizistischen und Jugendstil-Erbbegräbnissen von der Jahrhundertmitte bis zur Jahrhundertwende an der linken Mauer an. Hervorzuheben ist das Erbbegräbnis für **Paul Köthner** (gest. 1902) aus rotem poliertem Granit mit geschwungenen Wänden, Seitenpfosten mit kuppelartigen Rosenbekrönungen und eingelassenen grünpatinierten Mädchenfriesen von LILLI FINZELBERG.

In der Ecke oben links ein schön proportionierter Mausoleumsbau der Jahrhundertmitte für Familie **Seeger**: Die ionischen Säulen, das Rundbogenportal und die zwei Engelstondi sind aus Ton. In der von Pfeilern gegliederten rückwärtigen Mauer finden sich teilweise noch die alten eisernen oder marmornen Tafeln mit schöner Schrift. Oben rechts das kleine schlichte Mausoleum aus gelblichen Ziegeln für den zu seiner Zeit bekanntesten Berliner Chirurgen **Johann Friedrich Dieffenbach** (1794-1847).

116

*Erbbegräbnis Max Krause*

Auch in dem 1852 eingerichteten **Friedhof der Jerusalems- und Neuen Kirche** machen prächtige Wandgräber und Mausoleen auf sich aufmerksam: Die freistehende Sandsteinkapelle im neugotischen Stil von G.L. MÖCKEL, 1898, im vorderen Teil rechts: das Erbbegräbnis für **A. Heese** in romanisierendem Stil; das Wandgrab für den Architekten **Hermann von der Hude** (1830-1908) und die Ädikula für den Diplomaten **Kurd von Schlözer** (1822-1894), beide von H. VON DER HUDE, im renaissancistischem Stil; das Erbbegräbnis des Bildhauers **Heinrich August Dankberg** (gest. 1866) im klassizistischen und das Mausoleum für **W. Borchardt** im neubarocken Stil.

Als das imponierendste Erbbegräbnis des Jugendstil im Berliner Raum wird die blockhafte Kalksteinanlage für den Papierfabrikanten **Max Krause** von dem Architekten BRUNO SCHMITZ und dem Bildhauer FRANZ METZNER (1907) angesehen: Dreifache Treppe, Seitenmauern mit Pfeilern und Bänken vor scheinartig angedeuteter Mausoleumsfront mit schmaler Bronzetür, die von stilisierten Masken und muskulösen Atlanten gerahmt wird, Sprüche in großen Jugendstillettern. Von BRUNO SCHMITZ stammt auch die architektonische Wand und die mächtige Bronzeskulptur des geflügelten und bärtigen Chronos, die die Figur des Kaisers Barbarossa vom Kyffhäuser-Denkmal variiert, als Grabdenkmal für die Familie **Georg Wolff** (1845-1904). Hauptwerk METZNERS ist die figürliche Ausstattung des von Schmitz errichteten Völkerschlachtdenkmals in Leipzig (1906-1913) mit gewaltigen Figuren und Figurenfriesen, die Elemente des Jugendstils, des Expressionismus und des Symbolismus in eigenwilliger Weise verarbeiten. Metzner zielt auf 117 feierliche Überhöhung, setzt die Pathosformeln von Nietzsche und Stefan George in eine athletische Plastizität um, die schon bei den Zeitgenossen ergriffenes Schauern oder entsetztes Schaudern erzeugte.

Am Hauptweg links bei der Wegkreuzung erhebt sich eine hohe Marmorstele mit einem von Lorbeer gerahmten Profilkopf für die Bühnenautorin und Schauspielerin **Charlotte Birch-Pfeiffer** (1799-1868), die vom Deutschen Theater errichtet wurde.

Auch **Fritz Schaper** ( 1841-1919), einer der bekanntesten Bildhauer der Tradition der Rauch-Schule, hat hier sein Grab gefunden. Er schuf Künstler- und Gelehrten-Denkmäler, so von Goethe und Liebig, aber auch dynastische Standbilder, weibliche Aktfiguren, religiöse und Sepulkralplastik.

Der 1832 eröffnete **Luisenstädtische Friedhof**, der vierte und letzte an der Bergmannstraße, reiht an seinen fast ein Kilometer langen Mauern eine Unzahl teils verfallener, teils bewahrter Wandgräber, von zierlichen bis zu monumentalen Formen, ein phantastisches Ensemble aus antiker und christlicher Grabmalsymbolik, aus Neuromantik, Spätklassizismus, Jugendstil und Neuer Sachlichkeit.

Auf dem Hauptweg kommt man an einem überlebensgroßen **Auferstehungsengel** in Bronze von OTTO GEYER vorbei und steht dann vor einer riesigen, halbkreisförmigen Säulenarchitektur für die Familien **Löblich/ Liebau** mit der allegorischen Bronzefigur "Trauer" des Bildhauers ROBERT BAERWALD (1881). Dort befinden sich auch die Gräber der Architektenbrüder **Wassili** (1889-1972) und **Hans Luckhardt** (1890-1954) auf dem Erbbegräbnis **Schischin**, das ein niedergesunkener Pilger in Marmor krönt.

In der Mitte der Hauptrückwand das Erbbegräbnis für **Gustav Eltschig** (gest. 1903) mit thronender Engelsfigur und symbolischen Reliefs, die Seitenbänke von Greifen bekrönt, das Ganze entworfen von dem Architekten KRÖGER und ausgeführt von der Deutschen Steinindustrie. Weiter rechts das neoklassizistische Wandgrab **Maassen** mit dem Reliefschmuck zweier trauernder Gestalten um die Totentafel von HUGO LEDERER (um 1907), die in der Tradition antiker Brunnenhäuser stehende Nischenarchitektur **Biedermann-Richter** mit den ein prachtvolles Goldgrundmosaik flankierenden Relieffiguren Morgen und Abend (1901); das Grabmonument **Lüben** mit vegetabilen (um 1906) und das Wandgrab **Stücklen** mit figürlichen Jugendstilreliefs und einer Kolossalmaske, flankiert von Genien und Engeln, die an Rheingold-Motive erinnern, im Zentrum der Darstellung (um 1904). Die bildhauerische Gestaltung könnte dem Umkreis FRANZ METZNERS zuzuordnen sein. Einen expressionistischen Grabobelisk hat der Architekt MAX TAUT für den Dampfwäschereibesitzer **Gustav Reibedanz** (gest. 1920) entworfen.

Gegenüber den für den Jugendstil charakteristischen Grabmonumenten wird der Grabskulpturschmuck meist von industriellen Serienfabrikaten

*Grabstätte Gustav Stresemann*

bestimmt. Dazwischen finden sich aber auch alte Vasendenkmäler, schöne Obelisken, Eisenkreuze und Stelen mit Porträtbüsten oder Bildnismedaillons. Von stillem Reiz ist der lebensgroße weibliche Akt aus Stein von PAUL SCHEURICH auf dem Grab einer **Margarete Lange** (gest. 1920), während die Bronzefigur eines Schmiedes auf glockenförmigem Sockel von GERHARD JANENSCH (1897) ein typisches Unternehmergrab – das des Fabrikanten **Robert Stock** (1858-1912) – schmückt.

Ebenfalls im vorderen Teil, an einem rechts einbiegenden Querweg, liegt die viel besuchte, von HUGO LEDERER 1929 entworfene Grabstätte für den Reichsaußenminister **Gustav Stresemann** (1878-1929), ein architektonisch gerahmter Sarkophag, umgeben von Steinkugeln. Lederer hatte bereits zwei Jahre zuvor diesen bedeutenden Repräsentanten der Weimarer Republik, der zugleich ein Gegenbild zum Bismarck des Kaiserreichs war, porträtiert. Aber er wollte jetzt kein Porträt-Denkmal setzen, sondern die architektonische Tendenz seines Bismarck-Denkmals in Hamburg (1901/06) fortführen.

Ebenfalls im Mittelteil sind der Verleger **August Scherl** (1849-1921) und der Stadtarchivar und Berlin-Historiker **Ernst Fidicin** (gest. 1883) beigesetzt. Scherl gründete 1883 in Berlin einen Presse- und Buchverlag, in dem die Tageszeitungen "Berliner Lokal-Anzeiger", Berliner Abend Zeitung", die Zeitschriften "Die Woche" und "Die Gartenlaube" erschienen. Vor allem aber die Abteilungen Adreßbücher und Annoncenexpedition brachten großen Aufschwung. 1916 kam die Verlagsgruppe an den Hugenbergkonzern.

Die Friedhöfe laden nicht nur zur Entdeckung längst vergessener Personen und ihrer Grabmäler, sondern auch zum Verweilen und zur Meditation ein, zum Zwiegespräch mit der Natur und den Toten. 119

# SCHÖNEBERG

Alter St.-Matthäus-Kirchhof: Grabmal des Komponisten Xaver Scharwenka

# ALTER ST.-MATTHÄUS-KIRCHHOF

*Großgörschenstraße 12-14*
*10829 Berlin*

Er ist einer der interessantesten und historisch bedeutsamsten Kirchhöfe Berlins. 1856 angelegt, gehörte und gehört er noch zu der im südlichen Tiergartenviertel gelegenen evangelischen St.-Matthäus-Gemeinde. Dort, im sogenannten "Geheimratsviertel", nahe dem ehemaligen Stadtzentrum, reihten sich die vornehmen Stadthäuser und Villen des Berliner Bürgertums aneinander. Nahezu einziges Relikt eines ehemals intakten Gemeinwesens ist heute – nach Abriß in der Zeit des Nationalsozialismus und den Zerstörungen des Zweiten Weltkrieges – die 1846 erbaute, zwischen Philharmonie, Neuer Nationalgalerie und Staatsbibliothek isoliert erscheinende St.-Matthäus-Kirche.

Weitere Überreste dieses Viertels sind die Parey-Villa und die Villa von der Heydt. Im Einzugsbereich der St.-Matthäus-Gemeinde wohnten reiche Kaufleute und Fabrikanten, aber auch Wissenschaftler und Künstler. Viele von ihnen sind auf dem Alten St.-Matthäus-Kirchhof beerdigt. Es wurden nicht nur zahlreiche freistehende, von Grabgittern umgebene Grabdenkmale, sondern auch viele Wandgräber und Mausoleen als Familienerbbegräbnisse errichtet. So ist der Friedhof der der Gründerzeit geworden, mit all ihrem Pathos und zur Schau gestelltem Reichtum, der den Verfall schon in sich barg. Hier, den Hügel aufwärts, liegen die Reichen und Neureichen der Zeit begraben, Henry Strousberg, der "Eisenbahnkönig", der sein Reich verlor (zeitweilig war sogar sein Mausoleum verpfändet), viele in protzigen Grabanlagen, unter Säulenhallen und Kuppeln, in Kathedralen aus Sandstein, weißen Klinkern oder poliertem Granit – steingewordene Großmannssucht der einstigen Geldaristokratie. Der Friedhof wurde mehrmals erweitert. Die erste Friedhofskapelle, 1876 erbaut, wich 1906/09 einer größeren Friedhofshalle. Albert Speer, der Architekt Hitlers, plante im Zuge der "Neugestaltung der Reichshauptstadt Berlin" eine 120 Meter breite "Prachtstraße" (Nord-Süd-Achse), und davon wurde auch der Friedhof beeinträchtigt. 1938/39 wurde das nördliche Drittel des Kirchhofs aufgehoben, die Gräber eingeebnet oder nach dem Süd-West-Kirchhof in Stahnsdorf, südwestlich von Berlin, umgebettet. Die völlige Aufhebung des Alten St.-Matthäus-Kirchhofs, für 1941 geplant, kam nicht mehr zustande.

Im linken vorderen Teil blieb der schlichte Stein für den Kunsthistoriker **Franz Kugler** (1808-1858) liegen. Seine erfolgreiche "Geschichte Friedrichs des Großen" (1840) wurde von Menzel illustriert. Ihm gegenüber befindet sich der Gedenkstein für Oberst **Claus Graf Schenk von Stauffenberg** (geb. 1907), Generaloberst **Ludwig Beck** (geb. 1880), Oberst **Friedrich Olbricht**

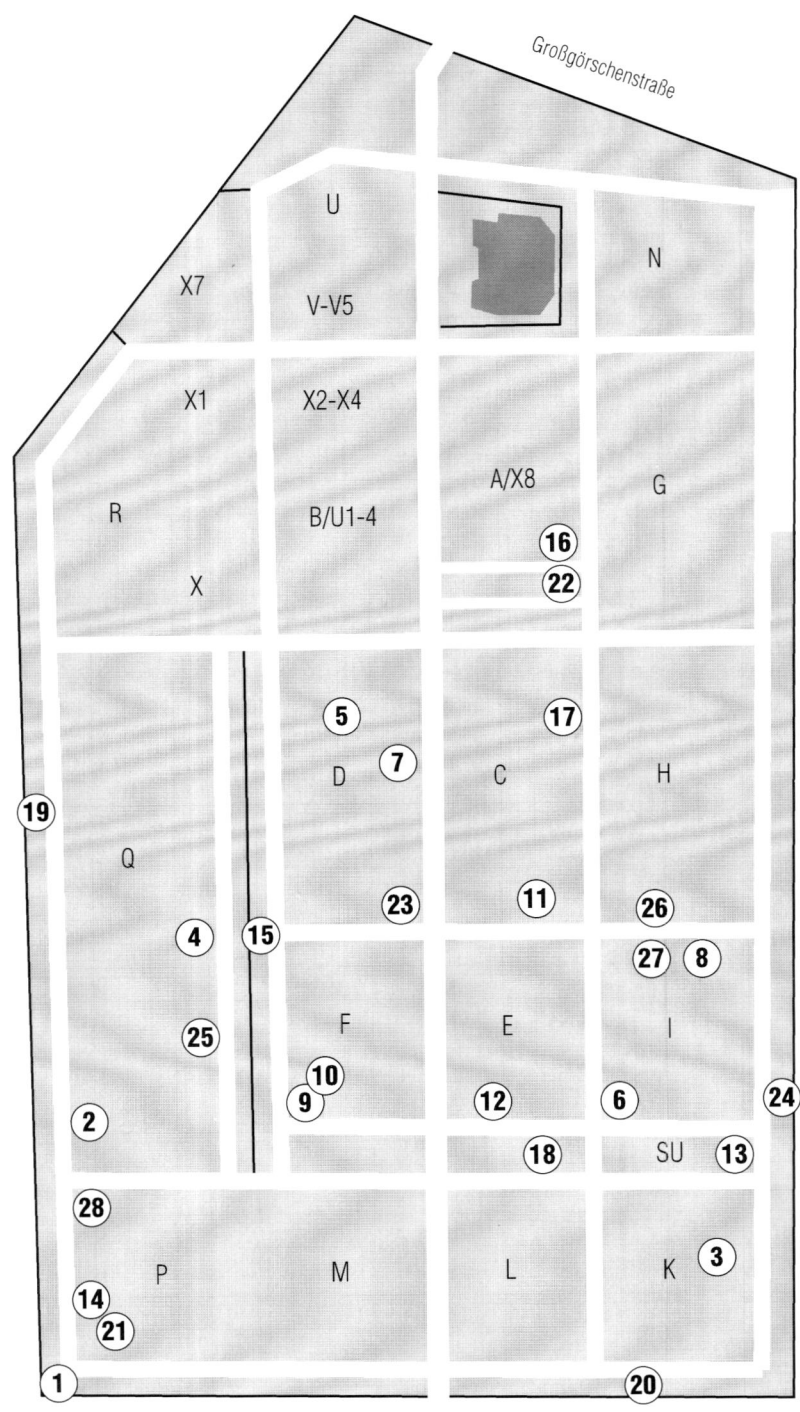

Großgörschenstraße

U

X7

V-V5

N

X1

X2-X4

A/X8

G

R

B/U1-4

X

(16)

(22)

(5)

(17)

D

(7)

C

H

(19)

Q

(23)

(11)

(26)

(27) (8)

(4)

(15)

F

E

I

(25)

(10)

(9)

(12)

(6)

(24)

(2)

(18)

SU

(13)

(28)

(14)

(21)

P

M

L

K

(3)

(1)

(20)

Monumentenstraße

(geb. 1883), Oberst **Albrecht Ritter Mertz von Quirnheim** (geb. 1905), Oberleutnant **Werner von Haeften** (geb. 1908), die das gescheiterte Attentat auf Hitler am 20. Juli 1944 verübt hatten und im Oberkommando des Heeres erschossen wurden. Man begrub sie an der Stelle, wo 1979 der Gedenkstein errichtet wurde. Wenig später wurden die Leichname von der SS exhuminiert, im Krematorium Wedding verbrannt und die Asche auf Rieselfeldern verstreut.

Am Mittelweg rechts oben hat sich auf dem Grab des Bildhauers **Friedrich Drake** (1805-1882), eines der konsequentesten Schüler und Nachfolger Rauchs, nur der Granitsockel ohne Vase erhalten. Drake hat das Standbild der Viktoria auf der Siegessäule geschaffen.

Auch das Grab von **August Kiss** (1802-1865), ebenfalls ein Schüler Rauchs, befindet sich auf dem Friedhof. Er schuf die Amazone vor dem Alten Museum sowie das Porträt Schinkels an dessen Grabmal auf dem Dorotheenstädtischen Friedhof.

Gegenüber dem Stein Drakes erhebt sich die lyrageschmückte Marmorstele für den Musikverleger **Gustav Bock** (1813-1863), der preisgünstige Klassiker-Ausgaben, zeitgenössische Werke, vor allem aber Opern. und Militärmusik verlegte. Er gab seit 1846 die "Neue Berliner Musikzeitung" heraus. Seine Erben führten die Firma fort; sie existiert auch heute noch.

Auf der Höhe des Hauptweges erhebt sich ein großes Marmorkreuz von guter Form (1856). Unmittelbar rechts daneben ein marmornes Grabmal in der Neugotik der Spätromantik für **Ferdinand Streichenberg-Scharmer** (1838-1856): ein gotisierendes Wegekreuz mit Engeln und allegorischen Figuren, die die Architektur, Malerei, Geographie und Musik symbolisieren.

123

Möglicherweise ist es ein Hinweis auf die Berufswünsche des jung Verstorbenen. Dieses älteste erhaltene Grabmal des Kirchhofs wurde 1858 von dem Bildhauer AUGUST JULIUS STREICHENBERG (1815/16-1878) geschaffen.

Am Ende des hier nach rechts führenden Querweges befindet sich das Grab des christlich-konservativen Staatsrechtlers **Julius Stahl** (1802-1861), des Mitbegründers der "Kreuz-Zeitung". Auf ihm erhebt sich ein Marmorkreuz mit Christuskopf.

In einer halbrunden Nische steht die lebensgroße Halbfigur des Meisters der Loge Friedrich Wilhelm zur Morgenröte, **Eugen von Kuycke** (1840-1906). Die vom Bildhauer SCHIMMELPFENNIG 1908 geschaffene Büste zeigt den Oberstleutnant mit den Insignien der Freimaurer und den Ehrenzeichen verschiedener anderer Logen. Das Grab **Carl Bolles** (1833-1910), des Gründers der Bolleschen Meierei, genannt "Bimmel-Bolle", weil seine Milchwagen und die Bolle-Jungen mit der "Bimmel" durch Berlin zogen, weist eine Besonderheit auf: Seine Gruft war die erste mit elektrischem Licht.

Gegenüber an der alten Mauer das Erbbegräbnis der Familie **Schemionek**: ein großer Naiskos mit zwei allegorischen Marmortondi (1869) von dem Berliner Bildhauer RUDOLF SIEMERING (1835-1905), links eine Trauernde, rechts Mutter mit Kind. Das Gitter ist erhalten.

Weiter hügelauf das Erbbegräbnis des Marmorwarenfabrikanten **Mathias Leonard Schleicher** (1830-1872), eine durch drei Rundbögen gegliederte zweifarbige Granitwand mit Marmorarchitrav und Marmortondi, vor dem mittleren die Bildnisbüste, die seitlichen als Hochrelief mit den allegorischen Figuren der Bildhauerei und der Wissenschaft. Bemerkenswert auch, jedoch in Mitleidenschaft gezogen, das Grabmal für **Franz Freiherr von Lipperheide** 1838-1906) und seine Frau **Frieda** (1840-1896), *geb. Gestefeld,* die mit Modejournalen erfolgreich waren. Ihr Wandgrab ist stark verwittert. Der Verlagsbuchhändler begründete auch die nach ihm benannte Kostümbibliothek.

Das aus Muschelkalk bestehende, mit einem Puttenfries verzierte Wandgrab für den Architekten **Alfred Messel** (1853-1909) entspricht exakt den architektonischen Vorstellungen Messels, der um 1900 bahnbrechend für die neue Berliner Baukunst wurde: enggestellte Vertikalglieder, Abschluß mit stark betonten Horizontalen. Es könnte auf einen eigenen Entwurf zurückgehen.

Am Querweg bezeichnen vier schlichte Granitstelen zu Häupten der mit Blumen geschmückten Efeuhügel die Gräber der Brüder **Jakob** (1785-1863) und **Wilhelm Grimm** (1786-1859), Germanisten, berühmt als Sammler und Herausgeber der "Kinder- und Hausmärchen" und "Deutschen Sagen", Herausgeber des "Deutschen Wörterbuches". Sie gehörten zum Kreis der Professoren, der "Göttinger Sieben", die den Bruch der Verfassung durch den König von Hannover kritisierten, wurden 1837 entlassen und mußten

124

*Begräbnisstätte Hansemann*

emigrieren. 1841 wurden sie Mitglieder der Preußischen Akademie der Wissenschaften und siedelten nach Berlin über. Ihnen zur Seite die zwei weiteren Granitstelen für die Söhne von Wilhelm Grimm, den Kunsthistoriker **Herman Grimm** (1828-1901) und den Dichter **Rudolf Grimm** (1830-1889).

Unweit am oberen Querweg einander gegenüber in bewußt gleicher Form befinden sich die Granitstelen auf den Gräbern des Germanisten **Wilhelm Scherer** (1841-1886), berühmt durch seine "Geschichte der deutschen Literatur" (1888), und des Historikers **Georg Waitz** (1813-1886), des Herausgebers der "Quellenkunde zur deutschen Geschichte" (1869/73), als "Dahlmann-Waitz" bekannt geworden.

Wendet man sich zum Mittelweg zurück, so findet man hinter den Grimmschen Gräbern das von dorischen Säulenballustraden umschlossene Atrium, von FRIEDRICH HITZIG (1876), dem Architekten des Neuklassizismus, in Nachahmung eines antiken Heroons erbaut. 1902 wurde es von H. ENDE durch den Bau des klassizistischen Mausoleums erweitert. Im Innern sind Mosaiken der berühmten Firma PUHL & WAGNER. Die halbhohe Mauer mit kleiner Säulenstellung ist aus Marmor, den plastischen Schmuck an den stelenförmigen Eckpfeilern und Portalpfeilern schufen SCHIEVELBEIN und ITZENPLITZ. Der konservative Bankier **Adolph von Hansemann** (1826-1903) hatte das Atrium mit unterirdischer Gruft für seinen Vater, den liberalen Staats- und Finanzminister **David Hansemann** (1790-1864), Gründer der Disconto-Bank, errichten lassen. Unter der Leitung Adolph von Hanse- 125 manns wurde die "Disconto-Gesellschaft" zur führenden Berliner Großbank. Er gehörte zu den reichsten Männern Deutschlands und strebte, selbst 1872 geadelt, einen adligen Lebensstil an. Dem vor der Grabkapelle frei aufgestellten Cippus aus verschiedenfarbenem Granit mit den Bildnismedaillons David Hansemanns und seiner Ehefrau **Fanny** ist an den Seiten vorn jeweils eine Stele aus rotem Granit schräggestellt, die eine mit dem Bildnismedaillon **Mathilde Hansemanns**, die andere mit den Bildnismedaillons **Jacob Marx-Hansemanns** und seiner Ehefrau **Louise**. Seitlich schöne antikisierende Marmorbänke, beide Bronzetüren sind erhalten. Der Bau ist einzigartig in Berlin.

Jenseits des Hauptweges an dem vom Kreuz zur anderen Seite führenden Querweg eine überlebensgroße Trauerfigur aus Marmor von FRITZ SCHAPER (1884) auf dem Grab von **Friedrich Wilhelm Ludwig Wahllaender** (1809-1882), des Hof- und Leibzahnarztes des preußischen Königs bzw. deutschen Kaisers. Die mit rückwärtiger Platte gegossene vollplastische Figur eines knienden Engels von ROBERT TOBERENTZ ist eines der ältesten erhaltenen, im Wachsausschmelzverfahren entstandenen Gußwerke. Sie ziert das Grabmal **Amanda Werer**, *geb. von Mühlenfels* (1867-1891). Die in einen architektonischen Rahmen gestellt Trauerfigur, sich leicht an den Sarkophag lehnend, über ihr das Auge Gottes, auf dem Familienbegräbnis **Karl Hofmann**, stammt von NIKOLAUS GEIGER, um 1900.

An demselben Weg die Gräber der Ärzte **Wilhelm Griesinger** (1817-1868), des Begründers der wissenschaftlichen Psychiatrie in Deutschland, der 1865 eine neue Abteilung für Nervenkranke an der Charité einrichtete und Reformen in der Behandlung und Pflege der Kranken durchsetzte, mit einem marmornen Bildnismedaillon, und **Rudolf Virchow** (1821-1902), des Begründers der Zellularpathologie, seit 1846 an der Charité, wegen Teilnahme an der Revolution von 1848 relegiert, 1856 wieder eingestellt.

Den Pädagogen und Schulpolitiker **Adolf Diesterweg** (1790-1866), den Gegner der Konfessionsschule und Befürworter der Pädagogik Pestalozzis, finden wir hier bestattet: die führende Frauenrechtlerin **Minna Cauer** (1841-1922); den Konsistorialpräsidenten **Immanuel Hegel** (1814-1891), den Sohn des Philosophen Georg Wilhelm Friedrich Hegel; die Geschichtsschreiber **Heinrich von Sybel** (1817-1895) und **Heinrich von Treitschke** (1834-1896), der, als Nachfolger Rankes, zum Historiographen des preußischen Staates wurde. Hier liegt der Dirigent und Komponist **Max Bruch** (1838-1920) begraben, der zahlreiche Orchester-, Chor- und Instrumentalwerke schuf, sowie weltberühmte Violinkonzerte. Sein Kollege **Franz Xaver Scharwenka** (1850-1924) hatte mit seinen "Polnischen Tänzen" einen Welterfolg; das schöne Grabmal von ERNST KOPP stellt den Nibelungensänger Volker dar.

In einer Wildnis wuchernden Efeus legt eine kleine Tafel versteckt – "**David Kalisch,** 1820-1872", Erinnerung an den Possenschreiber und Gründer der politisch-satirischen Zeitschrift "Kladderadatsch". Nicht weit davon der Stein **Georg Büchmanns** (1822-1884), des Sammlers der "Geflügelten Worte". Vor der Umfassungsmauer, dicht an der Pforte zur Monumentenstraße, die Tafel **Wilhelm Loew-Calbes** (1814-1886), des letzten Präsidenten der deutschen Nationalversammlung von 1849. **Theodor Mundt** (1808-1861) war eines der Häupter des Jungen Deutschlands und schrieb Novellen, Romane und literaturkritische und -historische Werke. Er liegt auf dem Matthäikirchhof neben seiner Gattin, der Romanschriftstellerin **Luise Mühlbach**.

Die Liste berühmter Namen ist lang. Da ist der konservative Politiker **Prinz Nicolaus Handjery** (1836-1900); da sind Preußens Minister **Otto von Camphausen** (1812-1884), **August Freiherr von der Heydt** (1801-1874) und **Karl Otto von Raumer** (1805-1859), der als Kultusminister Diesterweg aus seinem Amt entließ; **Ernst Curtius** (1814-1869), der Archäologe und Erzieher Kaiser Friedrichs III., der 1875-81 die Ausgrabung von Olympia leitete; der Chemiker **Eilhard Mitscherlich** (1794-1863), der Entdecker der Isomorphie und Polymorphie der Stoffe (in einer Grabkapelle im Schinkel-Stil); der Physiker **Gustav Robert Kirchhoff** (1824-1887), der auf dem Gebiet der Spektralanalyse, der Elektrizitätslehre und der Strahlungstheorie arbeitete; der Theologe **Adolf von Harnack** (1851-1930); der Jurist **Georg Beseler** (1809-1888); **Hermann von Schelling** (1824-1908), der Sohn des Philosophen Schelling; der Bildhauer **Gustav Heinrich Eberlein** (1874-1926), der das Goethe-Denkmal (1902) in Rom und das Richard-Wagner-Denkmal (1903) im Berliner Tiergarten schuf; **Walter Draesel** (1883-1965), der Besitzer des seinerzeit bekannten "Walterchens Ballhaus" in der Bülowstraße ... Die Aufzählung bleibt dennoch unvollständig. Nur Schall und Rauch?

Auf Büchmanns Stein steht in griechischen Worten ein Satz des Thebaners Pindar: Die Menschen sind eines Schattens Traum. Wer hier auf der Höhe des Friedhofes stehenbleibt, blickt über das Totenfeld zu den Häusern der Stadt.

127

## FRIEDHOF ALT-SCHÖNEBERG

*Hauptstraße 47*
*10827 Berlin*

Landschaftlich besonders schön auf einer Anhöhe gelegen ist der alte
Dorffriedhof in Schöneberg, wo sich die einstige Dorfaue nur noch in einer
fast unmerklich breiteren Mittelpromenade der vom Großstadtverkehr
durchfluteten Hauptstraße andeutet. Vor 100 Jahren wurde die "anmutige
Lage auf einem Hügelrücken" gepriesen, "von dem man weit hinausschaut
über die grüne Niederung und über die Bäume des Tiergartens bis nach den
qualmenden Schornsteinen von Moabit". Der hinter der Dorfkirche auf
leicht abfallendem Gelände gelegene Friedhof ist vermutlich ebenso alt wie
das urkundlich 1264 zuerst als Sconenberghe erwähnte Dorf. Die älteste
Grabplatte – an der Südwand des Sakristeianbaus – stammt aus dem Jahre
1718. Auf ihr steht, daß hier in Frieden "Ihro Gnaden Königlicher Hof-
tapezierer" **Thomas Feger** ruht, eine Ehrung, die in jener Zeit zumeist nur
bei adligen Gutsherren gebräuchlich war. Auf dem Friedhof haben sich
einige schöne qualitätsvolle Grabmäler aus dem 19. Jahrhundert erhalten.

Die **Dorfkirche** entstand 1764/66, nach der Zerstörung der Vorgänger-
kirche im Siebenjährigen Krieg, in einfachen ländlichen Barockformen und
etwas behäbigen Proportionen. Flächenhaft aufgelegte Felder und Lisenen
gliedern die Wände des Außenbaues. Der gedrungene Turm mit welscher
Haube macht seine Vierkantform durch abgeschrägte Ecken schmiegsam.

Nach dem Brand im Zweiten Weltkrieg wurde sie 1955 außen getreu, innen modern wiederhergestellt. Als Altarbild dient heute das Epitaph des Großkomturs **Claus von Bach** aus der ehemaligen Klosterkirche, die seit alters der sächsischen Schule (Werkstatt Lucas Cranach) zugeschrieben wurde, aber eher fränkischer Herkunft (Nürnberg) sein dürfte. Die farbenprächtige Holztafel zeigt – vor Berglandschaft und Städtebild – Christus inmitten seiner Jünger, wie er von Maria und ihren Begleiterinnen Abschied nimmt. Das Gemälde entstand 1521 als Epitaph für den damals als Abgesandten des Deutschritterordens in Berlin verstorbenen Großkomtur Claus von Bach, der im Vordergrund links als graubärtiger Alter in voller Rüstung neben seinem Wappen kniet. Der gleichfalls in Harnisch dargestellte Ritter an der rechten Seite ist sein Begleiter Jost Truchsess von Wetzhausen. Als "Testamentarius" hat er die schöne Gedenktafel gestiftet. Er selbst, 1532 gestorben, hatte Grabstein und Epitaph in der Deutschordenskirche St. Jakob in Nürnberg.

Künstlerisch wertvoll zwei Grabmäler, denen Skizzen von KARL FRIEDRICH SCHINKEL zugrundeliegen. Gleich links vom Eingang das in der Königelichen Eisengießerei zu Berlin gefertigte Totenmal des Generalleutnants **Friedrich Otto von Diericke** (gest. 1819): eine Ara mit Urne, deren Kanneluren einst vergoldet waren. An den vier Seiten befinden sich bedeutungsvolle Inschriften mit darüber angenieteten Ornamenten in Eichenlaubformen. Hart westlich der Kirche eine Stele aus Findlingsgranit mit Wappenmedaillon in Zinkguß für den namhaften Militärgeographen **Ernst Ludwig von Aster** (gest. 1855).

An der rechten Mauer befindet sich die Rotsandsteinwand des Erbbegräbnisses Schwechten, nach 1891 von dem hier bestatteten Architekten **Franz Heinrich Schwechten** (1841-1924) in frühgotisierender Form eines großen Fensters mit hervorragender florealer Ornamentik errichtet, teilweise in durchbrochener Steinarbeit. Franz Heinrich Schwechten hat auch die Kaiser-Wilhelm-Gedächtniskirche entworfen.

Am Mittelweg steht das Grabmal des Architekten und Lehrers an der Bauakademie **Wilhelm Stier** (1799-1856). Es entstand nach einem Entwurf von AUGUST STÜLER 1860 in schlesischem Marmor: Ein Baldachin in Form eines kleinen dorischen Tempels aus schlesischem Marmor von feinsten Proportionen und präzisester Arbeit. Die Grabplatte trägt die Widmung: "Dem Freunde, dem Lehrer, die Architekten Deutschlands."

**Christian Friedrich Scherenberg** (1798-1881) schrieb Gedichte und Schlachtengemälde. Er wurde beigesetzt auf der Familiengrabstätte des alten Schöneberger Kirchhofs an der Hauptstraße Ein Zeichen der Verehrung seiner Chicagoer Freunde ist das gußeiserne, aufgeschlagene Buch, dessen linke Seite die Geburts- und Sterbedaten enthält. Auf dem ersten Blatt kann man ein Gedicht Scherenbergs entziffern.

129

Eine 2,30 Meter hohe, bizarre Backsteinarchitektur hat WILHELM GROSS für den befreundeten Politologen **Hermann Lewe** (1895-1929) gesetzt und damit mit geringen Kosten eine im Berliner Raum einzigartige Wirkung erzielt.

Der stille Friedhof birgt prunkvolle Erbbegräbnisse der Schöneberger "Millionenbauern" in den historisierenden Architekturformen der letzten beiden Jahrzehnte vor der Jahrhundertwende. Viele Grabmäler verzeichnen Namen, die auch auf Straßenschildern des Bezirkes zu lesen sind, wie **Mette, Willmann, Hewald, Vorberg** (Pfarrer), **Heyl, Feurig** und **Gustav Müller**, die sich im Stadtrat oder in der Gemeindevertretung um Schöneberg verdient gemacht haben. Die Fregestraße wiederum ist benannt nach **Ludwig Frege**, Schloßprediger und Schriftsteller im 19. Jahrhundert.

Vor etwa 100 Jahren veröffentlichte der Berliner Lokalanzeiger folgende Mär: Generalleutnant Otto von Diericke sei samt Pferd und Orden 1819 auf dem Schöneberger Friedhof beigesetzt worden. Da die Neugierde auch damals keine Grenzen kannte, entschloß man sich 1880, das Grab zu öffnen. Es erwies sich aber, daß die sparsamen Preußen Orden in der Tat nur "verliehen"; auch vom Pferd fand sich keine Spur.

130

# ALTER FRIEDHOF DER ZWÖLF-APOSTEL-GEMEINDE

*Kolonnenstraße 24/25*
*10829 Berlin*

Wir bleiben in Schöneberg und suchen in der Kolonnenstraße, zwanzig Minuten zu Fuß vom Matthäusfriedhof, den Alten Friedhof der Zwölf-Apostel-Gemeinde auf, an einer Hauptverkehrsader und an Fabriken gelegen. Einen Teil der Friedhofsmauer mit alten Denkmälern hat man einer kahlen Betonmauer geopfert. Doch auf dem 1864 angelegten Areal hat sich die Lindenbepflanzung der Hauptwege erhalten. Besonders im rechten Teil finden wir schöne alte Trauerbäume.

Wir gehen am Grab des Historikers **Johann Gustav Droysen** (1808-1884) vorbei, der den "deutschen Beruf" Preußens, sein angebliches, machtvolles Hinwirken zum Nationalstaat, als kontinuierliche Politik der Hohenzollern seit dem 15. Jahrhundert aufzuzeigen suchte, zugleich aber auch die deutsche Historiographie entwickelte. Da ist die letzte Ruhestätte von **Hermann Knauer** (gest. 1909), der die Hotels Esplanade (teilweise zerstört, Reste umgesetzt) und Exelsior (das noch steht), das Theater am Nollendorfplatz (heute Filmbühne) und das Kaufhaus des Westens (KaDeWe) erbaute.

An der links zurückliegenden Mauer ist das Erbbegräbnis des Bildnis-, Landschafts- und Genremalers **Robert Warthmüller** (1859-1895) von Interesse: ein Wandmal aus hochpoliertem schwedischen Granit mit lorbeergeschmücktem Bronze-Bildnismedaillon und einem großen Bronze-Hochrelief von ERNST HERTER. Die trauernde Kunst ist als geflügelter Genius mit Palette und Lorbeer dargestellt. Zwei große Thujabäume, Rosen und Efeu und ein schön geschmiedetes Gitter geben dem Grabmal sein besonderes Ambiente.

An der rückwärtigen Mauer befindet sich das Erbbegräbnis **Eichwede-Haniel** als Beispiel einer antikischen Wandgliederung in poliertem Granit mit Tonkapitellen und -akroterien. Rechts folgt das Erbbegräbnis **Anton von Werners** (1843-1915): schlichte marmorne Kissensteine vor roter Ziegelmauer. Anton von Werner war ein gefeierter Genre- und Landschaftsmaler. Er wurde 1875 Direktor der Hochschule für Bildende Künste und vertrat auch im Verein Berliner Künstler, dem er bis 1895 vorstand, konservative Positionen gegenüber allen neuen künstlerischen Bestrebungen. Seit 1871 war er offizieller Historienmaler des preußischen Hofes und schuf pathetisch überhöhte Monumentalbilder wie "Kaiserproklamation in Versailles" oder "Reichstagseröffnung". Auch der Fries am Sockel der Siegessäule ist nach seinem Entwurf ausgeführt worden.

In der hinteren rechten Ecke, nahe dem großen Ahorn, fällt ein türkisblau gestrichenes Gitter im Renaissancestil auf. Es bezeichnet die Grabstätte der Familie von **Karl Paul Marcus** (1854-1932), dem Gründer der berühmten

131

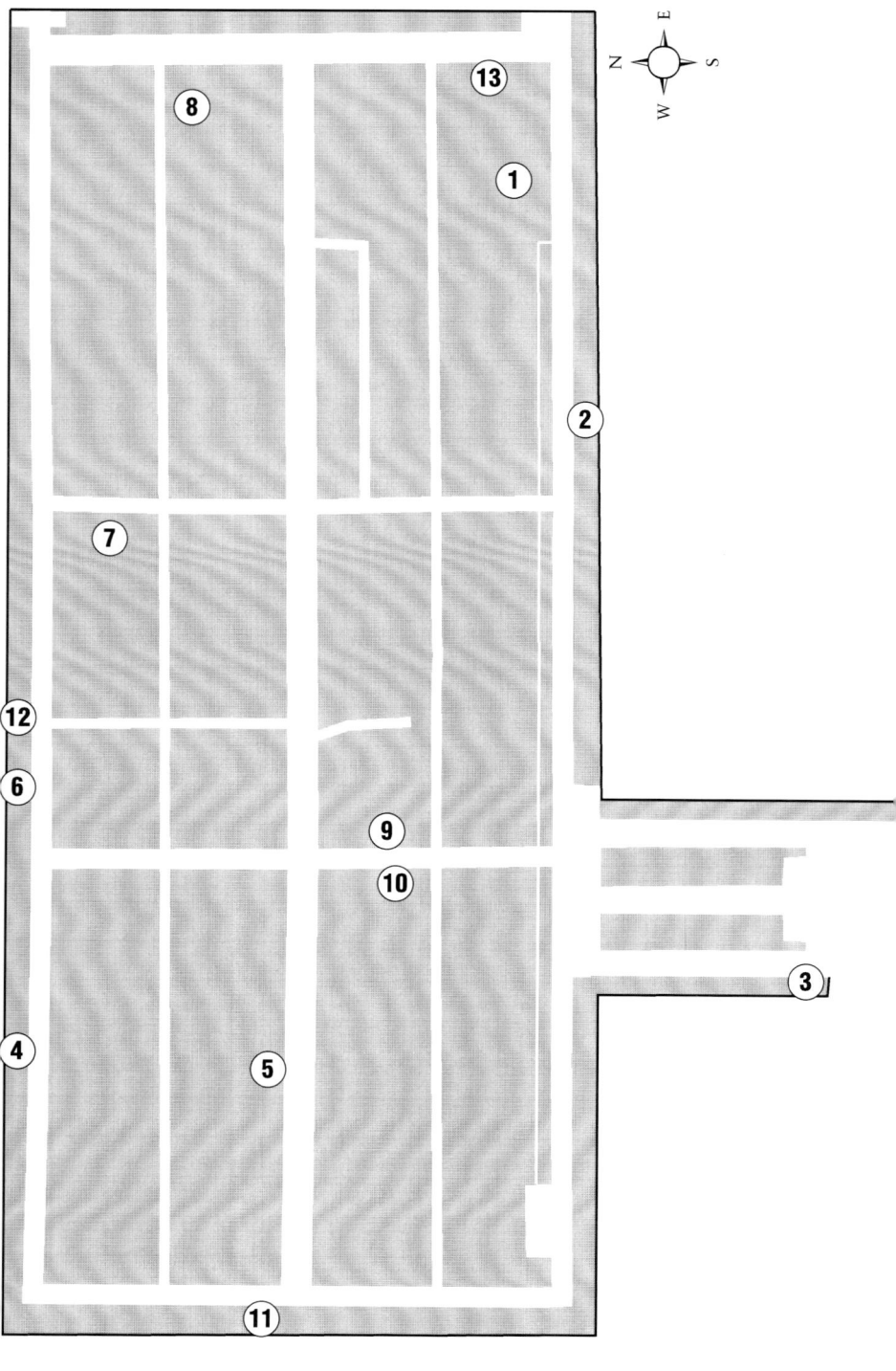

*Familiengrabstätte Marcus*

Firma für künstlerischen Eisenguß, Lieferant phantastisch geschmiedeter Gitter, Tore und anderen Dekors seit der Gründerzeit.

Am Mittelweg rechts eine große schlichte Steinplatte mit Kreuz für den Theologen und liberalen Politiker **Friedrich Naumann** (1860-1919), nach dem in Richtung Sachsendamm eine Straße benannt wurde. Er trat für eine Verknüpfung des demokratischen Staatswesens mit dem autoritär-elitären Führungsgedanken ein und forderte ein "soziales Kaisertum".

Weiter hinten rechts das gründerzeitliche Marmorgrab der Familie **Schmuckert**: eine hohe Stele mit dem Relief einer Trauernden von R. POHLE.

Am Querweg rechts, nahe dem Mittelweg, erhebt sich die rote Granitstele für den Maler **Carl Graeb** (1816-1917) mit einem bronzenen Bildnismedaillon von P. PIETSCH und einem alten Gitter. Dahinter finden wir das Grabmal des Bildhauers **Ernst Gustav Herter** (1846-1917), des-

*Grabstätte Reinhold Begas*

sen künstlerischer Hand wir schon am Warthmüller-Grabmal begegnet waren, mit einem kleinen Relief "Der sterbende Achill". Es erinnert an eines seiner Hauptwerke, das Kaiserin Elisabeth von Österreich 1883 in Marmor bestellt hatte und das sich heute im Achilleion auf Korfu befindet.

Die bedeutendste Persönlichkeit, die hier begraben liegt, ist zweifellos der Bildhauer **Reinhold Begas** (1831-1911), Mitglied einer berühmten Künstlerfamilie. Sein Grab liegt etwas versteckt nahe dem ersten Querweg im rechten Teil zur linken Hand: Zwei marmorne Kissensteine auf den efeubepflanzten Gräbern, von vier gußeisernen Pfosten mit Pinienzapfen und verbindenden Ketten begrenzt. Als Hauptvertreter des Neubarock in Berlin wurde Begas zum Schöpfer malerisch-sinnlicher Werke erzählerischen Charakters, die in ihrer Inszenierfreude Ausdruck eines Lebensgefühls im Berlin der Gründerzeit wurden. Sein berühmter, 1886 entworfener Neptunbrunnen mit den Gestalten der vier preußischen Ströme befindet sich heute vor dem Roten Rathaus. Kaiser Wilhelm II. übertrug ihm auch die künstlerische Leitung des Siegesallee-Projektes. Doch trotz bedeutender Staatsaufträge wurde sein Stil später durch einen Neuklassizismus abgelöst, wie er von seinem künstlerischen Antipoden Adolf von Hildebrand vertreten wurde.

Auf dem Friedhof liegt auch der aus Ostpreußen stammende Schriftsteller **Ernst Wiechert** (1887-1950), der der entmenschten Zeit die Kraft des einfachen Herzens entgegengestellt hat. Aus dem Gegensatz zur Gewalt des Hitlerreichs schöpfte er unermüdliche Gegenkräfte, befeuerte in Reden die Jugend zum inneren Widerstand und stellte in seiner Prosa das "Ewige"

*Grabmal Ernst Wichert*

*Grabmal Friedrich Schröder-
Sonnenstern*

gegen das Gewaltsam-Entmenschlichende der Macht. Das erlebte Grauen
einer Lagerhaft in Buchenwald bestimmt sein Alterswerk, das erst nach 1945
erscheinen konnte. Der Lagerbericht "Totenwald", 1940 geschrieben und
vergraben bis 1945, malt Grau in Grau, eine einzige Anklage. Der in der
Schweiz Gestorbene hat sich zuletzt mit richterlicher Anklage den Deutschen entfremdet.

Eine originelle Künstlerpersönlichkeit war auch der hier begrabene
**Friedrich Schröder-Sonnenstern** (1892-1982), der "Sohn der Sonne", der
seit 1949 in den Ruinen von Berlin systematisch mit Buntstiften seltsame
mythologische Szenen zeichnete. Erinnerungen an biblische Themen durch-
setzten sich mit seinen eigenen Zwangsvorstellungen. Aber nicht nur jü-
disch-christliche Themen inspirierten ihn, sondern ganz allgemein die volkstümlichen Klischees der westlichen Kultur, die in seiner frischen und ät-
zenden Phantasie auflebten und sich verwandelten. Erst 1959 entdeckten ihn
die Surrealisten, die in ihm die reine Form der surrealistischen Kreativität
erkannten.

Wir werfen noch einen Blick auf das schlichte Grabmal des Schauspielers
**Rudi Godden** (gest. 1941), bekannt aus vielen Filmen und Operetten der
zwanziger und dreißiger Jahre, und verlassen die Begräbnisstätte in Richtung Neuem Zwölf-Apostel-Friedhof, der viele Reminiszenzen an die Kunst
und Kultur im Berlin zwischen den beiden Weltkriegen weckt.

135

*Grabstätte Paul Zech*

## DRITTER SCHÖNEBERGER (EHEMALS FRIEDENAUER) FRIEDHOF
*Stubenrauchstraße 43-45 / Fehlerstraße*
*12161 Berlin*

Der Friedhof dokumentiert ein wesentliches Stück Friedenauer Geschichte: Die Familie **Rönneberg** stellte nicht nur die beiden ersten Gemeindevorsteher, sondern auch die Gründerinnen der ersten Höheren-Töchter-Schule. Ihre Gräber wie das des Königlich Preußischen Geheimen Kommerzienrats **Heinrich Sachs** (1858-1922) werden allerdings verschwinden, wenn die öffentliche Hand oder private Mäzene nicht bald eingreifen. Eine Scheinarchitektur mit einer Trauernden, um 1910, von VALENTINO CASAL, schmückt das Familienbegräbnis **Prowe**.

Das Grab des Königlichen Baurates **Wilhelm Haeger** – er war Bauleiter des Reichstagsgebäudes – ist ebenso gefährdet wie die 1914/16 entstandene imposante Urnenhalle. Pläne von 1920, die ganze Anlage in einen Urnenpark umzuwandeln, wurden ebenfalls zu den Akten gelegt wie der Beschluß von 1929, den Friedhof in 40 Jahren aufzugeben.

Das wäre auch unverantwortlich gewesen, denn bedeutende Künstler, Schauspieler, Musiker und Schriftsteller haben hier ihre letzte Ruhe gefunden. Hier steht das Grabmal für den berühmten Klaviervirtuosen und Komponisten **Ferruccio Busoni** (1866-1924), des Schöpfers der Opern "Doktor Faust" und "Turandot", das der Bildhauer Georg KOLBE 1925 im Auftrag des Preußischen Ministers für Wissenschaft, Kunst und Volksbildung schuf: ein roter Steinpfeiler (vor der Kriegszerstörung aus rosa Untersberger Marmor) mit der Bronze "Genius" von 1922, einer mit erhobenen Armen halb schwebenden Figur, deren kubistisch gebrochene Gewandpartien das Ekstatische der Haltung hervorheben. Ursprünglich bedeckte Rasen mit mittlerer Plattierung die Grabstätte, an der Stelle der Buchenhecke wächst heute Taxus.

Hier ruht auch der expressionistische Lyriker, Erzähler und Dramatiker **Paul Zech** (1881-1946), der 1918 mit dem Kleist-Preis ausgezeichnet wurde. Er wollte die Welt durch Liebe verbrüdern, rief die Menschen zum Aufbruch als neues Geschlecht auf. "Das trunkene Schiff", eine Art dramatischer Biographie Rimbauds,

*Grabmal Ferruccio Busoni*

wurde sein bekanntestes Stück. Die meisten seiner in Südamerika spielenden Werke, die Nacherzählungen indianischer Überlieferung, die "Reisebeschreibungen", die zeitgeschichtlichen Romane und Erzählungen aus der argentinischen Exilzeit sind erst Jahrzehnte nach seinem Tod erschlossen worden. Dabei erregte der 1933 noch in Deutschland begonnene, in Argentinien beendete "Tatsachen"-Roman "Deutschland, dein Tänzer ist der Tod" bei seiner Veröffentlichung 1980 besonderes Aufsehen. Ihm zur Seite liegt sein Sohn, der Schriftsteller und Maler **Rudolf Zech** (1904-1972), der sich auch als Verleger um das Werk seines Vaters bemühte.

Aber auch der Wegbereiter der Kinematographie **Ottomar Anschütz** (1846-1907), der 1894 erstmals Filmszenen vorführte; die Schriftsteller **Hans Bruno Franz Kyser** (1882-1940) und **Hans Halden** (1888-1973); der Musiker **Gerhard Taschner** (1922-1976), in den 1940er Jahren Konzertmeister der Berliner Philharmonie; die Schauspieler **Herbert Grünbaum** (1903-1981), der während der Emigration in Israel das "Kammertheater Tel Aviv" gründete und nach dem Kriege Jahrzehnte dem Ensemble des Schillertheaters in Berlin angehörte; und **Paul Westermeier** (1892-1972), der im Admiralspalast und späteren Metropoltheater bejubelt wurde, fanden hier ihre letzte Ruhe.

Die beliebte Schriftstellerin **Dinah Nelken** (1900-1989), die in der Emigration mit ihrem Bruder, dem Grafiker Rolf Gero Schneider, den Liebesroman "Ich an dich" verfaßte (Verfilmung unter dem Titel "Eine Frau wie du"), 137 schrieb neben unterhaltsamen wie kritischen Feuilletons, Kurzgeschichten und Romanen ("Das angstvolle Heldenleben einer gewissen Fleur Lafontaine", 1971) auch Hörspiele und Drehbücher.

Vor allem aber ist der Friedhof seit dem Mai 1992, als hier **Marlene Dietrich** (1901-1992), die "Frau der Frauen", beigesetzt wurde, zu einem wahren Publikumsmagnet geworden. "Touristenbusse voller Japaner" finden hierher ebenso ihren Weg wie TV-Star Hella von Sinnen und andere, kann man von der Friedhofsaufseherin erfahren: "Auch viele junge Leute kommen, die keine persönlichen Erinnerungen an die Zeit haben". "Ihr Name beginnt wie eine Liebkosung und endet wie ein Peitschenschlag", hat der französische Schriftsteller Jean Cocteau von ihr gesagt. Die Männer, das Publikum, alle lagen ihr zu Füßen. 1974 kam es bei ihrem letzten Pariser Auftritt zu 20 Minuten stehendem Applaus. Sie hat alles getan, um den eigenen Mythos zu kreieren und zu erhalten. 15 Jahre lang hat sie in freiwilliger Verbannung in der Avenue Montaigne Nr. 12 gelebt und sich nur wenigen Auserwählten gezeigt. Im Trauergottesdienst in der Pariser St. Madeleine ist sie als "Kämpferin gegen Hitler-Deutschland" gewürdigt worden. War dieses politische Bild des Stars Ursache für die bescheidene Bestattung in ihrer Geburtsstadt? Hier auf dem Friedhof hatte schon 1945 die Mutter der Filmdiva, **Josefine von Losch**, ihr Grab gefunden. Und eine schlichte Grabstelle nach dem Vorbild ihrer Mutter war auch der testamentarische Wunsch der Tochter. Ein Stein aus blauem Marmor trägt die Inschrift "Marlene" und die Worte: "Hier steh ich an den Marken meiner Tage". Der Grabhügel ist nur spärlich von weißen Stiefmütterchen und Efeu überwachsen. Aber Marlenes Mythos lebt längst in der dritten Generation.

## HEINRICH-LASSEN-PARK

*Belziger Straße*
*10823 Berlin*

Der zur Belziger Straße sich hin erstreckende Heinrich-Lassen-Park entstand 1953 aus den Gärten der alteingesessenen Bauernfamilien Richnow und Willmann und wurde nach dem Schöneberger Stadtbaurat Heinrich Lassen benannt. Eine 1961 hier aufgestellte Sandsteinpyramide war ursprünglich das Grabmal für den Pfarrer an St. Petri, **Jacob Elias Trockel** (gest. 1807).

# WILMERSDORF

Urnenwand des Städtischen Friedhofs Wilmersdorf

## STÄDTISCHER FRIEDHOF WILMERSDORF

*Berliner Straße 81-103*
*10713 Berlin*

Der älteste Teil des geometrisch angelegten Gemeindefriedhofes entstand 1885/86, Erweiterungen fanden nach und nach statt. Ursprünglich bestimmte eine Allee mit elliptischem Rondell den Friedhof. Mauern mit Erbbegräbnissen begrenzen ihn an den Längsseiten. Den dann größere Flächen füllenden Erweiterungen liegt ein Wegeraster zugrunde. Der südliche Erweiterungsteil wurde 1906, der westliche wurde um 1910 angelegt. Heute wird das Bild des Friedhofs von Linden- oder Platanenalleen und Hecken aus Thuja, Eibe, Buchsbaum oder Hainbuche geprägt. Die Hecken bilden Raumgebilde, Höfe, Parallelstreifen, kammartige Gruppen oder Mühlebrettformen.

Nachdem bereits 1912 im Wedding, als Pionierleistung für die öffentliche Verbreitung von Krematorien, und 1913 in Baumschulenweg auf freiem, unbebautem Land Krematorien entstanden waren, baute nun der westliche Vorort, die anfangs noch selbständige Stadt Wilmersdorf, 1919/22 eine weitere Anlage auf dem Friedhofsgelände in der Berliner Straße. Mit ihren großzügig angelegten Urnenbeisetzungsräumen stellt sie die umfangreichste derartige Einrichtung dar. "Das Bauwerk ist ein von hoher Kuppel gekrönter Zentralbau mit seitlichen Flügelanbauten. Eine breite Freitreppe führt die Trauernden ... zu einer offenen, der ganzen Vorderseite des Gebäudes vorgelagerten Wandelhalle und von dieser zu der unter der Kuppel angeordneten Einsegnungshalle ... Die Kuppel wird von sechzehn freistehenden Säulen aus Muschelkalkstein getragen. Die in der Hauptachse der Halle angeordnete Altarnische bildet mit der Kanzel unmittelbar davor und dem über der Versenkung aufgebahrten Sarge den architektonischen Mittelpunkt des Raumes. Der Altarnische gegenüber ... ist eine kleine Orgelempore eingebaut, die auch Raum für die Sänger bietet. Links und rechts von der Kuppelhalle sind die Urnenhallen angelegt, die unmittelbar von der Wandelhalle aus zugänglich sind und gleichzeitig als Versammlungsräume für die Trauernden dienen" (Fritz Grüder).

Im Untergeschoß befinden sich weitere Urnenräume. Im Raum 16 der Urnenhalle steht die Urne des Architekten, Grafikers und Industriedesigners der Neuen Sachlichkeit, **Peter Behrens** (1868-1940). Er war seit 1907 als künstlerischer Berater des AEG-Elektrokonzerns in Berlin tätig. Damit hatte erstmals ein Gestalter Einfluß auf alle Bauten und Produkte eines Konzerns. Behrens wurde so zum führenden deutschen Industriearchitekten und Industrieformgestalter. Er entwarf Haushaltsgeräte, Lampen und andere Massenprodukte der AEG in zweckmäßigen einfachen Formen. Die Turbinenhalle in Berlin-Moabit von 1908/09 war der erste künstlerisch gestaltete Industriebau in Stahl und Glas, obwohl traditionelle Formvorstellungen noch nachwir-

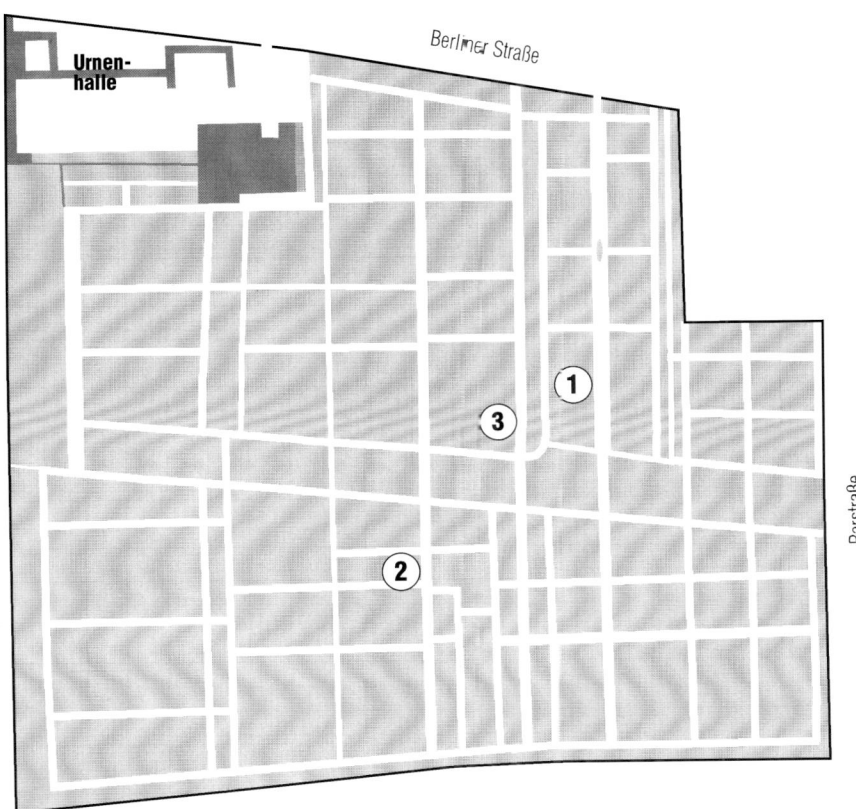

ken. Noch massiger als bei diesem Bauwerk sind die Baukörper, die er 1911 für die Frankfurter Gasgesellschaft errichtete. Die gleiche Massigkeit kennzeichnet auch die neoklassizistisch beeinflußten Repräsentationsbauten, die Behrens als Manifestationen der Macht seiner Auftraggeber schuf (Mannesmanngebäude, Düsseldorf, 1911/12; Deutsche Botschaft, Petersburg 1911/12). Nach 1918 näherte sich Behrens den von seinen Schülern Mies van der Rohe und Gropius vertretenen einfachen Formgebungen (Berolina-Hochhaus, 1929). Er blieb jedoch zurückhaltend gegenüber lediglich technisch, funktionell oder vom Material her begründeten Formversuchen, ebenso ge-

141

genüber häufigen Wiederholungen großer, einfacher Formelemente. 1922 wurde Behrens Leiter der Meisterschule für Architektur an der Akademie in Wien und 1936 Leiter eines Meisterateliers an der Preußischen Akademie der Künste in Berlin.

Im Kreuzgang der Urnenhalle steht die Urne des Schriftstellers **Fedor C.M.H.A. von Zobeltitz** (1857-1934), der 1897-1909 die "Zeitschrift für Bücherfreunde" herausgab und Romane aus der preußischen Adels- und Offizierswelt schrieb ("Fürst Bismarck", 1881; "Besser Herr als Knecht", 1900; "Chronik der Gesellschaft unter dem letzten Kaiser", 1922).

Im Raum 10 des Columbariums befindet sich die Urne des Journalisten **Hans Wallenberg** (1907-1977), der 1946 Herausgeber und Chefredakteur der "Neuen Zeitung" wurde, 1962 als Generalbevollmächtigter von Axel Springer für die Ullstein GmbH tätig war und 1964/67 sich als Initiator der Propyläen-Kunstgeschichte Verdienste erwarb.

Die Grabstätte eines heute Vergessenen ziert ein Bronzerelief von NORBERT PFRETZSCHNER, 1900, mit dem thronenden Engel, der die Krone des Lebens nach links reicht, während er sich selbst rechts einem geflügelten Kinde, der Flamme des Lebens, zuwendet. Der reich ausgestattete Grabbau im klassischen Stil, nach 1900, ist von OTTO KUHLMANN auf der Grabstätte **Adolf von Wulffen** (1861-1934) errichtet worden.

Auf dem Friedhof befindet sich das Erbbegräbnis Blisse, eines alten Wilmersdorfer Bauerngeschlechtes. **Amalie Auguste Blisse** (1845-1907) stiftete ein Waisenhaus in Wilhelmsaue. Hier ruht auch der schweizerische Vorgeschichtsforscher **Otto Hauser** (1874-1932), der bis 1914 zahlreiche Ausgrabungen, vor allem in der Dordogne, unternahm, wo er 1908 das Neandertalerskelett von Le Moustier und später das Skelett von Combe-Capelle fand. 1917 veröffentlichte er das berühmte Buch "Der Mensch von 100.000 Jahren".

Der evangelische Theologe und Kirchenhistoriker **Hans Litzmann** (1875-1942), Verfasser des "Handbuches zum Neuen Testament" (1906), erwarb sich Verdienste, weil er die moderne Religionsgeschichte mit der klassischen Philologie und Archäologie verband.

Der Politiker **Wilhelm Külz** (1875-1948) war 1926/27 Reichsinnenminister und verabschiedete das Zensurgesetz "Schmutz und Schund", 1931 wurde er Oberbürgermeister von Dresden und gründete 1945 in der Sowjetischen Besatzungszone die Liberal-Demokratische Partei.

Hier hat auch der Berliner Heimatforscher **Kurt Pomplun** (1910-1977), bekannt durch seine Bücher "Kutte kennt sich aus" (1970) und "Berlin – und kein Ende" (1976), sein Grab gefunden. Der verdienstvolle Lokalhistoriker war eigentlich Vermessungsingenieur, und dieser Beruf diente ihm als Grundlage, um in unzähligen Artikeln, Vorträgen, in Büchern und einer ihm seit 1967 vom RIAS eingerichteten Sendereihe "Kutte kennt sich aus" seine am Ort recherchierten Kenntnisse unter die Leute zu bringen.

Der Architekt **Christian Heinrich Seeling** (1852-1932), seit 1907 Stadt-baurat in Charlottenburg, hat das Theater am Schiffbauerdamm und die Städtische Oper, das heutige Theater des Westens, erbaut.

Der Schauspieler und Regisseur **Walther Suessenguth** (1903-1964) war 1938-44 am Schillertheater bei Heinrich George, 1947-1952 am Hebbel-theater, 1953/54 an der Volksbühne Berlin bei Fritz Wisten und später an den Hamburger Kammerspielen und am Schauspielhaus Zürich engagiert. Er war ein artistischer und komödiantisch virtuoser Darsteller, spielte den Ägisth in Sartres "Die Fliegen", den Geßler in Schillers "Wilhelm Tell", Burleigh in Schillers "Maria Stuart", Hassenreuther in Hauptmanns "Die Ratten" und Warwick in Shaws "Die heilige Johanna", die beiden letzteren in eigenen Inszenierungen, und trat auch mit Filmrollen hervor.

Der Schauspieler **Guido Thielscher** (1859-1941) wurde als Komiker be-kannt und brachte 1938 seine "Erinnerungen eines alten Komödianten" heraus. Auch der Schauspieler, Regisseur und Schriftsteller **Hans Stüwe** (1901-1976) liegt hier begraben. Aus "Der Walzerkönig" (1930), "Die große Liebe" (1942), "Figaros Hochzeit" (1949) ist der Schauspieler **Victor Jansen** (1884-1960) bekannt, der auch Regie führte, so im "Bettelstudent" (1931).

Schließlich müssen die Komponisten **Friedrich Schröder** (1910-1972), volkstümlich durch seine Operetten- und Filmmelodien ("Ich tanze mit dir in den Himmel hinein", 1934; "Hochzeitsnacht im Paradies", 1942), **Leon Jessel** (1871-1942), der die Musik zum "Schwarzwaldmädel" (1917) schrieb und 1942 in Gestapohaft verhungerte; **Theo Mackeben** (1897-1953), der durch seine Neufassungen bekannter Melodien (Die Dubary) und durch seine Filmmusiken (Bel Ami) beliebt wurde, und **Will Meisel** (1897-1967) genannt werden, der die Operette "Königin einer Nacht" (1943) komponier-te, Filmmusiken verfaßte ("Polterabend", 1939/40) und als Musikverleger hervortrat.

**Ernst Niekisch** (1889-1967), Schriftsteller und Politiker, vertrat als Herausgeber der Zeitschrift "Der Widerstand" (1926-1934) eine nationalbol-schewistische Linie, wurde 1939 von den Nationalsozialisten zu lebensläng-lichem Zuchthaus verurteilt, war 1948-1954 Professor an der Humboldt-Universität, kritisierte 1963 das DDR-Regime.

Auf ganz anderer Position stand der Schriftsteller und Journalist **Victor Klages** (1889-1978), der 1923-1933 außenpolitischer Redakteur der führen-den liberalen Zeitung der Weimarer Republik, des "Berliner Tageblatt" war, nach dem Krieg sich als politischer Chefkommentator des RIAS einen Na-men machte, unter dem Pseudonym *Victor E. Wyndheim* auch Zeitromane schrieb.

143

## DORFKIRCHE SCHMARGENDORF UND STÄDTISCHER FRIEDHOF
*Kirchstraße, Ecke Breite Straße / Eingang Misdroyer Straße 51 / 53*
*14199 Berlin*

Unversehrt überstand den letzten Krieg der auf das 13. Jahrhundert zurück-gehende frühgotische Granitquaderbau der Dorfkirche in Schmargendorf, deren Friedhof mit einer Mauer aus gewichtigen Feldsteinen umgeben ist. Die in einer Gruft der Kirche gefundenen Trauringe bezeugen, daß der 1635 verstorbene, im Dreißigjährigen Krieg tatkräftig für die Schonung des Dor-fes wirkende **Hans von Wilmerstorp** und seine Frau **Eva** hier beigesetzt wurden. Seine und seiner Familie Grabstätten wurden 1938 wieder auf-gefunden. Die Familie von Wilmerstorp, eines der ältesten Geschlechter der Mark, war nach mancherlei Wechseln bis 1610 in den alleinigen Lehnsbesitz des ganzen Dorfes mit allen Rechten gelangt. Hans von Wilmerstorp, der bedeutendste Vertreter dieses Geschlechts, war während des Dreißigjährigen Krieges wiederholt in diplomatischer Mission für seinen Lehnsherrn, den Kurfürst Georg Wilhelm, tätig. 1799 verkaufte der letzte Wilmerstorp Schmargendorf zusammen mit seinen Gütern Dahlem und Schönow.

Hier liegen nebeneinander zur Kirchstraße hin an der hinteren Mauer die Gräber des Malers und Grafikers **Max Pechstein** (1881-1955) und des Bild-hauers **Richard Scheibe** (1879-1964), für den der Freund GERHARD MARCKS die schlichte Stele mit dem alten Sinnspruch entwarf. In seinen expres-sionistischen Frühwerk entwickelte sich Pechsteins Kunst von einem mehr deskriptiven Impressionismus zu einer nicht vom Naturvorbild abhängigen Synthese aus frei erfundenen, fest umrissenen Formen weiter. Durch die Tat-sache, daß er die Idee des Expressionismus – auch durch Betonung des deko-rativen Elements – populär gemacht hat, zählt Pechstein zu den wichtigen Vertretern dieser Richtung. Er war auch auf den Gebieten der Wand- und Glasmalerei und der Mosaiktechnik tätig. Scheibe dagegen bekannte sich zu einem geläuterten Realismus, einer maßvollen Distanz zum Alltag. Nur kurz nach 1918 waren seine Arbeiten expressionistisch beeinflußt. Er bevorzugte die verhaltene Bewegtheit und eine überschaubare Tektonik, faßte den menschlichen Körper symbolhaft auf, der Schönheit und Würde, Maß und Disziplin offenbarte. So setzte er die weltoffene, um universale Kenntnis bemühte sächsische Tradition fort. Für seine Denkmalsaufträge bevorzugte er eine stark verallgemeinerte, unpathetische Lösung, u.a. das "Ehrenmal der Opfer des 20. Juli 1944" in Berlin-Tiergarten, 1954.

**Amelie Beese-Boutard** (1886-1925) war die erste deutsche Fliegerin ei-nes Motorflugzeugs, Mitbegründerin einer Flugschule; **Hildegard Cornelsen**, *geb. Friedrichs* (1905-1981) trat als Grafikerin und Schulbuch-Autorin her-vor, während **Bruno Fritz** (1900-1984) als Schauspieler und Kabarettist ("Die Insulaner") bekannt wurde.

144

## STÄDTISCHER FRIEDHOF HALENSEE-GRUNEWALD
*Bornstedter Straße 11-12*
*10711 Berlin*

Wenn man die Halenseebrücke, vom Kurfürstendamm kommend, passiert, zweigt rechter Hand die stille Bornstedter Straße ab. Während drüben auf der Strecke zwischen Halensee und Westkreuz die S-Bahn fährt, liegt links, wo die Schienen zum Güterbahnhof Grunewald abzweigen, ein kleiner, langgezogener Hügel mit dem Städtischen Friedhof Bornstedter Straße. Ein etwas prosaischer Name, wenn man weiß, daß hier viele berühmte und verdiente Berliner aus der Gründerzeit der Kolonie Grunewald bestattet wurden. Mehr als hundert Jahre besteht der Friedhof.

Vor einer schlichten Steinsäule, die von der Plastik eines Frauenkopfes gekrönt wird, ruht der Mann, dessen virtuos bühnenwirksame Gesellschaftsstücke in französischer Manier früher zu den meistgespielten seiner Zeit zählten: **Hermann Sudermann** (1857-1928). Mit den Dramen "Die Ehre" (1889) und "Heimat" (1893) gewann er Welterfolge, besonders auch in Frankreich, wo ihn die berühmte Schauspielerin Sarah Bernhardt spielte. Der historische Roman "Der Katzensteg" (1889) holt aus dem Hintergrund der Freiheitskriege und dem Haß zwischen Polen und Preußen balladische Wirkungen, verknüpft spannungsvoll mit dem Symbol des Katzenstegs zwei Motive: Verrat des preußischen Junkers, Halbpole, der die Franzosen über den Katzensteg in den Rücken der Preußen führt, und Tod des Landmädchens, Geliebte von Vater und Sohn, ebenfalls am Katzensteg. Frei von Routine wurde Sudermann erst mit den "Litauischen Geschichten" von 1917 im Raum der Kindheitslandschaft, wo Dainos, litauische Volkslieder, gesungen werden.

Hier liegt auch der Historiker **Hans G.L. Delbrück** (1848-1929) bestattet. Als Nachfolger Treitschkes war er 1896-1921 Professor an der Universität Berlin, leitete 1883-1919 die "Preußischen Jahrbücher" und brachte die "Geschichte der Kriegskunst im Rahmen der politischen Geschichte" (1900-1936) heraus. Er gelangte zu einer unabhängigen Einstellung, die ihn in Gegensatz zu den Alldeutschen brachte. Auf sozialem Gebiet stand er den Kathedersozialisten nahe. Im Ersten Weltkrieg trat er für maßvolle Kriegsziele und die Abschaffung des Dreiklassenwahlrechts in Preußen ein. Nach dem Krieg bekämpfte er die "Dolchstoßlegende", wies aber zugleich die Kriegsschuldthese der Alliierten zurück. Sein historisches Alterswerk ist der letzte Versuch einer Weltgeschichte aus der Arbeit eines einzelnen Forschers in Deutschland.

Der Staatswissenschaftler und Politiker **Bernhard Dernburg** (1865-1937) war vor dem Ersten Weltkrieg Staatssekretär im Reichskolonialamt und wurde 1919 Reichsfinanzminister und Vizekanzler. Die architektonische 145

Wand seiner Grabstätte füllt ein Mosaik MAX SELIGERS, nach 1895, das, gerahmt von einem Blumennetz, einen mit Himmelsschlüsselchen dekorierten Altar zeigt, dem beiderseits weißgekleidete Frauen und ein geflügelter Knabe zugeordnet sind.

Die symmetrische Grabarchitektur für den Nationalökonom **Ernst von Halle** (1869-1909) enthält vier Weinrankenreliefs und drei allegorische Medaillons, die auf die Lebensschicksale des Verstorbenen anspielen. Der Architekt FRITZ SCHUMACHER ist der Schöpfer der Grabstätte.

Das Familienbegräbnis **Arthur Händler** (gest. 1911), eine architektonisch eingefaßte Figurengruppe von großer Gegenwärtigkeit, stammt von HANS DAMMANN.

Aus einer abstrakten, rhythmisch bewegten Backsteinwand, einzigartig auf den Berliner Begräbnisplätzen, besteht das Erbbegräbnis **Otto Cohn** (1902-1923).

Der Sexualforscher und Arzt für Hautkrankheiten **Alfred Blaschko** (1858-1922), der 1902 auch zum Generalsekretär der Deutschen Gesellschaft für Geschlechtskrankheiten ernannt wurde, machte sich durch sein Werk "Syphilis und Prostitution vom Standpunkt der öffentlichen Gesundheitspflege" (1893) einen Namen. Der Anatom und Biologe **Oskar Hertwig** (1849-1922), Direktor des anatomisch-biologischen Instituts (Zellforschung), schrieb das Standardwerk "Das Werden der Organismen" (1916). Der Mathematiker **Hermann Amadeus Schwarz** (1843-1921) legte bedeutende Arbeiten zur Funktionstheorie vor, während der Optiker und Konstrukteur **Carl Paul Goerz** (1854-1923) die Optischen Werke in Friedenau und Zehlendorf gründete.

Der Maler und Bildhauer **Otto Lessing** (1846-1912) galt als der erfahrenste Architekturplastiker Berlins und führte Aufträge im Bereich der Dekorationsplastik und der Malerei an öffentlichen und Privatbauten aus, schuf aber ebenso Porträtbüsten, Kleinplastik, Figuren und Gruppen, Grabplastik und Denkmalsplastik. Stilistisch verharrte er im naturalistischen Kanon der von seinen Lehrern Karl Steinhäuser und Albert Wolff vermittelten späten Rauch-Schule. Der Schauspieler und Spielleiter **Ernst Dernburg-Calow** (1887-1960) war besonders erfolgreich in Wedekind- und Strindberg-Aufführungen und verkörperte viele Filmrollen. Selbst der Spirituosenfabrikant **Albert Gilka** (gest. 1924) fand hier seine letzte Ruhestätte.

Auch die Ruhestätte **Hermann Bertholds**, der das typografische Maßsystem entwickelte, soll hier liegen. Aber die Suche war vergeblich.

Über eine Fußgängerbrücke, die über die Gleise führt, gelangt man wieder zurück auf die Straße und blickt sich noch einmal um. Zurück bleibt ein vergessenes, unauffälliges Tor, das zu den Gräbern zwischen den S-Bahn-Gleisen führt.

# FRIEDHOF GRUNEWALD-FORST

*Im Jagen 135*
*14193 Berlin*

"Hier ruht in Frieden **C. R.** 1875-1915 – Nun ruhst Du sanft – In schöner Waldesstille – Was auch geschah – Es war Dein eigner Wille", so kann man auf einem versteckten Grab am Eingang des Friedhofs Grunewald-Forst-Schildhorn mitten im Wald im Jagen 135 lesen. Dieser kleine Friedhof, umgeben von einer niedrigen Mauer, heißt im Volksmund "Selbstmörderfriedhof", auch "Friedhof der Namenlosen und Unbekannten". Menschen, die an einer Liebe zerbrochen oder von unheilbarer Krankheit befallen waren, die sich in unlösbaren Konfliktsituationen befanden oder denen ein tiefes Leid widerfahren war, hatten den einst noch einsamen Grunewald aufgesucht, um dort in aller Stille die Augen für immer zu schließen. Sie wurden dann von Förstern oder Spaziergängern aufgefunden, irgendwo im dichten Gebüsch versteckt oder am Ufer des Hundekehlesees oder der Havel angeschwemmt. Um ihnen eine letzte Ruhestätte zu geben, wurde in den 1870er Jahren eine Begräbnisstätte angelegt.

Schaut man in die noch vorhandenen Registerbücher im Gartenbauamt Wilmersdorf, in denen die Namen, Berufe und Todesursachen der hier Bestatteten eingetragen sind, wird man nachdenklich, empfindet man Anteilnahme und Erschütterung. Die erste Eintragung ist aus dem Januar 1900 datiert: Ein 22jähriger Schlossergeselle aus Groß-Lichterfelde wurde irgendwo tot aufgefunden und hier am 22. Januar bestattet. Männer und Frauen, jung und alt, sind hier begraben, auch ein Doppelgrab mit den sterblichen Überresten zweier Liebender ist zu finden. Die alte Liste und viele Steine ohne Namen oder einfach efeubewachsene Hügel geben hierüber Auskunft. Im Laufe der Geschichte wurden die einstigen Gräber der Namenlosen durch andere abgelöst. Opfer der beiden Weltkriege, Soldaten und Zivilisten, fanden nun auf dem nur 4800 Quadratmeter großen Areal ihre letzte Ruhe. Auch russische Gefallene liegen hier neben ihren vormaligen Gegnern im märkischen Boden. Drei große hölzerne orthodoxe Kreuze haben bis heute Wind und Wetter getrotzt. In ihnen sind in kyrillischen Buchstaben die Namen kriegsgefangener russischer Soldaten aus dem Krieg 1917 eingekerbt.

Nach 1960 wurde der durch seine Reisebücher bekannte Schriftsteller **Clemens Laar**, der den Freitod wählte, hier beerdigt.

Längst hat sich der Charakter des Friedhofes gewandelt. Er ist auch zu einer Ruhestätte für Menschen geworden, die den Wunsch hegten, einmal in der Stille des Waldes den letzten Schlaf zu tun. Namen von Forstmännern stehen auf mehreren Steinen und sind in viele Holzkreuze geschnitzt. Hier wird

147

eines "treuen Dieners der Hohenzollern" gedacht, dort ist für einen Oberförster aus dem Grunewald die "Jagd vorbei". Diese Worte stehen auf dem mit einem Geweih geschmückten Grabstein des **Willi Schulz** (1881-1928), der sich um die Pflege und Verschönerung des Grunewaldes hohe Verdienste erworben hat. Auch der 1950 verstorbene Grabstättenforscher **Willi Wohlberedt** (1878-1950) hat selbst diesen Friedhof für seine Ruhestätte ausgewählt. In jahrelanger mühevoller Arbeit hat er alle Friedhöfe in und um Berlin durchforscht, um ein Nachschlagewerk in vier Bänden zu schaffen, das die Auffindung aller Grabstätten bekannter und berühmter Persönlichkeiten (insgesamt 5240 Namen) ermöglicht. In seinen Schriften hat er den Friedhof seiner Wahl als den "weihevollsten" bezeichnet und seinen Grabspruch hat er selbst gedichtet:

"Fallen auch im Herbst die Blätter
Muß des Lebens Spur verweh'n
Auf das Dunkel folgt ein Leuchten:
Frühlingssonne, Aufersteh'n!"

Im Schatten hoher Bäume wurde 1988 auch *Nico*, die eigentlich **Christa Pfäffgen** (1938-1988) heißt, die "Sirene der Sechziger" beigesetzt. Sie besang und verkörperte in der legendären New Yorker Band Velvet Underground die Romantik, die "Chanteuse" der Rockmusikgruppe, das "bleiche Gesicht mit den großen Augen", die von Heroin und der Peitsche, einer schrägen Type in schwarzem Leder, sang.

# CHARLOTTENBURG

*Eingang Luisenkirchhof III*

## MAUSOLEUM IM SCHLOSSPARK CHARLOTTENBURG
*Spandauer Damm*
*14059 Berlin*

Im Sommer 1810, kaum 14 Tage nach dem Tod der **Königin Luise** (19. Juli 1810), ist der Mausoleumsbau nach einer Idee Friedrich Wilhelms III. begonnen worden. 1812 war er vollendet.

Über die Wahl des Platzes berichtet **Friedrich Wilhelm III.** in den Aufzeichnungen über die letzten Tage seiner verstorbenen Gemahlin: "Einstmals frug sie mich nach der dunklen Tannenallee, die sie wegen ihres eigentümlichen schwermütigen Charakters gern mochte. Ich zeigte sie ihr, und wir gingen sie entlang. Dies ist die Hauptveranlassung zu der ihr dort errichteten Ruhestätte, die vielleicht bald uns beide vereinigen soll."

Einen phantasievollen Idealentwurf in gotischen Formen hatte SCHINKEL vorab lediglich nach einer Vorstellung des Königs gezeichnet. Den Riß für die ursprünglich in Sandstein ausgeführte Fassade lieferte er als dorische Tempelfront. 1828/29 wurde der Sandsteinportikus auf die Pfaueninsel übertragen und hier in rötlichem Granit ersetzt, einem Stein, dem patriotische Bedeutung beigelegt wurde, weil er in der Mark vorkam. Die weniger strengen Formen des Inneren gehen auf HEINRICH GENTZ zurück. Eine erste Erweiterung wurde erforderlich, als Friedrich Wilhelm IV. 1840 seinen Vater, Friedrich Wilhelm III., neben der Königin Luise in der Gruft beisetzen ließ und 1841 einen Marmorsarkophag mit der Darstellung des Königs in Uniform in Auftrag gab, der 1846 aufgestellt wurde. So fügte LUDWIG FERDINAND HESSE 1841/42, noch nach einem Entwurf SCHINKELS, einen querschiffartigen Raum mit einer Apsis zur Aufnahme beider Sarkophage an. Auch das Herz Friedrich Wilhelms IV. (gest. 1861) ist in einer Steinkapsel zwischen seinen Eltern beigesetzt. Im Inneren wie in der äußeren Erscheinung des Baues wurden die klassizistischen Formen mit frühmittelalterlichen verbunden und nicht zuletzt durch einen Altar und ein Marmorkruzifix von WILHELM ACHTERMANN der antikisierende Tempel in eine christliche Kirche verwandelt. Nach dem Tode **Kaiser Wilhelms I.** hat ALBERT GEYER das Mausoleum 1890/91 nochmals erweitert. Der Anbau von 1841/42 wurde zum Quadrat vertieft und die Apsis samt einem Fresko von CARL GOTTFRIED PFANNSCHMIDT (Friedrich Wilhelm III. und die Königin Luise vor dem thronenden Christus) wiederholt. 1894 konnten die von ERDMANN ENCKE geschaffenen Marmorsarkophage Kaiser Wilhelms I. (gest. 1888) und seiner 1890 verstorbenen Gemahlin **Augusta** aufgestellt werden.

Der Bau ist ein viersäuliger Prostylos. Durch die hohe Tür eintretend, gelangt man in den Vorraum. Hier hängt ein kreuzförmiger Leuchter der Bronzefabrik Werner & Neffen mit kniendem Cherubim. In der Mitte führen Stufen in die gewölbte (nicht zugängliche) Gruft hinab. An beiden Seiten

*Die Sarkophage für Wilhelm III. und Königin Luise*

gelangt man über acht Stufen zu dem durch zwei Doppelsäulen aus farbigem Marmor (aus Schloß Oranienburg, jedoch älteren Ursprunges) abgetrennten oberen Teil, der ursprünglich nur aus einem quadratischen, mit Oberlicht versehenen Raum bestand und den Marmorsarkophag der Königin Luise aufnahm.

Ein Hauptwerk deutscher Skulptur des 19. Jahrhunderts ist dieser 1811/ 14 geschaffene und 1815 aufgestellte Marmorsarkophag der Königin Luise von CHRISTIAN DANIEL RAUCH. Der reich ornamentierte Unterbau zeigt an Stirn- und Fußende den preußischen Adler, an den Breitseiten das preußische und das mecklenburgische Wappen. Die Königin ist wie schlummernd dargestellt. Kopf und Hände sind mit weichen Rundungen modelliert, während das Gewand durch seinen Faltenreichtum eine eigene Art von Lebendigkeit erzeugt. Caroline von Humboldt berichtete am 26. Juni 1811: "Der König ist in einen Strom von Tränen ausgebrochen, wie er den angelegten Kopf der verstorbenen geliebten Frau erblickt hat, so sprechend ähnlich hat er ihn gefunden." Die Totenmaske der Königin, die der Bildhauer CHRISTIAN PHILIPP WOLFF abgenommen hatte, wurde von Rauch als Vorlage für die Grabfigur benutzt. Dem bereits von den romantischen Dichtern vor den Freiheitskriegen hochstilisierten Bild Luises folgt er mit dem von einem Diadem geschmückten, von einem Sternennimbus umgebenen Haupt der Königin.

Zur ursprünglichen Ausstattung gehören die beiden 1812 von Schinkel entworfenen **Kandelaber**, von denen FRIEDRICH TIECK den einen (mit Horen), RAUCH den anderen (mit den Parzen) gearbeitet hat. 151

## LUISENKIRCHHOF I

*Guerickestraße 5-9*
*10587 Berlin*

Der heutige Luisenkirchhof I ist die dritte Begräbnisstätte in Charlottenburg. Von den vorangegangenen beiden Kirchhöfen blieben lediglich einige Grabmäler auf dem früheren Lützower Friedhof und in der alten Lützower Kirche erhalten. Der neue Kirchhof der Luisengemeinde wurde 1815 in der Guerickestraße angelegt und in späteren Jahren erweitert. Hier haben Mitglieder bekannter Charlottenburger Familien ihre letzte Ruhestätte gefunden. Obwohl er wegen vollständiger Belegung 1884 geschlossen werden mußte, diente er aber noch bis 1916 und zuweilen auch später für Beerdigungen, vor allem auf Erbbegräbnissen.

Die **Leichenhalle** beim Eingang war früher die Grabstätte **Muenchhoff**, ein kleiner tempelartiger Ziegelbau mit schweren korinthischen Eckpfeilern, Tür, Gebälk und Dreieckgiebel aus Werkstein, um 1860 erbaut. An der Kirchhofsmauer gelegen die Grabstätte der Familie **Hermann**, um 1836. Sie besteht aus einem rechteckigen, an den Seiten überhöhten Aufbau, in der Mitte eine große, mit einem Pflanzenornament gerahmte Tafel, die die heute kaum mehr leserlichen Namen der Verstorbenen trägt. Oben ein weiterer ädikulaartiger Aufbau mit einem Kreuz, in einer Nische vorn mit den Füßen auf einer kleinen Konsole eine sitzende, in einem Buch lesende weibliche Gestalt.

Als Wandgrab in neugotischen Formen mit Terrakotten aus der eigenen Werkstatt wurde die Grabstätte der Familie des Töpfermeisters **Ernst March** (1798-1847) 1847 gestaltet, der 1837 eine später königliche Tonwarenfabrik gründete, die speziell Mosaiken herstellte. Sein Sohn Otto March und sein Enkel Werner March, beide Architekten, liegen auf dem Luisenkirchhof II. Zwischen Bündelpfeilern und bekrönenden Spitzbogen mit Dreipässen sind Worte der Heiligen Schrift eingegraben. An den Ecken – nur noch in Teilen vorhanden – zwei bekrönende sitzende Gestalten. Gleichfalls an der Kirchhofsmauer die Grabstätte **Collignon** (1879). In das Ziegelwandgrab mit seiner überhöhten, etwa halbrunden Mitte sind seitlich Terrakotta-Reliefs mit Emblemen eingelassen, die ebenfalls aus der Tonwarenfabrik March stammen. Im Rund ein sitzender Engel mit einem Spruchband "Friede sei mit Dir" in den Händen.

Die Familienkapelle des **Barons Kill Mar** (1887) besteht aus einem Sandsteinbau von quadratischem Grundriß mit Kuppel. Über der hohen, sich nach oben leicht verjüngenden Tür mit Zierfeldern ein A und O und das Monogramm Christi. Vor der Kapelle der Sarkophag aus schwedischem Granit und ein Obelisk mit der Inschrift: "Gott ist die Liebe, und wer in der Liebe bleibt, der bleibt in Gott, und Gott in ihm."

152

*Familiengrabstätte Ernst March*

Die durch ein Gitter zusammengefaßter Grabstätten der Familien **Haesel** und **Zeidler** sind seit 1899 angelegt worden. Auf schlichten Unterbauten aus schwedischem poliertem Granit mit den Namen der Verstorbenen jeweils ein Kreuz mit Inschrift. In der Mitte der Anlage auf hohem Sockel ein stehender Christus aus Bronze in der Auffassung des späten 19. Jahrhunderts.

Die Grabkapelle aus schwedischem Granit mit Goldmosaikkuppel für die Stiftsdame **Ida von Blücher** (1900) verrät mit seinen schlichten, aber dekorativen Formen den Einfluß des Jugendstils. Der hohe Eingang wird von Säulen flankiert und ist mit einem schweren, in seiner Mitte das Familienwappen tragenden Giebel versehen. Die Innenwände mit dem Marmorsarkophag in der Mitte sind mit Marmor verkleidet und durch Wandpfeiler gegliedert. Die Grabstätte **Warschauer** (1900) besteht aus einer halbrunden, hohen Mauer mit anschließenden Ruhebänken und Balusterbrüstung aus Marmor und Sandstein. An der durch Ornamente gegliederten Mauer die Namen der Verstorbenen. In der Mitte der Anlage eine Inschrifttafel und die Basis einer einst vollständigen Säule. Das Grabmal des 1818 verstorbenen Bürgermeisters **Otto Ferdinand Sydow** (1754-1818) wurde im Zweiten Weltkrieg zerstört und durch eine schlichte Namenstafel ersetzt. Es bestand aus einer geriefelten Sandstein-Deckelurne auf hohem Sockel, die denen der bekannten Grabmäler Gottfried Schadows ähnelte.

153

## LUISENKIRCHHOF II

*Königin-Elisabeth-Straße 46*
*14059 Berlin*

Dieser neue, größere Kirchhof konnte 1867 von der Luisengemeinde in Benutzung genommen werden. Ein Jahr später wurde auch die neugeschaffene **Kapelle** eingeweiht, ein schlichter, gelber Rohziegelbau mit Satteldach. Auf dem Kirchhof ist eine große Zahl bekannter Charlottenburger Bürger und Familien beigesetzt worden. Wegen der Anlage der Schnellstraße zwischen der Avus und dem Siemensplatz mußte 1959 das Kirchhofsgelände wiederum verkürzt werden. Deshalb wurden 200 Grabstellen umgebettet.

Dabei verschwand auch die Grabstätte des Verlegers und Besitzers von Schloß Ruhwald, **Louis von Schaeffer-Voit**. Die von C. CAUER 1872 geschaffenen Marmorbüsten Schaeffers und seiner Frau wurden in den Arkaden des Schloßparks Ruhwald aufgestellt.

Von den frühesten Erbbegräbnissen sind der Grabbau für die Familie **Julius Ewest** (1883) und die Grabstätte Familie **Buggenhagen** (1884) in der Form von Grabtempeln errichtet: Der Ziegelgrabbau für die Familie Ewest mit hohem vorgezogenem Sandsteinportal und dorischen Säulen sowie Reliefschmuck und flachem Dreieckgiebel mit Akroteren gibt ein besonders schönes Beispiel. Ähnlich gebildet – Ziegel mit Terrakotta oder Sandstein, auch verputzt, meist mit flacher, lichtspendender Kuppel – sind die aus derselben Zeit stammenden Grabbauten für die Familien **Brahmer**, **Lichtsinn**, **Cott** und **Hasse**. Die in romanischen Formen gestaltete Grabstätte Buggenhagen besteht aus einer Arkade auf einem hohen Unterbau, die in der überhöhten Mitte sich portalartig für ein Standbild Christi erweitert. In den einzelnen Arkaden aufrechtstehend die Grabtafeln der Familienmitglieder. Auch die steinerne Umfriedung ist durch kleine Arkadenreihen gebildet.

Die etwas später entstandenen Grabstätten sind in ihrer Gestaltung wesentlich schlichter. Ein einfacher Werkstoffbau, die Seitenteile eingeschwungen, die Mitte mit flachen, breiten Wandpfeilern, Gebälk und flachem Giebel, bildet die Grabstätte für den Bildhauer **Rudolf Siemering** (1835-1905) aus dem Jahre 1905. Davor ein Sarkophag. Außer den Inschriften gibt es keinen Schmuck. Das formschöne Relief fehlt, es war eine Nachbildung desjenigen, das Siemering für das Grab des 1883 verstorbenen Architekten Martin Gropius auf dem Dreifaltigkeitsfriedhof in Kreuzberg schuf. In Zusammenarbeit mit Gropius hatte sich Siemering mit den Problemen farbiger Skulpturen beschäftigt und durch farbige Reliefs eine Variante des bürgerlichen Denkmals in der Tradition der Florentiner Frührenaissance entwickelt. Vor allem aber hat der Bildhauer, der lebenslang ein Konkurrent von Reinhold Begas blieb, das Siegesdenkmal in Leipzig (1879-1888) und

Königin-Elisabeth-Straße

das Washington-Denkmal in Philadelphia (1897) geschaffen, die sich neubarocken Tendenzen annähern. Acht Tierfiguren des Washington-Denkmals wurden in Bronzeabgüssen im Tiergarten aufgestellt.

In ihrem Aufbau und Schmuck ist die Grabstätte der Familie **Ule** (1908) ein reines Beispiel des Jugendstils. Ein von zwei mit Reliefeldern versehenen, hochrechteckigen Seitenteilen flankierter Aufbau trägt einen schweren, mit einem zarten pflanzlichen Relief geschmückten Giebel.

Die als Ädikula gebildete Grabstätte für den Hofschauspieler **Adalbert Matkows-** 155

*Grabmal Julius Wolff*

ky (1857-1909), der als Helden- und Charakterdarsteller in Hamburg, Dresden und ab 1889 am Königlichen Schauspielhaus Berlin bis zu seinem (Erschöpfungs-)Tod wirkte, zeigt gleichfalls romanische Formen. Zwei schwere korinthische Säulen tragen den sich nach unten öffnenden Giebel, der als einzigen Schmuck einen Rundbogenfries hat. Zwischen den hohen Sockeln der Säulen ein Gitter und an der geschlossenen Rückwand eine Bronzetafel mit Grabinschrift. Über den großen Mimen, der in Stücken Schillers, Shakespeares, aber auch Hebbels Triumphe feierte, schrieb der Kritiker Paul Schlenther: "So toll er auch überschäumt, so ist doch meinem Verständnis nach die ganze Erscheinung des Herrn Matkowsky für unsere Hofbühne etwas wie eine Offenbarung: eine starke Persönlichkeit, in der dichterische Flammen lodern, hat den Mut und auch die Kraft, sich rückhaltlos zu geben, wie sie ist, und findet mitten unter rasselndem und prasselndem Theaterfeuer wie unbewußt die Wahrheit und das Herz."

Die Grabstätte für den Architekten **Christoph Hehl** (1911) besteht aus einem schlichten Werksteinunterbau, auf dem sich zwei verschieden hohe, rechteckige Tafeln erheben, die größere für Christoph Hehl. Das Relief im oberen Teil der profilierten Tafel ist nicht mehr vorhanden. Vor dem Grabmal ein steinerner Sarkophag mit schwerem, dachförmigem Sockel, vorn das Monogramm Christi.

Ein schlichter, hochrechteckiger Stein mit Inschriften und ornamentalem Jugendstilrelief in der Mitte bezeichnet die Grabstätte des Architekten und Regierungsbaumeisters **Otto March** (1845-1913), dem Erbauer des im Zweiten Weltkrieg zerstörten Schillertheaters (1912) und des Deutschen Stadions, dem Vorläufer des Olympiastadions, und seines Sohnes, des Architekten **Werner March** (1894-1976), der 1936 das Berliner Reichssportfeld mit dem Olympiastadion, aber auch die Freilichtbühne Rehberge schuf. Dagegen besteht die Grabstätte **Kallmann** (1913) aus einem von seitlichen Pfeilern flankierten und von einem Rundbogen zusammengefaßten ornamentalen Eisengitter mit Figuren und Pflanzenwerk.

Auf dem Friedhof befinden sich auch die schlichten Grabstätten des Kunsthistorikers und 1906-1920 tätigen Generaldirektors der Staatlichen Kunstsammlungen in Berlin, **Wilhelm von Bode** (1845-1929), und der Schriftsteller **Julius Wolff** (1834-1910) und **Max Kretzer** (1854-1941). Wilhelm von Bode war Mitbegründer des modernen Museumswesens, 1904 gründete er das Kaiser-Friedrich-Museum (heute Bodemuseum) und brachte während seiner Generaldirektorentätigkeit die Berliner Museen zur Weltgeltung. Er veröffentlichte grundlegende Arbeiten zur Geschichte der deutschen, niederländischen und italienischen Malerei und Plastik sowie des Kunstgewerbes. Als sein Hauptwerk gilt sein achtbändiges Rembrandt-Buch (1897-1905). War Julius Wolff ein zu seiner Zeit erfolgreicher romantisierender Versdichter und Autor historischer Romane, so erschloß Max Kretzer dem Roman durch die Behandlung des sozialen Großstadtelends neue Stoffgebiete. Sein naturalistischer Roman "Meister Timpe" (1888) behandelt den Verzweiflungskampf eines untergehenden Berliner Handwerksmeisters gegen die kapitalistische Konkurrenz auf künstlerisch adäquatem Niveau. Das Relief auf dem Grabstein Wolfs schuf FRITZ SCHAPER (1911).

Auf dem Friedhof ruhen auch die Schauspieler **Hans Brausewetter** (1899-1945), der in zahlreichen Filmrollen glänzte, und **Harry Walden**, genannt *Scheier* (1875-1921), die Frauenrechtlerin **Hedwig Heyl** (1850-1934), die 1884 die erste Koch- und Haushaltungsschule gründete, das "ABC der Küche" und das "Handbuch der Hausarbeit" veröffentlichte, der Germanist und Musikforscher **Rochus Freiherr von Liliencron** (1820-1912), Mitherausgeber der "Allgemeinen Deutschen Biographie" und Herausgeber der "Historischen Volkslieder der Deutschen" (das Reliefbild hat PAUL PETERICH geschaffen); der Zoologe und Mikrobiologe **Fritz Richard Schaudinn** (1871-1906), der gemeinsam mit E. Hoffmann den Erreger der Syphilis und der Amöbenruhr entdeckte und der Physiker **Adolf Staby** (1849-1913), ein Pionier der Funktechnik, der mit Graf von Arco seit 1897 die drahtlose Telegraphie begründete.

## LUISENKIRCHHOF III

*Fürstenbrunner Weg 37-67*
*14059 Berlin*

Der dritte Kirchhof der Luisen-Gemeinde, im Süden begrenzt vom Krankenhaus Westend und dem Sommerbad, im Westen von den Spielplätzen Westend und im Norden von dem Kirchhof der Kaiser-Wilhelm-Gedächtnis-Kirchengemeinde, wurde 1891 eingeweiht. Die Kapelle, ein neugotischer roter Ziegelbau, kam ein Jahr später hinzu. Vor der Kapelle eine Christus-Statue aus Bronze, die von einer 1901 angelegten Grabstelle auf dem Kirchhof stammt.

LEGENDE

(1) August Aschinger
(2) Heinrich Brugsch
(3) Denkmal von HENGSTENBERG für die 1922 getöteten Studenten Eckhardt, Richter und Stenzel
(4) Ehrendenkmal für die Toten des Ersten Weltkrieges
(5) Curt Mossner
(6) Günter Neumann und Tatjana Sais
(7) Standbild von UPHUES
(8) Julius Valentin

1920 wurde in der zum heutigen Sommerbad Westend gelegenen Ecke dieses Kirchhofs zum Gedenken an die Gefallenen des Ersten Weltkrieges ein **Ehrenmal** nach dem Entwurf von W. SPICKENDORFF errichtet, ein wuchtiger, über Stufen zugänglicher Aufbau aus Sandstein und Muschelkalk mit übereinander angeordneten, von starken Pfeilern gerahmten Mauern. Baufällig geworden, wurde es 1958 wiederhergestellt. Nahe beim Weltkriegs-Ehrenmal vor einer kleinen Mauer ein **Standbild** einer trauernden weiblichen Gestalt von dem Begas-Schüler JOSEPH UPHUES (um 1895), der auch das Grabdenkmal für den Reichspostminister Heinrich von Stephan schuf. Die "Trauernde" hat einst das Grab von Uphues selbst geschmückt.

Unter den Grabmälern an der Westmauer sind das Marmorrelief "Abschiednehmendes Paar" von FRITZ KLIMSCH (1904) und ein "Auferstehungsgenius" von FRITZ SCHAPER (1913) besonders hervorzuheben.

Rechts neben der Kapelle das Erbbegräbnis der Familie **Julius Valentin** aus Carrara-Marmor mit einer hoffend emporblickenden Hochrelieffigur von FRITZ SCHAPER, einem der bekanntesten Bildhauer der Wilhelminischen Ära in der Tradition der Rauch-Schule.

Schräg dahinter auf dem Grab des berühmten Ägyptologen **Heinrich**
**Brugsch** (1827-1894) die stelenartig aufgerichtete mächtige Sargplatte

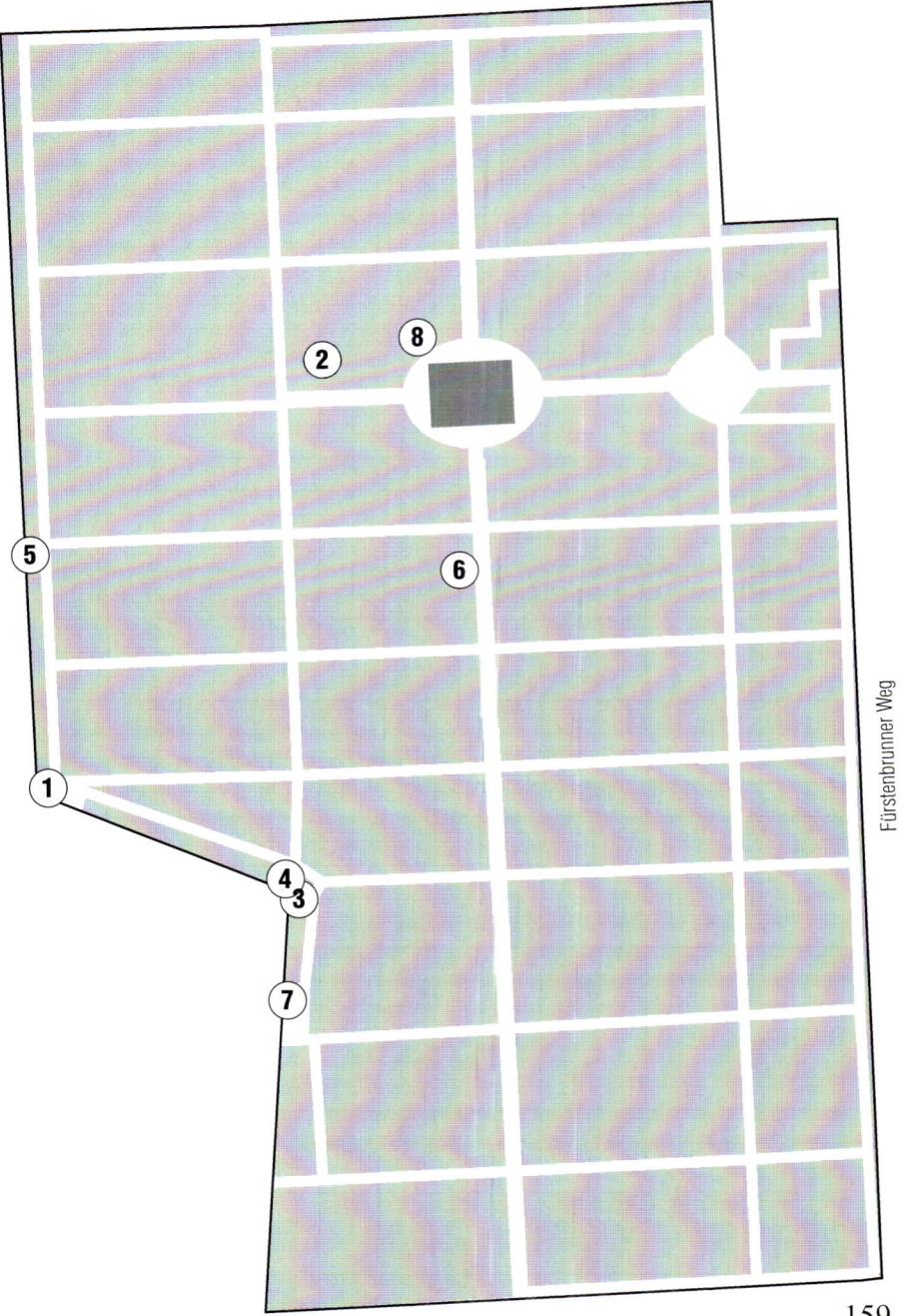

Fürstenbrunner Weg

159

*Grabmal Heinrich Brugsch*

eines ägyptischen Königsgrabes um 4000 v.Chr. aus Sakkara aus rotem Granit, mit polierter Oberfläche und – 1945 gestohlenem – Relief. Brugsch war der Sohn eines Wachtmeisters und wurde später Universitätsprofessor in Berlin, Göttingen und Kairo. Bereits mit zehn Jahren trieb er ägyptische Studien und schrieb als Sechszehnjähriger eine Grammatik. Er leistete bedeutende Beiträge zur Ägyptologie, besonders zum Demotischen, das ihm zu entziffern gelang, und begründete 1863 die erste Fachzeitschrift für Ägyptologie. 1870 wurde er vom Khediven zum Bei, 1881 zum Pascha ernannt. Das Grab seines Sohnes, des Internisten Theodor Brugsch, befindet sich auf dem Dorotheenstädtischen Friedhof in der Chausseestraße 126.

Weitere kunsthistorisch interessante Grabanlagen um und nach der Jahrhundertwende sind: Die Familiengrabstätte **Curt Mossner**, um 1900, eine Werksteinanlage mit flachem, vorhallenähnlichen Tempel in dorischen Formen; an der geschlossenen Rückwand befinden sich die Tafeln mit den Namen der Verstorbenen.

Die Grabstätte der Familie **Otto M.C. Heyl**, um 1900, eine Werksteinanlage mit einer breiten, flachen, von je zwei dorischen Säulen flankierten Ädikula in der Mitte, in der Mittelnische ein Standbild Christi; im Giebel vier eine Girlande haltende Putten, in der Mitte ein Zierschild.

Die Grabstätte der Familie **Hildebrandt**, um 1904, mit einem innerhalb einer Werksteinwand sich in einer flachen, rechteckigen Mittelnische befindenden Hochrelief von FRITZ KLIMSCH, einer Synthese von Jugendstil und Neoklassizismus: Ein stehendes Paar, nach dem Vorbild der attischen Grabstelen antikisch gewandet, Abschied voneinander nehmend.

Auch die Familiengrabstätte des Architekten **Otto Schmalz** (1907) ist im Anklang an griechische Grabstelen gestaltet. Auf einem hohen, mit Inschriften versehenen Unterbau die mit einem flachen Dreieckgiebel bekrönte Marmorstele. Sie zeigt in einer attischen Darstellungen dieser Art angenäherten Auffassung im Relief (die Köpfe rundplastisch) ein voneinander Abschied nehmendes Ehepaar, geschaffen von JOSEPH UPHUES mit Anklängen an den Neoklassizismus.

Die Grabstätte der Familie **August Aschinger**, um 1910 von L. VORDER-MAYER geschaffen, zeigt eine auf einem Sarkophag aus Muschelkalk leblos ausgestreckte männliche Gestalt, der ein nackter Knabe die linke Hand küßt. Vor dem Sarkophag sind innerhalb der niedrigen Einfriedung auf einer langen, schmalen Steintafel die Namen und Daten der verstorbenen Familienangehörigen vermerkt. Die einstigen Aschingerschen Bierlokale sind noch heute allen Berlinern ein Begriff.

Für die Gräber der beim Eisenbahnerstreik 1922 tödlich verunglückten Studenten **Eckhardt**, **Richter** und **Stentzel** entwarf GEORG HENGSTENBERG ein Erinnerungsmal, das 1924 auf dem Kirchhof errichtet wurde. Es besteht aus einer breitrechteckigen, aus großen Werksteinquadern gebildeten Wand mit stelenartig offenem Giebelabschluß. In der Mitte eine flache, hochrechteckige Nische mit dem Standbild eines idealisierten, heldischen Jünglings. Unten am Sockel die Namen der drei Nothelfer. Links und rechts an der Wand Reliefmedaillons in quadratischen Feldern mit figürlichen Darstellungen. Unter dem Gesims die ganze Wand entlang die Inschrift: "Den drei getreuen Nothelfern".

Auf dem Friedhof Fürstenbrunner Weg befand sich auch das 1942 eingeebnete Grab eines jungen Schlesiers, der den Expressionismus entschieden mitgeprägt hat: Der frühvollendete geniale Dichter **Georg Heym** (1887-1912), der im Alter von 25 Jahren beim Eislaufen auf der Havel in der Nähe von Schwanenwerder ertrank. Seinen frühen Tod vorausahnend, hatte seine Lyrik viel von jener Todessehnsucht, die den Expressionisten eigen war. 1911 erschien die erste Sammlung seiner Gedichte "Der ewige Tag". Mit dem darin enthaltenen Gedicht "Der Krieg" sah Heym in furchtbaren Visionen den drei Jahre später beginnenden Weltkrieg voraus. Seine Großstadt-Lyrik wurde zum Vorbild so gegensätzlicher Autoren wie Gottfried Benn, Bertolt Brecht und Alfred Döblin.

Auf drei in Berlin unvergessene Bühnenkünstler der ebenso leichten wie ernsten Muse muß noch verwiesen werden: Den Schriftsteller, Komponisten und Kabarettisten **Günter Neumann** (1913-1972), der 1948/49 während der Berliner Blockade die in West wie Ost beliebte Rundfunk-Sendung "Die Insulaner" ins Leben rief, erfolgreich Theater ("Der schwarze Jahrmarkt", 1957) und Film ("Das Wirtshaus im Spessart", 1970) machte und vielgelesene Bücher ("Ich war Hitlers Schnurrbart", 1949) herausbrachte; seine Frau, die Kabarettistin und Filmschauspielerin **Tatjana Sais** (1910-1981), die 1934 an die Berliner "Katakombe" kam, später an den "Insulanern" mitwirkte (nach dem Tode Günter Neumanns war sie mit Sir Hugh Greene, dem Bruder Graham Greenes, verheiratet), und den Conférencier **Joachim Krüger** (1915-1969), der wegen seiner despektierlichen Bemerkungen gegenüber dem NS-Regime 1943/44 zum Strafeinsatz ins Bataillon 999 abkommandiert wurde.

161

## FRIEDHOF DER KAISER-WILHELM-GEDÄCHTNIS-GEMEINDE
*Fürstenbrunner Weg 69*
*14059 Berlin*

Als Begräbnisstätte für ihre Gemeindeglieder erhielt die Kaiser-Wilhelm-Gedächtnis-Gemeinde durch Abtretung den nördlichen Teil des Geländes vom Luisenkirchhof III und eröffnete 1896 ihren eigenen, etwa 4350 Quadratmeter großen Kirchhof. 1902/03 erhielt dann der Kirchhof auch einen eigenen, nach einem Entwurf von FRANZ SCHWECHTEN errichteten Kapellenbau, der in Formen der Romanik in grauem Putz mit Sandsteingliederungen errichtet wurde. Hinter der Vorhalle liegt der Kapellenraum mit je drei hochgelegenen Rundbogenfenstern an den Langseiten und hinter einem hohen Rundbogen die sich öffnende, um einige Stufen erhöhte Altarseite. An den Langwänden unter den Fenstern in durch Rundbogen gegliederten Wandfeldern je drei durch korinthische Dreiviertelsäulen unterteilte Reliefs mit 17 Szenen aus dem Leben Christi. Unter der Kapelle zwölf Familiengrüfte; die Grabsteine mit den Namen der Verstorbenen befinden sich außen an den Mauern der Kapelle. Nach schweren Beschädigungen im letzten Krieg wurde die Kapelle 1952/53 wieder aufgebaut.

Von den zur Gemeinde gehörenden begüterten Charlottenburger Familien wurden nach 1900 verschiedene, reich ausgestattete Grabanlagen errichtet. Auf dem Kirchhof ist eine große Zahl von Staatsmännern, hohen Beamten, Gelehrten und Künstlern beigesetzt.

Unmittelbar neben der Kapelle befinden sich mehrere hervorragende Grabdenkmäler der frühen 1920er Jahre, so die Grabstätte des Ministers **Robert Friedberg** (1920). Das Epitaph **Thiele** hat FRITZ KLIMSCH 1910 geschaffen. Auf der Grabstätte Familie **Richter**, um 1906, erhebt sich vor einem großen steinernen Kreuz eine lebensgroße trauernde weibliche Marmorfigur. Ihr Schöpfer ist unbekannt. Die Grabstätte Sanitätsrat **Emil Kalischer**, 1908, bezeichnet in der Mitte einer steinernen Wand eine trauernde weibliche Gestalt, den Kopf in die rechte Hand gestützt, in der Linken einen Palmzweig. Die für den bekannten Romanschriftsteller und Verfasser von Zeitromanen **Friedrich Spielhagen** (1829-1911) geschaffene Grabstätte wurde ausgesprochen schlicht aus zwei vor einer Werksteinmauer auf einem Unterbau errichteten dorischen Säulen mit Gebälk gebildet. Spielhagens erster Roman "Problematische Naturen" (1861) wurde zugleich auch sein erster Erfolg und blieb sein künstlerisch bestes Werk. Der vom Weltschmerz zerrissene Held kämpft nicht nur geistig gegen die Bevormundung der Obrigkeit, sondern auch als Achtundvierziger auf den Barrikaden, wo er fällt. Hervorzuheben sind auch die Romane "Die von Hohenstein" (1863), die den nachrevolutionären Aufschwung der Jahre 1862/63 atmosphärisch gestalten, "In

**LEGENDE**

(1) Robert Friedberg
(2) Otto Ferdinand und
  Anna von Gierke
(3) Emil Kalischer
(4) Adolf Koschel
(5) Familie Lemm
(6) Hans Adolf Ritter
  Liebermann von
  Wahlenburg
(7) Henny Porten
(8) Walther Rheiner-
  Schnorrenberg
(9) Gustav von Schmoller
(10) Friedrich Spielhagen
(11) Louis Thiele
(12) Ferdinand Warburg

163

*Grabmal Heinrich Reimann*

Reih und Glied", der das Leben Lassalles darstellt und Einblicke von "Oben" in das düstere Leben der Arbeiter gewährt, und "Sturmflut" (1876) mit seiner im Titel symbolisch anklingenden, kritischen Schilderung der Gründerzeit. So gibt Spielhagens Werk eine literarhistorisch interessante Dokumentation Deutschlands in der zweiten Hälfte des 19. Jahrhunderts.

Die Grabstätte Familie **Adolf Koschel**, 1913, bildet eine Werksteinwand, überhöht mit einer Nische in der Mitte; vor der in Mosaik gebildeten Rückwand ein säulenähnlicher Aufbau mit Girlande. Die sparsamen bandartigen Ornamentstreifen klingen noch an den Jugendstil an. Auf einer niedrigen, an den Seiten etwas erhöhten Werksteinmauer erhebt sich die Grabstätte Familie Dr. **Wolfgang Schönner**, 1914. Ein von einem Eierstab eingefaßtes Kreuz trägt am Fuß eine große Wappenkartusche.

Die in einer Kirchhofsecke angeordnete Grabanlage der Familie **Ferdinand Warburg** ist in romanisierenden Formen 1914 von HANS DAMMANN entworfen und ausgeführt worden. Zwischen zwei Wänden aus Muschelkalk eine Nische mit einem die Musik versinnbildlichenden Standbild aus carrarischem Marmor. Die lebensgroße weibliche Gestalt hat eine kleine Harfe in der Linken.

Noch um 1921 als Mausoleum in Anpassung an die gegenüberliegende Kapelle ist die Grabstätte Familie **Lemm** (Schuhcremefabrik Urbin) in romanisierenden Formen gestaltet. Der Grundriß des Zentralbaues aus Werkstein ist ein griechisches Kreuz. Die Eingangsseite ist mit großem Rundbogenportal und Rundbogenfries versehen. Im Bogenfeld ein Kreuz.

Der Tambour der Mittelkuppel ist mit Rundbogenfenstern zwischen Halbsäulen ausgestattet und von einer kleinen Laterne bekrönt. Das Innere ist mit Mosaiken ausgelegt.

In einer Ecke des Friedhofs ist für den 18jährig im Ersten Weltkrieg gefallenen **Hans Adolf Ritter Liebermann von Wahlendorf** um 1922 eine Grabstätte von den später ebenfalls dort beerdigten **Eltern** angelegt worden. In der Mitte einer Werksteinmauer erhebt sich ein von breiten Wandpfeilern gerahmter, aedikulaartiger Aufbau mit den Namen der Verstorbenen, der als hohe Bekrönung über dem Gebälk das Wappen der Familie trägt. Eine Werksteinwand mit hochrechteckigem Aufbau, der, seitlich von Ornamentfeldern gerahmt, in der Mitte leicht zurückspringt und einen Inschriftstein mit flacher Stirnurne enthält, wurde 1927 für Generalkonsul **Rommenhöller** angelegt, aber nicht für Bestattungen benutzt. In den dreißiger Jahren wurde die Anlage von Familie **Fröhlich** übernommen.

Für die am 15. Oktober 1960 im Alter von 70 Jahren verstorbene Theater- und Filmschauspielerin **Henny Porten** (1890-1960) wurde ein Jahr später ein Gedenkstein an der linken Friedhofsmauer errichtet. Die Bildhauerin DOLINA LINDENBERG, die zu dem Freundeskreis der Künstlerin gehörte, hat das Porträt entworfen, das der Stein als Bronzerelief trägt. Immer liegen Blumen am Grab des noch aus der Stummfilmzeit bekannten Stars, viele Menschen statten noch heute ihren Dank für diese gütige und großartige Frau ab.

Auf dem Friedhof ruhen auch der Geigenvirtuose und Komponist **Joseph Joachim** (1831-1907), der 1868 Direktor der neuen Hochschule für Musik in Berlin wurde und ein Jahr später ein eigenes Streichquartett gründete, und seine 1882 von ihm geschiedene Frau, die Sängerin und Altistin **Amalie Joachim** (1839?-1899), ebenso wie der expressionistische Dichter **Walter Rheiner** (1895-1925), der nach unstetem Leben 1925 in einer Charlottenburger Absteige mit einer Überdosis Morphium aus dem Leben schied. "Heilige Nacht! du Mutter uns und Vater!" heißt es in seinem Gedicht "An die Nacht". Großstadt, Nacht, Verlassenheit, berauschtes Entschweben waren die Themen, die ihn gleicherweise faszinierten wie ängstigten. Hier liegen der Jurist und Rechtshistoriker **Otto Friedrich von Gierke** (1841-1921), ein führender Vertreter des deutschen Privat- und Staatsrechts, und seine Tochter, die Fürsorgerin **Anna von Gierke** (1874-1943) begraben, die sich um die Kinderfürsorge und Jugendwohlfahrt in Berlin verdient gemacht hat. Oder der Volkswirtschaftler **Gustav von Schmoller** (1838-1917), der Mitgründer des Vereins für Sozialpolitik und Vorkämpfer der deutschen Sozialgesetzgebung; der Mediziner **Oskar M.E. Liebreich** (1839-1908), Direktor des Pharmakologischen Instituts der Friedrich-Wilhelms-Universität zu Berlin; der Gynäkologe und Frauenarzt **Alfred Dührssen** (1862-1933) und viele andere.

## JÜDISCHER FRIEDHOF
*Heerstraße / Scholzplatz*
*14055 Berlin*

Für die Bestattung der in Berlin ansässigen Juden diente bis 1945 der große Jüdische Friedhof in Weißensee. Da dieser bereits stark belegt und durch die Spaltung der Stadt den West-Berlinern kaum noch zugänglich war, wurde 1954 ein neuer Friedhof auf West-Berliner Gebiet nach einem Entwurf des Frankfurter Architekten HERMANN GUTTMANN angelegt. Im November 1955 war die Einweihung des 3,4 Hektar großen Begräbnisplatzes. Am 28. April 1960 wurde ein Gedenkplatz mit einem von J.M.LELLEK entworfenen **Gedenkstein** aus Steinen der ehemaligen Synagoge in der Fasanenstraße für die jüdischen Opfer des Nationalsozialismus errichtet. Er trägt in der Mitte eine große steinerne Schale. An der Vorderseite oben in hebräischer Sprache: "Der Allmächtige gedenke der Seele". In der Mitte die deutsche Inschrift: "Denen die unter der Herrschaft des Unmenschen ihr Leben lassen mußten zum ewigen Gedächtnis 1933-1945." Unten in hebräischer Sprache: "Möge die Seele im Bunde des ewigen Lebens aufgenommen sein."

Davor ein Grab mit Asche aus dem Konzentrationslager Auschwitz. Neben dem in der Mitte befindlichen Mal sind noch weitere kleine Gedenksteine von den Angehörigen der Opfer gesetzt worden. Unter den in Beton eingelassenen roten Granitsteinen ist einer **Erich Nelhans**, 1945-1947 Mitglied des Vorstands der Jüdischen Gemeinde zu Berlin, gewidmet, der in einer Stalinschen Haftanstalt umgekommen ist.

Von den 1955/56 im Sockel des Palas-Baues der Spandauer Zitadelle aufgefundenen Grabsteinen des 1510 zerstörten "Judenkiewers" in Spandau wurde einer auf den Friedhof an der Heerstraße verbracht und aufgestellt. Der unbearbeitete Granitfindling hat auf seiner Vorderseite eine vierzeilige hebräische Inschrift, die ihn als **Grabstein** für eine Frau ausweist. Um den Grabstein sind Thorarollen, kultische Geräte und Gebetbücher zerstörter Synagogen beigesetzt.

In südlicher und in nördlicher Richtung schließt sich an die Gedenkstätte die Ehrenreihe des Friedhofs an. Der Nordteil, der Anna-Rainis-Weg, ist noch unbelegt, im Südteil, am Martin-Sternberg-Weg, befinden sich die Grabstätten von: **Jeanette Wolff**, *geb. Cohen* (1888-1976), Stadtälteste von Berlin. Sie war nach zwölfjähriger Haft in nationalsozialistischen Gefängnissen und Konzentrationslagern seit 1945 für die Berliner SPD tätig gewesen, war Stadtverordnete, Mitglied des Berliner Abgeordnetenhauses und des Bonner Bundestages. In der Jüdischen Gemeinde wirkte sie als Vorsitzende der Repräsentantenversammlung und der Zentralwohlfahrtsstelle. Auch **Sigmund Weltinger** (1886-1974) war Stadtältester von Berlin.

Hier ruht ebenfalls **Hans Rosenthal** (1925-1987), einer der bekanntesten Showmaster in Deutschland. Die NS-Herrschaft hat er in Deutschland überlebt, war 1943 bis zur Befreiung in Berlin untergetaucht. Er war Mitglied des Zentralrates der Juden, leitete bis 1980 die Unterhaltungsabteilung des RIAS Berlin und moderierte zahlreiche beliebte Unterhaltungssendungen in Fernsehen und Rundfunk.

Dem berühmten Schauspieler **Ernst Deutsch** (1890-1969) gelang in der Titelrolle von Hasenclevers expressionistischem Drama "Der Sohn" 1916 in Dresden der Durchbruch, galt seither als der "expressionistische", "glühende" Schauspieler, zeigte bald aber auch als genialer Darsteller klassischer Rollen, wie des Fiesko, des Marc Anton, des Marquis Posa und des Mephisto, bei Max Reinhardt am Deutschen Theater, bei Leopold Jeßner am Staatstheater oder am Wiener Burgtheater sein Können. 1947 kehrte er aus dem USA-Exil zurück und verkörperte in seiner Reifezeit in unvergänglicher Weise Lessings Nathan, Clausen in Hauptmanns "Vor Sonnenuntergang" und Shylock in Shakespeares "Kaufmann von Venedig"

Auf dem Friedhof wurde auch der katholische Chinese **Ting Yu Chen** (1894-1962) beigesetzt, der eine Jüdin vor Deportation und Ermordung bewahrte, indem er sie heiratete.

## STÄDTISCHER FRIEDHOF HEERSTRASSE
*Haupteingang: Trakehner Allee 1*
*14053 Berlin*

Ein tiefer Friede liegt über dem großen Waldfriedhof an der Heerstraße. Als interkonfessionelle Begräbnisstätte für Groß-Berlin angelegt, ist er neben der großen Dahlemer Ruhestätte der wohl landschaftlich schönste. Die Gräber an terrassierten Wegen umgeben allseits den tief im alten Grunewaldteil gelegenen Sausuhlensee. 1921 erfolgten hier die ersten Bestattungen. Im gleichen Jahr wurde auch die kleine Kapelle gebaut, die dann später von Ministerialrat SCHELLBERG umgestaltet wurde. Auch er hat hier seine letzte Ruhe gefunden. Ringsherum um den See, amphitheatralisch in die Höhe steigend, wurden im Laufe der Jahre an die 16.000 Grabstellen gruppiert. Wege und Stege durchziehen parallel wie diagonal den 17 Hektar großen hügeligen Komplex. Versteckt zwischen Büschen und Bäumen liegen die Gräber, deren Steine einstmals wie auch heute noch bekannte Namen tragen.

Hinter dem Verwaltungsgebäude führt steil ein Hauptweg zum Heckenrondell hinab. Auf halber Höhe rechts liegt die Grabstätte der Verlegerfamilie **Ullstein**, 1928 von E. LESSING und MAX BREMER mit einer Wandarchitektur versehen. In deren mittlerem Freiraum setzt zwischen dorischen Säulen ein Mamorhochrelief von J. THORAK den bildnerischen Akzent: ein trauernd zueinandergeneigtes junges Paar von verhaltenem Gefühlswert.

*Grabstätte der Familie Ullstein*

Im innersten Ring des Rondells rechts liegen nebeneinander die Ehrengräber des Zeichners, Grafikers und Malers **George Grosz** (1893-1959) und des Dichters **Theodor Däubler** (1876-1934). Grosz hatte in den Jahren der Weimarer Republik einen sarkastisch-aggressiven Zeichenstil ausgebildet, mit dem er die Spießerhaftigkeit und Blasiertheit des deutschen Nachkriegsbürgertums aufs Korn nahm, die moralische Verkommenheit in den Großstädten, die sozialen Mißstände im Land. Noch vor der Machtübernahme durch die Nationalsozialisten, die seine Arbeiten als "Machwerke des Irrsinns und der Bosheit" bezeichneten, konnte er in die USA emigrieren, aus denen er erst wenige Tage vor seinem Tode, Mitte Juni 1959, nach Berlin zurückkehrte. Theodor Däubler, den Carl Schmitt als "Genius europäischer Sensibilität" bezeichnete, hat ein Epos von 30.000 Versen, "Das Nordlicht" (1910), verfaßt, einen Sonnenmythos in vieldeutiger Strahlung: "Nordlicht, goldgeworde Glücksverheißung, Feuerblume, Samenüberschwang, / sichtbar-tiefe Sonn- und Erdverschweißung, wahre unsern heiligen Sonnendrang." Zeitlebens auf Gönner und Mäzene angewiesen, starb er in völliger Armut. Barlachs Entwurf für das Grabmal seines Freundes Däubler, ein schwebender Genius im Hochrelief, wurde 1935 nicht genehmigt. So findet sich nur der vorgesehene Schlußvers aus dem Nordlicht-Epos als Grabspruch: "Ich bin der Glaube an die Macht der Sonne" mit einem weiteren ("Die Welt versöhnt und übertönt der Geist") auf einer schlichten Platte aus grünem Fichtelgebirgsporhyr nach einem Entwurf von WILHELM WULFF. Etwas oberhalb, neben dem äußeren Hauptweg, das Grab des Gra- 169

Trakehner Allee

Sausuhlensee

Olympische Straße

fikers und Buchgestalters **Marcus Behmer** (1879-1958); der Findling trägt sein Delphin-Signet.

Vom Rondell aus verläuft auf der Kapellenseite ein Hauptweg oberhalb des Seeufers; an ihm liegen die bedeutendsten, durch ihre stilvolle Strenge auffallenden Steinmonumente der späteren 1920er Jahre, darunter eine schwere Deckplatte auf schlichtem Sockel, die GEORG KOLBE 1926 für seinen durch Freitod verschiedenen Kunsthändler und Verleger **Paul Cassirer** (1871-1926) entwarf mit dem Goethe-Wort "Zum Sehen geboren, zum Schauen bestellt" – es gilt dem mehr als ein Vierteljahrhundert in Berlin tätig gewesenen geistvollen Förderer der französischen Impressionisten, der Sezessionisten und Expressionisten. Daneben die Grabstätte für **Alfred Cassirer** (1875-1932) mit einem Tierfries nach AUGUST GAUL.

Das Grab der Schauspielerin **Edyth Edwards** (gest. 1957) deckt eine große Platte aus griechischem Marmor mit einem Bronzerelief von H. HAACKE, der Nachbildung eines Orpheus-Kameos, den die Künstlerin besaß. Der Gesamtentwurf stammt von RICHARD SCHEIBE. Ein kleiner Stein auf der Grabstätte Oppenheimer-Friedländer bezeichnet das Urnengrab des in Amsterdam verstorbenen Kunstwissenschaftlers **Max J. Friedländer** (1867-1958), der 1924/33 Direktor der Berliner Gemäldegalerie war und das Standardwerk "Die altniederländische Malerei" (1924-1937) verfaßte.

Wenige Meter weiter befindet sich die von dem Bildhauer GEORG KOLBE (1877-1947) nach dem frühen Tod seiner Frau 1927 entworfene Familiengrabstätte **Kolbe** mit vier großen Platten aus Untersberger Marmor und drei feinen Stelen vor dem

*Grabstein Arno Holz*

einst dreifach gestuften Rasenhang. An ihren Kapitellen befinden sich die Inschriften TERRA – Erde (links) und CCELI – Himmel (rechts), und über gewundenem Schaft in der Mitte drei geflügelte Engelsköpfchen in Erinnerung an das schöne Antlitz der Verstorbenen. Die Steinarbeiten schuf J. GOBES nach Kolbes Modellen und Angaben. Kolbe, neben Lehmbruck und Barlach der wohl bedeutendste deutsche Bildhauer unseres Jahrhunderts, hat mit seiner "Tänzerin" von 1911/12 (Alte Nationalgalerie Berlin), einem Unikat, seinen Ruhm nachhaltig begründet. In dem schlanken Mädchenkörper, der maßvollen Anmut seiner Bewegung und der malerischen Lichtführung fand Kolbes Konzeption ihren vollkommendsten Ausdruck. Die 18jährige Charlotte Kaprolat, zukünftige Frau des befreundeten "Brücke"-Malers Max Pechstein, stand ihm Modell.

Unmittelbar am Seeufer schräg unterhalb befindet sich der breite Grabstein für **Arno Holz** (1863-1929) mit dem bronzenen Bildnismedaillon von H. ISENSTEIN (1933) und dem großen Namenszug des Dichters, davor noch eine Platte mit den Schlußversen der "Phantasus"-Dichtung: "Mein Staub verstoben; wie ein Stern strahlt mein Gedächtnis!" Nach seinem Tode am 26. Oktober 1929 veranstaltete die Preußische Akademie der Künste für ihr streitbares Mitglied eine Totenfeier, bei der Alfred Döblin die Gedenkrede hielt. Erst am 26. April 1933 wurde die Urne mit der Asche des Dichters hier beigesetzt. Was hat der Mitbegründer des Naturalismus, der aber auch schon auf die expressionistische Dichtung hinweist, nicht alles beispielhaft und beispiellos in sprachlich-genialer Virtuosität in seinem Werk beschrieben, 173 gedichtet, dargestellt, aber auch in die taube Trägheit seiner Zeit hinausge-wettert, postuliert, als Sprachmonument aufgerichtet. Ob man das "Buch der Zeit" von 1886 mit seinen in ihrer Wortkraft zündenden Versen liest oder die in Barockmanier gebosselten "Dafnis-Lieder" oder gar sein – wie er es nannte – "Riesen-Phantasus-Nonplusultra-Poem" –: er baute, erfand, türmte die Worte, als ob es gälte, die Worte neu zu formen, und als wäre jede Stunde seiner Arbeit ein aus Urkräften aufdämmernder Schöpfungstag. Als sein literarisches Bekenntnis können vier lapidare Zeilen gelten:

"Pinsel, Hammer, Meißel, Stift, / Über alles siegt die Schrift. / Idol, vor dem die übrigen verblassen, / Die Welt in Worte fassen!"

Links daneben ein kubischer Feldstein, das Grabmal für den Schriftsteller und Kritiker **Felix Hollaender** (1867-1931), der als Dramaturg, Regisseur, Pressechef und Stellvertreter Max Reinhardts dessen enger Mitarbeiter war und nach Reinhardts Weggang nach Wien 1920/23 dessen Berliner Bühnen leitete. Die Fama sagt, daß sich Holz und Hollaender im Leben nie recht gemocht hätten. Nun liegen sie friedlich nebeneinander. Unweit auch die Grabstätten des Regisseurs **Karl Heinz Martin** (1888-1948), der der zeit-genössischen Dramatik (Sternheim, Wedekind, Toller, Hauptmann, Zuck-mayer) zum Durchbruch verhalf, 1928-1933 die "Volksbühne" und seit 1945 das Hebbeltheater leitete; die Sopranistin **Frieda Hempel** (1885-1955), seit 1907 Mitglied der Königlichen Oper Berlin, die in vielseitigen Rollen zu-gleich eine umfangreiche Gastspieltätigkeit nach Europa und Amerika führte; und der Berliner Gastronom **Kempinski**.

Auf dem Friedhof ruht ebenso der berühmte Kritiker **Maximilian Harden** (1861-1927), Herausgeber der Wochenzeitschrift "Zukunft" (1892-1923) und Verfasser literarischer Porträts von Zeitgenossen; wie auch der aus Wien stammende Dramatiker **Ferdinand Bruckner** (1891-1958), der mit bedeu-tenden Zeitstücken Jugendnöte, Sexualdelikte, Justizkritik ("Die Verbre-cher") und die Auseinandersetzung zwischen Jung-Nazis und jungen Juden über Rassenfragen ("Die Rassen") auf die Bühne brachte.

Am Hang auf halber Höhe befindet sich das von Efeu überwucherte hohe Steinmal für **Franz Cassirer** (gest. 1912) mit zwei Tierreliefbildern des bekannten Bildhauers AUGUST GAUL, dessen Tierdarstellungen von der großen klaren Form und Natürlichkeit bestimmt sind.

Auf dem Friedhof erhebt sich auch die Ruhestätte von **August Kraus** (1868-1934), einem in seiner Zeit bekannten Bildhauer, der bis zu seinem Rom-Aufenthalt 1900 vom Neubarock seines Berliner Lehrers Reinhold Begas geprägt war, sich dann aber dessen Antipoden Adolph von Hildebrandt und dem Neuklassizismus zuwandte. Seltsam war sein Tod: Ein furchtbarer Sturm schleuderte in der Siegesallee einen starken Baumast auf das von ihm geschaffene Denkmal Kaiser Heinrichs und zertrümmerte einen Teil des

Marmorsockels. Zur gleichen Stunde verschied Kraus am 8. Februar 1934.

Auf der anderen Seeseite an einem bergan führenden Weg rechter Hand ein sinnbezogener Grabstein in Gestalt eines versteinerten, violett schimmernden Baumstumpfes für **Walther Gothan** (1879-1954). Ganz in der Nähe hat **Karl Schuhmann** (1869-1946), der erste deutsche Olympiasieger in Athen im Jahre 1896, sein Grab. Ein paar Schritte weiter liegen die Gouverneure der früheren deutschen Kolonien in Afrika, **Schnee** und **Albrecht von Bechenberg**. Östlich des Sees, auf dem neuen Teil des Friedhofs, schlafen 1500 Tote aus den Kriegstagen 1945.

Viele andere große Künstler haben auf dem Friedhof ihre letzte Ruhe gefunden. Unter kleinen Birken direkt am See befindet sich das Grabmal, das kleinste unter den kleinen, des großen Berliner Schauspielers **Paul Wegener** (1874-1948). Es zeigt einen jungen Buddha, der – ihm zur Seite ein Löwe – lächelnd den Weg durch das Tor des Todes ins "Nirwana", den Zustand ewiger Ruhe, weist. Der unvergessene Tragöde und Charakterdarsteller, ein Genie auf der Bühne, spielte mit Vorliebe unheimliche und dämonische Charaktere ebenso fesselnd wie Menschen von stiller Besinnlichkeit und grüblerischer Innerlichkeit. Nach dem letzten Krieg brillierte er am Deutschen Theater mit der Altersrolle des Nathan. Er war auch einer der ersten Bühnenkünstler im Filmschaffen und hielt zudem – was heute weniger bekannt ist – als Kenner und Sammler ostasiatischer Kunstwerke fesselnde Vorträge über Altchina. Der Dichter, Maler und Kabarettist **Joachim Ringelnatz** (1883-1934) hat Wegener besonders verehrt und ihn mit den Versen gezeichnet: "Und drum rum, Buddhas schön und stumm, die er schätzt und uns nennt und deren Seele er kennt." Nur wenige Gräber trennen heute Wegener und Ringelnatz, dessen richtiger Name *Hans Bötticher* war. Statt eines Hügels liegt ein schlichter Stein auf dem Boden: Joachim Ringelnatz. "Wenn ich tot bin, darfst du gar nicht trauern. Meine Liebe wird mich überdauern", hat er einmal seiner Lebensgefährtin gesagt. 1920 erschien unter seinem Seemannsnamen Kuttel Daddeldu eine Sammlung verdrehter und umgedrehter Verse – ein Lachbuch für alle Menschen, die nach der Tragödie des Ersten Weltkrieges aufgeheitert werden sollten. Und für die, die genauer hinhörten, ein erschütterndes Buch, das mit zerstörender Selbstparodie eigene Träume und Ideale zu Grabe trägt. Als Vortragskünstler in den großen Kabaretts erzielte er Lacherfolge über Lacherfolge und kehrte dann in den letzten Lebensjahren wieder nach Berlin zurück, denn "die Dichter und die Maler und auch die Kriminaler, die kennen ihr Berlin."

Auch ein anderer Altmeister des Kabaretts, **Willi Schaeffer** (1884-1962), fand hier seine letzte Ruhe. "Was wir sammeln, was wir speichern, mag's die Erben noch bereichern, einst vergeht's. Nur der Schatz der Seelenspenden wächst, je mehr wir ihn verschwenden, jetzt und stets" schrieb der Dichter R. Dehmel 1907 für Schaeffer in einen Gedichtband. Die Verse wurden seine Lebensmaxime, und so stehen sie auf seinem Grabstein.

In der Nähe der Grabstätte ihres ersten Mannes, Paul Cassirer, liegt der schlichte Feldstein für die große Tragödin **Tilla Durieux** (1880-1971), die von 1903 bis 1934 an verschiedenen Berliner Bühnen wirkte, dann in die Emigration ging und 1952 wieder nach Berlin zurückkehrte. Ein starkes, erotisch attraktives Temperament, mit differenzierten, aber kalkulierten Wirkungen, feierte sie als Salome (Oscar Wilde), Lulu (Frank Wedekind), in Stücken von Shaw und Ibsen, zuletzt in "Die Irre von Chaillot" von J. Giraudoux und "Die Stühle" von E. Ionesco Triumphe.

Der am 12. September 1960 in der Schweiz gestorbene **Curt Goetz** (1888-1960) war ein ebenso hinreißender Schauspieler wie erfolgreicher Autor spritzig-ironischer Komödien wie "Das Haus in Montevideo", "Hokuspokus" oder "Dr. med. Hiob Prätorius". Seit 1924 trat er in eigenen und fremden Stücken, mit eigenen Tournee-Ensembles auf. Als **Valerie von Martens** 1986 im Alter von 91 Jahren in der Schweiz starb, wurde die Urne mit den sterblichen Überresten der Schauspielerin, die vielfach die Hauptrolle in den Goetzschen Stücken verkörperte, im Ehrengrab ihres Mannes Curt Goetz beigesetzt.

Viele andere Namen, die das Berliner Kultur- und Geistesleben zwischen den beiden Weltkriegen und auch noch nach 1945 bestimmten, sind zu entdecken. Wer kennt heute noch **Gertrud Bindernagel**, die einstmals gefeierte Sängerin mit ihrem strahlenden Sopran, die 1932 von ihrem Mann vor der Städtischen Oper in der Bismarckstraße erschossen wurde? Eine Tragödie, die damals wohl jedem Berliner ans Herz griff. Ihr Grab ist allerdings eingeebnet worden. **Grethe Weiser** (1903-1970), die unverwüstliche Schauspielerin, ruht an der Seite ihres Mannes Dr. **Hermann Schwerin** auf dem Friedhof an der Trakehner Allee. Beide waren bei einem Autounfall bei Bad Tölz in Bayern ums Leben gekommen. Hier liegt auch der beliebte Schauspieler **Viktor de Kowa** (1904-1973), der aus seinem "Bonvivant-Klischee" (Friedrich Luft) immer wieder auszubrechen verstand und überzeugend klassische Rollen verkörperte. Er war mit einer Japanerin verheiratet, sein Grabmal ist die Miniatur eines Tempels aus dem Land der aufgehenden Sonne. Auch der Operettenkönig **Eduard Künneke** (1885-1953) hat hier sein Grab gefunden. Beachtenswert schließlich das Familienbegräbnis **Seidler** mit einer abstrakten Plastik von VOLKMAR HAASE; solche Zeugnisse zeitgenössischer Kunst sind auf den Berliner Friedhöfen die Ausnahme.

Der Maler **Hans Pels-Leusden**, dessen Galerie zu den renommiertesten im deutschsprachigen Raum zählt und der mit seiner exzellenten Sammlung auch das Berliner Käthe-Kollwitz-Museum begründen konnte, wurde 1993 im Alter von 85 Jahren hier beigesetzt.

# FRIEDHOF RUHLEBEN

*Am Hain*
*13597 Berlin*

Durch die Spaltung Berlins und die Unmöglichkeit, den Friedhof Stahnsdorf weiter in Anspruch zu nehmen, wurde die Anlage neuer Begräbnisplätze für West-Berlin notwendig. Auf dem noch unbebauten Gelände westlich der Siedlung Ruhleben wurde 1952 ein neuer Friedhof eingeweiht. Dabei wurden auch drei **Grabmäler** enthüllt, die KARL WENKE entwarf und in der Stein-metz-Lehrwerkstatt des Senats ausführen ließ. Das größte ist ein Grabzeichen für die in den Kämpfen um Berlin Gefallenen, die zuerst auf dem Notfriedhof in Eichkamp beigesetzt und dann nach Ruhleben überführt wurden. Drei durch einen Querbalken verbundene, in ihrer Höhe abgestufte Pfeiler aus Muschelkalk tragen auf ihrer Vorderseite in Flachrelief die sinnbildlichen Gestalten Glaube, Liebe, Hoffnung. An dem höchsten Pfeiler seitlich die Inschrift: "Glaube / Liebe /Hoffnung / diese drei / doch die Liebe / ist die größte unter ihnen." Ein schlichtes Kreuz aus Muschelkalk und eine trauern-de weibliche Gestalt auf hohem Sockel sowie ein Anthroposophen-Denkmal in Form eines mehreckigen Pfeilers mit einer oben abgeflachten facettierten Kugel ist von den anderen Monumenten zu erwähnen.

Im Gegensatz zum Zehlendorfer Waldfriedhof an der Potsdamer Chaussee ist diese Begräbnisstätte gartenmäßig gestaltet, es gibt Fichtenallen, Hecken, gerade Wege, die sich mitunter zu Rasenplätzen erweitern. Die Gräberfelder sind reich bepflanzt, von Hecken durchzogen, mit gestreuten Birken besetzt.

Am Westrand der Fließwiese liegt die Tänzerin, Pantomimin und Kabarettistin **Valeska Gert** begraben, die eigentlich *Valeska Gertrud Samosch* (1892-1958) hieß, eine Schülerin von Maria Mossi. Sie gastierte in den zwanziger Jahren mit ihren Grotesktänzen (unter anderem "Canaille", "Kupplerin", "Clown", "Pianist", "Boxen", "Espagna", "Japanische Pantomime") in ganz Europa, gründete in Berlin ihr eigenes Kabarett "Kohlkopp", emigrierte 1938 nach New York und betrieb in der "Beggar Bar" ein Exilkabarett. 1949 kehrte sie nach Berlin zurück, eröffnete das Kabarettlokal "Hexenküche" und 1951 in Kampen (Sylt) den "Ziegenstall". Sie wirkte in zahlreichen Stumm- ("Die freudlose Gasse", 1925) und Tonfilmen ("Julia und die Gei-ster", 1965, von F. Fellini und "Der Fangschuß", 1976, von V. Schlöndorff) mit und schrieb mit "Katze von Kampen" (1973) ihre Autobiographie.

Auch **Paul Sanow** (1925-1980), genannt "Mause-Paul", der als Stadt-streicher eine Berühmtheit am Bahnhof Zoo war, fand hier seine letzte Ruhestätte.

## BRITISCHER EHRENFRIEDHOF

*Am Rupenhorn / an der Heerstraße*
*14055 Berlin*

Der **Ehrenhain des War Cemetery** mit 3580 Gräbern britischer Soldaten, die im Zweiten Weltkrieg vor allem bei Einsätzen der Royal Air Force gegen Berlin den Tod fanden, wurde 1955 bis 1957 nach einem Entwurf des Architekten PHILIP DALTON HEPWORTH durch die Commonwealth War Graves Commission und die Senatsverwaltung von Berlin angelegt. Die Gesamtanlage hält sich an die Vorbilder britischer Soldatenfriedhöfe seit dem Ersten Weltkrieg, so auch an dem auf dem Stahnsdorfer Südwestfriedhof. Die Anlage in Stahnsdorf war auf der Grundlage von konzeptionellen Vorstellungen des Direktors des British Museum, Sir Fred Kenyon, aus dem Jahr 1919 entstanden. Das britische Parlament hatte sie zum Gesetz für alle künftigen Gefallenenfriedhöfe erhoben. Eingehalten werden mußte die Verwendung von englischem Portlandsandstein für die Grabstelen, das Hochkreuz mit Bronzeschwert, der Erinnerungsstein mit Gedenkinschrift, aber auch der einheitlich kurze Rasenschnitt.

Man betritt den Ehrenhain durch einen dreibogigen Torbau mit schmiedeeisernen Pforten. Im Mittelpunkt der Anlage erhebt sich ein sarkophag- oder altarähnlicher Steinblock mit der Inschrift "Their name liveth for evermore" (Ihr Name lebt in Ewigkeit) und ein steinernes Hochkreuz mit eingelassenem Bronzeschwert. Entsprechend dem Eingangsbau wird der Ehrenhain auf der entgegengesetzten Seite durch eine siebenbogige Arkadenarchitektur aus Muschelkalkstein mit seitlichen Torhäusern abgeschlossen.

Die schlichten Grabstelen aus englischem Portlandsandstein verzeichnen jeweils den Namen des Toten und geben sein Regimentswappen als Relief wieder. Vor jedem Stein ist eine Rose gepflanzt worden. Wenn auch die Mehrheit der hier Bestatteten Briten waren, so befinden sich auch Kanadier, Neuseeländer, Inder, Südafrikaner, Polen und Soldaten unbekannter Nationalität darunter.

Am Südwestrand des 35.000 Quadratmeter großen Gedenkhaines schließt sich ein allgemeiner **britischer Friedhof** für in der Nachkriegszeit verstorbene Soldaten und Zivilisten an.

178

## KIRCHE MARIA REGINA MARTYRUM
Gedächtniskirche der deutschen Katholiken zu Ehren der Blutzeugen für
Glaubens- und Gewissensfreiheit in den Jahren 1933-1945
*Heckerdamm*
*13627 Berlin*

Der Berliner Bischof Wilhelm Weskamm griff die Anregung aus dem
Domkapitel auf, in der Nähe der Hinrichtungsstätte Plötzensee ein Gotteshaus
zum Gedächtnis der Blutzeugen für die Glaubens- und Gewissensfreiheit zu
errichten, und unterbreitete den Plan 1952 auf dem 75. Deutschen Katho-
likentag.

Am 12. November 1960 legte Kardinal Döpfner den Grundstein für die
Kirche, am 5. Mai 1963 wurde von ihm, inzwischen Erzbischof von Mün-
chen-Freising, die Gedenkkirche und der Hochaltar feierlich konsekriert.
Den Altar des Feierhofes weihte der Bischof von Berlin, Erzbischof Dr. Al-
fred Bengsch, den Altar in der Krypta der französische Erzbischof von
Chambéry, Louis de Bazelaire, ein.

Den Wettbewerb 1958 hatten die Architekten HANS SCHÄDEL und FRIED-
RICH EBERT gewonnen, die in der Verbindung von Gedenkstätte und Pfarrkirche
eine viereckige Fläche absteckten und sie umfriedeten. Hohe Betonwände
sollten im Feierhof eine Zone der Trauer und des Todes schaffen. Auf der
rechten Längswand des Hofes führt der große **Kreuzweg** in kraftvoller
Bewegung, in verschiedenen Gestaltformen, geschlossen oder gespalten,
flächig oder körperlich, parallel oder senkrecht, zur Wand, zum Altar, beides
Werke des Bildhauers OTTO HERBERT HAJEK.

Auch die Architektur der Kirche geht in ihrem Äußeren eine Synthese mit
einer Plastik ein. Eine **Portalfigur** des Bildhauers FRITZ KOENIG – "Königin
der Märtyrer" – stellt das apokalyptische Weib in der Sonne dar, das in Er-
wartung der Geburt des Erlösers vom Drachen verfolgt wird. In der Unterkirche
verdichtet sich die Gedenkstätte, die sich außen in monumentalen Formen
entfaltet, zu einem strengen und intimen Gebetsraum, einer Grabkirche.

Dem Altar sind drei Gräber seitlich zugeordnet. Das linke wird die Überreste
von Dompropst **Bernhard Lichtenberg**, das rechte die Asche von Dr. **Erich
Klausener** bergen. Beide, der Priester und der Laie, waren Blutopfer des
Glaubens in der Zeit des Nationalsozialismus. Sie fassen zwischen sich ein
Symbolgrab, in ihm befindet sich nur eine Urkunde, das Martyrologium
jener Blutzeugen, die unter der Herrschaft des Nationalsozialismus für Glau-
bens- und Gewissensfreiheit starben, denn den meisten von ihnen wurde das
Grab verweigert oder aber ihr Grab blieb unbekannt.

Der Prälat Lichtenberg hatte gegen den Massenmord in den Konzentrationslagern wie in den Heil- und Pflegeanstalten protestiert, er wurde ins

Gefängnis geworfen und verstarb am 5. November 1943 auf dem Weg in das KZ Dachau. Seine sterblichen Überreste wurden auf dem alten St.-Hedwig-Friedhof in der Liesenstraße beigesetzt. Sie sollen nun in die Gedenkkirche "Maria Regina Martyrum" überführt werden. Die Urne von Dr. Erich Klausener ruht bisher auf dem St. Matthias-Friedhof in Tempelhof. Er hatte seit 1928 den Vorsitz der Katholischen Aktion im Bistum Berlin inne. Als für die Mordaktion im Juni 1934 eine Liste der Opfer aufgestellt wurde, verfügte Göring, daß er auf die Liste der Opfer gesetzt wurde. Am 30. Juni 1934 gab Heydrich einem SS-Obersturmbannführer den Befehl, Klausener in seinem Dienstzimmer im Reichsverkehrsministerium am Wilhelmplatz zu erschießen.

Für die ungezählten Blutzeugen, deren Asche man in alle Winde zerstreute, steht stellvertretend einer, der unweit der Gedenkkirche am Galgen von Plötzensee starb: Pater **Alfred Delp**. 1942 stieß er zu einer Gruppe verantwortungsvoller Männer, die sich um den Grafen James von Moltke gesammelt hatten. Er hat im Gefängnis Tegel Mißhandlungen, Einsamkeit und Angst erleben müssen und starb am 2. Februar 1945.

In der Unterkirche wird der frühchristliche Baugedanke des Martyrions wieder aufgegriffen, der in den Krypten des Mittelalters mit den Reliquien der Heiligen weitergeführt worden war. Hinter den Gräbern mit den Blutzeugen aus der Gegenwart, die stellvertretend für alle Glaubenszeugen stehen, erhebt sich eine **Pietà** von FRITZ KOENIG, in der zum zweiten Male der Name Regina Martyrum gedeutet wird. Erscheint sie über dem Portal in der sieghaften Überwindung des Drachens, so trägt sie hier in mütterlichem Schmerz den Tod des Sohnes mit.

Der Innenraum der Oberkirche erscheint voller Schwerelosigkeit und Transparenz als überirdischer Lichtraum. Professor GEORG MEISTERMANN hat die Wand hinter dem Altar mit dem Thema der **Geheimen Offenbarung** gestaltet. Dem Licht werden harte Formen entgegengesetzt, in Schichtungen und Treppungen baut sich der Farbkörper des Bildes auf. Es entsteht eine Farbarchitektur, in der die Betonwände in eine teppichartige, verflochtene, dichte und doch wieder transparente, immaterielle Wirklichkeit verwandelt werden. Alle Bildbewegung hat ihren Ausgangspunkt im Lamm, das den Tag der Endzeit ankündigt. Vor der unteren, dunklen Zone des Bildes hebt sich der weiße Marmor von Altar und Ambo ab. Architektur, Plastik und Malerei verbinden sich zu einer neuen Einheit als christliches Mahnmal.

So entstand eine außergewöhnliche Gedenkstätte für die Opfer der Hitlerdiktatur.

## GEFÄNGNIS UND GEDENKSTÄTTE PLÖTZENSEE
*Hüttigpfad*
*13627 Berlin*

Das Gefängnis, die "Plötze", war im 19. Jahrhundert eine der größten Straf-
anstalten in Preußen. Es konnte bis zu 1400 Gefangene aufnehmen. Neben
den eigentlichen Kriminellen saßen hier Männer aus der sozialistischen
Arbeiterbewegung (vor allem zur Zeit des Sozialistengesetzes 1878/90) ein,
auch Liberale aus den Reihen des Bürgertums. So August Bebel, der wegen
dreimaliger "Bismarckbeleidigung" zu mehrmonatiger Haft verurteilt wurde.

War die Strafanstalt für lange Zeit Instrument der politischen Justiz zur
Unterdrückung und Disziplinierung, so wurde sie im Dritten Reich zu einem
Mord- und Terrorinstrument. Während viele politische Gefangene Haftstrafen
verbüßten oder dann in KZs überführt wurden – wie der Dichter Erich
Mühsam –, wurden hier etwa 2500 Frauen. Männer und Jugendliche hinge-
richtet.

Bis 1942 war Plötzensee zentrale Hinrichtungsstätte aller vom Volksgerichtshof und vom Kammergericht Berlin zum Tode Verurteilten; zunächst
waren es deutsche, ab 1942 Widerstandskämpfer aus 19 europäischen Ländern. Im Krieg genügten bereits ein politischer Witz oder abwertende Bemerkungen über Hitler im privaten Kreis für ein Todesurteil. Auch die
Verweigerung des Hitlergrußes, illegale Flugblattaktionen, Zweifel am Sinn
oder "Endsieg" des Krieges, Hilfe für Juden und andere Verfolgte, Sabotage,
Attentatsversuche wurden mit dem Tode bestraft. Arbeiter und Angestellte,
Wissenschaftler, Künstler, Gewerkschafter, Beamte, Soldaten und Offiziere, Reichstags- und Landtagsabgeordnete wurden hingerichtet.

Neben den vielen namenlosen Widerstandskämpfern starben Mitglieder der
**Schulze-Boysen-/Harnack-Gruppe**, der jüdischen **Gruppe Baum**, des
**Kreisauer Kreises** und des **20. Juli**, von denen die meisten in Plötzensee
inhaftiert waren. Zu ihnen gehören: **Julius Leber**, Redakteur und SPD-
Reichstagsabgeordneter; **Wilhelm Leuschner**, vormals hessischer Innen-
minister und führender Gewerkschaftler; **Karl Friedrich Goerdeler**, Ober-
bürgermeister von Leipzig und Reichskommissar a.D.; **Helmuth James
Graf von Moltke**, Gutsbesitzer und Sachverständiger für Völkerrecht im
Oberkommando des Heeres; **Erwin von Witzleben**, Generalfeldmarschall;
Jesuitenpater **Alfred Delp**. Unter den Hingerichteten befanden sich junge
Menschen, wie ehemalige Schüler der Neuköllner **Rütli-Schule**, die Flug-
blätter verbreitet hatten, und alte, wie der 74jährige Rentner **Wilhelm Lehmann**, der an das Pissoir am Kreuzberger Marianrenplatz Parolen geschrie-
ben hatte, die Hitler einen Massenmörder nannten.

181

Der erste Mann, der aus politischen Gründen in Plötzensee am 14. Juni 1934 hingerichtet wurde, war der 26jährige Arbeiter **Richard Hüttig**, KPD-Mitglied, und die erste Frau, die von den Henkern am 20. Juni 1938 enthauptet wurde, war die 29jährige Studentin **Liselotte Herrmann**, ebenfalls KPD-Mitglied. 1935 wurde die Hinrichtung mit dem Beil durch die Guillotine abgelöst, 1942 kam die Hinrichtung durch Erhängen hinzu. Sie wurde an den Mitgliedern der Schulze-Boysen-/Harnack-Gruppe am 22. Dezember 1942 vorgenommen. Die Scharfrichter erhielten neben einem festen Gehalt einen "Stücklohn" pro Hinrichtung und Sonderzulagen. Die Leichname der wegen Hoch- oder Landesverrat Verurteilten durften nicht den Angehörigen übergeben werden. Sie wurden anatomischen Instituten überstellt. Die Kosten für die Hin-richtung "durften" die Angehörigen allerdings begleichen.

Die eigentliche Hinrichtungswelle, die mit dem Krieg begann, erreichte in den Septembernächten 1943 einen mörderischen Höhepunkt. Ein Geheimbefehl des Ministeriums ordnete die Exekution aller zur Hinrichtung Verurteilten an. Zu ihnen gehörte auch der 27jährige Pianist **Karlrobert Kreiten**, der im privaten Kreise kritische Äußerungen über Hitler und dessen Kriegsführung gemacht hatte und denunziert worden war. In den Nächten vom 7. bis 9. September wurden 360 Menschen hingerichtet, darunter viele tschechische Widerstandskämpfer und vier Männer, die man "versehentlich" hinrichtete. Mehrmals wurde das Gefängnis auch von Bomben getroffen.

Am 8. August 1944 begannen die Hinrichtungen der Männer und Frauen des 20. Juli. Von den 180 bis 200, die aus diesem Kreis ermordet wurden, sind 89 in Plötzensee gehängt worden. Auf Hitlers Befehl filmten SS-Leute den Hinrichtungsvorgang. Am 25. April 1945 befreiten sowjetische Truppen alle Häftlinge der Strafanstalt.

Seit 1945 ist Plötzensee Jugendstrafanstalt. Am 14. September 1952 wurde eine Gedenkstätte eingeweiht, mit der die Millionen Opfer des Nationalsozialismus geehrt werden sollen, die aus politischen, religiösen und rassischen Gründen diffamiert, mißhandelt, eingekerkert oder ermordet wurden. In einer großen Steinurne rechts der Gedenkmauer wird Erde aus allen Konzentrationslagern der NS-Zeit aufbewahrt. Des öfteren kam es zwischen den Parteien zu Auseinandersetzungen um die Auswahl der Redner für die hier stattfindenden Gedächtnisfeiern zum 20. Juli.

# TIERGARTEN

## GEDENKSTÄTTE DEUTSCHER WIDERSTAND
*Stauffenbergstraße 11-13*
*10785 Berlin*

In dem 1967 zu einer nationalen Gedenkstätte umgestalteten Hof des Kriegs-
ministeriums in der heutigen Stauffenbergstraße 11-13 wurden nach dem
Attentat auf Hitler am 20. Juli 1944 standrechtlich erschossen: Generaloberst
**Ludwig Beck** (geb. 1880), 1935 zum Chef des Generalstabs des Heeres
ernannt und sich bereits zu dieser Zeit Hitlers Kriegsplänen widersetzend,
1938 während der Sudetenkrise von seinem Posten zurückgetreten, General
der Infanterie **Friedrich Olbricht** (geb. 1888), seit 1940 Chef des Allgemeinen Heeresamtes, Oberst **Claus Graf Schenk von Stauffenberg** (geb.
1907), Oberst **Albrecht Ritter Mertz von Qirnheim** (geb. 1905), Chef des
Stabes des Heeresamtes, und Oberleutnant **Werner von Haeften** (geb.
1908), Ordonnanzoffizier des Grafen Stauffenberg. Das Attentat gegen
Hitler führte der aus katholischem Adel stammende und dem George-Kreis
nahestehende Offizier Claus Graf Schenk von Stauffenberg aus, der schon
früh in Hitler die Verkörperung des Verbrechens erkannte. Wegen schwerer
Verwundungen zum Stabschef des Ersatzheeres ernannt, bot sich ihm 1944
die Möglichkeit des unmittelbaren Kontaktes zu Hitler. Zu einer Bespre-
chung im Hauptquartier "Wolfsschanze" im ostpreußischen Rastenburg
brachte er in einer Tasche die Bombe mit, die Hitler aber durch Zufall nicht
tötete. Schon vor der Explosion flog er nach Berlin zurück, um hier die Vor-
bereitungen für die neue Regierung zu treffen. Noch in der gleichen Nacht
wurde er zusammen mit seinen Mitverschworenen erschossen. Alle wurden
auf dem Schöneberger Matthäus-Friedhof begraben – ein Gedenkstein bezeichnet dort heute ihren kurzzeitigen Begräbnisplatz –, aber schon bald
darauf wurden die Leichname von der SS an einen unbekannten Ort gebracht. Man nimmt an, daß sie verbrannt wurden und ihre Asche auf den
Rieselfeldern verstreut wurde.

Für die Gedenkstätte hat der Bildhauer RICHARD SCHEIBE 1953 das **Ehrenmal für die Opfer des 20. Juli 1944** geschaffen: Ein athletisch gebildeter
Jüngling mit ernstem Ausdruck, die Hände gefesselt, eine noch stark der
Tradition der Kriegerdenkmäler nach dem Ersten Weltkrieg verpflichtete
Auffassung, die das Spezifische des Widerstandskampfes gegen Hitler noch
nicht zu erfassen vermag. Nur in der Inschrift des Sockels von Edwin Redslob klingt etwas von der tragischen und entsetzlichen Vernichtung verant-
wortungsbewußter Männer und von den Folgen des fehlgeschlagenen
Attentatsversuches an: "Ihr trugt die Schande nicht / Ihr wehrtet Euch / Ihr
gabt das große ewig wache Zeichen der Umkehr / Opfernd Euer heißes Leben
/ Für Freiheit Recht und Ehre."

184

*Hof der Gedenkstätte Deutscher Widerstand*

Im zweiten Stock des Gebäudekomplexes, in dem die Offiziere, auch
Stauffenberg selbst, ihre Büros hatten, befindet sich eine ständige Ausstellung "Widerstand gegen den Nationalsozialismus".

185

## Heinroth-Grab im Zoologischen Garten
*Eingang Hardenbergplatz 8 und Budapester Straße 24*
*10623 und 10787 Berlin*

**Oskar Heinroth** (1871-1945), der Direktor des Zoos und Leiter des Aquariums, der wohl bedeutendste der hier arbeitenden Zoologen, bekannt geworden durch sein Standardwerk "Die Vögel Mitteleuropas" und als "Vater der Vergleichenden Verhaltensforschung" (Konrad Lorenz). Er führte auch den Aquariumneubau (1911/13) durch. Seine Urne wurde 1945 im Zoo beigesetzt, an der Promenade zwischen dem Springbrunnen an der Bärenburg. Aus den Resten des früheren Elefantentores schuf die Bildhauerin ELISE FRAENKEL-BAUER als Schmuck der Grabstätte einen Gedenkstein mit dem Hochrelief des Kopfes des Verstorbenen.

# FRIEDHOF ALT-MOABIT
*Wilsnacker Straße*
*10559 Berlin*

Der Moabiter Ehrenfriedhof liegt versteckt hinter einer schmalen Gittertür in der hohen Ziegelmauer. Er grenzt direkt an das Gelände der St.-Johannis-Kirche. Von außen erinnert eine schlichte Gedenktafel an die Toten.

Als der Zweite Weltkrieg längst verloren war, wurden hier im April und Mai 1945 Massengräber für die Opfer der Schlacht um Berlin angelegt. Aber auch die in den Gefängnissen ermordeter Widerstandskämpfer haben auf dem ehemaligen Schulgelände ihre letzte Ruhe gefunden. Einer der bekanntesten ist **Albrecht Haushofer** (1903-1945), Professor für politische Geographie und Geopolitik sowie Lyriker und Dramatiker. Er war der Sohn des Geographen Karl Ernst Haushofer, eines Hauptvertreters der Geopolitik in Deutschland, dessen Lehren von den Nationalsozialisten aufgegriffen wurden. Auch Albrecht Haushofer schien zunächst eine politische Karriere im Auge zu haben. Er war nach der Machtergreifung der Nationalsozialisten Leiter des geopolitischen Seminars der Hochschule für Politik in Berlin, außenpolitischer Berater des Führer-Stellvertreters Rudolf Heß, Mitarbeiter des Auswärtigen Amtes, erhielt 1940 seine Professur, doch schon ein Jahr später erfolgte seine erste Verhaftung, Amtsentlassung und Redeverbot. In Berlin scharte er einen Kreis Intellektueller um sich, der sich mehr und mehr vom Hitler-Regime distanzierte. Er hatte auch Verbindungen zu den Verschwörern des 20. Juli 1944, wurde nach deren Attentat auf Hitler erneut verhaftet und – als eines der letzten NS-Opfer – beim Einmarsch der Roten Armee von einem Rollkommando der SS vor dem Moabiter Gefängnis erschossen. Bei seiner Leiche fand man ein blutbeschmiertes Manuskript mit 80 Gedichten, die später als "Moabiter Sonette" bekannt wurden. Es sind die ersten eindrucksvollen poetischen Manifestationen des bürgerlich-humanistischen Widerstandes gegen den Nationalsozialismus. Sie legen die NS-eigene Mythisierung der Geschichte offen und entlarven deren Menschenverachtung. Haushofer schrieb auch die Komödie "Und so wird Pandorien regiert" (1932) und Römerdramen in klassizistischem Stil, in denen er – historisch verschlüsselt – Zeitkritik am Hitler-Regime übte.

# WEDDING

*Eingang Dorotheenstädtischer Friedhof II*

## FRIEDHOF DER DOMKIRCHENGEMEINDE
*Müllerstraße 72-73*
*13349 Berlin*

Der Domfriedhof in der Müllerstraße ist der jüngste in einer Reihe gleicher Domfriedhöfe in Berlin. Kurfürst Joachim II. errichtete 1536 an der Kirche des ehemaligen Dominikanerklosters ein Berliner Domkapitel. Die Kirche wurde auf diese Weise, ohne Sitz eines Bischofs zu sein, zum Dom. Der dazugehörige Domfriedhof auf dem nachmaligen Schloßplatz ging 1712 teilweise, 1716 ganz ein. Nun begrub man die Toten am zum Dom gehörenden Domhospital in der Elisabethstraße vor dem Königstor, wo bis 1880 bestattet wurde. 1844 war aber bereits, aus der Platznot heraus, ein neuer Domfriedhof in der Liesenstraße 8 angelegt worden. Der Domfriedhof an der Müllerstraße schloß sich diesem am Totensonntag 1870 an. Als der ältere Friedhof am Domhospital geschlossen wurde, überführte man eine Anzahl von Grabsteinen bedeutender Persönlichkeiten von dort hierher. So wurde dieser vierte Domfriedhof zu einer beachtenswerten Traditionsstätte der Domgemeinde. Die hier vereinigten Grabsteine und -stätten umfassen eine Zeit von mehr als zwei Jahrhunderten und bilden damit ein unschätzbares Denkmal evangelischer Kirchengeschichte in Berlin. Der Berliner Lokalhistoriker Bruno Stephan hat dazu manches interessante Material zusammengetragen.

Unter der großen Zahl evangelischer Geistlicher, vornehmlich der Prediger am Dom, ist an erster Stelle der Bischof **D. Friedrich Samuel Gottfried Sack**, geboren 1739 in Magdeburg, zu nennen. Sein Vater war bereits seit 1740 Hof- und Domprediger zu Berlin und von 1769 bis 1786 Oberhofprediger. Seine geistliche Tätigkeit umfaßte die gesamte Regierungszeit Friedrichs II. Der Sohn wurde 1777 Hof- und Domprediger, so daß sie neun Jahre zusammen wirkten. In diesem Bezug ist ein Gedicht von Jenisch aus dem Jahre 1781 zu verstehen: "Im reformierten Dom preist nach Calvinens Schlag der Christen Lehrsystem der würdevolle Sack, der Alte vormittags und nachmittags der Junge, geübt in gutem Ton mit rednerischer Zunge." Der Junge wurde 1793 ebenfalls Oberhofprediger und nach dem Vollzug der lutherisch-reformierten Union 1816 anno 1817 evangelischer Bischof zu Berlin. Die ihm zur Seite ruhende Gattin **Wilhelmine Sack** geb. *Spalding*, war die Tochter des bekannten, aus Stralsund stammenden Propstes Spalding an St. Nikolai. Das Gedicht Jenischs gedenkt auch seiner mit den Worten: "Der heilge Nicklas ist ruhig und stumm, wenn in sein Territorium Propst Spalding neue Lieder preist." Der Ruf des Bischofs Sack war bis zu Goethe gedrungen. So lauschte der Dichter während seines Berlinbesuchs am 17. Mai 1778 einer der berühmten Predigten des Theologen. Und der Sohn des Bischofs war ebenfalls 1819 bis 1842 Hof- und Domprediger und verstarb · 189

1842 in Bonn. So umfaßt das Wirken dieser drei Predigergenerationen namens Sack ein ganzes Jahrhundert Domgeschichte. Und da der jüngste Sack Schüler des Joachimthalschen Gymnasiums war, mögen auch Beziehungen zu der Familie des Direktors Snethlage bestanden haben. Sie führten wohl dazu, daß sich auf dem Domfriedhof auch einige Snethlage-Gräber befinden. **D. Karl Snethlage** war ein Sohn des Direktors und nur vier Jahre jünger als der jüngste Sack. Auch er wurde 1844 Prediger am Dom und war von 1863 bis 1871 ebenfalls Oberhofprediger.

Zwischen den Sack- und Snethlage-Gräbern gab es eine Bombenlücke aus dem letzten Kriege. Da stand das Kreuz für den aus Gramzow in der Uckermark stammenden Domprediger **Théremin**, der 1846 verstarb. Er galt als ein Prediger von "hinreißender Beredsamkeit, dessen Vorbilder Demosthenes und Massillon waren." Er hinterließ 10 Bände Predigten, die von 1818 bis 1852 erschienen, und war auch ein geschätzter Cervantes-Übersetzer.

Wenige Schritte entfernt befindet sich der erneuerte Grabstein des ersten Berliner Oberbürgermeisters nach der Steinschen Städteordnung vom 19. November 1808, des vorherigen Oberpräsidenten **Carl Friedrich Leopold von Gerlach** (1757-1813). Am 25. April 1809 wurde er einstimmig von dem im Palais des Prinzen Heinrich, der heutigen Humboldt-Universität, versammelten Stadtverordneten zum Stadtoberhaupt gewählt. Am 6. Juli führte man ihn und das neue Regiment unter dem feierlichen Geläut der Glocken von St. Nikolai ein. Neben seinem Grabmal erhebt sich das schmiedeeiserne Grabkreuz seines Sohnes **Otto von Gerlach**, der Geistlicher an der St.- Elisabeth-Kirche war und kurze Zeit bis zu seinem Tode 1849 die Stelle eines Hof- und Dompredigers inne hatte. Er und seine Brüder, der eine General und der andere Publizist, waren eng mit dem König Friedrich Wilhelm IV. befreundet. Man nannte sie die "Kamarilla" und bezichtigte sie eines ultrakonservativen Einflusses auf diesen in unruhevollen Tagen.

In der Nähe befindet sich das Grab des Rendanten **Hache** von der Seehandlung. Er schuf aus ihr eine Stiftung, aus der man jährlich an seinem Geburtstag hundert armen Berlinern je 75 Mark auszahlte. Nach den Gerlach-Mälern erhebt sich das Kreuz für den Oberhofprediger **Strauss**. Er war in diesem Amt der Vorgänger Snethlages. Wegen seiner Ernennung witzelte man über den König: "Der König kann mehr als die Natur. Er bekam es fertig, aus einem Strauß einen Dompfaffen zu machen." Ein Hengstenberg wurde Strauss' Nachfolger, er ist aber nicht identisch mit dem bekannten Theologieprofessor gleichen Namens, der hier begraben ist. Auf seinen Stein folgt ein anderer mit dem Namen **Rödenbeck**, der mit dem bekannten, ebenfalls hier bestatteten Oberhofprediger **Ernst Dryander** verwandt ist. Wendet man sich bei seinem Stein von der Wand des Domfriedhofes an der Liverpooler Straße mehr zur Mitte, findet man die Gräber des Dichters **Paul Gurk**

(1880-1953), des Pfarrers **Laubvogel** von der Ostergemeinde wie der Inhaberin der Firma "Klasse"-Kleidung von der Ecke Müllerstraße und Liverpooler Straße.

Damit ist aber die Aufzählung bedeutender Theologen noch keineswegs am Ende. Genannt werden müssen noch **Bruno Doehring** (1879-1961), der 1914 bis 1961 als Domprediger wirkte, und vor allem Propst **Heinrich Grüber** (1891-1975), der seit 1933 zu einem wichtigen Exponenten der Bekennenden Kirche wurde und seit 1937 die von ihm gegründete Hilfsstelle für evangelische Rassenverfolgte, das "Büro Grüber", leitete. 1940 bis 1943 wurde er deshalb von den Nationalsozialisten in die KZ Sachsenhausen und Dachau verschleppt. Seine Predigten in Dachau sind unter dem Titel "Leben an der Todeslinie" 1965 erschienen. 1945 wurde er Propst an der Marienkirche, 1949-1958 war er Bevollmächtigter der EKD bei der Regierung der DDR und setzte sich für die Wiedervereinigung Deutschlands ein. Seine Aussagen beim Prozeß gegen Adolf Eichmann und bei anderen NS-Prozessen fanden eine große Öffentlichkeit; seine "Erinnerungen aus sieben Jahrzehnten" brachte er 1968 heraus.

An der anderen Seite des Mittelganges bezeichnet eine Stele das Grab des Schauspielers und Schriftstellers **Albert Emil Brachvogel** (1824-1878), der zahlreiche Unterhaltungsromane schrieb, besonders historische, von denen "Friedemann Bach" (1858) einen besonders großen Erfolg hatte, aber auch das Drama "Narziß" (1857). Im selben Gräberfeld ruhen die Gebeine des Seminardirektors **Johann Friedrich August Merget** (1801-1877), der die erste "Heimatkunde von Berlin und Umgebungen" (1858) herausbrachte. Der Grabstein wurde ihm von seinen Schülerinnen in Dankbarkeit gesetzt. Eine von ihnen, Agathe Nalli-Rutenberg, widmete ihm in ihrem Buch "Liebes, altes Berlin" einen warm empfundenen Nachruf. Einige Reihen weiter findet sich die Grabstätte des Philosophen Professor **Trendelenburg**, der Lehrer am Askanischen und Friedrichsgymnasium, auch Literarhistoriker und Archäologe, war.

Auch der Ägyptologe und Sprachwissenschaftler **Carl Richard Lepsius** (1810-1884) soll nicht vergessen werden, der 1842 bis 1846 das Niltal bis tief in den Sudan erforschte und die "Denkmäler aus Ägypten und Äthiopien" (1849-58) herausbrachte. Die reichen Funde seiner Expedition wurden in dem nach seinen Plänen errichteten Ägyptischen Museum in Berlin untergebracht, dessen Direktor er 1855 wurde. 1873 bis 1884 war er Oberbibliothekar der Königlichen Bibliothek in Berlin. 1866 unternahm er geographische Untersuchungen im Nildelta. Lepsius gilt als einer der Begründer der Ägyptologie. Innerhalb der Afrikanistik wirkte er durch die Schaffung eines Alphabets für schriftlose Sprachen und durch eine Gliederung der Völker und Sprachen Afrikas als Einleitung zu seiner "Nubischen Grammatik" (1880). Im Gegen-

191

satz zur gängigen Auffassung faßte er die Sprachen des Sudan als Mischung aus Bantusprachen und hamitosemitischen Sprachen auf.

Auf dem Friedhof wurde 1958 auch "Onkel **Emil**" **Päsecke** zur letzten Ruhe gebettet. Er war der beliebteste "Biervater" der Berliner Studenten im "Strammen Hund" und nach dem Zweiten Weltkrieg bis zu seinem Tode im "Historischen Keller" in der Marienstraße, nahe Bahnhof Friedrichstraße.

## EVANGELISCHER NEUER DOROTHEENSTÄDTISCHER FRIEDHOF
*Liesenstraße 9*
*13355 Berlin*

Die Namen des alten Berliner Bürgertums tauchen allenthalben auf den Gedenksteinen des 1841 angelegten Friedhofs der Stadtmitte auf: **Habel**, von den Weinstuben Unter den Linden, **Dressel**, auch ein Pfleger des Weines, **Alfred Kranzler** und seine Frau **Anna**, deren Namen heute noch hohe Geltung in ganz Berlin haben, Hofschuhmacher **Breitsprecher**, Goldschmiedemeister **Salbach** und Hut-**Borchert**. Im Tod sind sich die Menschen alle gleich. Auch wenn für den einen ein prunkvolles Mausoleum bereitsteht, der andere eine riesige Marmorplatte erhält und für manchen nur ein schlichtes Holzkreuz bleibt.

Manche Grabstätte wird natürlich besonders beachtet. So ist es hier bei der großen, schlicht gehaltenen Steinplatte – inmitten einer Buchsbaumhecke – mit dem Namen **Otto Nicolai** (1810-1849), des Komponisten und Dirigenten. In den 1840er Jahren begründete er in Wien die Philharmonie, hatte aber mit seinem kompositorischen Schaffen keinen Erfolg. Deshalb kehrte er 1848 nach Berlin zurück und übernahm die Leitung des Domchores und die Kapellmeisterstelle in der Königlichen Hofoper Unter den Linden. Der Schöpfer der neuen Oper (gemeinsam mit Carl Maria von Weber) ist nur 39 Jahre alt geworden ist. Er erlag den Folgen eines Schlaganfalls. Der Komponist erlebte noch kurz vor seinem Tod, am 9. Mai 1949, die Uraufführung seiner Oper "Die lustigen Weiber von Windsor" am Königlichen Schauspielhaus. Wenige Wochen danach spielte man erstmals die schon vor Nicolais Tod angenommene Oper "Die Verbannte". Seinen Grabstein stiftete der Tonkünstlerverein zu Berlin.

Mitten im Häusermeer ruhen auf dieser "Insel der Toten" auch die Größen der deutschen Zirkusdynastien. "Familie P. Busch" steht über dem aus dem Zeitgeschmack der Jahrhundertwende geschaffenen, mit riesigen Aufbauten versehenen Mausoleum der Busch-Familie Der Senior, **Paul Busch** (1850-1927), Sohn einer angesehenen Berliner Bürgerfamilie, gründete 1884 den Zirkus Busch in Svendburg (Schweden), errichtete dann in Wien und Altona feste Häuser, und 1894 stand in Berlin sein berühmter Kuppelbau, in der Nähe des S-Bahnhofs Börse (Hackescher Markt). Seine Wasserpantomimen, aber auch seine Pferdedressuren zogen das Publikum an. Seine Tochter **Marie Doré** (1871-1900) und vor allem seine zweite Frau, **Barbara Sidonie Busch** (1849-1898), ihr Künstlername war "Miß Constance", machten sich als exzellente Parforcereiterinnen einen Namen. Die Tochter **Paula Busch** (1884-1973) übernahm das Zirkusunternehmen aus den Händen ihres Vaters. Sie führte große Manegeschauspiele ein, in denen Dialoge und andere 193

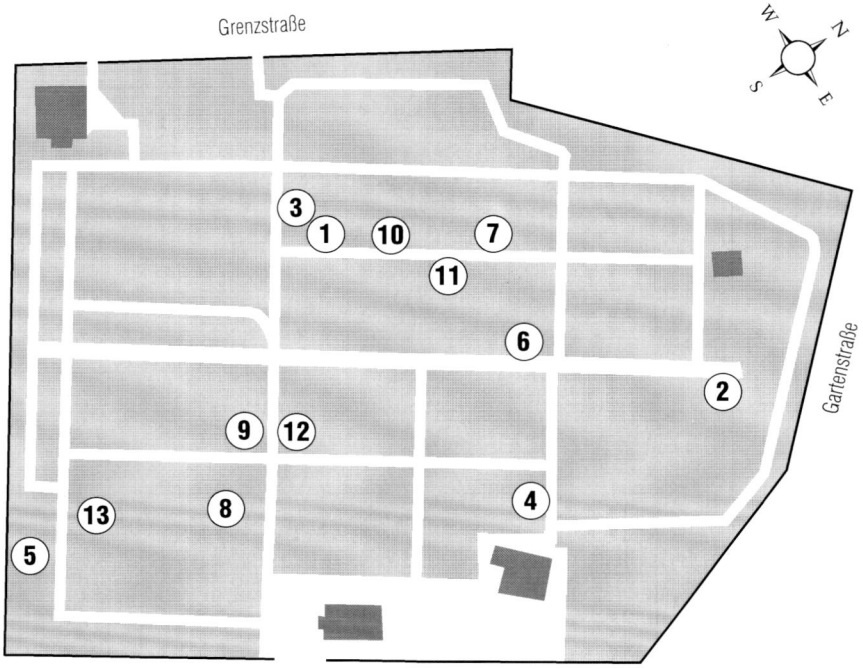

Grenzstraße

Gartenstraße

Liesenstraße

Theaterformen verwendet wurden. 1937 kam es zum Abriß des Zirkusgebäudes an der Börse. Seinen letzten Standort verlor der Zirkus 1945 in Breslau. Nach dem Kriege spielte Paula Busch 1946 bis 1948 in einer Arena im Berliner Zoo, dann verpachtete sie den Namen. Verschiedenen Neugründungen zusammen mit ihrer Tochter **Constance Busch** (1913-1969), die den Künstlernamen "Micaela" trug, war kein Erfolg mehr beschieden. Schaut man durch das Schlüsselloch ins Innere des Mausoleums, fällt der Blick auf 194 eine Urne. In Goldschrift ist darauf zu lesen: **Minna Schulze** (1883-1953), genannt "Wasserminna". Sie gehörte in den ersten beiden Jahrzehnten unseres Jahrhunderts zu den Attraktionen des Zirkus als Schulreiterin, durch ihre kühnen Wassersprünge, ihre Schlangentänze oder Clownerien. Ihre ganze Lebensphilosophie bestand aus einem Satz, und der war echt Berlinisch: "Feinde habe ick keene, un det is mein Stolz. Wat is sonst Jlück? Vielleicht Jeld? Det nützt ooch nischt. In'n Sarj körn'n wa doch nischt mitnehmen!" Paula Busch hat die Asche der 69jährig verstorbenen Artistin und treuen Mitarbeiterin für alle Zeiten in den Hort der Familie überführt.

Ein Stück weiter trägt ein Obelisk den Namen der Zirkusfamilie Renz. Ein Porträtmedaillon gibt den Begründer des Zirkus Renz, **Ernst Jacob Renz** (1815-1892), wider, der zunächst mit einem kleinen Wanderzirkus durch Deutschland zog, bereits 1851/52 ein eigenes, festes Gebäude in Berlin errichten ließ und sich dann hier 1890 einen Riesenbau in der Karlstraße schuf. Weitere Bauten errichtete er dann in Dresden, Breslau und Hamburg. Renz ist der eigentliche Begründer der deutschen Zirkustradition, große artistische Leistungen und herausragende Dressuren – so zeigte er die erste Löwendressur der Welt – machten seinen Zirkus berühmt. Ihm zur Seite ruht seine Ehefrau, die Artistin **Antoinette Renz** (1820-1896). Dagegen befindet sich das Grab der legendären Schulreiterin Therese Renz (1859-1938) auf dem alten Friedhof der Französisch-Reformierten Gemeinde an der Chausseestraße. Seinem Sohn Franz hinterließ Ernst Jacob Renz ein florierendes Zirkusimperium, doch dieser war der mächtig drängenden Konkurrenz nicht gewachsen und mußte 1897 den Zirkus aufgeben.

Ein paar Reihen weiter stößt der Besucher auf ein Säulenrondell mit den von Efeu bewachsenen Gräbern der Zirkusfamilie Schumann. Auf die Erfahrungen seines Vaters **Gotthold Schumann**, der 27 Jahre Kunstreiter bei Renz war und dann ein eigenes Unternehmen gründete, konnte der Zirkusdirektor **Albert Schumann** (1858-1939), der "König der Manege", aufbauen, der 1899 die Nachfolge von Ernst Renz antrat. Er brachte mit seiner Frau **Clara Schumann** (1856-1928), die eine bekannte Schulreiterin war, den verschuldeten Zirkus Renz durch seine Ausstattungs- und Pferdenummern zu neuem Glanz und Ansehen. Seine "musikalischen Hengste", Akrobatenpferde und die Dressur von Brauerpferden erfreuten sich großer Beliebtheit. 1918 löste er sein Unternehmen auf und zog sich ins Privatleben zurück.

Unweit liegen die Familiengräber des Kaufhausgründers **Carl Rudolf Hertzog** (1815-1894). Von einem kleinen Manufakturwarengeschäft in der Breiten Straße brachte es Hertzog bald durch kaufmännisches Geschick und das Einschlagen neuer Wege – so durch erste Formen des Versandhandels – zu einem der größten Berliner Warenhäuser. Er richtete sogar eine Pferdewagenverbindung zu seiner Firma ein und gab jährlich die "Agenda", ein Jahrbuch mit Kalender und praktischen Tips und Informationen, heraus. 195

*Kranzlersche Grabmäler*

Nach dem Ende des Zweiten Weltkrieges wurde das Warenhaus auf Befehl der Sowjetischen Militäradministration enteignet. Ein für die Familie erbautes Mausoleum hat, aus unbekannten Gründen, nie einen Toten aufgenommen und ist dem Verfall preisgegeben.

Linker Hand vom Hauptweg befindet sich die Ruhestätte für die Familie Kranzler. Der Konditor **Georg Johann Kranzler** (1795-1866), gebürtiger Österreicher, gründete 1825 in der Friedrichstraße / Ecke Behrenstraße eine eigene Konditorei und eröffnete 1834 an der Ecke Unter den Linden / Friedrichstraße das großzügig ausgestattete Café Kranzler, das zu einem beliebten Treffpunkt der Berliner wurde. Seine Wiener Spezialitäten und sein russisches Eis waren sprichwörtlich in aller Munde. 1852 ernannte ihn die königliche Familie zum Hofkonditor. Sein Sohn **Alfred Kranzler** (1843-1911) führte das Café erfolgreich weiter. 1932 wurde vom Berliner Hotelbetrieb AG am Kurfürstendamm ein zweites Café Kranzler eingerichtet. Während das Stammhaus Unter den Linden 1944 den Bomben zum Opfer fiel, ist das Café am Kurfürstendamm 1958 wieder eröffnet worden. Das weiß leuchtende Steingrabmal trägt das Bronzeporträt Alfred Kranzlers.

Rechts dahinter an der Mauer "**Lücks Erbbegräbnis**" von 1858, mit einem schönen antikisierenden Steinrelief, gezeichnet "G. WILLGOHS. F. 1850". In der Reihe vor der Kranzler-Grabstätte der Grabstein für **Friedrich Reinhard Stechow** (1815-1895), der von 1859 bis 1895 Prediger an der Dorotheenstädtischen Kirche war. Dagegen ist das Grab einer anderen bedeutenden Persönlichkeit, des Architekten **Julius Karl Raschdorff** (1810-1914), in ziemlich verwildertem Zustand, die Umfassungsmauer teilweise abgebrochen. Raschdorff war der Erbauer des mächtigen Kuppelbaus des Doms am Lustgarten, über dessen Wert es um die Jahrhundertwende viel Streit gegeben hat.

Das von einem schmiedeeisernen Gitter umschlossene Grab des Experimentalphysikers **August Kundt** (1839-1894), des Erfinders der Kundtschen Röhre, wird von zwei hohen Lebensbäumen flankiert. Die "Kundtschen Staubfiguren" werden in allen Physikbüchern beschrieben und gelten als eine ebenso einfache wie überzeugende Methode zur Messung der Schallgeschwindigkeit in Gasen. Kundts bekanntester Schüler ist der spätere erste Nobelpreisträger für Physik, Conrad Röntgen.

Erhalten ist auch noch das Grab des 1927 verunglückten Radsportidols **Krupkat**; das Grabrelief stammt von LUDWIG MARCUSE (1928).

Auf dem Friedhof haben auch zwei bedeutende Marmorwerke die Zeiten überdauert: Links vorn, nahe dem Hauptweg, steht die große Stele für **Emilie Loeffler** (1837-1900) mit einem Abschiedsrelief – ein stehender Jüngling hält die Hand einer sitzenden Frau – im klassischen Stil von dem Bildhauer FRITZ KLIMSCH aus dem

*Stele für Emilie Loeffler*

Jahre 1904. Hinten rechts am Hauptweg erhebt sich das Grabmal für **Woldemar Behrt** (gest. 1888), eine große weibliche Gestalt, zum Himmel aufsehend ("Der Friede"?), auf barockisierendem Sockel von L. CAUER.

*Kriegsgräber*

## ALTER ST.-PAUL-KIRCHHOF

*Seestraße 124*
*13353 Berlin*

Die benachbarten Nazareth-, St.-Johannis- und St.-Paul-Gemeinden, die lange Zeit Bestattungen auf anderen Friedhöfen vornehmen mußten, konnten 1861, 1866 und 1867 eigene Kirchhöfe auf militärfiskalischem Gebiet an der Seestraße einweihen. Die St.-Paul-Gemeinde hatte 1864 zehn Morgen Land erworben, das aber sehr uneben war und mit hohen Kosten planiert werden mußte. Der durchgehende Dünenzug gibt aber diesem Gottesacker seine eigene Prägung. Auf ihm entlang zog sich teilweise der Mittelweg. Da der neue Friedhof weit vom Gemeindemittelpunkt entfernt lag, zogen es die Gemeindemitglieder zunächst vor, ihre verstorbenen Angehörigen näheren Bestattungsplätzen zuzuführen. Nur die ärmere Bevölkerung wählte die neue Stätte. Deshalb sah man sich veranlaßt, Freistellen bei Beerdigung auf ihm zu gewähren, eine Vergünstigung, die erst 1894 aufgehoben wurde.

Die mehr gemeindliche Entwicklung des Gottesackers brachte es mit sich, daß das bekannte Berliner Grabstättenwerk von Willi Wohlberedt in den vier Bänden über fast 6000 Gräber bekannter und berühmter Berliner dem St.-Paul-Kirchhof nicht eine Zeile widmet. Auch wenn der Kirchhof 1898 erweitert werden mußte und die Gemeinde bald weiteres Gelände am Plötzensee pachtete, wurde erst 1918 mit **Karl Friedrich Hermann Wilhelm Zechlin** (1866-1918) einer der Pfarrer auf dem gemeindeeigenen Kirchhof begraben. 1922 folgte ein weiterer Pfarrer, **Karl Ehrenfried Robert Kohlweyer** (1865-1922), der 16 Jahre an St. Paul gewirkt hatte, zuletzt als Nachfolger Zechlins. 1931 bettete die Gemeinde einen wahren Patriarchen auf dem Gräberfeld, den Pfarrer **Wilhelm Neveling** (1851-1931), der von 1886 bis 1915 dort die Stelle versah. Schon 1934 folgte wieder ein Paulspfarrer, **Engler** mit Namen, seit 1917 war St. Paul sein Wirkungsfeld. Pfarrer **Ulfert**, der ihm die Leichenrede hielt, folgte ihm 1939; mit 34jähriger Tätigkeit an St. Paul war er dort am längsten wirksam und erwarb manche Verdienste und Ehrungen. Schließlich amtierte der Pfarrer **Bourquin** von 1923 bis 1955 an St. Paul und fand hochbetagt 1966 auf dem Friedhof seine Ruhestätte.

Neben den Pfarrern, Kirchenältesten und Gemeindedienern findet sich der halbe Gesundbrunnen auf den Grabsteinen wieder. Der Name **Ballschmieder** erinnert an das in ganz Berlin bekannte Etablissement. **Theuerkauf** war die Eisenwarenkaufmannsfamilie aus der Badstraße an der Ecke der Stettiner Straße. Der Name **Kraatz** erinnert an die Druckerfamilie, die die "Quelle" herausgab, jenes Gesundbrunnenorgan, das dessen Geschichte chronikalisch vermittelte und im "Suchsdorf" als Buch 1891 hinterließ, die auch die Chronik der Paulskirche und damit ihres Kirchhofes druckte.

Allein in diesen Namen sind Jahrzehnte des Gesundbrunnens und seiner Bewohner eingefangen. Ein ganz normaler Friedhof, der aber ein aufschluß- reiches Kapitel Berliner Heimatgeschichte schrieb.

## ALTER NAZARETHFRIEDHOF
*Seestraße 125*
*13353 Berlin*

1861 wurde dieser 10 Morgen große Friedhof an der Seestraße seiner Bestimmung übergeben, den die Nazarethgemeinde vom Forstfiskus für 900 Mark erworben hatte. Zwar birgt er nicht so viel Gräber bekannter Persönlichkeiten wie andere Berliner Friedhöfe, doch hat auch er Berliner Geschichte geschrieben. Der von 1873 bis 1903 amtierende Pfarrer **Ludwig Diestelkamp** (1833-1912) hat viel für die Formung des Weddinger Profils geleistet. Er war maßgeblich daran beteiligt, als 1878 aus den Sammelgeldern zum Dank für die Errettung des alten Kaisers Wilhelm I. bei Attentaten eine Kirche errichtet wurde, die Dankeskirche auf dem Weddingplatz. Das Ergebnis einer weiteren Sammlung anläßlich der Goldenen Hochzeit des Kaiserpaares 1879 stellte das Kaiser-Wilhelm-und-Kaiserin-Augusta-Stift, eine Altersversorgungsanstalt der Stadt Berlin, dar. Man erweiterte die Stiftung zum 25jährigen Regierungsjubiläum des alten Kaisers und zu seinem 90. Geburtstag um je einen Trakt. Diese Bauten an der Schulstraße zogen ein ganzes Viertel ähnlicher nach sich: 1885 das Heiliggeist- und St.- Georgen-Hospital. Die alten Stifte Berlins wurden zur Reinickendorfer Straße verlegt: 1866/67 das Paul-Gerhard-Stift an die Müllerstraße, 1891 das Kaiser und Kaiserin Friedrich Kinderkrankenhaus ebenfalls zur Reinickendorfer Straße, 1892 ihm gegenüber das Lange-Schucke-Stift. Später folgten hier noch das Reuterstift, das Jüdische Krankenhaus und Altersheim. Ihre Insassen wurden vornehmlich auf dem Nazarethfriedhof begraben.

Dicht dabei entstand noch infolge Diestelkamp-Bodelschwinghscher Beziehungen die inzwischen nach Lobetal, Hoffnungstal, Gnadental bei Bernau gewanderte Arbeiterkolonie. Diestelkamp gab auch die Anregung zur Errichtung des Weddinger Lessinggymnasiums an der Pankstraße, wie er auch die Michaelsgemeinschaft für den Wedding interessierte und hier des Grafen Pückler-Rogaus Werk aufleben ließ, das im Pücklerhospiz in der Schönwalder Straße noch heute existiert. Dadurch entstand hier ebenfalls die Schrippenkirche in der Ackerstraße. Die Kaiserin Augusta Viktoria war auf Diestelkamp aufmerksam geworden und übertrug ihm die Geschäftsführung des von ihr gegründeten kirchlichen Hilfsvereins, dem der Wedding die Neue Nazarethkirche, die Himmelfahrtkirche, die Kapernaumkirche und die Versöhnungskirche verdankte.

Der erste Pfarrer der Himmelfahrtkirche wurde Diestelkamps Schwiegersohn, der ebenfalls auf dem Nazarethfriedhof ruht. Nicht weit entfernt von der Diestelkamp-Grabstätte begrub man 1937 den Artisten **Adolf Rautmann**, Berlins "Onkel Pelle". Seinen Grabstein hat der Sohn aus Geldnot an den Steinmetzmeister auf der anderen Seite der Seestraße veräußert. Pelles Vater hatte seine Ersparnisse beim Bau der Nordbahn verloren und war aus dem Leben geschieden. Der Junge wollte mit seiner humoristischen Gabe zum Lebensunterhalt beitragen, wurde als schwarzes Schaf angesehen und hinausgeworfen. So steckte er in Hermsdorf die Laternen an. Er hatte harte Zeiten durchzustehen, bis er als Komiker bekannt wurde. Selbst Bismarck bestellte ihn ins Reichskanzlerpalais. Büsum ernannte ihn zum Wattenpräsidenten. Seinen Namen hatte sich "Onkel Pelle" patentieren lassen, verzichtete aber darauf, als der Patentschutz ablief. Auch andere konnten ihn nachahmen, hatte er doch zum Leben für sich und sein "Hedekin" genug. So wurde sein Name ein Begriff.

Einige Reihen weiter befindet sich die Grabstätte des Professors **Max P. Neumann** (1874-1937). Er war der Gründer des gegenüber dem Friedhof gelegenen Institutes für Getreideverwertung und Müllerei. Auch sein Kollege **Olbrich** vom Institut für Gärungsgewerbe wollte hier nahe seinem Arbeitsplatz begraben werden. Die Inhaber der Farbenfabrik **Decken** an der Seestraße haben hier ebenfalls eine Familiengrabstätte.

Bruno Stephan, der viele hier bestattete Persönlichkeiten recherchiert hat, erzählt auch die Geschichte einer verschwundenen Grabstätte. Zur Zeit der Sozialistengesetze gab es Versammlungen im Gasthof zum "Schweinekopf", der sich an der Stelle des heutigen Westhafengeländes befand. Drei Weddinger Arbeiter fanden auf dem Heimweg die Kanalübergänge versperrt, versuchten den Übergang auf dem Eise und ertranken. Die Weddinger Arbeiterschaft bereitete ihnen ein Ehrenbegräbnis und ließ ihnen einen würdigen Grabstein errichten. Dieser überdauerte die Kaiser- und die Weimarer Zeit. Doch die Nationalsozialisten ließen den Grabstein entfernen und die Grabstätte einebnen.

Der Friedhof wurde inzwischen zum Alten Nazarethfriedhof, da noch ein neuer in Reinickendorf an der Blankestraße entstand.

## URNENFRIEDHOF SEESTRASSE
*Seestraße 92 / 93*
*13347 Berlin*

Der geometrisch angelegte Friedhof wurde seit Mitte des 19. Jahrhunderts für Grabanlagen benutzt. Hier ist der humoristische Schriftsteller und Karikaturist **Jonny Liesegang**, der eigentlich *Johannes Haasis* (1897-1961) heißt, bestattet. 295 Opfer der Hitlerdiktatur sind hier zu finden, die in Zuchthäusern, KZs und Heilanstalten umkamen; außerdem auch die Gräber von sechs Männern, die am 17. Juni 1953 den Tod fanden. An sie erinnert ein **Denkmal** "Befreiung" von K. WENKE.

201

## URNENFRIEDHOF AM RUHEPLATZ
*Gerichtstraße 37 / 38*
*13347 Berlin*

Eine sandige, baumlose Fläche, der Weddinger Acker, wurde am 10. April 1828 vom Prediger der 1713 erbauten **Sophienkirche**, August Friedrich Ideler, als Friedhof eingeweiht, der seit der Errichtung der Alten Nazarethkirche zu dieser gehörte. Wedding wurde erst 1861 in Berlin eingemeindet. 1876 erfolgte die endgültige Schließung des ersten Friedhofes, des alten Ruheplatzes, nachdem bereits 1861 der neue gemeinsame Nazareth-, Pauls- und Johannesfriedhof an der Seestraße eröffnet wurde. Bis zur Schließung des Ruheplatzes wurden dort 31.661 Menschen zur letzten Ruhe gebettet. In den letzten Jahren bis 1933 kamen dann noch 445 Beerdigungen dazu, davon 42 in Erbbegräbnissen. 1945 wurden hier noch 120 Opfer der kriegerischen Ereignisse während des Kampfes um Berlin in einem Gemeinschaftsgrab beigesetzt.

Von den alten Grabstätten ist keins erhalten geblieben. Mit der 1890 in Gotha erfolgten Errichtung eines Krematoriums wurde dann die Frage der Urnenbeisetzung auch für Berlin akut, als hier 1912 das Krematorium in der Gerichtstraße, das erste in Berlin, eröffnet wurde. Bereits beim Bau der Urnenhalle 1909/10 waren die baulichen Voraussetzungen für die spätere Umwandlung in ein Krematorium geschaffen worden. Von dem heute existierenden Gebäudeensemble war zunächst die achteckige Feierhalle mit Pyramiden-Mansartdach entstanden. An ihren Wänden reihten sich Urnennischen nach Art römischer und frühchristlicher Columbarien, deren obere von einem Umgang zu erreichen waren. Die zweiflügelige Erweiterung von 1914/15 an der Ostseite, die einen achteckigen Hof bildet, diente in drei Geschossen – das Untergeschoß mit eingeschlossen – der Urnenbeisetzung. Die beiden Flügelbauten lassen den Zugang zu einem wohldimensionierten Hof frei, der zugleich den Hauptzugang zur Feierhalle bildet. Ein umlaufender überdeckter Gang, die besondere Bepflanzung und das schmiedeeiserne Gitter des Durchganges geben dem Hofraum seine besondere Atmosphäre. Gleichzeitig mit der Errichtung der zusätzlichen Urnenaufbewahrungs-gebäude erhielt das Krematorium an der Westseite ähnlich gegliederte Anbauten, die einen Wirtschaftshof bilden. "Der jetzt vorhandene Achteckbau nebst den beiden über Eck angeordneten kurzen Flügeln stellt ... nur einen Teil der großzügigen und durch ihre eigenartige Grundrißlösung bemerkenswerten Gesamtanlage dar. Die Entwicklung des Aufbaues aus dem Achteck ist folgerichtig durchgeführt ... Die Architektur, in ihrer schlicht-ernsten Formensprache an frühchristliche Vorbilder erinnernd, wird unter Vermeidung aller kirchlichen Anklänge der Bestimmung des Bauwerks gerecht. Die Flächen sind rauh geputzt, ein kräftig ausladendes, gebrochenes Ziegeldach

erhöht den wuchtigen Ernst des hochragenden Mittelbaues. Die Schornstein-
mündung im Scheitel des Zeltdaches (Spitze des Pyramidendaches – der
Verfasser) ist durch einen zierlichen laternenartigen Aufbau gekennzeichnet" (E. Lichthorn). 1920 wurde an der Südseite der Anlage eine zweite
Feierhalle errichtet.

Nachdem man die Urnen anfangs in den eigens errichteten Urnenhallen
aufbewahrte, ging man bereits 1922 zur Bestattung der Urnen in der Erde
über. Der Ruheplatz wurde zum Urnenfriedhof, der auch das Gelände des
1856 geschaffenen und 1879 erweiterten Armenfriedhofes umfaßt. Auf ihm
wurden bis 1879 25.134 Menschen beigesetzt. Es existiert noch ein Teil der
alten Mauer, ein anschauliches Dokument für Urnenbeisetzungen in den
ersten Jahren der Feuerbestattung. Ein Gemeinschaftsgrab für oberirdische
Urnenbeisetzungen aus den 20er Jahren ist in Form eines Säulentempels errichtet worden. Ein anonymes Urnengemeinschaftsfeld aus heutiger Zeit
gruppiert sich um eine Birke. Sonst sind große Urnengrabstellen durch strenge Heckeneinfassung geordnet. Vereinzelt werden sie durch markante Grabsteine und historische Bepflanzung (Rosen, Efeu) geprägt.

Der alte Ruheplatz nahm auch die Urne des 1792 in Gernrode geborenen
Pfarrers Dr. **Karl Blume** auf, der die erste Chronik vom Wedding schrieb.
Hier steht aber auch die Urne des Schöpfers der Weimarer Verfassung, des
Innenministers **Hugo Preuss** (1860-1925). Ein Steinquader mit einer Steinurne davor bezeichnet das Grab unter einer Trauerbuche mit bis zum Boden
reichenden Zweigen des Bildhauers **Louis Tuaillon** (1862-1919). Er schuf
die Amazone im Tiergarten wie in der Alten Nationalgalerie. Mit seinen
Reiterstandbildern für Repräsentanten des Hauses Hohenzollern, darunter
den Darstellungen Kaiser Wilhelms II. und Kaiser Friedrichs III. vor dem
linksrheinischen Torbau der Hohenzollernbrücke in Köln, wurde er ebenso
bekannt wie mit seinen klar disponierten Statuetten, der "Sandalenbinderin"
oder den "Stehenden Mädchen". Hier auch die Grabstätte des Burgtheater-
Direktors **Paul Schleuther** (1854-1916), wie des Begründers des Philharmonischen Chores, Professor **Siegfried Ochs** (1858-1929), der seinen umfang-
reichen Notenschatz dem Arbeitersängerbund schenkte, des Schulmannes
**Johannes Tews**, des 1925 verstorbenen Mediziners und Bakteriologen **August von Wassermann** (1866-1925), dessen Urne sich im Erdgeschoß der
Urnenhalle befindet, des Begründers der Dresdner Bank **Eugen Gutmann**
(gest. 1925). Auch der Volksschauspieler **Rudolf Platte** (1908-1984) liegt
auf dem Hüttenweg. In etwa 200 Filmrollen erheiterte die "Langspielplatte",
wie er des nie versiegenden Redestroms wegen genannt wurde, ein zahlloses
Publikum.

203

## Mausoleum im Robert-Koch-Institut

*Nordufer 20*
*13353 Berlin*

Der weltberühmte Arzt **Robert Koch** (1843-1910) ist der Begründer der wissenschaftlichen Bakteriologie. Er begann als junger Kreisphysikus in dem kleinen Landstädtchen Wollstein bei Posen seine bahnbrechenden Arbeiten zur Bekämpfung von Infektionskrankheiten. Hier wie später als Professor für Hygiene an der Berliner Universität schuf er durch Züchtung und Färbung der Bakterien die wichtigsten methodischen Grundlagen der bakteriologischen Forschung. Ihm ist die fundamentale Um- und Neugestaltung der Lehre von der Desinfektion zu verdanken. In die weit verbreitete Tuberkulose, die zu seiner Zeit die grassierendste Infektionskrankheit war, brachte er erstes Licht. 1884 entdeckte er in Ägypten und Indien den Erreger des Milzbrandes und der asiatischen Cholera, den Kommabazillus. Durch seine Forschungen wurden die Trinkwasserverhältnisse untersucht und gesetzlich und technologisch neu geregelt.

1891 wurde Koch zum Direktor des neugegründeten Instituts für Infektionskrankheiten, des heutigen Robert-Koch-Institutes, berufen. 1892 entdeckte er das Tuberkulosebakterium (Kochscher Bazillus) und ein Jahr später den Choleraerreger. Tuberkulose war nun in den ersten Stadien nicht nur zu erkennen, sondern auch zu heilen. In Afrika und Indien studierte er die Rinderpest, Malaria, ägyptische Augenkrankheit, Schlafkrankheit, den Aussatz, die Pest ("Schwarzer Tod"), die Amöbenruhr, das Küstenfieber und andere Erreger und suchte nach Möglichkeiten zur Verhütung und Bekämpfung dieser Seuchen. Der große Wohltäter der Menschheit wurde 1905 mit dem Nobelpreis für Medizin ausgezeichnet.

Robert Koch starb 1910 in Baden-Baden und wurde zunächst in seinem Geburtsort Clausthal begraben. 1912 wurde die Urne nach Berlin überführt und in dem nach ihm benannten Robert-Koch-Institut beigesetzt. Über dem Mausoleum steht man vor der Gedenktafel mit dem Bildnisrelief des Verstorbenen. Der Gedenkraum birgt Ausstellungsstücke wie Briefe, Karten, Bilddokumente, Instrumentarien aus dem 19. Jahrhundert und andere Zeugnisse der Erinnerung an den hervorragenden Gelehrten. Bronze- und Marmorbüsten schmücken die Institutsräume.

# PRENZLAUER BERG

*Jüdischer Friedhof Schönhauser Allee*

205

## ALTER FRIEDHOF DER ST.-NIKOLAI- UND DER ST.-MARIEN-GEMEINDE
*Prenzlauer Allee 1*
*10405 Berlin*

*Erinnerungsmal für den Maler*
*Bernhard Rode*

Wenn wir heute über Plätze oder Straßen in Berlin schreiten, ahnen wir kaum, daß wir über ehemalige Begräbnisplätze wandeln, so etwa am Alexanderplatz, wo sich einst der Hospital-, Pest- und Armenfriedhof und später der Kirchhof der Georgengemeinde befanden. Wo heute Häuser an der alten Schützen- und Keibelstraße am Alexanderplatz stehen, lagen einst die Ruhestätten der ältesten Kirchengemeinde Berlins: St. Nicolai.

Hier waren in der friderizianischen Zeit die Grabstätten des patriotischen Kaufmanns **Ernst Gotzkowsky** und des Malers und Akademiedirektors **Bernhard Rode** (1725-1797). Gotzkowsky hatte alles getan, um die Berliner im Herbst 1760 vor den Drangsalen der russischen Besatzer zu bewahren. Als Not und Gefahr vorüber waren, haben die damaligen undankbaren Berliner ihn, den "königlichen Kaufmann", arm und vergessen sterben lassen.

Der Berliner "Rembrandt", der Meister des Hell-Dunkels, Bernhard Rode, der Maler der Altarbilder von St. Marien am Neuen Markt (Christus in Gethsemane, Abnahme vom Kreuz, die Emmausjünger und der "ungläubige" Thomas), hat sein Grabmal jetzt auf dem Nicolai- und Marienkirchhof – am nördlichen Hang – in der Prenzlauer Allee. Es wurde nach Aufgabe des Grabes auf dem alten Friedhof in der Schützenstraße laut Inschrift 1852 von der Akademie der Künste ihrem ehemaligen Direktor hier neu errichtet, offensichtlich in dem einst in Berlin von Rode oft entworfenen Typus: Auf 2,50 Meter hohem Postament erhebt sich eine Urne, drapiert mit Girlande und marmornem Bildnismedaillon nach einer Zeichnung von DANIEL CHODOWIECKI.

Der Alte Friedhof der Nikolai- und Mariengemeinde wurde 1802 unmittelbar vor dem Prenzlauer Tor angelegt (und 1858 erweitert), noch innerhalb der ehemaligen Akzisemauer, die hier nachträglich vorverlegt worden war. Er wurde 1970 aufgelassen. Den Haupteingang an der Prenzlauer Allee be-

zeichnet ein rotes Klinkerportal mit einem Sandsteintympanon, die Lebensalter darstellend, nach einem Entwurf von MAX HASAK, ausgeführt um 1914
von ERNST WENCK.

An der Innenseite der Friedhofsmauer zur Prenzlauer Allee befinden sich
etwa 30 zwischen 1830 und 1850 entstandene Eisenguß-Grabmäler, sowohl
teilweise stark verwitterte Relieftafeln, die in die Wand eingelassen sind, als
auch frei stehende Grabkreuze. Hervorhebenswert die Grabkreuze für **F.D.F.
Wadzeck** (gest. 1823), den Stifter der sogenannten Wadzeck-Anstalt, eines
Waisenhauses; für den Geographen **Carl Ritter** (1779-1859), den Verfasser
der enzyklopädischen "Erdkunde im Vergleich zur Natur und Geschichte
des Menschen" (1817/18); die Reliefplatten für **A. Goldschmidt** (gest.
1834); **A. Mertens** (gest. 1840); **F.W.M. Sydow** (gest. 1841); **S.D. Moewes**
(gest. 1841), die teilweise mit Trauernden oder Todesgenien nach Entwürfen
von LUDWIG WICHMANN geschmückt worden sind. Vor der Mauer erhebt sich
das Grabmal für **G.J. Keibel** (gest. 1836), Generalmajor im Ingenieur-
Corps, ein sandsteinernes Postament, bekrönt mit Eichenlaub und aufgeleg-
tem Helm.

An der Ostmauer befinden sich zahlreiche hervorragende Familiengrab-
male mit auf die Friedhofswand projizierten Portalarchitekturen, ganz im
Stile Gillys und des frühen Schinkel. So hat man bei den Erbbegräbnissen an
den Ewigkeitswert antiker Grabbauten erinnern wollen. Einfache Wandgliede-
rungen in streng klassizistischer Prägung, wie die Grabmale **Richter** (1814),
**Foerstner** (1817), **Haacke** und **Bier** (1820), finden sich neben gotisch-klas-

207

*Gruftbau des Bankiers Brose*

sizistischen Mischformen, wie das Grabmal **Keibel** (1821) und neugotischen Wandgestaltungen, wie das Grabmal **Knoblauch** (1821). Sie sind durch Schuppenvorbauten und dichtes Pflanzenwerk nur schwer erkennbar. Der Gruftbau des Bankiers **Brose** stammt vermutlich von KARL FRIEDRICH SCHINKEL, errichtet in neugotischen Formen als Giebelfassade einer Kapelle, mit gußeisernem Doppelportal und Fensterrose darüber und sandsteinernen Engelsstatuetten in den Seitennischen. Neugotisch ist – wie schon erwähnt – auch das wimpergbekrönte sandsteinerne Grabmal für **C.F.W. Knoblauch.** Das Grabmal seines Bruders **Eduard Knoblauch** (1801-1865), des Architekten und Begründers des Architektenvereins, der die Russische Botschaft und die Neue Synagoge in der Oranienburger Straße entwarf, ziert eine schlichte Stele aus schwarzem Granit südwestlich vor der Friedhofskapelle.

Auf dem Friedhof in der Prenzlauer Allee ruhen auch der im Duell 1865 in der Jungfernheide erschossene Polizeipräsident **Karl Ludwig Friedrich von Hinckeldey** (1805-1856), der sich um die Einrichtung von Speiseanstalten, Bade- und Waschanstalten, von Feuerwehr und Gesindeherbergen verdient gemacht hat; der Physiker und Meteorologe **Heinrich Wilhelm Dove** (1803-1879), der 1848 Direktor des auf seine Anregung gegründeten Meteorologischen Institutes wurde und als Begründer der Wetterkunde gilt; der Naturforscher, Mikrobiologe und Mikropaläontologe **Christian Gottfried Ehrenberg** (1795-1876), der Professor an der Friedrich-Wilhelms-Universität zu Berlin war und 1829 mit Alexander von Humboldt nach Asien reiste; der Physiker **Johann Christian Poggendorff** (1796-1877), der zusammen mit J.S. Chr. Schweiggen das Galvanoskop erfand, die "Annalen der Physik und Chemie" seit 1824 herausgab und 1863 das "Biographisch-literarische Handwörterbuch der exakten Naturwissenschaften" begründete. Hier liegen auch die beiden Altertumsforscher und Direktoren des Gymnasiums zum Grauen Kloster, **Friedrich** und **Johann Joachim Bellermann**, und der Bildhauer **Robert Toberentz** begraben, der gemeinsam mit dem Bildhauer Otto das Luther-Denkmal auf dem Neuen Markt schuf. Es steht heute in der Turmhalle der Marienkirche.

An der Nordmauer zur Straße Prenzlauer Berg befinden sich weitere Familiengrüfte im Stil des Historismus der zweiten Hälfte des 19. Jahrhunderts. Am besten erhalten ist das tempelartige, reich skulptierte Sandstein-Mausoleum der Familie **Kux**, in dessen Inneren die polychrome Bemalung erhalten ist.

Auf bemerkenswerte figürliche Grabmale um 1900 ist zu verweisen: Am Südeingang die Marmorfigur einer Trauernden, zu ihren Füßen ein Rosen streuendes Kind, 1891 von MAX UNGER geschaffen. Eine wiederverwendete Marmorstele mit dem Hochrelief einer Trauernden, die Bildnisbüste des Verstorbenen betrachtend, von HERMANN HIDDING (1897) ist das Grabmal für **K. Stemmler** (gest. 1957). Das Grabmal **B. Naumburg** (gest. 1954) bezeichnet eine ebenfalls wiederverwendete lebensgroße marmorne Standfigur einer Rosen streuenden Frau, die verwitterte Signatur kann als A. Schneider 1907 gedeutet werden. Auf der Nordseite am Hang liegen zwei Familiengrabmäler nebeneinander: Das Grabmal **Wolff-Rudloff-Schmittendorf** um 1913, eine dreiseitige Pfeilerarkatur aus Muschelkalk mit offenem Rundbogen in der Mitte, in dem sich eine überlebensgroße bronzene Sitzfigur einer Trauernden, neben sich eine Urne, befindet, von HANS DAMMANN. Rechts daneben das Grabmal **Schumann-Recke**, eine breite, durch Pfeiler verstärkte Bank aus poliertem schwarzem Granit, in deren Mitte sich die überlebensgroße bronzene Sitzfigur einer Trauernden erhebt, 1906 von OTTO STICHLING entworfen, von W. Nürnberg gegossen.

In der Friedhofskapelle, einem neugotischen Backsteinbau um 1850, sind eine Anzahl von Ausstattungsstücken aus der Marienkirche und der Nikolaikirche untergebracht, darunter zwei auf Metall gemalte Bildnisse der Grafen **E.** und **G.F. von Sparr** (gest. 1666 und 1676) in Ganzfigur; ein Grabbild für **G. Lamprecht** (gest. 1766), 1778 vermutlich von BERNHARD RODE gemalt; ebenfalls von Rode zwei Grabbilder für die eigenen **Eltern** (gest. 1753 und 1755) mit den allegorischen Szenen "Die Ewigkeit zeigt einer Christin den Ort ihrer Bestimmung" und "Die Hoffnung am Grabe eines entschlafenen Christen".

## NEUER FRIEDHOF DER NIKOLAI- UND MARIENGEMEINDE
*Prenzlauer Allee 7*
*10405 Berlin*

Der Friedhof wurde 1858 eingeweiht und 1970 aufgelassen. In der einstigen **Kapelle** befindet sich eine Anzahl von Ausstattungsstücken aus der Marienkirche und der Nikolaikirche: ein Bildnis **G. von Sparr** (gest. 1660), die lebensgroße Darstellung in Öl auf Metallplatten, signiert (WILLEM VAN) HONTHORST 1660; ein Epitaph für **G.D. Sultze** (gest. 1708), eine geschnitzte Kartusche mit Arkanthuswerk; zwei große ovale Totenschilde des 18. Jahrhunderts, der eine mit Trophäen, der andere mit Todesgenien; vier Grisaillegemälde, Totenbilder für die Generale **Kleist, Winterfeldt, Keith** und einen Unbekannten, um 1920 von ROBERT HAHN nach BERNHARD RODE geschaffen.

Gleich rechts vom Eingang, der, eingeschlossen von Häuserfassaden, dem eiligen Passanten kaum wahrnehmbar ist, ein **Ehrenmal** für die 1914 bis 1918 Gefallenen der Mariengemeinde, mit der Bronzefigur eines Todesgenius, 1927 von ROBERT SAAKE gestaltet. Links, gleich eingangs der Hauptallee, eine lebensgroße weibliche Gewandfigur mit Rosenstrauß, von einem aufgelassenen Grab stammend, mit Steinobelisken zu beiden Seiten.

Die längslaufende Lindenallee teilt den Friedhof in zwei ungleiche Hälften. Die Gräber liegen, von Efeu überwachsen, in niedrigem Laubwerk verborgen. Steingrabmale und -platten von der Jahrhundertwende bis in die Gegenwart bestimmen das Bild, einzelne Steinurnen, steinerne, von Pflanzen umwundene Baumstämme, Symbole des jäh unterbrochenen Lebens, einzelne Steinfiguren, Trauernde mit Kreuz.

Zu beiden Seiten der Allee teilweise recht aufwendige Erbbegräbnisse, so das schmiedeeiserne Gittergrab der Familie **Siefert** mit floralen Motiven oder das der Familie **Paul Koeber**, ebenfalls mit floralem Schmuck und dem Kreuz in der Mitte. Ein Engel mit segnender Geste auf rundem Sockel erhebt sich auf dem Grab von **Otto** und **Anna Linke** (1859-1906 und 1863-1936). Das aufragende Grabmal aus schwarzem Basalt auf der Grabstätte **Franz Koberstein** ist ganz in Jugendstilformen gehalten. Originell auch das weiter im rechten Teil stehende Holzkreuz mit dem polychromen Relief der Betenden Hände von Dürer und der Inschrift "Danket dem Herrn / Erlöst durch Jesu Blut" für **Erich Hildebrandt** (1897-1968).

Vom Großstadtlärm draußen in der Prenzlauer Allee hört man kaum etwas, Ruhe liegt über dem Friedhof. Er scheint geradezu ein Paradies für Vögel und Katzen zu sein.

## FRIEDHOF I DER GEORGEN-PAROCHIAL-GEMEINDE

*Greifswalder Straße 229-234*
*10405 Berlin*

Auf ehemaligen Weinberggrundstücken wurde 1814 der Georgenkirchhof vor dem Königstor angelegt, zwischen der Straße Prenzlauer Berg, die der ehemaligen Akzisemauer folgt, und der Heinrich-Roller-Straße, nach Nordwesten angrenzend an den später angelegten Neuen Friedhof der Nikolai- und Mariengemeinde. Wie der Alte Friedhof der Nikolai- und Mariengemeinde an der Prenzlauer Allee, ist er 1970 aufgelassen worden.

Neben dem Haupteingang an der Greifswalder Straße steht die als schlichter spätklassizistischer Klinkerverblendbau nach Mitte des 19. Jahrhunderts errichtete Kapelle. Dicht daneben erhebt sich das Grabmal für den Schriftsteller, Schauspieler und Theaterdirektor **Franz Wallner** (1810-1876), eine spätklassizistische Stele mit bronzenem Reliefbildnis von RUDOLF SCHWEINITZ, 1876 datiert. Der in der österreichischen Theatertradition stehende Wiener übernahm 1855 das Berliner Königstädter Vaudeville-Theater und eröffnete 1864 das Wallner-Theater, ein Berliner Volkstheater, in dem er vornehmlich die Berliner Lokalstücke von Kalisch aufführte. Auch sein Freund, der Komponist von "Berlin wie es weint und lacht" und Kapellmeister am Wallner-Theater, **August Eduard Moritz Conrady**, ruht unter einem schlichten Efeuhügel auf dem St.-Georgen-Friedhof. Auf seinem Grabstein lesen wir: "Was er im Leben an irdischen Gütern gewonnen, ließ er im Tode den Armen".

Der Hauptweg führt zu einer Anhöhe, auf der sich die ältesten erhaltenen Grabmäler des Friedhofes befinden, Wandgrabmäler an einer im rechten Winkel geführten Mauer, wahrscheinlich einem Rest der ersten Umfassungsmauer des Friedhofes: schlichte Backsteinarchitekturen mit eingelassenen Schrifttafeln aus Marmor, Bronze oder Gußeisen beziehungsweise antikisierende Fassaden, so ein Grabmal mit Urne auf Postament in rundbogiger Nische und das verfallene Erbbegräbnis der Familie **Ende** von 1828, eine monumental durchgestaltete Fassadenarchitektur noch ganz in dem von Gilly und Gentz vertretenen Klassizismus. Hervorhebenswert auch zwei spätklassizistische Gruftbauten, der der Familie **Dellschau** mit dreiachsiger Tempelfront, daneben eine unbezeichnete Gruftkapelle, in der fünf große barocke Epitaphien beziehungsweise Grabsteine aus Sandstein mit langen Inschriften und reich skulptierten Rahmen sowie Fragmente weiterer Grabmäler, darunter vier sandsteinerne Reliefs des 17. und 18. Jahrhunderts, aus der alten Georgskirche untergebracht wurden. Nach Erweiterung des Friedhofes wurde die winkelförmige Mauer auch an der einstigen Außenseite mit Wandgrabmälern versehen. Auf dem Grab für **E.G. Kleinstüber** (gest. 211

*Detail, Familiengrabstätte Zeitler*

1834) erhebt sich eine lebensgroße, antik nachempfundene, gußeiserne Sitzfigur einer Trauernden, eine Urne umkränzend, gegossen in der Königlichen Eisengießerei. Nicht weit davon, in südlicher Richtung, am Hauptweg, befindet sich das Grabmal für **F.H.C. Alst** (gest. 1840), eine neugotische Stele mit vergoldeter Engelsfigur im abschließenden Tabernakel, ebenfalls in Gußeisen. Überhaupt findet man aus den frühen Jahrzehnten des Friedhofes noch zahlreiche, teilweise stark beschädigte Eisengitter sowohl in den klaren Formen einfacher oder sich mehrfach überschneidender Spitzbögen, wie sie vornehmlich in Berlin verbreitet waren, als auch in reicheren historisierenden Formen, die späten in prunkvollem Neubarock.

An den Hauptwegen und an den Umfassungsmauern nach Nordwesten und Nordosten präsentiert der Friedhof prächtige Gruftgewölbe und Wandgrabmäler, zumeist des späten 19. Jahrhunderts, so die der Familien **Gläser**, **Francke** und **Otto von der Heyden**. Am nordöstlichen Teil der Umfassungsmauer das gründerzeitliche Erbbegräbnis der Familie **Riedel**, Erstbestattung 1861, mit einem weißen Marmorsarkophag, dessen Deckel von einem Engel emporgehoben wird; davor sitzend ein Todesgenius, 1880/90, von B. SCHWAND. Eine architektonische Wand mit einer eingestellten Christusfigur von ADOLF BRÜTT, vor 1900, kennzeichnet die Grabstätte des Bankiers **Paul Bercht** (1847-1899). Auch die Gruft Professor **Zeunes**, des Begründers und Direktors der ersten Deutschen Blindenanstalt, ist hervorhebenswert.

Einige Grabsteine tragen nur lapidar den ehrfurchtgebietenden Namen damals tonangebender Familien, wie etwa "**Bötzow**", der auf die Dynastie reicher Guts- und Brauereibesitzer verweist. Andere verzeichnen langatmig Titel und Ränge, über die die Zeiten längst hinweggegangen sind. Vielfigurige Marmorgruppen, aufwendige Gewölbe und Tempelbauten begegnen sich mit einfachen Grabsteinen und Stelen.

An der hinteren nordwestlichen Abschlußmauer befindet sich auch die Grabstätte der Familie Zeitler, die im 19. Jahrhundert durch den Baumeister **Carl Ludwig Zeitler** (1835-1910) und eine große Berliner Steinmetzfirma bekannt war. Auf den Eckpfeilern des hohen, mit Granitplatten verkleideten

*Familiengrabstätte Riedel, Detail*

Gruftbaues mit Giebelabschluß und Datum 1871 sind die Lebensdaten der Familienmitglieder einschließlich ihrer Stiftungen für Handwerker, Studenten, Witwen und Waisen verzeichnet. Auf der linken Schmalseite der zwischen 1871 und 1875 errichteten monumentalen Zeitler-Gruft ist ein 13 Zeilen langer Text zu lesen, in dem die Steinmetzen die Gründe der Bauverzögerungen in ihrem Kampf um höhere Löhne aufgrund steigender Lebenskosten erläutern.

Auf der Anhöhe im Westen, dicht über der Straße Prenzlauer Berg, erhebt sich unübersehbar die Familiengrabstätte des Industriellen und Kommerzienrates **Julius Pintsch** in Form einer monumentalen dorischen Tempelruine aus Kalkstein, vermutlich im Todesjahr 1912 errichtet. Gegenüber das Grabmal **F.E. Schlick** (gest. 1877), das Marmorstandbild eines Engels, eine Säule mit dem Medaillonbildnis des Verstorbenen bekränzend, signiert 1890 mit R. WALSER. Seitlich hinter dem Pintsch-Monument die Familiengrabstätte **Heinrich Heider** (1839-1903), eine Wandarchitektur aus hochpoliertem schwarzem Granit und grünem Labradorstein, mit stumpfen, in Jugendstilformen geschmückten Ecksäulen, seitlich mit einbezogenen Bänken. Das Grabmal hat die Gestalt einer stilisierten Enlaßpforte. Rechts vom Pintsch-Grabmal ein schönes Kalksteinmonument als Bogenarchitektur mit renaissancehaftem Bildhauerschmuck für die Familie **Jahn**.

213

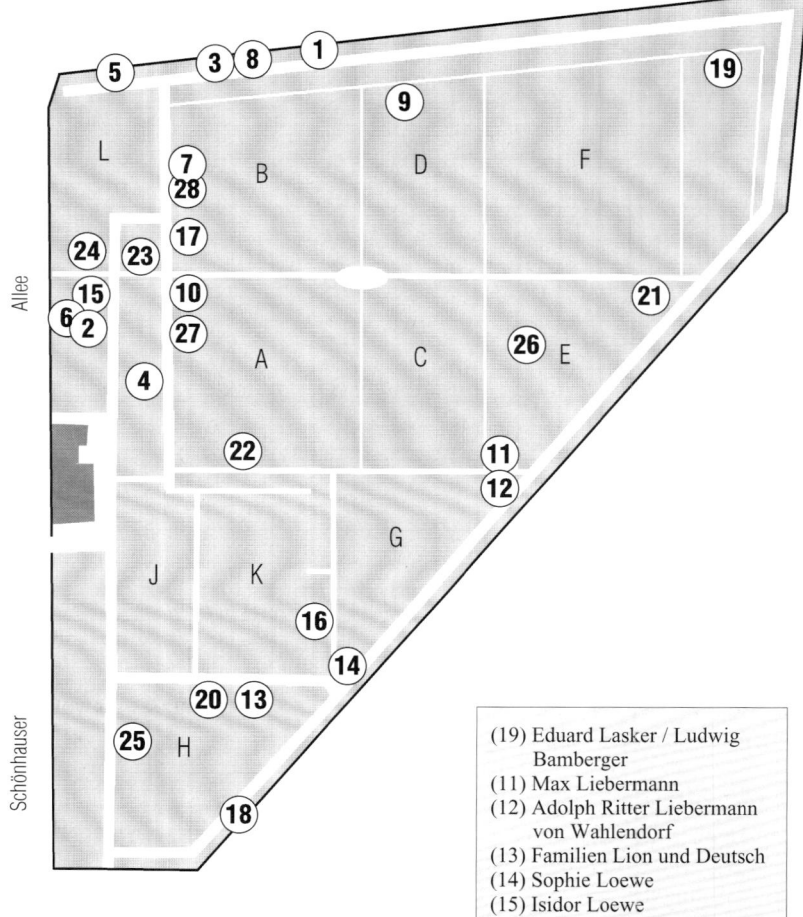

LEGENDE

(1) Familie Beer (Giacomo
    Meyerbeer)
(2) Gerson von Bleichröder
(3) Abraham Geiger
(4) Adolph Ginsberg
(5) Haberland-Gutmann
(6) Salomon Haberland
(7) James Israel
(8) Israel Jacobson
(9) Samuel Kristeller

(19) Eduard Lasker / Ludwig
     Bamberger
(11) Max Liebermann
(12) Adolph Ritter Liebermann
     von Wahlendorf
(13) Familien Lion und Deutsch
(14) Sophie Loewe
(15) Isidor Loewe
(16) Hugo Lubliner
(17) Hermann und Doris
     Makower
(18) Familie Mannheimer
(19) Heinrich Bernhard
     Oppenheim
(20) Sandsteinsarkophag
     Oppenheim
(21) Nathanael Pringsheim
(22) Max Ring
(23) Julius Leopold Schwabach
(24) James Simon
(25) Ludwig Traube
(26) Leopold Ullstein
(27) Moritz Veit
(28) Leopold Zunz

## JÜDISCHER FRIEDHOF SCHÖNHAUSER ALLEE
*Schönhauser Allee 23-25*
*10435 Berlin*

Dieser zweite uns heute bekannte Begräbnisplatz der Berliner Jüdischen Gemeinde wurde nach Schließung des in der Großen Hamburger Straße gelegenen ältesten jüdischen Friedhofs 1827 nach dem Plan des Stadtbaumeisters FRIEDRICH WILHELM LANGERHANS in Form eines ungleichseitigen Fünfecks errichtet. Nur zur Schönhauser Allee hinter einer abschirmenden Mauer als Friedhof erkennbar, sind seine übrigen Seiten heute von Wohnhäusern und -höfen umschlossen. Hier waren bis 1880 22.500 Einzelgräber und 750 Erbbegräbnisse angelegt worden. Stellenweise wurden die Verstorbenen – wie auf dem Jüdischen Friedhof in Prag – übereinander bestattet. Um 1880, nach Einrichtung des neuen Weißenseer Friedhofes, wurde der Friedhof geschlossen, nur auf Erbbegräbnissen wurden noch Grabmale gebaut und bis 1940 bestattet. 1933 bis 1945 ist von den Nationalsozialisten vieles zerstört worden.

Anstelle der kriegszerstörten Feierhalle mahnt heute ein 1961 von FERDINAND FRIEDRICH entworfenes **Ehrenmal** aus Quadersteinen an die Opfer der Nazibarbarei. Der Friedhof ist die Begräbnisstätte bekannter Persönlichkeiten aus der Geschichte der Berliner Jüdischen Gemeinde und aus Politik, Unternehmertum, Kunst und Wissenschaft im 19. und 20. Jahrhundert. Entlang der drei Hauptwege finden sich repräsentative Erbbegräbnisse für wohlhabende Gemeindemitglieder.

Vom Friedhofseingang aus trifft man nach wenigen Metern auf zwei Grabsteine aus schwarzem Granit für den Verleger **Moritz Poppelauer** (1824-1880) und **Frau**. Dahinter liegt die Grabstätte des Mediziners **Louis Waldenburg** (1837-1881), eines engagierten Vorkämpfers für die Einrichtung von Lungenheilstätten. Unweit das Grabmal des Hofbankiers und Finanzberaters Otto von Bismarcks, **Gerson von Bleichröder** (1822-1893), der 1872 als erster ungetaufter Jude in Preußen in den erblichen Adelsstand erhoben wurde: Auf abgestuftem Sockel, den das umkränzte Adelswappen ziert, steht ein hohes quadratisches Postament, dessen Eckpilaster die oben abschließenden vier Segmentbögen tragen. Das Ganze bekrönt eine mit Girlanden und Rosen drapierte amphoraähnelnde Henkelvase. Der Entwurf wird REINHOLD BEGAS oder eher seinem jüngeren Bruder CARL BEGAS zugeschrieben.

In der Nähe der Friedhofsmauer das die Tradition des Baldachingrabmals aufnehmende Grabmal **Grünwald**, um die Jahrhundertwende entstanden, ein gotisierender Doppelstein, überragt von einer der Chuppa, dem jüdischen Traubaldachin nachgebildeten, ebenfalls neugotischen Eisenkonstruktion. Vielleicht hat es den Architekten Max Taut zu seinem expressionistischen 215

Baldachingrabmal für das Ehepaar Wissinger 1920 auf dem Südwest-Friedhof in Stahnsdorf angeregt.

Drei schwarze Granitsteine kennzeichnen das Erbbegräbnis von **James Henry Simon** (1851-1932), der als Bankier und Kaufmann Teilhaber einer führenden Baumwollfirma war und als einer der bedeutendsten Kunstsammler Berlins galt. Er finanzierte Ausgrabungen in Mesopotamien, Ägypten und Palästina und schenkte die Funde dem Berliner Vorderasiatischen und dem Ägyptischen Museum. Zur Eröffnung des Kaiser-Wilhelm- und heutigen Bodemuseums stiftete er seine bedeutende Sammlung italienischer Renaissancekunst und schenkte später den Berliner Museen etwa 350 zumeist deutsche Skulpturen. Zugleich war er für die Sozialfürsorge und in der Sozialpolitik tätig.

Gegenüber dem Erbbegräbnis für den Bankier und Mitbegründer der Dresdner Bank sowie der Internationalen Bank, Berlin, **Ludwig Max Goldberger** (1848-1913), die Grabstätten für **Benjamin Liebermann** (1812-1901), den Mitbegründer der Berliner Reformgemeinde, und den Historiker **Felix Liebermann** (1851-1925), den Bruder Max Liebermanns. Das Grabmal für Benjamin Liebermann ist aus Marmor; über hohem Sockel steht die zurückgesetzte Inschrifttafel, umrahmt von romanisierenden Säulen und einem mit vegetabiler Ornamentik ausgefüllten Konsolfries. Wie am Familiengrabmal von Benjamins Bruder Louis Liebermann ist wohl auch hier HANS GRISEBACH der Schöpfer des Grabmals.

Den Typ des Sarkophaggrabmals repräsentiert in seiner nachklassizistischbarocken Ausprägung das Doppelgrab **David Kappel** (1840-1905) und Frau **Edith** (1852-1920) aus dem zweiten Jahrzehnt des 20. Jahrhunderts in kühler Monumentalität. Weniger monumentalisiert infolge einer asymmetrischen Komposition des schmückenden Beiwerks das etwa zur gleichen Zeit entstandene Grabmal desselben Typs für **Carl Hagen** (1858-1938) und Frau **Katharina** (1865-1907). Das marmorne Grabmal für **Julius Leopold Schwabach** (1831-1898) ist dem für A. Ginsberg eng verwandt und ebenso üppig drapiert wie dort der Sarkophag, aber das plastische Hauptmotiv ist hier eine von einem Tuch bedeckte Urne mit hinsinkendem Palmwedel und locker gewundener Rosengirlande.

Den Portikus-Typ vertritt das Marmor-Grabmal für **Salomon Haberland** (1836-1914) und seine Frau **Olga**, gegen 1920 entstanden: vier ionische Säulen werden eingerahmt durch Pfeiler, deren Fronten mit Eidechsen und Farnen links und mit Vögeln in früchtetragenden Palmen rechts geschmückt sind sowie durch einen hohen Architrav mit Glaubenssymbolen zwischen Palmenzweigen.

Am Anfang des breiten Hauptweges zwei dorisch gegliederte Marmorsarkophage mit pultartig angehobenen Deckeln bzw. hochgestellten Schriftrollen am Kopfende, mit aufgelegten Akanthusblättern an den Ecken und den dazwischengehängten Blumengebinden: sie fungieren als Blumenaltäre. Es ist die Begräbnisstätte für den Juristen **Hermann Makower** (1830-1899) und **Frau**, er war Anwalt des Hauses Hohenzollern und Vorsteher der Jüdischen Gemeinde in Berlin. Hier auch die Grabstätte des Rechtsanwaltes **Felix Makower** (1873-1933), des letzten Vorsitzenden des Verbandes der deutschen Juden.

An der Westseite des Weges der schwarze Obelisk für den Buch- und Zeitungsverleger **Bernhard Wolff** (1811-1879), der 1849 die "Kontinental-Telegraphen-Kompagnie", meist "Wolffs Telegraphisches Bureau" genannt, ins Leben rief.

Auf der Grabstätte des Terrain- und Bauunternehmers **Georg Haberland** (1861-1933) erhebt sich auf hohem Sockel ein Monopteros in Kleinformat, ein Rundtempel ohne Cella, mit einer Urne in der Mitte und mit acht Säulen, die eine Kuppel tragen.

Das marmorne Grabmal der Familie **Ginsberg**, entstanden um 1900, besteht aus einer Kombination von reich drapiertem Sarkophag – und ist damit verwandt mit dem Denkmal für A. Ritter von Liebermann – und einer hohen klassizistisch glattflächigen Stele. Daneben die Sarkophaggräber des Juristen und Spezialisten für Handelsrecht **Levin Goldschmidt** (1829-1897) und seine **Frau**.

In der Ehrenreihe Abt. A des Friedhofes finden wir die Grabstätte des Rabbiners **Jacob Joseph Oettinger** (1780-1860), der auch 1827 diesen Friedhof einweihte; des Spezialisten für jüdische Altertumswissenschaft **Michael Sachs** (1808-1864); des Pädagogen (Gründers einer Erziehungsanstalt) und Philanthropen **Baruch Auerbach** (1793-1864); des Rabbiners und Reformers des Judentums **Samuel Holdheim** (1802-1860); des Verlegers und Förderers des jüdischen Unterrichtswesens. Eine große Platte bedeckt das Doppelgrab der beiden Freunde und Kampfgefährten **Eduard Lasker** (1829-1884) und **Ludwig Bamberger** (1823-1899), beide als Juristen und Politiker oppositionelle bürgerliche Linke, die sich der Wirtschaftspolitik Bismarcks widersetzten.

Auf dem Rondell des ehemaligen Hauptweges eine schlichte Sandsteinstele mit sparsamem klassizistischem Dekor, das Denkmal für zwei in der Revolution von 1848 jüdische Märzgefallene, **Alexander Goldmann** aus Potsdam und **Simon Barthold** aus Schivelbein. Dahinter erhebt sich auf einem ummauerten Hochbeet über quadratischem Sockel eine glattförmige Pyramide in kubischer Einfachheit. Sie bezeichnet die Grabstätte der Familie **Seligsohn**, in den 1920er Jahren von OTTO FIRLE geschaffen – und vergleichbar mit dem Sarkophaggrabmal für Albert Mendel von etwa 1923 auf dem Weißenseer Friedhof. Hier ist auch die Asche des Rechtsanwalts **Julius L. Seligsohn** (1890-1942) beigesetzt, der seit 1933 als Mitglied des Präsidialausschusses der Reichsvertretung der deutschen Juden zuständig für Auswandererberatung

217

war und 1942 im KZ Sachsenhausen ermordet wurde. Rechts vom Weg der Grabstein für die Schriftstellerin **Rahel Meyer**, *geb. Weiß* (1806-74), die unter dem Pseudonym *Rahel* schrieb und mitunter mit ihrer bekannteren Namensschwester Rahel Varnhagen verwechselt wurde.

In der Ehrenreihe Abt. B die Grabstätten für den Kultur- und Literaturhistoriker **Ludwig Geiger** (1848-1919) und den Philologen **Leopold Zunz** (1794-1886), den geistigen Vater der Wissenschaft des Judentums und zugleich Streiter um die Emanzipation der Juden. Seine zwölf Jahre vor ihm verstorbene Frau **Adelheid Zunz** (1802-1874) unterhielt einen Salon, der fast ein halbes Jahrhundert lang dem intellektuellen jüdischen Berlin das Gepräge gegeben hat. Zu

*Gedenktafel für Giacomo Meyerbeer am Familiengrab Beer*

nennen ist auch **Abraham Geiger** (1810-1874), der liberale Wegbereiter des Judentums. Gegenüber der Ehrenreihe liegen die Grabstätten zweier Vorkämpferinnen der Frauenemanzipation, **Josephine Levy-Rathenau** (1877-1921), eine Sozialpolitikerin, die in Deutschland die Mädchen- und Frauenberufsberatung gegründet hat, und **Jenny Hirsch**, Schriftstellerin und Herausgeberin von Frauenzeitschriften.

Von den Wandgräbern am Weg vor der Friedhofsgrenze in Ost-West-Richtung ist hervorzuheben: Der neugotische Doppelstein für zwei früh verstorbene **Kinder** von Giacomo Meyerbeer; die schöne schlichte klassizistische Stele für den Seidenhändler **Samuel Bacher Berend** (1772-1828); die Grabstätte für **Meno Burg** (1789-1853), den einzigen Juden, der in der preußischen Armee des 19. Jahrhunderts in den Rang eines Majors aufrückte; schließlich das Erbbegräbnis **Beer** und **Meyerbeer**. Hier ist der berühmte Komponist **Giacomo Meyerbeer** (1791-1864), der in Paris starb, einer testamentarischen Bestimmung folgend, im Familiengrab beigesetzt worden. Meyerbeer wurde nach der triumphalen Aufführung seiner Oper "Die Hugenotten", die neben "Robert der Teufel" und "Die Afrikanerin" zu seinen bekanntesten Werken gehört, 1842 zum Generalmusikdirektor der Königlichen Oper in Berlin ernannt, ein Amt, das er sechs Jahre ausübte. Er ist auch für die Verbesserung der sozialen Lage der Komponisten, Musiker und Sänger eingetreten. Im gleichen Erbbegräbnis sind auch die Mutter

**Amalie Beer** (1772-1854), die einen in ihrer Zeit berühmten Berliner Salon unterhielt, und der Bruder **Wilhelm Beer** (1797-1850), der Bankier und zugleich Astronom war, bestattet. An den dritten Bruder, den Dichter **Michael Beer**, der in München begraben liegt, erinnert eine Gedenktafel dieses Erbbegräbnisses, das eine hohe spätklassizistisch gegliederte Putzmauer in Form eines offenen Karrees, nach 1833 entstanden, bildet, in dessen einzelnen Feldern sich die Gedenktafeln befinden; die für Giacomo Meyerbeer, eine schlichte Marmortafel in Pultform, steht gesondert vor dem rechten Flügel.

Als Vorkämpfer der Judenemanzipation und als Reformer des Judentums war **David Friedländer** (1750-1834), zugleich Gründer der Berliner Jüdischen Freischule, der bedeutendste Schüler Moses Mendelssohns.

Das Wandgrab für den Bildhauer **Louis Sussmann-Hellborn** (1828-1908) ist eine dreiachsige Tempelfront, gegliedert durch Pilaster und einen mit Kränzen geschmückten Architrav. Den flachen Giebel zieren Akroterien und ein Wellenband. Der Einfluß von Schinkel ist unverkennbar.

An der gegenüberliegenden Wegseite liegt neben dem Erbbegräbnis des Gynäkologen **Samuel Kristeller** (1820-1900) das des Fabrikanten **Joseph Tobias Goldberger** (1825-1869), bestehend aus einer Marmorkolonnade in drei Seiten mit jeweils zwei zierlichen ionischen Säulen und mit Pfeilern über den Ecken; von den beiden gleichgestalteten Stelen, die mit einem Palmettenakroterion im Stil der Schinkel-Nachfolge bekrönt sind, trägt eine das Entstehungsjahr 1870.

Die Grabstätte des Klempnermeisters **Joseph Pitsch** (1815-1892) und seiner **Frau Charlotte** ziert eine schmiedeeiserne, reich von rokokohaftem Gitterwerk und Laub umrahmte Kartusche, entstanden in den 1890er Jahren.

Ein aufrecht stehender Sandsteinquader mit einer Kugel obenauf bezeichnet einen **Gedenkstein für gefallene Soldaten**, wohl während der Befreiungskriege. Vorbild könnte ein Grabmal Gottfried Schadows auf dem Marienfriedhof in Demmin Anfang des 19. Jahrhunderts gewesen sein.

Die Grabstätte **Israel Hirschfeld** (1801-1866), eine auf hohem Sockel stehende und von Halbsäulen gegliederte fünfachsige Kolonnade, mit Seitenflügeln aus jeweils zwei frei stehenden Säulen (der Architrav ist mit Kränzen geschmückt), ist von JOHANN HEINRICH STRACK geschaffen worden, der zum engsten Schüler- und Mitarbeiterkreis um Schinkel gehörte. Die Verwandtschaft mit den Strackschen Grabmalen für August Borsig, Friedrich August Stüler (1945 zerstört) und für sich selber (alle auf dem Dorotheenstädtischen Friedhof an der Chausseestraße) und ihrer dorischen Ordnung ist augenscheinlich, auch wenn diese als baldachinartige Gehäuse einen mehr architektonischen Charakter haben.

Der ebenfalls hier ruhende **Julius Rubo** (1794-1866) wurde 1817 wohl als erster Jude in Preußen zum Doctor juris promoviert, sein Sohn **Ernst** 219

**Traugott Rubo** (1834.1895), ebenfalls Jurist, erhielt 1876 als erster Jude eine außerordentliche Professor an einer preußischen Universität.

Ein Tor in der Begrenzungsmauer schließt den zweiten Zugang zum Friedhof ab. Hier endet der sogenannte "Judengang" oder "Kommunikation", auf den die Leichenbegängnisse umgeleitet wurden, weil es der König als Ärgernis empfand, ihnen bei seinen Ausfahrten nach Niederschönhausen zu begegnen. Unter "Kommunikation" verstand man im 19. Jahrhundert den Verbindungsweg in einem Torbereich. Das mit eisernen Flügeln versehene Tor zur "Kommunikation" entstand um 1910/20.

Gegenüber diesem Zugang beginnt der Weg mit dem repräsentativen Erbbegräbnis für den Botaniker **Nathanael Pringsheim** (1823-1894), ein monumentales, frei stehendes Wandgrab. Dahinter die einfache Marmortafel für **Hermann Salingré** (1833-1879), der ein beliebter Possendichter im Berlin der zweiten Hälfte des 19. Jahrhunderts war, aber in Armut starb.

Auf dem Weg weiter das Wandgrab des ältesten Sohnes Moses Mendelssohns, **Joseph Mendelssohn** (1770-1848), des Gründers und Mitinhabers der Bank J. und A. Mendelssohn; das Muschelkalk-Grabmal **Herz-Katz-Grau**, ein ebenfalls frei stehendes Wandgrab mit ornamentiertem Gesims und einer Mittelnische, in die eine von einem stilisierten Palmettenfächer gekrönte Urne gestellt ist, nach einem Entwurf von MAX LANDSBERG, einem Schüler und Mitarbeiter von Alfred Messel, nach 1922 entstanden.

Drei gleichartige Obelisken aus rotem schwedischen Granit bezeichnen die Gräber des Zeitungsverlegers und Druckereibesitzers **Leopold Ullstein** (1826-1899) und seiner beiden **Ehefrauen**. Er gründete 1877 den Ullstein-Verlag, der zunächst Zeitungen, dann auch Bücher herausbrachte. Unter seinen Söhnen entwickelte sich der Verlag zum größten Europas. 1933 wurde das Familienunternehmen enteignet und zum gleichgeschalteten "Deutschen Verlag" umfunktioniert. Nach dem Krieg erhielt der Verlag wieder seinen traditionellen Namen und wurde 1960 vom Axel-Springer-Konzern übernommen.

Die Familiengrabstätte **Goldschmidt** vor der Ostmauer besteht aus einer Reihe von vier gleichgestalteten klassizistischen Stelen mit flachgiebligem Abschluß; unterschiedlich sind nur die reliefierten Symbole oberhalb der Inschriften. Stark zerfallen ist das gußeiserne Wandgrab für **Joachim Liebermann** (1778-1853) nach dem Entwurf des Architekten GUSTAV STIER. Das dreiteilige Grabmal, dessen überhöhte und ausgenischte Mitte in einem Rundbogen mit dem eingefügten Davidstern schließt, steht in der Tradition des Berliner Eisengusses seit den Befreiungskriegen; in der Ornamentik bereichert es den klassizistischen Formenkanon mit orientalisierenden Elementen.

Schräg gegenüber das Erbbegräbnis, in dem am 12.2.1935 der Maler **Max Liebermann** (1847-1935), der große Impressionist und zugleich ein echtes

*Familiengrabstätte des Malers Max Liebermann*

Berliner Kind, unter schlichter liegender Schriftplatte bestattet worden ist. In seinem Palais am Pariser Platz, gleich am Nordflügel des Brandenburger Tores, versammelte er die geistige und künstlerische Elite des Landes, worum sich Wilhelm II. in seinem Schlüter-Schloß am anderen Ende Unter den Linden vergeblich bemühte. Mit der seiner Kunst innewohnenden Kraft der Vergegenwärtigung gelang es ihm, ein getreues Bild seiner Epoche zu vermitteln, das er uns in einem reichen künstlerischen Werk vermittelt hat. Seine Gänserupferinnen, Schuster, Ziegenhirten. Feldarbeiterinnen, die er ohne Sentimentalität und Vorurteil gegenüber dem vierten Stand malte, und auch die noch im hohen Alter entstandenen Werke wie die Porträts Fontanes und Sauerbruchs wurden oft genug als gesellschaftlicher Affront angesehen und waren doch nicht anders gemeint als pure Wahrheit gegen die Fassadenwelt der lauten Worte und großen Gesten. Liebermann, der erste Vorsitzende der 1898 gegründeten Berliner Sezession und 1920-1932 Präsident der Preußischen Akademie der Künste, ist bereits am 2. Mai 1933 aus der Akademie ausgetreten. Er wurde 1933 aus "rassischen" Gründen mit einem Mal- und Ausstellungsverbot belegt. Zu seiner Trauerfeier am 12.2.1935 hatten sich die Kunsthistoriker Adolph Goldschmidt und Max Osborn, der Verleger Bruno Cassirer, der Museumsdirektor Max Friedländer, die Bildhauerin und Graphikerin Käthe Kollwitz und der Chirurg Sauerbruch eingefunden. Trauerreden hielten der Kunstkritiker Karl Scheffler und Rabbiner Warschauer. Acht Jahre später, im März 1943. folgte Liebermann seine Witwe **Martha Liebermann**, als sie mit einer Krankenbahre zum Transport in ein 221

Vernichtungslager abgeholt werden sollte, freiwillig in den Tod. Sie wurde erst nach dem Kriege an die Seite ihres Mannes umgebettet. Das Erbbegräbnis der Familie **Louis Liebermann** (1819-1894) im Neorenaissancestil hat der Architekt Hans Grisebach Ende des 19. Jahrhunderts geschaffen, er war einer der bekanntesten Baumeister der Neurenaissance in Berlin. Das Grabmal besteht aus einer über L-förmigem Grundriß errichteten Sandsteinmauer mit Arkatur von drei zu vier Achsen; in dem historisierenden Stil mischt sich die klassische Richtung der Renaissance mit bestimmten Zügen des Manierismus.

Schräg gegenüber fällt der gewaltige neubarocke Marmor-Prunksarkophag **Adolphs Ritter Liebermann von Wahlendorf** auf, der vor der Wende des 20. Jahrhunderts entstanden ist (der Künstler ist unbekannt). Die mehrfachen Abstufungen des hohen Sockels werden von drapierten Schilden unterbrochen, Eichenlaubkränze mit Quasten zieren die Ecken. Darauf steht der Sarkophag, von einer schweren, bestickten und von Fransen umrandeten Decke behangen.

Auf dem Weg entlang der Friedhofsgrenze kann man weitere Namen entdecken: **Simon Joel Arnheim** (1802-1875), der als Kunstschlosser als erster eiserne Geldschränke herstellte; **Wilhelm Sklarek** (1830-1915), der eigentlich Arzt war, aber als Herausgeber naturwissenschaftlicher Zeitschriften bekannt wurde; **Julius Lessing** (1843-1908), der Kunsthistoriker und erster Direktor des Kunstgewerbemuseums war; **Richard Moritz Meyer** (1860-1914), der bedeutende Literaturhistoriker und Germanist.

Herausragend die Gedenkpyramide (eigentlich: das Relief einer Pyramide) mit dem marmornen, von Palmwedeln eingefaßten Medaillon über der Scheintür zur Grabkammer, die der Maschinenfabrikant und eine Zeitlang Privatsekretär Ferdinand Lassalles, **Ludwig Loewe** (1837-1886) seiner jung verstorbenen Frau **Sophie** (gest. 1876) setzen ließ. Das Grabmal bricht mit der tradionellen Bildnislosigkeit der jüdischen Grabmalkunst, Loewe wollte hier wohl ein Zeichen der Emanzipation setzen. Gegenüber sein eigenes Grabmal, im spitzen Winkel der Wegeinmündung über dreieckigem Grund aufgebaut, erhebt es sich auf einem Postament, dessen Ecken durch Pfeiler verstärkt und oben durch massige Segmentbögen miteinander verbunden sind, als Obelisk, ebenfalls dreiseitig und ursprünglich mit metallenen Beschlägen an den Kanten.

In der Nähe die Grabstätten von **Albert Mosse** (1846-1925), als profilierter Verfassungsrechtler war er auch Berater der japanischen Regierung, und von **Hugo Lubliner** (1846-1911), der unter dem Pseudonym *Hugo Bürger* Stücke und Prosa schrieb. Das Grabmal **Lion-Deutsch** hat Tabernakel- bzw. Baldachinform und ist um 1877 der Signatur am Sockel zufolge von dem 1880 nach Amerika ausgewanderten Architekten August Wilhelm Cordes entworfen und von M.L. Schleicher ausgeführt worden. Vier Stützen, vorn Säulen, hinten Pfeiler, tragen über den Rundbögen ein Satteldach; die ge-

*Grabmal Sophie Loewe*

schlossene Rückwand ist von einer großen Speichenrose durchbrochen. Mit seinem romanisch-orientalisierenden Mischstil steht das Grabmal unter dem Einfluß des wenige Jahre zuvor fertiggestellten Baues der Neuen Synagoge in der Oranienburger Straße. Dahinter das Grabmal für **Louis Oppenheim** (gest. 1909), von dem Architekten MAX LANDSBERG entworfen, ein auf hohem Sockel ruhender Sarkophag von architektonischer Form in neuklassizistischem Stil.

Das Grabmal des 1895 beim Bergsteigen in den Alpen tödlich verunglückten Jurastudenten **Paul Model** aus carrarischem Marmor auf einem Granitsockel zeigt das reliefierte Porträt des Verstorbenen auf einer Kartusche. Das seltene Beispiel einer Menschendarstellung (auf dem Friedhof das zweite neben dem Grabmal der Sophie Loewe) ist einmalig in der Wiedergabe zweier trauernder Genien, deren Körper wie mit der Draperie verwachsen scheinen.

Auf dem an der Friedhofsgrenze entlangführenden Weg befinden sich weiter das stark verfallene gußeiserne Grabmal für **Joseph Liebermann** (1783-1860), den Großvater des Malers Max Liebermann, der zugleich ein führender Kattunhersteller in Berlin war, die Grabstätte des Physikers **Theophil Riess** (1804-1883), der als erster Jude zum Mitglied der preußischen Akademie der Wissenschaften gewählt und auch vom König bestätigt worden war; die Grabstätte des Orientforschers **Hermann Burchardt** (1857-1909), der während einer Forschungsreise bei Tais im Jemen ermordet worden war, der Grabstein für den Botaniker **Wilhelm Magnus** (1848-1914) 223 und seinen Sohn **Werner Magnus** (1876-1942), ebenfalls Botaniker, der vor der drohenden Deportation in den Freitod ging. Die spätklassizistische Grabstätte **Meyer-Magnus** und **Adolph Meyer** hat die Form eines Peristyls, eines von Säulen bzw. Pfeilern umgebenen offenen Raumes, hier im dorischen Stil.

In der Südwestecke fällt das aus gelben Ziegelsteinen gemauerte Grabmal **Lehwess-Manheimer** auf, in dem so ziemlich alles zusammengefügt wurde, was die 1880er Jahre an Historismen hervorbrachten: eine romanische Blendengalerie, ein Nischengewölbe in Muschelform nach Renaissance-Art, manieristisch dekorierte Säulen mit Kompositkapitellen und einem füllig ornamentierten Gebälk, als Bekrönung ein Lünettengiebel der Backstein-Renaissance, aber tief gemischt, darüber und an den Seiten klassizistische Akroterien.

Weiter am Weg längs der Begrenzungsmauer der Grabstein von **Ludwig (Louis) Traube** (1818-1876), Pathologe und klinischer Diagnostiker, der, obwohl Jude, zu hohen Ämtern aufstieg. Sein Sohn **Ludwig Traube** (1861-1907) war Altphilologe. Der erste habilitierte Jude in Preußen war 1847 der Neurologe **Robert Remak** (1815-1865), der Begründer der Elektrotherapie. Sein Sohn **Ernst Remak** (1849-1911) war ebenfalls Neurologe.

Der in West-Ost-Richtung verlaufende Weg weist ein Grabmal aus schwarzem schwedischen Granit für den Steinmetzmeister **Martin Zachart** (1823-1916) auf, der auch auf diesem Friedhof zahlreiche klassizistische Grabmale gefertigt hat. Zwei Marmor-Sarkophage für **Hermann** und **Agnes Lehmann** ähneln denen des Ehepaares Makower, sie dürften also aus derselben Steinmetzwerkstatt stammen.

Etwas abseits vom Weg ein Sandsteinmal für **Adele Fränkel** in Form eines Baumstumpfes, Sinnbild für ein in seiner vollsten Kraft vernichtetes Leben. **Max Ring** (1817-1901), zunächst Arzt, war seit 1857 nur noch literarisch tätig. Eine dekorative Sockelplatte und eine abgebrochene Säule kennzeichnen das Doppelgrab von **Paul Meyer** und seiner frühverstorbenen **Frau**. Ein großer Palmwedel und eine Rosengirlande symbolisieren Trauer und liebendes Gedenken des Mannes. Sein eigenes, bescheideneres Grabmal besteht aus einer Sockelplatte mit Trauerflor und hingestreuten Rosen und nimmt damit dieselbe Gestalt wie am Grabmal der Frau an.

Im nordwestlichen Teil des Friedhofes, nahe der Begrenzungsmauer zur Schönhauser Allee, befindet sich eine **Gedenktafel** an Kriegsgegner, die Ende 1944, auf dem Friedhof Zuflucht suchend, hier erhängt wurden. Die Inschrift lautet: "Den Tod anderer nicht zu wollen, das war ihr Tod."

*Herbstliche Stimmung schwebt über dem Invalidenfriedhof in Berlin-Mitte. Preußens Glanz und Gloria aus der Zeit Friedrichs II. bis in das 20. Jahrhundert gibt sich hier die bedenkenswerte Ehre.*

*Immer wieder begegnet man den weiblichen Marmorstatuen, mit und ohne Flügeln, – hier am Anfang einer langen Reihe von Wandbegräbnissen auf dem Kreuzberger Friedhof an der Bergmannstraße. Sie wachen über den Schlaf und die ewige Ruhe der Bestatteten. Ruhe auf Ewig aber wird auf den heutigen Friedhöfen nur den Erbbegräbnissen zugesichert.*

Der Weißenseer Jüdische Friedhof schildert wie kein anderer Friedhof in Europa von dem unsäglichen Leid der Menschen, deren Schicksal es war, einem anderen Gott sich zugehörig zu wissen. Diese Begräbnisstätte ist zugleich ein Mahnmal an alle Mitbürger, das Schicksal ihrer Nachbarn nicht billigend hinzunehmen.

Nicht einmal das Gegenlicht in den Rundbögen des Eingangs des Britischen Militärfriedhofes an der Heerstraße kann die Strenge und Distanz in der Anordnung der Grabtafeln gefallener Soldaten mildern.

*13 Uhr und 50 Minuten zeigt die Uhr der Kirche am Südstern in Berlin-Kreuzberg. Ein schnurgerader Weg dorthin vermittelt dem metallenen Engel ewigen Sichtkontakt mit dem Gotteshaus und auf die Zeitläufte.*

III

Berühmt, wenn auch nicht immer so gut gepflegt wie dieses auf dem Friedhof an der Bergmannstraße, sind die schmiedeeisernen Gitter auf den Berliner Friedhöfen. Sie stellen für sich eine reizvolle künstlerische Qualität dar, ohne die manche Grabstätte nur nackt und kahl wirken würde.

*Es gibt keine wichtigere Begräbnisstätte der Hohenzollern als den Dom. Ihm gegenüber stand einmal ihr Schloß. Im Inneren der vom Baustil her lange Zeit heftig umstrittenen Kirche ist eine Vielzahl kostbarster Sarkophage anzuschauen, angefertigt von den besten Künstlern ihrer Zeit.*

*Steingewordene Monotonie, wie hier auf dem Friedhof an der Bergmannstraße, wuchert mehr und mehr in die alten Grabfelder. Aus der Neuzeit existieren nur wenige Beispiele guter Grabmalkunst.*

V

*Eine besondere Stellung in der Ansammlung Berliner Friedhöfe nehmen die wenigen nichtchristlichen ein, wie hier der Russisch-Orthodoxe Friedhof in Wittenau. Der Boden dieser Stätte ist auf Geheiß des Zaren mit gesegneter Erde der Heimat bedeckt.*

*Kontrast und Einzigartigkeit, das trifft wohl besonders auf die Grabstätten zu, die sich an den Mauern der Berliner Mietshäuser festhalten. Leben und Tod gehen unmittelbar und greifbar ineinander über, verschmelzen im desolaten Zustand des Mauer- und Kunstwerkes.*

*Auf dem Friedhof am Halleschen Tor schaut die Hofschauspielerin Anna Schramm leutselig und volksnah auf den Besucher herab – der steinerne Rahmen ist Fenster und Bühne zugleich.*

*Das Medaillon mit dem Porträt des Verstorbenen war eine bevorzugte Darstellungsform in der Grabmalkunst des 19. Jahrhunderts. Selten allerdings steht es so frei, wie hier auf dem Friedhof an der Bergmannstraße. So kann man noch heute den vor langer Zeit Bestatteten in das Antlitz schauen.*

*Eine Säule, glatt geschliffen – und nicht vollendet: Häufig dargestelltes Symbol für ein jäh abgebrochenes Leben aus der Zeit, als die griechische und römische Antike das kulturelle und künstlerische Leben und Wirken der Gesellschaft des 19. Jahrhunderts wesentlich beeinflußte.*

## FRIEDHOF DER FREIRELIGIÖSEN GEMEINDE
*Pappelallee 17*
*10437 Berlin*

Der Friedhof wurde 1846 für die Freireligiöse Gemeinde angelegt. Er ist seit 1970 geschlossen und soll bei Erhaltung wertvoller Grabmäler eine parkähnliche Gestaltung erfahren. Am Eingang befindet sich eine Granitstele mit bekrönender Schale, aufgestellt zur Erinnerung an die Friedhofsgründung. Die neuromanische Backstein-Kapelle ist profan gestaltet.

Vor ihrer einstigen Eingangsseite sind eine Reihe von Grabmälern zusammengestellt, so das Grabmal für den sozialdemokratischen Politiker **Wilhelm Hasenclever** (gest. 1883), ein Postament mit Säulenstumpf aus rotem Sandstein. Als Agitator, Organisator und Abgeordneter hatte Hasenclever Wesentliches zur Einheit der sozialistischen Gruppen beigetragen. Zusammen mit Wilhelm Liebknecht redigierte er eine Zeitlang den "Vorwärts".

Zu beiden Seiten der Inschriftplatte für den Führer der freireligiösen Bewegung **Albert Gehrke** (gest. 1911), die Grabmäler der Sozialdemokraten **Carl Schultze** (gest. 1897) und **Theodor Metzner** (gest. 1902) und für **Agnes Wabnitz** (gest. 1894), eine führende Vertreterin der proletarischen Frauenbewegung.

Hier befindet sich auch das Grabmal des Stenographie-Erfinders und Lehrers **H. Roller** (gest. 1916): Die Granit-Inschrifttafel wurde ihm von seinen Schülern 1925 gewidmet; die davorstehende unterlebensgroße weibliche Symbolfigur, die Lebensdaten des Verstorbenen aufschreibend, wurde in Galvanotechnik um 1907 von HEINRICH POHLMANN geschaffen.

# FRIEDRICHSHAIN

*Friedhof II der Georgen-Parochial-Gemeinde*

# FRIEDHÖFE FRIEDENSTRASSE

*Friedenstraße 80-82, Landsberger Allee 48*
*10249 Berlin*

Die ursprünglich vier Friedhöfe, die sich teilweise bis zur Landsberger Allee erstrecken, gleich große, nebeneinanderliegende Rechteckfelder jenseits der zur Zeit ihrer Gründung noch vorhandener Akzisemauer, sind im Laufe der Zeit zusammengewachsen. Der nordwestliche, der Armenfriedhof, wurde schon 1879 geschlossen und zum Bau der Auferstehungskirche freigegeben. Der anschließende **Friedhof V der Georgen-Parochial-Gemeinde**, Friedenstraße 82, ist 1825 für die Parochial-Gemeinde als Ersatz des 1764 angelegten früheren Friedhofes in der Königstadt gegründet worden. Gleich daneben, Friedenstraße 81, liegt der 1838 gegründete **St.-Petri-Friedhof**. Den Abschluß im Südosten, Friedenstraße 80, bildet der 1848 für die Georgengemeinde angelegte Friedhof. Er wurde vermutlich noch im gleichen Jahr durch ein nach Nordwesten abgewinkeltes Grundstück um mehr als das Doppelte erweitert und ist heute der **Friedhof II der Georgen-Parochial-Gemeinde**, mit dem Haupteingang Landsberger Allee 48.

**Friedhof V der Georgen-Parochial-Gemeinde**, *Friedenstraße 82:*
An der nordwestlichen Längsmauer befindet sich eine Reihe von Wandgrabmälern im Stil der Neurenaissance aus dem dritten Viertel des 19. Jahrhunderts. Hervorhebenswert das Grabmal **H.L. Lobeck** (gest. 1855), des Begründers der Berlinischen Lebensversicherungsgesellschaft, eine übergiebelte Marmorstele mit dem Bildnismedaillon des Verstorbenen, sowie das Grabmal **C. Schultze** (gest. 1910), eine Granitstele mit dem kleinen Marmorrelief einer knienden weiblichen Figur.

**St.-Petri-Friedhof**, *Friedenstraße 81:*
Am Ende des mittleren Hauptweges erhebt sich die **Friedhofskapelle**, ein Putzbau im Stil des frühen Klassizismus, 1910/11 nach dem Entwurf von Stadtbaumeister WALTER KÖPPEN errichtet. Die Mitte der dreiachsigen Hauptfront ist als Nische ausgebildet, in der sich das von dorischen Säulen flankierte Portal mit Reliefschmuck über dem Sturz befindet. Im Giebel eine große Halbkreisnische mit Kreuz. Das flachgedeckte Innere ist dreigeteilt mit Vorhalle, Saal und chorartig eingerücktem Sakristeiraum.

Vor der Mauer zur Friedenstraße macht das Grabmal **C.J. Möller** (gest. 1842) auf sich aufmerksam: auf der von einer flachen Schale bekrönten Marmorstele ein Volutenkapitell mit dem Freimaureremblem Stechzirkel und Winkel. Anschließend zwei in die Mauer eingelassene gußeiserne Tafeln für **F.W. Ermeler** (gest. 1866) und **Frau** (gest. 1852), der obere Abschluß ist als rundbogiger Baldachin mit dem Medaillon eines Todesgenius ausgebildet. 227

An der nordwestlichen Längsmauer erstrecken sich in langer Reihe Wandgrabmäler und Gruftkapellen beziehungsweise -tempel aus dem späten 19. und frühen 20. Jahrhundert. Zwei davon tragen ganz individuell gestalteten bildnerischen Schmuck: Das Grabmal **E. Hillig** (gest. 1890), vor einer Portalarchitektur aus rotem poliertem Marmor die überlebensgroße marmorne Sitzfigur eines bärtigen Mannes mit den Zunftzeichen der Brauer, geschaffen von CARL ALBRECHT BERGMEIER; die Familiengrabstätte **Reimann**, ein Wandgrabmal aus Klinkern mit sandsteinernem Portal, in dem sich das Marmorrelief einer überlebensgroßen Trauernden im Stil der italienischen Renaissance befindet, beide entstanden nach 1890.

Nahe dem Friedhofseingang steht jetzt eine marmorne **Freifigur** aus einem abgetragenen Grabmal, eine lebensgroße Trauernde, kniend, mit einem Rosenstrauß auf dem Schoß, um 1910. An der Westseite des Hauptweges das Grabmal **C. Krüger** (gest. 1924), eine Stele mit Bronzerelief von REINHOLD BOELTZIG aus dem Jahr 1925, die drei Lebensalter darstellend.

### Friedhof II der Georgen-Parochial-Gemeinde, *Landsberger Allee 48:*

Die **Friedhofskapelle**, ein Backsteinbau im italianisierenden Rundbogenstil, aus Vorhalle und Saalraum mit Apsis bestehend, mit anschließender Leichenhalle, dreischiffig gewölbt auf Säulen mit Kompositkapitellen, außen an drei Seiten ein offener Pfeilergang in der Tradition von Potsdamer Bauten des Ludwig Persius und August Stüler, wurde um 1870 von Stadtbaumeister ERDMANN errichtet. Sie war bestimmt für den älteren, an die Friedenstraße angrenzenden Friedhofteil.

In der Südostecke befindet sich das Grabmal **J.C.J. Albrecht** (gest. 1848) und **Frau** (gest. 1851), das älteste des Friedhofs überhaupt, ein Sandsteinquader mit kräftigem Sockel und Gesims, von der gußeisernen Urne obenauf ist lediglich der Fuß erhalten. Vielleicht ist das Grabmal von dem Verstorbenen selbst, einem Steinmetzmeister, hergestellt worden.

An der westlichen Längsmauer des zur Landsberger Allee abgewinkelten Teiles gibt es in fast geschlossener Reihe zahlreiche Wandgrabmäler und Gruftkapellen in den historisierenden Stilen der zweiten Hälfte des 19. Jahrhunderts. An ihrem südlichen Ende die Familiengrabstätte **Martiny**, ein Mausoleum mit säulenflankiertem Portikus, seitlich je eine große Bronzeplatte mit Flachrelief eines betenden Engels, 1898 von FRANZ ROSSE entworfen, von W. Schmidt & Hoffmann gegossen. Über dem Eingang ein Mosaik mit segnendem Christus. Weiter nördlich die Familiengrabstätte **Kurtze**, ein Wandgrabmal aus Muschelkalk, in der erhöhten Mitte ein Bronzerelief mit einem Menschenpaar, als "Wiedersehen" bezeichnet, 1905 von OTTO STICHLING entworfen, gegossen von Hermann Gladenbeck.

Besonders architektonisch aufwendig die Familiengrabstätte **Francke**, ein frei stehender quadratischer Bau auf hohem Sockel, sandsteinverkleidet,

*Mausoleum der Familie Martiny*    *Grabmal O. Lange*

bekrönt von einer Kuppel mit Tambour, 1903 von WERNER LUNDT und GEORG KALLMORGEN errichtet. Ähnlich reich die Ausstattung des Inneren: Eine siebenteilige Figurengruppe aus Bronze, 1905 von JOHANN BOSSARD entworfen, gegossen von H. Noack, die Hauptfigur – eine Pietà – noch am ursprünglichen Standort in der Apsis, während die beiden leuchtertragenden Jünglinge zu ihren Seiten und die "Vier Lebensalter" in den Raumecken zur Zeit in der Friedhofskapelle beziehungsweise im Freien abgestellt sind.

Nahe dem Haupteingang Landsberger Allee das Grabmal **O. Lange** (gest. 1929), auf Granitsockel die überlebensgroße Bronzefigur einer an das Kreuz sich lehnenden Trauernden, von HANS DAMMANN geschaffen.

# FRIEDHOF DER MÄRZGEFALLENEN

*Am Südrand des Volksparks Friedrichhain, dem "Kanonenberg"*
*Landsberger Allee*
*10249 Berlin*

Auf Beschluß eines Bürgerkomitees wurde der Friedhof am 22. März 1848 auf dem Gelände des Lindenbergs als Ruhestätte für die 183 Opfer der Revolution vom 18. März 1848, vor allem Arbeiter, Arbeiterfrauen und Jugendliche, angelegt. Als der Trauerzug vom Deutschen Dom am Gendarmenmarkt, wo die Särge der Toten aufgebahrt waren, am Schloß vorbeikam, ehrte der König auf dem Balkon die Toten, indem er seinen Helm abnahm. Auf dem Friedhof wurden 254 Gefallene bestattet, es waren 87 Arbeiter, 9 Lehrlinge, 50 Handwerksmeister, 60 Gesellen, 3 Arbeiterinnen und 2 Dienstmädchen.

In der Folgezeit war der Friedhof an den Jahrestagen der Revolution von 1848/49 immer wieder Schauplatz von Demonstrationen und Zusammenstößen mit der Staatsmacht. Heinz Knobloch hat in seinem Buch "Berliner Grabsteine" ganz unterschiedliche Stimmen von Zeitgenossen zitiert, so von dem 32jährigen Adolph Menzel: "... und so stehen die Särge, es ist da noch Platz gelassen ..." Der Kritiker Ernst Wilhelm Kossak, der "Vater des Berliner Feuilletons", fragt "Warum starben sie?": "Und nicht an ihren Persönlichkeiten haftet die Bedeutung des Ereignisses, sondern daß sie starben an einem Tag ..." Und Bismarck 1849: "Gestern war ich in Friedrichshain, und nicht einmal den Toten konnte ich vergeben ..."

Der Friedhof der Märzgefallenen diente dann auch als Ruhestätte für die Opfer der Novemberrevolution 1918. Den 33 Gefallenen der Kämpfe vom No-vember/Dezember 1918 wurde hier mit machtvollen Demonstrationen das letzte Geleit gegeben.

Das quadratische, ursprünglich in vier Reihen gegliederte Gräberfeld wurde um 1925 nach einem Entwurf von LUDWIG HOFFMANN durch Aufstellung der noch verbliebenen Grabdenkmale (1910 waren nur noch 50 vorhanden) an den drei Seiten der Umfassungsmauer umgestaltet. In derselben Ordnung sind heute 18 steinerne Grabplatten und eine Stele sowie drei Kreuze, eine Schrifttafel und zwei Säulenmonumente aus Gußeisen erhalten. Die Eisengußmäler haben die Gestalt von kanonenrohrartigen Schäften, die vor einer Kugel mit gesenkten, gekreuzten Fackeln bekrönt sind.

1948, zur Jahrhundertfeier, wurde der Friedhof zu einer Gedenkstätte für die Opfer der Revolution von 1848 und 1918 gestaltet. Auf der vertieften Freifläche inmitten des Friedhofes ist ein Granitquader errichtet worden, dessen Vorderseite die Gedenkinschrift, dessen Rückseite die Namen aller Gefallenen enthält. Bei der Neugestaltung nach 1948 wurden die an der südlichen Friedhofsseite befindlichen Gräber für Gefallene der Novemberre-

volution 1918 künstlerisch in die Gesamtanlage einbezogen: Drei Inschrift-
steine in Form klassizistischer Sarkophagplatten wurden errichtet, auf den
äußeren Platten mit Gedenkworten von Karl Liebknecht und Walter Ulbricht,
auf der mittleren Platte mit den Namen sämtlicher im November und Dezember 1918 in Berlin gefallenen revolutionärer Arbeiter und Soldaten.

Seitlich vor dem neuen Eingang zur Gedenkstätte erhebt sich die überlebensgroße **Bronzefigur** eines "Roten Matrosen", 1960 von dem Bildhauer HANS KIES zur Erinnerung an die bei den Kämpfen in Berlin gefallenen
neun Matrosen der Volksmarinedivision geschaffen.

## DORFKIRCHE UND FRIEDHOF IN STRALAU
*Tunnelstraße*
*10245 Berlin*

Zwischen Spree und Rummelsburger See liegt die Halbinsel Stralau mit ei-
nem durchgehenden, zur südöstlichen Inselspitze führenden Straßenzug. Ein
Ritter von Stralau wird 1244 genannt, 1358 wird das Fischerdorf der Stadt
Berlin gehörend bezeugt. Die **Kirche** nahe der Spitze der Halbinsel wird
1464 erbaut worden sein. Ein im gotischen Stil gehaltener Langschiffbau aus
Feld- und Backstein mit Strebepfeilern und gedrungenen spitzbogigen Fen-
stern. Auf der Westseite wird er durch einen quadratischen Turm mit steilem
Pyramidendach und niedrigen Eckhelmen abgeschlossen, den 1823/24 FRIED-
RICH WILHELM LANGERHANS in neugotischen Formen errichtet hat.

Den Friedhof mögen schon die Wenden als Begräbnisstätte benutzt haben.
Seine geschichtliche Erwähnung findet er erstmals um die Mitte des 15. Jahrhunderts.

Das älteste, noch erhaltene Grabmal ist eine an der Südseite der Kirche
aufgerichtete Steinplatte, die den Tod einer Frau **Dorothea Nusch** im Jahre
1795 meldet. Wegen seiner idyllischen Lage an der Spree darf der Friedhof
wohl zu den schönsten Berlins gezählt werden.

231

# NEUKÖLLN

*Alter Friedhof der St.-Jacobi-Gemeinde*

## LANDESEIGENER FRIEDHOF NEUKÖLLN
*(ehem. Neuer Garnisonfriedhof)*
*Columbiadamm 122-158*
*10965 Berlin*

Von den Befreiungskriegen bis zum Ausgang des Zweiten Weltkrieges vermittelt der Friedhof ein lückenloses Bild preußisch-deutscher Geschichte. Er kennzeichnet den für Preußen nicht unwesentlichen Teil der Militärgeschichte, bis hin zu den Soldatengräbern der Deutschen Wehrmacht des letzten Krieges. Er ist auch ein Denkmal gegen den Krieg und – im Hinblick auf den muslimischen Begräbnisplatz – eine Aufforderung zur Toleranz und Völkerverständigung. Jeweils zum Volkstrauertag findet eine Gedenkfeier für gefallene und verstorbene Soldaten seit 1813 auf dem historischen Friedhof am Rande des Flughafens Tempelhof statt. Dabei geht es um eine Versöhnung über die Gräber hinweg – und um das sichtbare Bekenntnis, daß die Gegner von einst die Partner von heute sind.

Auf dem ehemaligen Garnisonfriedhof haben etwa 6000 deutsche Soldaten in Einzelgräbern ihre letzte Ruhe gefunden. Die ältesten Gräber stammen aus der Zeit der Befreiungskriege. Bereits 1813 waren 2382 preußische, sächsische und französische Soldaten, bei Dennewitz und Großbeeren tödlich verwundet, unter Bäumen der Hasenheide beigesetzt worden. Heute noch, 180 Jahre später, erinnert eine Kapelle auf dem Friedhof an das Leiden und Sterben dieser Soldaten. Sie ist mit Schinkels Eisernem Kreuz geschmückt und trägt die Inschrift: "Gedenket der Jahre 1813, 1814, 1815 und der hier ruhenden preußischen und französischen Krieger".

Am 6. September 1843, zum 30. Jahrestag der Schlacht bei Dennewitz, wurde der Begräbnisplatz wieder ins öffentliche Bewußtsein zurückgerufen. 1854 erhielt der Friedhof durch Friedrich Wilhelm IV. den Status einer offiziellen Gedenkstätte. Zugleich ordnete das Kriegsministerium an, die im Lazarett verstorbenen Militärpersonen auf dem Invalidenfriedhof, dem einzigen damaligen Militärfriedhof vor den Toren Berlins, beizusetzen. Bald war die Verlegung des Garnisonfriedhofes in die Hasenheide gegeben. Den Neuen Garnisonfriedhof, aufgeteilt in einen nördlichen und einen südlichen Teil, weihte der Feldmarschall von Wrangel am 6. Oktober 1861 anläßlich der Beerdigung eines Majors ein. Die Kriege des nach der Eröffnung folgenden Jahrzehnts sorgten bald für eine zügige Belegung. In der Nähe der 1813/14 Verstorbenen wurden die Teilnehmer der Feldzüge von 1864, 1866 und 1870/71, die in Berlin ihren Verletzungen oder Erkrankungen erlagen, in Reihengräbern beigesetzt.

Was den Friedhof am Columbiadamm so beeindruckend macht, sind die Ehrenmale für zahlreiche Regimenter. Ob Kreuz oder Säule, Findling oder

233

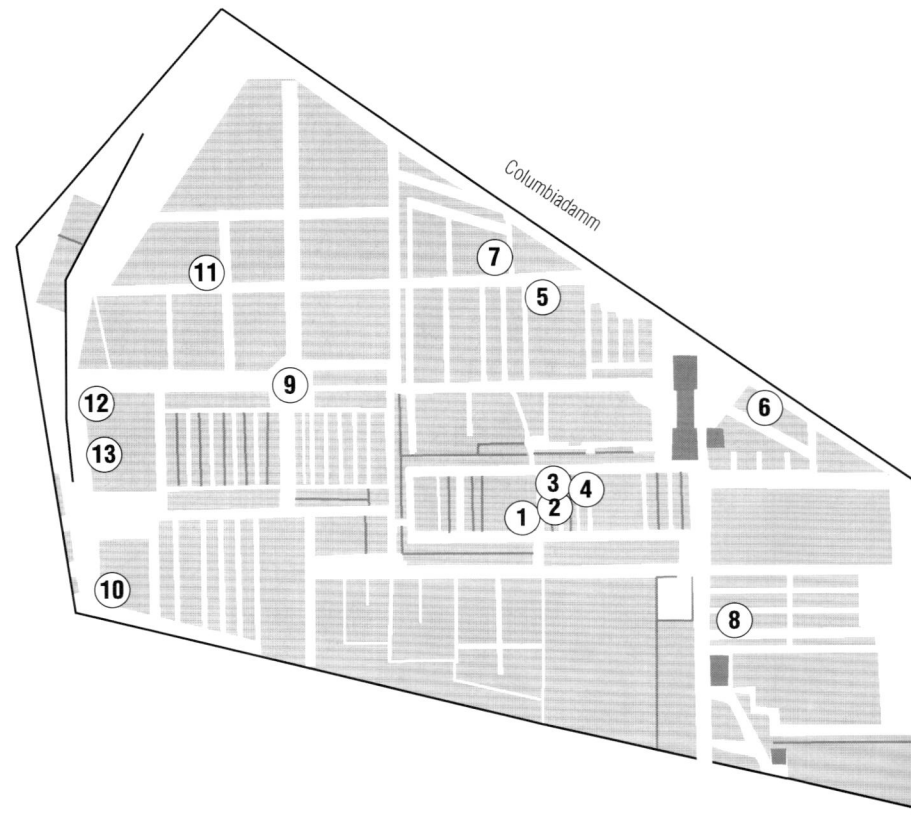

LEGENDE

(1) "Dennewitz-Friedhof"
(2) Eduard von Hartmann
(3) Balduin Möllhausen
(4) Denkmal für die Besatzung des Marine-Luftschiffes L2
(5) Denkmal für die Gefallenen von 1866 und 1870/71
(6) Marie Latz
(7) Denkmal für die 1870/71 in Berlin verstorbenen Franzosen
(8) Günter Bruno Fuchs

(9) Denkmal des Königin-Augusta-Grenadier-Regiments Nr. 4
(10) Denkmal des 2. Garde-Reserve-Regiments
(11) Denkmal des Kaiser-Alexander-Garde-Grenadier-Regiments Nr. 1
(12) Denkmal der Österreichisch-Ungarischen Armee
(13) Denkmal für die in Südafrika Gefallenen des Kaiser-Franz-Garde-Grenadier-Regiments Nr. 2

*Denkmal des Augusta-Garde-Grenadier-Regiments Nr. 4*

Granitblock – sie alle künden vom Sterben ganzer Generationen. Besonders auffallend das **Denkmal** für das Königin-Augusta-Garde-Grenadier-Regiment Nummer vier "und seine Söhne" (1925). Auf einem mächtigen Sockel ruht in ewigem Schweigen ein toter Soldat, zugedeckt mit einem Tuch, auf dem Helm und Bajonett liegen. Unter dem Tuch ragt eine geballte Faust heraus – Sinnbild für leidvolles Sterben oder Widerstand bis zum Tod? Emphatisch auch das Denkmal für das zweite Garde-Reserve-Regiment von 1929: Ein deutscher Soldat – schwer verwundet – wirft eine Handgranate. Etwas weiter ein Stein mit einem tödlich getroffenen Fahnenträger für das erste Garde-Regiment zu Fuß, das früher in Potsdam lag und sich dem Grundsatz "semper talis" (immer dieselben) verpflichtet fühlte.

Dann, wiederum herausgehoben aus den Reihen der Gräber, das von JOHANNES BOESE entworfene und 1888 errichtete Denkmal für die Toten von 1866, 1870 und 1871 mit einer **Bronzegruppe**. Sie zeigt einen Soldaten mit eichenlaubumkränztem Helm, der eine preußische Fahne vor den toten Kameraden senkt. Erinnert wird auf dem Friedhof auch mit einem **Anker** an die "Opfer der See" sowie mit einem **Gedenkstein** an die 1913 bei Johannisthal tödlich verunglückte Besatzung des Marineluftschiffes "L 2".

Ein wohl längst vergessenes Kapitel deutscher Geschichte erzählt ein **Findling**. Er ist sieben Soldaten des dritten Garde-Grenadier-Regiments Nummer zwei ("Franzer") gewidmet, die Anfang dieses Jahrhunderts bei Unruhen im damaligen Deutsch-Südwestafrika den Tod fanden. Etwas wei- 235

*Grabstein des Berliner Malerdichters Günter Bruno Fuchs*

ter ein Stein für die "hier ruhenden Soldaten der österreichisch-ungarischen Armee des Weltkrieges 1914-1918". Plastisch dargestellt sind Kaiserjäger-Mütze, Koppel und Bajonett.

Auf dem Friedhof, der Gegner von einst im Tode vereint, erinnert ein **Sandsteinkreuz** in französischer Schrift an französische Soldaten, die 1870/71 während der Gefangenschaft in Berlin starben. In dem Kreuz Lorbeerkranz und Schwert, dazu an den Seitenwänden die Namen von mehr als 60 französischen Soldaten.

Unter den Zivilpersonen, die auf dem Friedhof beigesetzt wurden, sind der Philosoph **Eduard Karl Robert von Hartmann** (1842-1906), der mit seiner "Philosophie des Unbewußten" ein Vorläufer von Sigmund Freud wurde, der Reiseschriftsteller **Balduin Möllhausen** (1825-1905), der ausgedehnte Forschungen unter anderem in Nordamerika betrieb und die Romane "Talisman", "Halbindianer" und "Das Mormonenmädchen" schrieb und die Modeschöpferin **Marie Latz** (1887-1971) zu nennen.

Der Malerdichter **Günter Bruno Fuchs** (1928-1977) gründete mit Robert Wolfgang Schnell und Günter Anlauf 1959 in Neukölln eine Hinterhof-Galerie. Er war Holzschneider der "Rixdorfer Drucke", und an dessen künstlerische Technik anknüpfend hat sein Künstlerfreund ANLAUF die Figur des Verstorbenen mit dem blumengeschmückten Krempenhut in einen Granitfindling eingeritzt.

## MOHAMMEDANISCHER FRIEDHOF

*Columbiadamm*
*10965 Berlin*

An der Bezirksgrenze zwischen Neukölln und Tempelhof treffen auf einer Fläche von wenigen Quadratkilometern drei Welten aufeinander. Eingerahmt vom amerikanischen Militärflughafen, erstreckt sich den Columbiadamm entlang türkisches Hoheitsgebiet: **Sehitlik**, der muslimische Friedhof, ein verträumtes Stückchen Orient mitten in Berlin.

Hinter dem Gittertor erstreckt sich der kleine Friedhof mit seinen von Wachstum umsponnenen Gräberreihen zu Füßen eines hohen, schlanken **Obelisken**, ein Geschenk des Preußenkönigs aus dem Jahre 1867. Auf dessen Spitze funkelt ein vergoldeter türkischer Halbmond, und der achteckige Sockel trägt Gedenktafeln in arabischer Schrift. Türkischer Halbmond und arabische Koranschrift finden sich auch auf den in Richtung nach Mekka liegenden Gräbern. Auf manchen trifft man noch die typisch türkischen Grabsteine, die ihrer geschweiften Form wegen "Mumiengrabsteine" genannt werden. Doch überwiegen die europäischen Grabsteine, und auch die europäische Art der Grabpflege mit Blumen hat sich eingebürgert, im Gegensatz zur türkischen Art, die keine Blumen kennt. Neben den arabischen Grabinschriften sieht man viele lateinische, die älteste aus dem Jahre 1928. Die lateinische Schrift wird seit dem diesbezüglichen Gesetz Kemal Paschas benutzt. Nicht nur die Türken werden hier beerdigt, sondern alle Mohammedaner haben hier das Recht der Bestattung, Araber, Pakistaner, Afghanen, Perser, Inder, Bucharer. Auch in der Bundesrepublik ansässige Mohammedaner werden auf dem Berliner türkischen Friedhof beigesetzt.

Das Stückchen Orient in unserer Stadt hat seine Geschichte. Der "Soldatenkönig" Friedrich Wilhelm I. integrierte türkisch-islamische Soldaten in sein Heer, die ersten Gastarbeiter an der Spree. Sein Sohn Friedrich II., auch der Große genannt, versprach den Türken, ihnen Moscheen zu bauen, wenn sie in sein Land einwandern würden. Vor 195 Jahren, 1798, stellte dann Friedrich Wilhelm III. ein am Schlächtergraben am Tempelhofer Feld gelegenes Grundstück zur Verfügung, damit der damals in Berlin verstorbene türkische Botschafter nach dem eigenen religiösen Ritus beerdigt werden konnte. Sechs Jahre später wurde dort auch der osmanische Geschäftsträger in Berlin bestattet.

Der Begräbnisplatz geriet in Vergessenheit, bis ein Bauer 1836 beim Pflügen einbrach und man in der Folge die Stätte wiederherrichtete. Mitte des 19. Jahrhunderts wurde dann das Terrain für den Kasernenneubau gebraucht. Zum Ersatz schenkte Kaiser Wilhelm I., damals noch König, der türkischen Regierung das Grundstück am Columbiadamm, auf dem die Gebeine des

*Blick auf das Grabmonument der fünf Muslime*

ersten Begräbnisplatzes gesammelt wurden und das 1863 eingeweiht wurde. Hier liegen nun Seite an Seite der türkische Soldat der deutschen Partnerarmee aus dem Ersten Weltkrieg, der Kaufmann aus Jaffa oder Gastarbeiterkinder, denen Berlin bereits zur Heimat geworden war. Erst 1963 wurde ein weiteres Gräberfeld auf dem benachbarten Garnisonfriedhof zur Verfügung gestellt, wo seither 150 Muslime beigesetzt wurden.

Die Gräber scharen sich um die Gedenkstätte jenes Staatsmannes und Mystikers **Ali Aziz Effendi** (gest. 1798), der Ende des 18. Jahrhunderts als erster Gesandter Konstantinopels sein Land in Preußen repräsentierte. Eine Gedenktafel ehrt den Konservator und Erweiterer der türkischen Begräbnisstätte **Hafiz Schükri Bey**, der nach der Jahrhundertwende der in Berlin amtierende Obergeistliche bei der Kaiserlich-Türkischen Botschaft war. Er, der 1924 hier starb, hatte sich auf dem Friedhof ein Häuschen gebaut, wo er mit seiner Frau und deren drei Schwestern wohnte und mit ihnen eine Arbeitsgemeinschaft für die Verwaltung und Betreuung des Friedhofes bildete. Zwei Schwestern pflegten noch bis in die jüngste Zeit den Friedhof.

Auf dem Friedhof liegen hohe Beamte und Wissenschaftler neben unbekannten Moslems. Hier befindet sich das Grab des türkischen Großwesirs **Talaat Pascha**, der 1921 in Charlottenburg von einem Armenier ermordet wurde. Dort ruht der 1929 verstorbene Radiumforscher **Zia Hilmi Bey**. Anderswo liegt ein berühmter ägyptischer Schauspieler, daneben ein Perser, der in den Apriltagen 1945 versuchte, eine Berlinerin aus den Trümmern ihres Hauses zu retten. Eine Tafel mit eingelassenem hellblauem Marmor und goldener Schrift schmückt das Grab eines persischen Prinzen. Auf dem Areal wurden bei Kriegsende gefallene mohammedanische Russen, mohammedanische Franzosen und mohammedanische Jugoslawen beerdigt.

Auffallend in seiner Sarkophagform und seinem ornamentalen Schmuck ist das Grabmal für Dr. **Mehmed Bey** (1870-1912). Als architektonisch gelungen stechen zwei blockhaft-kubische Grabmale in ihrer Gestaltung hervor: das von Prof. **Izzet Bey** und das von **Kemal**, Sohn des Ziya **Bey Semseddinzade** aus Sivas (Türkei). Wer sie entworfen hat, ist nicht bekannt.

Auch der tunesische Nationalheld **Mohammed Bach Hamba** wurde hier 1920 begraben. Als der tunesische Staatspräsident Habib Bourgiba 1966 in Berlin weilte, stattete er dem Grab des Freiheitskämpfers einen Besuch ab. Durch ein Fernschreiben hatte er beim Auswärtigen Amt in Bonn seinen Wunsch mitteilen lassen. Wo der Tote lag, war niemandem bekannt. Erst nach wochenlanger Fahndung wurde das Grab auf dem Neuköllner Miniaturfriedhof ausfindig gemacht. In seiner Heimat wird Bach Hamba als Vorkämpfer des unabhängigen Tunesien gefeiert, er hatte zusammen mit seinem Bruder Ali 1907 die nationale Freiheitsbewegung "Junges Tunesien" gegründet, den Vorläufer der heute herrschenden Staatspartei. Als er 1912 von den Franzosen ausgewiesen wurde, flüchtete er nach Berlin. Die Grabstätte wurde wiederhergerichtet.

Der Islam verbietet, daß diese Gräber, wie es bei Christen üblich ist, nach Ablauf einer bestimmten Frist, wieder eingeebnet werden. Auch wenn über 90 Prozent aller toten Muslims immer noch in ihre Heimatländer überführt werden, sind die Kapazitäten des mit 220 Gräbern belegten, bis vor kurzem einzigen islamischen Friedhofs in Berlin und des ältesten in Deutschland längst erschöpft. Die Türkisch-Islamische Union (DITIB) erhielt inzwischen ein Ausweichgelände auf dem neu entstandenen Landschaftsfriedhof in Gatow. Die Leichname müssen nun von Neukölln, wo in der Regel die Totenfeier stattfindet, auf eine lange Wegstrecke gebracht werden, die typisch scheint für die Distanz Berlins zu seinen Muslimen.

Der Friedhof am Columbiadamm dient heute nur noch der Totenzeremonie für jene, die überführt werden, und Gottesdiensten in der **Moschee** mit Kuppel und Minarett, die erst 1983/85 gebaut wurde.

# FRIEDHÖFE
## ZWISCHEN HERMANNSTRASSE UND KARL-MARX-STRASSE

**Alter Friedhof der St.-Jakobi-Kirchengemeinde**, *Karl-Marx-Straße 4-10*:
Im spitzen Winkel der Straßenkreuzung am Hang gelegen, wurde der
Friedhof 1853 eingeweiht. Nahe dem Eingang Karl-Marx-Straße, im Mittelfeld links, erhebt sich die schlichte Kalksteinstele für den Maler **Franz Skarbina** (1849-1910) mit einer bronzenen Bildnisplakette von M. SCHAUSS zwischen dorischen Säulen. Am girlandengeschmückten Architrav befindet
sich das Lukaswappen als Zeichen der Malerzunft. Skarbina konnte technisch vollendet das Atmosphärische erfassen, Luftschleier und Farbschwin-
gungen. Seine Berliner und Pariser Straßenszenen stellen den in der Menge
sich verlierenden Menschen im Straßenverkehr dar. Später neigte er sich
stärker dem Salonidealismus der Hauptstadt um die Jahrhundertwende zu.
    In der Nordostecke finden sich noch etwa 20 Erbbegräbnisstätten der
Jahrhundertwende mit großartigen **Eisengittern**, die aus der Kunstgießerei
von CARL AUGUST MARCUS stammen könnten. Die efeubewachsenen Gräber
unter einem Trauerbaum sind an allen vier Seiten allein mit diesem Schmuck
ausgezeichnet, wobei die oft mit Blumenvasen besetzten Eckpfosten oder
reicher ornamentierte Rückgitter, denen die Namentafeln kompositionell
eingefügt worden sind, kunstvolle Varianten zeigen – trotz des Zerfalls ein
stimmungsvoller Bereich von einmaliger Geschlossenheit und Typik im
einzelnen.
    Zwei anspruchsvolle steinerne Jugendstilanlagen fallen in demselben
Feld auf: Am Querweg die Kalksteinwandarchitektur von K. SPAETH (1907)
für Familie **Sielaff** mit figürlichem Reliefschmuck und einem archaisieren-
den Zinkrelief und an einem der Längswege links das dunkle Wandmonument
der Familie **Bernhard Köhler** (1904).
    Von einem Grabstein an der linken Mauer leuchtet der Name **Reinhold
Kiehl** (1874-1913). Mit dem Kiehlufer ehrten die Neuköllner ihren Stadt-
baurat, der das Rathaus Rixdorf geschaffen hat. Hier ruhen auch die beiden
Komponisten **Reinhold Succo** und **Georg Vierling**, der Meister ernster
Musik und großer Orgelwerke. Der Gründer der "Neuen Welt", **Arnold
Scholz**, hat hier ebenso seine letzte Ruhestatt wie der Geograph und Kartograph **Johann Samuel Heinrich Kiepert** (1818-1899) oder der Begründer
und Leiter des Heimatkundemuseums für Neukölln, **Emil Fischer** (1865-
1932).

**Neuer Jakobifriedhof**, *Hermannstraße 99-105:*
Hier haben die stadtbekannten "Stettiner Sänger" ihren **Paul Linde-Britton**
zu Grabe getragen.

**Thomasfriedhof**, *Hermannstraße 79-83 und 179-185:*
Dort entdecken wir an einem größeren Erbbegräbnis den Namen **Robert Zeller** (1829-1901) mit der Beifügung "Oberbürgermeister von Berlin". Dahinter befindet sich eine von Efeu umrankte Grotte mit einem eigenartigen Denkmal, das der Bildhauer FRANZ OCHS 1879 geschaffen hat. Es stellt einen vom Berge herabsteigenden Mann dar. In der rechten Hand hält er einen Wanderhut, in der linken einen Eispickel, auf dem die Worte stehen: **R. Apple**, Californien. Das Todesdatum lautet: 23. Juli 1878 zu Neapel. Ein sonderbares Geheimnis umgibt dieses merkwürdige Grabmal. Es scheint zu suggerieren, R. Apple wäre als Goldgräber hinausgezogen und hätte beim kühnen Suchen den Tod gefunden.

Auch **Anita Berber** (gest. 1928), die skandalträchtige Nackttänzerin der Berliner Boheme, hat hier ihre letzte Ruhestätte. Otto Dix hat sie 1925 gemalt, ganz in flammendem Rot, mit maskenhaft weißem Gesicht lasziv dem Betrachter entgegentretend.

Auf dem Friedhof liegt auch ein Berliner Original, "**Krücke**", eine bekannte Erscheinung besonders beim Sechstagerennen im Sportpalast, begraben. Niemand kennt ihn unter seinem bürgerlichen Namen *Reinhold Franz Habisch* (1889-1964).

**Michaelfriedhof**, *Hermannstraße 191-195:*
Hier befindet sich die Grabstätte des Literaturhistorikers und Entdeckers der Tagebücher Eckermanns, Professor **Herbert Heinrich Houben**.

**Emmausfriedhof**, *Hermannstraße 129-137:*
Auf diesem Friedhof treffen wir gleich hinter dem Ehrenhain auf die Grabstätte des heiteren Komponisten **Walter Brommer** (1885-1943), Schöpfer der Operette "Mascottchen" oder des heute noch bekannten Chansons "Es gibt im Leben manchesmal Momente". Auch **Willy Boehme** liegt hier, dessen vielgesungene Schlager "Bimmel-Bolle", "Vergnügen eigener Art" und "Putt putt putt mein Hühnchen" immer noch nicht vergessen sind. Neben den Gräbern der Emmaus-Pastoren leuchtet der mit der Inneren und Äußeren Mission eng verbundene Name **Theodor Fliedner**.

**Städtischer Friedhof Britz**, *Buschkrugallee 38-50:*
Hier ruht an der Kanalseite der 1. Neuköllner Oberbürgermeister **Hermann Boddin** (1844-1907), der Anfang der 1870er Jahre dem bis dahin ländlichen Rixdorf eine städtische Note gab. Der letzte Gemeindevorsteher von Böhmisch Rixdorf, **Wanzlich**, ruht auf dem Böhmischen Gottesacker am Karl-Marx-Platz.

## BÖHMISCHER GOTTESACKER IN RIXDORF

*Karl-Marx-Platz 10*
*12043 Berlin*

Dieser Gottesacker wurde 1751, 14 Jahre nach Ansiedlung der protestantischen böhmischen "Exulanten" (Flüchtlinge), hier in Böhmisch-Rixdorf
angelegt und eingeweiht. Er liegt – Zugang vom Karl-Marx-Platz aus –
hinter dem hohen, grün gestrichenen Eisentor, das zwischen hohen Brand-
wänden von Mietshäusern das sicherlich beständigste Merkmal des Platzbildes
ist. Die in Rixdorf mittlerweile im achten Glied ansässigen Nachkommen
jener Exulanten aus Böhmen – ob reformiert, lutherisch oder Brüdergemeine
– haben zu ihrem Totenreich ein bemerkenswert lebendiges Verhältnis. Darüber haben schon die Schriftsteller Egon Erwin Kisch und Alfred Andersch
geschrieben.

Zu ihrem Gottesacker ziehen die frommen "Brüder und Schwestern" der
Brüdergemeine an jedem Ostermorgen zwischen Tau und Tag und mit Posaunen und Trompeten, der Bläserchor der Gemeine. Auch Frauen gehören
nun zu den schwarz gekleideten und mit Zylindern ausgestatteten Bläser-
"Brüdern" dazu. Strikte Traditionspflege schließt eine zeitgemäße "Quoten-
regelung" nicht aus.

Ursprünglich war der ganze Friedhof nach dem herrnhutischen Prinzip
angelegt: Die Grabsteine lagen flach auf, die Bestattungen erfolgten getrennt
nach Brüdern und Schwestern, es gab keine Erbbegräbnisse. Als sich später
unter den Kolonisten der Anteil jener verkleinerte, die sich zur Brüdergemeine,
und jener vergrößerte, die sich zur böhmisch-lutherischen oder böhmisch-
reformierten Gemeine bekannten, kam es 1903 zu einer Dreiteilung des
Gottesackers.

Bei der Auflösung des Böhmischen Gottesackers (der Brüdergemeine)
am Halleschen Tor wurden 15 alte Grabplatten, die dort in die Kirchhofmauer
eingelassen waren, nach Neukölln verlagert und neben den bereits vorhandenen Steinen, darunter die von **Adam Krystek** und **Jan Pittmann**, die zu
den ersten Kolonisten gehörten, in der östlichen Ziegelsteinmauer befestigt.
Die ungefähr 130 Grabplatten – die ältesten Berlins und teilweise in tsche-
chischer Sprache – bilden die Attraktion des Gottesackers an der östlichen
Ziegelsteinmauer. Eines dieser Steine ist der des 1. brüderischen Predigers
der Brüdergemeine Wilhelmstraße, **Andreas Grasmann**, später Bischof der
Brüder-Unität. Sie wurden 1988/89 gründlich gereinigt und in ein Acryl-Bad
getaucht, um sie gegenüber ätzender Luft und saurem Regen zu konservie-
ren. Die Berliner Luft hatte bereits das Grabmal von **Catharina Proskin**
(1729-1763) bis zur Unkenntlichkeit zerstört und das von **Jan Vitman** (1680
-1769) ist kaum noch mit seiner tschechischen Inschrift zu entziffern. Mit
Hilfe der gemeinnützigen Pressestiftung Tagesspiegel und des Senators für

Stadtentwicklung sind deshalb Texte aus den frühesten Jahren der Bestattungen aus der verwitterten Verborgenheit der Steine hervorgeholt worden. Ein ehemaliger Prager Journalist, Bohumil Kostál, hatte die mühselige Entzifferungsarbeit übernommen, wobei er auch erhaltene Kirchenbücher der Böhmen zuhilfenahm.

Es gibt keine Pläne von Liegeplätzen, zum Teil wurden auch Steine von anderen Ruheplätzen hierher zum Böhmischen Gottesacker gebracht. Das betrifft auch die Umbettungen aus dem Friedhof der Böhmischen Gemeinde und der Brüdergemeine am Halleschen Tor, der wegen eines Straßenbaus bis zur Unkenntlichkeit reduziert wurde.

Mit dem jahrhundertelangen Abstand zu früherem Leid über den frühen Tod ist auch Schmunzeln nicht taktlos. Zwar ist es Regel der Brüdergemeine, auf Grabplatten nur Namen und die Eckdaten der Bestatteten zu nennen, nicht aber Beruf und irdische Titel. Bei einer längeren Inschrift aber über den frühen Tod eines Sohnes ließen die Eltern von **Johan Christian Nemetz**, den "ehelich gezeugten Sohn", auch dies in seinen Stein meißeln: "... entschlief am 23ten August 1815 in einem Alter von 22 Jahren, 6 Monaten, 3 Wochen, 2 Tage und 3 Stunden ..." Oft finden sich auf Steinen und in Kirchenbüchern ungewollte Verballhornungen im Deutschen, und nicht-böhmische Steinmetze mochten auch ins Tschechische Fehler gemeißelt haben. Das aber zeigt doch auch, wie sich die Hergekommenen und die Hiesigen – und sei es beim Steine Behauen – miteinander einzulassen hatten.

## DORFKIRCHE BRITZ
*Alt-Britz*
*12099 Berlin*

Der Feldsteinbau der mittelalterlichen Dorfkirche, die vermutlich aus der zweiten Hälfte des 13. Jahrhunderts stammt und 1888 erneuert wurde, liegt auf einer Anhöhe zwischen zwei Teichen. Sie besitzt noch die große Glocke aus dem 13. Jahrhundert. Bald nach Verkauf des Stammsitzes 1699 erlosch das Geschlecht der Britzkes, in deren Besitz sich das Dorf seit Gründung Ende des 12. Jahrhunderts befunden hatte. Seit 1719 gehörte Britz dem ersten preußischen Außenminister Rüdiger von Ilgen. 1753 fiel Britz im Erbgang der Gattin des späteren Ministers des Auswärtigen **von Hertzberg** zu, dem ersten Herausgeber des Landbuches Kaiser Karls IV. von 1375. Dank seiner Aufgeschlossenheit für neue landwirtschaftliche Methoden erlangte sein Gut den Ruf einer Musterwirtschaft.

Die **Gruft** unter der Sakristei birgt 10 Särge. Auf dem des Ministers von Hertzberg liegen noch heute Dreispitz und Degen des 1795 Verstorbenen. 243

## DORFKIRCHE BUCKOW

*Alt-Buckow*
*12349 Berlin*

In der 1220-1250 errichteten Dorfkirche, die um 1500 eingewölbt wurde, befindet sich eine Totentafel für den 1412 in der Schlacht am Kremmener Damm gefallenen Grafen **Johann von Hohenlohe**, einen schwäbischen Ritter aus dem Gefolge des ersten Zollernfürsten in der Mark Brandenburg, Burggrafen Friedrich VI. von Nürnberg, des späteren Kurfürsten Friedrich I., der dieses älteste Berliner Tafelbild wahrscheinlich in Nürnberg malen ließ. Die schwer lesbare Inschrift in spätgotischen Minuskeln lautet: "Nach chris geburt virtzehenhundert / jar und in dem czwelften jar an samt Columbans / tage verschied der hochgeborn graff / herre Johans von hohenloch dem gott genade."

Die Kirche besitzt Leihgaben aus der nur noch als Ruine erhaltenen Klosterkirche in Alt-Berlin, so zwei Altarflügel des 15. Jahrhunderts und eine spätgotische Schnitzfigur der knienden Jungfrau Maria.

## DORFKIRCHE RUDOW

*Ecke Köpenicker und Prieroser Straße*
*12355 Berlin*

Die Dorfkirche, ursprünglich ein einfacher Saalbau des 13. Jahrhunderts, wurde durch viele Umbauten stark verändert und bei der Wiederherstellung 1954 im Inneren modernisiert; ihr wurde eine Gedenkhalle mit einer Pietà von GERHARD SCHREITER angefügt.

Ein Grabstein für **Eva Maria Puhlmann** (gest. 1736), Gattin des Köpenicker Amtmanns, mit ellenlanger gereimter Inschrift ("...Ich wende mich zu Dich, vertrauter Eh-Gemahl, und dancke deiner Treu, viel tausend Mal...") ist das einzige, was von der alten Ausstattung übrig blieb.

# TEMPELHOF

*Heidefriedhof Mariendorf*

ANNEMARIE
SCHÜTZE
* 1·4·1895
† 26·9·196?

KARL SCHÜTZE
1890 - 19?3

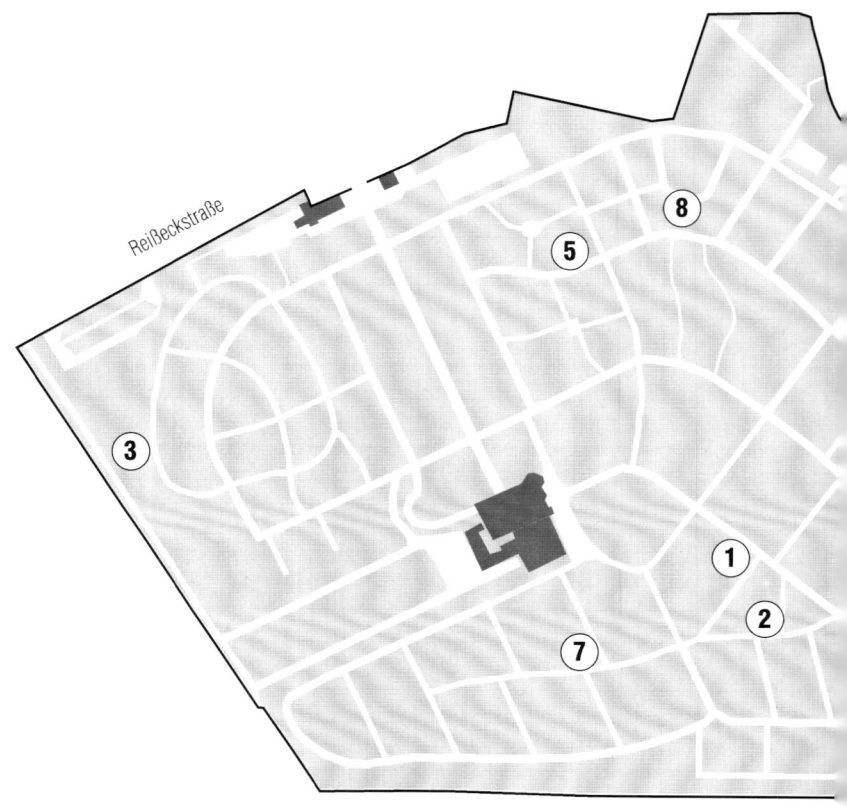

## HEIDEFRIEDHOF MARIENDORF
*Reißeckstraße 4*
*12107 Berlin*

Die künstlerische Idee des Heidefriedhofes, seit 1951 von BERNHARD KYNAST angelegt, zeigt sich schon am Eingang in einer Heidelandschaft mit Grasland, Heidekraut, Wacholderbüschen und -säulen sowie mit Bergkiefern. Im Unterschied aber zu Zehlendorf, wo man vom vorgefundenen Kiefernforst ausging, schuf man hier eine "Kunstlandschaft, wie man sie von Natur zwischen Lüneburg und Celle gewohnt ist, die aber keineswegs als ortstypisch märkisch gelten kann" (Klaus Konrad Weber). Der Besucher soll das Ordnungsschema gar nicht bemerken, deshalb hat man alles mit Absicht 246 unübersichtlich angelegt. Neben dem zugrundeliegenden Rechteckschema

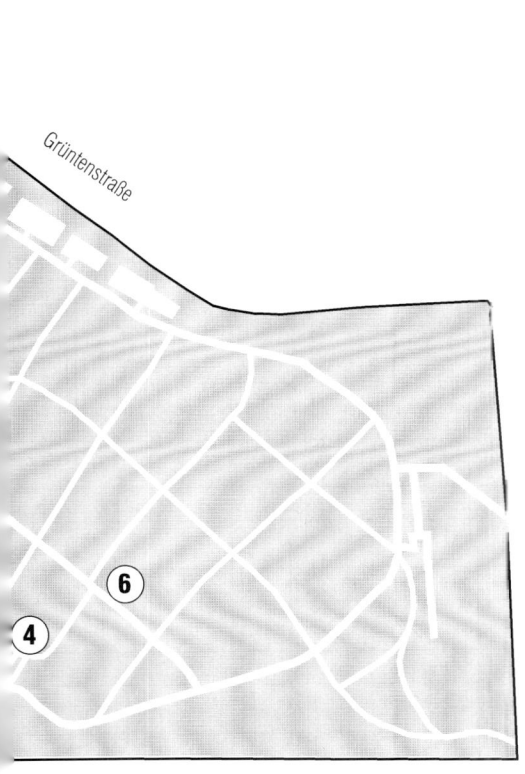

findet man inmitten von Rasenflächen zwischen Eäumen und Buschwerk auch ganz anders angelegte Gräberfelder. Sie werden von gewundenen Wegen durchzogen. Daneben liegen kleine Urnenfelder mit zwei Gräberkreisen, im Flachbogen angelegte Urnengräberreihen, umgeben von einem größeren Gräberkreis, oder kleine Wiesen, in deren Baum- und Buschwände Gräber eingefügt sind. Alleen und Hecken fehlen in dieser einfallsreichen, wenn auch kostspieligen Anlage gänzlich.

Auf dem Friedhof befinden sich die Grabstätten des Malers und Grafikers **Arthur Degner** (1888-1972), des Malers und Zeichners **Ole Jensen** (1924-1977) und des Dirigenten **Egon Kaiser** (1901-1982), der 1929 das erste Rundfunkorchester gründete.

An der Ostecke der Anlage eine **Ehrenruhestätte** für die Opfer der letzten Kämpfe um Berlin 1945 – ein hochaufragendes Holzkreuz mit Gedenkplatte davor das Gräberfeld mit den Holzkreuzen der Toten.

247

## Dorfkirche Tempelhof mit Friedhof
*Reinhardtplatz*
*12103 Berlin*

Die Dorfkirche in der Nordwestecke der Parkanlagen am Rande des Reinhardt-
und des Marktplatzes wurde 1943/44 zerstört und 1956 im romanischen Stil
erneuert. Sie ist von einer Feldsteinmauer umgeben, die ein kleiner Friedhof
umschließt.

Man erblickt Grabmäler und -tafeln von Pfarrern, Dorfschulzen und Mitgliedern alter Tempelhofer Familien wie **Dunkel**, **Grunack**, **Lehne**, **Ber-
linicke**.

## Kirchhof der Dreifaltigkeitsgemeinde Mariendorf
*Eisenacher Straße 61*
*12109 Berlin*

Ein schlichter Formstein weist auf das Grab der Journalistin und Anarchistin
**Ulrike Meinhof** (1934-1976). Sie publizierte während der Phase des erstarrten Antikommunismus zahlreiche kritische Artikel in der Hamburger Zeitschrift "konkret", die sie 1960/64 als Chefredakteurin leitete, und suchte
durch sozialkritische Wort-, Fernseh- und Filmbeiträge (z.B. "Bambule",
1971) gesellschaftsverändernd zu wirken. 1968 übersiedelte sie nach Berlin,
wo sie als freie Journalistin und Lehrbeauftragte der FU tätig war. Nach der
Regierungsübernahme durch die SPD/FDP 1969 schlug ihr kämpferischer
Optimismus in anarchischen Aktivismus um. Nach der von ihr organisierten
Befreiung des Anarchisten Andreas Baader (1943-1977), der wegen Brand-
stiftung eines Kaufhauses einsaß, tauchte sie in den Untergrund unter und
baute mit Baader zwischen 1968 und 1970 eine terroristische Gruppe auf, die
"Rote Armee-Fraktion", auch Baader-Meinhof-Gruppe genannt. 1972 verhaftet und 1974 mit anderen angeklagt, nahm sie sich im Verlauf des Prozesses in der Strafvollzugsanstalt Stuttgart-Stammheim das Leben.

## KIRCHHOF DER KIRCHENGEMEINDE "ZUM HEILIGEN KREUZ" MARIENDORF

*Eisenacher Straße 62*
*12109 Berlin*

Hier befinden sich die Grabstätten des Theaterdirektors **Ferdinand Meysel** (1858-1933), der die "Sänger von Finsterwalde" am Dönhoffplatz zur Premiere führte, und des Malers und Zeichners **Harry Woehleke** (1897-1980), der Landschaften und Tierdarstellungen sowie Schauspielerporträts schuf. Auch der Politiker **Rudolf Karl Ludwig Wissell** (1869-1962) ruht hier, der 1928-1930 Reichsminister für Wirtschaft und Arbeit und als Schlichter in Groß-Berlin und in Brandenburg tätig war. Er hat wesentlich zum Ausbau der Sozial- und Arbeitslosenversicherung beigetragen.

## KIRCHHOF DER EVANGELISCHEN KIRCHENGEMEINDE LICHTENRADE

*Paplitzer Straße 10-24 und 23-31*
*Berlin*

Die Erbegräbnisse alter Lichtenrader Familien bestimmen das Bild dieses Kirchhofes. Hier fand der Schauspieler und Theaterdirektor **Max Gülstorff** (1882-1947), der auch durch seine Hauptrollen in "Ein Glas Wasser" (1922), "Liebling der Götter" (1930), "Der zerbrochene Krug" (1937) und anderen Filmen bekannt wurde, seine letzte Ruhestätte. Ebenso liegt der Literarhistoriker und Kritiker **Paul Fechter** (1888-1958) hier begraben. Er arbeitete als Feuilletonredakteur mehrerer Zeitungen ("Vossische Zeitung", "Deutsche Allgemeine Zeitung", "Berliner Tageblatt"), war Mitherausgeber der Kulturzeitschriften "Deutsche Zukunft" (1933-1940), "Deutsche Rundschau" (1933-1942) und der "Neuen Deutschen Hefte" (1954/56). Als Literarhistoriker schrieb er über den Expressionismus (1914), Frank Wedekind (1920), Gerhart Hauptmann (1922), das europäische Drama (1956/58) und Ernst Barlach (1957), er war zugleich Autor humorvoller Berlin- und Ostpreußenromane.

Eindrucksvoll das **Gefallenendenkmal** von LUTZ und MIESFELD (1925) mit der Statue eines trauernden Soldaten.

249

## KIRCHHOF DER KATHOLISCHEN ST.-MATTHIAS-GEMEINDE MARIENDORF

*Röblingstraße 91*
*12105 Berlin*

An der unterhalb der Marienhöhe vorbeiführenden Röblingstraße liegt der katholische St.-Matthias-Kirchhof. Er ist nicht nur Begräbnisstätte für Mitglieder dieser Gemeinde, sondern auch für Katholiken aus anderen Bezirken. Am Eingang befindet sich die St.-Fidelis-Kirche. Bemerkenswert ist ein Kreuzweg mit den Leidensstationen Christi und einer Mariensäule. Außer Sammelgrabstätten der Angehörigen geistlicher Orden, so der im St.-Joseph-Krankenhaus tätigen Frauen, Schwestern von der heiligen Elisabeth, finden sich hier die Gräber vieler Pfarrer, Politiker und anderer Persönlichkeiten. Am Eingang ein **Ehrenmal** für den von den Nationalsozialisten am 30. Juni 1934 umgebrachten Vorsitzenden der Katholischen Aktion, **Erich Klausener**.

Auf diesem Friedhof ruht eine der schillerndsten Gestalten der Berliner Boheme, der Lyriker, Erzähler und glänzende Aphorist **Peter Hille** (1854-1904), der zwischen mystischem, katholisch-mittelalterlichem Denken und anarchistisch-utopischen Idealen schwankte. Nach planlosen Wanderschaften durch Europa – zeitweise galt er als verschollen – führte er seit 1891 ein Bohemeleben in Berlin. Von seiner dichterischen, oft fragmentarischen Produktion, die er achtlos niederschrieb und in einem großen Sack mit sich herumschleppte, ist offenbar vieles verlorengegangen. Seine größeren planlosen und flüchtigen Werke, der Anarchistenroman "Die Sozialisten" (1886), der Erziehungsroman "Die Hassenburg" (postum erschienen) und die Erziehungstragödie "Des Platonikers Sohn" (1896) lassen ebenso wie die ironisch-witzigen Aphorismen den grenzenlosen, von Nietzsche beeinflußten Nihilismus und die mystische Naturanbetung des Autors erkennen. Sein Bestes leistete er in kleinen Natur- und Stimmungsgedichten.

Hier befinden sich auch die Gräber der Schauspieler und Regisseure **Wolfgang Kühne** (1905-1969) und **Robert Müller** (1879-1968), der Berliner Heimatschriftstellerin **Dorothee Goebeler** (gest. 1945) sowie des Schul- und Kirchenmusikers **Carl Thiel** (1862-1939), der den Berliner Madrigal-Chor gründete und 1922-1930 das Institut für Kirchen- und Schulmusik leitete; er wurde durch die "Loretto-Messe" und "Buß-Psalmen" bekannt.

## KIRCHHOF DER CHRISTUSGEMEINDE MARIENDORF
*Mariendorfer Damm 223-227*
*12107 Berlin*

Hier befindet sich das Grab des Architekten **Bruno Möhring** (1868-1929), der vor allem Brücken, Industrie- und Ausstellungsbauten als Stahlkonstruktionen in historisierenden Stilformen entwarf. Bekannt ist seine "Millionenbrücke" am Gesundbrunnen. Er war auch als Stadtplaner tätig, mit Rudolf Eberstadt und Richard Petersen entwickelte er 1910 ein Projekt für Groß-Berlin. In Mariendorf, wo er lebte und bestattet wurde, schuf er die Friedhofskapelle und erneuerte das Innere der Dorfkirche.

## DORFKIRCHE UND KIRCHHOF MARIENFELDE
*Marienfelder Allee 127*
*12277 Berlin*

Die alte **Dorfkirche** auf dem teilweise erhaltenen Dorfanger, wahrscheinlich um 1220 entstanden, gehört zu den ältesten der Mark. Sie besitzt im Chor und in der Sakristei Kreuzgewölbe, im Schiff anstelle einer alten Balkendecke ein Holztonnengewölbe. An der südlichen Chorwand bezeugt ein Gedenkstein für ein weibliches Mitglied der Familie Kiepert – 1844 erwarb der Geograph und Kartograph Adolf Kiepert (1820-1892) das Marienfelder Gut – deren Gutsherrschaft.

Auf dem Friedhof der in besonders klaren romanischen Formen gehaltenen Kirche, die wie die Kirche in Tempelhof und Mariendorf auf den Templerorden zurückgeführt wird, befinden sich Gräber alter Mariendorfer Familien wie der **Freiberg, Hoopmann, Mette, Pasewaldt, Rohrberg, Treppens, Ziedrich**. Ihre Nachfahren wohnen noch heute vielfach in den Häusern an der Dorfaue. Hier kann man auch das Grab des **Carl Friedrich Andreas Wiechert**, bekannt aus Fritz Reuters Buch "Ut mine Stromtid", aufsuchen.

# STEGLITZ

Botanischer Garten: Grabstätte Friedrich Althoff

252

## STÄDTISCHER FRIEDHOF STEGLITZ
*Bergstraße 27-47*
*12169 Berlin*

Am Südrand des Bismarckviertels an der Bergstraße erstreckt sich auf dem
hügeligen Gelände der Rauhen Berge der Städtische Friedhof Steglitz. Dort
befinden sich die Gräber bedeutender Persönlichkeiten.

PLAN
SIEHE
SEITE
254

Eine schlichte Kalkstein-Stele mit einem reliefierten Rosenkranz im Giebel-
feld – ein Entwurf des Architekten SEECK – bezeichnet das Grab des Malers
und Begründers der Berliner Secession **Walter Leistikow** (1865-1908).
Max Liebermann würdigte in seiner Grabrede die künstlerischen Ziele des
früh Verstorbenen: "Er sucht nicht weit ab oder in fremden Ländern seine
Motive, sondern er malt, was er sieht: fast vor den Toren Berlins findet er die
Sujets für die Werke, welche seinen Namen in der Geschichte der deutschen
Landschaftsmalerei unsterblich machen werden." Auch wenn die Nachwelt
Leistikow einseitig auf den Grunewald und die Mark Brandenburg festgelegt
hat, vermochte er ein umfangreiches Oeuvre von Landschaften aus fast ganz
Europa zu schaffen. Aber die Föhren in der Umgebung Berlins mit ihren im
Abendlicht rot glühenden Stämmen und mit ihrer Widerspiegelung der
schweren Wipfel in der ruhigen und glatten Oberfläche der märkischen Seen
sind zu seinem eigentlichen "Objekt" geworden.

**Karl Fischer** (1881-1941) gründete als Abiturient des Steglitzer Gymnasiums zusammen mit seinem Mitschüler Hans Breuer, der später als Herausgeber der Liedersammlung "Zupfgeigenhansl" bekannt wurde, 1901 den
"Wandervogel", die Keimzelle der deutschen Jugendbewegung.

Hier ruhen **Arthur Fleischer** (1887-1959), der als Heimatforscher für
Berlin und die Mark Brandenburg bekannt wurde, der Violoncellist **Anton
Hekking** (1855-1935), der 1882 Mitbegründer des Berliner Philharmonischen
Orchesters und Lehrer am Sternschen Konservatorium wurde; **Ehrenfried
Günther Freiherr von Hünefeld** (1892-1929), der erste Atlantikflieger
1928 auf dem Weg zwischen Europa und Nordamerika; und der Schauspieler
**Ewald Wenck** (1891-1981), der in 300 Filmen mitspielte und in den "Insu-
lanern" von Günter Neumann eine besondere Rolle verkörperte. Der Völker-
kundler **Eduard Seler** (1849-1922) war Direktor am Museum für Völker-
kunde und erforschte auf mehreren Reisen altamerikanische Kulturzentren
Mittelamerikas.

Auf dem Friedhofsgelände erhebt sich der während des Ersten Weltkrieges
errichtete **Wasserturm** mit seiner weithin sichtbaren Rundkuppel. Nach
dem Turm findet man **Urnengräber** für die vielfach unbekannten Toten des
Jahres 1945 und ein **Denkmal** für die Gefallenen der Flakartillerie der beiden
Weltkriege; ein Bogenschütze aus Bronze von FELIX KOPSCH (1975).

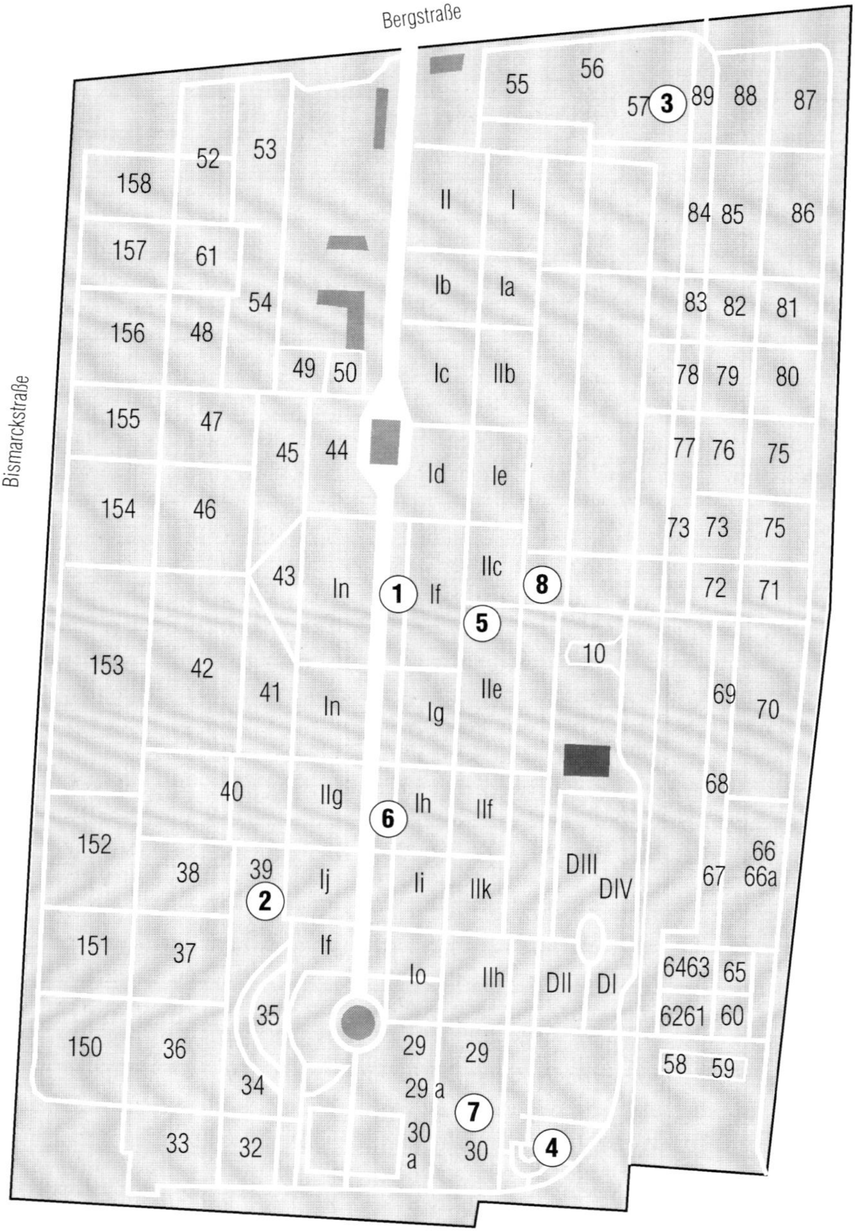

Bergstraße

Bismarckstraße

55 56
57 (3) 89 88 87

52 53
158
II I
84 85 86

157 61
Ib Ia
83 82 81

54
156 48
49 50
Ic IIb
78 79 80

155 47
45 44
Id Ie
77 76 75

154 46
73 73 75

43
In (1) If
IIc (8)
72 71

(5)
10

153 42
41
In Ig
IIe
69 70

40
IIg (6) Ih IIf
68

152
38 39 (2) Ij
Ii IIk
DIII DIV
67 66a 66

151 37
If
Io IIh
DII DI
6463 65
6261 60

150 36
35
29 29
58 59

34
29 a
(7)

33 32
30 a 30
(4)

LEGENDE

(1) Denkmal für die Gefallenen
(2) Karl Fischer
(3) Arthur Fleischer
(4) Anton Hekking

(5) Ehrenfried Günther Freiherr
    von Hünefeld
(6) Walter Leistikow
(7) Eduard Seler
(8) Ewald Wenck

## PARKFRIEDHOF LICHTERFELDE
*Thuner Platz 2-4*
*12205 Berlin*

Auf dem ab 1905 zum Teil waldartig angelegten Gelände gibt es eine Reihe schöner Grabmäler aus unserer Zeit. Den Grabengel in lang fallendem Kleid, der den tiefen Schlaf symbolisieren soll, auf dem Erbbegräbnis **Wandel** hat HEINRICH POHLMANN nach 1900 geschaffen. Über dem Grab der Ärztin **Helene Halperin-Ginsburg** (1888-1922) erhebt sich eine überlebensgroß ausgeführte Steinfigur "Versunkenheit" (1922) von WILLIAM WAUER in expressiver Ausdrucksbewegung und -haltung. Der Baßbariton **Theodor Lattermann** (1886-1926) hat wahrscheinlich den Entwurf seines mit Lorbeer und einer stilisierten Leier reliefierten Steinmals selbst geschaffen. Hier ruht auch der Ingenieur und Baumeister **Gustav Lilienthal** (1849-1933), der an den flugtechnischen Versuchen seines Bruders Otto Lilienthal mitwirkte und sich später mit Schlagflügelflugzeugen befaßte. Er war zugleich Erfinder des Anker-Steinbaukastens und gründete die Baugenossenschaft "Freie Scholle".

Ihr Grab haben hier auch: der Meteorologe und Ballonfahrer **Arthur Berson** (1859-1942), der 1901 gemeinsam mit R. Süring im Ballon eine Rekordhöhe von 10.800 Metern erreichte, der Flieger **Fritz Bläske** (1858-1928); der Meteorologe **Hugo Hergesell** (1859-1938), der den Flugzeugwetterdienst begründete und Berater des Grafen Zeppelin war, und der "Flieger von Tsingtau", **Gunther Plüschow** (1886-1931), der in Feuerland verunglückte; der Likörfabrikant **Carl Mampe** Junior (gest. 1909). Auch der evangelische Theologe **Friedrich Karl Otto Dibelius** (1880-1967) ist hier bestattet, der sich 1945-1966 als Bischof der Kirche von Berlin-Brandenburg verdient gemacht hat. Er war zugleich 1949-1961 Vorsitzender des Rates der Evangelischen Kirche in Deutschland und 1954-1961 als erster Deutscher einer der fünf Präsidenten des Ökumenischen Rates der Kirchen. Otto Dibelius vertrat die Eigenständigkeit der Kirche dem nationalsozialistischen wie dem kommunistischen Herrschaftsanspruch gegenüber. Wegen seiner kritischen Stellungnahme zum Problem der "Obrigkeit" in totalitären Staaten heftig angegriffen, wurde ihm seit 1960 die Ausübung seines Bischofsamtes im Ostteil seiner Diozöse verwehrt.

Der Lyriker und Essayist **Otto zur Linde** (1873-1938) gründete in Lichterfelde zusammen mit Rudolf Pannwitz und Rudolf Paulsen den Charonkreis, der seit 1904 die Zeitschrift "Charon" herausgab. Die Dichtergemeinschaft pflegte mystisch-irrationale Ideen, wandte sich gegen den zeitgenössischen Naturalismus und reiner Formkunst zu.

Weiter ruhen hier der Philosoph, Psychologe und Musikwissenschaftler **Carl Stumpf** (1848-1936), der Kunsthistoriker und politische Schriftsteller 255

Arthur Moeller van der Bruck (1876-1925), der Reformpädagoge **Berthold Otto** (1859-1933), der Historiker **Eduard Meyer** (1855-1930), der eine "Geschichte des Altertums" (1884-1902) verfaßte, der Architekt und Archäologe **Robert Johannes E.G. Koldewey** (1855-1925), der 1898-1917 Babylon ausgrub und einer der Begründer moderner Ausgrabungsmethoden war, der Gartenbaudirektor **Otto Paul Eschenbach** (1883-1947), der auch Gestalter des Parkfriedhofes war, der Verleger **Walter de Gruyter** (1862-1923), der Schriftsteller und Komponist **Georg Richard Kruse** (1856-1944), der 1905 das Lessing-Theater in Berlin gründete, der Schriftsteller und Religionsphilosoph **Bruno Wille** (1860-1928), der Herausgeber der Zeitschrift "Der Freidenker", und die Schauspielerin **Renate Müller** (1906-1937), der Schauspieler und Rezitator **Ludwig Wüllner** (1858-1938), der Leiter der Vagantenbühne und Schriftsteller **Horst Behrend** (gest. 1979). Hier fand auch General **Kurt von Schleicher** (1882-1934), 1932/33 Reichskanzler, der beim Röhm-Putsch ermordet wurde, seine letzte Ruhestätte.

1993 ist hier **Robert W. Kempner** (geb. 1900), Hauptankläger der Amerikaner bei den "Nürnberger Prozessen", beigesetzt worden. Er hatte 1931 vergeblich gefordert, die NSDAP zu verbieten und Hitler unter Anklage zu stellen. Von Reichsfeldmarschall Hermann Göring persönlich aus dem preußischen Innenministerium entlassen, mußte der Jude Kempner 1935 Deutschland verlassen und nahm die US-Staatsbürgerschaft an. 1945 hielt er die Anklagerede gegen Göring und den ehemaligen NS-Innenminister Frick und kehrte 1951 nach Deutschland zurück. Die Berliner Justizsenatorin Jutta Limbach nannte den Verstorbenen einen "Herkules der deutschen Justiz", der wie Sisyphos dagegen gekämpft habe, daß nicht ein Richter des NS-Volksgerichtshofes in der Bundesrepublik verurteilt worden sei.

## Kirchhof der Luther- und Kreuzgemeinde
*Malteserstraße 113-121 und 123-133*
*12249 Berlin*

Hier ist das Grab des Ingenieurs **Arthur Werner** (1877-1967), der im Mai 1945 von den Sowjets als Oberbürgermeister von Berlin eingesetzt wurde, des Widerstandskämpfers **Herbert Richter** (1901-1944), der im Mai 1944 hingerichtet wurde und des Komponisten von Tänzen und Märschen **Carl Woitschach** (1864-1939). Auch **Luise Nordmann** (1829-1911), ein Berliner Original, die blinde "Harfenjule", ruht hier. Ihr Grabmal schuf FRANZ MERK.

## Friedhof Lichterfelde
*Lange Straße 8-9*
*12209 Berlin*

Hier ist der Pionier der Flugkunst **Otto Lilienthal** (1848-1896) begraben, der die Aerodynamik des Vogelfluges untersuchte und den Vorteil des gewölbten Flügels erkannte. Seit 1891 führte er von erhöhten Geländepunkten – so in den Rhinower Bergen – über 2000 Gleitflüge bis 300 Meter Weite mit selbstgebauten "Hängegleitern" durch, von denen er 18 verschiedene Typen konstruierte. Bei einem Flug mit einem Eindecker erlitt er durch Absturz bei Stölln (Kreis Rathenow) tödliche Verletzungen. Lilienthals Versuche, die an die der Brüder O. und W. Wright anknüpften, vermittelten das erste gesicherte Wissen über das Fliegen. Der Ingenieur entwickelte auch Kleinmotoren und einen Schlangenrohrkessel für Dampfmaschinen.

Eine 1832 von FRITZ FREGEMÜLLER errichtete **Gedenkstätte** für ihn wurde der Lilienthalberg im Süden Lichterfeldes. Aus dem 1894 von Lilienthal für seine Flugversuche aufgeschütteten Hügel wurde ein dreifach abgestufter Kegelberg gestaltet. Auf der Kappe erinnert ein großer steinerner Globus unter einem ringförmigen Dach an die Eroberung der Erde durch die Fliegerei.

## ALTER FRIEDHOF LICHTERFELDE
*Moltkestraße 42*
*12203 Berlin*

Auf dem 1876 angelegten Friedhof befindet sich das Grab des Ingenieurs und Schriftstellers **Heinrich Seidel** (1842-1906), der unter anderem das Hallendach des Anhalter Bahnhofes konstruierte und sich 1880 als Autor freischaffend machte. Seine aus naiv-optimistischem Lebensgefühl entstandenen Erzählungen bevorzugen das Unscheinbare und Abseitige im bürgerlichen Alltagsleben. Seidels betulich-versponnene "Vorstadtgeschichten" (1880) oder Idyllen um Sonderlinge, von denen ihn sein "Leberecht Hühnchen" (1882, 1902 zum Roman zusammengeschlossen) weithin bekannt gemacht hat, sind liebenswürdige und wirklichkeitsnah gezeichnete Genrebilder. Sie zeugen von dem auf "unverwüstlichen Sonnenschein" angelegten Weltbild des Autors und seinem innigen Verhältnis zur Natur und zu den kleinen Dingen des Lebens. Hier ruhen auch der Vorgeschichtsforscher und Gründer der "siedlungsarchäologischen Methode" **Gustav Kossinna** (1858-1931), der grundlegende Forschungen über Ursprung und Ausbreitung der Germanen betrieb, und der Politiker **Joachim Tiburtius** (1889-1967), der sich 1951 bis 1963 als Senator für Volksbildung Verdienste erworben hat.

## DORFKIRCHE UND KIRCHHOF LICHTERFELDE
*Hindenburgdamm / Alter Dorfanger*
*12203 Berlin*

In Lichterfelde, wo sich der Hindenburgdamm an der um 1900 erbauten und im letzten Krieg schwer heimgesuchten Paulskirche zur Dorfaue erweitert, blieb auch die 1375 erstmalig erwähnte, um 1700 erneuerte Dorfkirche, dem Patron der Schiffer und Handelstreibenden, dem Heiligen Nikolaus, geweiht, mit dem von einer Findlingsmauer umschlossenen Friedhof erhalten. Das kleine Mausoleum vor der Nordwand der Kirche wurde 1776 errichtet, wie im Zusammenhang mit dem Familienwappen derer von Bülow über dem Portal zu lesen ist. Der größere Vorbau am Westgiebel der Kirche trägt das Wappen der Familie des Patrons **Nicolaus von Beguelin**, des Erziehers Friedrich Wilhelm II. Er erwarb Lichterfelde 1786. Die Grabkapelle ließ er drei Jahre später bauen. 1939 erweiterte man sie nach Süden und machte sie zur Vorhalle.

In dieser Eingangshalle, dem ehemaligen erweiterten Beguelinschen Erbbegräbnis, steht ein schönes Empiregrabmal aus verschiedenfarbigem Marmor mit dem Bildnisrelief der 1797 mit 27 Jahren verstorbenen **Christine von Beguelin**.

Auf dem Kirchhof das Grab des Gründers der Villenkolonie Groß-Lichterfelde, **Johann von Carstenn** (1822-1896) Für 350.000 Taler hatte er 1865 die Rittergüter Lichterfelde und Giesendorf erworben. An der Dorf- 259

aue (Hindenburgdamm 28) liegen das seinerzeit von ihm bewohnte, um 1865 aus einem älteren Gebäude umgebaute Gutshaus und der unter Naturschutz stehende Gutspark. 1866 begann die Parzellierung der Äcker für die Villenkolonie nach dem von Carstenn geschaffenen Wandsbeker Vorbild. Der wirtschaftliche Niedergang infolge der Gründerkrise traf Carstenn und seine Terraingesellschaften hart. Mangelnder Absatz bei großen Aufwendungen zur Erschließung des Geländes führten zur Zwangsversteigerung des Besitzes.

# ZEHLENDORF

261

## GRABMÄLER IM BOTANISCHEN GARTEN

*Unter den Eichen*
*(Nordeingang Königin-Luise-Straße)*
*12203 Berlin*

In der 1897-1903 geschaffenen Anlage, die den alten Botanischen Garten in Schöneberg (Kleistpark) ersetzte, ist vorn links, in der Biologischen Abteilung, die Grabstätte des Ministerialdirigenten im Preußischen Kultusministerium **Friedrich Althoff** (1839-1908), dessen Bestrebungen die Verlegung des Gartens nach Steglitz wesentlich zu danken ist. Von HANS KRÜCKEBERG 1911 denkmalartig konzipiert, ruht eine marmorne Frauengestalt, die trauernde Wissenschaft symbolisierend, auf hohem Sockel, der Worte des Augustinus trägt: "In neccariis unitas, in dubiis libertas, in omnibus caritas" (Einigkeit beim notwendigen Tun, Freiheit bei Ungewißheit, in allem aber die Liebe).

An der Nordseite der Schauhäuser die Grabstätten der Männer, die sich um den Botanischen Garten verdient gemacht haben. Hier ruhen die Gartenarchitekten **Adolf Engler** (1844-1930), unter dessen Leitung der Garten 1897-1909 in Steglitz neu angelegt wurde, **Ludwig Diels** (1874-1945), der den Garten seit 1921 leitete, die "Bibliteca Botanica" herausgab und eine Pflanzengeographie verfaßte, **Erich Werdermann** (gest. 1959) und der Afrikaforscher **Georg Schweinfurth** (1836-1925), der bedeutendste Erforscher des Stromgebietes des oberen Nil, der Kustos am Botanischen Museum war.

## ST.-ANNEN-KIRCHHOF UND STÄDTISCHER FRIEDHOF DAHLEM

*Königin-Luise-Straße 55-57*
*14195 Berlin*

Ein dicht am Hauptverkehrsstrom gelegener und dennoch idyllisch wirkender Kirchhof umgibt die aus dem 13. Jahrhundert stammende St.-Annen-Kirche in Dahlem, wo sich die Dorfaue in eine schöne, mit alten Bäumen bestandene Grünanlage wandelte.

In der Gruft der **Kirche** selbst wurden Angehörige der fast 150 Jahre in Dahlem ansässigen Familie von Wilmerstorff beigesetzt. Im spätgotischen Chor sind die Epitaphien des ersten Herren der von Wilmerstorff, **Cuno Hans von Willmerstorff** (gest. 1720), der kurfürstlicher Kreiskommissar und später erster Landrat des Kreises Teltow war, und seiner Ehefrau **Katharina Elisabeth** *geb. von Hake* (gest. 1711) erhalten. Die dritte Grabtafel ist ihrer beider Sohn **Georg Friedrich** (gest. 1714), ebenfalls Landrat in Teltow, gewidmet.

Außerhalb der Kirche weist eine an der nördlichen Chorwand eingelassene Sandsteinplatte, deren Inschrift verwittert, aber überliefert ist, auf das älteste Grab des Annen-Friedhofs, in dem der 1777 verstorbene "Director bey der Westpreußischen Kriegs- und Domainen-Kammer" **George Christoph Ludolph von Borstel** beerdigt war.

Ein Gang über den Friedhof führt zu den letzten Ruhestätten bedeutender Persönlichkeiten: des Kunsthistorikers und Reichskunstwarts **Edwin Redslob** (1884-1973), der zugleich Mitbegründer und erster Rektor der Freien Universität Berlin war, des Historikers und Treitschke-Schülers **Dietrich Schäfer** (1845-1929), des preußischen Kulturministers (1917/18) und Präsidenten der Notgemeinschaft der deutschen Wissenschaft (1920-1934) **Friedrich Schmidt-Ott** (1860-1956), des Nationalökonomen **Max Sering** (1857-1939) oder des Soziologen und Führers der Studentenbewegung (APO) in Berlin, **Rudi Dutschke** (1940-1979), der 1968 durch ein Attentat schwer verletzt wurde. Die Inschrift auf dem Grabstein der **Käthe Branco** (1850-1877), einer Tochter des Physikers H. von Helmholtz, gab der von Steglitz ausgehenden Wandervogel-Bewegung ihren Namen: "Wer hat euch Wandervögeln die Wissenschaft geschenkt, / daß ihr auf Land und Meeren nie falsch den Flügel lenkt, / daß ihr die alte Palme im Süden wieder wählt, / daß ihr die alten Linden im Norden nicht verfehlt?"

Die Gestalt eines tödlich verwundeten Kriegers mit Stahlhelm und Waffen, aus hohem kubischem Block geschlagen, die die Signatur von ERNST WENCK, einem Schüler Fritz Schapers, trägt, hat der Staats- und Agrarwissenschaftler Max Sering für seinen in Frankreich gefallenen Sohn **Max Sering** (1891-1918) errichten lassen. Stilistische Ähnlichkeiten weist auch 263 die Kriegerfigur auf dem Grab des Komponisten Xaver Scharwenka auf dem Schöneberger St.-Matthäus-Friedhof auf. Die Grabstele für **Marie Pick** (1856-1927) zeigt das Hochrelief eines auf einer Wolke schwebenden und segnenden Engels zwischen rahmenden kannelierten Säulen, nach 1927 entstanden. Ein Tuffsteinkreuz mit Rosenkranz im Nischenbogen einer vermauerten Pforte ziert die Familiengrabstätte **Max Gary** (1859-1923) an der südlichen Kirchenmauer. Sein Schöpfer ist der Bildhauer HEINRICH SPLIETH, der überwiegend im ostpreußischen Raum tätig war.

Nordwestlich der alten, bereits vor Jahrzehnten in der Königin-Luise-Straße aufgegangenen Dahlemer Dorfaue ist 1908/09 der neue Gemeindefriedhof entstanden. Er wird von breiten Wegen, Baumalleen und Hecken durchzogen. Trotz schwerer Schäden bietet das größte hier gesetzte Grabmal immer noch einen imposanten Anblick: Auf 16 kannelierten Säulen ruht ein umlaufender Architrav, der an der Front- und Rückseite durch Blendgiebel besetzt ist. Die Vorderfront ist durch den Bibelspruch "Ego sum Resurrectio et vita" (Ich bin die Auferstehung und das Leben) geschmückt. Die Mitte der Dachkonstruktion trägt eine ursprünglich verglaste Kuppel, unter der sich die Grabplatte befindet. Es ist das Mausoleum für den Schminke- und Parfümeriefabrikanten **Johann Ludwig Leichner** (1838-1912), der die bleifreie Schminke erfand und dessen Produkte bald Weltruf erlangten. Vor seiner erfolgreichen Unternehmerkarriere war er unter dem Künstlernamen *Raphael Carlo* als Opernsänger, vor allem als Wagner-Bariton, bekannt geworden. Als Fabrikant finanzierte er unter anderem das Richard-Wagner-Denkmal im Berliner Tiergarten, das Gustav Eberlein 1901/03 schuf.

Für **Carl Gérard** (1848-1912) wurde ein Wandgrab mit einem Figurenrelief im Bogenfeld errichtet. Das Relief aus Carrara-Marmor stellt eine Mutter dar, die zwei kleine nackte Kinder an der Brust birgt. Hier werden Schlaf und Tod nach einer Bilderfindung des Malers ASMUS JACOB CARSTENS symbolisiert. Eine Ädikula mit einem Nischenrelief, einer seitlich sitzenden Engelsfigur, ist die eigenhändige Arbeit des hier beigesetzten Bildhauers **Hermann Engelhardt** (1874-1919). Auch der lautespielende Engel auf rotem Granitsockel auf dem Grab von **Max Unger** (1854-1918), einem Schüler A. Wolffs und R. Begas', stammt von dem Verstorbenen selbst. Das dreiteilige Wandgrab mit einer Relieffigur, einem Dragonerleutnant des Ersten Weltkrieges, von PAUL LEIBKÜCHLER bezeichnet das Grabmal des verdienstvollen Völkerkundlers **Albert von Le Coq** (1860-1930). Sein einziger Sohn fiel 20jährig im Ersten Weltkrieg. Eine Stele mit Relief, ein Elternpaar mit scheidendem Sohn darstellend, ist dem jung verstorbenen **Martin Eduard von Simson** (1909-1928) errichtet worden. Eine sinnend Trauernde zeigt das Relief des Wandgrabes für **Valentin Dietzel** (1848-

1924). Die gleiche Relieffigur befindet sich auf dem Parkfriedhof Lichterfelde,

*Grabstätte des Bildhauers Waldemar Grzimek*

Thuner Platz 2-4, und trägt dort die Bildhauersignatur von FRITZ RÖLL. Eine Gruppe musizierender Engel bezeichnet das Bronzerelief in der brüstungsartigen Grabwand für **Wilhelm Quantmeyer** (1859-1934). ARTHUR LEWIN-FUNCKE hat die hingelagerte Trauernde auf dem Wandgrab **Britzke** geschaffen, während das Relief eines Jünglingskopfes im bekrönenden Aufsatz des Grabmals für den Kaufhausbesitzer **Wilhelm Wertheim** (1859-1934) von AUGUST KRAUS, einem Schüler R. Begas¨, stammt.

Auf die Gräber bedeutender Künstler und Wissenschaftler ist zu verweisen: des Schauspielers **Paul Bildt** (1885-1957), dessen Grabmal eine Kleinbronze, "Eirene", auf hohem schmalem Pfeiler von GERHARD MARCKS aus dem Jahre 1937 trägt; des Schauspielers **Horst Caspar** (1913-1952), der als Hamlet und Prinz von Homburg Triumphe feierte; des Altphilologen **Hermann Diels** (1848-1922); des berühmten Tierbildhauers **August Gaul** (1869-1921), eines Schülers von R. Begas, dessen Grabplatte mit dem Wort Goethes "Denn er war unser" einst drei bronzene Echsen von MAX ESSER schmückten; des Bildhauers **Waldemar Grzimek** (1918-1984), der es verstand, aus der einfachen Gebärdensprache wesentliche Ausdrucksmomente seiner Plastiken zu schöpfen; seine Brunnenanlage auf dem Berliner Wittenbergplatz ließ ihn der Tod nicht vollenden; des Schauspielers **Werner Hinz** (1903-1985); der Schauspielerin **Lucie Höflich**, eigentlich *Holwede* (1883-1956), die fast 30 Jahre bei Max Reinhardt spielte und 1956 den Max-Reinhardt-Ring erhielt; des Physikochemikers **Hendrikus van't Hoff** (1852-1911), der 1901 den Nobelpreis für Chemie bekam; der Sopranistin **Lilly**  265

**Lehmann** (1848-1929), die eine bedeutende Mozartinterpretin war; des Nestors deutscher Geschichtsforschnung und Mitbegründer der Freien Universität Berlin, **Friedrich Meinecke** (1862-1954); der Schauspielerin **Rotraut Richte**r (1915-1947), die nach dem Erfolg ihrer Filme "Das Veilchen vom Potsdamer Platz" und "Meischen" als der Prototyp der "Berliner Jöre" galt, aber auch als Kabarettistin und Theaterschauspielerin in Berliner Possen populär wurde; des Mitbegründers der Kurzschrift Stolze-Schrey, **Ferdinand Schrey** (1850-1938); der Schauspielerin **Elsa Wagner**, eigentlich *Elisabeth Rühl* (1881-1975); des Schauspielers **Aribert Wäscher** (1895-1951); des Schriftstellers **Volker von Törne** (1934-1980); des Biochemikers und Direktor des Max-Planck-Institutes für Zellphysiologie **Otto Warburg** (1883-1970), der 1931 den Nobelpreis für Medizin erhielt, und viele andere. Ein Gedenkstein erinnert an die große Schauspielerin **Käthe Dorsch**, die 1957 in Saarow (Mark) beigesetzt wurde.

Am 17.10.1993 ist auf dem Friedhof der Theologe **Helmut Gollwitzer** (geb. 1908) beigesetzt worden. Der evangelische Bischof Martin Kruse nannte ihn einen "unermüdlichen Zeugen der Freiheit des Evangeliums". Während der NS-Zeit schloß er sich der Bekennenden Kirche an, erhielt 1940 als damaliger Pastor der Dahlemer Kirchengemeinde Redeverbot und wurde aus Berlin ausgewiesen. Er, der 1957 bis 1975 an der FU Berlin lehrte, stellte sich stets quer zur herrschenden Meinung, trat für den christlich-marxistischen und christlich-jüdischen Dialog ein, räsonierte über "Theologie und Klassenkampf", wurde zu einer Symbolfigur der Friedensbewegung der 1980er Jahre. Zur wichtigsten Schrift des ausgewiesenen Kenners von Karl Marx gehört "Krummes Holz – aufrechter Gang". In den 1970er Jahren hielt er am Grab der RAF-Begründerin und Publizistin Ulrike Meinhof die Trauerrede, gewährte dem Studentenrebell Rudi Dutschke zeitweilig Unterschlupf in seiner Dahlemer Wohnung. 1981 ging das Foto des damals 72jährigen durch die Presse, wie er mit einer Matratze in ein besetztes Haus in Kreuzberg einzog. 1987 wurde er wegen der Blockade einer Zufahrt zum amerikanischen Pershing-2-Depot in Mitlangen zu einer Geldstrafe von 3000 DM verurteilt. Das hinderte ihn nicht, später das Giftgasdepot in Fischbach mit zu blockieren. Die einen lehnten den engagierten Kirchenmann ab, andere verehrten ihn um so mehr.

## WALDFRIEDHOF DAHLEM

*Hüttenweg 47*
*14195 Berlin*

Der Waldfriedhof Dahlem wurde als dritter Begräbnisplatz 1931/33 ange-
legt. Der gärtnerischen Gestaltung ist Priorität gegeben worden. Zwei sich
kreuzende Fichtenalleen durchziehen den Friedhof in seiner Länge und
Breite. Auch von den Außenseiten her verdecken mehrreihig gepflanzte
Fichtenreihen den Blick auf die Gräber, die geometrisch angeordnet und von
Hecken umsäumt sind. Auf den Grabstätten befinden sich nur schlichte
Steine, Platten oder Kreuze. Zugunsten einer einheitlichen Gesamtwirkung
wurden aufwendige Grabmäler nicht zugelassen. Daß sich aber hier überhaupt keine Grabplastik befindet, hat noch andere Gründe. Aus einem
aufgefundenen Briefwechsel zwischen der Witwe eines angesehenen Berliner Professors und der Friedhofsverwaltung aus dem Jahre 1934 geht hervor,
daß während der Zeit des Nationalsozialismus die Errichtung von Grabfiguren
unterbunden werden sollten. Dagegen wurden kleine Bronzereliefs, wie das
Rundmedaillon am Grabmal der Tänzerin La Jana, **Henny Hiebel** (1905-
1940), geduldet. Nachdem die Grabstätte schon eingeebnet war und die
Bildnisplakette im Heimatmuseum Steglitz aufbewahrt wurde, ist das Grabmal
zum 80. Geburtstag der Künstlerin wiederhergerichtet worden.

Auf dem Friedhof finden wir die Gräber bekannter Persönlichkeiten aus
Kunst und Literatur, Wissenschaft und Politik, auch des Sportes: Den Arzt
und Dichter **Gottfried Benn** (1886-1956), der 1951 den Georg-Büchner-
Preis erhielt und fast 20 Jahre in Berlin-Kreuzberg gelebt hat. Er betrieb von
1918 bis 1935 eine Praxis als Facharzt für Haut- und Geschlechtskrankheiten. Der aus dem Expressionismus hervorgegangene Verfasser bedeutender
Gedichte und Prosastücke hat der modernen Literatur viele Anregungen
gegeben. Während er in seinen frühen Dichtungen eine Welt von Krankheit
und Verwesung zeichnete und der Rationalität das Streben nach dem
Rauschhaft-Irrationalen, nach Auflösung der Individualität entgegensetzte,
sind die sprachkünstlerisch bedeutenden Spätgedichte Bekenntnis zu Form
und Stil, in denen sich der Geist inmitten des Wortzerfalls behauptet.
Weiterhin den Germanisten **Konrad Burdach** (1859-1936), den Botaniker
und Wiederentdecker der Mendelschen Gesetze **Carl Correns** (1864-1933),
Direktor des Kaiser-Wilhelm-Instituts für Biologie, den Pionier des Stahlbe-
tonbaus **Franz Anton Dischinger** (1887-1953), den Komponisten und
Dirigenten **Wolfgang Werner Eisbrenner** (1908-1981), der durch sein
"Beim ersten Mal, da tut's noch weh" bekannt wurde, den Ägyptologen und
Direktor des Ägyptischen Museums **Georg Adolf Ermann** ((1854-1937),
den Dramatiker, Lyriker und Übersetzer **Ludwig Fulda** (1862-1939), der 267

zunächst naturalistische Gesellschaftsdramen und später neuromantische Vers- und Märchendramen verfaßte und 1889 auch Mitbegründer der "Freien Bühne" war, den Schauspieler **O.E. Hasse** (1903-1978), den Librettisten, Regisseur und Schauspieler **Heinz Heinrich Hentschke** (1895-1970), die Schauspielerin und Kabarettistin **Ursula Herwig** eigentlich *Braut* (1935-1977), die unter anderem bei den "Stachelschweinen" mitwirkte, den Maler und Grafiker **Carl Hofer** (1878-1955), der zu den führenden Vertretern eines gemäßigten expressiven Realismus gehörte, neben Landschaften, Stilleben und leuchtenden Blumenstücken des Menschen Einsamkeit und Maskenhaftigkeit zum wichtigsten Thema machte und 1945 Direktor der Hochschule für Bildende Künste in Charlottenburg wurde, den Kammersänger **Julius Katona** (1902-1977), den Maler **Max Kaus** (1891-1977), die Schauspielerin und Leiterin der Max-Reinhardt-Schule in Berlin **Hilde Körber** (1906-1969), den Indologen und Sanskritforscher **Heinrich Lüders** (1869-1943), den Schriftsteller und Anarchisten **Erich Mühsam** (1878-1934), der, beeinflußt von G. Landauer und den radikal-anarchistischen Ideen Bakunins und Kropotkins, schrieb aggressiv-satirische Chansons für Münchener Kabaretts und arbeitete für verschiedene Zeitschriften. Nach dem Sturz der Räterepublik Bayern 1919 verbüßte er sechs Jahre Festungshaft, wurde 1933 erneut verhaftet und nach grausamen Mißhandlungen im KZ Oranienburg ermordet. Seine zeitgeschichtlich bedeutsame Autobiographie "Namen und Menschen" erschien erst 1949.

Der Brücke-Maler **Karl Schmidt-Rottluff** (1884-1976) war kein empfindsamer Poet wie sein Gefährte Erich Heckel, seine Farbzusammen-stellungen sind kräftiger, ihre Dissonanzen explosiver; sie enthalten die ganze Ausdruckskraft des Expressionismus und zeugen von einer starken Erlebnisfähigkeit für das Drama des Daseins und der menschlichen Gefühle. Das Interesse an der großflächigen, vereinfachten Form kennzeichnet sein Werk ebenso wie der Drang zum inneren Erlebnis und Gefühlsbetonten. Als "entartet" verfemt, hatte er in der NS-Zeit Malverbot. Auf seine Anregung hin entstand 1967 das Brücke-Museum an der Grenze zwischen Dahlem und dem Grunewald. Schmidt-Rottluff lehrte seit 1947 an der Berliner Akademie der Künste.

Weiter sind hier bestattet der Komponist und Arrangeur großer Revuen der 1920er Jahre **Rudolf Nelson**, eigentlich *Lewysohn* (1878-1960), der Bildgießer **Hermann Noack** (1895-1958), dessen Grabstein ein Bronzerelief mit drei Szenen "Leben und Tod" von ERNST BARLACH trägt, der Literarhistoriker und Direktor des Märkischen Museums **Otto Siegfried Pniower** (1859-1932), der Direktor des Schillertheaters bei Heinrich George und spätere Intendant des Renaissancetheaters **Kurt Raeck** (1903-1981), der Rennfahrer **Bernd Rosemeyer** (1909-1938), der 1936 den Großen Preis von Deutschland und Italien gewann und 1938 tödlich verunglückte, der Regie-

*Waldfriedhof Dahlem, Hauptweg mit Kapelle*

rende Bürgermeister von Berlin 1953-1958, **Walther Schreiber** (1884-1958), die Bildhauerin **Renée Sintenis** (1888-1965), die Tierplastiken, Porträts und Radierungen schuf, der Nationalökonom und Soziologe **Werner Sombart** (1863-1941), der Bildhauer **William Wauer** (1866-1962), einer der Wortführer des "Sturm"-Kreises, der mit expressionistischen Skulpturen und Gemälden hervortrat, der Archäologe **Theodor Wiegand** (1864-1936), der 1930 das Pergamon-Museum einrichtete, der Baßbariton **Walter Wunderlich** (1899-1965), der Kapellmeister und Komponist **Otto Kermbach** (gest. 1960) und viele andere.

269

## EVANGELISCHER DORFKIRCHHOF ZEHLENDORF
*Potsdamer Straße / Ecke Clayallee*
*14163 Berlin*

Das älteste Grab auf dem kleinen Friedhof rund um die Dorfkirche, den bizarre alte Maulbeerbäume aus friderizianischer Zeit beschatten, stammt aus dem Jahre 1803. Die Inschrift einer flachliegenden Sandsteinplatte preist den in der Nähe der Südmauer beigesetzten **Peter Pasewaldt,** "Eigenthümer des hiesigen Braukruges", mit den schönen Worten: "An Ihn verloren seine Familie eine Stütze, die Gemeine einen erfahrenen Landwirth und treuen Rathgeber, seine Bekannten einen thätigen Freund und viele Nothleidende einen bereitwilligen Helfer." Der Erbbraukrug war der Mittelpunkt des bescheidenen Angerdorfes, hier fand der Pferdewechsel auf der Strecke nach Potsdam, Halberstadt und Leipzig statt. Als dann Zehlendorf eine Haltestelle auf der 1838 zwischen Berlin und Potsdam eingerichteten Eisenbahnstrecke erhielt, gewann die Landgemeinde als schnell erreichbares Erholungsgebiet in wald- und wasserreicher Umgebung an Bedeutung. Es entstanden Sommerhäuser und Villen, die sich rasch vergrößernde Gemeinde brauchte mehr Begräbnisraum.

Auf dem wohl ältesten Kirchhof Zehlendorfs wurden schon seit der zweiten Hälfte des 13. Jahrhunderts die Toten der Gemeinde bestattet, aber die heutige **Dorfkirche**, ein oktogonaler Zentralbau mit flachen Lisenen an den Kanten, ist erst 1768 auf Veranlassung Friedrichs II. im barocken Stil erbaut worden. 1839 wurde der Kirchhof durch ein an der Nordwestseite gelegenes Areal erweitert, und seit 1841 bildet das Erbbegräbnis Pasewaldt mit seinen ungewöhnlichen Ausmaßen die Dominante des rückwärtigen Teils. Das historisch interessante Grab der Hirtenfrau **Maria Haupt**, *geb. Lüdicke*, die Friedrichs II. Amme war, ist verschollen; ihr (neuerer) Stein trug die Inschrift: "Sie hat den Prinzen am Leben erhalten mit der Lebenskraft märkischer Scholle." "Friedrich Wilhelm I., sein Vater, hatte sich diese gesunde Frau selbst zur Amme bei der Durchreise ausersehen. Die Familie, mit sich selbst zufrieden, hat nie eine Gnadenbezeugung gesucht und erhalten", heißt es in der Zehlendorf-Chronik von P. Kunzendorf aus dem Jahre 1906. Auf einer anderen Tafel war von **Michel**, dem Leibkutscher des Preußenkönigs, zu lesen.

Seit 1894 ist der Kirchhof geschlossen, auch die Erbbegräbnisse durften nur noch auf besonderen Antrag genutzt werden. An seine Stelle trat der Friedhof an der Onkel-Tom-Straße (bis 1933 Spandauer Straße). In den Zeiten der napoleonischen Besetzung und der Befreiungskriege wurde auf dem Kirchhof das Vieh für die durchziehenden französischen und russischen Truppen, aber auch für die Armee des Generals Bülow geschlachtet. Der

Sohn **Peter Pasewaldts**, der spätere Königliche Hofbaurat Karl Pasewaldt

(1800-1878), hat berichtet: "Auf dem Grabstein meines Vaters war die Schlachtbank, wo die blutigen Beile und Messer lagen." Als am 4. März 1813 bei einem Gefecht zwischen Kosaken und Franzosen acht Franzosen und drei Russen getötet wurden, begrub man sie – wie auch weitere Tote des auf dem Rückzug befindlichen napoleonischen Heeres – etwas abseits nördlich von den Gräbern der Dorfbevölkerung. Seitdem wird dieser Teil, der heute Brachfläche ist, Franzosenfriedhof genannt. Die 1953 bei Ausschachtungsarbeiten gefundenen Gebeine wurden neben der Kirche beigesetzt und ein Holzkreuz zur Erinnerung an die Stätte errichtet.

Die Erbbegräbnisse der Gutsbesitzerfamilien Pasewaldt, **Gieseler**, **Dubrow, Bathe, Kühne**, Zinnow, **Hanschke, Weihrich, Gütling**, **Scharfe** (Sidonie-Scharfe-Stift), **Gaebert**, Pastor **Stammer** und von **Ernst Friedrich Schäde**, Küster, Lehrer und Chronist in Zehlendorf, sind typisch für den Friedhof einer aufstrebenden Landgemeinde mit ihren Bauerngutsbesitzern, Lehnschulzen, Müllern, Schmieden, Kossäten, Pfarrern und Lehrern. Schöne, allerdings stark verrostete Eisengußkreuze fallen auf, so das Kreuz für die Bauerngutsbesitzer **Juliane Friederike Zinnow** (1826-1867) und **Johann Friedrich Zinnow** (1829-1896) mit Palmetten und Rankendekor auf den Balkenenden, Strahlenbündeln in den Zwickeln und aufgelegten Relieffiguren über den Kreuzfüßen. Daneben gibt es obeliskenhafte Male in schwarzem poliertem Granit, große abgeschrägte Grabplatten und kleine schräggestellte Marmortafeln auf Stützen. Qualitätsvolle schmiedeeiserne, doch vom Rost angegriffene Gitter umfrieden die Erbbegräbnisse Scharfe und Stammer. Die gotisierenden Gitter der im hinteren Teil liegenden Begräbnisstätten Gieseler und Pasewaldt sind stark beschädigt.

271

## STÄDTISCHER FRIEDHOF ZEHLENDORF

*Onkel-Tom-Straße 30*
*14169 Berlin*

Daß Zehlendorf den Namen Grüner Bezirk trägt, verdankt es EMIL SCHUBERT, der 1903 die Leitung der Gartenverwaltung in der Gemeinde Zehlendorf übernommen hatte und Grünanlagen schuf. Eine dankbare Aufgabe bot sich ihm mit der Veränderung und Erweiterung des 1871/72 angelegten Fried-hofs an der heutigen Onkel-Tom-Straße (bis 1933 Spandauer Straße).
Die Gräber auf dem ältesten Teil waren in geometrischer Ordnung angelegt. Aus dieser frühen Zeit sind auch noch einige hochaufragende Wandgräber vorhanden, teilweise mit Giebeln und eingetieften Nischen, Hausfronten ähnlich gestaltet. An einer Jugendstilmauer sind mehrere Wandgräber mit Jugendstil-Charakter – in verwittertem Zustand – erhalten geblieben. Emil Schubert hatte 1910 versucht, die geometrische Anordnung der Gräber durch eine geschwungene Wegeführung aufzulockern. Sie ver-lieh dem Friedhof einen fast parkähnlichen Charakter, auch durch die An-pflanzung zweier kleiner Fichtenhaine, in denen sich Wege gabeln. Bestim-mend wurde vor allem die Eichenallee, die Schubert vor seiner Pensionie-rung pflanzte. Unter seinem Nachfolger, MAX DIETRICH, entstanden dann schmale Birkenwege, einige kleine architektonische Urnen- und Grabfelder in der Art versenkter Gärten, ein expressionistischer Brunnen an einer Wegkreuzung, die hohe Hainbuchenhecke und die kurze Fichtenallee zwi-schen der 1931/32 von ERICH SCHWIERTZ im expressionistischen Stil erbauten **Feierhalle** und dem Haupteingang. Nach 1945 wurde der Friedhof dann noch einmal vergrößert.

Es gibt eine ganze Reihe bemerkenswerter Grabmäler sowohl in freiplastischer Gestaltung als auch mit bronzener Bildnisplakette in unterschiedlichen Größen. Ein Grabmal mit einem charakteristischen Motiv der Jugendstil-epoche ist das für **Mathilde Gebhardt** (1859-1903) und **Emil Gebhardt** (1846-1913): Die lebensgroße Gestalt einer trauernden jungen Frau in weichfließendem Gewand, die Linke auf einen "Felsblock" gestützt, in der Rechten einen Blütenkranz mit Schleife haltend. Der Bildhauer ROLAND ENGELHARD aus Hannover hat diese Figur aus Carrara-Marmor 1905 geschaf-fen. Vor der Grabwand aus schwarzem poliertem Granit für **Juanita Hoth** (1867-1905) und **Carl Hoth** (1869-1943) spiegelt sich, auf Treppenstufen im Profil nach links stehend, die Gestalt einer Trauernden aus Carrara-Marmor mit leicht gesenktem Haupt und ineinandergelegten Händen. Eine halbkreisförmige Anlage aus sechs kannelierten dorischen Säulen mit Archi-trav, in der Mitte eine hohe Engelsgestalt mit mächtigem Flügelpaar, be-zeichnet die Grabstätte für **Leopold Engel** (1840-1930) und **Anna Engel**

272

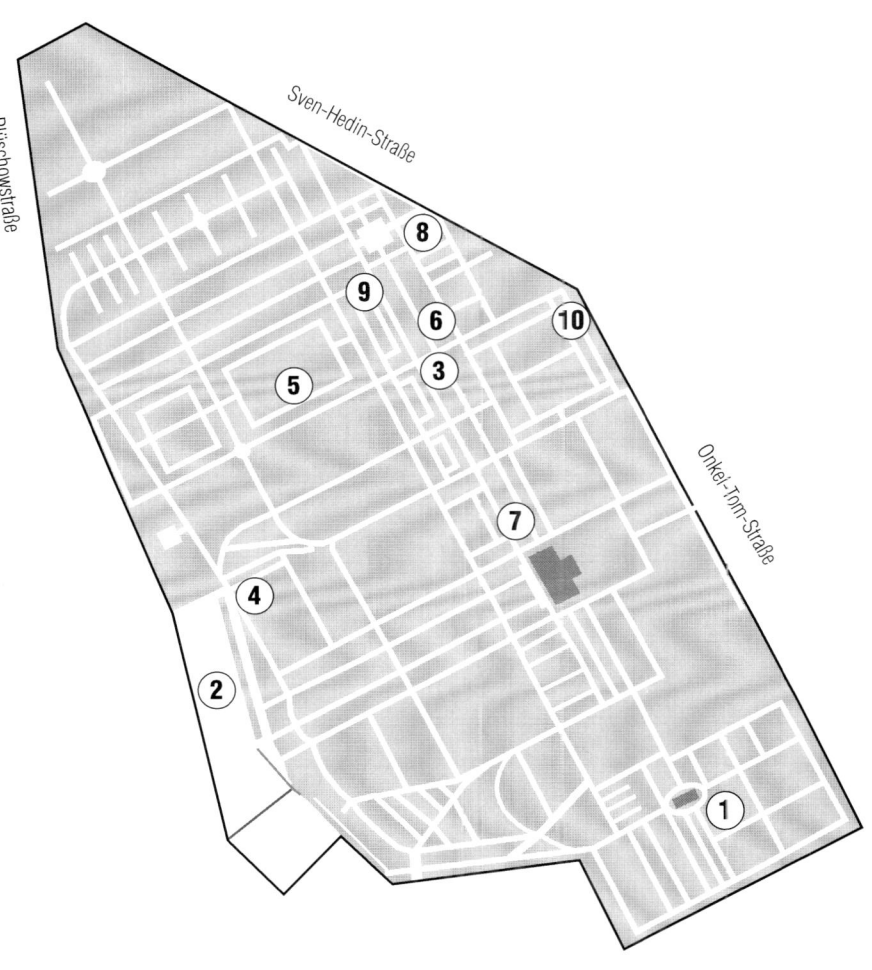

Plüschowstraße

Sven-Hedin-Straße

Onkel-Tom-Straße

LEGENDE

(1) Otto Biesalski
(2) Hans Dominik
(3) Gustav de Grahl
(4) E.W.A. von Harnack
(5) Julius Hart
(6) Hugo Kaun
(7) Ernst Legal
(8) Hermann Lotz
(9) Albert Steinrück
(10) Victor-Otto Stomps

273

*Friedhof Zehlendorf, Totale mit Kapelle*

(1844-1914). Das Grab von **Martha Hiller** (1876-1914) schmückt eine
kniende Trauernde auf kubischem, vorn geschwungenem Sockel mit einem
Urnengefäß zur Seite. Ein Schleier gleitet ihr über den Schoß; auf der
Vorderkante des Postamentes ist ein Rosenteppich im Flachrelief angedeutet. Eine brüstungsartige Grabwand mit hochaufragendem Kreuz und drei
spielenden Kindern, einem Knaben und zwei Mädchen, durch eine her-
abgleitende wulstige Rosengirlande miteinander verbunden, erhebt sich auf
dem Grab des Privatgelehrten Dr. **Carl Engel** (1867-1946), der nacheinan-
der mit zwei Schwestern, **Alice** (1879-1919) und **Frieda Engel**, *geb. Reid*
(1880-1945), verheiratet war. Nach Paulinischer Auffassung, Römer 8, 14-
17, sind die hier Bestatteten in den kindlichen Gestalten verkörpert, als Kinder im Geiste Gottes. Architektur, Ornament und Figurengruppe mit Jugend-
stilzügen schuf MAX VALENTIN, ein Schüler Ludwig Manzels.

Obwohl sich das Grab des Komponisten **Engelbert Humperdinck**
(1854-1921) auf dem Südwestfriedhof in Stahnsdorf befindet, wurde ihm
1964 auf dem Zehlendorfer Friedhof ein Gedenkstein gesetzt. Es ist ein
Kastenrelief in Klinkersteinrahmen mit einem auf einem Felsblock seitlich
sitzenden Fiedler in der Tracht fahrender Musikanten. Der Geigenhals ist der
Bosse verhaftet, die Schnecke mit einem Köpfchen verziert. Rechts sitzt ein
Vogel auf belaubtem Zweig. Das Hochrelief befand sich einst an der
Hauswand der Humperdinckschen Villa in Nikolassee und wurde bei Abriß
des Hauses auf den Friedhof gebracht. Ein Bronzeschild weist auf die Stif-
tung der Tochter des Schöpfers der Märchenoper "Hänsel und Gretel" hin.

Ein Kastenrelief mit den drei Parzen, den antiken Schicksalsgöttinnen, und ihren jeweiligen Attributen, der Spindel, dem Lebensfaden und der Schere, bezeichnet das Grabmal für den Optiker **Carl Ruhnke** (1874-1922), der eine Spezialfirma für optische Geräte in Berlin begründete. Sein Reklamespruch: "Sind's die Augen, geh' zu Ruhnke". Ein Autounfall setzte seinem Leben ein Ende. Eine durch Händedruck verbundene weibliche und männliche Figur in antikisierenden Gewändern, das Thema einer Abschiedsszene, ist als Relieftafel zwischen den Grabsteinen von **Gustav Martin** (1848-1922), **Hugo Wünsch** (1878-1948) und Angehörigen eingefügt. Auf der Grabstelle **Ludwig Hürter** (1852-1930) steht eine Trauernde seitlich auf zwei Sockelstufen und hat den einen Arm auf die Oberkante der Stele gelegt. Eine sinnend kauernde Marmorfigur von F.A. KRAUTHEIMER, einem Schüler J. Eberles, W. von Rümanns und A. von Hildebrands, bezeichnet das Grab des Kommerzienrates **Hermann Lotz** (1877-1936). Die Bronzeplastik Segnender Christus mit Kreuz, nach dem Modell des Aachener Bildhauers LAMBERT PIEDBOEF 1932 gegossen, befand sich ursprünglich auf der Grabstätte **Paul Endemann** (1873-1932). Nach Auflösung der Grabstelle wurde sie vom Friedhof gestohlen und konnte erst 1984 wieder aufgestellt werden. Ein trapezförmiger Grabstein mit einer bronzenen Bildnisplakette weist auf den Komponisten **Hugo Kaun** (1863-1932) hin. Er schrieb Chorkompositionen mit Orchester, vor allem für Männerchöre, Sinfonien, Opern, Kammermusik und Lieder in neuromantischer, neuklassizistischer und auch volkstümlicher Richtung.

Anstoß erregte seinerzeit bei Friedhofsbesuchern das Relief eines sich berührenden, nackten Paares auf der Grabstätte **Adolf Demeter** (1876-1930). Durch Anpflanzung eines Gebüsches ist die Sicht auf die Relieftafel verdeckt worden. Eine kniende, in blockhafter Rundung gebeugte Trauernde auf der Grabstätte **Victor-Otto Stomps** (1897-1970) ist das Werk der Bildhauerin LUISE STOMPS, die 1988 hier ebenfalls beigesetzt wurde. Sehr verwittert ist die Stele für **Rudolf Hengstenberg** (1846-1928) mit dem Relief der Darstellung einer Überfahrt über den Styx mit dem Fährmann Charon, der jung Verstorbenen und einer Kitharaspielerin. Die Marmorfigur eines Sitzenden Knaben, bezeichnet W. SCHMARJE (1906), befand sich einst auf dem Ehrengrab von **Oskar Biesalski** (1861-1930), dem Begründer des Oskar-Helene-Heims. Sie ist vor einiger Zeit dort sichergestellt worden. Eine Konsole am Grabstein für Dr. **Gustav de Grahl** (1865-1945) und **Elisabeth de Grahl** (1867-1938) trug einst die kleine Bronzefigur eines Mönches. Grabräuber brachen die Figur oberhalb der Füße ab.

Gestohlen, doch erneuert wurde auch die Reliefplatte an der kleinen Stele des Malers und Grafikers **Conrad Felixmüller** (1897-1977). Sie wurde von dem Berliner Bildhauer HEINZ SPILKER geschaffen und zeigt den Verstorbenen mit Pinsel und Palette vor der Staffelei stehend. Einen expressiven Realismus prägend, hielt Felixmüller in Holzschnitten von kraftvoll-sensibler 275

Liniensprache Szenen des Lebens und führende Vertreter des Geisteslebens der Zeit fest, während seine Gemälde von veristisch harter Farbigkeit sind. Nach 1930 erhielt seine Kunst thematisch eine mehr erzählerische, genrehafte Tendenz.

Im Nordteil des Friedhofes bezeichnet eine flache, vorn eingeschwungene Grabarchitektur, 1947 von Professor HANS SCHAROUN entworfen – es ist sein einziges Grabmal –, die Grabstätte des Malerehepaares **Oskar** (1875-1947) und **Margarethe Moll** (1884-1977). Oskar Moll studierte bei Corinth und Matisse, gründete in Paris gemeinsam mit Purrmann, Will, Blair Bruce, Margarethe Moll und Gertrud Stein die Matisse-Schule. Er ging vom Impressionismus später zu abstrahierender Form, reiner Farbe und Flächenmalerei über. Margarethe Moll war Aquarellistin und Bildhauerin und gehörte zur Gruppe der Konstruktivisten. In diesem Teil ist auch die Schriftstellerin **Ingeborg Drewitz** (1923-1986) beigesetzt worden. Sie war eine politisch und sozial engagierte Schriftstellerin, die sowohl in der Öffentlichkeit als auch in ihrem literarischen Werk Partei für Unterdrückte und Benachteiligte ergriff. Sie stellte sich in ihren Stücken, Hörspielen, Romanen und Essays rückhaltlos den Problemen deutscher Geschichte über die NS-Zeit bis zur Gegenwart, so in ihrem Roman "Gestern war heute – hundert Jahre Gegenwart", wobei sie immer ihre Sicht als Frau einbrachte.

Auf dem Friedhof weisen schlichte Male auf die Ruhestätten weiterer bedeutender Persönlichkeiten des kulturellen Lebens hin: **Hans Dominik** (1872-1945), der spannende Zukunftsromane wie "Der Brand der Cheopspyramide" schrieb, den Dichter und Kritiker des Naturalismus **Julius Hart** (1859-1930), den Theaterkritiker und Vorkämpfer des politischen Theaters **Herbert Jhering** (1888-1977), die Schauspieler **Alfred Schieske** (1908-1970) und **Albert Steinrück** (1872-1929), den Geschichtsphilosophen **Ernst Wolfgang Alexander von Harnack** (1888-1945), dem Sohn A. von Harnacks, der 1945 in Plötzensee hingerichtet wurde, den Zeitungswissenschaftler **Emil Dovifat** (gest. 1969). Vor allem aber ist der Schauspieler und Bühnenleiter **Ernst Legal** (1881-1955), zuletzt Intendant der Staatsoper Unter den Linden, hervorzuheben. Er spielte unter bedeutenden Regisseuren von Jeßner und Fehling bis Stroux, inszenierte Brecht, Goethe, Schiller, Shakespeare und Zuckmayer und sein Charakterkopf ist auch aus zahlreichen Filmrollen noch wohlbekannt. Sein Grabspruch lautet: "Nichts ist verloren, / wenn wir vergehn! / Vergehen ist Werden."

276

## EVANGELISCHER KIRCHHOF NIKOLASSEE
*Kirchweg 12*
*14129 Berlin*

1909 erhielt der Anfang unseres Jahrhunderts entstandene Ortsteil Nikolassee eine eigene Pfarrstelle. Eine **Kirche** wurde nach Entwürfen des Architekten JOHANNES BARTSCHAT und Regierungsbaurat ERICH BLUNCK erbaut, und 1906 war bereits ein Friedhof angelegt worden, der 1912 noch eine kleine **Kapelle**, ebenfalls von J. BARTSCHAT, folgte.

Eine dreiteilige Grabwand aus Muschelkalkstein mit bekrönenden Vasen über den Seiten erhebt sich auf dem Grab des Direktors der Heimstätten A.G. und Gründers der Villenkolonie Nikolassee, **Hugo von Krottnaurer** (1851-1915). Den mittleren Stein flankieren zwei kleine Reliefs: Auf dem rechten verweist der in den Stein gegrabene Bebauungsplan von Nikolassee auf das Lebenswerk des Koloniegründers, auf dem linken erinnert eine Frau mit zwei Kindern an der Hand an ein von Gertrud Krottnaurer (1851-1912) gegründetes Kinderheim. Eine schlichte Travertinstele ist dem Architekten und Landhauserbauer **Hermann Muthesius** (1861-1927) gesetzt. Der vertikale Travertingrabstein für den Bildhauer, Erzgießer und Schriftsteller **Kurt Kluge** (1886-1940) barg in einer Nische einst eine Kalksteingruppe "Abschied", die wegen starker Verwitterung dann in Bronze gegossen wurde. Nach mehreren Diebstahlversuchen ist die Bronzegruppe im Kurt-Kluge-Archiv, Krottnaurerstraße 64, sichergestellt worden. Ein schlichtes Holzkreuz trägt die Namen des Schriftstellers **Jochen Klepper** (1903-1942), seiner jüdischen Frau **Hanna** und Stieftochter **Renate**. Klepper wurde 1933 wegen seiner Frau vom Rundfunk entfernt; die Familie ging gemeinsam in den Tod, als die Tochter Renate deportiert werden sollte. Ein hochaufragendes Bronzekreuz bezeichnet die Grabstätte des Bergbaufachmanns und Politikers Prof. Dr. **Ferdinand Friedensburg** (1886-1972). Er war 1945 Mitbegründer der Ost-CDU und 1947-1951 Bürgermeister von Berlin. Außerdem ist auf dem Kirchhof bestattet der Maler märkischer Landschaften und – als Nachfolger Max Liebermanns – Präsident der Berliner Sezession **Theo von Brockhusen** (1882-1919), der Konzertpianist und Professor für Kirchen- und Schulmusik an der Staatlichen Akademie, **Julius Dahlke** (1891-1951), der 20 Jahre lang das Dahlke-Trio leitete, der Verleger **Erich Schmidt** (1897-1952), der 1924 den Erich Schmidt Verlag gründete, der Verleger **Axel Caesar Springer** (1912-1985), der Eigentümer nicht nur zahlreicher Zeitungen und Zeitschriften, sondern auch des Buchverlages Ullstein war, und andere. Auf der umschrankten Familiengrabstätte des Kommerzienrates und Inhabers einer Firma für Heizungs- und Lüftungsanlagen **Rudolf Henneberg** (1845-1909) fällt vor rückwärtigem Wandteil der 277

Marmorkopf einer sinnend Trauernden auf. Es ist eine Arbeit des Brüsseler Bildhauers I.E. MUELLER im neuklassizistischen Stil. Das Wandgrab des Geheimen Justizrates **Friedrich Ernst** (1840-1915), der mit dem Rechtsanwalt Winterfeldt in Berlin die erste Sozietät zweier Anwälte überhaupt eröffnete, trägt die vollplastische Figur einer "Auferstehenden" in Lebensgröße auf einem von zwei Pfosten gestützten Wandsarkophag, der das Kopfbildnis des Verstorbenen zwischen Eichenlaubkränzen abbildet. FRITZ KLIMSCH, als Schüler Schapers in der Schadow- und Rauch-Tradition stehend, schuf die "Auferstehende" in der Art etruskischer Sarkophagfiguren, in der Gebärde des Wiedererwecktwerdens folgte er aber christlicher Vorstellung. Für seine frühverstorbene Tochter **Marie Köhne von Wranke Deminsky** (1880-1904) ließ Friedrich Ernst auf dem Nikolasseer Friedhof ein großartiges Grabmal mit einem 1919 geschaffenen Relief von FRITZ KLIMSCH errichten, das 1981 im Lapidarium sichergestellt wurde. Ein Sohn Fritz Klimschs, **Reinhold Klimsch** (1897-1918), fiel 21jährig als Flieger im Ersten Weltkrieg. Über den Grabstein, den er ihm setzte, schrieb der Vater, daß er "bekrönt wird von einem dreieckigen Relief, in der Mitte der Stahlhelm, umrankt und umrahmt von Lorbeer- und Eichenlaub. Sein Bruder verfaßte die Inschrift: "Heldenhaft war sein junges Leben / Unterdrückt sein zarter Sinn / Ausdruck seiner Kunst zu geben / Blieb ihm nicht – es riß ihn hin." (Fritz Klimsch in: Erinnerungen und Gedanken eines Bildhauers, 1952, S. 127). FRITZ KLIMSCH hat auch die Granitskulptur der "Trauernden", eines kauernden weiblichen Aktes, das geneigte Haupt mit verschränkten Armen schützend, für das Grabmal des schon erwähnten Malers Theo von Brockhusen 1919 geschaffen. Es ist eine Replik seines zwei Jahre zuvor entstandenen Marmorbildwerkes "Der Abend".

Obwohl ohne Signatur, stammt das Grabmal für den Architekten **Walter Epstein** (1874-1918), eine schlichte konisch Urne auf glattem Sockel in großen S-förmigen Windungen von einem Schlangenleib umfangen, wobei Kopf und Schwanzende im Biß auf dem flachen Deckel verbunden sind, von RICHARD SCHEIBE. Er knüpfte an den Klassizismus an und wurde 1936 als Nachfolger Klimschs an die Berliner Hochschule für Bildende Künste berufen. Neben der Grabstätte des Chirurgen **Friedrich Trendelenburg** (1844-1924), des Spezialisten für Halsoperationen und plastische Gesichtschirurgie, befindet sich die seines Sohnes, des Juristen **Friedrich Trendelenburg** (1878-1962), der Ministerialdirektor im Preußischen Kultusministerium war, und dessen beiden Frauen **Margret** und **Gabriele Trendelenburg**. Ihr in der Tradition attischer Stelen von Anten und Gesims gerahmtes Grabrelief, eine Mutter mit ihren zwei Kindern, wurde von dem Berliner Bildhauer OTTO PLACZEK geschaffen. Das Wandgrab für **Max C.P. Schmidt** (1853-1918), Professor für lateinische Stilistik an der Friedrich-Wilhelm-Univer-

*Alte Grabsteine an der Friedhofsmauer*

sität, trägt eine ovale Platte mit sonst seltener Porzellanmalerei, ein Ehepaar vor Landschaftsgrund an einem Tisch sitzend. Der Maler ist unbekannt.

Eine auf einer Ruhebank sitzende Trauernde in weichfließendem Gewand auf dem Grab von **Erich Koehler** (1877-1919) hat RUDOLF HAßLER im klassizistischen Stil aus einem Marmorblock gemeißelt. Ein von einem Volutengesims mit Lorbeergirlande gekröntes Relief mit dem Todesgenius, einem halbkniendem Jüngling mit gesenkter verlöschender Fackel, schmückt das Wandgrab für **Hermann Hüneke** (1864-1920). Es trägt die Signatur von HANS DAMMANN, der als einziger deutscher Künstler ein Grabmal – für General von Heyden-Linden – auf dem berühmten Campo Santo in Mailand geschaffen hat. In der Rundbogennische des stelenartigen Grabmals für **Else Schuckar** (1902-1922) befindet sich das Hochrelief eines seitlich knienden, über ein Urnengefäß gebeugten Engels. Der Bildhauer ist unbekannt. Auf dem Grab von **Richard Untucht** (1864-1924) erhebt sich die lebensgroße Standfigur einer Trauernden in antikisierendem Gewand, die mit rechter Hand eine Urne umfaßt, in der Linken einen Lorbeerkranz hält. Der Schöpfer dieser Freiplastik ist NIKOLAUS FRIEDRICH, der sich als Meisterschüler von Reinhold Begas bald den Formauffassungen Adolf von Hildebrands zuwandte. Die Stele für den Unternehmer **Max Pauly** (1851-1930) trägt eine Bronzeplakette des Verstorbenen von MARTIN MEYER-PYRITZ, der ein Schüler von Peter Breuer und Ernst Herter war.

279

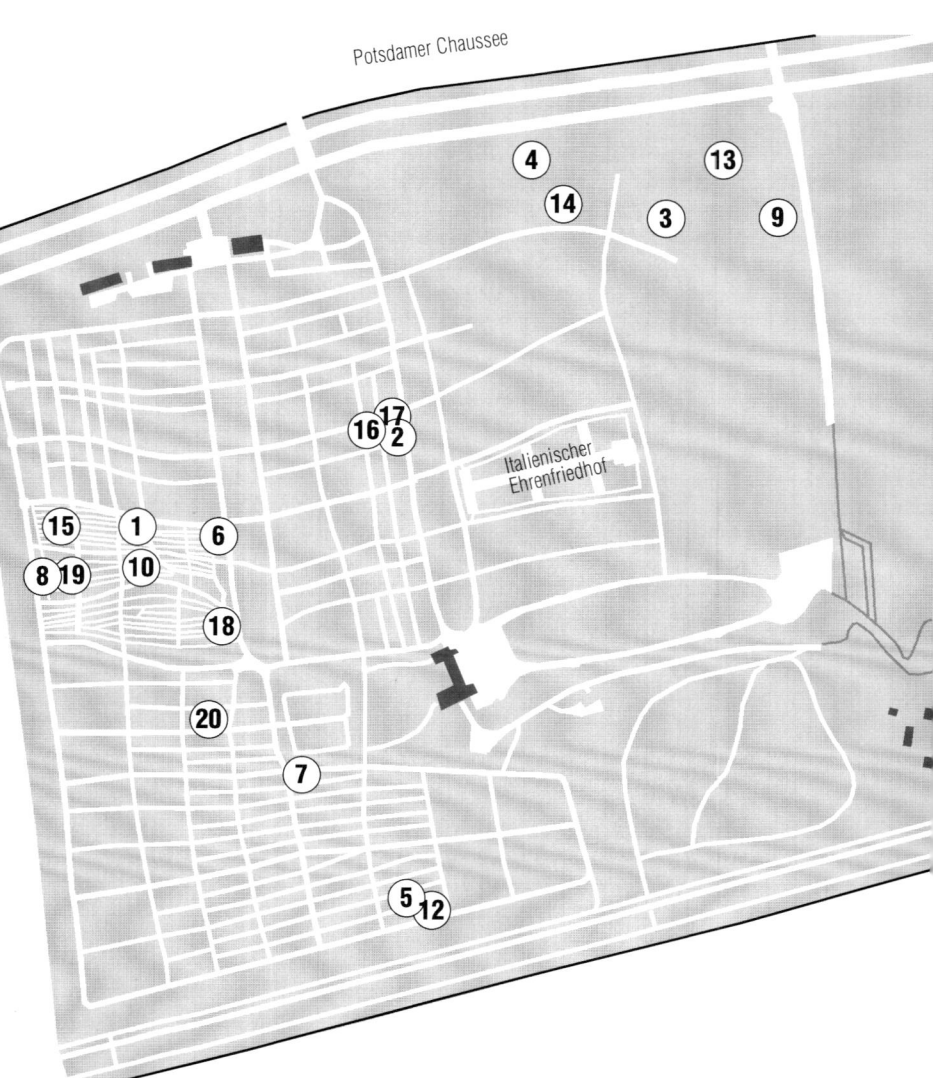

Potsdamer Chaussee

Italienischer Ehrenfriedhof

## WALDFRIEDHOF ZEHLENDORF, NIKOLASSEE
*Potsdamer Chaussee 75-77*
*14129 Berlin*

Der Zehlendorfer Waldfriedhof ist die jüngste und zugleich größte Begräbnisstätte im Bezirk Zehlendorf. Der Nordwestteil wurde 1946/47 von Professor HERTA HAMMERBACHER gärtnerisch gestaltet, Erweiterungen von M. DIETRICH in den folgenden Jahren vorgenommen. 1953 wurde innerhalb des Areals ein italienischer **Ehrenfriedhof** angelegt: ein großes baumloses Wiesenrechteck, belegt mit kleinen Kissenplatten über den Gräbern der häufig unbekannten Toten, am oberen Ende überragt von einem hohen Steinkreuz. Der davor befindliche Altar trägt zwei kleine Bronzereliefs. Der Ehrenfriedhof stört aber nicht den Gesamtcharakter des Friedhofs als Waldlandschaft. Schlichte Grabsteine, Platten oder Kreuze bezeichnen die Gräber. Auch frei gestaltete Grabmäler verzichten auf aufwendige Ornamentik und fügen sich harmonisch in die Gesamtanlage ein.

Auf der Aschengemeinschaftsgrabstätte befindet sich ein **Kalksteinrelief** mit einer lorbeerbekränzten Amphora zwischen einer seitlich kauernden Frau und einem knienden Mann, Aktfiguren mit schlangenartig gebogenen Körpern in Trauergebärden. Das Gefäß in der Mitte symbolisiert den Leib des Menschen als zerbrechliche Hülle der Seele. Das Relief soll von einer Grabstätte des Neuen Friedhofes Wannsee, Lindenstraße 1, stammen und stand dann nach deren Auflassung lange im mittleren Teil des Alten Friedhofes am Wegrand.
Namhafte Persönlichkeiten fanden auf dem Zehlendorfer Waldfriedhof ihre letzte Ruhestätte: der Komponist **Boris Blacher** (1903-1975), der 1953-1970 Direktor der Berliner Hochschule für Musik war und besonders durch die Opern "Die Flut", "Die Nachtschwalbe" und "Preußisches Märchen" bekannt wurde; der Schauspieler, Regisseur und Filmproduzent **Fritz Genschow** (1905-1977), der 25 Jahre die Rolle des "Onkel Tobias vom Rias Berlin" spielte; der Bildhauer **Karl Hartung** (1908-1967), dessen Werk durch Körperabstraktionen, durchbrochene Plastiken und baugebundene abstrakte Reliefs bestimmt wird; der evangelische Theologe und Schriftsteller **Kurt Ihlenfeld** (1901-1972); der Politiker **Jakob Kaiser** (1888-1961), bis 1947 Mitbegründer und Vorsitzender der Ost-CDU, dann erster Bundesminister für gesamtdeutsche Fragen; der Regisseur, Schauspieler, Kabarettist, Bühnenbildner und Drehbuchautor **Helmut Käutner** (1908-1980), der vor allem nach 1945 in Hamburg, West-Berlin und Bochum Shakespeare, Wilder, Scribe, Ustinov, Cocteau, Walser, Brecht und Dürrenmatt hinreißend inszenierte; die Schauspielerin und Theaterleiterin **Hermine Körner** (1878-1960), die ebenso als große Tragödin (Königin Elisabeth, Lady 281

Macbeth, Phädra, Iphigenie, Hekuba) wie als Dame von Welt (Lulu, Frau Warren, Claire Zachanassian) virtuose Schauspielkunst bot; der CDU-Politiker **Ernst Lemmer** (1898-1970), Nachfolger Jakob Kaisers im Bundesministerium für gesamtdeutsche Fragen; der SPD-Politiker und Chefredakteur des "Vorwärts" **Paul Löbe** (1875-1967), der zweimal Reichstagspräsident in der Weimarer Republik war; der Kulturpolitiker und Theaterleiter **Siegfried Nestriepke** (1885-1963); der Architekt und Designer **Bruno Paul** (1874-1968); der Intendant und Regisseur **Erwin Piscator** (1893-1966), der eine ganze Epoche deutscher Theatergeschichte schrieb und in der Weimarer Republik den konsequentesten Versuch zu einem kollektiven, politisch-agitatorischen Theater unternahm, dabei dokumentarisches Material und aufwendige Maschinerie einsetzte, um die emotionale Wirkung zu erhöhen, seit 1962 war er Intendant der Freien Volksbühne in West-Berlin; der Schriftsteller **Gerhart Pohl** (1902-1966); der SPD-Politiker **Ernst Reuter** (1889-1953), Oberbürgermeister bzw. Regierender Bürgermeister von Berlin von 1949 bis zu seinem Tode; der Architekt **Hans Scharoun** (1893-1972), Präsident der Akademie der Künste von 1955 bis 1968, der u.a. die Staatsbibliothek und die Philharmonie am Potsdamer Platz entwarf; der Komponist und Dirigent **Clemens Carl Otto Schmalstich** (1880-1960), ein Schüler Humperdincks, bekannt durch die Oper "Peterchens Mondfahrt"; der SPD-Politiker **Otto Suhr** (1894-1957), Regierender Bürgermeister von Berlin von 1955 bis zu seinem Tode; der Philosoph **Wilhelm Weischedel** (1905-1975); der Musikwissenschaftler und -kritiker **Kurt Westphal** (1904-1978) und viele andere.

Am 8. Oktober 1992 ist der ehemalige SPD-Vorsitzende, Bundeskanzler und Friedensnobelpreisträger, **Willy Brandt** (geb. 1913) in aller Stille gegenüber der Grabstätte Ernst Reuters beigesetzt worden, aber viele Tausende haben seither den Weg zu seinem Grab gefunden. Auf seinem Stein sind die Worte eingefügt: "Man hat sich bemüht". Als Regierender Bürgermeister von Berlin (1957-1966) gewann er besonders seit der Berlinkrise von 1958 internationales Ansehen und wurde 1964 Bundesvorsitzender der SPD. Als Bundeskanzler führte er 1969 bis 1974 eine sozialliberale Koalitionsregierung und setzte eine neue, von scharfen Auseinandersetzungen mit der Opposition begleitete Konzeption in der Deutschland- und Ostpolitik durch. Für seine Bemühungen um Entspannung im Ost-West-Konflikt erhielt er 1971 den Friedensnobelpreis. Die Entdeckung eines DDR-Spions im Bundeskanzleramt veranlaßten Brandt 1974 zum Rücktritt als Bundeskanzler. 1987 trat er auch als Vorsitzender der SPD zurück, nachdem er mehr als 20 Jahre immer wieder in diesem Amt bestätigt worden war. Seit 1976 war er Vorsitzender der Sozialistischen Internationale. Mit der Maxime "Es muß zusammenwachsen, was zusammengehört" wurde er zu einem leidenschaftlichen Verfechter der Einigung Deutschlands.

## KLEISTGRAB AM KLEINEN WANNSEE
*Bismarckstraße*
*14109 Berlin*

Das Wort aus dem Prinzen von Homburg (V, 10) steht heute auf dem Grabstein **Heinrich von Kleists** (geb. 1777): "Nun, o Unsterblichkeit, bist Du ganz mein!" Der frühere Grabsteinvers des Zehlendorfer Heimatdichters Max Ring aus dem Jahre 1862: "Er lebte, sang und litt / in trüber schwerer Zeit, / er suchte hier den Tod, / und fand Unsterblichkeit" wurde auf eine Holztafel am Eingang der Gedenkstätte gesetzt. Die krebskranke Frau des Generalrendanten der Kurmärkischen Land-Feuer-Sozietät Vogel, **Henriette Vogel** (geb. 1780) teilte Kleists Tod. Über die äußeren Umstände dieses gemeinsamen Todes, der die Gemüter der Berliner aufs heftigste erregte, heißt es in einem zeitgenössischen Brief: "Beide sind zu Stimming (seinerzeit ein beliebtes Ausfluglokal am Wannsee und Treffpunkt der Berliner Romantiker, der Verf.) gefahren. Sie haben die ganze Nacht Briefe geschrieben und Wein und Tee getrunken und haben den Morgen den Wirt gebeten, ihnen den Kaffee jenseits des Sees, links von der (Potsdamer) Chaussee hinzubringen. Dort haben sie in eine Grube sich hingesetzt, und nachdem die Aufwärterin weggegangen und in der Haustür ist, um ihnen noch etwas zu holen, schießt er zunächst sie und dann sich tot. Das Mädchen hört die Schüsse, glaubt, es jagte jemand im Walde, und bringt das Befohlene richtig hin, wo sie beide tot findet."Zu den in diesem Schreiben erwähnten Briefen gehört auch der Abschiedsbrief Kleists an seine Schwester Ulrike. Darin heißt es: "...möge Dir der Himmel einen Tod schenken, nur halb an Freude und unaussprechlicher Heiterkeit dem meinen gleich ..." Das war der Kleist des 21. November 1811, den der Dichter des romantischen "Undine"-Märchens Fouqué den "herrlichsten Selbstmörder" nannte, "den es je gegeben hat".

Einer der äußeren Anlässe des Selbstmordes ist wohl auch der Zusammenbruch des Kleistschen Zeitungsunternehmens im März 1811 gewesen. Im Oktober 1810 hatte Kleist die "Berliner Abendblätter", die erste täglich erscheinende Zeitung Berlins, ins Leben gerufen. Kleist nannte es ein "Volksblatt" und servierte dem Leser nicht nur eigene Arbeiten wie "Die Bettlerin von Locarno" oder "Über das Marionettentheater", sondern auch die neuesten Nachrichten aus Berlin. Schwierigkeiten mit der Zensur, Krach mit den Behörden und dem allmächtigen Theatermann Iffland brachten trotz großer Anfangserfolge den Ruin. Das "Morgenblatt" erklärte hämisch: "Das Abendblatt hat den Abend seines Lebens erreicht und dadurch sich und die etwaigen übergeduldigen Leser in den Ruhestand versetzt."

Kleist und Henriette Vogel wurden dort begraben, wo sie den Tod gesucht hatten. Die Grabstätte geriet bald in Vergessenheit und verwilderte. 1862    283

setzten Verehrer Kleists einen Granitstein mit einer Marmortafel, auf der die
Verse Max Rings standen, und einem Gitter darum. Das Geburtsdatum
wurde fälschlich angegeben: 10. Oktober 1776 statt 18. Oktober 1777. Theodor Fontane berichtete 1889, daß das Kleist-Grab "seit Eröffnung der in
geringer Entfernung vorüberführenden Grunewald-Bahn eine vielbesuchte
Pilgerstätte" geworden war. 1936, anläßlich der Olympischen Spiele in Berlin, erhielt das Grab einen neuen Granitstein und eine neue schmiedeeiserne
Einfriedung, 1941 wurde ihm die neue Inschrift aus dem "Homburg"-Drama
gegeben. Ob man inzwischen bemerkt hatte, daß der bisherige Grabspruch
aus der Feder eines jüdischen Schriftstellers stammte? Anfang der 1960er
Jahre wurde die Grabanlage zur Wegseite "geöffnet" und der Stein um 90
Grad gedreht. Zudem wurde erst 1980 am Anfang der Bismarckstraße eine
Bronzetafel des Berliner Bildhauers HEINZ SPILKER angebracht, auf der der
bisher verschwiegene Name der Henriette Vogel genannt wurde.

## BENSCHS GRAB IN DREILINDEN

*nahe Kurfürstenweg / Revierförsterei Dreilinden*
*14109 Berlin*

Mitten im Düppeler Forst, im Bereich der Revierförsterei Dreilinden, liegt eine einsame Grabstelle. Ein Jägerzaun umgibt den schlichten, schmucklosen Stein, auf dem der Name **Friedrich Wilhelm Heinrich Bensch** steht. Er war Salz- und Schiffahrtsdirektor, als er 1826 Gut und Vorwerk Neu-Zehlendorf erwarb. 6000 Taler hat er für das spätere Rittergut Düppel bezahlt, das diesen Namen allerdings erst als Besitz des Prinzen Friedrich Carl von Preußen erhielt, und zwar 1865.

Als aus dem schlichten Bauerngut mit seinem im Tudorstil errichteten Herrenhaus durch des Königs Gnaden ein Rittergut wurde, da lebte Bensch nicht mehr. 1858 ist er gestorben und mitten in seinem einstigen Wald, in der Nähe des 1955 abgerissenen Jagdschlosses Dreilinden, beigesetzt worden. Eine alte Linde sollte sein Grab beschatten, und ringsum schlossen sich zunächst Nadelbäume und in einigem Abstand Laubbäume zum weiten Kreis zusammen. "Benschs Grab" war bald in aller Munde, ein idyllischer Platz in märkischer Landschaft.

Fontane hat ihm in seinen "Fünf Schlössern" ein Kapitel gewidmet: "Alles von Efeu dicht überwachsen und voll jenes eigentümlichen Zaubers, den immer nur die Begräbnisplätze haben, die sich von aller Kunst fernzuhalten und sich stattdessen an die Natur möglichst eng anzuschließen wissen", schreibt der Dichter der Mark. "Keine gegossenen Kreuze, mit dem Schmetterling oder dem Engel mit der gesenkten Fackel darauf, haben mich je so tief bewegt, wie die Feldsteingräber in Jütland und Schleswig, oder hier dies unter Bäumen geborgene Benschsche Grab. Unvergeßne Stunde, die mich in seine mystisch gezogenen Kreise führte! Die Dämmerung war gekommen, eine Himbeerhecke duftete, tiefer im Wald schlugen die Nachtigallen und die Mondsichel (ein Ring, eine Linie nur) stand hoch über uns im Blauen."

Die Nachtigallen sind selten geworden in den Berliner Forsten. Aber die Ruhe und ein Hauch von Idylle sind selbst heute noch geblieben. Wenn auch die Sammler der Kupferbuchstaben, die die Initialen des Verstorbenen darstellen, sicher nicht allzuviel davon spüren werden.

285

## Neuer Friedhof Wannsee

*Lindenstraße 1-2*
*14109 Berlin*

"Zur Ehre Gottes und im Hinblick auf die kirchlichen Bedürfnisse der Villenkolonie Alsen sowie aus Dankbarkeit für die uns und unseren Kindern während unserer fast vollendeten fünfzigjährigen Ehe so reichlich zuteil gewordene göttliche Gnade haben wir diese Kirche erbauen lassen", so kann man in der von dem Bankier und Geheimrat Wilhelm Conrad und seiner Frau unterzeichneten Stiftungskirche für die "**Neue Kirche**" an der Lindenstraße in Wannsee lesen. **Wilhelm Conrad** (1822-1899), der auch der Gründer der Villenkolonie Alsen war, die später in die Gemeinde Wannsee aufging, hatte den Baumeister Johannes Otzen mit dem Kirchenbau beauftragt, der aber nur eine offene **Vorhalle** errichtete. Sein Schwiegersohn Otto Stahn ließ dann die **Kirche** in neugotischen Formen mit kurzen Querschiffen in Nord-Süd-Richtung anstelle der bisher geplanten Ost-West-Richtung erbauen, wobei die Otzensche Vorhalle nun der Ostseite vorgelagert wurde. In letzterer steht die **Bronzebüste** des Stifters, geschaffen von Carl Pracht, einem Schüler von Carl Begas. Conrad und seine Frau sind im alten Friedhofsteil in der Ecke links von der Trauerhalle bestattet. Die Gräber der Erbauer der Kirche liegen rechts der Halle. Die gotische Bauweise Otzens hat Carl Gustav Curt Stoevening in der Architektur des Begräbnisses nachempfinden wollen. Rings um die Kirche, die seit 1965 Andreaskirche heißt, erstreckt sich das 1895 – ein Jahr vor Einweihung der Kirche – angelegte Gräberfeld, auf dem berühmte und begüterte Einwohner der Villenkolonie ihre letzte Ruhe fanden. Die alteingesessenen Wannseer sprechen vom "Millionenfriedhof". Wenn man die teilweise sehr prunkvollen, alten Erbbegräbnisse sieht, wird es einem schnell klar, warum der Volksmund diesen Namen geprägt hat. Der Friedhof ist später nach Osten und Westen wesentlich erweitert worden, weil von den reichen Wannseer Familien immer neue Erbgräber gekauft wurden.

Wer sind nun die großen Gelehrten, Künstler und reichen Geschäftsleute, die diesem Gottesacker den ungewöhnlichen Namen gaben? Gleich links am Eingang ist das Grab des Frauenarztes Prof. Dr. **Paul Straßmann** (1866-1935), der eine eigene Frauenklinik begründete und zahlreiche wissenschaftliche Schriften veröffentlichte. Schräg gegenüber die Plastik eines Knaben von dem Berliner Bildhauer Bernhard Heiliger. Straßmanns großer Kollege aus dem Bereich der Medizin, der Chirurg und Geheimrat Prof. Dr. **Ferdinand Sauerbruch** (1875-1951), der die moderne Thoraxchirurgie begründete und (durch eigene Muskelleistungen) greiffähige Armprothesen konstruierte, hat jenseits der Kirche im alten Friedhofsteil seine Ruhestätte gefunden. Auf der dunklen Marmorplatte ist das Sinnbild für den Heilberuf,

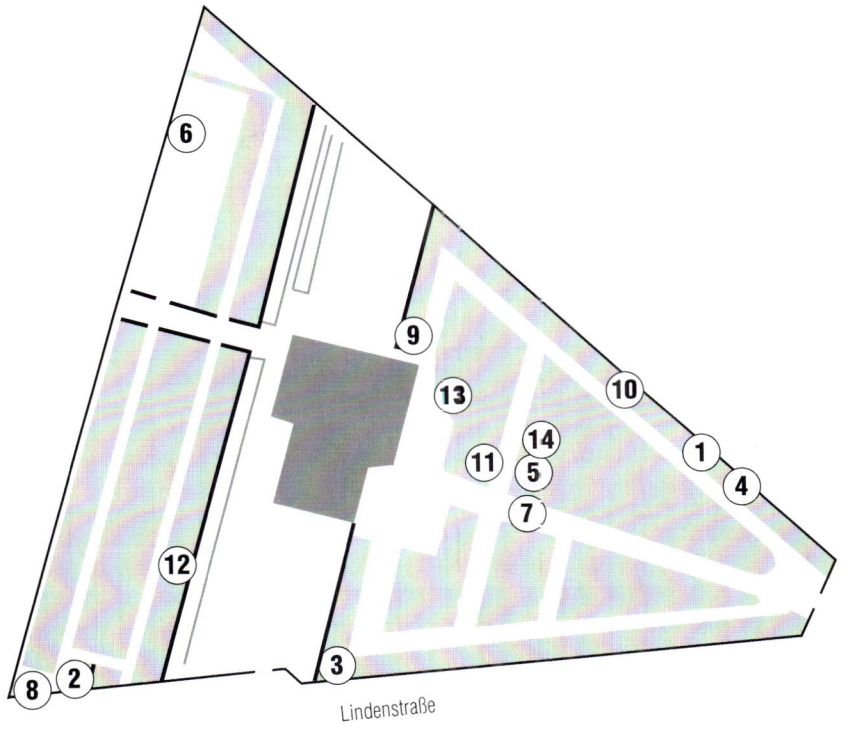

Lindenstraße

| LEGENDE | |
|---|---|
| 1 Eduard Arnhold | 7 Hermann von Helmholtz / Arnold von Siemens |
| 2 Marieluise Claudius | 8 Carl Langenscheidt |
| 3 Wilhelm Conrad | 9 Johannes Otzen |
| 4 Emil Fischer | 10 Mausoleum Richter |
| 5 Richard Greeff | 11 Ferdinand Sauerbruch |
| 6 Martin Hahn | 12 Agnes Sorma |
| | 13 Familiengrabstätte Stahn |
| | 14 Hugo Vogel |

der Äskulapstab, eingraviert. Gegenüber die Gräber des Augenarztes **Richard Greeff** (1862-1938), des Begründers der Ophthalmologie, und des Historienmalers **Hugo Vogel** (1855-1934). Die Grabstätte des Kaufmanns und Kunstmäzens **Eduard Arnhold** (1849-1927) bezeichnet eine Kolonadenarchitektur, in dessen Hof sich eine Stele mit einem klassizistischen Halbrelief mit dem Horaz-Wort "Non omnis morior" (Nicht ganz werde ich sterben) von THEODOR GEORGIS erhebt (1927). Im neuen Teil die Grabstätte des Mediziners und Direktors des Hygienischen Instituts in Berlin **Martin Hahn** (1865-1934).

287

In der Mitte des alten Teils das von Mauern umgebene Erbbegräbnis der Industriellenfamilie **von Siemens**, auf dem auch der Physiker **Arnold von Siemens** beigesetzt wurde. Hier soll sich eines der schönsten Grabmäler befunden haben, "Christus vor der Auferstehung" von ADOLF VON HILDEBRAND. Inmitten auf Steintreppen gebettet das Grab des Arztes und Naturforschers **Hermann von Helmholtz** (1821-1894), des Erfinders des Augenspiegels und der Lehre von den Tonempfindungen. Für die miteinander verwandten Familien entstand eine von einer Kalksteinmauer umgebene, repräsentative Grabstelle mit Renaissance-Reliefs. Die Grabanlage, angelegt in Form eines architektonisch gerahmten Denkmalsgartens von ADOLF VON HILDEBRAND, um 1910, ist nach dem Prinzip von eigenen "Familienhöfen" anstelle der einheitlichen Gesamtfriedhöfe entworfen worden.

Gehen wir den Weg von der Vorhalle links außen entlang, vorbei am Backstein-Mausoleum der Pferdehändlerfamilie **Richter**, kommen wir zum Grabmal des Chemikers **Emil Fischer** (1852-1919), der für seine Arbeiten auf dem Gebiet der Kohlenhydrate und Purine 1902 den Nobelpreis erhielt. Das Reliefbild stellt ein Werk des Berliner Bildhauers FRITZ KLIMSCH dar: Zwei junge Menschen halten die Gralsschale mit dem Wasser des ewigen Lebens.

Auf weiteren Erbbegräbnissen liest man die Namen der Verleger **Reclam** und **Carl Langenscheidt**. Vor einer Granitmauer befindet sich auf den Grabstellen der Familien Langenscheidt und **Stahn** je eine Trauernde als Ausdruck tiefsten Schmerzes. CURT STOEVENING hat dagegen für das Grabmal von **Johannes Otzen** (1834-1911) eine phantasievolle Wandarchitektur aus Kalkstein in gotischem Maßwerk mit rosettengeschmückten Fialen und zwei Engeln mit Rosen, bzw. der Kirche in den Händen geschaffen.

Im neuen Teil, auf dem Hauptweg vom Südeingang des Friedhofes, das Grab der Schauspielerin **Agnes Sorma** (1865-1927), die durch ihre Natürlichkeit und Gefühlsintensität die Welt bezauberte: als Ophelia und Porzia (Shakespeare), als Käthchen von Heilbronn (Kleist), Franziska (Lessing), Nora (Ibsen) oder Candida (Shaw). Das Grabmal stellt ein Bildnis des lesenden **Grafen Minotti**, ihres Ehemannes, dar, der gemeinsam mit ihr hier ruht. 1941 folgte ihr die Schauspielerin **Marieluise Claudius** (1912-1941), einer Nachfahrin des Dichters Matthias Claudius und erst 1956 fand hier ein Künstler die letzte Ruhestätte, der es auf eine besondere Art verstand, die Berliner zu begeistern: der unvergessene Kabarettist **Erich Carow** (1893-1956); neben ihm seine Frau, die Operettensängerin **Lucie Carow**, *geb. Blattner* (1899-1953). Auf diesem jüngeren Friedhofsteil befinden sich weitere, teilweise eingeebnete, Grabstätten von Industriellen, Militärs und Beamten, Wissenschaftlern und Ärzten, Künstlern und Geistlichen, so der Patres des Salesianerordens.

288

## ALTER FRIEDHOF WANNSEE

*Friedenstraße*
*14109 Berlin*

Der älteste Begräbnisort befand sich an der alten **Kirche** von Stolpe; hier wurden auch die Toten von Kohlhasenbrück und Steinstücken beerdigt. Anstelle der spätmittelalterlichen Dorfkirche wurde 1859 nach Entwürfen AUGUST STÜLERS, denen eine Skizze Friedrich Wilhelms IV. zugrunde lag, ein neuer Bau eingeweiht: als Dreikonchenanlage eine der interessantesten Lösungen des Dorfkirchenbaus dieser Zeit. In der Kirche befindet sich das 1777 im Rokokostil errichtete Heydertsche Grabdenkmal, das in Berlin ohne Beispiel ist und in die neue Kirche mit übernommen wurde. Martin Ludwig Heydert, Hofgärtner in Kleinglienicke, hatte der Kirche eine größere Summe geschenkt und damit das Recht erworben, sich mit seiner Familie in der Kirche bestatten zu lassen. Der mächtige Aufbau aus weißgetünchtem Sandstein ist in drei Teile gegliedert. Das obere Ende des hochgezogenen Mittelpfeilers, der eine Urne trägt, umgeben Draperien und Putten. Auf vorspringenden Seitenpfeilern sitzen die beinahe lebensgroßen Gestalten des Chronos, Personifikation der Zeit, und einer weinenden Frau, Symbolfigur der Trauer. Die von Girlanden und Rocaillen umrahmten Widmungstafeln bieten in langen, vortrefflich geformten Inschriften die Lebensereignisse des **Martin Heydert** (gest. 1728), "Gärtner und Planteur", seiner Schwiegertochter und seines 1794 verstorbenen Sohnes **Joachim Ludwig**, Nachfolger des Vaters im Amte des Hofgärtners in Kleinglienicke. Auf der Mitteltafel heißt es: "Dieser noch lebende jüngste Sohn hat nach seines Vaters letzten willen dieses Denckmahl setzen lassen", und zwar 1779 anläßlich des Todes seiner zwei Jahre zuvor verstorbenen Frau. Die stilistischen Merkmale besagen, daß wir ein Werk des Berliner Bildhauers WILHELM CHRISTIAN MEYER (1726-1786) vor uns haben.

Seit dem Neubau der Kirche erfolgten auf dem umliegenden Areal keine Bestattungen mehr. An der heutigen Friedenstraße ist dafür 1846 ein Gemeindefriedhof eingeweiht worden, auf dem 1886 noch eine Leichenhalle errichtet wurde und spätere Umbauten und Erweiterungen erfolgten. Seit 1898 trägt die Begräbnisstätte den Namen Alter Friedhof Wannsee. Unweit der beiden **Ehrenmale für die Opfer der zwei Weltkriege** befinden sich die Gemeinschaftsgräber der Soldaten und Zivilisten, die während der Kämpfe um das belagerte Wannsee ums Leben kamen.

In Ehrengräbern ruhen hier der Baumeister und Architekt **Hans Poelzig** (1869-1936) und der Droschkenkutscher **Gustav Hartmann** (1859-1938). Poelzig baute 1919 den Zirkus Schumann für Max Reinhardt zu einem "Theater der Fünftausend" um, das durch seine üppige, wie Stalaktiten

289

wirkende Akustik- und Lichtarchitektur die Welt in Staunen versetzte. Sein Bekenntnis zur "Architektur als Kunst gegen die Geometrisierung und Technisierung der Formsprache" suchte er in seinen großen Berliner Bauaufträgen, vor allem im Haus des Rundfunks in der Masurenallee, zu verwirklichen. Poelzigs Grabstele, 1936, ist nach Ansicht Cornelius Steckners dem Umriß des von ihm entworfenen Haus des Rundfunks an der Masurenallee nachempfunden worden. Hartmann dagegen unternahm als Siebzigjähriger im Frühsommer 1928 mit seinem Pferd "Grasmus" und der alten Droschkenkutsche 120 im Zuckeltrab eine aufsehenerregende Fahrt nach Paris und wieder zurück. Hans Fallada hat dem letzten Berliner Droschkenkutscher in seinem Roman "Der eiserne Gustav" (1938) ein literarisches Denkmal gesetzt.

Ein roter Granitobelisk mit dem marmornen Porträtmedaillon des Verstorbenen bezeichnet das Grabmal des Malers **Oscar Begas** (1828-1883). Er war der älteste Sohn des Malers Carl Begas und Bruder des Bildhauers Reinhold Begas, begann als Schüler seines Vaters und wurde ein beliebter Porträtist. Das Grabmal trägt die Signatur MATTHIAS LEONHARD SCHLEICHERS, der einen Berliner Steinmetzbetrieb besaß und zahlreiche Erbbegräbnisse errichtete.

Auffallend auch ein Wandgrab aus rötlichem Ziegelmauerwerk mit einem farbig glasierten Terrakottarelief, einen Schutzengel darstellend, der die Seele einer Verstorbenen geleitet. Das wohl in Anlehnung an Luca della Robbia geschaffene Relief in dem Grabmal für **Katharina Franck** (1866-1902) stammt von dem ebenfalls hier beigesetzten Ehemann PHILIPP FRANCK (1860-1902), einem Maler impressionistischer Richtung, der seit 1915 fast 30 Jahre die Kunstschule in Berlin leitete.

An einem Wegrand im mittleren Teil des Friedhofs fand ein Grabrelief mit dem den Drachen tötenden St. Georg Aufstellung.

Auf dem Alten Friedhof sind auch die Bildhauer **Erdmann Encke** (1843-1896) und **Eberhard Encke** (1881-1936) sowie der Verleger **Lothar Blanvalet** (1910-1980), dessen erstes Buch nach 1945 Albrecht Haushofers "Moabiter Sonette" war, beigesetzt.

## SÜDWEST-FRIEDHOF DER BERLINER SYNODE
## UND WILMERSDORFER WALDFRIEDHOF STAHNSDORF
*Bahnhofstraße / Potsdamer Landstraße*
*14532 Stahnsdorf*

Gleich nach der Jahrhundertwende entstand bei den Kirchengemeinden im südlichen Teil Berlins ein Bedarf an neuem Begräbnisland. Es sollte für diese Gemeinden ein zentraler Friedhof an der Peripherie der Stadt, im Südwesten, geschaffen werden. Der Erwerb dieses Landes für einen solchen zentralen Begräbnisplatz oblag gesetzlich der Berliner Stadtsynode.

1902 wurde das Gelände bei Stahnsdorf in der Größe von etwa 150 Hektar, davon 100 Hektar Kiefern-Bauernwald, angekauft und bald darauf mit der Einrichtung des Friedhofes begonnen. Ein umfangreiches Wege- und Wasserrohrsystem wurde angelegt. Bereits am 28. März 1909 konnte der Friedhof seiner Bestimmung übergeben werden. Die gärtnerische Gestaltung vollzog sich nach den Plänen des Gartenoberingenieurs LOUIS MEYER. 1908/11 wurde die große Holzkapelle nach dem Vorbild norwegischer Stabkirchen – eine Nachbildung der Kirche Wang aus Südnorwegen – erbaut. Sie hat ein Dreiklanggeläut, eine wertvolle Orgel, erbaut von der Firma Sauer aus Frankfurt/Oder; in ihr finden neben Beerdigungsfeiern auch noch Gottesdienste am Karfreitag und Ewigkeitssonntag statt.1913 erfolgte die Fertigstellung der S-Bahn-Verbindung zum Friedhof, die im Volksmund bald als "Friedhofs-" oder "Leichenbahn" bekannt wurde. Am 3. Juni 1913 wurde der fahrplanmäßige Betrieb zwischen Berlin-Wannsee und Stahnsdorf aufgenommen und die Strecke – einschließlich des Bahnhofsgebäudes – der Reichsbahn übergeben. Mit dem Zweiten Weltkrieg wurde die Teltowkanal-brücke zerstört, 1946/47 wiederaufgebaut. Schon wenige Jahre später war eine Fahrt in die DDR von West-Berlin aus über Dreilinden nach Stahnsdorf nicht mehr möglich. 14 Jahre nach Wiederherstellung der Friedhofsbahn wurde die Stadtgrenze im Düppeler Forst zu einer Staatsgrenze "neuen Typus". Am 1. Juni 1976 wurde das Bahnhofsgebäude des S-Bahnhofs Stahnsdorf gesprengt.

Auf dem Südwest-Friedhof sind 107.000 Personen seit 1909 beigesetzt. Davon wurden etwa 35.000 umgebettet auf mehrere große Umbettungsblöcke von Friedhöfen aus der südwestlichen Innenstadt Berlins. Neben den großen geschlossenen Kriegsgräberanlagen (dem italienischen, englischen Krieger-friedhof, dem "Heldenblock" und dem "Neuen Ehrenhain") befinden sich noch zahlreiche Kriegsgräber verstreut auf allen Friedhofsblöcken, die wie jene Anlagen laut Charta der Vereinten Nationen, solange dieser Friedhof existiert, zu pflegen sind.

Der Stahnsdorfer Friedhof zählt zu den größten – und schönsten – Wald-friedhöfen in Deutschland. Viele zu ihrer Zeit und zum Teil auch heute noch 291

Alte Potsdamer Landstraße

292

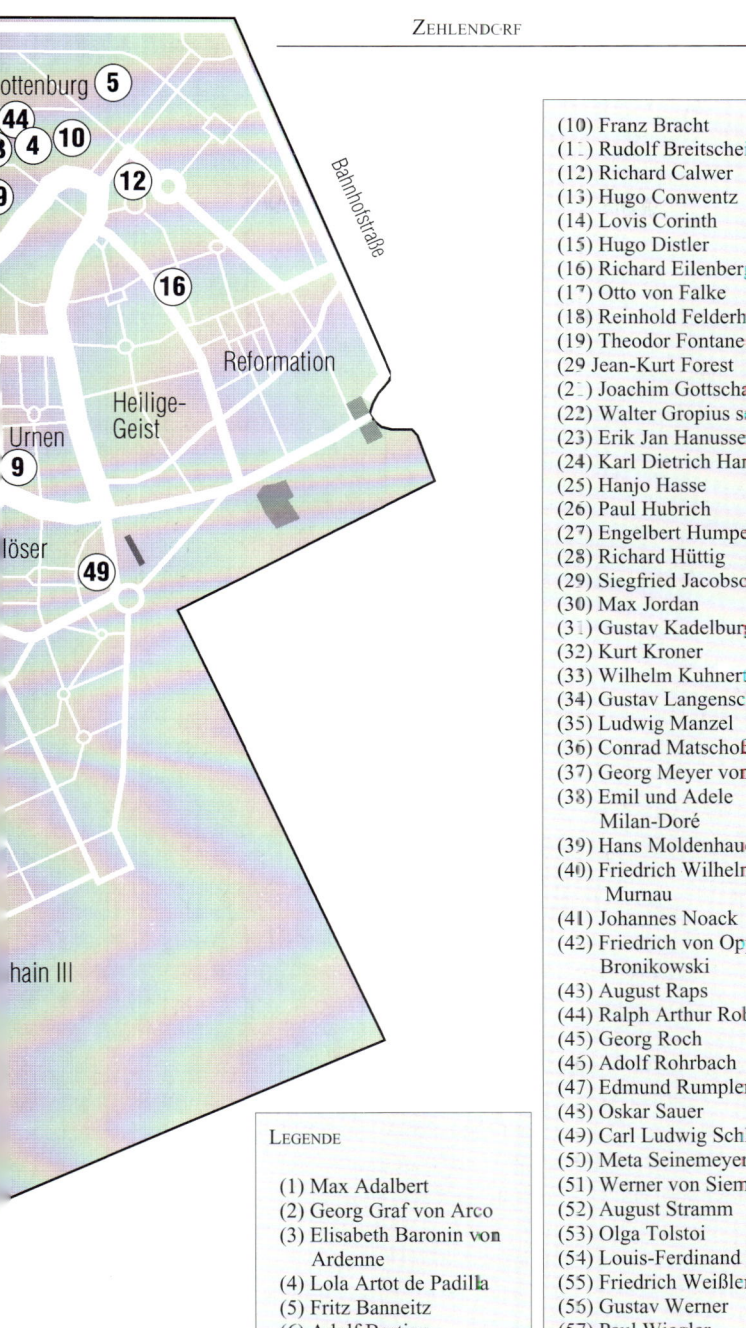

ottenburg (5)

(44)
(4) (10)

(12)

(16)

Bahnhofstraße

Reformation

Heilige-
Geist

Urnen
(9)

löser
(49)

hain III

(10) Franz Bracht
(11) Rudolf Breitscheid
(12) Richard Calwer
(13) Hugo Conwentz
(14) Lovis Corinth
(15) Hugo Distler
(16) Richard Eilenberg
(17) Otto von Falke
(18) Reinhold Felderhoff
(19) Theodor Fontane jun.
(20) Jean-Kurt Forest
(21) Joachim Gottschalk
(22) Walter Gropius sen.
(23) Erik Jan Hanussen
(24) Karl Dietrich Harries
(25) Hanjo Hasse
(26) Paul Hubrich
(27) Engelbert Humperdinck
(28) Richard Hüttig
(29) Siegfried Jacobsohn
(30) Max Jordan
(31) Gustav Kadelburg
(32) Kurt Kroner
(33) Wilhelm Kuhnert
(34) Gustav Langenscheidt
(35) Ludwig Manzel
(36) Conrad Matschoß
(37) Georg Meyer von Branen
(38) Emil und Adele
    Milan-Doré
(39) Hans Moldenhauer
(40) Friedrich Wilhelm
    Murnau
(41) Johannes Noack
(42) Friedrich von Oppeln-
    Bronikowski
(43) August Raps
(44) Ralph Arthur Roberts
(45) Georg Roch
(46) Adolf Rohrbach
(47) Edmund Rumpler
(48) Oskar Sauer
(49) Carl Ludwig Schleich
(50) Meta Seinemeyer
(51) Werner von Siemens
(52) August Stramm
(53) Olga Tolstoi
(54) Louis-Ferdinand Ullstein
(55) Friedrich Weißler
(56) Gustav Werner
(57) Paul Wiegler
(58) Julius Wissinger
(59) Heinrich Zille

LEGENDE

(1) Max Adalbert
(2) Georg Graf von Arco
(3) Elisabeth Baronin von
    Ardenne
(4) Lola Artot de Padilla
(5) Fritz Banneitz
(6) Adolf Bastian
(7) Fritz Beyer
(8) Arthur Binz
(9) Hermann Boost

293

*Hölzerne Kapelle des Südwestfriedhofs Stahnsdorf*

bekannte und berühmte Persönlichkeiten haben hier ihre letzte Ruhestätte gefunden. Wolfgang Gottschalk hat in jüngster Zeit eine eindringliche Beschreibung des Friedhofes und seiner wichtigsten Grabstätten gegeben.

Ein besonderes Wahrzeichen des Friedhofes setzt das in der Nähe des Friedhofseinganges seit 1923 aufgestellte **Christusdenkmal** "Kommt her zu mir alle, die ihr mühselig und beladen seid", ein großes Marmorreliefbild, das Lebenswerk des Bildhauers und Begas-Schülers LUDWIG MANZEL. Die Mitte wird von der Heilandsfigur und einigen zu beiden Seiten niedergeknieten Gläubigen eingenommen. In zwei längeren Zügen nahen sich die Mühseligen und Beladenen, die Kranken und Bresthaften, um der Gnade teilhaftig zu werden – es sind zeitlose Gestalten in fließender Linienführung und klassisch gemilderter Charakteristik. Wenige Schritte nur von seinem Werk entfernt hat **Ludwig Manzel** (1858-1936) seine letzte Ruhestätte gefunden. Ein schmaler Weg führt zu dem Grabe mit dem einfachen Stein, der eine bronzene Porträtplakette von WILLIBALD FRITSCH trägt und den Sockel für einen Frauenkopf bildet – auch das ein Werk des Künstlers.

Nur wenige Schritte von dem Hauptwerk Manzels entfernt liegt unter einem großen verwitterten, von zwei Säulen flankierten Gedenkstein **Carl Ludwig Schleich** (1859-1922), der Schriftsteller, Philosoph und vor allem Mediziner (Verfasser der bekannten Erinnerungen "Besonnte Vergangenheit", 1921), der die Lokalanasthäsie und somit die schmerzlose Operation begründete und entwickelte. Eine Steinschale steht auf dem Stein, der die Inschrift "Grenzstein des Lebens, aber nicht der Liebe" trägt. Dieses neoklassizistische Porträtgrabmal ist eine Arbeit von WERNER BEGAS.

Auf dem Friedhof ruht der berühmte Maler und Grafiker **Lovis Corinth** (1858-1925), neben Liebermann und Slevogt einer der Hauptvertreter des deutschen Impressionismus. Nach anfänglich dunkler, toniger Malweise verband er eine helle Farbigkeit und lockere Pinselführung mit barokkem Pathos und oft drastischem Naturalismus. Ein Schlaganfall (1911) bedeutete eine deutliche Zäsur in seinem Schaffen. Im Spätwerk näherte er sich dem Expressionismus. Corinth behandelte religiöse ("Der rote Christus", 1922; Neue Pinakothek München), mythologische ("Jugend des Zeus", 1905; Kunsthalle Bremen; "Das Trojanische Pferd", 1924; Natio-

*Grabmal Ludwig Manzel*

nalgalerie zu Berlin) und historische Themen, er schuf Akte, Bildnisse und Selbstbildnisse ("Selbstbildnis mit Skelett", 1896; Städtische Galerie München, "Selbstbildnis im weißen Kittel", 1918; Wallraf-Richartz-Museum Köln), Stilleben und Landschaften, ab 1911 auch Radierungen, Lithographien und Buchillustrationen. Mit seinen Walchensee-Bildern von wilder, ausdrucksstarker Farbigkeit und den späten, fast gespenstischen Porträts erreichte er einen neuen Höhepunkt seiner Kunst. Ein schlichter Findling bezeichnet sein Grab.

Der Grabstein des Zeichners des Berliner "Milljöhs" **Heinrich Zille** (1858-1929) trägt ein Porträtrelief aus dem Jahre 1930 von dem befreundeten Bildhauer AUGUST KRAUS. Zille war der populärste Künstler Berlins. Seine Blätter zeichnen sich durch die treffsichere Beobachtung markierender Situationen aus, die unter Nutzung volksverbundenen Humors und ebenso entlarvender wie bis ins Detail stimmiger Milieubeobachtung gegeben werden. Dabei bediente er sich zuweilen auch drastischer erotischer Mittel, die den kritschen Blick für die Realität von Prostitution und Lumpenproletariat schärften und die bürgerliche Öffentlichkeit schockierten. In seinen von eigenen Texten begleiteten grafischen Zyklen wie auch in vielen Bildunterschriften bewies er seine außerordentliche Fähigkeit, die Kraft des bildkünstlerischen Einfalls durch das Wort zu erweitern.

Hier ruhen der Maler und Grafiker **Hans Baluschek** (1870-1935), der mit dokumentarischer Treue und sozialkritischer Tendenz typische Seiten des

Berliner Lebens darstellte; der Bildhauer **Hugo Lederer** (1871-1940), der Brunnen und Denkmäler, so das 1906 errichtete Bismarck-Denkmal in Hamburg, von statuarisch-archaischer Geschlossenheit, mit einer Tendenz zum Pathos und Kolossalischen, gestaltete; der Tiermaler **Wilhelm Kuhnert** (1865-1926), der die Illustrationen für "Brehms Tierleben" schuf; die Bildhauer **Reinhold Felderhoff** (1865-1919) und **Kurt Kroner** (1885-1929). Den Findling für Wilhelm Kuhnert schmückt ein bronzenes Löwenrelief, nach einer Zeichnung Kuhnerts gestaltet von dem (Tier-)Bildhauer **Georg Roch** (1831-1943), dem auf der Grabstelle daneben ebenfalls ein Findling gesetzt wurde. Das Bronzerelief an der Marmorstele für Reinhold Felderhoff wurde nach einem Entwurf des Verstorbenen gegossen. Die Porträtplakette am Grabstein für **Max Jordan** (1837-1906), den ersten Direktor der Berliner Nationalgalerie, stammt von HUGO LEDERER. Ebenso schlicht ist der Grabstein für den Komponisten **Engelbert Humperdinck** (1854-1921), den Schöpfer der Opern "Hänsel und Gretel" (1893) und "Die Königskinder" (1910) und überragenden Gestalter poetischer Stimmungsbilder. Ein schönes Holzkreuz bezeichnet das Grab des Kirchenmusikers und Komponisten **Hugo Distler** (1906-1942). Er war der Schöpfer eines neuen Stils in der evangelischen Kirchenmusik, schuf Chormusik, Motetten und die "Deutsche Chormesse" (1932). Wegen politischer Verfolgung beging er 1942 Selbstmord. Hier ruht auch der Komponist **Jean Kurt Forest** (1909-1975), der seine Opern nach Dramenvorlagen schuf. Eine Gruftanlage in Gestalt eines mittelalterlichen Burgverlieses ist für den Lustspieldichter **Gustav Kadelburg** (1851-1925), der unter anderem den Text zum "Weißen Rößl" schrieb, errichtet worden.

Eine hohe Granitstele erhebt sich über dem Grab des Kritikers **Siegfried Jacobsohn** (1881-1926), des Begründers der für das deutsche Theaterleben wichtigen Zeitschrift "Die Schaubühne", die ab 1918, nach Erweiterung der Themenkreise, den Namen "Die Weltbühne" erhielt. Hier ruhen auch der Kritiker und Literaturhistoriker **Paul Wiegler** (1878-1948), der zusammen mit dem Dichter Johannes R. Becher 1948 die internationale Literaturzeitschrift "Sinn und Form" begründete; der Schauspieler und vor allem Komiker **Max Adalbert** (1874-1933), der mit Vorliebe volkstümliche Possen und Schwänke spielte und zu dessen bedeutendster Leistung der "Hauptmann von Köpenick" in Carl Zuckmayers gleichnamigem Stück 1930 im Berliner Deutschen Theater zählte; der von den Nationalsozialisten ermordete Schauspieler **Hans Otto** (1900-1933), der sich nicht erst am Berliner Staatstheater zu einem einzigartigen Heldendarsteller entwickelte, der sich für die Arbeitertheaterbewegung engagierte und mit dem die bedeutendsten Darsteller und Regisseure der Zeit zusammenarbeiteten; der Schauspieler, Theaterleiter (Direktor des Theaters in der Behrenstraße) und Regisseur **Ralph Arthur Roberts** (1884-1940); der Schauspieler **Joachim Gottschalk**

(1904-1941), der mit seiner Familie in den Tod ging, weil die Trennung von seiner jüdischen Frau verlangt wurde; der Schauspieler **Hannjo Hasse** (1921-1983), der auf der Bühne meist negative Rollen verkörperte, besonders einprägsam in Offiziersgestalten war und erst im Fernsehen die Möglichkeit hatte, positive Rollen zu spielen; der Schauspieler und Schriftsteller **Walter Lieck** (1906-1944); die Opernsänger, vor allem der Opern Richard Wagners, **Albert** (1831-1917) und **Hedwig Niemann** (1844-1905); das Schauspielerehepaar **Emil** (1859-1917) und **Adele Milan-Doré** (1863-1918), deren Grab ein großes antikisierendes Marmorrelief von EMIL CAUER schmückt.

Die Gruftanlage für den bedeutenden Stummfilmregisseur **Friedrich Wilhelm Murnau** (1878-1948), der sich mit "Der letzte Mann" (1924) in die deutsche Filmgeschichte eintrug, trägt auf einer schmucklosen, klar gegliederten Muschelkalksteinwand die von LUDWIG MANZEL geschaffene Büste des Verstorbenen. Das von dem Bildhauer KÜPPER gestaltete rote Sandsteinmonument zum Gedenken an den im Ersten Weltkrieg gefallenen Dichter und Dramatiker **August Stramm** (1874-1915) bezieht seine expressionistische Wirkung ganz aus den als Hochrelief herausgearbeiteten Schriftzeilen. Das Erlebnis des Krieges als exemplarische Katastrophe notierte Stramm in seinen Briefen: "Unaufhörlich bullert der Tod in wahnwitzigsten und lächerlichsten Gestalten. Alles Pathos verschwindet ..." Damit war für ihn bestätigt, was er schon vorher empfunden hatte, daß die traditionellen Formen und Sprechweisen der Poesie für seine Erfahrung der Wirklichkeit als Ausdruck überhaupt ungeeignet waren. Infolgedessen löste er Strophe und Vers, Satzbau und Semantik aus ihrer Regelmäßigkeit, der Unterschied zwischen objektiver Wahrnehmung und subjektiver Empfindung, zwischen Gedanke und Bild verschwindet:

"Sturmangriff / Aus allen Winkeln gellen / Fürchte Wollen / Kreisch / Peitscht / Das Leben / Vor / Sich / Her / Den keuchen Tod / Die Himmel fetzen / Blinde schlächtert wildum das Entsetzen."

Von allen Lyrikern bis zum Weltkrieg geht Stramm mit der Deformation am weitesten und gibt damit die totale Erfahrungskrise wieder.

Der Architekt **Walter Gropius** (1848-1911), der Vater des berühmten Bauhaus-Architekten Walter Gropius, ruht unter einem Muschelkalksteinmal mit expressionistischem, figürlichem Bronzerelief, das möglicherweise auf einen Entwurf seines Sohnes zurückgeht. Der Sprachlehrer und Verlagsgründer **Gustav Langenscheidt** (1832-1895) wurde in einer dreiteiligen Sandstein-Grabanlage im Neorenaissancestil bestattet. Besonders schön das schmiedeeiserne Gitter der Werkstatt FERDINAND PAUL KRÜGER und der Mosaikschmuck im Giebelfeld des überkuppelten Mausoleums, der von der Deutschen Glasmosaik-Gesellschaft Puhl & Wagner angefertigt wurde. Art-Deco-Formen zeigt das Erbbegräbnis des Zeitungsverlegers **Louis Ferdi-** 297 nand **Ullstein** (1863-1933), des ältesten Sohnes des Verlagsgründers Leopold Ullstein. Die Steinputten auf den Torpfeilern wurden 1987 entwendet. Dem Charakter eines märkischen Waldfriedhofes entsprechend tragen die Grabstätten meist schlichte Granitfindlinge, Inschriftgrabsteine, einige wenige mit Porträtreliefs oder Büsten geschmückt, so das schon erwähnte Grabdenkmal Heinrich Zilles mit einem in den Stein gehauenen Antlitz des "Pinsel-Heinrich" oder das Wilhelm Kuhnerts mit dem Löwenrelief. Die Ruhestätten der Bildhauer Reinhold Felderhoff schmücken eine Marmorstele mit Bronzerelief nach einem Entwurf des Verstorbenen und Kurt Kroner die Bronzefigur einer hockenden Trauernden, auch von ihm selbst. Aber auf Grund vielfacher Umbettungen seit 1938, der (Wieder-)Errichtung ganzer Grabanlagen und Mausoleen, ist die angestrebte Einheitlichkeit der Gräberfelder nicht durchgesetzt worden.

Die größte Anlage des Friedhofes stellt das als Innenhof 1922 von FRANZ SEECK gestaltete Erbbegräbnis **Werner von Siemens** (1816-1892), des Ingenieurs und Firmengründers, des Begründers der Elektrotechnik und Erfinders der Dynamomaschine, dar, der 1847 gemeinsam mit J.G. Halske eine Telegraphenbauanstalt gründete: Eine riesige Mauer umgibt die Ruhestätte von Siemens, in der er mit mehreren Familienangehörigen liegt. Sein lebensgroßer, in Stein gemeißelter Kopf ist eine Kopie des Reliefs, das Adolf von Hildebrand für ein Gedächtnismal im Garten der Berliner Siemensvilla geschaffen hat. Dagegen ist das Porträtrelief des Sohnes **Wilhelm von Siemens** (1855-1919) eine Arbeit des Bildhauers HERMANN FUCHS.

Neben Werner von Siemens liegen bedeutende Naturwissenschaftler, Ingenieure und Erfinder in Stahnsdorf: **Georg Graf von Arco** (1869-1940), Physiker und Pionier der Funktechnik, der die Großfunkstation Nauen aufbaute und 1903-30 Direktor der Telefunken-Gesellschaft war; die Ingenieure **Fritz Banneitz** (1885-1940), der wesentlich an der Entwicklung der Fernsehtechnik beteiligt war; **Karl Dietrich Harries** (1866-1940), der Erfinder des synthetischen Kautschuks "Buna"; **Adolf Rohrbach** (1889-1939), der sich als Flugzeug- und Flugbootkonstrukteur einen Namen machte und das Flugboot entwickelte; **Edmund Rumpler** (1872-1940), als Flugzeug- und Kraftwagenkonstrukteur tätig ("Rumpler-Taube"); **August Raps** (1865-1920), der Erfindungen auf dem Gebiet der Telefontechnik machte und den Selbstsprechverkehr einführte; der Botaniker **Hugo Conwentz** (1855-1922), der Mitbegründer der Naturschutzbewegung in Deutschland war; der Technikhistoriker **Conrad Matschoß** (1871-1942), der Nestor der Dampfmaschinengeschichtsschreibung. Hier ruhen der Statiker **August Max Hermann Boost** (1864-1941), der den Kuppelbau des Berliner Doms schuf, und der Rechtshistoriker und evangelische Kirchenrechtslehrer **Ulrich Stutz** (1868-1938), der Verfasser von "Das Verwandtschaftsbild des Sachsenspiegels" (1890). Von den Politikern ist der durch den "Zwickelerlaß" bekanntgewordene preußische Innenminister **Franz Bracht** (1877-1933) oder der General und Reichsinnenminister **Wilhelm Groener** (1867-1939) zu nennen.

Hier ist das Grab des zweiten gleichnamigen Sohnes **Theodor** (1856-1933) von Theodor **Fontane**, während sich die Grabstätte seines berühmten Vaters, dessen Werke er mit dem Bruder herausbrachte, auf dem Neuen Französischen Friedhof an der Liesenstraße befindet. Auf dem Südwestfriedhof ruht auch das Vorbild für Effi Briest in Theodor Fontanes gleichnamigen Roman, **Elisabeth Baronin von Ardenne**, *geb. Freiin und Edle von Plotho* (1853-1952), die Großmutter des Dresdener Wissenschaftlers Manfred von Ardenne. Dagegen ist der Amtsvorsteher **Oskar Busse** (gest. 1908) das Vorbild des Wehrhahn in Gerhart Hauptmanns Stück "Der Biberpelz". Nicht zu vergessen der Hoffriseur **François Haby** (1861-1938), der die Bartmode Kaiser Wilhelms II. erschuf, im Volksmund spöttisch "Es ist vollbracht" bezeichnet.

Am Hauptweg westlich der Kapelle befinden sich die meist im neoklassizistischen Stil gestalteten Familiengrabanlagen und Mausoleen: die Muschelkalksteinanlage der Familie **Caspary** (1911) mit einer großen Trauernden des Münchner Bildhauers HEINRICH WADERÉ, der Sandsteinbau der Familie **Boedefeld** (1913), der Granittempel der Familie **Heinecke** (1937), die im ägyptischen Stil angelegte Muschelkalksteinkapelle der Familie **Harteneck** (1913), der offene Sandsteingrabtempel der Familie **Duisberg** (1912) mit den Marmorbüsten der Verstorbenen, der rote Klinkerbau von **Graf** und **Gräfin von Frankenberg** (1932).

An der die Alte Potsdamer Landstraße angrenzenden Peripherie stehen die vom Schöneberger Matthäusfriedhof hierher umgesetzten Erbbegräbnisse: die laternenbekrönten Sandsteinkapellen für die Familien **H.** und **F. Müller** vom Anfang unseres Jahrhunderts; die schon genannte dreiteilige Neorenaissance-Sandsteingrabanlage der Familie **Langenscheidt** (1895); die Sandsteinkapelle für **Albrecht Felinus** (1893), im Inneren das Bronzerelief eines Christuskopfes von HANS LATT; die Kapelle für **August Kuh** (1932) mit einem lebensgroßen Engel mit Flammenschwert im Inneren; der offene Grabtempel mit Karyatiden für den Bankier **Wilhelm Kühn** (1901); das Muschelkalksteinmal der Familie **Schultz** (nach 1906), das ein bemerkenswertes Beispiel des Berliner Jugendstils darstellt (in einer Rundbogennische kniet vor einem Kreuz eine verhüllte Trauerfigur); zwei neoromanische Wandarchitekturen aus Sandstein für die Familie **Windreck** (1899) und **Becker** (1906); das – beschädigte – Travertingrabmal für den Geographen und Forschungsreisenden **Ferdinand von Richthofen** (1833-1905), an dem die Porträtbüste des Verstorbenen seit längerem fehlt; das spätklassizistische Wandgrabmal mit Giebelbekrönung für die Familie **Gustav Dietz** (um 1863).

*Erbbegräbnis Julius Wissinger*

Das bekannteste und kunsthistorisch bedeutendste Grabmal des Stahnsdorfer Friedhofes stellt aber die expressionistische Arkadenarchitektur dar, die sich über dem Erbbegräbnis des Kaufmanns und Kunstförderers **Julius Wissinger** (1848-1920) wölbt. Das farbige Betongerüst wurde von dem Architekten MAX TAUT wohl 1920 entworfen und 1922/23 ausgeführt: Über bizarr geformten Sockelplatten aus Lavatuffstein erheben sich acht Eisenbetonpfeiler, die durch gotische Spitzbögen miteinander verbunden sind – eine Konstruktion, bei der architektonische und florale Formen miteinander verschmelzen. Die skulpturalen Stützen haben anthropomorphe Züge angenommen und umstehen wie mittelalterliche Pleurants die Grabplatten. Im Zentrum der Anlage befand sich "ein plastisches Inszenarium aus zeichenhaften Symbolen" (Joachim Heusinger von Waldegg), das der mit der Familie Wissinger befreundete und 1943 im KZ Lublin-Majdanek ermordete Bildhauer OTTO FREUNDLICH geschaffen hatte: Dargestellt war "eine aus dem Wolkenband herausragende (segnende?) Hand, vor der sich eine Gewandfigur niederwirft" (J. H. von Waldegg). Der architektonische Raum sollte mit bildhaften Vorstellungen und Kräften erfüllt werden. Möglicherweise ist das "gotische" Betongewölbe das Modell einer "gebauten" Naturempfindung, die gestaltgewordene Vision des Architektenkreises der "Gläsernen Kette", deren Zeitschrift – nach einer dem Mystiker Heinrich Seuse zugeschriebenen Schrift – "Frühlicht" hieß und in der Max Taut 1921 ein Modell seiner Architektur veröffentlichte. Heute weist nichts mehr auf die geplante Farbigkeit des Modells hin. Aber auch das plastische Werk Freundlichs mußte nach heftigen Auseinandersetzungen, die um das ungewöhnliche Mal geführt wurden, 1923 entfernt werden. 1987/88 erfolgte eine umfassende Restaurierung der Gesamtanlage unter Leitung des Architekten CHRISTOPH FISCHER.

Eine stilistische Verwandtschaft zum Wissingergrab kann auch bei der Muschelkalkstein-Grabanlage für die Familie Möller (1925) im Block "Trinitatis" gefunden werden: Über sarkophagähnlichem Postament mit Urne erhebt sich ein hoher Spitzbogen. Den Entwurf hat wohl der Architekt **Werner Möller** (1892-1951) geschaffen, der auch hier begraben ist.

Aber auch bei anderen Grabanlagen wurden ungewöhnliche architektonische und plastische Konzeptionen verwirklicht: durch ein wohlproportioniertes Arkadenoval mit zehn Travertinsäulen (1932) über der Ruhestätte des Berliner Gastronomen **Gustav Horcher** (1873-1931); einen wappenbekrönten Sarkophag aus rötlichem Kalkstein (1931) auf der Familiengrabstätte **von Pannwitz**; den weithin sichtbaren betenden Knaben (seit kurzem sichergestellt), einen Bronzeguß von Hermann Noack nach einem griechischen Original des 1. Jahrhunderts v.Chr., in der nie belegten Grabstätte **Georg Solmsson**; die vier kleinen Stelen mit Bronzeplaketten der Verstorbenen und den lebensgroßen Bergmann aus Muschelkalkstein im Hintergrund (1921 von AUGUST KRAUS und MAX BOZNER) auf dem Erbbegräbnis der Familien **Poensgen** und **Grau**; das von einer überdimensionalen Briefmarke "Kap der guten Hoffnung" bekrönte Sandsteingrabmal für den Philatelisten **Hermann Reitmeister** (1866-1925).

Ganz expressionistisch wirken nicht nur die als Hochrelief gearbeiteten Schriftzeilen auf dem roten Sandsteinmal für den expressionistischen Dichter **August Stramm**, sondern auch das an Käthe Kollwitz erinnernde Muschelkalksteinmonument für **Lotte Birnbaum** (1930) oder die von F. SINNECKER geschaffene unbeschriftete Sandsteinstele mit betender Frauenfigur und Andreaskreuz für zwei Russinnen, Mutter und Tochter, die erschossen wurden.

Auf dem Friedhof sind kubistische Gestaltungen wie die Grabsteine im Feld 9 des Urnenhaines II ebenso vertreten wie eine große Zahl von originell gestalteten Art-Déco-Denkmälern, so in Urnenform für die Familie **Plonsk** (um 1924); als hoher Pfeiler für den sozialdemokratischen Wirtschaftspolitiker und Publizisten **Richard Calwer** (1868-1927) oder in einer Brunnenhausform für die Familie **Benkendorf**.

Zu den Ereignissen guter zeitgenössischer, vornehmlich Berliner Bildhauerkunst, die seit den 1930er Jahren auf dem Friedhof immer seltener werden, gehören die Marmordenkmale CONSTANTIN STARCKS für den Ethnologen **Andreas Fedor Jagor** (1816-1900) und **Gerfrieda Georgi** (1906-1935); MILLY STEGERS erst 1947 geschaffene Marmorbüste für **Sabine Busse**, *geb. von Arnim*; die Medaillonbildnisse von FRITZ KLIMSCH an dem von einem Adler bekrönten Muschelkalksteinkubus für den Generaloberst **Alexander** 301

*Englischer Kriegerfriedhof*

**von Kluck (1846-1934)**, von PAUL GRUSON auf dem Muschelkalksteinmal für **Georg von Arco** (1941) oder das dem Relief "Der Rufer" von Arno Breker ähnelnde auf dem Monument für **Adolf Rohrbach**. Die fast lebensgroße, als David bezeichnete Marmorfigur von PAUL HUBRICH auf der Grabstätte Seefeld ist wohl ursprünglich nicht als Friedhofsplastik geschaffen worden.

Auf einem großen Holzkreuz, das zur Begräbnisstätte der Toten, vor allem Militärs, gehört, die 1949 auf Veranlassung der Alliierten aus der ehemaligen Garnisonskirche umgebettet wurden, steht das Wort des Paulus: "Als die Unbekannten, und doch bekannt; als die Sterbenden, und siehe, wir leben" (2. Korinther 6,9). Durch die Umbettungen aus der Garnisonkirche hat der Stahnsdorfer Friedhof eine Tradition von 200 Jahren übernommen. Er hat aber nicht nur einen historischen, er hat auch einen internationalen Charakter. Westlich der Kapelle liegt die **Begräbnisstätte der Schwedischen Viktoria-Gemeinde** in Berlin-Wilmersdorf mit einem antiken Diana-Tempel und einem schönen schmiedeeisernen Eingangstor. Hier fanden 80 Tote ihre letzte Ruhestätte.

Auf dem **Englischen Kriegerfriedhof** sind 1172 Soldaten aus England und dem Commonwealth beigesetzt. Sie starben während der Kriegsgefangenschaft in der Mark Brandenburg, in Schlesien und Pommern und wurden 1920 hier beigesetzt. Zweimal in jedem Jahr, am Tag der Beendigung der Schlacht an den Dardanellen und zum Tag des Waffenstillstandes 1918 am zweiten Sonntag im November, finden Feierlichkeiten und Gottesdienste der

Botschaftsangehörigen statt. "Their name liveth for ever!" (Ihr Name lebt in Ewigkeit!) steht auf einem sarkophagähnlichen Monument in diesem Gelände, das von einer hohen Rotbuchenecke umgeben ist. Inmitten der Anlage ein weithin sichtbares Steinkreuz mit Schwert. Die beiden grabturmartigen Bauten rechts und links des schmiedeeisernen Eingangstores entstanden nach indischem Vorbild. Auf dem südlich anschließenden **Ehrenfriedhof**, 1928 seiner Bestimmung übergeben, ist die Zahl der italienischen Soldatengräber noch höher. 1976 wurden hier Rekonstruktionsarbeiten ausgeführt und anstelle von 1650 Kissensteinen 25 Grabkreuze aus Naturstein errichtet. Der die Dominante bildende **Kalksteinobelisk** wurde von dem italienischen Bildhauer A. NEGRETTI 1928 geschaffen.

Überall auf dem Friedhof wird Zeitgeschichte lebendig: Der evangelische Kirchenmusiker und Komponist **Hugo Distler** (1908-1942) hatte sich öffentlich gegen das Hitler-Regime geäußert und endete am 1. November 1942 durch Selbstmord. Wohl zu Unrecht wurde der Tod des "Hellsehers Hitlers", des Artisten **Jan-Erik Hanussen-Steinschneider** (1889-1933) als Selbstmord deklariert; er hatte den von den Nationalsozialisten inszenierten Reichstagsbrand vorausgesagt. Das Schauspielerehepaar **Joachim** und **Meta Gottschalk** ist mit dem Sohn **Michael**, einem bedeutenden Jugenddarsteller, am 6. November 1942 gemeinsam aus dem Leben geschieden, da Frau Gottschalk Jüdin war. Der DEFA-Film "Ehe im Schatten" hat diese Tragödie einer größeren Öffentlichkeit bekanntgemacht.

Folgende Widerstandskämpfer, die hingerichtet wurden, an den Folgen einer KZ-Haft oder im KZ starben, liegen in Stahnsdorf: der sozialdemokratische Politiker **Rudolf Breitscheid** (1874-1944), der im KZ Buchenwald bei einem Fliegerangriff ums Leben kam, der Bäcker **Hanno Günther**, der nur 21 Jahre alt geworden ist, der Arbeiter **Richard Hüttig** (1902-1934), der erste in Plötzensee hingerichtete Widerstandskämpfer, der antifaschistische Pfarrer **Johannes Noack** (1878-1942), der zur Bekennenden Kirche gehörende Landgerichtsrat **Friedrich Weißler** (1891-1937), gestorben im KZ Sachsenhausen, und sieben weitere ermordete Widerstandskämpfer, die 1942 bis 1943 durch den Volksgerichtshof unter Vorsitz Freislers in Plötzensee hingerichtet wurden.

Zahlreiche jüdisch-judenchristliche Familien haben hier ihre letzte Ruhestätte gefunden. Im Urnenhain Nr. III steht ein schlichter grauer Granitstein, darauf eingemeißelt die Namen: **Martin Samter**, geb. 1884, und seine Tochter **Felicia Samter**, geb. 1927; Datum ihres gemeinsamen Freitodes: der 23.12.1940. Todesursache beim Vater: "Tod durch Erhängen", der Tochter: "Wurde vom Vater erhängt". Martin Samter wußte keinen Ausweg mehr, um sich vor dem Abtransport durch die SS in ein KZ zu retten. Außerdem steht auf dem Denkstein noch vermerkt der im KZ Auschwitz 1943 umgebrachte Bruder, der Rechtsanwalt Dr. **Artur Samter**. Überall mahnen die    303

Toten: Eine sitzende Engelsfigur aus Metallguß auf dem Grab der Kaufmannsfamilie **Schulte** im Block "Heilig Geist"; ein trauernder, gebeugter Mann, auf einem Steinblock sitzend, als das von ihm selbst geschaffene Grabmal **Kurt Kroner** im Block "Reformation".

Ein kleiner antiker Rundtempel mit acht ionischen Säulen und einer stilvollen antiken Urnenvase in der Mitte ziert im Block "Erlöser" das Grab der **Eleonore Wicke** und des Ehepaares **Klinge**. Dort findet sich auch auf dem Grab von **Betha Skala** eine trauernde Maria aus Bronze mit faltigem Gewand, eine welkende Rose in der Hand. Ein Andreas-Kreuz aus Holz mit Emailleeinlagen einer Ikone erinnert an **Olga Tolstoj** (1862-1945), eine Nachfahrin des russischen Schriftstellers Leo Tolstoj. Wie dieses Kreuz im Block "Trinitatis" kann man eine große unbenannte **Begräbnisstätte** erblicken, die vermutlich von Anthroposophen eingerichtet ist. Auf einem Sockel steht eine männliche Bronzefigur. So birgt der Friedhof allerorts Überraschungen und Entdeckungen, vieles wird wieder ins Bewußtsein der Zeit zu heben sein. Der Begräbnisplatz ist erhöht und von einer Steinmauer umgeben. Der Abschluß hinter der Sockelfigur bildet eine halbrunde, in die Wand eingelassene Steinbank. Darüber steht der Spruch:

"Zur Erde muß, was aus der Erde stammt.

Doch was des Äthers Saat entkeimte,

Kehrt wieder in des Himmels Wölbung."

## GRABSTÄTTE LILY BRAUN
*Erlenweg*
*14195 Berlin*

Im Garten ihres einstigen Besitzes in Zehlendorf am Erlenweg ist die Urne mit der Asche von **Otto** (1897-1918) und **Lily Braun** (1865-1916), seiner Mutter, aufgestellt. Die Urne wurde modelliert von HUGO LEDERER.

Die Schriftstellerin Lily Braun entstammte einer preußischen Offiziersfamilie und wandte sich der sozialistischen Frauenbewegung zu und dann wieder von ihr ab. Ihre als Roman verschlüsselten "Memoiren einer Sozialistin" (1909/11) haben für die Kenntnis damaliger Verhältnisse einen hohen Quellenwert. Die Aufzeichnungen ihres 1918 gefallenen Sohnes Otto Braun ("Aus nachgelassenen Schriften eines Frühvollendeten", 1919) gab dessen Stiefmutter Julie Braun-Vogelstein heraus.

304

## PRIVATFRIEDHOF LAEHR

*Im Schönower Park / Prinz-Handjery-Straße*
*14167 Berlin*

1905 wurde der Psychiater und Geheime Sanitätsrat Professor Dr. **Heinrich Laehr** (1820-1905) neben seiner drei Jahre zuvor verstorbenen **Frau** und Mitarbeiterin im Park seines Privatasyls Schweizerhof beigesetzt. Er hatte 1853 die Anstalt für weibliche Nerven- und Gemütskranke auf der Schönower Feldmark gegründet und ihr 1898 noch eine weitere Heilstätte für unbemittelte Nervenkranke hinzugefügt. Ein Jahr nach seinem Tode, 1906, errichtete der Weimarer Bildhauer GOTTLIEB ELSTER ein monumentales Grabmal über den Gräbern. Auf mächtigen Granitbalken thront eine Frauenfigur, Personifikation der Heilkunst. Die Kranken, Geheilten und Helfer sind in Gruppen am Felsen dargestellt. Auf dem Plateau eine liegende Kranke und eine kniende Genesende. Am Fuße des Sockels rechts zwei junge gemütskranke Frauen, links ein jugendlicher Helfer, eine ältere Kranke stützend. In der Mitte ist eine Bronzeplatte mit den Reliefporträts des Ehepaares Laehr von der Bildhauerin ADELE PAASCH eingefügt. Eine Nische am Fuße des Sockels birgt einen Scheinsarkophag mit feinem Relieffries. Zwischen erläuternden Bibelsprüchen sind links ein kniend einander zugewandtes junges Paar, in der Mitte ein junges Elternpaar mit spielenden Kindern, rechts ein Elternpaar über ein Neugeborenes gebeugt dargestellt.

Im Zweiten Weltkrieg wurde die Einfriedung der Begräbnisstätte zerstört, in den letzten Kriegstagen dienten Park und Grabmal als nächtliches Versteck vor den heranziehenden Truppen. Seit 1950 ist der Friedhof wieder verschlossen, mit einem hohen Eisengitter umgeben und gut gepflegt.

Weitere Gräber sind mit schlichten liegenden Platten gekennzeichnet.

## PRINZENFRIEDHOF IM PARK DES SCHLOSSES GLIENICKE
*Königstraße*
*14163 Berlin*

Wenn man – vom Wannsee kommend – in den Glienicker Park einbiegt und dem ersten Hauptweg bis zur steinernen Prinzessinnenbank folgt, dann gelangt man zu einem eingezäunten Rondell, in dessen Mitte sich ein großes Kreuz mit einer Christusfigur erhebt. Es ist die Arbeit eines Oberammergauer Schnitzers. Nur wer genauer hinschaut, wird an den sechs hell leuchtenden Marmorplatten entdecken, daß es sich hier um einen Friedhof, einen Familienfriedhof beonderer Art, handelt. Schloß Glienicke mit seinem großen, von Lenné geschaffenen Park war bis 1937 in Besitz der Hohenzollern. Das letzte hier ansässige Mitglied des Hauses, Prinz Friedrich Leopold, verkaufte das Anwesen an die Stadt Berlin.

Im September 1923 war im Schloß Glienicke Prinzessin **Victoria Margarete von Preußen** mit 23 Jahren verstorben. Sie hatte den Wunsch geäußert, an der Stätte, wo sie in der Jugend gespielt hatte, beigesetzt zu werden. Der auch als Schriftsteller weltbekannt gewordener Bornimer Gärtnerphilosoph Wilhelm Foerster wurde mit der Umwandlung des Kinderspielplatzes in einen Friedhof beauftragt. 1927 wurde dann ihr Bruder **Prinz Friedrich Karl**, der 1917 als Flieger über Frankreich abgeschossen wurde, hierher überführt und beigesetzt. Ferner liegen hier begraben der weit über Deutschland hinaus bekannte Reiterprinz **Friedrich Sigismund**, der 1927 bei einem Rennen in Lugano tödlich verunglückt war, nebst seiner 1938 verstorbenen Gattin **Marie Luise** und **Wilhelm Prinz von Schaumburg-Lippe**, der 1938 als Leutnant der Luftwaffe bei Neubrandenburg abgestürzt war. Im September 1941 wurde auch **Prinz Friedrich Leopold** im Glienicker Parkfriedhof bestattet, während sein Vater, Prinz Friedrich Karl, in der Gruft der Peter-Pauls-Kirche in Nikolskoe ruht. Seit 1984 befindet sich die Grabstätte wieder in Familienbesitz. 1985 wurde hier die im 71. Lebensjahr gestorbene **Marie-Luise Prinzessin Reuss** auf dem "Preußischen Familienfriedhof" beigesetzt.

## KLOSTERHOF IM SCHLOSSPARK KLEINGLIENICKE

*Königstraße*
*14163 Berlin*

Aus dem Besitz des 1822 verstorbenen Staatskanzlers Fürst Hardenberg erwarb Prinz Carl von Preußen 1824 das Anwesen in Glienicke und beauftragte die führenden Architekten und Gartenkünstler seiner Zeit, in eine weitläufige Landschaft ein Kleinod preußischer Architektur hineinzukomponieren. SCHINKEL gab dem Schloß in klassizistischen Formen sein endgültiges Aussehen, weitere Bauten im Park wurden durch seine Schüler LUDWIG PERSIUS und FERDINAND VON ARNIM errichtet. Den Park gestalteten PETER JOSEPH LENNÉ und der FÜRST HERRMANN LUDWIG HEINRICH VON PÜCKLER-MUSKAU.

In Italien hatte Prinz Carl die in die Fassaden der Palazzi eingefügten Antiken gesehen, die zahlreichen Sammlungen von Architekturteilen oder Plastiken, die sich ungeordnet in Höfen oder Gärten befanden. Und das mag die Motivation für seinen eigenen Sammeleifer gewesen sein: Antiken, byzantinische und provinzialrömische Stücke. Die Wiedereinrichtung der alten Kaiserherrschaft nach idealisiertem mittelalterlichem Vorbild gehörte zu seinen politischen Zielen, die er mit seiner Sammlung dokumentieren wollte. So haben im Klosterhof zahlreiche Kunstwerke ihren Platz gefunden. Ein Wandgrab, das in der Literatur bisher als Grab des Philosophen **Pietro d'Abano** angesprochen wird und sich ursprünglich im Dom zu Padua befand, ist in der die Ostwand des Kreuzganges beherrschenden großen Apsis, in der Mitte der Nische, angebracht. Auf dem mit musivischen Intarsien verzierten Sarkophag liegt die ausgestreckte Figur des Philosophen, den Kopf auf ein Kissen gelegt. Getragen wird das Grabmal von zwei mit Löwenköpfen geschmückten Konsolen und einem Atlanten, der seinerseits auf dem reich verzierten Kapitell einer gedrehten byzantinischen Säule hockt. Säule, Atlant und Sarkophag gehörten ursprünglich nicht zusammen. Die beiden mit christlichen Symbolen versehenen Zierplatten links und rechts neben der Säule stammen aus Venedig – mit solchen langgestreckten, nach oben zu spitz verlaufenden Zierplatten, Formellae genannt, waren die Kirchen und Paläste Venedigs geschmückt – und gehören ins 13. Jahrhundert. Schmuckfunktion haben auch die beiden runden Scheiben, sogenannte Paterae, von denen sich eine große Anzahl im Klosterhof befindet, über dem Wandgrab. Das dazwischen liegende Rautenfriesband ist größtenteils eine Ergänzung des 19. Jahrhunderts nach wenigen originalen Resten, die senkrecht zu diesem angebracht sind und so den oberen Teil eines Kreuzes bilden.

Das Tonnengewölbe des Daches wird im hinteren Teil der Apsis von zwei mächtigen byzantinischen Säulen getragen. Beide sind mit reichverzierten Kapitellen versehen, aber nur das linke ist ein Original und wohl im 6. 307

Jahrhundert in Byzanz entstanden, das rechte dagegen eine Kopie des 19.
Jahrhunderts. Wohl um einer drohenden Enteignung zu entgehen, verkaufte
der Vormund des noch unmündigen Prinzen Friedrich Karl, Prinz Christian
zu Schaumburg, das Gebäude samt Inhalt 1939 an die Stadt Berlin, die fünf
Jahre vorher schon Besitzerin des Parkes geworden war. Vorher waren schon
von Prinz Friedrich Leopold dem Jüngeren, einem Sohn des letzten Erben,
eine Reihe von Kunstwerken an das amerikanische Sammlerehepaar Bliss,
den Gründern der Sammlung byzantinischer Kunstwerke in Dumbarton
Oaks in Washington, veräußert worden.

# FRIEDHOF KLEINGLIENICKE

*Wilhelm-Leuschner-Straße / Königstraße*
*14482 Berlin*

Der Ort lag mehr als 28 Jahre weitgehend unzugänglich im Sperrgebiet. Brutal gingen die Grenzsicherungsanlagen über die nördlichen Gräberfelder des Friedhofes hinweg, der 1781 den Glienicker Kolonisten vom preußischen König Friedrich II. gestiftet wurde. Die Gräber hat man inzwischen mit ehemaligen Grenzgitterzäunen gegen die Grenzschneise abgesichert.

Gehen wir auf dem Hauptweg des alten Friedhofs nach Süden, so treffen wir hinter dem hölzernen Glockenstuhl am Kirchhofseingang als erste erhaltene Grabanlage rechts einen schmiedeeisernen gotisierenden Zaun, an dem sechs gußeiserne Grabplatten befestigt sind. Ganz hinten lesen wir: " Hier ruht sanft **Wilhelm Carl Christian von Türk**, Königl. Preuss. Schulrath, geb. den 8. Januar 1774 zu Meiningen, gest. den 31. Juli 1846 zu Klein-Glienicke. Lasset uns Gutes thun und nicht müde werden." Die übrigen Grabtafeln sind seiner **Ehefrau**, drei **Kindern** und einer **Enkelin** gewidmet. Das bewegte und bewegende Leben dieses "preußischen Pestalozzi" ist schon einzigartig: Wilhelm von Türk wurde durch Krankheit in früher Kindheit linksseitig blind und taub. 1804 hospitierte er bei Johann Heinrich Pestalozzi, unterhielt 1811/15 eine Reformschule in der Schweiz und wurde 1817 Schulrat im Regierungsbezirk Potsdam. 1827 erwarb er das alte kurfürstliche Jagdschloß Glienicke, um darin ein Waisenhaus zu errichten. Seit 1823 beschäftigte er sich auch mit Seidenraupenzucht und der Kultur des Maulbeerbaumes, legte im Gelände um das Jagdschloß eine Maulbeerplantage an, in der die Schüler im Sinne Pestalozzis arbeiteten. Nach seiner Pensionierung 1833 zog er sich auf sein der Maulbeer- und Obstkultur erschlossenes Grundstück an den Hängen des Griebnitzsees zurück.

## FRIEDHOF NIKOLSKOE
*Nikolskoer Weg*
*14109 Berlin*

Vom Turm der Kirche St. Peter und Paul schlägt es zwölf Uhr, da tönt das Glockenspiel "Üb immer Treu und Redlichkeit". Die Melodie klingt hinüber zu den Gräbern eines kleinen Friedhofes, der, nur wenige Schritte vom Nikolskoer Weg entfernt, mitten im Walde liegt. Das schmiedeeiserne Tor mit den schlichten Kreuzen wird SCHINKEL zugeschrieben. Es gibt den Weg frei zu den letzten Ruhestätten von preußischen Förstern und Gärtnern, die in diesem und im vergangenen Jahrhundert auf der Pfaueninsel oder hier in den Revieren um Nikolskoe gelebt und gearbeitet haben.

Dieser Gottesacker war 1837 ein allerhöchstes Geschenk des Königs an die Bewohner der Pfaueninsel und Nikolskoe. Das **Kind** eines Schloßknechts wurde als erster Verstorbener hier bestattet. Der Grabstein der **Beckerschen Eheleute** könnte erzählen, daß Vater Becker unter Napoleon den unrühmlichen Feldzug gegen Rußland 1811 bis 1812 mitmachte, später bei Großgörschen verwundet und von Bülows Truppen gefangengenommen wurde. Danach trat er in königlich-preußische Dienste als Gartenarbeiter und Tierwärter auf Kaninchenwerder, der späteren Pfaueninsel. Hier gab es damals außer einem prächtigen Wildgehege und vielen farbig schillernden Pfauen auch einzelne Raubtiere zu betreuen. So war die Insel der Vorläufer des Berliner Zoologischen Gartens, und der alte Vater Becker somit Berlins erster "Zoodirektor".

Ein gemeinsames Grabkreuz erinnert zugleich an **Heinrich Maity**, den Südseeinsulaner, der mit dem Bremer Vollschiff "Mentor" 1824 von der Sandwich-Insel nach der deutschen Reichshauptstadt kam. Er soll in seiner Heimat ein Prinz mit dem Namen Kaparena gewesen sein. Friedrich Wilhelm III., der eine Vorliebe für seltsame Menschen besaß, nahm sich seiner an und ließ ihn das Drechsler-, Schlosser- und Tischlerhandwerk erlernen. Ein guter Teil der zierlichen Elfenbein- und Perlmuttarbeiten im Schloß auf der Pfaueninsel stammen von seiner Hand. Dieser erste Insulaner in Berlin heiratete die einzige Tochter der Beckerschen Eheleute. Ein gemeinsamer Hügel deckt Maity, seine **Frau** und seine **Schwiegereltern**.

Auch ein Russe ist auf dem Försterfriedhof zur letzten Ruhe gebettet worden. **Iwan Bockow**, einstmals Leibkutscher des Zaren in Petersburg, lenkte später in Diensten König Friedrich Wilhelms III. den Wagen des preußischen Königs auch in der Schlacht bei Leipzig.

Schlicht und einfach steht auf einem verwitterten Grabstein **Friedrich Karl Licht**, und nur der Kenner der preußischen Geschichte weiß, daß Licht ein Riese war, der über 2.20 Meter maß und am Hofe des Königs seine

Kraftproben zum Besten gab. Er soll Eisenstangen zu Spiralen gebogen und mit Zentnersäcken jongliert haben, als handle es sich um Federgewichte.

**Friedrich Strackow**, der mit seiner **Frau** ebenfalls hier ruht, war vor über hundert Jahren Spaßmacher am Königshof. Man nannte ihn den Zwerg, da er nur wenig über einen Meter maß. Der König mochte seinen Spaßmacher so sehr, daß er ihm eine ebenso kleine Frau suchen ließ.

Ein gewaltiger, liegender schwarzer Marmorstein berichtet, daß hier der junge Oberlandforstmeister **Ulrici** ruht. Er ist am 12. März 1919, anläßlich der Revolutionswirren zu Berlin im Kampf für "Ordnung und Recht" gefallen. Ein schlichtes Holzkreuz mit der Inschrift "Gef. April 1945" steht über den Gräbern des erst 17jährigen Soldaten **Raimund Orlikowsky** und eines **unbekannten Kameraden**. Die beiden hatten im Kampf um Berlin auf dem Friedhof Schutz suchen wollen und wurden dort am Eingang von russischen Panzern aus erschossen.

Ein Reviergärtner der Pfaueninsel ist hier mitten im Wald neben zwei berühmten preußischen Hofgärtnern beerdigt worden. Diese beiden, **Ferdinand Fintelmann** (1774-1863) und sein 1803 geborener Sohn **Gustav Adolf**, haben die Gartenanlagen der Insel jahrzehntelang gehegt und gestaltet.

Ganz am Ende des Friedhofes ist in letzter Zeit eine Reihe von 14 verwitterten und teils nur noch bruchstückweise vorhandenen **Grabsteinen** freigelegt worden. Die Erdhügel davor sind kaum noch erkennbar, so tief sind sie im Laufe der letzten hundert Jahre eingesunken. Unmittelbar an den Stamm einer alten Linde gelehnt, erinnert einer dieser Steine an den "Königlichen Förster **Ferdinand Brandt**, der hier ruht inmitten seines Waldreviers, welches 37 Jahre seinem Schutz anvertraut war " 1888 ist er gestorben, wenige Jahre nach dem königlichen Hegemeister **Carl Balke**, dessen Grab an seiner Seite liegt.

LENNÉ war es, der sich einst um diesen Friedhof bemühte und die Zufahrtswege anlegte. Nach seinen Plänen soll das Gelände allmählich wieder gestaltet werden, so daß die Spaziergänger nicht mehr unvermutet vor den Gräbern stehen, sondern hingeführt werden zu dieser Ruhestätte der preußischen Förster und Gärtner.

# SPANDAU

*St.-Nikolai-Kirche*

## St.-Nikolai-Kirche

*Reformationsplatz*
*13597 Berlin*

Vermutlich hat hier schon in der zweiten Hälfte des 12. Jahrhunderts ein erster Kirchenbau gestanden. 1210 wird St. Nikolai als "ecclesia forensins" (Marktkirche) erwähnt, doch über ihr Aussehen gibt es keine Aufschlüsse. Der heutige, einheitliche, wohl in kurzer Zeit errichtete Bau wird zwischen 1410 und 1450 datiert. Der 1467/68 von PAUL RATHSTOCKEN erbaute **West-turm**, damals einer der höchsten in der Mark, mußte wiederholt und in veränderter Form wiederhergestellt werden. 1830/39 wurde die Kirche innen und außen nach Plänen KARL FRIEDRICH SCHINKELS in einer romantisch-gotisierenden Fassung durchgreifend restauriert. Emporen wurden einge-baut und das Glockengeschoß mit gotischen Blendarkaden versehen. 1944 ging der Turm in Flammen auf. Die Haube von 1744 wurde bis 1989 und das Äußere der Kirche ganz im Schinkelschen Sinne wiederhergestellt. Das Innere der dreischiffigen Hallenkirche mit Umgang ist übersichtlich geglie-dert. Die drei Mittelschiffjoche sind ebenso wie die Joche der Seitenschiffe mit Kreuzrippengewölbe versehen, das Sterngewölbe des vierten Jochs leitet zum Chor über. Der heutige **Bildaltar** wurde 1581 durch den **Grafen Ro-chus Guerini zu Lynar** (1525-1596) anstelle des alten Hochaltars errichtet. Durch frei gestaltete Pilaster und Karyatiden, aber auch durch mächtige Gebälke wird eine grandiose Architektur mit den Darstellungen des Heiligen Abendmahls, des Weltgerichts und des Gekreuzigten, flankiert von Bildnissen der Stifterfamilie, gegliedert.

Der Stifter Graf Lynar, der Festungsbaumeister wesentlicher Teile der Span-dauer Zitadelle war, nachdem er als Marschall im zweiten Hugenottenkrieg 1567/68 und später energisch der Reformation den Weg bereitet hatte, ist mit seiner Familie unter dem Hochaltar der Kirche beigesetzt. In dem Erbbegräb-nis fanden bis 1655 Beisetzungen statt. Nach dem Verkauf des Lynarschen Palastes in Spandau 1686 erfolgten die Begräbnisse in der Lübbenauer Kir-che. Erhalten sind die Zinn-Sarkophage der **Gräfin Elisabeth zu Lynar** (gest. 1652) und der **Freifrau von Biberstein**, *geb. Gräfin zu Lynar* (gest. 1655), sowie der beiden **Söhne** des Altarstifters. Bei den heute ausgestellten Särgen des Grafen Rochus und seiner Ehefrau handelt es sich nicht um die Originalstücke. Seit 1984 befindet sich im Chorumgang auch eine Gedenktafel für **Wilhelm Friedrich Graf zu Lynar**, der wegen seines Widerstandes gegen die Nationalsozialisten ermordet wurde.

Vorwiegend im Chorumgang gibt es durch alle Epochen der Neuzeit bemerkenswerte Epitaphien und Grabtafeln. Die dazugehörigen Begräbnis-plätze befinden sich teilweise direkt an der Umfassungsmauer der Kirche 313 und waren als eingewölbte Gruft einstmals zugänglich. Das bildhafteste unter diesen Epitaphien ist das für die Brüder **Joachim** und **Zacharias Röbel** (gest. 1572 und 1575), das am ersten chorseitigen Langhauspfeiler der Südseite in Augenhöhe angebracht ist. Auf Löwen stehen die trotz aller Gleichartigkeit der Haltung und Rüstung doch unterschiedlich charakterisierten Figuren als kräftig ausgebildete, farbig gefaßte Reliefs in flachen Rundbogennischen. Das Schicksal der Brüder ist in ausführlichen Inschriften darunter geschildert.

Neben den steinernen Grabplatten für den Landreiter **Wolfgang Schneiderl** (gest. 1603), die ornamentalen Schwung und gespannten Ausdruck in Gesicht und Händen mit sensibler Oberflächenbehandlung vereinigt, oder das für **Elisabeth Heinike** und ihre **Kinder** (1604) sticht ein Bronze-Epitaph von 1641 für **Adam Graf zu Schwarzenbach** (1584-1614), Statthalter der Mark Brandenburg, hervor, der trotz seines katholischen Glaubens vor dem Hochaltar der Kirche beigesetzt ist. Über der ehemaligen Gruft im Chorumgang befindet sich das Bronze-Grabmal für **Martin Heinsius** (1650). Der Erzdiakon **Michael Zye** bekam ein 1665 geschaffenes Kalksteinmonument. Neben dem Epitaph für **Anna Neumeister** (1665) ist noch das hölzerne Denkmal für den General-Feldwachtmeister **von Quast** (1669) mit 14 kleinen Ahnenwappen von besonderer künstlerischer Bedeutung. Weitere Gedenksteine sind der für **Daniel von der Linde** und seine **Frau** (1680) mit dem malerisch aufgefaßten, ausgezeichneten Bildnismedaillon des Verstorbenen im Dreiviertelprofil, darunter ein von einem Skelett gehaltenes Tuch mit der Grabinschrift; das für Bürgermeister **Zuezel** (1714), für **Georg Adam Neumeister** (1727), für **Katharina Elisabeth Rincken** (1758) in etwas schwerfälligen Rokokoformen; ein Epitaph für **Johann Ludwig Haacke** (1767) von WILHELM CHRISTIAN MEYER mit der Fama, der Allegorie des "Guten Rufes" in seiner bewegten Rokokogestaltung, die aber bereits den Klassizismus ahnen läßt, auf einer Konsole mit dem Chronos-Kopf, Flügelhelm und Thyrsosstab als Attribut des Merkur weisen auf den Beruf des Verstorbenen hin. Ein weiteres für **Christiane Sophie Haacke** (1775), das sich ursprünglich in der Johanniskirche befand, und eins für **Johann Friedrich** und **Ewaldine Stechow**, das ehemals auf dem Kirchhof an der Neuendorfer Straße stand. Diese Grabplatten haben, soweit sie überhaupt von Anfang an in der Kirche angebracht waren, teilweise die tatsächlichen Grabgewölbe abgedeckt, in deren Nähe sie jetzt hängen.

Die ehemalige **Marienkapelle** mit dem entsprechenden Altar wurde 1647 zur Gedächtniskapelle der Familie **von Ribbeck**, als unter ihr das Familienbegräbnis mit massivem Gewölbe eingerichtet wurde. Diese Gruft ist heute unzugänglich. Das prächtige, mit dem Ribbeckwappen versehene Eingangsgitter unter der Triumphkreuzgruppe weist auf sie hin.

# FRIEDHOF "IN DEN KISSELN"
*Pionierstraße 84-156*
*13589 Berlin*

Der heutige große städtische Friedhof wurde 1886 als Nachfolge-Anlage der Friedhöfe in der Oranienburger Vorstadt, Neuendorfer Straße, eingerichtet. Ein Jahr vorher waren fast 22 Morgen Land dafür angekauft worden. Der Friedhof ist in einen alten Bestand von Kiefern ("Kisseln") hineingelegt. Seine Anlage und Aufteilung geschah unter der Leitung des Gartenbaudirektors WOY. Der Friedhof enthält einen **Kriegerehrenhain** für 1945 gefallene Soldaten, mehrere Kriegerehrendenkmäler von besonderer Bedeutung, auf die noch näher einzugehen sein wird, einen **Bürgermeister-Ehrenhain** und einen **Ehrenhain für in Deutschland verstorbene russische Zivilarbeiter**. An der ehemaligen nördlichen Abschlußmauer stehen einige Erbbegräbniskapellen Spandauer Familien.

Im Bürgermeister-Ehrenhain am Nordzaun sind folgende Gräber hervorzuheben: **Friedrich Koeltze** (1852-1939) war Stadtrat, anschließend Spandauer Bürgermeister und ab 1884 30 Jahre lang Oberbürgermeister; **Paul Robert Hermann Wolf** (1857-1926) wurde 1895 Bürgermeister von Spandau; **Richard Münch** (1889-1968), Syndikus von Privatfirmen und Industrieverbänden, wurde 1945 Bürgermeister von Spandau, gab das Amt aber schon ein Jahr später wieder auf und übernahm den Vorsitz der CDU-Fraktion; **Gottlob Münsinger** (1873-1949) war 1946 bis 1948 Bürgermeister von Spandau; der Ingenieur **Georg Ramin** (1899-1957) wurde 1949 Bürgermeister von Spandau; **Ernst Liesegang** (1900-1968) war 1959 bis zu seinem Tode Bürgermeister von Spandau. Hier sind auch der Architekt **Walter Ludorf** (1885-1969), der den Umbau und die Erweiterung von Havelhöhe und Hohengatow leitete, und der Schlagerkomponist **Eberhard Storch** (1905-1978), **Josef von Manowarda** (gest. 1942), bedeutender Wagner-Sänger, seit 1933 Mitglied der Berliner Staatsoper, **Eugen Rex** (gest. 1943), Schauspieler und Dramatiker, bestattet.

Bemerkenswert drei Kriegerehrenmale: Das **Denkmal für die Gefallenen von 1864/66 und 1870/71** auf der Grünanlage stand ehemals als private Stiftung an der Kapelle des Friedhofes an der Neuendorfer Straße und wurde 1932 in den rückwärtigen Teil des Friedhofes verlegt. Eine imposante kniende Engelsfigur (Zink) erhebt sich auf gutproportioniertem spätklassizistischem Postament, 1875 von ERNST HERTER geschaffen. Ebenfalls auf der Anlage das **Französische Kriegerehrenmal 1870/71** vom ehemaligen Garnisonfriedhof; es wurde für die 400 an den Pocken verstorbenen Kriegsgefangenen von ihren Kameraden errichtet. Der schlichte Sandsteinblock wird 315

*Ehrenfeld mit Denkmal für die im Weltkrieg Gefallenen*

von einem weißen Marmorkreuz bekrönt und von vier untereinander mit schweren Eisenketten verbundenen Steinpfosten umgrenzt.

Eines der gelungenen Beispiele stellt auch der 1919 angelegte, stilvollstrenge **Ehrenfriedhof für die im Weltkrieg Gefallenen der Stadt** dar, geschaffen von den Architekten ELKART und WOLFF. Die von niedrigen Hekken umsäumte Anlage trug einst nur die Reihen der quadratischen, in die Rasenfläche eingelassenen Steinplatten. Später sind ganz unterschiedliche Grabsteine und in Ton gegossene Namensteine hinzugekommen, die zusammen mit Birken und Sträuchern die Einheitlichkeit des Ganzen beeinträchtigt haben. Stufen führen zu einer Plattform an der rückwärtigen Schmalseite, auf der sich ein hoher Muschelkalkpfeiler, von einem großen Helm und Eichenlaubzweig bekrönt, erhebt. Ein Geländer aus Muschelkalk-Kugeln mit geschmiedeter Verbindungsstange umgrenzt das von RICHARD KUHNERT ausgeführte Mal. Das Kugelmotiv kehrt an den drei Eingangspfosten zwischen den Hecken wieder. Eine steinerne Sitzbank unter Eichen auf der rechten Seite gibt der in Achsen und Symmetrien angelegten Gesamtanlage eine schöne Ergänzung.

## JÜDISCHE GRABSTEINE IN DER SPANDAUER ZITADELLE

*Am Juliusturm*
*13599 Berlin*

18 jüdische Grabsteine aus dem 13. Jahrhundert mit althebräischen Schriftzeichen lagern in einem Gewölbe der Spandauer Zitadelle. Der älteste Stein, wohl von 1249, trägt die Aufschrift: "Mahnmal errichtet über den verstorbenen Abraham Josef Sath am Tage 6 des Monats April 9". Es gilt also, die alte jüdische Zeitrechnung in die bei uns gebräuchliche gregorianische zu übersetzen. Aufgefunden wurden diese Grabsteine bei der Instandsetzung des Alten Pallas, dem früheren Haus des Burghauptmanns, in dem heutigen Haus Nr. 2. Diese Arbeiten begannen 1955 und dauerten bis 1957. Durch Zufall entdeckte man die Granitblöcke, deren Inschrift man zunächst sprachlich nicht klassifizieren konnte. Aber dann wurde festgestellt, daß es sich um jüdische Grabsteine aus dem Mittelalter handelt. Sie waren als Mauersteine in den Pallas verbaut worden. Man weiß, daß vor mehr als 700 Jahren eine jüdische Gemeinde in Spandau lebte. Auch die Steine tragen diese Jahresziffern. Sie müssen dem Friedhof dieser jüdischen Gemeinde entstammen, der wohl 1510 während einer Judenverfolgung vollkommen zerstört wurde. Und um auch die letzten Beweisstücke zu beseitigen, verbaute man die Steine.

Die Entzifferung der Inschriften wird dazu beitragen, daß ein Stück der frühen Geschichte Berlins und vor allem Spandaus, über das man heute so gut wie gar nichts weiß, nach über 700 Jahren erhellt wird. Ein Grabstein des "Judenkiewers" in Spandau wurde aus der Zitadelle auf den 1955 eingeweihten Jüdischen Friedhof an der Heerstraße verbracht und hier aufgestellt.

# REINICKENDORF

*Dorfkirche Alt-Tegel*

## STÄDTISCHER FRIEDHOF REINICKENDORF
*Humboldtstraße 74-90*
*13403 Berlin*

Weite Rasenflächen mit verstreut stehenden Grabsteinen bilden an der Humboldtstraße in Reinickendorf einen parkähnlichen Musterfriedhof. Inmitten des Ehrenfriedhofes der Gefallenen aus beiden Weltkriegen befindet sich das Grabmal **Strousberg** von REINHOLD BEGAS, des Hauptvertreters des Neubarock in Berlin, der malerisch-sinnliche Werke erzählerischen Charakters schuf. In einer offenen Halle, die auf vier hohen gemauerten Pfeilern ein gläsernes Dach trägt, erblicken wir einen bronzenen Sarkophag. Auf ihm ruht die Gestalt eines jungen Mannes, den der Tod hinweggerafft hat. Zu seinen Häupten sitzt eine trauernde Frau, zu ihren Füßen versinnbildlichen gebrochene Rosen und eine abgelaufene Sanduhr die zu Ende gegangene Lebenszeit. Ein Knabe reicht dem Toten den Lorbeerkranz des Siegers und Überwinders. Das von hoher künstlerischer Qualität gekennzeichnete Grabdenkmal erinnert an den abenteuerlichen Lebensweg eines Mannes aus den Gründerjahren und ist eine "gefühlvolle" Komposition für dessen 1874 jung an der Schwindsucht verstorbenen Sohn **Arthur Strousberg**. Sein Vater **Bethel Henry Strousberg** (1823-1884) hatte den Sprung vom unbedeutenden Kaufmann zum schwerreichen Berliner "Eisenbahnkönig" geschafft. Als sein Lebenswerk sind die von ihm gebauten, heute noch bestehenden Eisenbahnstrecken Tilsit-Insterburg, Pillau-Königsberg, Königsberg-Lyck, Berlin-Görlitz, Breslau-Wossowska, Tarnowitz-Beuthen-Pleß-Dzieditz, Tischau-Lazisk, Guben-Posen, Frankfurt/Oder-Beuthen, Halle-Guben, Cottbus-Sorau, Hannover-Altenbeken, die ungarische Nordostbahn sowie sechs rumänische Bahnlinien zu betrachten. Strousberg konnte aber nicht nur Geld verdienen, er konnte es auch, wenn es sein mußte, mit vollen Händen wieder ausgeben.

In den Jahren 1867/68 ließ er sich von dem Kirchenbaumeister August Orth für 900.000 Mark in der Wilhelmstraße 70 ein palastartiges Haus errichten. Er besaß riesige Güter und eine kostbare Gemäldesammlung. Über diesen dynamischen Unternehmer schrieb die Vossische Zeitung dann fast 50 Jahre nach seinem Tod: "Strousberg ersann immer neue Unternehmerkonsortien, Bankkomitees und Finanzkomitees und Revisionskomitees, die alle bei dem Gründungsgeschäft irgendeine kleine Aufgabe zu erfüllen hatten und dafür mit Gratisaktien entlohnt wurden ..." Das "System Strousberg" zerbrach an diesen Transaktionen. Die Eisenbahnen sollten als "Brutstätten der Spekulation und des Gründergeschäfts" verstaatlicht werden.

Nach dem Tod seines Lieblingssohnes war Strousberg ein gebrochener Mann. Als er 1884 einsam und völlig mittellos verstarb, konnte das von ihm Begas in Auftrag gegebene Denkmal nicht mehr bezahlt werden. Lange **319**

*Grabmal des Sohnes des Eisenbahnindustriellen Bethel Henry Strousberg*

Jahre wurde das Tonmodell in der Begasschen Werkstatt aufbewahrt. Erst 1900 erfolgte der Guß anläßlich der Weltausstellung, und in den zwanziger Jahren erwarb es die Stadt Berlin, die das Bildwerk an der Humboldtstraße aufstellen ließ.

Arthur Strousberg, für den das Grabmal erdacht war, ruht im Erbbegräbnis der Familie auf dem Matthäusfriedhof in der Großgörschenstraße.

# FRIEDHOF DER RUSSISCH-ORTHODOXEN GEMEINDE IN TEGEL
*Wittestraße 37*
*13509 Berlin*

Der Bezirk Reinickendorf ist vielgesichtig. Hier stehen Bauernkaten nicht weit von Hochhäusern, dehnen sich idyllische Waldlandschaften in der Nachbarschaft von großstädtischen Wohnvierteln. In dieser Fülle der Kontraste finden wir auch einen Friedhof, der sich von allen anderen unterscheidet, der Friedhof der Berliner russisch-orthodoxen Gemeinde in Borsigwalde. Auf einem Gang dorthin entdecken wir Zwiebelkuppeln, goldverzierte Ikonen und berühmte Grabstätten.

Von Tegel kommend erreichen wir den 1893/94 angelegten Friedhof, wenn wir der Holzhauser Straße folgen und in die stille Wittestraße einbiegen. Dort sehen wir den turmartigen Eingang mit den hohen Gitterstäben. Inmitten des Friedhofs liegt die 1894 erbaute, hochragende Kapelle, die der Basiliuskathedrale in Moskau nachgebildet wurde. Über ihrer Mitte erhebt sich ein schlank ansteigender kegelförmiger Turm, der mit einem zwiebelförmigen Aufsatz endet. Auf seiner Spitze ragt das weithin sichtbare Andreaskreuz mit dem doppelten Querbalken auf. Vier ebenso geformte und geschmückte blaugoldene Türmchen krönen die Ecken des Kapellenbaues. Die kostbaren Ikonen, die einst das Innere schmückten, wurden zum größten Teil bei Einbrüchen entwendet. Das Gotteshaus öffnet sich nur, wenn die Glokken die kleine Gemeinde der Gläubigen zum Gottesdienst rufen.

Wandern wir über den Friedhof und entlang der Gräberreihen, so sehen wir prächtige Erbbegräbnisse mit prunkvollen Denkmälern, einfache Gräber mit schlichten Holzkreuzen, wohlgepflegte Grabstellen und solche, die vergessen worden sind. Wir stehen dann vor von hohem Gras überwucherten Hügeln, lesen goldunterlegte Inschriften auf schwarzen Marmorsteinen und längst verblichene Buchstaben auf verwitterten Holzkreuzen. Nur wem die russische Sprache und Schrift vertraut sind, vermag die kyrillischen Inschriften zu entziffern, denn nur selten finden wir eine deutsche Grabinschrift. Die weißen Andreaskreuze und die etwa 60 Zentimeter hohen, meist mit Efeu bepflanzten Grabhügel sind die für die russisch-orthodoxe Kirche charakteristischen Grabmerkmale. Hier schläft das alte Rußland. Doch dieses einmalige Kulturdenkmal in Berlins Norden ist vom Verfall bedroht.

1894 wurde der Friedhof weit außerhalb der Stadt für die damals kleine russisch-orthodoxe Gemeinde angelegt. Der Erzpriester Aleksej Petrowitsch Maltzew ließ 4000 Tonnen Erde aus 50 Regionen Rußlands nach Berlin kommen, damit die Verstorbenen in heimatlichem Boden ruhen konnten.

Der Friedhof führte mehrere Jahrzehnte ein stilles Dasein. Das änderte sich, als nach dem Zusammenbruch des Zarenreiches viele Russen auch in Berlin eine neue Heimat fanden und eine größere Emigrantengemeinde

321

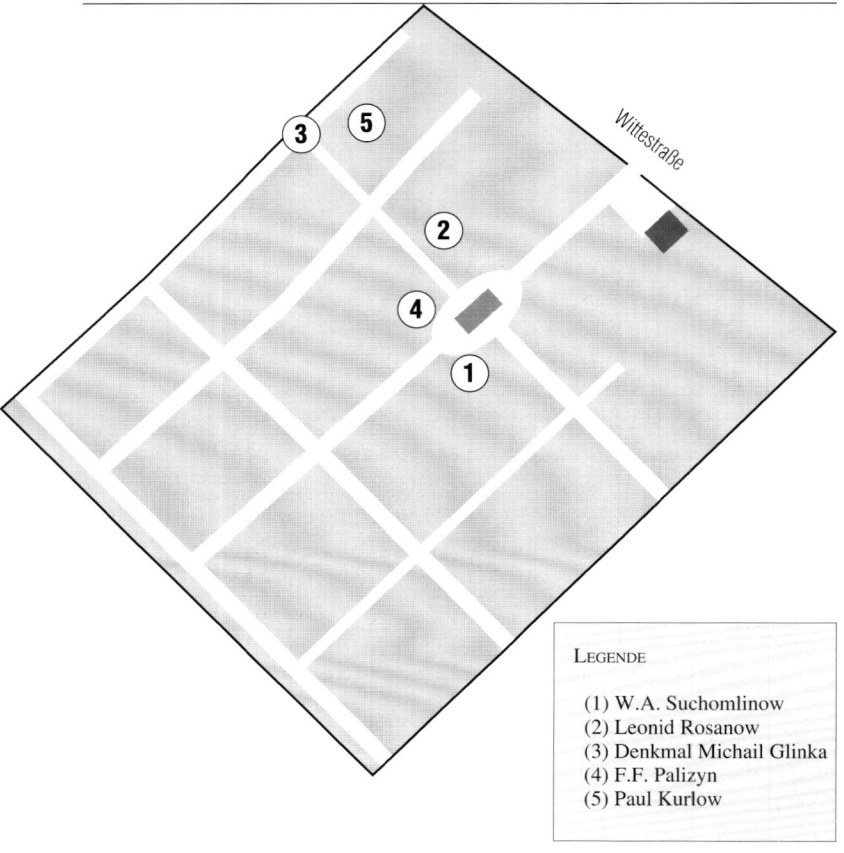

LEGENDE

(1) W.A. Suchomlinow
(2) Leonid Rosanow
(3) Denkmal Michail Glinka
(4) F.F. Palizyn
(5) Paul Kurlow

bildeten. Mitglieder des Hochadels, Generäle und Minister, Finanzleute, Vertreter von Kunst und Wissenschaft, aber auch viele Soldaten, die als Kriegsgefangene in Berlin starben, fanden in Borsigwalde ihre letzte Ruhestätte.

Hinter der Kapelle links ruht unter einem schlichten Holzkreuz **Wladimir Alexandrowitsch Suchomlinow**, General der Kavallerie, der beim Ausbruch des Ersten Weltkrieges russischer Kriegsminister war. Er wurde wegen Verdachts des Landesverrats 1916 verhaftet und von der Kerenski-Regierung zu lebenslänglicher Zwangsarbeit verurteilt. 1918 vom Revolutionstribunal begnadigt, gelang ihm die Flucht über Finnland nach Deutschland. In Wandlitzsee schrieb er seine Erinnerungen und starb 1926 in ärmlichen Verhältnissen.

Rechts vor der Kapelle treffen wir auf die von einem eisernen Gitter umfriedete Grabstelle zweier russisch-orthodoxer Geistlicher. Hier ruht der ehemalige Feldpropst **Leonid Rosanow**, der im Pfarrhaus auf dem Friedhof wohnte und bis 1936 der Friedhofskapelle vorstand. Ihm zur Seite liegt ein **Amtsbruder**, der 1952 starb und vorher den Dienst an der russisch-orthodoxen Kirche am Fehrbelliner Platz versah.

An der östlichen Kirchhofsmauer zieht ein Denkmal die besondere Aufmerksamkeit auf sich. Eine hohe Rundsäule aus rosa Marmor, deren bronzenes Reliefband Szenen aus seinen volkstümlichen Opern zeigt, trägt die Bronzebüste des russischen Komponisten **Michail Glinka** (1804-1857), des Schöpfers der russischen Nationaloper "Das Leben für den Zaren" (1836). Auf einer Bronzetafel lesen wir, daß er 1804 in Nowospaskoje im Bezirk Smolensk geboren wurde und am 15. Februar 1857 in Berlin starb. Er wurde zunächst auf dem ehemaligen Dreifaltigkeitsfriedhof vor dem Potsdamer Tor bestattet. Nach der wenige Monate darauf erfolgten Überführung seines Leichnams nach St. Petersburg ließ Erzpriester Maltzew die von Glinka-Freunden gestiftete Säule mit der Büste auf dem Friedhof in Tegel errichten. Glinkas Stil zeichnete sich durch Ursprünglichkeit der Melodik und farbenreiche Instrumentation aus. Mit seiner Orchesterfantasie über zwei russische Volkslieder "Kamarinskaja" (1848) entstand eine eigenständige russische Form der Lied- und Tanzfantasie, an die dann Borodin, Tschaikowsky und Rimskij-Korsakow anknüpften. Zu seinen Hauptwerken gehören auch die Oper "Ruslan und Ljudmila", die Sinfonie "Taras Bulba", die Ouvertüren "Jota aragonesa" und "Recuerdos de Castilla". Glinka schrieb zudem Kammermusik, Klavierstücke, geistliche und weltliche Chorwerke und Lieder. Ebensowenig wie also Glinka hier bestattet ist, deutet auch der Name Rimsky-Korsakow darauf hin, daß hier nicht der Komponist, sondern dessen Neffe, ein Senator, begraben liegt.

Immer, wenn sich der gefeierte russische Sänger Fjodor Schaljapin in Berlin aufhielt, scheute er nicht den weiten Weg nach dem einsamen Borsigwalde, um Blumen am Grabe **Warjagins** niederzulegen, der, einst der größte Sänger des zaristischen Rußlands, einsam und vergessen in Berlin gestorben ist. Er liegt inmitten der Elite der russischen Gesellschaft. Der letzte Botschafter des Zaren in Berlin war **Swerbejew**, der nicht mehr in sein Heimatland zurückkehren durfte. In seinen letzten Lebensjahren schrieb er seine Memoiren, in denen er behauptete, der Minister **Sergej Dimitrejewitsch Sasonow** sei einer der Hauptschuldigen am Weltkriege 1914-1918. Sasonow, der 1927 starb, leitete von 1910 bis 1916 die russische Außenpolitik. Er soll bereits am 30. Juli 1914 die russische Mobilmachung beim Zaren durchgesetzt haben, bevor noch die Nachricht Swerbejews über die deutsche Mobilmachung in Petersburg eingetroffen sei. Neben Swerbejew hat der Landwirtschaftsminister **Kriwoschein**, der nach dem russisch-japanischen Kriege die Agrarreform in Rußland durchführte, seine letzte Ruhestätte gefunden.

Hohe russische Offiziere liegen neben führenden Männern der Polizei. Den Generalstabschef General **Palizin** deckt ebenso wie den Chef der   323 russischen Kriminalpolizei **Filipow** und den Chef der gesamten Polizei, Generalmajor **Kurlow**, der grüne Rasen. Kurlow erlangte eine tragische Berühmtheit durch die Ermordung Stolypins. Der russische Ministerpräsident erlag den Kugeln eines Agenten der Geheimpolizei, der Ochrana, und Kurlow wurde von seinen Widersachern der geistigen Urheberschaft des Attentats bezichtigt. Er durfte sich jedoch des Vertrauens des Zaren weiter erfreuen. Wenige Gräber weiter ruht der Senator **Arbusow**, der als Direktor des Hauptdepartements im Innenministerium während Stolipyns Regierung die Gouverneure des Riesenreiches befehligte.

Das Grab des Fürsten **Galitzin** ruft die Erinnerung an einen Mann wach, der der Besitzer ungeheurer Reichtümer und Ländereien in Rußland war. In seinen Schlössern wurden rauschende Feste gefeiert. Beneidet ob seines gewaltigen Vermögens, besaß er Ländereien im Umfang von 240.000 Morgen. Nichts konnte er von seinem Eigentum retten, nur das Leben. In Deutschland ereilte ihn der Tod, nur einige Quadratmeter Erde decken seinen Leichnam.

Noch im Exil hat die Politik die Flüchtlinge leidenschaftlich bewegt. Anläßlich eines Vortrages des aus Paris gekommenen Ministers der Kerenski-Regierung Miljukow erschoß ein russischer Nationalist irrtümlich nicht ihn, sondern den in Berlin lebenden Universitätsprofessor und viel gelesenen Petersburger Publizisten **Nabokow**. Einer seiner politischen Gegner fand auch hier die letzte Ruhestätte, der General **Tolmatschow**, Stadthauptmann in Odessa, ein bekannter Antisemit.

Viel Not und Elend können die grauen Holzkreuze bezeugen. Am Grabmal des namhaften Ingenieurs **Rasumichin** setzte seine Witwe ihrem Leben ein Ende. Bereits verwittert ist die Gedenktafel des Universitätsprofessors und Mitglieds des Kultusministeriums **Popow**, der unter erschwerten Umständen in Berlin seine chemischen Studien fortsetzte. Wenige Tage nach seinem Tode forschte man nach den Arbeiten des Gelehrten, um sie der Mitwelt zu erhalten. Seine Wirtin hatte aber nach dem Tode ihres Mieters dessen Manuskripte in Unkenntnis ihres Wertes in den Ofen gesteckt.

Auf der westlichen Seite des Friedhofes, nahe dem Pfarrhaus, liegt der **Soldatenfriedhof** mit dem Kriegerdenkmal. Dieser märkische Findling trägt auf der Vorderseite ein Schwert aus Bronze und auf der Rückseite die Zahlen 1914-1917. Soldaten aller Dienstgrade aus dem Ersten Weltkrieg und im Exil gestorbene Offiziere sind hier zur letzten Ruhe gebettet worden.

Auf dem russischen Friedhof erfolgen heute nur noch wenige Bestattungen. Hier laufen keine Liegefristen ab, die zur Einebnung von Gräbern nötigen, und noch auf lange Sicht finden sich Ruheplätze für die Toten der russisch-orthodoxen Gemeinde in Berlin. Am Vorabend der hohen Kirchenfeste strahlen auf den Gräbern die Kerzen.

## GRABSTÄTTE HUMBOLDT IM SCHLOSSPARK TEGEL
*13505 Berlin*

Das stattliche Landhaus des Hofsekretärs Joachims II., Hans Bredtschneider, um 1550 erbaut, hatte der Reitobrist Alexander Georg von Humboldt um 1776 als Mitgift seiner Frau Maria Elisabeth, geb. Colomb, aus deren erster Ehe mit von Holwede übernommen. 1820/21 baute Schinkel das "Schlößgen" so um, daß der Renaissancebau als Ost- und Eingangsseite einer größeren Anlage erhalten blieb. **Wilhelm von Humboldt** war schon 1802 durch Erbteilung mit dem Bruder Alexander alleiniger Besitzer des "stillen Hauses" im Park zu Tegel geworden. Er verschönerte das Schloß durch Anlagen und die Sammlung von Kunstwerken. Er verschied auch hier 1835 und liegt im Schloßpark, auf dem Campo Santo, beerdigt. Die Stätte, vom Ende der Lindenallee rechts, wurde nach dem Tod von Humboldts Gattin, **Karoline von Dacheröden**, dem humanen Gewissen des Hauses, 1829 von SCHINKEL entworfen mit der Statue der Spes des dänischen Meisters THORVALDSEN (heute eine Kopie) auf einer ionischen Porphyrsäule vor einer Exedra-Bank, wie sie ähnlich an der Gräberstraße von Pompeji zu finden waren. Das Areal hat zahlreiche Gräber des beginnenden 19. Jahrhunderts, der verwandten Familien **von Bülow, von Heinz, von Hedemann, von Dacheröden, von Sydow**. Die Säule im Hintergrund erinnert an **Wilhelm von Humboldt**. Davor ist das Grab mit dem Stein **Alexander von Humboldts**, gest. 1859, auf dessen Rückseite steht: "Du wirst im Alter zu Grabe kommen, / Wie Garben eingeführet zu seiner Zeit." Nordwärts, auf halbem Wege zum Hügel, erhebt sich das Grabmal für den Botaniker **Johann Christian Kundt** (1757-1829), den Hauslehrer der Söhne Humboldts, eine Stele mit 325

Giebelkrönung in einem Halbkreis aus Feldsteinen mit der lateinischen Inschrift, die sich darauf bezieht, daß Wilhelm dem Lehrer diese Ruhestätte
versprochen hat: "Dankerfüllt loben Busch und Wald ihren sanft ruhenden
Hüter".

Wilhelm von Humboldt war 1767, Alexander von Humboldt 1769 geboren. Während Wilhelm sich seinen philosophisch-ästhetischen und später
sprachwissenschaftlichen Interessen widmete, die Berliner Universität, die
heutige Humboldt-Universität, und das humanistische Gymnasium konzi-
pierte, als letzter Vorkämpfer einer preußischen Verfassung bis zum Staatsminister aufstieg, trat Alexander als Naturforscher und Geograph seine großen Reisen an, die ihn bis nach Süd-, Mittel-, Nordamerika und Asien und zu
bedeutenden wissenschaftlichen Resultaten führten. Ab 1830 wieder in
Berlin, begann Alexander in seinem enzyklopädischen Werk "Kosmos"
(1845-1862) mit der Darstellung des gesamten Wissens der Erde. Wilhelm
von Humboldt dagegen war als Kulturpolitiker ein führender Vertreter des
Neuhumanismus, seine Grundlegung der Reorganisation des preußischen
Bildungswesens hatte weitreichende Auswirkungen auf die deutsche Bil-
dungsgeschichte. Auch Wesen, Sinn und Entwicklung von Sprache deutete
er im umfassenden kulturgeschichtlichen Verständnis als Entwicklung des
menschlichen Geistes überhaupt. Seine energetische Sprachbetrachtung
wurde in unserem Jahrhundert wiederaufgegriffen und fortgeführt. Die
Ruhestätte (Familiengruft) der Brüder von Humboldt ist einer der besuchtesten
Friedhöfe der Welt.

## DORFKIRCHE TEGEL

*Alt-Tegel*
*13507 Berlin*

*Urnengrabmal W.A.S. von Holwede*

Wer als baugeschichtlich interessierter Besucher nach Tegel kommt, wird erstaunt sein, hier im alten Tegel, der Urzelle des heutigen Ortes, keine alte Feldsteinkirche zu finden, wie sie Tempelhof, Schmargendorf, Wittenau, Reinickendorf und andere einst märkische Dörfer der Berliner Umgebung besitzen. Die Tegeler "Dorfkirche" wurde erst 1911/12 neu erbaut, sie ist allerdings der vierte Bau an gleicher Stelle. Mit dem breiten Turm und dem mit drei romanischen Rundbögen geschmückten Vorbau an dem Turm erinnert sie in ihrer ganzen Gestalt an ein altsächsisches Kirchenkastell. An ihrer Südseite finden sich noch eine Reihe alter, der Verwitterung preisgegebener Begräbnisstätten Nach der Aufschrift auf den Grabsteinen handelt es sich um die Gräber von Geistlichen, denen man früher einen Platz dicht an der Stätte ihres Wirkens einräumte. An der Nordostecke der Kirche ist das barocke Grabmal der **Wilhelmine Anne Susanne von Holwede**, *geb. Colomb* (gest. 1784), Schwester der Maria Elisabeth von Humboldt, der Mutter der berühmten Brüder Wilhelm und Alexander von Humboldt, erhalten geblieben.

Es erinnert in der Situation an die erste Ruhestätte Rousseaus auf der Pappelinsel in Ermenonville: drei (von ehemals vier) alten Linden umstehen wie Wächter einen Sandsteinpfeiler, den eine schöngeformte Urne aus grauem Marmor krönt. Besonders reizvoll ist die graumarmorne Inschriftplatte mit dem in weißem Marmor eingelassenen Umriß des Kopfes der Frau von Holwede, über dem sich zur Hälfte ein Lorbeerkranz spannt. Sinnvoll ließ der trauernde Gatte diese Worte unter den Namen der 41jährig an der Auszehrung Verstorbenen setzen:

"Sie schläft süßen Schlaf,
sage nicht, daß die Seelen sterben."

327

# FRIEDHOF FROHNAU

*Hainbuchenstraße 64-76*
*13465 Berlin*

1910 wurde auf ehemaligem Forstgelände die Landhauskolonie Frohnau gegründet. Auch der bereits ein Jahr später eröffnete Friedhof wurde in den Forst hineingebaut. LUDWIG LESSER, der ihn entwarf, suchte aus grundverschiedenen Elementen, aus Wald-, Park- und Architekturfriedhof, etwas Einheitliches, Harmonisches zu schaffen. Der Eingangsbereich blieb frei von Gräbern, Hecken gliedern die Grabreihen. Kiefern und Gehölze lockern die Felder auf, Treppen, Mauern, Böschungen und Terrassen durchziehen das Gelände.

Hier befinden sich die Gräber des volkstümlichen Arztes aus dem Wedding, **Max Voormann** (1894-1982), bekannt als "Vater Max", des Opernregisseurs **Werner Walter Heinz Kelch** (1911-1977), der an der Staatsoper Unter den Linden wie an der Deutschen Oper wirkte, und des Lyrikers, Essayisten und Literaturkritikers **Oskar Loerke** (1884-1941). Loerke, von 1917 bis zu seinem Tode Lektor des S. Fischer Verlages, schrieb eine eigenwillig-herbe Lyrik von epigrammatischer Härte bis zur "Pansmusik" 1916: "So fährt er selig auf dem hohen Flusse / und spielt die Welt sich vor", bis zur "Dionysischen Überwachtheit". Entdeckt wird "der grüne Gott" jenseits der Großstadt, die Formel einer ganzen künftigen Lyrik-Richtung um Wilhelm Lehmann, Karl Krolow, Heinz Piontek und andere, die eine sentimentale Flucht in subtile Dinggedichte im Dienst der Naturgeheimnisse des "Grünen Gottes" antrat. Als ein maßgeblicher Vertreter der inneren Emigration in der Zeit des Nationalsozialismus schrieb Loerke 1940 die Verse: "Jedwedes blutgefügte Reich / sinkt ein, dem Maulwurfshügel gleich. / Jedwedes lichtgeborne Wort / wirkt durch das Dunkel fort und fort."

## BUDDHISTISCHES HAUS
*Edelhofdamm 54*
*13465 Berlin*

Die bekannteste Sehenswürdigkeit Frohnaus ist das Buddhistische Haus, das der auf einer Ceylonreise zum Buddhismus übergetretene Berliner Arzt Dr. **Paul Dahlke** durch den Architekten MAX MEYER 1922/24 auf einer Anhöhe inmitten eines Kiefernhaines errichten ließ. Die 73 Stufen symbolisieren die 73 Arten des Wissens eines Buddhas. Nach seinem Tod wurde Dahlke in einer Gruft neben dem Haus beigesetzt. Heute leben in dieser wichtigsten Kultstätte des Buddhismus in Westeuropa drei ceylonesische Mönche, die die rund 300 Mitglieder der buddhistischen Gemeinde in Berlin betreuen. 1967 wurde dem Gebäude eine Bibliothek in ceylonesischem Stil angefügt. Neben dem Haus steht eine Kwannon-Statue, eine Stiftung der japanischen Stadt Nagoya von 1959.

## FRIEDHOF HEILIGENSEE
*Sandhauser Straße 78-130*
*13505 Berlin*

Auf diesem parkähnlich angelegten Friedhof ruht die große alte Dame der Berliner Dada-Bewegung **Hannah Höch** (1889-1978), die seit 1939 ihren Wohnsitz in Heiligensee hatte und in ziemlicher Vereinsamung lebte. Ihr "Schnitt mit dem Küchenmesser Dada durch die letzte Weimarer Bierbauch-Kulturepoche Deutschlands" (1919), die größte dadaistische Collage in ihrem Werk, zusammengeklebt aus Fotofragmenten, Schlagzeilen und Reproduktionen der Illustrierten der Zeit, erregte sensationelles Aufsehen. Eine Persiflage auf das Nachkriegschaos in der jungen Weimarer Republik ohnegleichen und das Antikunst-Meisterwerk der gesellschaftskritischen Foto-Collage im Berliner Dadaismus – es befindet sich im Besitz der Neuen Nationalgalerie in Berlin. Hannah Höch war die größte ästhetisch-politische Begabung unter den Berliner Dadaisten, sie schuf nur wenige Arbeiten, zeigte aber in ihren Fotomontagen eine bitterböse Vision, die Figuren waren geschickt verformt, die Gebäude multiplizierten sich und ragten drohend auf wie in einer expressionistischen Filmmontage, dazwischen waren Fragmente von Maschinen, Kugellagern und Zahnrädern eingestreut. Daraus entstand eine Welt, die zugleich verfremdet, tragikomisch und schon in der Wurzel vergiftet war. Sie brach zu einem symbolträchtigen Surrealismus durch, der damals in Deutschland nicht seinesgleichen hatte.

## KIRCHHOF DER ST.-HEDWIGS-GEMEINDE
*Ollenhauerstraße 24-28*
*13402 Berlin*

Der 1878 eingeweihte Friedhof ist der vierte der St.-Hedwigs-Gemeinde. Vom 1912 aufgelassenen, ältesten Begräbnisplatz der Hedwigsgemeinde am Oranienburger Tor stammt das frühklassizistische Sandstein-Grabmal für **Antoinette Weiss** (1769-1805). Auch von dort kommen wohl zwei außergewöhnliche Kindergrabmäler, die im Warteraum, links vom Haupteingang, Aufstellung gefunden haben: Die auf italienische Renaissancevorbilder zurückgehenden Terrakotta-Relieftondi für **Elisabeth** (gest. 1865) und **Jenny Janda** (gest. 1867), vermutlich von ihrem Vater, dem Bildhauer JOHANNES JANDA, geschaffen. Hier befindet sich auch eine Granittafel für **Aloys Hermes** (1827-1889) mit der Inschrift "Dem begabten Komponisten und hochverdienten Lehrer der Tonkunst. Dem Erschließer und Würdiger des Märkischen Landes. Seine Freunde in Moabit."

Unter den Gemeinschaftsanlagen, die dem Friedhof das Gepräge geben, ragen drei durch ihre bildhauerische Gestaltung heraus. Auf der Anlage für das Domkapitel von St. Hedwig fällt der vier Meter hohe **Priestergedenkstein** aus Basaltlava in Form eines Ährenkreuzes auf. Er wurde mit den dazugehörigen Grabplatten in den Kunstwerkstätten der Benediktinerabtei Maria Laach hergestellt. Das Denkmal für die gemeinsame Ruhestätte der Jesuiten hat der Berliner Bildhauer PAUL BRANDENBURG entworfen. Hier befindet sich auch die Gedenkstele für den Jesuitenpater **Alfred Delp** (1907-1945), seit 1941 Seelsorger in München und im Widerstand gegen die Nationalsozialisten dem "Kreisauer Kreis" zugehörig; 1944 wurde er verhaftet und im Zuchthaus Plötzensee hingerichtet.

PAUL BRANDENBURG gestaltete auch die Ruhestätte katholischer Berliner Priester links der Kapelle, er hat den Heiligen Franziskus auf dem Grab des Ehepaares **Breitenstein** (1966), das Marmorkreuz für **Therese Rieden** (1976) und die Osterlammdarstellung für **Elisabeth Herrmann** (1988/91) geschaffen.

Auf dem Grabfeld für Geistliche ist Pfarrer **Josef Lenzel** (1890-1942) bestattet. Als Präses der Kolpingfamilie hat er sich während des Nationalsozialismus für polnische Zwangsarbeiter eingesetzt und wurde im KZ Dachau ermordet.

Von 1937 bis 1979 stand auf dem Hedwigsfriedhof das sechs Meter hohe Marmordenkmal für den liberalen preußischen Politiker **Fürst Franz Leo Benedikt Waldeck**, 1889 von HEINRICH WALGER geschaffen. Es befindet sich jetzt wieder im Kreuzberger Waldeckpark, wo sich einst der Jakobifriedhof befand. Das Grab Waldecks, der zu den Mitschöpfern der Frankfurter Verfassung von 1848 gehörte, befand sich auf dem Alten Domfriedhof in der Liesenstraße und wurde nach dem Mauerbau 1961 eingeebnet.

Auf dem Friedhof hat auch ein weltberühmtes Berliner Original seine letzte Ruhestätte gefunden: Berlins Cowboy, Meisterschütze, Reiter und Lassoschwinger **"Raffles Bill"**. Er starb 1940 in Berlin. *Andreas Aglassinger*, so sein bürgerlicher Name, machte sich, nachdem er alle Erdteile durchwandert hatte, als Artist in der Reichshauptstadt heimisch. Seine Wildwestschau im Lunapark ließ die Herzen der Berliner schneller schlagen. Das später abgerissene "Alte Ballhaus" in der Joachimstraße am Rosenthaler Platz erweckte er durch seine Cowboy-Künste in den "goldenen" 1920er Jahren zu neuem Leben.

331

## FRIEDHOF DER EVANGELISCHEN DANKE-GEMEINDE

*Blankestraße 12*
*13403 Berlin*

Hier ruhen der Maler und Schriftsteller **Friedrich Ahlers-Hestermann** (1883-1973), ein Schüler von Henri Matisse, und **Käte Paulus** (1868-1935), die erste Fallschirmspringerin der Welt.

## KIRCHHOF AN DER KIRCHE WITTENAU

*Alt-Wittenau*
*13437 Berlin*

Inmitten schöner alter Bäume erhebt sich auf dem Anger die Wittenauer Dorfkirche, ein rechteckiger, chorloser Saalbau, der Ende des 15. Jahunderts in der damals typischen Technik, aus großen, unregelmäßigen Feldsteinen und großformatigen Backsteinen, gemauert wurde. Der Dachturm mit einer achteckigen Spitze kam erst 1799 hinzu.

Das antikisch gehaltene, schwarz gestrichene Eisengußmal für **Gottlieb Michael Fetschow**, Pfarrer zu Dalldorf, Tegel und Lübars, seitlich des Kirchenportals, dürfte lange nach dem Tode des 1792 Verstorbenen entstanden sein, da es den um 1815 von Karl Friedrich Schinkel für die Königliche Eisengießerei in Berlin entworfenen Grabmalen entspricht.

Ein in Rhododendronbüschen verborgener Familiengrabstein weist ein Kuriosum auf: nach der in Marmor eingegrabenen Inschrift ist der kaum vier Jahre alt gewordene **Albert Michael Dessin** am 31.(!) Februar 1865 verstorben.

# PANKOW

Friedhof III in Pankow-Schönholz

## PFARRKIRCHE PANKOW
*inmitten des einstigen Dorfangers*
*Breite Straße*
*13187 Berlin*

Die einstige Dorfkirche, der Ostteil der heutigen Kirche, ist ein rechteckiger Feldsteinbau des 15. Jahrhunderts. Sie wurde 1832 durch KARL WILHELM REDTEL unter Beteiligung von KARL FRIEDRICH SCHINKEL erneuert und 1858/ 59 nach Plänen von FRIEDRICH AUGUST STÜLER durch einen neugotischen Backsteinbau erweitert: Dem mittelalterlichen, als Chor beibehaltenen Bau wurden ein dreischiffiges Hallenlanghaus und zwei schlanke achteckige Türme mit Spitzhelmen am Ostende der Seitenschiffe angefügt.

Außen vor der Südseite das Grabdenkmal für den Schauspieler **Johann Heinrich Ludwig Schmelka** (gest. 1837): Eisenguß, ein klassizistischer Aufbau mit Porträtmedaillon.

Auch Reste einiger Grabsteine auf dem ehemaligen Kirchhof sind zu sehen.

## Friedhof Pankow I

*Wilhelm-Kuhr-Straße / Kreuzstraße*
*(dem Bürgerpark östlich vorgelagert)*
*13178 Berlin*

Nach Schließung des ursprünglichen Friedhofes um die Pankower Dorfkirche wurde der Friedhof 1841 als erster Gemeindefriedhof in Pankow gegründet, 1971 geschlossen, bis auf wenige Grabstätten beräumt und parkartig umgestaltet.

Entlang der Wilhelm-Kuhr-Straße und der Kreuzstraße ein schönes Eisengitter um 1910. Hat man das Areal betreten, lugt hier eine Ziegelwand mit Marmortafel hervor, sitzt dort ein Engel wartend auf einer Ballustrade oder erhebt sich ein Steinmal mit eingefügter, Jugendstilzüge tragender Bronzeplatte. Steinkreuze, Gußeisenkreuze, Stelen und Obelisken befinden sich unter auserlesenen Bäumen.

In der Südwestecke, in beabsichtigter Nachbarschaft zum triumphbogenartigen Eingangsportal des Bürgerparks in italianisierenden Formen der Stüler-Schule, erhebt sich das Grabmal des **Barons Killisch von Horn** (gest. 1886), des Herausgebers des Berliner Börsenblattes, der das Gelände des Bürgerparks 1854 erworben hatte und mit zahlreichen seltenen Gehölzen anlegen ließ: Ein quadratischer sandsteinverkleideter Kuppelbau mit Laterne, im neubarocken Stil des Historismus.

Durch die Beräumung wirkungsvoll freigestellt einige Grabmäler mit schmiedeeiserner Rückwand und gußeisernem Gitter, so diejenigen der Familien **Hein** und **Wolff** und der Familie **Steeger** sowie ein Grabmal ohne Namen. Das Grabmal **N. Scherel**, die unterlebensgroße Figur eines trauernden Mannes mit Hirtenstab vor einem Granitkreuz, gezeichnet D. Diesch, stammt aus den 1920er Jahren. Eine Stein-Ara mit antikisierendem Bronzerelief, eine männliche Figur mit Äskulapstab, um den sich eine Schlange ringelt, und Todesgenien mit gesenkter Fackel zu beiden Seiten darstellend, bezeichnet das Grabmal **Dora Zander** (1904-1930). Ein Holzkreuz mit der Inschrift "Ich lebe und Ihr sollt auch leben" erinnert an den Pfarrer **Martin Maresch** (1880-1937), der in Pankow führend am Kampf der Bekennenden Kirche gegen das Hitlerregime beteiligt war. Zu beiden Seiten die Steinkreuze für Pfarrer **Rudolf Jungklaus** (1882-1961) und Superintendent Dr. **Paul Fritsch** (1885-1952).

335

# FRIEDHOF PANKOW III

*Leonhard-Frank-Straße 103*
*13156 Berlin*

Der Friedhof wurde 1905 angelegt. Aus dieser Zeit stammt auch die Feier-halle, ein kleiner neugotischer Backsteinbau über kreuzförmigem Grundriß mit fünfseitigem Polygon und offener südlicher Vorhalle unter Pultdach.

Hier befinden sich die Grabstätten der Widerstandskämpfer **Hans Litten**, 1938 im Konzentrationslager Dachau ermordet, und **Anton Saefkow**, 1944 im Zuchthaus Brandenburg ermordet. Auf dem **Ehrenhain für Antifaschisten und Sozialisten** erhebt sich eine hohe Stele mit vier die Arbeiterklasse symbolisierenden, unterlebensgroßen Bronzefiguren, eine 1983 aufgestellte Replik des Denkmals auf dem Neuen Friedhof in Treptow, Kiefholzstraße, von dem Bildhauer GERHARD THIEME.

Unweit, in der Straße 201, befand sich die Wohn- und Arbeitsstätte des hier beigesetzten Malers und Zeichners **Max Lingner** (1888-1959), der mit seinen Zeichnungen für "L'Humanité", das Zentralorgan der KPF, auf Agitations-Handzetteln und Plakaten in den dreißiger und vierziger Jahren das politische Geschehen in Frankreich begleitete und vor allem durch seine "Mademoiselle Yvonne" (1939), ein Pariser Arbeitermädchen, bekannt wurde.

In der Leonhard-Frank-Straße 11 wohnte der Schauspieler und Arbeiter-sänger **Ernst Busch** (1900-1980), der seit 1927 in Berlin bei Piscator spielte, daneben in Kabarett, Rundfunk und Film auftrat, 1933 emigrierte, die internationalen Brigaden in Spanien mit Kampfliedern unterstützte, 1943 in Berlin wegen Hochverrats durch Hilfe von Gründgens nicht zum Tode, sondern zu Zuchthaus verurteilt wurde und nach 1945 wieder als Schauspie-ler im Deutschen Theater und im Berliner Ensemble sowie als Sänger tätig war. Er gewann seinen Rollen völlig neue Aspekte oder überraschende Di-mensionen ab, setzte souverän alle seine Mittel ein, auch seine einmalig metallische und durchdringende, weitreichende und mitreißende Stimme. Brecht hat ihn als großen Volksschauspieler bezeichnet.

Hier wurde auch die Urne des Schriftstellers **Hans Fallada**, der eigentlich *Rudolf Ditzen* hieß (1893-1947) beigesetzt, 1981 aber nach Feldberg, Land-kreis Neustrelitz, überführt, wo er während der Zeit des Nationalsozialismus zurückgezogen gelebt hatte. In seinen sozialkritischen Romanen "Kleiner Mann - was nun?" (1932) und "Wer einmal aus dem Blechnapf frißt" (1934) schilderte er im Zuge der Neuen Sachlichkeit mit genauer Beobachtungsgabe das Milieu der "kleinen Leute", ihre Ratlosigkeit und Lebenstapferkeit. Verdankte er auch dem Mitgefühl mit den erniedrigten kleinen Leuten die

Nähe zu deren Denk- und Empfindungsweise und die authentische Darstel-

*Grabstätte der Familie Drake*

lung der Welt der Angestellten, so vermccnte er diese aber gleichzeitig, als Chronist der Zeit, von außen und aus der Distanz zu sehen. Darin ist Falladas Realismus begründet.

Auch der Ingenieur **Paul Julius Gottlieb Nipkow** (1860-1947), der Erfinder der Nipkow-Scheibe (1884), mit der das Fernsehen seinen Anfang nahm, ist hier bestattet worden.

Am 1. September 1993 starb der Bildhauer **Fritz Cremer** (geb. 1906), der mit Gustav Seitz, Waldemar Grzimek, Hans Steger u.a. das geistige und gestalterische Erbe der antifaschistischen und humanistischen Künstler aus den 1930er Jahren antrat. Für Cremer wirkte zunächst die feste tektonische Form seines einstigen Studienfreundes Hermann Blumenthal disziplinierend. In seinen späteren Werken, beginnend mit der Arbeit am Buchenwald-Denkmal, folgte er mehr der von Rodin ausgehenden Entwicklungslinie. Die sinnliche Erscheinungsform wurde ebenso wichtig wie das Moment der Bewegung, des Aktiven. Wo jedoch bei Rodin die von der Psyche aufgewühlte Gebärdensprache dominiert, setzte Cremer demonstrative Gesten ein; sie greifen in gegensätzlichen Richtungen in den Raum, bleiben aber meist in einer Ebene und assoziieren eine notwendige Verbindung zur Architektur. Die Aufstellung seines lebensgroßen "Auferstehenden" vor der Ruine der Klosterkirche in Berlin ist ein glückliches Beispiel dafür. Der Schriftsteller Heiner Müller schrieb zum Tode des Künstlers: "Das Deutschland Hitlers hatte er als ein Land des Exils erlebt, im Gefängnis seiner Kunst, die DDR als Hoffnung auf ein anderes Deutschland und im zermürbenden Kampf mit der Kulturbürokratie zunehmend als Enttäuschung."

337

## FRIEDHOF PANKOW IV

*Buchholzer Straße*
*13156 Berlin*

*Urnengrabstätte von*
*Carl und Maud von Ossietzky*

Auf dem ehemaligen Dorffriedhof von Niederschönhausen sind früheste Bestattungen in den vierziger Jahren des 19. Jahrhunderts nachgewiesen. Die Kapelle ist ein schlichter, in romanisierenden Formen gehaltener rechteckiger Backsteinbau von drei Achsen, Ende des 19. Jahrhunderts errichtet.

Fünf Grabstätten sind besonders hervorzuheben: das Grabmal des 1944 in Brandenburg hingerichteten Widerstandskämpfers **Robert Uhrig**, eine schlichte Granitstele am östlichen Außenweg nahe dem Haupteingang. Am gleichen Weg weiter südlich das Grabmal des Filmtechnikers und -produzenten **Max Skladanowsky** (1863-1939), lehrte die Bilder das Laufen, ebnete mit seinem "Bioskop" dem Film den Weg. 1895 gab er im "Feldschlößchen", dort, wo heute das Filmtheater Tivoli steht, seine ersten Filmvorführungen. Zu den Darstellern der Filme gehörten Artisten, so auch "Mister Delaware mit seinem boxenden Känguruh". Im gleichen Jahr eröffneten in Paris die Brüder Auguste und Louis Lumière ihr Kinematographen-Theater. Eine breite Granitstele mit kleinem bronzenem Bildnismedaillon ziert sein Grab.

An der Ostmauer des Südteils, hinter der Kapelle, befindet sich die Urnengrabstätte des Widerstandskämpfers, Schriftstellers und Publizisten **Carl von Ossietzky** (1889-1938), der, 1935 mit dem Friedensnobelpreis ausgezeichnet, drei Jahre später an den Folgen der langjährigen KZ-Haft verstarb. Thomas Mann nannte ihn einen Märtyrer der Friedensidee. Eine kleine Granittafel mit vergoldeter Inschrift gibt seinen Namen (mit dem Spruch "Frieden für immer") und den seiner Frau **Maud von Ossietzky** (1888-1974) wieder, die die "Weltbühne" fortführte.

Wenige Schritte links daneben die Urnengrabstätte mit schwarzer Granittafel für den zum Kreis des 20. Juli 1944 gehörenden und von der Gestapo ermordeten **Wilhelm Dieckmann**.

## SCHLOSSKIRCHE UND KIRCHHOF ALT-BUCH
*Alt-Buch*
*13125 Berlin*

Der 1740 bis 1773 in Buch amtierende Pfarrer Ulrici rühmte: "eine kostbare Kirche, welche an Schönheit und Symmetrie in der ganzen Mark auf dem Lande schwerlich ihres Gleichen haben wird", ein Urteil, das Nicolai in seinem Buch "Berlin und Potsdam" übernahm. Fontane war allerdings anderer Meinung und sagte, es sei "ein Ausspruch, der wohl nur in Zeiten möglich war, in denen man aufrichtig glaubte, durch Laternen- und Butterglockentürme die gotischen Formen unserer alten Feldsteinkirchen ersetzen oder gar noch verbessern zu können."

Das 1731/36 von dem Berliner Baudirektor FRIEDRICH WILHELM DITERICHS an Stelle einer baufällig gewordenen mittelalterlichen Kirche im

*Epitaph Adam Otto von Viereck*

Auftrag des Gutsherrn Adam Otto von Viereck erbaute Gotteshaus, ein Kuppelbau mit zwei seitlichen Flügeln, gilt trotz Fontanes hartem Urteil nach Dehios Meinung als schönste Landkirche der Mark. Besonders auffällig ist die lebhafte Gliederung der Wände mit ihren Säulen und Pilasterstellungen. Im Zweiten Weltkrieg wurde der Bau schwer mitgenommen. Die Schäden sind behoben, nur der Turm konnte nicht wiederhergestellt werden. Für immer verloren sind die Fresken und Stuckdekorationen der Innenkuppel wie auch die vortrefflich geschnitzte Herrschaftsloge.

Dank der schützenden Vermauerung blieb das figurenreiche Marmorgrabmal des Staatsministers **Adam Otto von Viereck** (gest. 1758), der 1724 das Gut erwarb, in der Ostwand, die Rundbogennische in voller Höhe ausfüllend, unversehrt. Es ist das letzte Werk des Schlüter-Schülers JOHANN GEORG GLUME aus dem Jahre 1763, ein charakteristisches Werk des Rokoko. Ein prachtvoller, asymmetrisch gestalteter Aufbau aus rotem Marmor, die figürlichen Plastiken und der ornamentale Dekor aus weißem Marmor. Über bewegtem Unterbau eine Vitentafel in geschwungener Rahmung, rechts flankiert von einer schön gewandeten weiblichen Gestalt mit einer Maske in der linken Hand (wohl Personifikation der Wahrheit), links von einer Flam- 339

*Familiengrabstätte von Voß*

menvase und – auf dem herabgezogenen Gesims – von Chronos. Als Abschluß und Bekrönung die Büste des Verstorbenen, umgeben von zwei Putten. Die in der Gruft unter dem Chor bestatteten Mitglieder der Familien Pölnitz, Viereck und Voß wurden auf natürliche Weise zu Mumien. Dieser Vorgang erinnert an das märkische Dorf Kampehl, wo seit mehr als 150 Jahren der mumifizierte Ritter Kahlbusch gezeigt wird. 1925 wurde die Gruft der Bucher Patronatsfamilien endgültig zugemauert.

Auf dem umgebenden Kirchhof an der westlichen Begrenzungsmauer die nach 1864 angelegte Familiengrabstätte von Voß, in deren Eigentum das Gut sich bis Ende des 19. Jahrhunderts befand. **Julie von Voß** wurde hier 1766 geboren und starb 1789 als **Gräfin Ingenheim** und morganatische Gemahlin Friedrich Wilhelms II. Ihr Gedenkstein in Form eines römischen Sarkophages ist verschwunden. Vom letzten Grafen von Voß kaufte 1898 die Stadt Berlin das gesamte Gut. Gleich hinter der Kirche auch das Grab für den Politiker und Staatssekretär **Adolf Wermuth** (1842-1927), der 1912 bis 1920 Oberbürgermeister von Berlin war.

## SOWJETISCHER EHRENFRIEDHOF SCHÖNHOLZER HEIDE
*13158 Berlin*

Im nördlichen Teil des Volksparkes Schönholzer Heide wurde 1947/49 eine Begräbnis- und Erinnerungsstätte für 13.200 im Kampf um Berlin im April 1945 gefallene sowjetische Offiziere und Soldaten angelegt. Entworfen wurde sie von sowjetischen Architekter- und Ingenieurkollektiven unter Leitung von K.A. SOBOLJEW, die Bildhauerarbeiten lagen in den Händen von I.G. PERSCHUDTSCHEW (die Namen sind beidseitig an den Pylonen verzeichnet), die Bronzen sind in Lauchhammer gegossen worden.

Die langgestreckte, rechteckige Anlage ist von einer Nischenmauer umgeben. Der Haupteingang, von Pylonen flankiert, ist mit Bronzereliefs versehen, die kämpfende und trauernde Soldaten darstellen. An der gegenüberliegenden Schmalseite, von Treppenpodesten eingefaßt, erhebt sich das Hauptmonument, die überlebensgroße Bronzegruppe der ihren gefallenen Sohn beweinenden russischen Mutter. Dahinter ein monumentaler, 33,5 Meter hoher Obelisk, in seinem pfeilerflankierten Sockel befindet sich eine überkuppelte Ehrenhalle. Am langgestreckten Parterre wie auch an der umschließenden Mauer sind Bronzetafeln mit den Namen von etwa 3000 der hier zur letzten Ruhe gebetteten sowjetischen Offiziere und Soldaten angebracht.

341

# WEISSENSEE

*Jüdischer Friedhof Weißensee, Detail am Weg der Westmauer*

## JÜDISCHER FRIEDHOF WEISSENSEE

*Herbert-Baum-Straße*
*13088 Berlin*

"Da, wo Chamottefabriken stehn / Motorgebrumm – / da kannst du einen Friedhof sehn, / mit Mauern drum. / Jedweder hat hier seine Welt: / ein Feld. / Und so ein Feld heißt irgendwie: / O oder I... / Sie kamen hierher aus den Betten, / aus Kellern, Wagen und Toiletten, / und manche aus der Charité / nach Weißensee, / nach Weißensee."

Damals, 1925, als Kurt Tucholsky unter dem Pseudonym Theobald Tiger in der "Weltbühne" dem jüdischen Friedhof in Weißensee – wo sein Vater begraben lag – ein literarisches Denkmal setzte, bekam er von jüdischer Seite den Vorwurf zu hören: "geschmacklos, respektlos, verletzend, zynisch". Weißensee war einer der größten Judenfriedhöfe in Europa, Grabstatt für mehr als 115.000 Tote. Das 40 Hektar große Gelände wurde am 9. September 1880 eingeweiht. Nach der Vollbelegung des Friedhofes an der Schönhauser Allee war hier ein neuer Begräbnisplatz entstanden. Die heutige Herbert-Baum-Straße stößt auf die Friedhofsmauer aus gelben Ziegeln, dahinter der Klinkerbau der alten Totenhalle, nüchtern, fabrikmäßig fast, die Neurenaissance streng geometrisch.

Hat man das reichgegliederte Eingangsportal durchschritten, steht man vor einem **Rondell**, in dessen Mitte ein Stein zum Gedenken an die 6 Millionen jüdischen Opfer der nationalsozialistischen Verfolgung errichtet ist. Die Namen aller großen Konzentrationslager sind auf den kreisförmig angeordnet liegenden Steinen eingemeißelt. Während des Hitler-Regimes haben Häscher die Friedhofsbesucher angehalten, ihnen die Kennkarten abgenommen und sie am nächsten Tag zur Gestapo bestellt. Viele gingen freiwillig in den Tod, andere tauchten unter. Diejenigen, die dem Befehl folgten, kamen nie wieder. Junge Juden, angeführt von Herbert Baum, hatten 1942 die Ausstellung "Sowjet-Paradies" in Brand gesteckt. Sie wurden verraten, entdeckt und zum Tode verurteilt. 27 im Alter zwischen 19 und 24 Jahren wurden enthauptet.

Das Friedhofsgelände, streng geometrisch in Rechtecke und in trapezförmige und dreieckige Teilflächen gegliedert, stellt eine komplizierte, ausgetüftelte Wegearchitektur der Jahrhundertwende dar. **Beth ha Chajim**, das heißt Friedhof, wörtlich "Haus des ewigen Lebens". Efeu wuchert wild, schmückt die einfachen Steine und nimmt den kolossalen Anlagen ihre Strenge. Wie oft auf jüdischen Gräbern so auch hier: abgebrochene Säulen gemäß der Bibel, da Jakob an Rachels Grab eine Säulen-Ruine errichtete. Weide, Pappel, Linde, Eiche, Dorn und Hasel – einst plante man sorgfältig, wo und wie sie wachsen sollten, heute treiben sie wild überall.

343

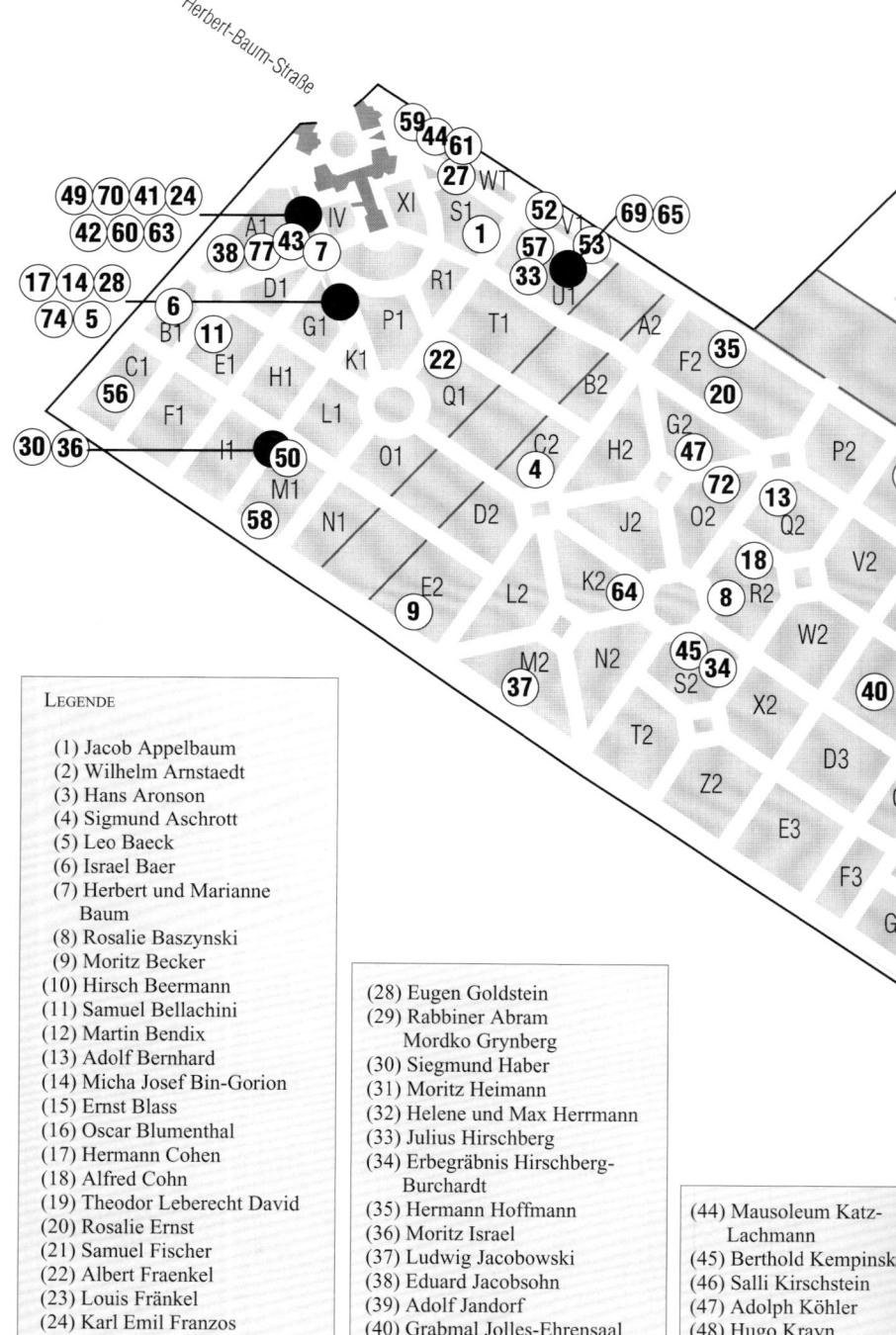

Herbert-Baum-Straße

LEGENDE

(1) Jacob Appelbaum
(2) Wilhelm Arnstaedt
(3) Hans Aronson
(4) Sigmund Aschrott
(5) Leo Baeck
(6) Israel Baer
(7) Herbert und Marianne
    Baum
(8) Rosalie Baszynski
(9) Moritz Becker
(10) Hirsch Beermann
(11) Samuel Bellachini
(12) Martin Bendix
(13) Adolf Bernhard
(14) Micha Josef Bin-Gorion
(15) Ernst Blass
(16) Oscar Blumenthal
(17) Hermann Cohen
(18) Alfred Cohn
(19) Theodor Leberecht David
(20) Rosalie Ernst
(21) Samuel Fischer
(22) Albert Fraenkel
(23) Louis Fränkel
(24) Karl Emil Franzos
(25) Josef Garbaty-Rosenthal
(26) Netti Garfunkel
(27) Markus Goldschmidt

(28) Eugen Goldstein
(29) Rabbiner Abram
     Mordko Grynberg
(30) Siegmund Haber
(31) Moritz Heimann
(32) Helene und Max Herrmann
(33) Julius Hirschberg
(34) Erbegräbnis Hirschberg-
     Burchardt
(35) Hermann Hoffmann
(36) Moritz Israel
(37) Ludwig Jacobowski
(38) Eduard Jacobsohn
(39) Adolf Jandorf
(40) Grabmal Jolles-Ehrensaal
(41) Salomon Kalischer
(42) Gustav Karpeles
(43) Isidor Kastan

(44) Mausoleum Katz-
     Lachmann
(45) Berthold Kempinsk
(46) Salli Kirschstein
(47) Adolph Köhler
(48) Hugo Krayn
(49) Louis Lewandowsk
(50) Louis Lewin
(51) Karl Theodor Liebe

(52) Oscar Loewenberg
(53) Mathilde Mecklenburg
(54) Julian Meisel
(55) Albert Mendel
(56) Erbbegräbnis Michaelis
(57) Lina Morgenstern
(58) Rudolf Mosse
(59) Salomon Neumann
(60) Salomon Oppert
(61) Eugen Panofsky
(62) Salo Rawitzki
(63) Rabbiner Martin
     Riesenburger
(64) Erbbegräbnis Salinger-
     Daniel
(65) Berthold Salomon
(66) Markus Scheidemann
(67) Jakob Scherek
(68) Josef Schwarz
(69) Hugo Sonnenfeld
(70) Heymann Steinthal
(71) Ferdinand Straßmann
(72) Hermann Tietz
(73) Alex und Doris Tucholsky
(74) Lesser Ury
(75) Toni und Fritz Wallach
(76) Abraham Wolff
(77) Theodor Wolff

Ein Urwald ist hier in Berlin gewachsen. Friedhofsstille, Friedhofs Leben, Beth ha Chajim. Im Frühjahr saß öfter eine Mutter am Grabfeld der deutsch-jüdischen Gefallenen aus dem Ersten Weltkrieg. Sie stillte ihr Kind. Sie saß dort, im Hintergrund das Denkmal mit dem Löwen – der ruhenden Kraft –, vor sich, doppelte Ironie, das Grabfeld jüdisch-russischer Kriegsgefallener.

Daneben steht, wenn man das noch so nennen darf, ein Erbbegräbnis – halb Ruine, die Säulen gestürzt, das Dach in sich zusammengesunken. Wir lesen: Rosenberg, Cohen, Goldstern, Bloch, Bernfeld, Mosse ... Berliner Bürgertum, Literaten, Wissenschaftler, Künstler, Intendanten, Bankiers, Verleger, Geistliche ... Und dann fehlt hier eine Letter, dort zwei, beim dritten Grab ist der Nachname nicht mehr zu entziffern. Das waren nicht Wind und Wetter. Die Buchstaben wurden herausgerissen, verkauft, verschrottet, anderweitig genutzt. Besonders arg ist so bei den Kriegsgräbern gewütet worden.

Tucholskys fast schmunzelnde Beschreibung: "Wird einer frisch dort eingepflanzt / nach frommem Brauch / dann kommen viele angetanzt – / das muß man auch. / Harmonium singt Adagio / – Feld O – / das Auto wartet – Taxe drei – / – Feld Ei – / Ein Geistlicher kann seins nicht lesen. / Und was er für ein Herz gewesen, / hört stolz im Sarge der Bankier / in Weißensee / in Weißensee"– sie wurde in den Jahren barbarischer Judenverfolgung ins Absurde geführt: "Bis zur Stunde der Befreiung wurde jeder mit Andacht und Würde der Erde übergeben, genau nach den Vorschriften der jüdischen Religion." Die Armen ebenso wie die Reichen. Die Armensteine in entsprechenden Feldern sind heute fast wieder zur Natur geworden, kaum einmal, daß eine Inschrift zu lesen wäre. Nur die Kartei aller seit 1880 hier Bestatteten, durch die Bombennächte gerettet, gibt genaue Auskunft über die Namen. Tote, die in Berlin und über seine Grenzen hinaus Rang und Namen hatten, wurden in tempelartigen Erbbegräbnissen zur Ruhe gebettet.

Kommerzienrat **Adolf Jandorf** (1870-1932) ruht hier, der 1892 am Berliner Spittelmarkt das "Hamburger Engros-Lager" eröffnete. Der geschäftstüchtige Kaufmann wurde in den 1890er Jahren zum Wegbereiter des modernen Warenhauses und erreichte mit seinem Warenangebot und modernsten Verkaufstechniken breiteste Schichten. 1907 ließ er nach amerikanischem Vorbild das "Kaufhaus des Westens" bauen, das größte Warenhaus Deutschlands.

Wie auf vielen Familiengräbern deutet auch hier das leergebliebene Drittel des Jandorf-Grabmals auf das Schicksal der Berliner Juden hin. Sein Konkurrent von damals, **Hermann Tietz** (1837-1907), wurde dicht neben ihm bestattet. Er eröffnete 1882 in Gera die Firma H. Tietz, nicht ahnend, daß sich aus dem kleinen Weißwarengeschäft der Warenhauskonzern Hertie entwickeln und später Jandorfs Namen überflügeln würde. 1900 entstand in

*Grabmal Josef Schwarz*

der Leipziger Straße das erste Tietz-Warenhaus. Nach dem Tode seines Onkels übernahm **Oskar Tietz** (1858-1923), der ebenfalls hier ruht, die Geschäfte. Der bedeutende Warenhauskonzern mußte unter dem Druck der Nationalsozialisten von der Familie aufgegeben werden. Und dann die vielen, deren Urnen aus den Konzentrationslagern geschickt wurden, von den Nationalsozialisten umgebracht. Die Todesursachen, angegeben von SS-Ärzten: Körperschwäche, Wassersucht, Grippe, Herzschlag, Zellgewebsentzündung, Blutvergiftung ...

"Viele ungepflegte Hügel auf unserem Friedhof künden heute der Nachwelt, daß von diesen Menschen kein Angehöriger mehr am Leben ist", schreibt der spätere Landesrabbiner Martin Riesenburger in seinem kleinen Buch "Das Licht verlöscht nicht". "Niemals aber darf von diesen Hügeln geschwiegen werden ... Tag für Tag wurden zahlreiche Menschen auf dem Friedhof eingeliefert, die, innerlich zermürbt, den Freitod den entsetzlichen Qualen, Folterungen und Mißhandlungen vorzogen." 1207 durch Freitod Verstorbene hat Riesenburger mit seinen Helfern in den Jahren 1941 bis 1943 begraben.

"Herr, Du bist meine Zuflucht für und für." – Die Inschrift steht auf einem Steinblock im Mausoleum des Kammersängers **Josef Schwarz** (1881-1926), der als einer der bedeutendsten Baritone seiner Zeit galt. Gefeiertes Mitglied der Städtischen Oper Berlin und von 1921 bis 1924 umjubelter Gast an der Metropolitan Oper Chicago. 1926 wurde er in einem tempelähnlichen Erbbegräbnis, das Dach von vierzehn Säulen getragen, beigesetzt. Jahre spä- 347 ter sollte der Text einen ganz neuen Sinn erhalten. Seine Grabstätte wurde nachts zur Zufluchtstätte von illegal lebenden Juden. Riesenburger erinnert sich: "In der Mitte des Daches befand sich eine Glasplatte. Man hob diese immerhin schmale Platte und suchte sich links und rechts von ihr ein Ruhelager für die Nacht. Unten ruhte der begnadete Sänger, der einst Tausende Menschen durch seinen Gesang zu heller Begeisterung aufflammen ließ, oben lagen seine Glaubensbrüder im unruhigen Schlaf, durch den sich nur die eine bange Frage zog: 'Wie lange noch?'"

Nicht nur Menschen versteckte die Friedhofsbelegschaft: 560 Thorarollen, mit dem dazugehörigen Silber, 800 wertvolle Bücher, darunter Teile des babylonischen Talmuds, mehrere Trau-Baldachine in herrlicher Goldstickerei, Harmonien, Talare fanden hier ein Versteck, bis Bomben es zerstörten. Die, die gerettet worden sind, wurden jüdischem Ritus entsprechend hier, auf dem Friedhof der Adass-Jisroel-Gemeinde und auf dem neuen Friedhof in der Heerstraße beerdigt.

Feld T in Weißensee. Das Grab der **Eltern Tucholskys**. Zwei schwarze Platten, nach oben gerundet, symmetrisch, symbolisieren Einheit, auch nach dem Tod. Doch die Mutter, **Doris Tucholsky,** hat hier nur ein "Schein-Grab" gefunden: 1943 wurde die Dreiundsiebzigjährige nach Theresienstadt deportiert, wo sie ums Leben kam. Auf dem Grab liegt ein Strauß gelber Tulpen, Kunstblumen, auf dem Grabsteinrand eine Reihe Kiesel. Der Besucher hinterläßt sie dort, Zeichen seiner Anwesenheit.

In der Abteilung A I, nahe der Trauerhalle, wurde eine Ehrenreihe für hervorragende Persönlichkeiten angelegt, die sich um die Gemeinde, das Judentum oder die Kultur und die Wissenschaften verdient gemacht hatten. Sie beginnt mit den Gräbern des Rabbiners Dr. **P.F. Frankl** (1849-1887) und des Leiters der Berliner Reformgemeinde **Immanuel Ritter** (1825-1890). Besonders reich verziert ist der Grabstein des Rabbiners **Rudolf Ungerleider** (1833-1911). Neben dem Davidstern gehört die Menorah, der siebenarmige Leuchter, zu den häufigsten Grabzeichen. Ungerleider hatte bei der Einweihung des neuen Friedhofes 1888 das Schlußgebet gesprochen, in dem er – so berichtete die "Allgemeine Zeitung des Judentums" – "den Segen des Himmels auf den Kaiser, sein Haus, auf das Reich und die Stadt, und auf Alle, welche das geweihte Werk gefördert haben, herabgeführt."

Der Physiker **Leopold Loewenherz** (1847-1892) war Regierungsrat in Berlin und leitete die technische Abteilung der Physikalisch-Technischen Reichsanstalt. Der Hebraist **David Cassel** (1818-1893), Verfasser von Lehr- und Wörterbüchern, war 1846-1879 Direktor der Dina-Nauenschen Erziehungsanstalt für Waisenkinder und wurde 1872 an die neugegründete Hochschule für die Wissenschaft des Judentums in Berlin berufen. Der Geograph **Julius Loewenberg** (1800-1893) "erfreute sich der besonderen Freundschaft Alexander von Humboldts, aus dessen Leben er viele Erinnerungen veröffentlichte", schreibt Martin Riesenburger. Der Komponist und Chordirigent **Louis Lewandowski** (1821-1894) wurde von Alexander Mendelssohn, einem Enkel von Moses Mendelssohn, gefördert und mußte eine strenge Aufnahmeprüfung bestehen, bevor er als erster Jude an der Akademie der Künste aufgenommen wurde. Das Examen "dauerte zwei Tage. Lewandowski mußte in der Klausur zwei Chöre geistlicher Richtung komponieren, ein von einem anderen angefangenes Streichquartett vollenden und ein für Pianoforte komponiertes Stück für großes Orchester bearbeiten", kann man in der Studie "Der synagogale Gesang" (1908) von Aron Friedmann lesen, der auch eine Biographie Lewandowskis beigegeben ist. Als Chordirigent wirkte Lewandowski seit 1840 in der Synagoge Heidereutergasse und seit 1866 in der Neuen Synagoge Oranienburger Straße. Sein größtes Verdienst war, daß er den liberalen jüdischen Gottesdienst musikalisch reformierte; "seine Werke fanden Eingang in alle jüdischen Gemeinden der Welt", so Riesenburger. Anläßlich seines fünfundzwanzigsten Dienstjubiläums wurde er zum Königlichen Musikdirektor, anläßlich seines fünfzigsten verlieh ihm die Akademie der Künste den Professorentitel. Auf seinem und seiner **Frau** Grabstein stehen die Worte: "Liebe macht das Lied unsterblich!" **Moritz Steinschneider** (1816-1907) unterrichtete seit 1859 an der Veitel-Heine-Ephraim-Stiftung in Berlin, eines vom Hofjuwelier Friedrichs II. gestifteten Instituts, das seit Mitte des 19. Jahrhunderts die rabbinische Literatur erforschte, er leitete von 1869 bis 1890 die Töchterschule der Jüdischen Gemeinde und war zugleich Bibliothekar an der Königlichen Bibliothek in Berlin. Er verfaßte 1850 die erste Darstellung jüdischer Literatur, katalogisierte die hebräischen Handschriften und Drucke großer Bibliotheken und gab von 1858 bis 1882 die Zeitschrift "Hebräische Bibliographie" heraus. Er gilt als Begründer der wissenschaftlichen hebräischen Bibliographie.

Der Philosoph **Heymann Steinthal** (1823-1899) lehrte seit 1855 als Professor für allgemeine Sprachwissenschaft an der Berliner Universität und wurde 1872 auf den Lehrstuhl für Bibelwissenschaft und Religionsphilosophie an der neugegründeten Hochschule für die Wissenschaft des Judentums berufen. Gemeinsam mit Moritz Lazarus begründete er die wissenschaftliche Völkerpsychologie und war Herausgeber der "Zeitschrift für Völkerpsychologie und Sprachpsychologie". **Salomon Kalischer** (1845-1924) war Professor an der Technischen Hochschule Berlin und von 1912 bis zu seinem Tode Präsident des Deutsch-Israelitischen Gemeindebundes. Als literarischer Anwalt der unterdrückten Völkerschaften Galiziens, vor allem der Bauern und jüdischen Kleinbürger und Handwerker, die noch unter dem inneren und äußeren Zwang fast mittelalterlicher Zustände leben mußten, ist **Karl Emil Franzos** (1848-1904) in die Literaturgeschichte eingegangen. Was für Gottfried Keller Seldwyla bedeutet, ist für diesen Erzähler das 349

Städtchen Barnow. In nahezu allen Erzählungen wiederkehrend, repräsentiert es das osteuropäische Ghetto und das konfliktreiche Zusammenleben der Juden mit den Christen und ihrem Staat. Seit 1887 lebte Franzos als Journalist, Herausgeber und Verleger in Berlin, schrieb "Kulturbilder" über die Zustände in (Süd-)Osteuropa, die sich noch heute wie Entdeckungsfahrten lesen. Sein bedeutendstes Werk, den Roman "Der Pojaz", die Geschichte eines ostjüdischen Bajazzo, der verballhornt Pojaz heißt und der zwischen galizischem Ghetto und bürgerlicher Gesellschaft aufgerieben wird, wagte er wegen zunehmendem Antisemitismus 1895 nicht in deutscher Sprache, sondern nur in russischer Übersetzung zu veröffentlichen. Auf seinem Grabstein stehen die Verse: "Wär Dein auch alle Erdenpracht / Und aller Weisheit Blüte / Das was zum Menschen erst Dich macht / Ist doch allein die Güte."

**Hermann Staub** (1856-1904) war namhafter Anwalt, Mitbegründer und Mitherausgeber der "Juristischen Wochenschrift". Seine Kommentare zum Handelsgesetzbuch und zum GmbH-Gesetz wurden zu Modellen deutscher juristischer Auslegung und machten ihn berühmt. Das Bonmot, das unter Freunden kursierte, wurde fast zu einem geflügelten Wort: "Hier liegt Staub – Kommentar überflüssig."

Der Talmud-Forscher **Eduard Baneth** (1855-1930) war Professor an der Hochschule für die Wissenschaft des Judentums, er "bildete eine ganze Rabbiner-Generation heran" (Riesenburger). Nach dem Vorbild der englischen Gewerkschaftsbewegung gründete der Nationalökonom und Sozialpolitiker **Max Hirsch** (1832-1905) gemeinsam mit Franz Duncker, dem Verleger und Herausgeber der fortschrittlichen Berliner "Volkszeitung", 1868 den Verband der deutschen Gewerkvereine, die sogenannten Hirsch-Dunckerschen Gewerkschaften. Bei der Verbesserung der ökonomischen und sozialen Lage des Arbeiters ging Hirsch von dem Gedanken einer natürlichen Harmonie zwischen Kapital und Arbeit aus.

"Sein Herz war der Quell seiner Weisheit", steht auf dem kunstvollen Grabstein des Literaturhistorikers und Schriftstellers **Gustav Karpeles** (1848-1909). Der Stein trägt die Nachbildung einer antiken Öllampe. Karpeles war Redakteur bei "Westermanns Monatsheften", übernahm 1890 die "Allgemeine Zeitung des Judentums", begründete Vereine für jüdische Geschichte und Literatur und trat selbst mit Werken über jüdische und deutsche Literatur, speziell über Heine (1884 brachte er eine kritische Gesamtausgabe heraus) und Goethe, hervor.

Der Pharmakologe und Biochemiker **Max Jaffe** (1841-1911) starb während eines Besuches in Berlin, wirkte aber in Königsberg, zunächst in der Medizinischen Klinik, während er gleichzeitig eine Arztpraxis betrieb, die ihm den Ruf eines "Armenarztes" einbrachte, dann ab 1873 als erster Ordinarius für Pharmakologie an der dortigen Universität. Er erforschte die Umwandlung und Entgiftung körperfremder Stoffe im Organismus, den Stoff-

*Rückansicht des Grabmals Herbert Baum mit Blick auf die Ehrenreihe*

wechsel körpereigener Substanzen, darunter das Kreatinin, dessen chemischer Nachweis (Jaffes Kreatininprobe) seither mit seinem Namen verbunden ist.

Dem Physiologen **Hermann Munk** (1839-1912) dagegen, zu dessen Forschungsgebiet die Funktionen des Hirns und der Nervenerregung gehörte, blieb als Jude eine staatliche Anstellung oder ein Lehrstuhl an der Berliner Universität versagt. Er war Vorstand des Physiologischen Laboratoriums an der Tierärztlichen Hochschule und wurde 1880 Mitglied der Akademie der Wissenschaften.

Der letzte Grabstein der Ehrenreihe ist dem Landesrabbiner **Martin Riesenburger** (1896-1965) gewidmet. Er hat als Prediger und Seelsorger die NS-Schreckenszeit erlebt und später in segensreicher Weise die Jüdische Gemeinde in Ost-Berlin gestärkt und zusammengehalten.

Auf einem Ehrenplatz erhebt sich der schlichte Grabstein für **Herbert Baum** (1912-1942). "Er war ein vorbildlicher Kämpfer gegen Krieg und Faschismus", lautet die Inschrift. Ihm und seiner Frau Marianne gelang es, eine antifaschistische Widerstandsgruppe zu gründen, der neben weiteren Jungkommunisten auch junge jüdische Antifaschisten angehörten. Für den Brand, den sie als Signal des Widerstandes in der Hetzausstellung "Das Sowjetparadies" legten, wurde Herbert Baum am 11. Juni 1942 im Untersuchungsgefängnis ermordet, **Marianne Baum** und 26 weitere Angehörige der Gruppe wurden 1942/43 hingerichtet. Ihre Namen sind auf der Rückseite des Grabsteins festgehalten. 1949 war es gelungen, das Grab Herbert Baums 351

*Grabmal Hermann Cohen*

auf dem Friedhof in Mahrzahn aufzuspüren. Seine Gebeine wurden auf den Friedhof in Weißensee überführt.

Am Nordrand der Abteilung G 7 – darauf soll hier bereits verwiesen werden – steht an einer Rasenfläche eine Mauer mit eingelassenen Grabsteinen, auf denen Sterbeorte wie Sachsenhausen, Dachau und andere Konzentrationslager vermerkt sind. Hier sind mehr als 800 Urnen mit der Asche ermordeter Juden beigesetzt.

Im nächsten Abschnitt der Ehrenreihe – auf dem Feld G 1 – befinden sich die Gräber weiterer bedeutender Persönlichkeiten. Der Historiker und Fürsorger **Martin Philippson** (1846-1916) begründete die Arbeiterkolonie in Weißensee und mehrere Fürsorgeanstalten, er brachte eine dreibändige "Neueste Geschichte des jüdischen Volkes" (1907-1911) heraus und wirkte am Gesamtarchiv der deutschen Juden in Berlin, das alle für die Geschichte der Juden bedeutsamen Dokumente sammelte.

**Josef Eschelberger** (1848-1916) wurde 1900 als Rabbiner für die Synagogen mit altem Ritus nach Berlin berufen und veröffentlichte Arbeiten zum Verhältnis von Juden- und Christentum. Seine Frau **Ernestine** (1858-1931) übte eine verantwortungsvolle Tätigkeit in der jüdisch-sozialen Frauenarbeit aus.

Das Grab des Philosophen **Hermann Cohen** (1842-1918) entspricht ganz dem traditionellen Typus des Sarkophaggrabmals und erinnert den Besucher deshalb am ehesten an alte jüdische Friedhöfe. Dieser Sarkophag ist ein versachlichtes Zitat jener oft mit Reliefs, Ornamenten und Säulen reich geschmückten Gräber der Barockzeit, die für hervorragende jüdische Persönlichkeiten errichtet worden sind. Auf der Kopfwand sind über dem Namen des Verstorbenen die segnenden Hände, das Namenssymbol für Cohen, abgebildet. Auf dem Satteldach der Schmalseiten stehen zweisprachig die Verse: "Platons strahlende Welt und Kants erleuchtete Tiefe / Strahlten dir, Großer, in eins: musisch erklangen sie dir. / An der prophetischen Glut entbrannte die lodernde Fackel: / Sterbliches bargen wir hier, lodere heller, o Glut." Cohen war 1876 bis 1912 Professor in Marburg und gründete mit Paul Natorp die "Marburger Schule" des Neukantianismus. So suchte er

Kants Lehre zu einem logischen Systemidealismus weiterzubilden, indem er vor allem den Dualismus von Anschauung und Denken, von Erscheinung und "Ding an sich" beseitigte. Später wirkte er an der Berliner Hochschule für die Wissenschaft des Judentums und entwickelte eine streng rationale Religionsphilosophie, gestützt auf das alttestamentarische Judentum.

Der Rabbiner **Adolf Rosenzweig** (1850-1918) kam 1887 nach Berlin, wo er als hervorragender Kanzelredner gerühmt wurde und sich auf historischem und archäologischem Gebiet betätigte.

Auch der Rabbiner **Siegmund Maybaum** (1844-1919), 1881 nach Berlin berufen, war ein berühmter Kanzelredner, er lehrte Homiletik (Predigtlehre) an der Hochschule für die Wissenschaft des Judentums, gründete den Allgemeinen Deutschen Rabbiner-Verband und stand ihm lange Zeit vor.

In der Alten Schönhauser Straße 26 wohnte der "Wunderrabbi" **Abram Mordko Grynberg** (1867-1938). Er war der anerkannte religiöse Führer der Ostjuden Berlins. Auf seinem hebräisch beschriebeten Grabstein an der Ecke G 7 zu F 7, H 7 und I 7 ist ein Akrostichon, ein Gedicht, zu lesen, dessen Anfangsbuchstaben – von rechts oben nach unten – den Namen Abraham Mordechai ergeben. Dem Gedicht voraus gehen die fast hymnisch vorgetragenen Personenangaben, die, wie bei traditionellen Grabinschriften üblich, auch den Namen des Vaters enthalten: "Unter diesem Hügel ist bestattet / Unser Herr, unser Lehrer, der gerechte Rabbi, / Korb voller Bücher, der gelehrte Abraham Mordechai / Sohn des Rabbi, Fürsten der Thora / Herrn Chajim Cheika sel. Angedenkens aus Bisoyn / gestorben am Montag, 26. Tamus 5698."

Der hebräische Schriftsteller **Micha Josef Bin-Gorion** (1865-1921), der aus der Ukraine stammte, lebte seit 1890 in Deutschland. Er begann mit hebräischen Essays in Zeitschriften, in denen er Auswüchse der jüdischen Tradition kritisierte und den für ihn revolutionären Chassidismus pries. Von 1901 an folgten jiddische Erzählungen, die das Leben in ostjüdischen Kleinstädten und die innere Gespaltenheit zwischen Tradition und religiöser Freiheit schildern, sowie Aufsätze zur Judenfrage. Seit 1911 in Berlin ansässig, besorgte er in deutscher Sprache Sammlungen jüdischer Sagen aus der talmudischen Zeit sowie späterer Märchen und Volkserzählungen, die in freier Nachdichtung, dann auch in hebräischer Sprache erschienen. Seine Frau Rahel, Zahnärztin und Hebraistin, führte mit ihrem Sohn Emanuel die Editionen nach Plänen ihres Mannes zu Ende und emigrierte 1936 nach Israel.

Als bildliche Darstellungen findet man oft Figuren, die die Nach- und mitunter Vornamen der Verstorbenen symbolisieren. Die Abbildung eines Löwen auf dem Grabstein weist auf den hebräischen Namen hin, den sich der Schriftsteller, der eigentlich **Berdyczewski** hieß, zugelegt hatte. Der Rabbiner **Philipp Bloch** (1841-1923) lehrte und forschte Geschichte der Philosophie und der Kabbala und war lange Zeit Präsident der Vereinigung liberaler Rabbiner. Während der Rechtsanwalt **Oscar Cassel** (1849-1923) 1901 zu 353 den Gründern des Hilfsvereins der deutschen Juden für notleidende Juden gehörte und auch Vorsitzender des Verbandes der deutschen Juden war, stand der Jurist **Eugen Fuchs** (1856-1923) lange Zeit dem Central-Verein deutscher Staatsbürger jüdischen Glaubens vor.

Der Physiker **Eugen Goldstein** (1850-1930), der eigentlich in der Berliner Sternwarte beschäftigt war, arbeitete in einem von ihm in seiner Schöneberger Mietwohnung eigens eingerichteten Laboratorium auf dem Gebiet der elektrischen Strahlung und Spektralanalyse und lieferte dabei wichtige Grundlagen für die spätere Entwicklung der Atom- und Kernphysik. Er entdeckte die Kanalstrahlen und Isotope und entwickelte den Massenspektrometer. Durch die elektrische Ablenkung der Kathodenstrahlen entsteht ein Fernsehbild auf dem Bildschirm.

**Eugen Caspary** (1863-1931), eigentlich Bildhauer von Beruf, gründete 1917 die Zentralwohlfahrtsstelle der deutschen Juden und organisierte das jüdische Wohlfahrtswesen in Berlin.

Der Maler und Graphiker **Lesser Ury** (1862-1931) gehört zu den Wegbereitern des deutschen Impressionismus, als in Berlin noch der Akademismus Anton von Werners herrschte und realistische Prinzipien durch Menzel, Skarbina und Liebermann noch nicht durchgesetzt waren. Neuartig war Urys Farb- und Lichtbehandlung, erprobt an Straßenbildern, Blumenstücken und Nachtstimmungen. Er stattete das Großstadtbild mit farbig sprühenden bis zuckenden Lichtern aus, die meist aus Brauntönen entwickelt wurden, malte die Straßen und den Verkehr fast aus Pariser Perspektive: Berliner Leben in der Umgebung des Tiergartenviertels mit einem zauberhaften Duft von Farbe und Stimmung und mit einem erstaunlichen Wagemut zu farbigen Kontrasten. Ury verfügte über ein hohes Maß an atmosphärischem Ausdruck, mit dem er etwa auf dem Ölbild "Brandenburger Tor" die Reihe der wartenden Droschken unter dem graugelben Himmel Berlins gestaltete. Gegen Jahrhundertende wandte er sich alttestamentarischen Themen in monumentalen Formaten zu, kehrte dann aber bald zur Landschaftsdarstellung zurück und erreichte in der Farb- und Lichtbehandlung mit einer luftig locker schwirrenden, lyrischen Auffassung einen künstlerischen Höhepunkt. Dreißig Jahre lang lebte er – unter Verfolgungswahn leidend – wie ein Einsiedler in seinem Atelier am Nollendorfplatz und bekannte, er habe "viele Feinde und wenig Freunde". Nach seinem Tode fand man in seiner Wohnung nicht nur zahlreiche der besten Gemälde, sondern auch ein Vermögen von ungefähr 30.000 Mark. Über die Hälfte seines Gesamtwerks wurde dann von den Nationalsozialisten zerstört.

**Leo Baeck** (1873-1956) war seit 1912 Rabbiner in Berlin und wurde, Präsident der 1933 gegründeten Reichsvertretung der deutschen Juden, zum angesehendsten Repräsentanten und geistigen Führer der verfolgten deutschen Juden. 1943 kam er in das Konzentrationslager Theresienstadt und ging nach dem Kriege nach London, wo er 1956 starb und begraben liegt. Die Inschrift auf dem Grab seiner Frau **Nathalie** erinnert an sein Wirken in Berlin. Das Leo-Baeck-Institut in Jerusalem, London und New York erforscht die Geschichte des deutschen Judentums.

Die erste Grabstätte der Reihe 2 von A 1 ist die des Arztes und Journalisten des "Berliner Tageblatts" **Isidor Kastan** (1840-1931). Sein Name ist mit jenem Theaterskandal am 20. Oktober 1889 verbunden, als der Dramenerstling "Vor Sonnenaufgang" des jungen Gerhart Hauptmann im Verein Freie Bühne seine Uraufführung erlebte. Als im fünften Akt auf der Bühne nach einer Hebamme gerufen wurde, holte im Parkett Dr. Kastan eine mitgebrachte Geburtszange heraus und schwenkte sie über seinem Kopf. "Rasender Tumult erhob sich", berichteten Augenzeugen. Der Verein Freie Bühne schloß Kastan aus, mußte ihn aber wieder aufnehmen. Als man ihm das Eintrittsgeld zurückerstatten wollte, wies er in Anspielung auf das Drama die Überweisung des Betrages an einen Verein zur Besserung von Gewohnheitstrinkern an.

Anfangs der Reihe 10 liegt der Journalist und Schriftsteller **Theodor Wolff** (1868-1943). Er war seit 1894 Pariser Korrespondent des "Berliner Tageblatts", hatte dort gemeinsam mit Emile Zola und Anatole France um die Rehabilitierung des unschuldigen Dreyfus gekämpft, und wurde 1906 dessen Chefredakteur. Seine Leitartikel fanden internationale Beachtung, am Tag der Machtergreifung Hitlers schrieb er gegen die neue Diktatur und prophezeite den Volkswiderstand. Seine Schriften wurden bei der öffentlichen Bücherverbrennung im Mai 1933 auf den Scheiterhaufen geworfen. Wolff wurde in Nizza verhaftet und an die Gestapo ausgeliefert. Er wurde durch die Gefängnisse und Lager geschleppt, bis er sterbenskrank aus dem KZ Sachsenhausen ins Jüdische Krankenhaus eingeliefert wurde, wo er starb.

In Reihe 28 ist vorn als erster der Possendichter **Eduard Jacobsohn** (1833-1897) begraben. Er schrieb "Meine Tante, deine Tante" und "500.000 Taler", das in Berlin mehr als 300 Aufführungen erreichte. Über 100 seiner Gesangspossen füllten zwischen 1860 und 1890 die Spielpläne der Berliner Privattheater. Neben David Kalisch ist Jacobsohn der wichtigste Vertreter der Berliner Lokalposse jener Zeit. Noch heute sind Redewendungen aus seinen Stücken gebräuchlich, wie "Bangemachen gilt nicht" und "Immer rin ins Vergnügen".

Ein heller, hoher Stein in der Reihe 18 von E 1 bezeichnet das Grab des populärsten Zauberkünstlers im Deutschland des 19. Jahrhunderts, **Samuel Bellachini** (1827-1885). Als "Hofkünstler" steht er im Sterberegister. Seinen Mangel an Fingerfertigkeit soll er durch Humor ausgeglichen haben.

Auf dem Erbbegräbnis in M 1 am Weg zu I 1 ist der Toxikologe **Louis Lewin** (1850-1929) bestattet worden. Nachdem er lange Zeit bei Pettenkofer    355 gearbeitet und bereits Weltruf erlangt hatte, wurde er 1893 zum Professor berufen. Er schrieb mehr als ein Dutzend Fachbücher über die Toxikologie, erforschte die Rauschgifte, die Blei- und Kohlenmonoxidvergiftungen in Betrieben sowie die Nebenwirkungen von Arzneimitteln und erarbeitete eine systematische Beschreibung von Giftpflanzen. Er setzte sich für verbesserte Arbeitsverhältnisse in der chemischen Industrie ein und lehnte jede Nutzung toxikologischer und chemischer Erkenntnisse für militärische Zwecke ab.

An der Friedhofsmauer gegenüber der Abteilung M 1 befindet sich das Erbbegräbnis des Verlegers **Rudolf Mosse** (1843-1920). Er begann mit der "Annoncen-Expedition Rudolf Mosse", damals die erste Einrichtung dieser Art, mit der er so erfolgreich war, daß er 1872 eine eigene Zeitung, das angesehene liberale "Berliner Tageblatt", gründen konnte. Mosse besaß außerdem eine Verlagsbuchhandlung, brachte Fachzeitschriften heraus und druckte Adreß- und Telefonbücher. 1899 kam die "Berliner Morgenzeitung", 1904 die "Berliner Volks-Zeitung" und später noch das "8-Uhr-Abendblatt" hinzu. Nach der Machtergreifung Hitlers wurde der Mosse-Verlag enteignet. Das von bronzenen Gittern umgebene Mausoleum Mosses, ein neuklassizistischer Bau aus rotem poliertem Granit mit einer von Pfeilern begrenzten Front, zwischen denen Säulen stehen, ist in keine jüdische Grabtradition einzuordnen.

Seinem Verleger Mosse gegenüber liegt der Schriftsteller und Humorist **Siegmund Haber** (1835-1895) begraben. Eigentlich war er Geschäftsreisender und Handlungsgehilfe, bis ihn Mosse 1872 bei der Gründung des "Berliner Tageblattes" für die humoristische Donnerstagsbeilage "Ulk" engagierte. Unter Habers Chefredaktion wurde sie zu einem beliebten politisch-satirischen, lokal-humorvollen Berliner Witzblatt, er schrieb selbst die Texte, erfand – wie schon Glaßbrenner – Berliner Originale, wie den Eckensteher Nunne oder die Konfektionsmamsell Paula Erbswurst. Haber wurde zwar nach seinem Tode schnell vergessen, aber "Ulk" bestand weiter und wurde 1919 zeitweise auch von Kurt Tucholsky redigiert.

Von den vielen Namen der Inschriftentafel auf dem Erbbegräbnis der Familie Scholem in Feld G 5 ist nur der Druckereibesitzer **Arthur Scholem** (1863-1925) hier beigesetzt worden. "Wir waren eine typische liberale bürgerliche Familie, in der die, wie man damals sagte, Assimilation ans Deutsche sehr weit fortgeschritten war ... Auf dem Grabstein meines Vaters gab es schon kein Hebräisch mehr", schrieb sein Sohn Gershom Scholem, der schon 1923 nach Palästina auswanderte und 1982 in Jerusalem als Kabbalaforscher starb, in seinen Jugenderinnerungen "Von Berlin nach Jerusalem". Andere Familienmitglieder konnten sich nach Australien retten, der Bruder **Werner Scholem** (1895-1942), kommunistischer Reichstagsabgeordneter, wurde 1942 in Buchenwald ermordet.

Die Grabstätte von einem, der heute noch weltbekannt ist: "**Samuel Fischer**, 24. Dez. 1859 / 15. Okt. 1934". Unterhalb der Daten entdecken wir ein Viereck aus Grünspan. Es ist unschwer zu erkennen, was an dieser Stelle einmal angenagelt war: die Fischer-Netze. Die Symbole des Verlages sind herausgerissen aus dem Grabmal, verhökert als Altware, als Antiquität. Kaum jemand vermißt sie, jene Netze, die Hofmannsthal eingefangen haben, Schnitzler, Hesse, Altenberg, Shaw, Döblin, Freud, Kafka, Kerr, Pasternak, Stefan Zweig, Thomas Mann, Jakob Wassermann und Oskar Loerke. Bei S. Fischer erschienen ihre Bücher und durch ihn wurden sie berühmt. Der einstige Buchhändler aus der Friedrichstraße hatte 1886 seinen eigenen Verlag gegründet und sich mit naturalistischen und sozialkritischen deutschen und ausländischen Autoren, wie Ibsen, Tolstoi, Dostojewski, Zola und Hauptmann, einen Namen gemacht. 1889 war er Mitbegründer des Vereins Freie Bühne geworden, der die Erneuerung des Theaters aus dem Geiste des Naturalismus anstrebte. Aus der von S. Fischer herausgegebenen Zeitschrift "Freie Bühne" wurde die "Neue Rundschau", die großen Einfluß auf das deutsche Geistesleben nahm. Thomas Mann verglich 1934 in seinem Nachruf auf S. Fischer diesen mit Johann Friedrich Cotta, dem Stuttgarter Verleger von Goethe und Schiller: "... der Vergleich liegt desto näher, als der Sinn fürs Klassische oder fürs Klassisch werden, die Neigung, das Revolutionäre ins Klassische münden zu lassen, sehr ausgesprochen bei ihm war. Er war der Mann des Wachstums, der reifenden Lebenswerke, der schönen Gesamtausgaben. Er selbst begann als Revolutionär, als Unternehmer des Kommenden, sein Verlag diente der literarischen Lufterneuerung nach dem Epigonentum ..."

Auch der Dichter, Schriftsteller und Essayist **Moritz Heimann** (1868-1925) liegt in Feld P 4 in Reihe 20 begraben. Seit 1895 schrieb er für die "Neue Rundschau" Kritiken und Essays "von untrüglicher Urteilskraft und stiller Autorität" und von 1896 bis zu seinem Tode arbeitete er als Lektor bei S. Fischer, wo er sich durch die Entdeckung und Förderung neuer Talente, wie Thomas Mann, Hermann Hesse, Friedrich Huch, Jakob Wassermann, Wilhelm Lehmann und Oskar Loerke, höchst verdienstvoll machte. So hatte er "ungenannten, aber maßgebenden Anteil am Werdegang der modernen deutschen Literatur, dem er sein eigenes Schaffen geopfert hat" (Ernst Stein). Heimann fühlte sich als Deutscher und zugleich als Jude, denn "es ist nichts Unnatürliches darin, seine Bahn mit zwei Mittelpunkten zu laufen; einige Kometen tun es und die Planeten alle."

Nahe dem Friedhofseingang in der Indira-Gandhi-Straße finden wir in der 3. Reihe von K 5 das Grab des expressionistischen Lyrikers **Ernst Blass** (1890-1935). Der promovierte Jurist und Bankkaufmann, Journalist und Lektor veröffentlichte die expressionistischen Gedichtsammlungen "Die Straßen komme ich entlanggeweht" (1912), "Die Gedichte von Trennung 357 und Licht" (1915), "Die Gedichte von Sommer und Tod" (1918) und "Der offene Strom" (1921), kritische Essays über Stefan George und das Wesen der neuen Tanzkunst. Von 1914 bis 1921 gab er auch "Die Argonauten" heraus, "Blätter für Dichtung und Philosophie". Im expressionistischen Reihungsstil seiner Gedichte kommt die Erfahrung der Entfremdung und Ich-dissoziation zu Wort. Das Gedicht "Autofahrt" stellt das Verwirrende und innerlich Leere des modernen Lebenstempos dar und enthält zugleich eine ironisch-sprachreflexive Komponente:

"... rast weiter über menschenlosen Platz,
Gelb, keuchend, zwischen Träumen und Erwachen,
Rings Nebel, die Gebüsche blinder machen,
Das Auto dreht ... in einem Satz.
    Ich liege nur, mein Herz ward ausgerenkt,
Bin ich hier nicht am Brandenburger Tor?
Rechts steigt der Himmel dunstig schief empor,
Wo klein der Mond, ein weißer Tropfen, hängt."

Ein kleiner, neuerer Grabstein bezeichnet in der 17. Reihe der Abteilung U 1 das Grab des "Weltbühnen"-Mitarbeiters **Berthold Jacob** (1898-1944). Er hatte nach dem Ersten Weltkrieg den Militarismus, die geheime deutsche Aufrüstung und die Fememorde der Schwarzen Reichswehr bloßgestellt. Damit hatte er sich den deutschen Rechten so verhaßt gemacht, daß sein Name nicht nur auf die Ausbürgerungsliste kam, sondern er 1935 sogar aus der Schweiz nach Deutschland verschleppt wurde. Durch Intervention der Schweizer Regierung wieder befreit, wurde er abermals aus Portugal nach Deutschland entführt, wo er nach drei schrecklichen Haftjahren bei der Gestapo verstarb. In der Reihe 18 von P 2 findet sich ohne Lebensdaten das Grab von **David Frischmann** (1865-1922), der als klassischer neuhebräischer Schriftsteller Gedichte, Essays, Erzählungen und Legenden schrieb, Shakespeare, Goethe, Nietzsche und Tagore übersetzte.

In der Reihe 6 der Abteilung Q 4 ist auch das Grab des in Minsk geborenen Schriftstellers und Übersetzers **Alexander Eliasberg** (1878-1924). Er veröffentlichte "Russische Lyrik der Gegenwart", "Die russische Kunst", "Russische Baukunst" und übersetzte Dostojewski, Gorki, Puschkin und Scholem Alejchem.

In der 34. Reihe der Abteilung C 6 erhebt sich ein roter Granitstein mit einer reliefierten Eule und dem Spruch: "Es sprach die Not / Ich beuge dich / Es sprach der Mut / Ich wehre mich / Es sprach die Zeit / Ruhm winkt und Licht / Da sprach der Tod / Ich will es nicht." Hier liegt der Schriftsteller und Journalist **Jakob Scherek** (1870-1927), der Dramen und Romane schrieb, lange Zeit Redakteur verschiedener Zeitungen und Zeitschriften und zuletzt als Oberregierungsrat stellvertretender Pressechef der preußischen Landesregierung war.

In der 11. Reihe von F 7 befindet sich das Grab von **Arthur Sakheim** (1884-1931), der Molière, Goldoni und Lermontow übersetzte, Romane und Dramen schrieb. Auf dem Grabstein des Lyrikers und Erzählers **Ludwig Jacobowski** (1868-1900) stehen über der Darstellung einer liegenden Fakkel die Worte "ratlos, furchtlos, selbstlos". Mit dem Roman "Werther der Jude" (1892) erregte er Aufsehen, er gründete den Berliner Klub für Schriftsteller und Künstler "Die Kommenden" und war gemeinsam mit Richard Zoozmann Redakteur der Berliner Monatshefte "Zeitgenossen".

An der Mauer von U 2 liegt ein produktiver Berliner Unterhaltungsschriftsteller und Theaterleiter, **Oscar Blumenthal** (1852-1917), begraben. Er begann 1875 als Theaterkritiker und Feuilletonchef im "Berliner Tageblatt". Seine erbarmungslosen Verrisse trugen ihm den Beinamen "der Blutige" ein. Seinen eigenen Stücken war mancher Mißerfolg beschieden, und deshalb gründete er wohl auch 1888 das Lessingtheater, das er bis 1897 leitete. Hier machte 1889 die Uraufführung von Gerhart Hauptmanns "Vor Sonnenaufgang" Theatergeschichte. Sein gemeinsam mit Kadelburg verfaßter Gesellschaftsschwank "Im weißen Rößl" (1898) ist bis heute in den Repertoires deutscher Bühnen zu finden. Auch der Komponist des früher sehr verbreiteten Gassenhauers "In Rixdorf ist Musike", der Musikdirektor **Eugen Philippi** (1856-1920), ruht in O 5. Ein weiterer Musiker, **Adolf Schreiber** (1883-1920), der in Berlin an der "Neuen Opernschule" von Mary Hahn lehrte, ist in P 5 bestattet. Nach seinem Freitod fand man in seinem Nachlaß 200 Lieder, einen Chor mit Orchester als Vertonung von Bürgers "Lenore", ein Zyklus "Marienleben" nach Rilke für Gesang, Klavier und Viola sowie auch Bühnenmusiken zu Stücken von Max Brod, der später Schreibers Musikerschicksal würdigte und zehn seiner Lieder herausgab.

Am Anfang der Reihe 11 von U 1 befindet sich das Grab der Schriftstellerin und Sozialarbeiterin **Lina Morgenstern** (1830-1909), die zu Lebzeiten als "Suppen-Lina" berühmt wurde. Schon als Achtzehnjährige gründete die Fabrikantentochter einen "Pfennigverein zur Unterstützung armer Schulkinder". Seit 1854 in Berlin lebend, rief diese tapfere, praktisch veranlagte Frau, die ein großes Organisationstalent besaß und die ihre Kinder und Freunde in der Grabinschrift eine "große Menschenfreundin" nannten, einen Kinder- und Frauenverein nach dem anderen ins Leben: 1866 den "Verein Berliner Volksküchen", 1868 den Kinderschutzverein, 1869 war sie Mitbegründerin des ersten Arbeiterinnen-Bildungsvereins und der ersten Krankenkasse für Arbeiterinnen, 1873 bildete sie den "Berliner Hausfrauenverein gegen Verteuerung und Verfälschung der Lebensmittel" und 1880 den "Frauenverein zur Rettung sittlich verwahrloster und strafentlassener minderjähriger Mädchen". 1907 gab es in allen Berliner Bezirken solche Volksküchen. Zugleich verfaßte Lina Morgenstern Haushaltsbücher, Erzählungen, Kinderbücher und setzte sich publizistisch für die Frauenbewegung ein. 359

Als ihre Hauptwerke gelten "Die Frauen des 19. Jahrhunderts" und "Frauen-arbeit in Deutschland". Seit 1895 gehörte sie dem Vorstand der Deutschen Friedensgesellschaft an, von 1874 bis 1904 gab sie die an den Sonntagen erscheinende "Deutsche Hausfrauenzeitung" heraus.

Eigentlich als Wundarzt und Geburtshelfer in Berlin tätig, wurde **Salomon Neumann** (1819-1908) einer der verdienstvollsten Sozialmediziner und Sozialhygieniker. Bereits 1847 hatte er die Programmschrift "Die öffentli-che Gesundheitspflege und das Eigentum" veröffentlicht. Auf seine Anre-gung wurde dann 1860 in Berlin ein statistisches Büro geschaffen, das sich besonders der Armenkrankenpflege widmete. Neuman war zugleich Mit-begründer der Berliner Hochschule für die Wissenschaft des Judentums.

Von den Gelehrten, deren Leistungen das Ansehen Berlins ausmachten, sind weiter zu nennen: Der Physiker **Hermann Aron** (1845-1913), der die drahtlose Telegrafie erfand und schon 1880 drahtlos Signale über den Wannsee sandte, 1884/85 den ersten praktisch brauchbaren Elektrizitätszähler, Aronzähler genannt, baute, 1891 die für Drehstrommessungen erforderliche Zwei-Watt-Meterschaltung angab, Arbeiten über Kondensatoren, Mikro-phone, Akkumulatoren lieferte und nebenbei noch das Glasglühlicht erfand. Sein Grabmal am Wasserturm schuf der Architekt MAX LANDSBERG.

Der Mediziner **Ismar Boas** (1858-1938), ab 1882 als praktischer Arzt in Berlin tätig, gründete das erste deutsche Hospital für Unterleibskranke und eine Armenapotheke. Nach dem Internisten **Moritz Litten** (1845-1907) ist das Litten-Phänomen in der Medizin benannt.

Der Urologe **Eugen Joseph** (1879-1933) leitete die Urologische Abtei-lung der Chirurgischen Universitätsklinik, war Verfasser des Standardwerkes "Lehrbuch der Hyperämiebehandlung akuter chirurgischer Infektionen" und seit 1927 Mitherausgeber der "Zeitschrift der Urologie". Nachdem ihn die Nationalsozialisten aus Amt und Lehre gejagt hatten, nahm er sich das Leben. Er wurde auf dem Erbbegräbnis in L 5 bestattet.

Der Bakteriologe **Hans Aronson** (1865-1919) leitete die bakteriologische Abteilung der Firma Schering-Chemie und stiftete einen nach ihm benann-ten Preis zur Förderung von Ärzten und Forschern, die auf dem Gebiet der experimentellen Therapie und Mikrobiologie arbeiteten.

"Auf den Mund von Kindern hast du deine Macht gegründet", steht auf dem Grabstein von **Adolf Baginsky** (1843-1918), einem der Begründer der modernen Kinderheilkunde, der Schulärzte, Säuglingsasyle und eine syste-matische Jugendfürsorge in Berlin einführte. Er gründete und leitete das Kaiserin-Friedrich-Krankenhaus, verfaßte unter anderem ein Lehrbuch für Schulhygiene und schuf 1880 das Archiv für Kinderheilkunde.

Ein Pionier der modernen Nasenplastik war der begnadete Operateur **Jacques Joseph** (1865-1934), der um die Jahrhundertwende in Berlin Ohren und Nasen chirurgisch korrigierte und unter dem Namen "Nasen-Joseph" populär wurde. Während des Ersten Weltkrieges und noch danach leitete er eine Abteilung für plastische Behandlung von Kriegsverletzten in der Charité und operierte verstümmelte Soldaten so kunstreich, daß sein Ruf noch während des Krieges bis in die USA drang. 1934 starb er an Herzversagen, das Jahr zuvor war er von den neuen Machthabern mißhandelt worden. Sein Erbbegräbnis liegt in H 5.

Der Arzt und Schriftsteller **Iwan Bloch** (1872-1918) war einer der bekanntesten Sexualforscher seiner Zeit. Er veröffentlichte seine sexualpsychologischen Arbeiten unter dem Pseudonym *Eugen Dühren*; als sein Hauptwerk gilt "Das Sexualleben unserer Zeit", das 1919 in 12. Auflage erschien. Sein Erbbegräbnis befindet sich in A 4 gegenüber von B 4.

Eines der ersten Opfer der nationalsozialistischen Judenverfolgung ist der in Berlin-Biesdorf praktizierende, beliebte Arzt **Arno Philippsthal** gewesen. Er wurde am 9. April 1933 von SA-Leuten ermordet und ist im Feld H 7 bestattet worden.

Von schlichten Grabsteinen bis zu prachtvollen Grabanlagen und Mausoleen findet man auf dem Friedhof alles, was die Epoche hervorbrachte: vom zitierfreudigen Historismus bis zur schöpferischen Moderne. Dabei sind auf viele künstlerisch bedeutende Grabmäler zu verweisen, aber auch auf solche, denen wir heute verständnislos gegenüberstehen, die aber als Ausdruck der Zeit verstanden werden müssen.

Am Ende von C 2 erhebt sich eines der aufwendigsten und kostspieligsten Mausoleen in Berlin überhaupt, das Erbbegräbnis für die Familie des Bankiers **Sigmund Aschrott** (1826-1915): Ein kolossaler roter Granitbau trägt über trapezförmigem Grundriß mit leicht zum Rondell hin ausschwingender Vorderseite einen Architrav mit einem zur Mitte eingerückten und auf Pfeilergruppen gestellten Turmhelm. Der pyramidale Helm wird durchzogen von einem Band mit durchbrochenem und als Oberlicht dienendem Davidstern und gekrönt von einer orientalisch geformten Haube. Erbauer ist der Architekt BRUNO SCHMITZ, als Fachmann für Gesinnungsarchitektur von gigantischen Ausmaßen bekannt; er hatte das Völkerschlachtdenkmal in Leipzig entworfen.

Im Winkel von historisierenden Wandgrabmalen an der Nord- und Südwestmauer befindet sich das Erbbegräbnis **Michaelis**, eine zentralisierte offene Halle auf 16 korinthischen Säulen, in der Mitte bekrönt von einer achteckigen, oben offenen Kuppel mit einem in halbrunde Bögen aufgelösten Tambour. Es ist eine einfühlsame Nachbildung der italienischen Hochrenaissance.

Inmitten einer langen Reihe von renaissancehaften Grabmalen aus Sandstein zeichnet sich das Grabmal für **Manfred Cahn** (1854-1903) durch einen phantasievoll ägyptisierenden Stil aus, massig und düster durch die ausschließliche Verwendung von schwarzem poliertem Granit. Das Medaillon 361 mit dem Bildnis des Verstorbenen konnte einstmals verschlossen werden. Ein solches für ein jüdisches Grabmal ungewöhnliches Bildnis findet sich ebenso an dem Grabmal für Berthold Kempinski, wie selbst christliche Symbole, so die Lünette mit dem "Auge Gottes" im Strahlenkranz, am Grabmal Wilhelm Ledermann, Verwendung finden.

Eine hochansteigende dreiteilige Architekturkulisse in Renaissance- und Rokokoformen, das Grabmal für **Theodor Leberecht David** (1852-1898), bildet unter den historisierenden Beispielen eines der anmutigsten Grabmale.

Zu den dekorativ bedeutsamsten Grabmalen des romanisierenden Stils zählt das Erbbegräbnis **Salinger-Daniel**. Dessen Prachtstück ist das rundbogige Tympanon, das, von ornamentierten, auf Säulen aufsteigenden Archivolten umrahmt, völlig von den Blüten und Blättern eines Rosenstrauches ausgefüllt wird. Historismus mischt sich hier mit Jugendstil, auch in der Schrift mit den Familiennamen, die vieles mit der Kalligraphie auf dem Grabmal von Benjamin Liebermann auf dem Friedhof in der Schönhauser Allee gemeinsam hat. Die Blendarkade unter dem Tympanon setzt sich als geöffnete dreiachsige Arkade in den Seitenteilen fort, während deren Stirnseiten mit typischen Flechtbandmustern der Romanik geschmückt sind.

Unter den Grabmalen, die aus Säulenreihen errichtet wurden, gehört das Grabmal für den Dresdener Bankdirektor **Georg Wilhelm Arnstaedt** (1844-1911), das FRIEDRICH BLAU schuf, zu den aufwendigsten. Die Mitte bildet ein von einer Flachkuppel überdeckter und von dorischen Säulen getragener Bau über ovalem Grundriß. Daran schließen sich zu beiden Seiten symmetrisch Säulenreihen an. Von den auf dem Architrav aufgestellten Urnen aus Kupferblech sind nur noch Reste geblieben.

Einen eigentümlichen, wegen der hohen Rückwand und der seitlichen, konvex geschwungenen Lehnen einem Thronsessel vergleichbaren Typ vertreten verschiedene Grabmäler aus dem ersten Jahrzehnt des 20. Jahrhunderts. So das Grabmal **Israel Baer** (1824-1905) mit kugelig zugeschnittenen Buketts aus Kupferblech über den Lehnen, charakteristisch für den floralen Dekor des Sezessionsstils.

Anstelle der Schrifttafeln am Grabmal Baer ist in dem ebenfalls dem Thronsessel-Typ zugehörigen Grabmal für **Rosalie Baszynski** (1854-1905) in die Nische der Rückwand ein Relief aus Kupferblech eingelassen – eine symbolische Landschaft mit Jugendstilmotiven aus dem 1910er Jahren. Das Relief kehrt wörtlich wieder in dem Grabmal gleichen Typs für **Abraham Harrison** (1831-1908). Dagegen erinnert das Jugendstil-Wandgrabmal für **Fanny Beck** (1863-1909) mit seiner straffen Tektonik und seinem linearen Ausdruck an Gestaltungen Henry van de Veldes, wie dieser sie 1901 im Karl-Ernst-Osthaus-Museum in Hagen schuf. Auch die Grabmäler für **Alexander Aronheim** (1861-1906) und **Adolf Bernhard** (1843-1901) sind weitere Beispiele für den Thronsessel-Typ, letzteres mit hoher, von jugendstilig bewegten Drapierungen besetzter Rückwand, in die eine rechteckige Öffnung eingelassen ist.

Eine reich ausgestattete Variante des Ziborium-Typs, den auf Säulen ruhenden, überdachten Überbau eines Grabes, präsentiert das Grabmal für **Rosalie Ernst** (1853-1899): Über quadratischem Grundriß erhebt sich der tempelartige, üppig dekorierte Bau, eingefaßt von Balusterschranken, die Säulenschäfte unten mit Girlanden umwunden, über dem Architrav Volutengiebel, als Abschluß eine doppelt gestufte Laterne aus Kupfer. Auch das Mosaikbild an der Rückwand enthält, sich auf den Vornamen der Toten beziehend, einen fülligen Rosenbusch.

Bei dem Sandsteingrabmal für **Salo Rawitzki** (1846-1921) handelt es sich ebenso um eine Ziborium- oder Tabernakelform aus vier an den Basen und Kapitellen floral ornamentierten Säulen über quadratischem Grundriß, in der Mitte ein Kubus mit einer Art Opferschale aus Metall, das Ganze von einer kugeligen Kuppel aus Laubwerk bekrönt. Der nachwirkende Einfluß des Jugendstils verbindet sich hier mit Formen des für die frühen 1920er Jahre typischen Dekorationsstils, expressiv spitzigen, dreieckigen und Zickzackformen. Architektonisch vergleichbar, ebenfalls ein Tabernakel auf quadratischem Grundriß, doch der Inschriftpfeiler organisch mit dem Gehäuse verbunden, ist das Grabmal des Pelzwarenfabrikanten **Abraham Wolff** (1866-1924). Romanisierende Säulen, Dreipaßbögen und die orientalisierende Faltkuppel über dem von einem Band mit Davidsternen ornamentierten Architrav weisen hier mehr auf den Historismus zurück.

Ausschließlich romanisierende Tendenzen weisen dagegen die Mausoleen für **Mathilde Mecklenburg** (1884-1907) und **Hermann Hoffmann** (1847-1907) aus dem ersten Jahrzehnt des 20. Jahrhunderts auf. Das Mecklenburgische, eine offene Halle auf Eckpfeilern und eingestellten Säulen, vertritt eine antikische Haltung, die an die südfranzösische Romanik um 1100 erinnert. Das Hoffmannsche weist mit seinem üppigen Pflanzendekor eher auf die spätmitteleuropäische Romanik, besonders im großen Rundbogen vorn und in den schönen Seitennischen Bei beiden mischt sich aber das Romanische mit dem Gotischen, so in der kunstvollen Fensterrose im Giebel des Mecklenburg-Grabmals, oder mit dem Byzantinischen, so im Mosaik im Inneren des Hoffmannschen Mausoleums.

Das Grabmal **Jacob Appelbaum** (1836-1911) übertrifft die im historisierenden Stil der Romanik gehaltenen Familiengräber in der Vollkommenheit seiner Ausstattung. Es besteht aus einem Haus mit geschlossener Rückwand, von einem Satteldach bedeckt. Die Vorderfront und die beiden Seiten sind in dreiteilige Säulenarkaden gegliedert, die mittlere Arkade jeweils erhöht. Eine Zwerggalerie umläuft die Fassade und steigt im Giebelfeld an.

Zu den herausragenden Beispielen des neugotischen Stils – allerdings aus späterer Zeit – zählt das Grabmal **Adolph Köhler** (1858-1919), eine aus Muschelkalk errichtete dreiachsige Spitzbogenarkade auf segmentbodigem Grundriß. Die Säulen haben Zickzack- und Rhombenmuster auf dem Schaft und die für die Übergangsphase von der Romanik zur Gotik typischen Kelchblockkapitelle. Nur die Ornamentbänder, Arkadenbögen und das Abschlußgesims sind freie, aus der Zeit heraus geborene Erfindungen.

Ungewöhnlich und einmalig ist das Grabmal für **Alfred Abraham Cohn** (1861-1932), das OTTO STICHLING 1903 entwarf. Zwei nach oben sich verjüngende, durch ein Band aus hellblauen Kacheln farbig hervorstechende Pylonen tragen jugendstilhafte Gebilde aus züngelnden Flammen und vegetativen Motiven. Dazwischen, wie eingeklinkt, eine Bronzetafel, die in fast schon neuklassizistischer Majuskelschrift neben dem Namen den 23. Psalm wiedergibt.

Auch das sonst kaum erwähnenswerte Grabmal für **Henriette Kalischer** (1845-1900) trägt in einem Tympanon einen Sinnspruch aus dem Hohelied Salomons: "Stark wie der Tod ist die Liebe, / Unwiderstehlich wie das Grab ist ihre Gewalt." Er steht in jugendstilmäßiger Majuskelschrift – wie ineinander verwoben – vor einem Spalier aus Efeu, einer Pflanze, die seit dem Altertum und in allen Religionen als Symbol der Fruchtbarkeit und treuen Anhänglichkeit gilt.

Das Erbbegräbnis für den im ostpreußischen Bernsteinabbau tätigen Unternehmer **Moritz Becker** (1830-1901) ist ein interessantes Zeugnis aus der Zeit der Stilwende im ersten Jahrzehnt des 20. Jahrhunderts. MARTIN DÜLFER erbaute es aus strengen, stehenden Rechteckfeldern und -öffnungen sowie aus kleinen gruppierten Quadraten mit einem untrüglichen Sinn für Proportionen. In seiner monumentalen Würde und geometrischen Schlichtheit nimmt es Elemente der späteren kubistischen und funktionellen Architektur vorweg.

Aus der Werkstatt von HUGO LEDERER, dem Schöpfer monumentaler Denkmalkunst in den 1920er Jahren, stammt das Wandgrab für **Toni Wallach** (1881-1930). Dessen übergiebelte Rückwand ist monumental gestaltet, das plastische Empfinden aber drückt sich in den gedrungenen wie gewundenen Säulen der seitlichen Schranken, vor allem aber in den vier großen Kugeln am Eingang aus, die einst ein Gitter trugen.

Eine der schönsten Grabstätten des Friedhofes ist die für **Markus Goldschmidt** (1851-1922). Sie besteht aus einer rechteckigen Sandsteinanlage. Die Vorderfront öffnet sich in acht Rundbögen, die, ganz im Stil der 1920er Jahre, wie aus der glattflächigen Mauer ausgeschnitten sind. An den Schmalseiten sind es jeweils zwei Bögen. In die vorderen Bögen sind stilvoll gestaltete Gitter eingelassen, mit lanzettförmigen Blüten geschmückte Vierpässe, in deren Mitte abwechselnd der Davidstern, eine Sanduhr, eine

Schlange und verschiedene Monogramme eingefügt sind, auf dem Rahmen oben Palmen in der für diese Zeit typischer stilisierten Form. Zwei Ädikulen gliedern die schmucklose Rückwand und fassen eine Nische ein, in die auf hohem kanneliertem Sockel eine Vase hineingestellt ist. Das Ganze ist ein hervorragendes Beispiel für das Ineinander von traditionellen und neuen Formen.

Das Mausoleum **Katz-Lachmann** ist um 1910 nach eigenem Entwurf des Baumeisters LOUIS LACHMANN (1860-1910) in ungewöhnlicher Gestalt errichtet worden. Es ist ein amorphes, grottenähnliches Gehäuse aus dem in dieser Zeit gern für historistische Architektur verwendeten Rustika-Mauerwerk, grob zugehauenen Bruchsteinquadern. Vorbild scheint das von Hermann Obrist als riesige Muschel gestaltete Grabmal Örtel aus dem Jahre 1901/02 im Fichtelgebirge gewesen zu sein, auch wenn bei Lachmann die Lotrechte, die Fenster und Gewölbe doch stärker auf Architektur verweisen.

Der Kontrast zu dem rechts anschließenden Grabmal für den Bankier **Eugen Panofsky** (1855-1922), das der langjährige Berliner Stadtbaurat LUDWIG HOFFMANN errichtete, ist besonders groß: Aus großporigem Muschelkalk entstand 1919 eine vornehm-stilvolle, von Halbarkaden proportional untergliederte Architekturwand, die neuklassizistische und neubarocke Tendenzen ausgewogen und harmonisch miteinander zu vereinen weiß.

Setzt man dazu noch das Erbbegräbnis des Bankiers **Oscar Loewenberg** (1853-1919) in V 1 gegenüber der Abteilung Wasserturm in Beziehung, wird man sich der rasanten Form- und Stilentwicklung jener Zeit bewußt: Hier vereinen sich in einer breiten, senkrecht geriefelten Wand, die von fünf hochrechteckigen Öffnungen durchbrochen wird und die ein von stilisierten Blumen geschmücktes Gesims trägt, Sachlichkeit und Expressionismus. Aber auch hier wird an die jüdische Grabmalkunst in Form von Stelen angeknüpft, die sonst die Giebelseiten der Grabmale in Hausform darstellen, hier aber zu Paaren verbunden und in die rechteckigen Öffnungen hineingestellt wurden. Das gänzlich abhanden gekommene Gitter zwischen den Einfassungspfeilern muß man sich allerdings hinzudenken.

Zu einer ganzen Reihe von Architekturgrabmälern, die dem Konstruktivismus und Funktionalismus zuzurechnen sind, gehört auch das streng monumentalisierte Grabmal **Netti Garfunkel** (1887-1925), ein dreiflügeliger, nach oben und zu allen Seiten offener Quader- und Pfeilerbau, der doch ziemlich roh und plump wirkt. Ganz im Unterschied zu dem durch seine monumentale Schlichtheit wie geistige Spannung überzeugenden Grabmal für den Kaufmann **Albert Mendel** (1866-1922), der nach einem Entwurf von WALTER GROPIUS 1923 als Werkstattarbeit des Weimarer Bauhauses errichtet wurde. Die auf ein Prisma reduzierte Form des seitlich stehenden Sarkophags vor einer gesimsversehenen Rückwand, der links die Rahmenleiste fehlt, ist ebenso kühn wie reizvoll in der belebenden Asymmetrie wie erreichten 365

*Grabmal Albert Mendel nach einem Entwurf von Walter Gropius*

Raumwirkung. Hier wurde eine Einheit von plastischer und architektonischer Form erreicht, die, nur noch vergleichbar mit dem architektonisch gerahmten Sarkophag Hugo Lederers für die Grabstätte Stresemann auf dem Luisenstädtischen Friedhof, von den vielen üblichen Fassadenarchitekturen der Berliner Friedhöfe absticht.

Der Bildhauer FRITZ KLIMSCH, der schon die Grabstele für Emilie Loeffler (1904) und das Grabdenkmal für Emil Fischer (1920), beide eine Synthese von Jugendstil und Klassizismus, geschaffen hatte, ist auch der Schöpfer des Erbbegräbnisses für den Juristen **Hugo Sonnenfeld** (1863-1927) in der Abteilung U I. Sonnenfeld war ein bedeutender Strafverteidiger, wirkte 1900 auch am aufsehenerregenden Ritualmordprozeß von Konitz mit. Seit 1917 war er Hauptvorstandsmitglied des Central-Verbandes der deutschen Juden. In reinen, klassischen Formen, die sein Spätwerk bestimmten, hat Klimsch das in seinen Formen klare und schmucklose Grabmal gestaltet, die Wandfläche allein von den leicht angeschrägten Eckpfeilern, von Lisenen und einem konkav ausschwingenden Gesims mit Deckplatte gegliedert. Es vertritt nahezu pur die Neue Sachlichkeit der 1920er Jahre, allerdings mit ägyptisierenden Zügen.

Das expressiv-architektonisch angelegte Grabmal für den Regierungsbaumeister **Louis Fränkel** (1863-1922) wird vermutlich von FRÄNKEL selbst stammen. Der auf fünf Stufen errichtete und nach oben spitz zulaufende Bogen der Schrifttafel, der sich in sechsfacher Wiederholung nach hinten vergrößert, reckt sich symbolhaft zum Himmel empor. Der Davidstern bildet

366

den einzigen ornamentalen Schmuck.

In unmittelbarer Nachbarschaft des
Erbbegräbnisses Goldschmidt am
Wasserturm steht ein monumentaler
Findling für **Hugo J. Herzfeld** (1869-
1922). Er wird noch übertroffen von
dem riesigen, hochgestellten Find-
lingsensemble des Grabmals **Dridso**
an der Nordostecke von O 5, das 1921
anläßlich des Todes des achtjährigen
David errichtet und dessen mittlerer,
vier Meter hoher Stein mit einer kleinen Erinnerungstafel für den 1944 in
Auschwitz umgekommenen **Gregor
Dridso** versehen wurde. Die vor-
geschichtlich anmutenden Steinmonumente erinnern an die sogenannten
Menhire, die im Bereich der westeu-
ropäischen Megalithik und bis nach
Mitteleuropa verbreitete monolithi-

*Blick ins Gräberfeld*

sche, symbolische Denkmalform des späten Neolithikums und der frühen
Bronzezeit. Die größten monumentalen Kreisbauten aus mächtigen menhir-
artigen Monolithen stellen ja die Anlagen von Stonehenge und Avebury
(Wiltshire) in England dar.

Hier ist abermals an den roten Granitfindling für **Jakob Scherek** zu erinnern, in den allerdings eine Eule und ein sinnreicher Spruch eingehauen sind.

Am Schluß noch einmal Tucholsky:"Da, wo ich oft gewesen bin / zwecks
Trauerei, / da kommst du hin, da komm ich hin, / wenns mal vorbei. / Du
liebst. Du reist, Du freust dich, du – / Feld U / Es wartet in absentia / Feld A
/ Es tickt die Uhr. Dein Grab hat Zeit, / drei Meter lang, ein Meter breit. / Du
siehst noch drei, vier fremde Städte, / Du siehst noch eine nackte Grete, / noch
zwanzig-, dreißigmal den Schnee – / Und dann: / Feld P – in Weißensee – /
in Weißensee."

## ADASS-JISROEL-FRIEDHOF
*Wittlicher Straße*
*13088 Berlin*

"Heute früh um 9 Uhr kam nun derselbe am Anhalter Bahnhof mit seiner Familie an und wurde von den Comitémitgliedern und einer sehr großen Menschenmenge festlich empfangen", berichtete die Vossische Zeitung am 3. September 1869 über das zwei Tage vorher stattgefundene Ereignis: die Ankunft des "durch seine immense Gelehrsamkeit, durch seine Tatkraft und seinen Charakter unter den Juden weltberühmten Dr. Hildesheimer aus Eisenstadt bei Wien ...", der sich erst nach langen Verhandlungen entschlossen habe, "seine dortige Stelle, an der er zugleich als Lehrer von 160 aus allen Weltgegenden herbeigeströmten Schülern fungiert, aufzugeben und dem Rufe der jungen Gemeinde zu folgen".

So von der Öffentlichkeit freundlich und wohlwollend begrüßt, beginnt die Geschichte der zweiten, der orthodoxen jüdischen Gemeinde von Berlin: Adass Jisroel (Gemeinde Israels). Die Wahl eines liberalen Rabbiners, der Einbau einer Orgel in der Neuen Synagoge Oranienburger Straße und Veränderungen an der Gebetsordnung hatten zum Widerspruch orthodoxer Mitglieder der Gemeinde und zum Zusammenschluß einer eigenen Religionsgemeinschaft geführt. Sie berief Dr. Israel Hildesheimer (1820-1899) zu ihrem Rabbiner, und nur wenige Wochen später, am 8. Oktober 1869, berichtete die Vossische Zeitung ihren Lesern: "Unbedingter Anschluß an das Kulturleben der Gegenwart, aber auch unbeschränkte Glaubenstreue – denn Judentum und Wissenschaft lassen sich gar wohl vereinigen – sind das Programm der neuen Gemeinde und die Fahne, um die sich die gesetzestreuen Israeliten Berlins scharen werden."Die Gemeinde blühte auf. Eine Religionsschule wurde ins Leben gerufen, eine kleine Synagoge in der Gipsstraße und ein eigenes Rabbinerseminar wurden eingeweiht, das Gemeindezentrum gegründet und am 22. Dezember 1878 ein etwa 2,09 Hektar großes Grundstück in Weißensee an der jetzigen Wittlicher Straße gekauft. Der Preis machte einschließlich der Gebäude 30.000 Mark aus. Der Adass-Jisroel-Friedhof ist heute das einzige sichtbare Zeugnis, das Auskunft gibt über die Menschen, die sich in dieser Gemeinde zusammenfanden, über ihre Herkunft, ihr Schicksal.

Man betritt einen Friedhof unbelasteter, wenn man keine eigenen Gräber auf ihm hat. Doch keinen jüdischen Friedhof.

Gleich hinter dem Eingang ein **Gedenkstein** für die von den Nationalsozialisten ermordeten Mitglieder von Adass Jisroel, gestaltet von dem Berliner Grafiker ANDRÉ KAHANE und 1986 von Adassianern enthüllt, deren Eltern im Hitlerstaat umgebracht wurden. Auf der Rückseite stehen symbolisch die

368

Namen von Naziopfern aus dem Kreis der Mitglieder, Mitarbeiter und Anhänger der Gemeinde.

Geradeaus das Grab **Gustav Hirschs**, eines Gründungsmitglieds der Gemeinde; seiner finanziellen Unterstützung verdankte sie diesen Friedhof. Er stammte, wie der legendäre Leiter der Gemeinde, Dr. Hildesheimer, aus Halberstadt und war Inhaber des Messingwerkes Eberswalde, eines der größten Kupferbetriebe Deutschlands.

Das älteste Grab ist das von **Abraham Michelsen**; am 24. Februar 1880 wurde er als erster auf diesem Friedhof bestattet. Danach sind etwa 3000 Beerdigungen vorgenommen worden. Die Grabdenkmäler erscheinen schlicht und in ihrer strengen Reihung ziemlich einheitlich; repräsentative Erbbegräbnisse fehlen ganz.

Als Rabbiner **Israel Hildesheimer**, der Verfechter und Repräsentant des zum Programm erhobenen Grundsatzes "Jafe talmud tora im derech erez" (Schön ist die Erfüllung des Thora-Ideals, verbunden mit den Forderungen der Zeit), im Juni 1899 zu Grabe getragen wurde, legten trotz strömenden Regens Tausende von Trauernden den nahezu zweistündigen Weg von der Synagoge zum Friedhof zu Fuß zurück. In der Gipsstraße, in der der Rabbiner wohnte, blieben die Läden geschlossen, Zeichen der Sympathie und des inneren Zusammenhalts.

Auch die Söhne Dr. **Hirsch Hildesheimer** (1855-1910) und **Meier Hildesheimer** (1864-1934) haben hier ihre Ruhe gefunden. Der erste war Dozent für jüdische Geschichte und Palästina-Geographie am Rabbinerseminar in Berlin und Herausgeber der orthodoxen Wochenzeitschrift "Jüdische Presse". Nach Erinnerungen seiner Tochter Henriette verbrachte er Vormittage im Café Bauer an der Ecke Friedrichstraße / Unter den Linden, um sämtliche in Deutschland erscheinende Zeitungen durchzusehen, Artikel zu notieren und auszuschneiden. Er hatte an der Berliner Universität Geschichte studiert und war ein Lieblingsschüler Professor Mommsens geworden, der ihn gern dort als Hochschullehrer gesehen hätte. Sein jüngerer Bruder war wie der Vater Rabbiner sowie Lehrer an der Schule von Adass Jisroel und am Rabbinerseminar.

Auf einigen Steinen kann man russische Schriftzeichen entdecken – Juden auf der Flucht vor Pogromen aus Osteuropa nach Amerika. Aus welchem Grund waren sie in Berlin geblieben?

Auch ein Oberstleutnant ist hier bestattet, der Militärrabbiner **Jon Lehmann** (1865-1913) aus Mainz. Der hebräische Text auf der Vorderseite rühmt ihn als Offizier, Literat, Dichter, Gönner und Leiter der Mainzer Gemeinde. Während die Inschriften auf der Vorderseite der Steine das Werk und die Leistungen des Toten beschreiben – oft in poetischer Weise mit kunstvollen Anagrammen, die auch die Schrift als Gestaltungsmittel einbe- **369** ziehen –, ist es laut Friedhofsordnung freigestellt, ob die Rückseite mit den notwendigen Angaben in deutscher Sprache versehen wird.

Viele Grabsteine sind aus Sandstein, der inzwischen so zerbröckelt, daß die Inschriften kaum noch lesbar sind, oder aus Granit und schwarzem Marmor. "ZACHART" steht auf vielen Seitenflächen der Steine, dicht über dem Sockel. Zwischen 1884 und 1920 hat vor allem der Berliner Steinmetz M. ZACHART Grabsteine dieses Friedhofes geschaffen.

Bildung, Weltoffenheit und Wißbegier zum einen und Gesetzestreue und Tradition zum anderen sind der für Adass Jisroel charakteristische Geist, der an diesem Ort spürbar wird und den Besucher zurückversetzt in eine gute Zeit der Gemeinde. Menschen, dem Vergessen entrückt, werden lebendig: Der Berliner Buchdrucker **Jakob Wagner**, bekannt für seine Unikate, bibliophilen Ausgaben, für seine Kunstdrucke, 1925 hier beigesetzt; Dr. **Josef Wohlgemuth**, Dozent am Rabbinerseminar, der die liberale Monatszeitschrift "Jeschurun" herausgab; Prof. Dr. **David Hoffmann** (1843-1921), der von 1899 bis zu seinem Tode Direktor des Rabbinerseminars war; der geschätzte Talmudgelehrte Abraham Lourie aus Ekaterinoslaw in Rußland; Dr. med. **Isidor Struck**, dessen Sohn Hermann ein bekannter Zeichner in Palästina wurde – oder der aus Zwickau kommende **Isaac Schocken**, dessen Söhne eine Kaufhauskette und einen Verlag in Berlin ("Schocken books") betrieben. Er wollte 1924 hier bestattet sein: In Berlin – da würde es immer Juden geben ... Die drei Muschelkalkstein-Stelen, zwei davon in der traditionellen Form jüdischer spitzgiebeliger Grabstelen an den Gräbern der Familie Schocken, hat ERICH MENDELSOHN entworfen, der Architekt der Warenhäuser Schocken in Chemnitz, Nürnberg und Stuttgart sowie des im expressionistischen Stil errichteten Einsteinturms in Potsdam.

Hier liegt der Bildhauer **Jakob Plessner** (1871-1936), der in Berlin zur Welt kam und hier auch bei Peter Breuer und Paul Meyerheim studierte. Mit dreißig Jahren erhielt er den Michael-Beer-Preis, der ihm einen Studienaufenthalt in Rom ermöglichte. Er hat mehrere Bildnisbüsten, wie die vom Großen Kurfürsten, von Moses Mendelssohn, Louis Sachs und Oskar Tietz, oder auch Skulpturen wie den "Bücherwurm" für die Deutsche Bücherei in Leipzig oder die "Bettelweiber von Perugia" geschaffen, die die Königin der Niederlande erwarb.

Hier wurde 1925 unter Anteilnahme einer riesigen Menschenmenge der Artist **Siegmund Breitbart** (1893-1925) beigesetzt. Er war der Sohn eines Schmiedes aus einer Lodzer Vorstadt, der im Zirkus Busch als "stärkster Mann der Welt" auftrat und in Amerika als "Eisenkönig" gefeiert wurde. Er "zerbrach nicht nur Hufeisen wie Glas, sondern er schmiedete sie sich erst aus glattem kaltem Eisen. Seine Hämmer waren die Fäuste. Ketten zerbiß er wie Brötchen, schwere Steine ließ er sich auf dem Schädel zerschmettern ... Tausend und abertausend Nägel sind ihm ins Fleisch gedrungen ... Sie alle konnten ihm nichts anhaben. Wirklich nicht? Einer war rostig, und an ihm ist er gestorben", schrieb das Berliner Tageblatt nach dem Tode Breitbarts. Bei den Pogromen im Scheunenviertel 1923 verteidigte er die Bewohner der Grenadierstraße gegen antisemitische Schlägerbanden.

Auffallend unter den sonst schlichten Grabstelen die Grabstätte **Mugdan** mit einer hohen, von einem Davidstern bekrönten Stellage aus schmiede-eisernen Stäben mit neuklassizistischem Dekor, nach 1907, und das strenge, kantige Gitter unter den sonst eher neobarocken am Grabe des Kantors **Salomon Winter** (gest. 1910).

Spätestens, wenn man die rechteckigen Granitsteine erblickt, die lediglich eine deutsche Inschrift auf ihrer Rückseite tragen, ist man zurückgeholt in die Endzeit der Gemeinde. "Hier ruht **Moses Vortrefflich**" – am 7. Oktober 1892 wurde er geboren, am 4. Januar 1942 wurde er in Buchenwald ermordet. Hunderte solcher Gräber gibt es, die Mehrzahl ist bisher namentlich noch nicht identifiziert worden bei der Wiederherstellung des in den 1970er Jahren verwahrlosten Friedhofes. Aus den Konzentrationslagern Sachsenhausen, Buchenwald, Dachau, Ravensbrück und Groß-Rosen, aus der Euthanasie-Anstalt in Wittenau und aus der Gestapo-Zentrale Prinz-Albrecht-Straße 8 trafen die kleinen schwarzen Urnen ein, von der Gestapo versandt. Todesursachen: "Lungenentzündung", "Herzversagen", "Auf der Flucht erschossen".

Man wäre verpflichtet, dem Lebensweg, dem Leidensweg jedes hier Begrabenen nachzugehen, ihn vor dem Vergessen zu bewahren. 1938 wurde die Gemeinde von der Gestapo zerschlagen, ihre Mitglieder deportiert, ausgeraubt und ermordet – wie nahezu alle Juden unter deutscher Herrschaft.

Im Juni 1986 wurde der Friedhof wiedereröffnet, nachdem der Zerstörung an den Gräbern und der Verwahrlosung Einhalt geboten werden konnte. Angehörige und Nachkommen waren aus der ganzen Welt zur Wiedereinweihung nach Berlin gereist. Sie haben sich inzwischen erneut zu ihrer alten Gemeinde zusammengefunden. So wird dem Gedanken lebendig entsprochen, der in hebräischer Abkürzung auf jedem der Grabsteine zu finden ist: "Seine Seele möge verwoben sein mit der Seele des Lebens."

371

## KIRCHE FALKENBERG

*Dorfstraße*
*13057 Berlin*

Die bereits 1375 im Landbuch Kaiser Karls IV. erwähnte **Kirche** im am nordöstlichen Berliner Stadtrand gelegenen Falkenberg wurde im April 1945 von der Wehrmacht gesprengt und seitdem nicht wieder aufgebaut. Von Turm und Schiff sind nur noch die Grundmauern erhalten. Besonders eigenwillig erschien der auf quadratischem Grundriß vor die Westwand gesetzte massive Turm mit seinem aus flachem Zeltdach aufsteigenden stumpfen Pyramidenhelm. 1795 hatte ihn die Gutsherrin **Marie Elisabeth von Humboldt**, *verwitwete von Holwede*, die Mutter des berühmten Bruderpaares Alexander und Wilhelm von Humboldt, durch den Berliner Baumeister PAUL LUDWIG SIMON in den damals so beliebten ägyptisierenden Formen ausführen lassen und sein reliefgeschmücktes Untergeschoß als Erbbegräbnis für sich und ihre beiden **Ehemänner** bestimmt. Auch eine **Tochter** aus erster Ehe wurde hier beigesetzt.

In Fontanes Erzählung über Falkenberg stehen die vier Särge noch in der Leichenhalle des Turms. Später soll es den Kirchgängern einer Überlieferung zufolge lästig geworden sein, beim Eingang ständig an den Gräbern der Humboldts vorbeigehen zu müssen. Die Gruft wurde deshalb in den hinteren Teil verlegt. Eine Gedenktafel erinnert an die Restaurierung des Gruftgewölbes 1969.

Die Grabplatten der Humboldtschen Familiengruft befinden sich im Pfarrhaus der evangelischen Kirchengemeinde Malchow.

## FRIEDHOF DER AUFERSTEHUNGSGEMEINDE
*Lichtenberger Straße 110-123*
*10179 Berlin*

Der Friedhof wurde 1880 angelegt. Aus dieser Zeit stammt auch die Tor-
einfahrt mit der Friedhofsmauer und das Verwaltungshaus, sämtlich in
neugotischen Formen aus Backstein. In der Mitte der Hauptallee die Kapelle,
ein neugotischer Rechteckbau, dreiachsig mit polygonaler Apsis und kleinem oktogonalem Westturm, um 1890.

Hier befindet sich das Grab des Bauarbeiters **Peter Fechter** (1944-1962),
der beim Versuch, die Mauer zu überwinden, von DDR-Grenzsoldaten erschossen wurde.

## FRIEDHOF DER BARTHOLOMÄUSGEMEINDE
*Straße 18 Nr. 1*
*13088 Berlin*

Der Friedhof wurde 1894 angelegt. Die Kapelle, ein rechteckiger dreiachsiger Klinkerverblendbau in neuromanischen Formen mit Halbrundapsis, stammt aus dem Ende des 19. Jahrhunderts.

Vor der Kapelle rechts befindet sich ein lebensgroßer marmorner Engel von einem unbekannten **Grabmal**, kniend und Rosen streuend, gegen 1900. Am Ende der Hauptallee erstreckt sich der **Gefallenenfriedhof** von 1914 bis 1918, ein Rondell mit einem Pfeilerpaar bildet den Zugang. In der Mitte eine beschädigte Christusfigur aus Sandstein.

*Familiengrabstätte Berendt*

## FRIEDHOF III DER GEORGEN-PAROCHIAL-GEMEINDE
*Roelckestraße 142-150*
*13086 Berlin*

Er wurde als Georgenfriedhof 1878 angelegt. Die Kapelle von 1890/1900 ist ein neuromanischer Klinkerverblendbau über kreuzförmig zentralisierendem Grundriß, die Mitte stark überhöht mit einem steilen Zeltdach. Auf dem Platz vor der Kapelle erhebt sich ein großes steinernes Kreuz aus dem Ende des 19. Jahrhunderts.

Das älteste erhaltene Grabmal ist ein gußeisernes Grabkreuz für **H. Tscheutscher** (gest. 1878). In der Reihe der Wandgrabmäler zur Roelckestraße bemerkenswert das Grabmal **Kretzschmer**, eine romanisierende Arkatur aus Sandstein, in der Mitte die wenig unterlebensgroße Bronzefigur einer jugendlichen Trauernden, nach 1914. Am Ende der Reihe vor der Ecke zur Pistoriusstraße die Familiengrabstätte **Berendt**, eine breite neugotische Wand aus fünf Backsteingiebeln, der mittlere Giebel erhöht und durch vier Blenden gegliedert, um 1880/90. Davor ein schlichter Grabstein für Pfarrer **Ernst Berendt** (gest. 1919), den Gründer der Stephanus-Stiftung. Am Hauptweg hinter der Kapelle rechts die Familiengrabstätte **Runge**, in der Mitte eine Stele mit der Aktfigur eines knienden, auf die verlöschende Fackel sich stützenden Jünglings, Sandstein, neuklassizistisch, um 1923.

375

## FRIEDHOF DER SEGENSGEMEINDE
*Gustav-Adolf-Straße 67-74*
*13086 Berlin*

Der Friedhof wurde 1882 eingeweiht. Aus dieser Zeit stammt die Kapelle, ein rechteckiger neugotischer Klinkerverblendbau mit einer verhältnismäßig reich geschmückten Fassade.

In der Mitte des Hauptweges auf einem Rondell eine weit überlebensgroße **Marmorfigur** des segnenden Christus nach BERTHEL THORVALDSEN, nach 1882 entstanden.

# LICHTENBERG

*Zentralfriedhof Friedrichsfelde, Gedenkstätte der Sozialisten, Grabstätte Wilhelm Liebknecht*

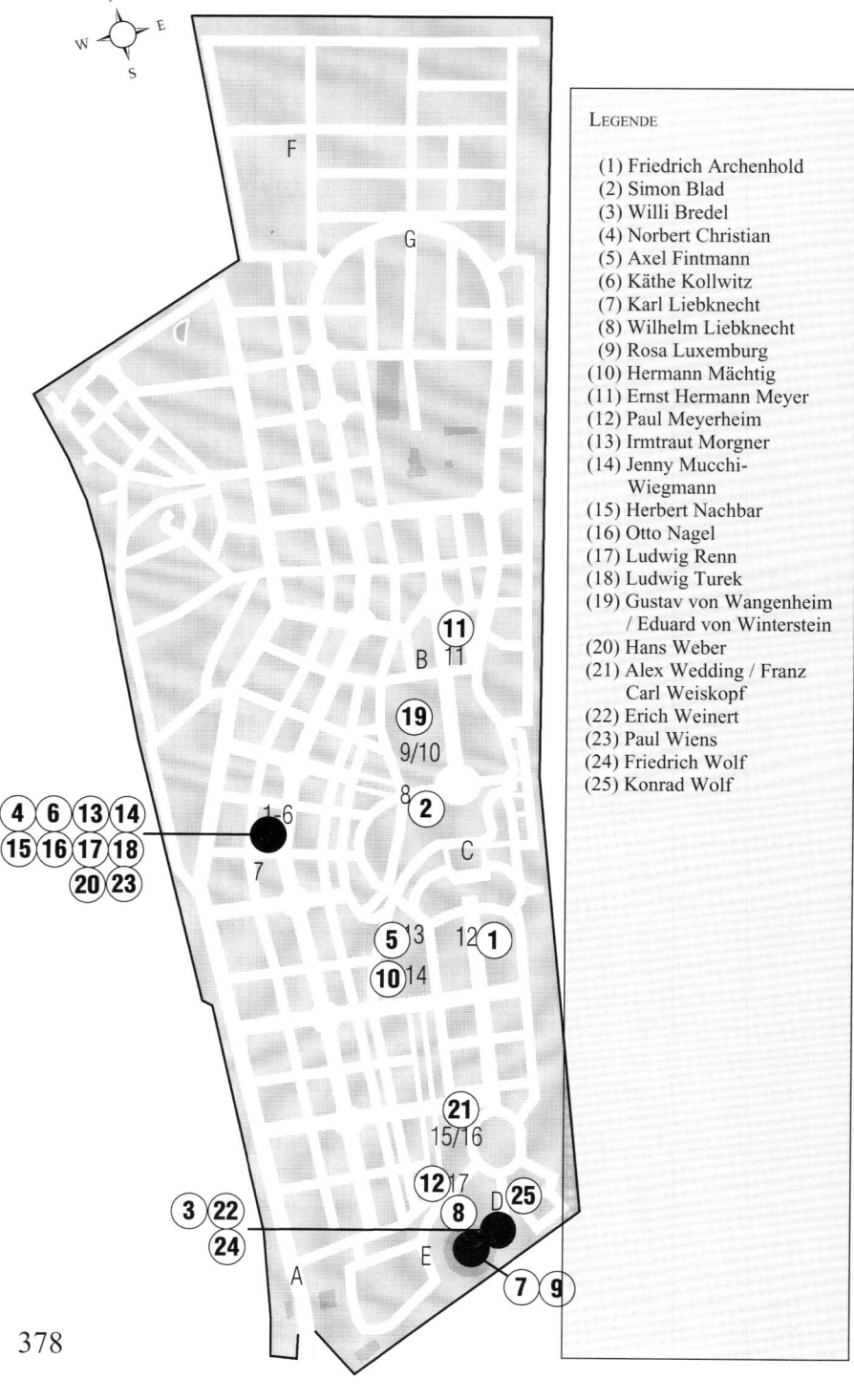

W ✦ E
S

F

G

LEGENDE

(1) Friedrich Archenhold
(2) Simon Blad
(3) Willi Bredel
(4) Norbert Christian
(5) Axel Fintmann
(6) Käthe Kollwitz
(7) Karl Liebknecht
(8) Wilhelm Liebknecht
(9) Rosa Luxemburg
(10) Hermann Mächtig
(11) Ernst Hermann Meyer
(12) Paul Meyerheim
(13) Irmtraut Morgner
(14) Jenny Mucchi-
     Wiegmann
(15) Herbert Nachbar
(16) Otto Nagel
(17) Ludwig Renn
(18) Ludwig Turek
(19) Gustav von Wangenheim
     / Eduard von Winterstein
(20) Hans Weber
(21) Alex Wedding / Franz
     Carl Weiskopf
(22) Erich Weinert
(23) Paul Wiens
(24) Friedrich Wolf
(25) Konrad Wolf

(11) 11
B

(19) 9/10

8 (2)

(4) (6) (13) (14)
(15) (16) (17) (18)
(20) (23)      1-6
               7

C

(5) 3    12 (1)
(10) 14

(21) 15/16

(12) 17
(3) (22) (8) D (25)
(24)        E
A        (7) (9)

378

## STÄDTISCHER ZENTRALFRIEDHOF FRIEDRICHSFELDE
## MIT GEDENKSTÄTTE DER SOZIALISTEN

*Gudrunstraße*
*10365 Berlin*

Damals, als der Friedhof angelegt wurde – 1875 –, fanden hier bis etwa 1911 die Ärmsten der Armen ihre letzte Ruhe. Wie die Chronik berichtet, ist als erste eine Frau bestattet worden, die an Schwindsucht verstarb. Als erste nichtkonfessionelle kommunale Friedhofsanlage für Berlin wurde er in einem damals neuartigen Parkstil – wie etwa der Ohlsdorfer Hauptfriedhof in Hamburg und andere – angelegt. Im höher gelegenen östlichen Streifen mit seinem Hauptweg gibt es verschiedene gartenkünstlerische Gestaltungselemente, wie etwa die Kastanienallee. Der tiefer gelegene westliche Teil, der beiderseits eines kurvigen Mittelweges entlangführt, ist in rechteckige Gräberfelder unterteilt.

Vom Armenfriedhof des Berliner Magistrats bis zu einer der größten, eindrucksvollsten und geschichtsträchtigsten Ruhestätten auf deutschem Boden sollten fast 120 Jahre vergehen. Die erste große Trauerfeier der Berliner Arbeiter war die Beisetzung Wilhelm Liebknechts am 12. August 1900. Ein Trauerzug von über 120.000 Teilnehmern begleitete den Kampfgefährten von August Bebel, der entscheidenden Anteil an der Herausbildung der Sozialdemokratischen Partei hatte.

Am 15. Januar 1919 fielen Karl Liebknecht und Rosa Luxemburg, die zum Jahresende die Kommunistische Partei begründet hatten, in die Hände konterrevolutionärer Freikorpsverbände. Sie wurden grausam mißhandelt und dann ermordet. An ihrem Todestag kündeten die letzten Worte der beiden Führer der Revolution vom künftigen Sieg der Revolution: "Die Geschlagenen von heute werden die Sieger von morgen sein. Denn die Niederlage ist ihre Lehre ...Unser Schiff zieht seinen geraden Kurs fest und stolz dahin bis zum Ziel. Ob wir dann noch leben werden, wenn es erreicht wird – leben wird unser Programm, es wird die Welt der erlösten Menschheit beherrschen. Trotz alledem!" schrieb Liebknecht. Und Rosa Luxemburg in der gleichen Ausgabe der "Roten Fahne": "Die Revolution wird morgen schon zu eurem Schrecken mit Posaunenklang verkünden: Ich war, ich bin, ich werde sein!" Die Beisetzung Karl Liebknechts und 32 während der Januarkämpfe ermordeter Arbeiter und Soldaten war am 25. Januar begleitet von einer gewaltigen Demonstration der Berliner Arbeiter.

Da der Magistrat von Berlin die Beisetzung der Opfer des konterrevolutionären Mordterrors auf dem Friedhof der Märzgefallenen im Friedrichshain verboten hatte, wurde als letzte Ruhestätte für die Kämpfer der Revolution der entfernteste Winkel auf dem Friedrichsfelder Friedhof festgelegt. "Die Welt folgte ihm", schrieb der Publizist und USPD-Politiker Kurt Eisner, der

379

*Gedenkstätte der Sozialisten*

während der Novemberrevolution bayrischer Ministerpräsident geworden war, aber schon im Februar 1919 ermordet wurde, "– ein Zug der Liebe, gewaltig durch seine Masse, seinen Ernst, seine Prunklosigkeit. Aus allen Staaten Europas waren Vertreter des Proletariats gekommen. Zwei arme Textilarbeiter aus Lille beteiligten sich am Zuge; sie waren Tag und Nacht gefahren und vom Bahnhof unmittelbar zum Trauerhause geeilt – zum Sterben erschöpft, marschierten sie mit, die langen 5 1/2 Stunden, durch das ganze Riesenreich Berlins, vom Staub und Sonnenbrand niedergedrückt, aber keine Überredung konnte sie dazu bewegen, einen Wagen zu benutzen. – Als der Tag schon im Sinken war, erreichten wir die feierliche Ruhe des grünen Totenhains. Weich hallte die wehmütig-süße Weise von Chopins Trauermarsch. Ein Reich des Traumes erschloß sich uns, wie gebannt schritten wir durch diese endlose Wunderstraße von blühenden Kränzen und roten Schleifen, in deren goldenen Widmungen die Abendsonne leuchtete, und aller Augen schimmerten ..." Die Leiche Rosa Luxemburgs hatten die Mörder in den Landwehrkanal geworfen. Erst fünf Monate später konnte sie an der Seite Karl Liebknechts bestattet werden.

Anfang der zwanziger Jahre beschloß die Kommunistische Partei, den toten Revolutionären in Friedrichsfelde eine würdige **Gedenkstätte** zu errichten. Die Mittel hierfür wurden aus mühsam gesammelten Arbeitergroschen aufgebracht. So wurden Postkarten mit dem Denkmalsentwurf des bekannten Architekten MIES VAN DER ROHE, des späteren Direktors des Bauhauses in Dessau und Berlin, verkauft. Das 1926 eingeweihte Bauwerk, eine Mauer mit kastenförmig vorspringerden Ziegelelementen, zwölf Meter lang, vier Meter breit und sechs Meter hoch, erhielt von ihm eine damals ungewöhnliche, kühne Gestaltung, die es deutlich von herkömmlichen Denkmalsanlagen unterschied. Auf seiner rechten Seite befand sich ein zwei Meter großer Stern mit Hammer und Sichel, daneben ein Mast mit der roten Fahne. Links standen die Worte: "Ich war – ich bin – ich werde sein." Diese Verszeile Ferdinand Freiligraths hatte am 14. Januar 1919 Rosa Luxemburgs letzten Artikel abgeschlossen. Vor dem Denkmal lagen in drei Reihen 35 Grabplatten. Die Arbeiten hatte die "Bauhütte" ausgeführt, eine von freigewerkschaftlich organisierten Bauarbeitern gebildete Genossenschaft.

Von nun an trafen sich fortschrittliche Berliner einmal jährlich an einem Sonntag im Januar, um der Toten der deutschen Arbeiterbewegung zu gedenken. Am 8. Mai 1929 wurden 31 Opfer des "Blutmai" am Revolutionsdenkmal beigesetzt. Am 15. Januar 1933 fand die letzte Kundgebung vor der Errichtung der nationalsozialistischen Diktatur statt; in 18 Marschkolonnen zogen kommunistische, sozialdemokratische und parteilose Arbeiter nach Friedrichsfelde. Am 10. Februar 1933 wurden die von den Nationalsozialisten ermordeten Jungarbeiter **Peter Schulz**, **Erwin Berner** und **Alfred Kollatsch** hier beigesetzt. 1935 ließen die Nationalsozialisten das Denkmal Mies van der Rohes abreißen und die "Kommunistengräber" einebnen.

Im Dezember 1945 beschloß der Berliner Magistrat, die Erinnerungsstätte in Friedrichsfelde in einen würdigen Zustand zu bringen. Für die erste Demonstration im Januar 1946 erteilte das Zentralkomitee der KPD einem Lichtenberger Kollektiv den Auftrag, das ehemalige Revolutionsdenkmal behelfsmäßig in originalgetreuen Abmessungen nachzubilden. Nach Gründung der DDR erhielt die Gedenkstätte der Sozialisten unweit des Einganges zum Zentralfriedhof Friedrichsfelde einen neuen Platz. Sie wurde am 14. Januar 1951 eingeweiht. Sie wird von einer vier Meter hohen, fast kreisförmigen Mauer eingefriedet und hat einen Innendurchmesser von 45 Metern. Im Mittelpunkt des Innenhofes erhebt sich ein mächtiger, vier Meter hoher und zwei Meter breiter Stein aus Rochlitzer Porphyr mit der Aufschrift: "Die Toten mahnen uns." Um diesen Stein sind zehn Grabstätten angelegt; auf schlichten Metallplatten ist zu lesen:

**Karl Liebknecht**, ermordet am 15. Januar 1919
**Rosa Luxemburg**, ermordet am 15. Januar 1919
**Ernst Thälmann**, ermordet am 18. August 1944 (im Konzentrationslager Buchenwald)
**Rudolf Breitscheid**, ermordet am 24. August 1944 (im KZ Buchenwald)
**Wilhelm Pieck**, gestorben am 7. September 1960
**Otto Grotewohl**, gestorben am 21. September 1964
**Walter Ulbricht**, gestorben am 1. August 1973

**John Scheer**, ermordet am 1. Februar 1934
**Franz Mehring**, gestorben am 29. Januar 1919
**Franz Künstler**, gestorben am 10. September 1942

Das Rund der Umfassungsmauer birgt die letzten Ruhestätten weiterer Persönlichkeiten der deutschen Arbeiterbewegung (einige davon mit Porträts aus Stein, meist jedoch mit Bildnisreliefs auf den Bronzeplatten) und Politiker der DDR (von links nach rechts): **Carl Legien** (1861-1920), Sozialdemokrat, Mitglied des Reichstags, seit 1919 Vorsitzender des Allgemeinen Deutschen Gewerkschaftsbundes; **Emma Ihrer** (1857-1911), Kampfgefährtin Clara Zetkins, Mitbegründerin und Vorstandsmitglied des 1885 gebildeten Vereins zur Vertretung der Interessen der Arbeiterinnen in Berlin, 1890/92 gehörte sie als erste Frau der Generalkommission der Gewerkschaften Deutschlands als Mitglied an; **Paul Singer** (1844-1911), sozialdemokratischer Arbeiterführer, gehörte 1869 zu den Mitbegründern der Sozialdemokratischen Arbeiterpartei und war seit 1890 einer der beiden Vorsitzenden der deutschen Sozialdemokratie; seine Grabstele stammt von dem Berliner Architekten Ludwig Hoffmann; **Robert Wengels** (1852-1930), kämpfte als Sozialdemokrat gegen das Sozialistengesetz in Berlin, seit 1895 Expedient in der Redaktion des "Vorwärts"; **Margarete Wengels** (1856-1931), wirkte seit Anfang der 1990er Jahre in Berlin in der proletarischen Frauenbewegung, trat 1905/07 für die Solidarität mit den Revolutionskämpfern in Rußland ein, nahm 1915 mit Clara Zetkin am internationalen Frauenkongreß in Bern teil; **Louise Zietz** (1865-1922), seit 1892 in der deutschen Sozialdemokratie tätig, hatte großen Anteil an der Herausbildung und Festigung der proletarischen Frauenbewegung in Deutschland, gehörte 1917 zu den Begründern der USPD, 1919/20 Mitglied der Nationalversammlung und seit 1920 des Reichstages; **Karl Friedrich Zubeil** (1848-1926), wurde in der Zeit des Sozialistengesetzes als Sozialdemokrat in Berlin gemaßregelt, 1898-1919 Expedient in der Redaktion des "Vorwärts", 1890 Wahl in die Berliner Stadtverordnetenversammlung, ab 1893 Mitglied des Reichstags; **Johannes Stelling** (1877-1933), 1921-1924 sozialdemokratischer Ministerpräsident von Mecklenburg-Schwerin, 1920-1933 Mitglied des Reichstags, Mitglied des Parteivorstandes der SPD und stellvertretender Vorsitzender des Reichsbanners Schwarz-Rot-Gold, wurde 1933 in Berlin ermordet; **Adolph Hoffmann** (1858-1933), Sozialdemokrat, gehörte 1917 zu den Begründern der USPD, war nach der Vereinigung des linken Flügels der USPD mit der KPD im Dezember 1920 bis 1921 Mitglied der Zentrale der KPD, trat 1921 aus der KPD aus und bildete mit anderen die Kommunistische Arbeitsgemeinschaft, ab 1922 wieder Mitglied der SPD; **Ignaz Auer** (1846-1907), kämpfte als Sozialdemokrat gegen das Sozialistengesetz, war seit 1890 Schriftführer und Sekretär des Parteivorstandes der deutschen

*Grabmal Emma Ihrer*

Sozialdemokratie, Mitglied des Reichstags; **Adolf Braun** (1862-1929), nahm 1887 als Delegierter am Hainfelder Gründungskongreß der österreichischen Sozialdemokratie teil, trat zur deutschen Sozialdemokratie über, war lange Zeit Redakteur sozialdemokratischer Zeitungen, 1919/20 Mitglied der Nationalversammlung, seit 1920 Sekretär des Parteivorstandes der SPD in Berlin, bis 1927 Mitglied des Parteivorstandes; **Hermann Weyl** (1866-1925), war seit 1892 als praktischer Arzt in Berlin tätig, seit 1902 sozialdemokratischer Abgeordneter der Berliner Stadtverordnetenversammlung, trat noch 1917 zur USPD über und war seit 1919 Vorsitzender der USPD-Fraktion in der Stadtverordnetenversammlung, seit 1921 auch Mitglied des preußischen Landtags; **Hermann Müller-Franken** (1876-1931), war 1919-1928 einer der Parteivorsitzenden der SPD, bildete 1928 als Reichskanzler eine Regierung der Großen Koalition; **Hugo Haase** (1863-1919), Sozialdemokrat, seit Bildung der USPD im April 1917 war er bis zu seinem Tod Vorsitzender dieser Partei und vertrat mit Karl Kautsky deren rechten Flügel; **Alwin Körsten** (1856-1924), seit 1899 Sekretär der Berliner Gewerkschaftskommission, ab 1903 sozialdemokratischer Abgeordneter im Reichstag; **Wilhelm Liebknecht** (1826-1900), trat 1850 dem Bund der Kommunisten bei, war 1869 maßgeblich an der Gründung der Sozialdemokratischen Arbeiterpartei beteiligt, gehörte 1889 zu den Begründern der II. Internationale, seit 1891 Chefredakteur des "Vorwärts", des Zentralorgans der deutschen Sozialdemokratie; seine Bronzebüste auf einem Granitsockel und die dahinter stehende (H. MAY signierte) Reliefplatte mit der Darstellung 383 der Siegesgöttin, die einem Hüttenarbeiter die Hand reicht und ihn mit einem Lorbeergewinde schmückt, ist nach dem Entwurf des Berliner Architekten LUDWIG HOFFMANN entstanden; **Julia Liebknecht** (1874-1911), erste Frau Karl Liebknechts; **Richard Fischer** (1855-1926), wurde 1873 Mitglied der schweizerischen Sozialdemokratie, wirkte seit 1876 als Redakteur in der deutschen Sozialdemokratie und war führend an der Entwicklung des Verlags- und Druckereiwesens der SPD beteiligt, er war Mitglied des SPD-Parteivorstandes und seit 1893 Mitglied des Reichstags; **Eugen Brückner** (1872-1931), Vorsitzender der Zahlstelle Berlin des Deutschen Buchbinder-Verbandes und ab 1904 Sekretär des Arbeitersekretariats in Berlin, wirkte danach als Stadtrat und stellvertretender Bezirksbürgermeister in Friedrichshain, gehörte als SPD-Mitglied ab 1921 dem preußischen Landtag an; **Wilhelm Pfannkuch** (1841-1923), gehörte 1893 zu den Begründern des Deutschen Holzarbeiter-Verbandes, seit 1917 Sekretär des SPD-Parteivorstandes; **Hermann Molkenbuhr** (1851-1927), seit 1904 gehörte er dem SPD-Parteivorstand an, Mitglied des Reichstags und 1919/20 der Nationalversammlung; **Theodor Leipart** (1867-1947), war von 1908 bis 1919 Vorsitzender des Deutschen Holzarbeiter-Verbandes, von 1921 bis 1933 Vorsitzender des Allgemeinen Deutschen Gewerkschaftsbundes;

Urnenstätten in der Ringmauer (von links nach rechts): **Rudolf Schwarz** (1904-1934), Mitglied der Bundesführung des Roten Frontkämpferbundes, seit 1929 Mitarbeiter des ZK der KPD, wurde gemeinsam mit John Scheer, Eugen Schönhaar und Erich Steinfurth von den Nationalsozialisten ermordet; **Erich Steinfurth** (1896-1934), von 1927 bis 1933 Mitglied des ZK der Roten Hilfe Deutschlands, von 1929 bis 1933 Abgeordneter des preußischen Landtags; **Eugen Schönhaar** (1899-1934), leitete von 1924 bis 1927 in Berlin das Mitteleuropäische Büro der Internationalen Roten Hilfe, seit 1932 im ZK der KPD für die Vorbereitung illegaler Druckschriften verantwortlich; **Kurt Fischer** (1900-1950), von 1946 bis 1948 Innenminister des Landes Sachsen, 1949/50 Chef der Deutschen Volkspolizei; **Frida Rubiner** (1879-1952), leistete von 1941 bis 1945 in der Sowjetunion antifaschistische Aufklärungsarbeit unter den deutschen Kriegsgefangenen, 1946 Dozentin an der Parteihochschule "Karl Marx", Übersetzerin von Werken Lenins; **Edwin Hoernle** (1883-1952), einer der führenden Agrarpolitiker der KPD, Mitbegründer des Nationalkomitees "Freies Deutschland" in der Sowjetunion, nach 1945 Vizepräsident der Deutschen Verwaltungsakademie und Dekan der Agrarpolitischen Fakultät; **Gustav Sobottka** (1886-1953), von 1928 bis 1935 Leiter des Sekretariats des Internationalen Komitees der Bergarbeiter, 1943 Mitbegründer des Nationalkomitees "Freies Deutschland" in der Sowjetunion, 1945 bis 1948 Vizepräsident und Präsident der Zentralverwaltung für die Brennstoffindustrie; **Erich Weinert** (1890-1953), bedeuten-

der politisch-satirischer Dichter, der in mitreißender Weise seine Gedichte zunächst im Kabarett, später in Arbeiterversammlungen und auf Kundgebungen vortrug, 1943 Mitbegründer und Präsident des Nationalkomitees "Freies Deutschland", 1950 Gründungsmitglied der Deutschen Akademie der Künste; **Martha Arendsee** (1885-1953), von 1931 bis 1935 Mitglied des ZK der Internationalen Arbeiterhilfe und Internationale Sekretärin für Sozialpolitik der IAH; **Friedrich Wolf** (1888-1953), bedeutender Dramatiker und Schriftsteller, der nach expressionistischen Anfängen historische Dramen ("Der Arme Konrad", 1924; "Beaumarchais", 1941; "Thomas Müntzer", 1953) und Revolutionsstücke ("Die Matrosen von Cattaro", 1930) sowie sozialkritische ("Cyankali", 1929) und antifaschistische Zeitstücke ("Professor Mamlock", 1934) schrieb, 1943 Mitbegründer des Nationalkomitees "Freies Deutschland", nach 1945 erfolgreich auch mit Tiergeschichten für Kinder; **Max Keilson** (1900-1953), 1928 Mitbegründer der Assoziation revolutionärer bildender Künstler, von 1943 bis 1945 Redakteur des Senders des Nationalkomitees "Freies Deutschland" in Moskau, 1946 bis 1949 Chefredakteur der Berliner Tageszeitung "Vorwärts"; **Otto Franke** (1877-1953), Funktionär der KPD, einer der Organisatoren der Tagung des ZK der KPD 1933 in Ziegenhals; **Wilhelm Florin** (1894-1944), seit 1933 Mitglied des Präsidiums des Exekutivkomitees der Kommunistischen Internationale, Mitbegründer des Nationalkomitees "Freies Deutschland", seine Urne wurde 1955 von Moskau hierher überführt; **Rudolf Appelt** (1900-1955), Funktionär der KPC und der SED, seit 1949 Botschafter der DDR in Moskau; 385

**Hermann Schlimme** (1882-1955), Funktionär der SPD, später der SED und der Gewerkschaft; **Franz Moericke** (1885-1956), Funktionär der SED und der Gewerkschaft; **Ottomar Geschke** (1882-1957), Funktionär der KPD, von 1947 bis 1953 Vorsitzender der Vereinigung der Verfolgten des Naziregime; **Florian Schenk** (1894-1957), Funktionär der SED und der Gewerkschaft; **Otto Büchner** (1865-1957), Funktionär der SPD und der Gewerkschaft; **Fritz Große** (1904-1957), 1949-1952 Botschafter der DDR in der CSR; **Helmut Lehmann** (1882-1959), in der Weimarer Republik führender SPD-Sozialpolitiker, später Funktionär der SED; **Paul Oestreich** (1878-1959), 1919 Mitbegründer des Bundes entschiedener Schulreformer und bis 1933 dessen Vorsitzender; **Arthur Ewert** (1890-1959), 1928 bis 1935 Kandidat des Exekutivkomitees der Kommunistischen Internationale, wirkte seit 1930 in der revolutionären internationalen Arbeiterbewegung, vornehmlich in China und Brasilien, verbrachte zehn Jahre in brasilianischen Gefängnissen; **Ernst Melsheimer** (1897-1960), seit 1949 Generalstaatsanwalt der DDR; **Josef Orlopp** (1888-1960), Funktionär der SPD, später der SED, und Gewerkschaft; **Hermann Duncker** (1874-1960), Mitbegründer der Gruppe "Internationale" (Spartakusgruppe) und der KPD, war einer der wichtigsten Lehrer der Marxistischen Arbeiterschule, seit 1949 Leiter der Gewerkschaftshochschule in Bernau; **Paul Schwenk** (1880-1960), führender Kommunalpolitiker der KPD, seit 1947 Funktionär in der Bergbau- und Energiewirtschaft; **Heinrich Rau** (1899-1961), Funktionär der KPD, seit 1950 Mitglied des Politbüros des ZK der SED und Stellvertreter des Vorsitzenden des Ministerrates der DDR; **Karl Litke** (1893-1962), Funktionär der SPD, später der SED; **Otto Meier** (1889-1962), Funktionär der SPD, später der SED; **Alfred Oelßner** (1879-1962), Funktionär der KPD und SED; **Georg Handke** (1894-1962), Funktionär der KPD, seit 1949 in verschiedenen Staatsfunktionen; **Wilhelm Koenen** (1886-1963), Funktionär der KPD, seit 1949 in Staatsfunktionen; **Josef Miller** (1883-1964), von 1930 bis 1936 Generalsekretär der Roten Hilfe Deutschlands und Mitglied des Präsidiums der IRH, nach 1946 Funktionär der SED; **Bernard Koenen** (1889-1964), Funktionär der KPD in Sachsen-Anhalt, seit 1946 in Partei- und Staatsfunktionen; **Willi Bredel** (1901-1964), proletarisch-revolutionärer Schriftsteller, kam mit seinem Buch "Die Prüfung" (1935), in dem er seine Erlebnisse im KZ Fuhlsbüttel schilderte und damit als erster Autor die Unmenschlichkeit der deutschen Nationalsozialisten vor aller Welt entlarvte, zu einem Welterfolg, gab 1936/39 die literarische Exilzeitschrift "Das Wort" in Moskau heraus, nahm 1937/39 als Kriegskommissar der Internationalen Brigaden am Kampf gegen Franco in Spanien teil, war seit 1956 Vizepräsident und Präsident der Deutschen Akademie der Künste, gestaltete in der Trilogie "Verwandte und Bekannte" (1943-53) das Schicksal einer Hamburger Arbeiterfamilie in der ersten Hälfte des 20. Jahrhunderts; **Bruno**

**Leuschner** (1910-1965), Funktionär der KPD und SED für Wirtschaftspolitik, von 1952 bis 1961 Vorsitzender der Staatlichen Plankommission; **Erich Apel** (1917-1965), seit 1963 Stellvertreter des Vorsitzenden des Ministerrates und Vorsitzender der Staatlichen Plankommission, beging Selbstmord wegen einseitiger Wirtschaftsverträge mit der Sowjetunion; **Hans Kiefert** (1905-1966), Funktionär der KPD und SED; **Gerhart Eisler** (1897-1968), seit 1962 Vorsitzender des Staatlichen Rundfunkkomitees der DDR; **Otto Schön** (1905-1968), Funktionär der KPD und SED; **Paul Fröhlich** (1913-1970), Funktionär der SED; **Hermann Matern** (1893-1971), Funktionär der KPD, 1943 Mitbegründer des Nationalkomitees "Freies Deutschland", seit 1949 Vorsitzender der Zentralen Parteikontrollkommission der SED; **Bruno Baum** (1910-1971), Funktionär der SED; **Edith Baumann** (1909-1973), Funktionärin der SED; **Anton Ackermann** (1905-1973), Funktionär der KPD, Mitbegründer des Nationalkomitees "Freies Deutschland", 1954 bis 1958 Leiter der Hauptabteilung Film im Ministerium für Kultur; **Georg Ewald** (1926-1973), Funktionär der SED, seit 1963 Minister für Land-, Forst- und Nahrungsgüterwirtschaft der DDR; **Max Fechner** (1892-1973), Funktionär der SPD und später der SED, 1949-53 Minister für Justiz der DDR; **Fritz Gäbler** (1897-1974), Funktionär der SED; **Fritz Selbmann** (1899-1975), seit 1949 Minister, seit 1955 Stellvertreter des Vorsitzenden des Ministerrates, 1958-1964 Stellvertreter des Vorsitzenden der Staatlichen Plankommission der DDR; **Karl Maron** (1903-1975), 1955-1963 Minister des Innern der DDR; **Otto Winzer** (1902-1975), 1965-1975 Minister für Auswärtige Agelegenheiten der DDR; **Herbert Warnke** (1902-1975), seit 1948 Vorsitzender des Bundesvorstandes des FDGB; **Alfred Kurella** (1895-1975), Schriftsteller, 1958-1963 Kandidat des Politbüros des ZK der SED, 1955 Mitglied und seit 1965 Vizepräsident der Akademie der Künste der DDR; **Fred Oelßner** (1903-1977), 1950-1958 Mitglied des Politbüros des ZK der SED, 1958-1969 Direktor des Zentralinstituts für Wirtschaftswissenschaften der Akademie der Wissenschaften der DDR; **Werner Lamberz** (1929-1978), seit 1971 Mitglied des Politbüros des ZK der SED; **Paul Markowski** (1929-1978), seit 1966 Leiter der Abteilung Internationale Verbindungen, kam mit Werner Lamberz bei einem Flugzeugabsturz in Libyen ums Leben; **Hans Rodenberg** (1895-1978), 1950-1976 Mitglied des Staatsrates der DDR, 1952 Mitglied und 1969-1974 Vizepräsident der Akademie der Künste der DDR; **Friedrich Ebert** (1894-1979), 1948-1967 Oberbürgermeister in Ost-Berlin, seit 1971 Stellvertreter des Vorsitzenden des Staatsrates und des Präsidenten der Volkskammer der DDR.

Ganz rechts am Ende der Mauer befindet sich eine große **Granittafel** mit den Namen verstorbener, in der Zeit der Weimarer Republik ermordeter, im spanischen Freiheitskampf gefallener oder 1933/45 von den Nationalsozialisten ermordeter Kämpfer für den Sozialismus.

387

Von 1952 bis 1989 fanden jeweils im Januar die jährlichen Massendemon-
strationen in der Tradition von Karl Liebknecht und Rosa Luxemburg statt,
zu der die Partei- und Staatsführung die Ost-Berliner aufrief und die immer
mehr zu rituellen Treuegelöbnissen für die DDR erstarrten. Auf der Demonstration am 14. Januar 1988 kam es zu Auseinandersetzungen mit oppositio-
nell Gesinnten, die mit den Worten von Rosa Luxemburg "Freiheit ist stets
auch Freiheit für die Andersdenkenden" ihren Protest gegen die Deformations-
erscheinungen in der DDR bekunden wollten. Verhaftungen, Gefängnis und
Ausbürgerungen waren die Folge. Seitdem begann sich die Opposition in der
DDR stärker zu formieren.

Am 27. Mai 1988 legte der SPD-Vorsitzende Hans-Jochen Vogel aus
Anlaß des 150. Jahrestages des Bestehens der SPD einen Kranz an den
Gräbern alter Sozialdemokraten nieder. Seit 1990 haben die Januar-Kundge-
bungen auf der Gedenkstätte der Sozialisten einen völlig anderen Charakter
erhalten, mehr als 50.000 Berliner versammelten sich am 10. Januar 1993
hier, um gegen die Gefahr von rechts zu protestieren. Es kam auch zu mehrfachen Schändungen der Gedenkstätte durch neonazistische Schmierereien.
Die Kommission zum Umgang mit den politischen Denkmälern der Nachkriegszeit im ehemaligen Ost-Berlin hat den Erhalt des Hauptteils der Gedenkstätte empfohlen; über den Umgang mit einzelnen Gräbern (wie z.b.
von W. Ulbricht) soll zu einem späteren Zeitpunkt entschieden werden.

Unmittelbar an die Gedenkstätte der Sozialisten schließt sich die **Rondell-
Anlage** des Pergolenweges an. Hier sind die Urnen mit den sterblichen Überresten von mehr als 300 Persönlichkeiten der deutschen Arbeiterbewegung
– vielfach mit ihren Gatten – beigesetzt. Die meisten von ihnen nahmen in
Kerker, Illegalität und vielen Emigrationsländern am Widerstand gegen die
Hitler-Diktatur und den Hitler-Krieg teil. Viele gehörten bis 1945/46 der
Sozialdemokratie oder anderen Strömungen und Gruppierungen an. Dann
engagierten sie sich für den Aufbau des Sozialismus in der DDR. Nicht
wenige waren auch stalinistischen Repressalien ausgesetzt.

Hervorzuheben sind vor allem: **Bruno Apitz** (1900-1979), verbrachte
während der NS-Zeit mehr als 10 Jahre im Zuchthaus Waldheim und KZ
Buchenwald, sein Roman "Nackt unter Wölfen" (1958), in dem er das
Schicksal eines kleinen Kindes mit dem des Lagers Buchenwald verknüpfte,
wurde zu einem Welterfolg; **Hilde Benjamin** (1902-1989), 1949-1953
Vizepräsidentin des Obersten Gerichts, Vorsitzende in vielen Schauprozessen,
mitverantwortlich für harte Urteile, 1953-1967 Ministerin für Justiz der
DDR, und **Georg Benjamin** (1895-1942); **Horst Brasch** (1922-1989), seit
1975 Vizepräsident und Generalsekretär der Liga für Völkerfreundschaft;
**Max Burghardt (**1893-1977), Schauspieler, 1950/54 Generalintendant der
Städtischen Bühnen in Leipzig, 1954/63 Intendant der Staatsoper in Berlin,

seit 1958 Präsident des Kulturbundes **Hermann Budzislawski** (1901-1978),
Journalistikwissenschaftler, Herausgeber und Chefredakteur der "Neuen
Weltbühne" in Prag 1933-1938 und der "Weltbühne" 1967-1971; **Anna**
(1899-1978) und **Max Christiansen-Clausen** (1899-1979), während der
NS-Zeit Kundschafter für die Sowjetunion; **Frieda Coppi** (1884-1961),
Mitglied der "Roten Kapelle", lange Zuchthaushaft; **Peter Edel-Hirschweh**
(1921-1983), Maler, Schriftsteller und Publizist, KZ-Aufenthalt wegen
antifaschistischer Widerstandstätigkeit, sein Roman "Die Bilder des Zeugen
Schattmann" (1969) gibt ein dokumentarisches Panorama von 1943 bis
1963, "Wenn es ans Leben geht" (1979) die Geschichte seines Lebens;
**Werner Eggerath** (1900-1977), 1947-1952 Ministerpräsident des Landes
Thüringen, 1960 Rücktritt von allen politischen Funktionen, freischaffender
Schriftsteller, schrieb Romane aus der Arbeiterbewegung; **Klaus Fuchs**
(1911-1988), Sohn des Theologen Emil Fuchs, Physiker, emigirierte 1933,
nach dem Krieg leitender Wissenschaftler im englischen Atomforschungs-
zentrum Harwell, 1950-1959 Gefängnishaft aus politischen Gründen
(Informant für die Sowjetunion), seit 1959 stellvertretender Direktor im
Zentralinstitut für Kernforschung in Rossendorf; **Erich Glückauf** (1913-
1977), Funktionär der KPD und SED; **Otto Gotsche** (1904-1985), 1960-
1971 Sekretär des Staatsrats, Schriftsteller, schrieb Romane aus der Geschichte der Arbeiter-bewegung; **Johanna Grotewohl** (1909-1976), Gattin von
Otto Grotewohl; **Adolf Hennecke** (1905-1975), Hauer im Steinkohlen-
bergbau, überbot 1948 seine Tagesnorm fast um das Vierfache und wurde

389

Initiator der Aktivistenbewegung in der DDR; **Bruno Kaiser** (1911-1982), Literatur- und Bibliothekswissenschaftler, begründete die Pirckheimer-Gesellschaft der Bücherfreunde im Kulturbund der DDR, bedeutender Büchersammler und Marx-Engels-Forscher, trug wesentlich zur Erschließung der deutschen Vormärzliteratur bei; **Peter Kast** (1894-1959), Jugendbuchautor, schrieb spannende und zugleich didaktisch angelegte Abenteuerbücher; **Friedrich Karl Kaul** (1906-1981), Rechtsanwalt und Prozeßverteidiger westdeutscher Kommunisten, Kriminalfälle und Justizverbrechen von der wilhelminischen Ära bis zur Gegenwart behandeln seine Fernsehspiele und Erzählprosa; **Gerhard Kegel** (1907-1989), Gesandter der DDR; **Georg Klaus** (1912-1974), einer der führenden Philosophen der DDR, der sich mit philosophischen Fragen der Naturwissenschaften, der Kybernetik, der Logik und Semiotik und mit Problemen der Geschichte der Philosophie beschäftigte; **Hans Koch** (1927-1986), Kulturtheoretiker und Ästhetiker, ab 1977 Direktor des Instituts für Kultur- und Kunstwissenschaft der Akademie für Gesellschaftswissenschaft beim ZK der SED; **Michael Kohl** (1929-1981), 1974-78 Leiter der Ständigen Vertretung der DDR in der BRD; **Greta Kuckhoff** (1902-1981), Mitglied der "Roten Kapelle", lange Zuchthaushaft, Präsidentin der Notenbank der DDR; **Berta Lask** (1878-1967), Dramatikerin ("Thomas Müntzer", 1925; "Leuna 1921", 1927; "Giftgasnebel über Sowjetrußland", 1927) und Erzählerin (autobiographische Trilogie "Stille und Sturm", 1955)**; Rudolf Leonhardt** (1889-1953), Lyriker, Dramatiker, Erzähler und Essayist; **Sophie Liebknecht** (1884-1964), Gattin von Karl Liebknecht, lebte in der So-wjetunion, war dort vielen Repressalien unterworfen; **Alfred Meusel** (1896-1960), Historiker, seit 1952 Direktor des Museums für Deutsche Geschichte, wissenschaftliche Arbeiten zur Geschichte der bürgerliche Revolutionen in Deutschland und England; **Zenzl Mühsam** (1884-1962), Gattin des Dichters Erich Mühsam, Lagerhaft in der Sowjetunion; **Karl Polak** (1905-1963), Jurist, seit 1960 Mitglied des Staatsrates, maßgebliche Mitarbeit am Staatsratserlaß 1963 zur Neugestaltung der Rechtspflege; **Arthur Pieck** (1899-1970), Sohn von Wilhelm Pieck, 1928 Vorsitzender des Arbeiter-Theater-Bundes Deutschlands, 1955-1961 Generaldirektor der Lufthansa der DDR; **Recha Rothschild** (1880-1964), Publizistin und Schriftstellerin; **Fritz Schälike** (1899-1963), 1946-1962 Direktor des Dietz-Verlages Berlin; **Albert Schreiner** (1892-1979), Historiker; **Peter-Alfons Steiniger** (1904-1980), Völkerrechtler, 1955 Präsident der Liga für die Vereinten Nationen in der DDR; **Josef Streit** (1911-1987), 1962 Generalstaatsanwalt der DDR; **Michael Tschesno-Hell** (1902-1980), Filmautor, verfaßte die Szenarien von DEFA- und Fernseh-Filmen über Ernst Thälmann, Karl Liebknecht und den 1945 von den Nationalsozialisten hingerichteten Maler Alfred Frank; **Elisabeth Weinert** (1899-1983), Gattin von Erich Weinert; **Erich Wendt** (1902-1965), 1947-1954 Leiter des

Aufbau-Verlages; **Karl Heinz Wirzberger** (1925-1976), Amerikanist, 1967-1976 Rektor der Humboldt-Universität zu Berlin; **Konrad Wolf** (1925-1982), Sohn des Schriftstellers Friedrich Wolf, Filmregisseur, international bekannt durch Filme wie "Sterne" (Goldene Palme), "Sonnensucher", "Ich war neunzehn", "Goya", "Mama, ich lebe" und "Solo Sunny", 1965-1982 Präsident der Akademie der Künste der DDR; **Maxim Zetkin** (1883-1965), Sohn von Clara Zetkin, Chirurg, Hochschullehrer. Ein Stein ist dem "unvergeßlichen Arbeitersportler und Widerstandskämpfer **Willi Sänger**, geb. 21.5.1894, hingerichtet 27.11.1944" gewidmet.

Hinter der Ziegelmauer der Gedenkstätte der Sozialisten erhebt sich eine hohe Muschelkalkstele für **Clara Meyerheim** (1845-1907) und den Maler und Grafiker **Paul Meyerheim** (1842-1915) mit einer vollplastischen Urne in einer Nische.

Ein dreiteiliges **Mahnmal** ist dem Gedenken der Opfer der schrecklichen Schiffskatastrophe auf der Spree vom 5. Juli 1951 errichtet worden. 27 Kinder und zwei Erwachsene mußten ihr Leben lassen. Tausende Berliner nahmen damals zusammen mit den Angehörigen Abschied von den in Treptow verunglückten Kindern.

Rechts davon das Grab des Volkspolizisten **Helmut Just**, der 1952 erschossen wurde. Daneben die von einer Backsteinmauer eingefaßte Grabstätte für das Schriftstellerehepaar **Franz Carl Weiskopf** (1900-1955) und **Grete Weiskopf** (1905-1966), bekannt unter ihrem Schriftstellernamen *Alex Wedding*. Auf der Backsteinmauer zwei Bronzetafeln, die rechte mit der Inschrift: "Er kämpfte lächelnd auch in trüben Tagen, sein Mut und seine Überzeugung leben fort in seiner Dichtung." Die linke mit dem nach der Totenmaske geschaffenen Bildnis F.C. Weiskopf, geschaffen von GERHARD THIEME. Die davor liegende Grabplatte für seine Frau. Als Erzähler gestaltete Weiskopf die soziale Situation der tschechischen und slowakischen Arbeiter und Bauern, schrieb in der Emigration Romane, die sich mit Krieg und Faschismus auseinandersetzten, und schilderte in einem groß angelegten Romanzyklus die nationalen und sozialen Probleme der alten Donaumonarchie. Als er 1953 aus der Tschechoslowakei in die DDR übersiedelte, begründete er mit Willi Bredel die Zeitschrift "Neue Deutsche Literatur". Alex Wedding war eine bedeutende Jugendbuchschriftstellerin, die sich mit feinem Einfühlungsvermögen in geschichtliche Prozesse sowie fremde Sitten und Kulturen hineinzuversetzen vermochte. Auch am Rondell das Grabmal **Carl Lange** (gest. 1923) und **Frau**, auf einer geschweiften Stele eine eingerollte Schlange, seitlich die granitenen Kolossalfiguren zweier trauernder Frauen in kniender Haltung.

Rechts am Hauptweg, der zu der 1978 völlig erneuerten Feierhalle führt, ruht der Astronom **Friedrich Archenhold** (1861-1939), der Begründer und 391

Direktor der nach ihm benannten Treptower Sternwarte, der sich vor allem für die populärwissenschaftliche Verbreitung astronomischer Kenntnisse einsetzte. Der schlichte Grabstein trägt die Goethesche Inschrift: "Den lieb ich, der Unmögliches begehrt." Links daneben eine mächtige, mit stilisierten Kreuzen versehene Bodenplatte: "1939-1945. Hier ruhen 121 deutsche Soldaten." Dort, wo sich ein **Massengrab** für Tote der letzten Kriegswochen aus dem Oskar-Ziethen-Krankenhaus sowie von Soldatengräbern aus dem Zweiten Weltkrieg befinden, hat 1992 der Volksbund Deutsche Kriegsgräberfürsorge Gedenktafeln angelegt. Soldatengräber aus dem Ersten Weltkrieg befinden sich auch an der Einfassungsmauer beim Treppenaufgang zur Feierhalle.

An der Kastanienallee südwestlich der Feierhalle das Grabmal für den Berliner Stadtgartendirektor **Hermann Mächtig** (gest. 1909), den Gestalter des Zentralfriedhofes, und für den Gartenbaudirektor **Axel Fintelmann** (gest. 1907), den Förderer der Berliner Gartenkunst. Die ihm von Freunden und Verehrern gestiftete Sandsteinstele trägt die reliefierte Darstellung einer Parklandschaft, darin eingefaßt die Bronzeplatte mit dem Porträt des Verstorbenen, 1908 von ALBERT MANTHE entworfen.

Hier sollen auch die Gräber weiterer bedeutender Wissenschaftler genannt werden, so des Theologen **Emil Fuchs** (1874-1971), des Mitbegründers des Bundes religiöser Sozialisten, oder **Erwin Marcusson** (gest. 1976), eines führenden deutschen Sozialhygienikers.

In einer Nischenreihe der achten Urnenabteilung befinden sich die Grabstätten einiger bedeutender Künstler und Kulturschaffender. Zuallererst das Familiengrabmal des Ehepaares **Konrad** (1863-1932) und **Anna Schmidt** (1863- 1925), des **Georg Stern** (1867-1934) sowie des Arztes **Karl Kollwitz** (1863-1940) und seiner Frau, der berühmten Grafikerin und Bildhauerin **Käthe Kollwitz**, *geb. Schmidt* (1867-1945). Das Grabrelief unter segmentförmigem Abschluß auf der stehenden Bronzeplatte hat die Künstlerin 1936 für das Grabmal des Bruders wie für die Familiengrabstätte geschaffen. Es wurde von dem Goethewort "Ruht im Frieden seiner Hände" angeregt: Mutterhände, die sich schützend um den in den in Tuchfalten geborgenen Kopf eines Kindes legen. Die plastischen Motive der Kollwitz entstammten den grafischen Blättern, die schon Jahrzehnte vorher als "Rinnsteinkunst" diffamiert worden waren: vor allem Mütter, schützend und klagend und Menschen in Trauer. Bereits 1927 hatte der französische Romancier Romain Rolland ihre Kunst als "die größte Dichtung des Deutschland unserer Tage, welche Not und Leid der Niedrigen und Unbedeutenden widerspiegelt", bezeichnet. Damals waren die blockhaft geschlossenen Figuren der "Eltern" (1932) für den Soldatenfriedhof im belgischen Roggevelde, für ihren im Ersten Weltkrieg gefallenen Sohn Peter, und auch die monumentale Gruppe der "Mutter mit Zwillingen" (1926-37) noch nicht geschaffen, doch scheinen die folgenden Sätze Rollands gerade von ihnen zu sprechen: "Diese Frau mit dem Herzen eines Mannes hat sie in ihre Augen, in ihre mütterlichen Arme genommen mit einem düsteren und zärtlichen Mitleid. Sie ist die Stimme des Schweigens der hingeopferten Völker." Jahrzehnte beschäftigte die Künstlerin der Gedanke an den Tod. Er war ein vertrauter Begleiter ihrer Tage, und wie die Schwester Lise meinte, ist ihr ganzes Leben ein Zwiegespräch mit dem Tod gewesen. Von den Nationalsozialisten verfemt, die Zerstörung ihrer Arbeitsräume und den Tod ihres Enkels durch den Krieg vor Augen, starb sie einsam und verbittert wenige Tage vor dem Ende der NS-Schreckensherrschaft.

*Grabstätte Käthe und Karl Kollwitz*

Rechts anschließend das Grabmal des Malers **Otto Nagel** (1894-1967) und seiner Frau **Walli** (1904-1983) mit den eigenen Namenszügen in Bronze, von GERHARD THIEME. Für den im Berliner Arbeiterviertel Wedding aufgewachsenen Autodidakten sind die Freundschaft und Zusammenarbeit mit Heinrich Zille und Käthe Kollwitz kennzeichnend, über die er auch Bücher herausgab. Mit einer in der Berliner Maltradition verwurzelten Sachlichkeit der Beobachtung und einem spezifischen Sinn für das Malbare der Wirklichkeit hat er das Berliner Arbeitermilieu und Berliner Stadtansichten dargestellt. Von 1956 bis 1962 war er Präsident der Deutschen Akademie der Künste.

Weiter befinden sich hier das Grabmal der Bildhauerin **Jenny Mucchi-Wiegmann** (1895-1969), die 1933 den italienischen Maler Gabriele Mucchi heiratete und seit 1950 der Gruppe italienischer Realisten angehörte. Mit der Gestaltung spannungsvoller und differenzierter Persönlichkeitsbilder hat sie die Bildhauerkunst wesentlich bereichert. Das Grabmal des Schriftstellers **Paul Wiens** (1922-1982) hat der Bildhauer WIELAND FÖRSTER gestaltet. Wiens trat zunächst mit Lyrik hervor, die eine breite Traditionswahl spüren ließ und die Mannigfaltigkeit der Form und des Ausdrucks bestimmte, schrieb dann eine stimmungsvolle Prosa und erfolgreiche Szenarien für Filme und Fernsehfilme. Das Grabmal des Schauspielers **Norbert Christian** (1925-1976), der methodisch wie handwerklich noch bei Brecht gelernt hat und über Jahrzehnte zum Stamm des Berliner Ensembles gehörte, in den 393 letzten Jahren auch viele Fernsehrollen prägte, trägt eine expressive Reliefgestaltung. Der Arbeiter-Schriftsteller **Ludwig Turek** (1898-1975) ist durch sein Buch "Ein Prolet erzählt" (1930) bekannt geworden und hat später in weiteren autobiographischen Werken und Reportagen sein erzählerisches Talent festigen können. Hier ist auch die Grabstätte des weltbekannten Autors **Ludwig Renn** (1889-1979), der eigentlich *Arnold Vieth von Golßenau* hieß und aus dem sächsischen Hochadel kam. Im Ersten Weltkrieg wurde er Pazifist und später Kommunist. Sein Buch "Krieg" (1928) erzählt genau registrierend, nüchtern, fast unterkühlt aus der "Graben"– Perspektive des einfachen Soldaten, setzt an die Stelle der traditionellen Romangestaltung den Bericht des Augenzeugen und das authentische Dokument und wurde so zu einem Welterfolg. Renns bedeutendste Leistung liegt auf dem Gebiet des zeitdokumentarischen Berichtsromans autobiographischen Charakters und des Kinder- und Jugendbuches mit exotischer Stoffwahl.

Auf der gegenüberliegenden Seite des Weges die Gräber weiterer Schriftsteller, Künstler und Kulturschaffender: **Irmtraut Morgner** (1933-1990), **Wolfgang E. Struck**, **Hans Weber** (1937-1987), **Herbert Nachbar** (1930-1980), **Walter Kohls** (1911-1986), **Janos Heiczi** (1924-1987), **Eva Görsch** (1928-1985), **Gerhard Hardel** (1912-1984), **Paul H. Freyer** (1920-1983), **Leo Haas** (1901-1983), **Reinhold Lingner** (1902-1968) und **Walter Göres** (1900-1963). Das große Thema der Irmtraut Morgner war der Eintritt der Frau in die Historie. Sie, die als "eine Art Doktor Faustus für Feministinnen" bis in die USA verehrt wird, erfand ihre eigenen Roman-Collagen und gab ihre Hexen-Romane "Beatriz" und "Amanda" als "operative Montage" aus. In ihren Büchern "muß die Frau in die bunten Lumpen der Verwandlung schlüpfen, eine Hexe werden, um in der 'zweiten Schicht' Haushalt und Kindererziehung im Griff zu haben, und dabei noch ein Wesen bleiben, das im erotischen Reigen mitspielen kann", schrieb ihr Schriftstellerkollege Fritz Rudolf Fries. Hans Weber setzte sich in seinen für Jugendliche wie Erwachsene geschriebenen Erzählungen und Romanen mit den Problemen der jungen Generation auseinander. Auch Herbert Nachbar griff Gegenwartsthemen auf; seinem Roman "Die Hochzeit von Länneken" (1960) liegt ein Romeo-und-Julia-Konflikt zugrunde.

Am **Terrassenring** nordwestlich der Feierhalle erhebt sich das künstlerisch wertvolle Grabmal für den Kaufmann und Rentier **Simon Blad** (gest. 1896), der sein gesamtes Vermögen der Stadt Berlin hinterließ. Auf der Muschelkalkstele, von LUDWIG HOFFMANN 1903 (zwischen der Jahreszahl das Stundenglas reliefiert) entworfen, befindet sich eine vorzüglich gearbeitete Bronzetafel mit der Ganzfigur des Verstorbenen, sitzend, mit einem Buch in der Hand, und – in Anlehnung an Renaissancegrabmäler – eingefaßt von einem Akanthusrahmen mit Engelkopfmedaillons, 1909 von AUGUST

*Gedenktafel der Opfer des Nazi-Regimes*

VOGEL geschaffen. Die Urnenkammer auf der Rückseite ist durch ein Miniaturportal verschlossen. Links davon die Familienbegräbnisstätte **Minna** und **Wilhelm**, **Anita** und **Bruno Nötzel**, zwei sich einander zuneigende Granitsteine, auf dem einen die weiblichen, auf dem anderen die männlichen Namen, mit einem beide Steine verbindenden gotisierenden Schriftband "Aber du stehst am Tor – und wartest auf mich."

Der Friedhof ist terrassenförmig angelegt, Treppen führen auf höhere Plateaus, Rondelle schaffen Zentren. Am **Rondell** nördlich der Feierhalle findet sich das aufwendig gearbeitete Grabmal des Nestors des deutschen Theaters, **Eduard von Winterstein**, eigentlich *Eduard Freiherr von Wangenheim* (1871-1961), eine große Inschriftstele aus Muschelkalkstein in klassizisierenden Formen, zwei Säulen im Halbrelief, mit dem Familienwappen des Löwen und dem Spruch "vert und trev", nach 1921 gesetzt: "Wir tragen unser Leid und unser Glück / Wir tragen unser Lieben / Hoffen / Sehnen / tragen unser Leben / tragen uns selbst hoch über uns empor in jene Sphären, die uns freundlich klingen." Winterstein stand 70 Jahre auf der Bühne, umfaßte eine ganze Theaterepoche von Otto Brahm über Max Reinhardt, Leopold Jessner, Heinz Hilpert bis Wolfgang Langhoff und verkörperte die besten Traditionen deutscher Schauspielkunst. Seine Erfüllung fand er 1955 als Nathan am Deutschen Theater in Berlin. Die liegende Grabplatte daneben ist seinem Sohn gewidmet, dem Schauspieler, Regisseur und Dramatiker **Gustav von Wangenheim** (1895-1975). Er hat sich um das revolutionäre Agitproptheater verdient gemacht und gründete 1931 das anti-

395

faschistische Schauspielerkollektiv "Truppe 31", für das er Stücke schrieb und inszenierte. Am gleichen Rondell befand sich das in den 70er Jahren aus unerfindlichen Gründen entfernte Grab des Schriftstellers **Julius Rodenberg** (1831-1914), der die einflußreiche "Deutsche Rundschau" begründete und durch seine "Bilder aus dem Berliner Leben" weithin bekannt wurde. Auch die Sandsteinstele mit einem Porträtrelief des Verstorbenen von HUGO LEDERER ist verschwunden.

Gleich neben dem Winterstein-Grabmal eröffnet sich der Blick auf eine Allee mit **Erbbegräbnissen** wohlhabender Bürger aus den ersten Jahrzehnten des 20. Jahrhunderts, Altarsteine, mehrteilige Grabwände, Säulenreihen, Grabpforten, reich geschmückt, die Namen kaum noch zu entziffern. Erschütternd eine Formsteinmauer mit den eingefügten Namenstafeln der Familien **Hermann** und **Meyer** und dem Johannes-R.-Becher-Spruch: "Und laßt uns wach halten, Liebe, Haß und Schmerz". Allein 9 Mitglieder der Familie Meyer sind in den KZs Maidanek, Auschwitz, Theresienstadt und Jungfernhof bei Riga ermordet worden. Eine schlichte Marmorplatte rechts vorn am Boden ist dem Komponisten und Musikwissenschaftler **Ernst Hermann-Meyer** (1905-1988) gewidmet.

Auf einem dicht von Bäumen bestandenen Hügel ein **Grabmonument** ohne Namen, ein Sandsteinbau in Form eines quadratischen, nach oben sich verjüngenden Turmes mit massiver Kuppel, errichtet um 1910.

Im neueren Teil des Friedhofs befindet sich das **"VVN-Gräberfeld"**, eine Ende der 1970er Jahre angelegte Begräbnisstätte für Teilnehmer am antifaschistischen Widerstand. Hier sind etwa 350 Einzelgräber. Die Stele wurde 1984 errichtet. Die Interessenvereinigung ehemaliger Teilnehmer am antifaschistischen Widerstand, Verfolgter des Naziregimes und Hinterbliebener e.V. hat die Obhut über diese Anlage.

Auf dieses Gräberfeld, auf dem viele vergessene und noch im Bewußtsein eingegrabene Namen zu entdecken sind, ist der im Alter von 37 Jahren verstorbene Satiriker **Fritz Hampel** (1895-1932), bekannt unter seinem Pseudonym *Slang*, umgebettet worden. Slang, seit 1924 Redakteur der KPD-Zeitung "Die Rote Fahne", zeichnete Karikaturen, schrieb Glossen, Feuilletons, satirische Gedichte und Geschichten für die kommunistische Presse, attackierte den "militaristischen Paradeochsen", die "studienrätliche Patriotenvisage", die "Potsdamer Moralwachtel" – so Erich Weinert in seinem Nachruf – und andere, die den Untergang der Republik vorbereiteten. Er handhabe den geschliffenen, zugespitzten Dialog und den fingierten Brief ebenso wie das satirische Zeit- und Bildgedicht, die Kurzszene und das literarische Porträt.

1992 wurde auf dem Zentralfriedhof auch der am 17. September in Berlin ermordete Generalsekretär der Demokratischen Partei des iranischen Kurdistans **Nuori Dehkordi** beigesetzt.

## FRIEDHOF PLONZSTRASSE
*Gotlindestraße 46*
*10365 Berlin*

Der Friedhof wurde 1886 angelegt und 1970 geschlossen. Aus der Gründungszeit stammt die **Kapelle** aus gelbem Backstein, ein dreiachsiger Rechteckbau im Stil der italienischen Renaissance, mit östlicher Rundapsis und kleiner Vorhalle im Westen, das Ganze auf hohem Kellergeschoß. Das Verwaltungsgebäude ist ein Ziegelbau mit Lünettengiebel und Wandblenden in der Art der norddeutschen Renaissance mit Anklängen an den Heimatstil, um 1900.

Zur Gotlindestraße befindet sich eine kurze Reihe **Wandgrabmäler**, meist in historisierenden Formen des ausgehenden 19. Jahrhunderts, eines im Jugendstil. Am Vorplatz des Verwaltungshauses ist der schlichte Grabstein für **Oskar Ziethen** (gest. 1932) zu finden, der als Oberbürgermeister von Lichtenberg Initiator und Förderer des nach ihm benannten Krankenhauses an der Hubertusstraße war.

## FRIEDHOF RUMMELSBURGER STRASSE
*Rummelsburger Straße*
*10315 Berlin*

Der Friedhof wurde 1892 angelegt und 1970 aufgelassen. Die **Kapelle** ist ein schlichter rechteckiger Backsteinbau, vierachsig mit gekoppelten Rundbogenfenstern, aus dem Ende des 19. Jahrhunderts.

Von den wenigen, die westliche Friedhofsseite begrenzenden **Wandgrabmälern** ist das Grabmal des Rummelsburger Amts- und Gemeindevorstehers **Adolph Schlicht** (gest. 1910) erwähnenswert, in der Mitte das neuklassizistische Marmorrelief eines sitzenden trauernden Jünglings, neben sich eine Harfe.

## FRIEDHOF DER GEMEINDE FRIEDRICHSFELDE
*Marzahner Chaussee 20*
*10315 Berlin*

Der Friedhof wurde gegen 1880 angelegt. Die **Kapelle** von 1888 ist aus gelbem Klinker im historisierenden Rundbogenstil, dreiachsig in Nord-Süd-Richtung, errichtet.

An der Ostseite des Friedhofes eine Reihe aufwendiger Wandgrabmäler vom ausgehenden 19. Jahrhundert bis in die 1920er Jahre. Bemerkenswert das Grabmal des 1915 gefallenen Garde-Füseliers **Albert Neumann**, mit einer sich auf die Stele stützenden, wenig unterlebensgroßen Trauernden in Galvanoplastik.

# TREPTOW

*Sowjetisches Ehrenmal Treptow*

## SOWJETISCHES EHRENMAL IM TREPTOWER PARK
*Puschkinallee*
*Berlin*

Das Sowjetische Ehrenmal im Treptower Park ist nicht nur zentrale Gedenkstätte für die bei den letzten Kämpfen in und um Berlin gefallenen Soldaten und Offiziere der Sowjetarmee, sondern zugleich auch Begräbnisstätte für mehr als 5000 Militärangehörige.

Schon im April 1946 war vom Freien Deutschen Gewerkschaftsbund Groß-Berlin ein Gedenkstein für die aus ganz Berlin hierher umgebetteten Rotarmisten aufgestellt worden. Noch im gleichen Jahr schrieb der Militärrat der Gruppe der sowjetischen Besatzungstruppen in Deutschland einen Wettbewerb zur Gestaltung einer Gedenkstätte im Treptower Park aus. Von den 52 eingereichten Entwürfen gewann jener eines sowjetischen Künstler- und Architektenkollektivs, dem der Architekt JAKOW S. BELOPOLSKI, der Bildhauer JEWGENI W. WUTSCHETITSCH, der Maler ALEXANDER A. GORPENKO und die Ingenieurin SARRA S. WALERIUS angehörten. Am von Juni 1946 bis Mai 1949 währenden Bau der 10 Hektar umfassenden Anlage waren vorwiegend deutsche Steinmetze, Bildhauer und Werkstätten beteiligt. Das Baumaterial wurde größtenteils der zerstörten Reichskanzlei entnommen, so der rote Granit der Fahnen. Lediglich die Hauptfigur des Soldaten wurde im damaligen Leningrader Werk "Monumentalskulptura" gegossen.

Man betritt die Gedenkstätte durch große, rundbogige Granitportale an der Puschkinallee und der Straße Am Treptower Park. Sie tragen Inschriften in russischer und deutscher Sprache: "Ewiger Ruhm den Helden, die für die Freiheit und Unabhängigkeit der sozialistischen Heimat gefallen sind." Die Eingangsalleen führen in den Vorhof mit der drei Meter hohen Sitzfigur der "Mutter Heimat". Eine breite, von Trauerbirken flankierte Promenade führt zum eigentlichen, 500 Meter langen und 200 Meter breiten Ehrenhain. Gleich anfangs durchschreitet man zwei riesige, stilisierte, gesenkte Fahnen aus rotem Granit. An ihren Stirnseiten befinden sich die Bronzefiguren kniender, trauernder Rotarmisten. Von diesem Plateau aus schaut man auf das Friedhofsparterre. Unter fünf rechteckigen Rasenflächen mit liegenden Bronzelorbeerkränzen auf Steinsockeln sind 4800 Gefallene beigesetzt worden. Um diese Grabstätten herum führt ein breiter Mosaikweg. In einem Einzelgrab ruhen vier "Helden der Sowjetunion": ein Soldat, ein Unteroffizier, ein Offizier und ein General, die Sinnbild der Einheit der Sowjetarmee sein sollten.

Beiderseits der Gemeinschaftsgräber erheben sich jeweils acht quergestellte Kalksteinblöcke, Sarkophage, die die damals 16 Unionsrepubliken symbolisieren sollten, mit jeweils 12 Quadratmeter großen Reliefdarstellungen aus dem "Großen Vaterländischen Krieg" 1941-1945. Weitere 200

400

Rotarmisten sind unter dem Mausoleumshügel beigesetzt worden, der, nach dem Vorbild altrussischer Heldengräber gestaltet, das eigentliche Zentrum der Gedenkstätte bildet. Zum Kuppelbau des Mausoleums führt eine Steintreppe hinauf. Der rundumlaufende Mosaikfries im Inneren zeigt die Vertreter der 16 Unionsrepubliken, wie sie ihre Toten ehren. Das Mausoleum wird gekrönt von der fast 12 Meter hohen Bronzefigur des jungen Sowjetsoldaten, mit gesenktem Schwert, auf seinem Arm ein gerettetes deutsches Kind, zu seinen Füßen das zerschmetterte Hakenkreuz.

Obwohl ein typisches Bauwerk des Stalinismus, strahlt diese größte Denkmalsanlage Berlins, die sich in einem renovierungsbedürftigen Zustand befindet, eine feierliche Erhabenheit und Monumentalität aus, der man sich nur schwer entziehen kann.

## Alter und Neuer Friedhof Baumschulenweg

*Kiefholzstraße 211-216 und 222*
*12437 Berlin*

Der **Alte Friedhof** wurde 1911 zwischen Kiefholzstraße, Südostallee und Teltowkanal nach einem Entwurf von Erich Bientz und Mathias Bardenheuer angelegt und dann mehrmals bis auf die heutige Größe erweitert. Ihm gegenüber längs der Kiefholzstraße zwischen Teltowkanal, Rixdorfer Straße und Bahndamm befindet sich der 1936 angelegte **Neue Friedhof**.

Das 1911/13 von Bientz und Bardenheuer errichtete **Krematorium** auf dem Alten Friedhof war ursprünglich ein neuklassizistischer Zentralbau, bestehend aus einer achteckigen überkuppelten Feierhalle mit anschließenden Funktionsgebäuden. Die Höfe seitlich der Halle waren eingefaßt von flachgedeckten Wandelgängen mit Pavillons am Nordende. Nach Teilzerstörung 1945 erfolgte der Wiederaufbau der Feierhalle 1950/52 als Rechteckbau unter einem Flachdach.

Östlich vom Krematorium befindet sich der **Ehrenhain** für 1195 ermordete Antifaschisten, deren Asche hier bestattet wurde. Inmitten des Gevierts erhebt sich ein großer schlichter Gedenkstein, um 1956 errichtet; auf seiner Rückseite sind Verse von Walter Dehmel eingemeißelt, um 1956.

Das Torhaus wurde gleichzeitig mit dem Krematorium und von denselben Architekten errichtet, ein Putzbau aus erhöhtem Mittelteil mit Durchfahrt und seitlichen Durchgängen unter einem Walmdach, mit symmetrisch kurzen Flügeln. Auf dem Vorplatz steht die überlebensgroße **Sandsteinfigur** einer Trauernden von Fritz Cremer, eine Replik der 1948 für den Zentralfriedhof in Wien geschaffenen Statue, aufgestellt Anfang der 1950er Jahre.

Auf dem **Neuen Friedhof** nördlich vom Haupteingang der **Ehrenhain für Antifaschisten und Sozialisten**, eine hohe Stele mit vier die Arbeiterklasse symbolisierenden, unterlebensgroßen Bronzefiguren, 1981 von Gerhard Thieme geschaffen. Auf dem Friedhof befindet sich auch das Grab für **Chris Gueffroy** (1968-1989), des letzten Opfers der Berliner Mauer. Es ist mit Kieselsteinen bedeckt, rechts ein schlichtes Holzkreuz mit dem Foto des von DDR-Grenzsoldaten Erschossenen.

*Grabmal Meissner-Wagener*

## FRIEDHOF ADLERSHOF
*Friedlander Straße 156*
*12489 Berlin*

Der Friedhof wurde um 1890 angelegt und dann wiederholt erweitert. Der älteste Teil ist noch deutlich zu erkennen an den zu einer geschlossenen Mauer aneinandergereihten **Erbbegräbnissen** aus der Gründerzeit. Unter ihnen ist das Grabmal **Meissner-Wagener** um 1915 hervorhebenswert, eine Säulenreihe aus rotem poliertem Granit über offenem Rechteck, in der Mitte der Rückwand in einer Nische die etwas überlebensgroße Bronzefigur eines Schmiedes, signiert R. KAESBACH.

In der Mitte des **Ehrenhains** zum Gedenken der im Kampf gegen die Reaktion gefallenen Sozialisten von 1920 erhebt sich die überlebensgroße bronzene Freifigur eines knienden Kämpfers mit erhobenem Gewehr, 1970 von HANS KIES geschaffen. Davor liegt eine Schrifttafel.

Am anderen Ende der Allee das Denkmal mit **Ehrenhain** für Antifaschisten und Aktivisten der ersten Stunde, eine hohe Stele mit vier den Sieg der Arbeiterklasse symbolisierenden Figuren. Es handelt sich um eine Replik des in Baumschulenweg auf dem Neuen Friedhof errichteten Denkmals von GERHARD THIEME, hier 1982 aufgestellt.

403

## FRIEDHOF ALTGLIENICKE
*Schönefelder Chaussee 100*
*12524 Berlin*

Der etwa 1906 angelegte Friedhof ist, mit einer recht aufwendigen Architektur ausgestattet, einem Campo Santo ähnlich, nach einem Entwurf von K.A. HERRMANN um 1910 geschaffen. Am Ende des breiten Mittelweges erhebt sich ein quadratischer Zentralbau in den Formen einer romanisierenden Dreikonchenanlage. Die Vorhalle ist mit Giebel und dorischen Säulen ausgestattet, die Apsiden sind eckig gebrochen und mit Halbkuppeln gedeckt. Über den Gebäudeecken befinden sich Paradestücke, beherrschend über der Mitte ein runder, von Rundfenstern und frei stehenden Doppelsäulen gegliederter Tambour mit abschließender Flachkuppel. Von den in Flachrelief dargestellten Trauergruppen beiderseits der Vorhalle ist nur noch die linke Gruppe, 1984 restauriert, erhalten. Rechts und links von der Feierhalle jeweils ein viertelkreisförmiger Mauerzug für Erbbegräbnisse, gegliedert durch Wandpfeiler und dorische Säulen. An den inneren Mauerenden zwei Prostyloi, an den äußeren zwei dreiseitig offene Pavillons mit Säulen an den Ecken.

# KÖPENICK

Schloßkapelle Köpenick: Detail über dem Altar

## SCHLOSSKAPELLE KÖPENICK
*Oberspreestraße / Grünstraße*
*12555 Berlin*

Die **Schloßkapelle** wurde nach dem Entwurf von JOHANN ARNOLD NERING 1682/85 erbaut und 1973/74 restauriert. Das Innere in strengen klassizierenden Formen, wie im Schloß von italienischen Künstlern ausgeführt. Die Gliederung der Wände durch korinthische Doppelpilaster, darüber hohes Gebälk mit Akanthusfries und Konsolgesims. Über dem Gesims an der Westseite das kurfürstliche Allianzwappen, gehalten von zwei geflügelten Genien.

Gegenüber, an der östlichen Polygonseite, die Marmorbüste der **Kurprinzessin Elisabeth Henriette**, gest. 1683, vielleicht von JOHANN MICHAEL DÖBEL, umgeben von drei Putten. Zwischen den Fensterpfeilern der nördlichen Polygonseite befindet sich der Epitaph der **Prinzessin Henriette Marie**, gest. 1782, eine Inschrifttafel mit Krone und zwei Urnen aus Marmor und Stuck. Die Gruft für Prinzessin Henriette Marie befindet sich an der Nordseite im Chor. Der Grabstein des Schloßbaumeisters RUTGER VAN LANGEVELT (gest. 1695) stammt aus der 1965 abgerissenen Ruine der Dorotheenstädtischen Kirche in Berlin-Mitte.

## WALDFRIEDHOF OBERSCHÖNEWEIDE
*An der Wuhlheide*
*12459 Berlin*

Der Waldfriedhof wurde 1902 an der Südseite der Wuhlheide angelegt und später erweitert, so um 1920 durch einen **Gefallenen-Gedenkplatz**. Die Feierhalle, ein rechteckiger Ziegelverblendbau unter Krüppelwalmdach, wurde um 1906 in den reichen Formen der Hochgotik, mit polygonaler Westapsis, erbaut.

In der Reihe der Grabstätten an der südlichen Friedhofsseite sind drei Grabmäler von historischer bzw. kunstgeschichtlicher Bedeutung: Die Familiengrabstätte Rathenau, für **Erich Rathenau** (gest. 1903), den ersten technischen Leiter des Kabelwerkes Oberspree, **Emil Rathenau** (gest. 1915), Großindustrieller und Gründer der Deutschen Edison-Gesellschaft 1883, und für seine Frau **Mathilde** (gest. 1926), sowie für den Großindustriellen und Politiker **Walther Rathenau** (1867-1922), der als Reichsaußenminister 1922 den Rapallovertrag mit der Sowjetunion abschloß. Die Tafel zur Erinnerung an seine Ermordung 1922 (von Angehörigen der Geheimorganisation "Consul") wurde vier Jahre später angebracht. Das Grabmal stellt eine hohe Rustikamauer auf gestrecktem Rechteckgrundriß dar, über dem gerahmten Eingang in der Mitte der Vorderseite erhebt sich ein zyklopischer Giebel mit den überlebensgroßen Figuren eines trauernden Paares, nach dem Gesamtentwurf von ALFRED MESSEL 1904 ausgeführt, die Bildhauerarbeiten stammen von HERMANN HAHN.

Das Grabmal für **Carl Deul** (gest. 1904), Baumeister und städtebaulicher Begründer von Oberschöneweide, besteht aus einer lebensgroßen Sitzfigur einer Trauernden aus Muschelkalkstein. Die Rückwand bildet eine hohe Stele mit dem Bronzerelief des Verstorbenen.

Die Familiengrabstätte **Engel** (die Namen sind unkenntlich) erhebt sich als ein gequardertes Mauerrechteck, die breite Vorderseite ist geöffnet als fünfachsige dorische Säulenreihe mit schwerem Gebälk, darauf in der Mitte ein Relief mit der Darstellung der drei Nornen. Inmitten des architektonischen Gevierts befindet sich die überlebensgroße bronzene Figurengruppe einer Frau mit antikischem Gewand und mit Kind, beide auf einem Sarkophag sitzend und einander zugewandt, 1909 von HEINRICH KOCH geschaffen.

## FRIEDHOF FRIEDRICHSHAGEN

*Aßmannstraße*
*12587 Berlin*

Der Friedhof wurde 1831/32 im Austausch gegen den alten, 1835 geschlossenen Friedhof in der Scharnweberstraße, und 1875 und 1895 nach Süden und Westen erweitert. Die Kapelle, ein kreuzförmiger Backsteinbau in romanisierenden Formen, wurde 1904/05 errichtet. Das **Friedhofsportal** in der Aßmannstraße mit in Höhe und Stärke dreifach abgestuften Seitenpfeilern, die inneren durch einen kupfernen Spitzbogen miteinander verbunden, wurde 1934 von FRIEDRICH BRINKMANN erbaut.

An der Westmauer befindet sich eine geschlossene Reihe von **Wandgrabmälern** im Stile des Historismus, die Gitter teilweise zwischen Pfeilern mit Urnenbekrönungen. Nahe der Kapelle ein Geviert mit **Soldatengräbern** 1914/18, an seiner Westseite eine große Sandsteinstele mit dem Relief des Gekreuzigten, als Assistenzfiguren links ein Elternpaar, rechts zwei Soldaten. Das Grabmal **H. Steuer** (gest. 1920), eine kleine Ädikula mit dorischen Säulen, im Mittelfeld als Flachrelief eine Engelsfigur, Muschelkalkstein, wurde von FRITZ RICHTER-ELSNER geschaffen.

Das Grabmal des Schriftstellers **Johannes Bobrowski** (1917-1965), ein sandsteinerner Kubus mit Kreuzzeichen, hat WIELAND FÖRSTER gestaltet. Bobrowskis dichterische Heimat ist das Land "Sarmatien" (nach der antiken Bezeichnung Sarmatia), ein östliches Land als Stätte des Zusammenlebens verschiedener Völker. Die Gedichte sind Beschwörungen von Landschaft und Vergangenheit, Zeugnisse mythenbeladener Erinnerung; die Prosa gilt meist den früheren Konflikten in seiner engeren litauischen Heimat. Unweit, in seiner Wohnung Ahornallee 26, entstanden die Romane "Levins Mühle" (1964), "Litauische Claviere" (1966) und der Erzählungsband "Brehlensdorff und Mäusefest" (1965). Das "unglückliche und schuldhafte Verhältnis meines Volkes zu den europäischen Völkern imn Osten" nannte Bobrowski als sein "Generalthema".

Auf dem Friedhof ist auch das Grab der Malerin und Schriftstellerin **Charlotte Pauly** (1886-1981) zu finden, die die ganze Welt bereiste und dabei intensiv zeichnete und malte. Sie war berauscht vom Einklang Mensch-Tier-Landschaft, vom einfachen So-Sein. Herbert Tucholski regte die bereits 75jährige an, ihre Zeichnungen für Lithografien und Radierungen zu nutzen. "Denn alles Schaffen ist insofern für den denkenden Künstler illusionär, als der höchste, innerste Traum vom Gegenstand in der Ausführung nie ganz erreicht wird", schrieb sie zu einer 1976 von ihr besorgten Grafikmappe.

## DORFKIRCHE RAHNSDORF
*Dorfstraße / Kruggasse*
*12589 Berlin*

Das reizvoll an der Müggelspree gelegene Fischerdorf ist erst spät zu einer Kirche gekommen. Im Visitationsprotokoll von 1541 wird noch berichtet: "...Ranstorff und Wolterstorff, hadt keins kein Kirch." Auf einer Handskizze des Landjägers Bock aus Köpenick von etwa 1660/70 wird erstmals eine Kirche dargestellt, die nach Angaben im Kirchenrechnungsbuch 1691 renoviert wurde und 1728 als Fachwerkbau neu erstand. Der Dorfbrand von 1873 legte auch ihn in Asche. Das jetzige Gotteshaus ist 1887 als Massivbau mit weithin sichtbarem Turm errichtet worden.

Die einzige Sehenswürdigkeit, ein gußeisernes Grabkreuz für den 1863 mit 27 Jahren ertrunkenen Fischer **Carl Ludwig Fahlenberg**, ist nur noch Fragment, aber die rührenden Verse auf seiner Rückseite sind erhalten: "Das Wasser war mein Sterbebette, am Abend war mein letzter Tag. Vergebens rief ich: rette, rette, weil Niemand mich ertrinken sah. Da schlief ich denn in Angst und Pein so nach und nach im Wasser ein!"

# NACHBEMERKUNG

Dieser erste Versuch einer umfassenderen Darstellung und Beschreibung historischer Friedhöfe und Grabmäler im Raum Berlin wäre ohne die vorliegenden Publikationen zum Thema nicht zu leisten gewesen. So konnten vor allem jüngere Arbeiten, der Reclam-Kunstführer Berlin, die Reihe "Bau- und Kunstdenkmale in der DDR", das Dehio-Handbuch der deutschen Kunstdenkmäler, die Friedhofshefte der Schriftenreihe Berliner Forum, die Veröffentlichungen zu einzelnen Berliner Friedhöfen von Wolfgang Gottschalk und zu Grabmälern von Cornelius Steckner, zu Jüdischen Friedhöfen von einer ganzen Reihe von Verfassern, dankbar benutzt werden. Nicht Vollständigkeit sollte erreicht werden, sondern eine repräsentative Auswahl. So wird der Leser gewiß Namen vermissen, manche Daten und Fakten werden zu korrigieren sein. Auch die beigegebenen Lagepläne sind aufgrund einer fehlenden zentralen Erfassung und unterschiedlicher Angaben nicht immer ohne Mängel. Das kann ebenso für die Einzeichnungen einzelner Grabstellen dort zutreffen.

Es ist in jüngster Zeit auf den Friedhöfen viel geschehen, manches Grabmal ist zur Restaurierung entfernt oder zur Rettung vor dem endgültigen Verfall sichergestellt worden, manches erstrahlt schon wieder in neuem Glanz. So hat der Besucher der Berliner Friedhöfe mit manchen Überraschungen zu rechnen.

Für zweckdienliche Hinweise und Korrekturen wären Verlag und Autor dem Benutzer des Bandes dankbar.

# LITERATURHINWEISE

Abraham, Heike: Der Friedrichshain. Berlin 1988

Allendorf-Schneider: 100 Jahre St. Hedwig Friedhof zu Berlin. Berlin 1934

Alter St. Matthäus-Kirchhof Berlin. Rundgang zu den Gräbern bekannter Persönlichkeiten. Berlin 1981

Aubert, Joachim: Handbuch der Grabstätten berühmter Deutscher, Österreicher und Schweizer. 2. Aufl München/Berlin 1975

Badstübner, Ernst: Die Marienkirche zu Berlin. Berlin 1972

Baedeker, Karl: Stadtführer. (Berliner Stadtbezirke). Freiburg 1980-88

Berlin und seine Bauten, T. X, Bd. A, Anlagen und Bauten für Versorgung (3) Bestattungswesen. Berlin/ München 1981

Berlin Handbuch. Das Lexikon der Bundeshauptstadt, Berlin 1992

Bloch, Peter und Scherhag, Ludwig: Grabmäler in Berlin, Alter Kirchhof der St.-Matthäus-Gemeinde in Berlin. In: Berliner Forum 9/76. 1976

Bloch, Peter: Grabmäler in Berlin II, Der Luisenstädtische Friedhof. In: Berliner Forum 2/78, 1978

Bloch, Peter und Scherhag, L.: Grabmäler in Berlin III. Die Kirchhöfe des 18. Jh.s vor dem Halleschen Tor. In: Berliner Forum 7/ 80, 1980

Bloch, Peter und Grzimek, Waldemar: Das klassische Berlin - Die Berliner Bildhauerschule im 19. Jahrhundert. Berlin 1978

Bloch, Peter; Einholz, Sibylle; Simson, Jutta von: Ethos und Pathos. Die Berliner Bildhauerschule 1786-1914. Ausstellungskatalog. Berlin 1990

Boehlke, Hans-Kurt (Hg.): Wie die Alten den Tod gebildet. Reihe: Kasseler Studien zur Sepulkral-skulptur, Bd. 1. Mainz 1979

-: Vom Kirchhof zum Friedhof: Wandlungsprozesse zwischen 1750 und 1850 Ebenda, Bd. 2, Kassel 1984

-: Umgang mit historischen Friedhöfen. Ebenda, Bd. 3, Kassel 1984

Bösch-Supan, Eva und Helmut; Kühne, Günther; Reelfs, Hella: Reclams Kunstführer Deutschland, Bd. VII, Berlin, Kunstdenkmäler und Museen. Stuttgart 1977. 4. Aufl. 1991

Dehio, Georg: Handbuch der deutschen Kunstdenkmäler. Bezirke Berlin/ DDR und Potsdam. 2. Aufl. Berlin 1988

Derwein, Herbert: Geschichte des christlichen Friedhofs in Deutsch-land. Frankfurt/M. 1931

Drescher, Horst u.a./ Institut für Denkmalpflege (Hg.): Die Bau- und Kunstdenkmale in der DDR, Bezirk Potsdam. Berlin 1978

Ernst, Helmut; Stümbke, Heinrich: "Wo sie ruhen...", Kleiner Führer zu den Grabstätten bekannter Berliner in West und Ost. Berlin 1986

Etzold, Alfred; Fait, Joachim; Kirchner, Peter; Knobloch, Heinz: Die jüdischen Friedhöfe in Berlin. 4. Aufl. Berlin 1991

Finger-Hain, Willi: Das Ewige ist stille. Gräber unserer Großen in Berlin. Flensburg 1965

Fischer, Christoph; Schein, Renate (Hg.): "O ewich is so lanck", Die Historischen Friedhöfe in Berlin-Kreuzberg, Ein Werkstattbericht. Katalog 1987

Franckfurth, Hermann: Berlin und Potsdam in der Sprache ihrer Kirchen und Friedhöfe. Berlin 1924

Gottschalk, Wolfgang: Der Garnisonfriedhof und der Invalidenfriedhof zu Berlin. Berlin 1991

-: Der Südwestfriedhof Stahnsdorf. 2. Aufl. Berlin 1991

411

-: Die Friedhöfe der St.-Hedwigs-Gemeinde zu Berlin. Berlin 1991

-: Ausländische Ehrenfriedhöfe und Ehrenmale in Berlin. Sonderdruck. Berlin 1992

Harnack, Ernst von: Bestand und Erhaltung der bedeutsamen Grabstätten und Friedhöfe in Groß-Berlin. Maschinenschrift 1943 (Stadtarchiv Berlin)

Hintze, Günther: Der Invalidenfriedhof in Berlin. 4. Aufl. Berlin 1941

Hoffmann-Tauschwitz, Matthias: Alte Kirchen in Berlin, 2. Aufl. Berlin 1991

Horn, Kurt: Die vor uns gewesen sind. Ein Bild AltberlinerKulturgeschichte gesehen von den Friedhöfen am Halleschen Tor...Berlin 1926

Hoth, Rüdiger: Die Gruft der Hohenzollern im Dom zu Berlin. Berlin 1992

Knobloch, Heinz: Berliner Grabsteine. 4. Aufl. Berlin 1991

Lemhoefer, Claudia: Gartendenkmalpflege Berlin 1978-1985. Berlin 1985

Mahler, Erhard u.a.: Berlin und seine Bauten. Berlin 1981

Melcher, Peter: Weißensee - Ein Friedhof als Spiegelbild jüdischer Geschichte in Berlin. Berlin 1986

Melchert, Herbert: Die Entwicklung der deutschen Friedhofsanlagen. Dessau 1929

Müller-Lauter, Erika: Grabmäler in Berlin IV: Die Friedhöfe im Bezirk Zehlendorf. In: Berliner Forum 9/85. 1985

Nachama, Andreas und Simon, Hermann (Hg.): Jüdische Grabstätten und Friedhöfe in Berlin. Eine Dokumentation. Berlin 1992

Netzke- Senger, Christel: Gräber - Lebenszeichen einer Stadt. 12 Künstlergräber in Berlin und Potsdam. Berlin 1988

Rach, Hans-Jürgen: Die Dörfer in Berlin. Berlin 1988

Schoenichen, Walther: Geweihte Stätten der Weltstadt. Berlin und Leipzig 1928

Schütze, Karl-Robert: Von den Befreiungskriegen bis zum Ende der Wehrmacht - Der Garnisonsfriedhof. Berlin 1986

Seyppel, Joachim: Nun o Unsterblichkeit. Wanderungen zu den Friedhöfen Berlins. Berlin 1964

Steckner, Cornelius: Museum Friedhof. Bedeutende Grabmäler in Berlin. Berlin 1984

Straub, Enrico: Berliner Grabdenkmäler. Berlin 1984

Szamatoski, Clemens-G.; Gottschalk, Wolfgang; Daub-Hofmann, Gretel: Friedhöfe in Berlin unter Berücksichtigung der Gartendenkmalpflege. Berlin 1992

Szamatolski, Clemens-G.: Der historische Friedhof in Berlin. Berlin 1985

Trost, Heinrich u.a./Institut für Denkmalpflege (Hg.): Die Bau- und Kunstdenkmale in der DDR, Hauptstadt Berlin I/II. Berlin 1983 und 1987.

Uth, Emil Rudolf und Hans: Gräberdokumentation für Berlin West, Kartei in der Amerika-Gedenk-Bibliothek Berlin

Voßke, Heinz: Geschichte der Gedenkstätte der Sozialisten in Berlin-Friedrichsfelde. Berlin 1982

Wegweiser durch das jüdische Berlin. Berlin 1987

Wirth, Irmgard: Die Bau- und Kunstdenkmäler von Berlin. Stadt und Bezirk Charlottenburg. Berlin 1961

Wohlberedt, Willi: Grabstätten bekannter Persönlichkeiten in Groß-Berlin und Potsdam mit Umgebung. T. 1-IV. Berlin 1932-52

412

# ERLÄUTERUNGEN DER SACHBEGRIFFE

**Ädikula** - Rahmender architektonischer Aufbau um Portale, Fenster, Altäre oder Epitaphien

**Akanthus** - Blatt des Bärenklau, Ornamentmotiv

**Akroterion** - Zierteil auf Giebelspitzen und -ecken

**Ambo** - Erhöhtes Kanzelpodium

**Antentempel** - Tempel mit Säulen zwischen den pfostenartig nach vorn verlängerten Stirnwänden des Kernbaus

**Apsis** - Den Chor abschließender Bauteil über halbrundem, auch polygonalem Grundriß

**Ara** - Antiker Altar als Pfeilerblock

**Architrav** - Der waagerechte Steinbalken über Säulen, Pfeilern oder Pilastern

**Arkatur** - Bogenstellung

**Art deco** - Begriff für eine eklektische Mischung von unterschiedlichen dekorativen künstlerischen Tendenzen zwischen 1920 und 1930

**Atlant** - Männerfigur als Träger eines Architekturteils

**Atrium** - Vorhof, Eingangsraum eines Bauwerks

**Attika** - Schmaler. geschlossener oder aus Balustern bestehender Mauerstreifen über dem abschließenden Gesims des Bauwerkes; es verdeckt das Dach oder einen Teil davon

**Baldachin** - Architektur als Gehäuse über einer Figur, einem Altar oder einem Grabmal

**Basilika** - Haupttypus der christlichen Kirche, bestehend aus Langhaus und Chor, zwischen beiden kann senkrecht das Querhaus liegen

**Basrelief** - Flachrelief

**Bosse** - Roh belassener oder unfertig bearbeiteter Stein

**Campo santo** - Ein hofartiger Friedhof, umgeben von einem nach innen geöffneten Bogengang; am bekanntesten der Ende des 13. Jahrhunderts errichtete von Pisa, von ihm sind auch

Anlagen in Deutschland beeinflußt worden

**Chuppa** - Traubaldachin, eine das Brautpaar symbolisierende Doppelstele unter einem stilisierten Baldachin

**Cippus** - Freistehendes steinernes Mal

**Columbarium** - Römische und frühchristliche Begräbnisstätten, die in mehreren Kammern und verschiedenen Stockwerken zur Aufbewahrung von Aschenurnen dienen

**Epitaph** - Gedächtnismal für einen Verstorbenen oder mehrerer Glieder einer Familie, in oder an Kirchen angebracht, oft ohne unmittelbare Nähe zur Grabstelle

**Fiale** - Schlankes spitzes Türmchen als gotisches Zierglied

**Fries** - Bemalter oder plastischer Schmuckstreifen zur Betonung oder Abgrenzung von Bauteilen

**Grisaille** - In verschiedenen Abstufungen einer einzigen Farbe ("grau in grau") gehaltene Malerei

**Joch** - In der mittelalterlichen Architektur die sich über den Abständen der Säulenachsen befindende Gewölbeeinheit

**Kameo** - Edel- oder Halbedelstein mit erhaben hervortretendem Reliefbild

**Kannelure** - Senkrechte Hohlkehle

**Kapitell** - Die- meist vielteilige-schmuckvolle Bekrönung einer Säule oder eines Pfeilers

**Kartusche** - Ornamental gerahmtes Zierfeld

**Karyatide** - Stützpfeiler in Form einer weiblichen Gewandfigur

**Kenotaph** - Grabmal zum Gedenken an einen darunter oder andernorts Begrabenen

**Knorpelwerk** - Ornament aus knorpelartigen, einer Ohrmuschel ähnlichen Formen

**Konche** - Muschel, also halbkreisförmig ausbuchtender Bau oder Gebäudeteil

413

**Kragstein** - Vorstehender, herausragender Stein als Konsole, Basis für Bögen und anderes

**Lanzettbogen** - Die besondere Form des Spitzbogens mit engen steilen Schenkeln

**Laterne** - Kleine laternenartige Kuppel oder Kuppelaufsatz

**Lekythos** - Ölgefäß als Grabbeigabe

**Lisene** - Senkrechter, hervortretender Mauerstreifen ohne Basis und Kapitell

**Lünette** - Halbkreis- oder halbmondförmiger Wandabschnitt

**Mäander -** Ornamentband entweder aus rechtwinklig abgeknickten Linien oder spiralförmigen Wellen ("Laufender Hund")

**Monolith** - Objekt aus einem einzigen Stein

**Monopteros** - Rundtempel ohne Kernbau

**Naiskos** - Tempelchen

**Obelisk** - Freistehender, nach oben sich verjüngender und in einer Pyramide auslaufender Pfeiler über quadratischer Grundfläche

**Palas** - Der Wohnbau einer Burg

**Palmette** - Ornamentmotiv mit fächerförmig angeordneten Blättern über 2 Spiralen

**Paß** - Aus Dreiviertelkreisen zusammengefügte gotische Ornamentfigur; nach Anzahl der Kreisstücke unterscheidet man Dreipaß, Vierpaß usw.

**Pilaster** - Flacher Wandpfeiler mit Basis und Kapitell

**Polygon** - Baukörper mit vieleckigem Grundriß

**Portikus** - Offene Vorhalle, in der Neuzeit oft als Schmuckelement ohne räumliche Tiefe verwandt

**Prostylos** - Tempel mit einer Säulenreihe vor der Eingangsfront

**Putto** - Engelsskulptur des Barock, in Kindergestalt

**Pylon** - Tor oder Torturmpaar von trapezförmigem Umriß

**Retabel** - Altaraufsatz mit Bildern

**Risalit** - Über die ganze Gebäudehöhe vorspringender Bauteil

**Rocaille** - Gemalte oder halbreliefartige Schmuckform des Rokoko mit Pflanzen- und Muschelornamentik

**Rosette** - Schmuckform aus stilisierter Blüte, oft auch Bezeichnung für gotische Rundfenster mit diesem Gestaltungsmerkmal

**Sepulcrum** - "Grabmal", Kammer innerhalb des Altars, in der die Reliquien zur Weihe des Altars eingelegt wurden

**Stele** - Als Mal aufgerichtete Platte oder freistehender Pfeiler

**Supraporte** - Das über einem Türsturz angebrachte Zierstück

**Tabernakel** - Altargehäuse für Kelch und Hostie

**Tambour** - Zylindrischer Unterbau einer Kuppel

**Tondo** - Bild von kreisrunder Form

**Travée** - Französ. Bezeichnung für das Joch als räumliche Einheit

**Triglyphe** - Der über dem Gebälk liegende Fries im Wechsel von dreischlitzigen Platten

**Triptychon** - Dreigeteiltes (Altar-)Bild

**Tropaion** - Siegesmal

**Tumba** - Rechteckiger Aufbau über dem Grab oder an Grabes statt, meist mit dem Bild des Verstorbenen

**Tympanon** - Die das Bogenfeld des Portals füllende Steinplatte

**Volute** - Spiralförmig eingerolltes Band

**Walmdach** - Dach mit vier geneigten Seiten, wobei zwei gegenüberliegende Seiten einen gemeinsamen First bilden

**Westwerk** - Turm oder turmähnlicher Bau, vielen romanischen Kirchen vorangestellt

**Wimperg** - gotischer Ziergiebel über Fenstern und Türen, meist mit Maßwerk besetzt

**Ziborium** - Zeltartiger, meist von Säulen getragener Überbau

**Zwickelstein** - Natursteinscherbe, abgespaltenes Material, mit dem Fugen zwischen Feldsteinen ausgekeilt werden

# Bedeutung einiger der gebräuchlichsten Symbole

**Ähren** - Erlösung durch Christus, Fruchtbarkeit

**Chuppa** - Traubaldachin bei der jüdischen Hochzeit, Symbol der über den Tod hinausreichenden Liebe des Paares

**Davidstern** - Ein auf Grabmalen häufig verwendetes jüdisches Motiv, aus zwei, meist ineinander verschlungenen Dreiecken zusammengesetzt

**Dreieck** (Spitze nach oben) - Zeichen der Dreieinigkeit, oft mit dem Auge Gottes

**Efeu** - Treue

**Engel** - Frieden, Trost, Erlösung

**Fackel** (umgekehrt) - Das Leben ist erloschen

**Fisch** - Sinnbild des Erlösers

**Hände** (verschlungen) - Zusammengehörigkeit, mit dem Verstorbenen verbunden

**Hände** (verschränkt) - Zeichen der Solidarität

**Hexagramm** - Schutzzeichen, Schild Davids

**Himmelsleiter** - auch Jakobsleiter, sie war Jakob (1. Mose, 28, 12ff) im Traum erschienen, Engel steigen auf ihr auf und nieder

**Kleeblatt** - Glück, Dreieinigkeit

**Krone** - Rabbi Simon sagt in den Sprüchen der Väter 4/17, daß es drei Kronen gäbe, die der Thora, die des Priesters- und die des Königtums, "aber die Krone des guten Namens überragt sie"

**Krug und Schüssel** - Sinnbild der Handwaschung vor dem Segen

**Lamm** - Sinnbild Christi

**Lamm mit Fahne** - Auferstehung

**Lebenskugeln** (drei) - Aufstieg und Niedergang des Lebens

**Lilie** - Unschuld, Keuschheit

**Löwe** - Personifikation des Todes, der Macht, die den Baum des Lebens gebrochen hat

**Lorbeer** - Zeichen des Sieges, kriegerischer Ruhm, aber auch der Unverweslichkeit und Jugend

**Menora** - Der siebenarmige Leuchter, Symbol für den Jerusalemischen Tempel

**Mohnkapsel** - Symbol für den ewigen Schlaf und das Erwachen bei der Auferstehung

**Mond** (abnehmend) - Das Leben erlischt

**Musikinstrument** - Bezug auf die Wehklagen im 137. Psalm

**Ölleuchte** - "Ein Licht Gottes ist des Menschen Seele" (Sprüche Salomos)

**Ölzweig** - Zeichen des Friedens (Römer), Frieden mit Gott

**Palme** - Märtyrerglorie, Überwindung

**Pelikan** - Christliche Liebe

**Rose** - Uraltes Sinnbild der Liebe

**Sanduhr, Stundenglas** - die schnell enteilende Zeit, Vergänglichkeit

**Säule** (geborsten) - Vergänglichkeit des Irdischen

**Schlange** (sich in den Schwanz beißend) - Ewigkeit

**Schlange und Giftbecher** - die Schlange, Symbol Äskulaps, des Gottes der Heilkunst, ist in Verbindung mit dem Giftbecher Berufszeichen des Pharmakologen

**Schmetterling** - Unsterblichkeit der Seele, deren Befreiung aus dem Körper

**Sonne** - Leben

**Sonnenrose** - Standhaftes Überdauern

**Taube** - Sinnbild des reinen Geistes, der seligen Seelen

**Thorarolle** - Die geöffnete Thorarolle auf dem Grab eines Rabbiners weist darauf hin, daß hier ein Gelehrter begraben ist

**Thoraschrein** - Aufbewahrungsort der Thorarollen, weist das Grabmal eines Rabbiners aus

**Totenkopf** - Memento mori

**Waage** - Gerechtigkeit, Sinnbild des Jüngsten Gerichtes

415

# PERSONENREGISTER DER KÜNSTLER

Das **KÜNSTLERREGISTER** enthält ausschließlich die Namen von Architekten, Baumeistern, Bildhauern und Kunsthandwerkern, die unmittelbar im Zusammenhang mit Friedhofsanlagen, Kirchenbauten, Denk- oder Grabmälern stehen.

419

## PERSONENREGISTER DER VERSTORBENEN

421

425

8

429

438

439

# Fotonachweis

Alle Fotos von Jürgen Nagel, außer:

Klaus Esche 192, 199, 409, Stilformen
   (alle außer 11, 15), Farbteil Iu, III,
   IV, V, VIu, VII

Martin Esche 30, 199, 258, 259, 260,
   373, 374, 376, 397

Ursula Eckertz-Popp VI Farbteil

Veit-Simon Tempich 11 Stilformen

441

## ALPHABETISCHES VERZEICHNIS
### DER KIRCHEN, FRIEDHÖFE & GRABMÄLER

# REISEFÜHRER
## IM ZEICHEN DER 🦆 :

**Wedding**
*Wege zu Geschichte und Alltag*
*eines Berliner Arbeiterbezirkes*
*162 Seiten, 19 DM*

**Land um Berlin**
*Reisen zwischen Chorin und*
*Potsdam, Spreewald*
*und Neuruppin, Neuauflage*
*164 Seiten, 19,80 DM*

**Ganz Berlin Ost**
*Spaziergänge durch die*
*östlichen Stadtbezirke,*
*Neuauflage*
*286 Seiten, 26 DM*

**Ganz Berlin West**
*Spaziergänge durch die*
*westlichen Stadtbezirke*
*434 Seiten, 34 DM*

**Kreuzberg** 🦆
*ZEITseeing durch den Berliner*
*Bezirk*
*220 Seiten, 24,80 DM*

**Uckermark** 🦆
*Wanderungen im Land der*
*Seen*
*157 Seiten, 19,80 DM*

**Rügen und Meer** 🦆
*Neuauflage*
*187 Seiten, 24,80 DM*

**Spreewald** 🦆
*Wanderungen durch die*
*Niederungen und Hochwälder*
*des*
*Spreewaldes, Neuauflage*
*127 Seiten, 19,80 DM*

**Prag**
*Spaziergänge durch eine goldene*
*Stadt*
*318 Seiten, 28 DM*

**Leuchttürme an der schottischen**
**Atlantikküste** 🦆
*160 Seiten, 29,80 DM*

**Der Stoff, aus dem Berlin**
**gemacht ist** 🦆
*Entdeckungsreisen zu den*
*Industriedenkmalen Brandenburgs*
*220 Seiten, 29,80 DM*

*"Kinder, so im Freien, is´ man*
*doch erst richtig Mensch"*
**Ausflugslokale entlang**
**der Havel** 🦆
*160 Seiten, 19,80 DM*

*Auslieferung:*
*Rotation Berlin*

*Informieren Sie sich*
*im Buchhandel oder beim*

## STATTBUCH VERLAG

Gneisenaustr. 2a
10961 Berlin-Kreuzberg
☎ (030) 691 30 94 / 95
Fax 694 33 54

🦆 *Frühjahr 94*